TÜRKÇE-KORECE SÖZLÜĞÜ

터키어-한국어 사전

서 재 만

한국외국어대학교 지식출판원

SOVIET UNION
Tbilisi
Batumi
Artvin
Çarşamba
Ordu
Trabzon
Kars
Yerevan
Tokat
Erzincan
Erzurum
Karaköse
Sivas
Euphrates
Muş
Elaziğ
Tatvan
Van
ferry
IRAN
Malatya
Diyarbakır
Batman
Kurtalan
Tigris
Kahramanmaraş
Mardin
Nusaybin
Gaziantep
Urfa
Akçakale
IRAQ
Tall Abyad
Aleppo
Ḥamāh
Ḥimş
SYRIA
Turkey
International boundary
National capital
Railroad
Road
0 100 200 Kilometers
0 100 200 Miles

터키어-한국어 사전
제2판 서문

초판이 발간된지 4년만에 많은 수정과 증보로 재판을 내놓게 되어 매우 다행스럽고 기쁘게 생각한다.

실은 4년전 아직 국내에 터키어 활자가 보급되지 않은 상태에서 이 사전을 발간하게 되었다. 따라서 제작과정에서 말도 다할 수 없는 어려움을 겪으면서도 오직 최선을 다해야겠다는 생각으로 만사를 제쳐두고 이 작업에 몰두하였다. 그럼에도 불구하고 막상 사전이 나왔을 때 필자는 정말 부끄럽기 한이 없었다. 집필을 시작한지 10여년만에 탈고를 하고 서문을 쓴 것이 1987년 1월인데 인쇄가 되어 마침내 햇빛을 본 것은 그로부터 1년 6개월이 지난 후였다. 인쇄과정에서도 그토록 오랜 시간을 두고 수없이 교정을 거듭하였건만 사전을 펼칠라 치면 곳곳에서 오자가 발견되었기 때문이다. 그후 이 사전을 볼때 마다 거북스러웠고, 이 사전을 이용하는 독자들에게 늘 무겁고 죄스러운 마음을 갖게 되었다. 이번에 재판을 내게 되어, 다시 1년여 동안 잘못된 부분을 바로잡는 일에 열중하면서 새로이 500여개의 단어와 관용어를 보태는 작업도 함께하여 그 동안 독자들에게 가졌던 죄책감을 조금이라도 덜어 보고자 노력하였다. 특히 터키어학회에서 1988년에 내놓은 두권으로 된 최신판 Türkçe Sözlük과 역시 1988년도 최신판 İmlâ Kılavuzu를 참고하게 되어 퍽 다행스럽게 생각한다.

마침 터키의 대학에도 한국어학과가 열려 그곳 학생들에게도 이 사전이 널리 쓰이게 되었으니 또한 기쁜 일이 아닐 수 없다. 이 사전의 후속으로 계획하고 있던 한국어-터키어사전의 편찬에도 박차를 가하여 한국어와 터키어 두 언어 사이의 통교에 불편을 덜어 주어야 할 더욱 큰 사명감을 갖게 되었다.

늘 부족한 점을 보완하고 잘못된 부분을 고치는데에 게으르지 않겠다고 다짐하면서 이만 인사말에 갈음하고자 한다.

1991년 1월 1일 명륜 묵연제에서

편자 씀

머 리 말

외국어 해독에 있어서 가장 중요한 것은 어휘의 정확한 뜻을 파악하는 일이며 이를 위해서는 무엇보다 자국어로된 외국어 사전을 필요로 한다.

터키어는 한국어와 함께 알타이어족에 속하는 언어로서 한국어와 한국인의 뿌리를 찾아 밝혀내는 데에 중요한 외국어이다. 그럼에도 불구하고 우리의 사회현실은 터어키어 · 한글 사전 편찬사업에 필요한 여건을 하나도 갖추지 못하였고, 더욱이 수요의 부족에 밀려 출판의 기회를 전혀 얻지 못하였다.

다행히 편자의 노력을 아껴준 터키 정부가 출판비의 일부를 부담하게 된 것을 계기로 문교부와 한국외국어대학교의 지원으로 이 사전이 빛을 보게 되었음을 크게 기뻐하는 바이다.

모든 저술이 그러하겠으나 특히 사전편찬이란 대단히 어려운 일인줄로 알고 있는 바이긴 하나 후학들의 터키어 해독과 연구 뿐만 아니라 뜻있는 알타이어 연구 종사자들에게 작으나마 도움이 되고자 감히 용기를 가져 보았다. 그러나 원래 언어학자도 아닌 편자로서 처음 시도해 보는 이 일에 과연 소임을 다 하였는지 근심과 두려움이 앞선다. 전문가 및 이용자 여러분들의 지도와 가르침을 받아 더욱 알차고 충실한 사전으로 시정할 수 있도록 계속 노력할 것을 다짐한다.

끝으로 이 사전의 발간을 위해 출판비를 부담해 준 터키정부, 문교부와 한국외국어대학교에, 집필에 격려와 도움말을 준 Altan Kaynak, Cihat Özönder, Ali Rıza Balaman교수에게, 그리고 원고정리와 교정에 노고를 아끼지 않고 도움을 준 한국외국어대학교 터키어과 학과장 김대성 교수와 우덕찬, 권혜숙 조교, 그리고 현재 터키에 유학중인 연규석 군 등에게 깊은 감사의 뜻을 드린다.

1987년 월

저 자

축　사

수세기를 통하여 형성되는 사회·문화적 성격을 지닌 언어가 한 나라의 문화, 사회구조, 사회생활에, 그리고 나아가서는 그 나라와 다른 나라와의 관계 및 문화적 접근에도 영향을 미쳤음은 틀림없는 일이다.

지리적으로 매우 먼 거리에 있음에도 불구하고 서로 닮은 여러 가지 풍습, 관습, 전통 등을 지니고 있는 터키인과 한국인 사이의 유사점들을 어느 정도까지는 양국 언어의 공통된 뿌리, 즉 우랄 알타이 어족을 근거로 밝혀내고 이러한 방법으로 두 집단간의 근원적 관계를 수천년 전으로 소급시키는 문화적 교호 작용에 있어서 언어 요소의 중요성을 강조하는 매우 적절한 일일 것이다.

이러한 관점에서 한국외국어대학교 터키어과 학과장인 존경하는 서재만 교수의 많은 노고와 헌신으로 발간된 이 터키어-한글 사전을 터키와 한국간의 전통적 문화관계의 발전에 획기적인 업적으로 평가하고 싶다.

이 사전은 양국에서 터키어와 한국어에 관하여 연구하는 학생, 교수 및 연구인 이외에도 날로 활동을 증대시키고 있는 기업인들이 항시 애용할 값진 책으로 생각된다.

실로 대단히 유용한 이 책을 세상에 내놓은 존경하는 서 교수와 그리고 이 작업에 그를 도운 터키어과의 유능한 소속원들에게 이 성공적 업적을 계기로 깊은 축하의 뜻을 드린다.

1987년 2월 서울에서

유누스·귀첼 주한 터키 대사

Kutlama

Asırlar boyunca şekillenen bir sosyo-kültürel olay niteliği taşıyan dil'in bir ülkenin kültürünü, sosyal bünye ve yaşantısını olduğu kadar o ülkenin diğer ülkelerle olan ilişkisini ve kültürel yakınlaşmasını etkilediği bir gerçektir.

Coğrafi konumları bakımından birbirlerine çok uzak olmalarına rağmen birbirlerine benzer birçok örf, adet ve geleneklere sahip olan Türk ve Kore toplumları arasındaki yakınlıkları bir ölçüde dillerinin ortak bir kökene, Ural-Altay dil grubuna dayanması ile açıklamak ve bu suretle iki toplum arasında kaynağı binlerce yıl geriye giden kültürel etkileşmede dil unsurunun önemini vurgulamak isabetli olacaktır.

Bu bakımdan Hankuk Yabancı Etütler Üniversitesi Türkçe Bölümü Başkanı Sayın Profesör Jae Mahn Suh'un büyük emek ve özveri ile meydana getirmiş olduğu bu Türkçe-Korece Sözlüğü Türkiye ve Kore arasındaki geleneksel Kültür ilişkilerinin gelişmesine yönelik değerli bir katkı olarak nitelendiriyorum.

Bu Sözlüğün iki ülkede Türk ve Kore dilleri üzerinde çalışmalar yapan öğrenciler, Üniversite öğretim üyeleri ve araştırmacıların yanısıra etkinlikleri her geçen gün artan iş adamlarının her zaman baş vurabilecekleri kıymetli bir eser olduğu kanısındayım.

Gerçekten çok yararlı bu eseri vücuda getiren Sayın Profesör Suh ile çalışmalarında kendisine yardımcı olan Türkçe bölümünün değerli mensuplarını bu başarılarından dolayı içtenlikle kutluyorum.

Yunus GÜÇEL
Türkiye Büyükelçisi

Seul Şubat 1987

추 천 사

터어키말에 널리 쓰이는 속담이 하나 있다. 즉 "짐승은 냄새로, 사람은 말로써 서로 사귄다." 사람을 자연계의 다른 생물과 구분하는 특징 중의 하나인 언어는 사람과 사람 사이의 통교의 필요성에서 발생한 산물이다. 단 두 사람이라도 함께 한 자리에서는 사회·문화적 행위가 시작되는데 여기에는 대화를 통한 통교가 우선한다. 지구는 기술의 힘에 의해 갈수록 작아지는 반면, 인구는 날로 늘어 약 45억의 인류가 살고 있다. 이리하여 언어를 매체로 한 말과 글을 통한 상호이해의 중요성이 인구증가에 비례하여 증대되고 있다.

언어는 문화의 산물이다. 문화는 각기 생활양식에 알맞고 필요한 어휘를 만들어 그 문화에 조화된 언어를 만들어 낸다. 이러한 연유로 지구상에는 하나 이상의 생활양식이 있으니 하나 이상의 언어가 있음도 자연스런 일이다. 세계는 축소되고 인간관계는 갈수록 증가하고 긴밀하여져 한 문화의 언어가 다른 문화에서도 통용될 필요성이 생겼고, 이리하여 인간은 자기 문화의 모국어 이외에 다른 언어도 배우고 쓰게 되었다. 예를들면, 한국에서 한국인에게 가르쳐지는 터어키어, 터어키에서 터어키인에게 가르쳐지는 한국어는 두 나라 사이의 역사적 과거에 있었던 관계가 오늘날 더욱 증대된 결과이다.

모든 언어는 각 언어에서 사용되는 어휘수에 따라 풍부해진다. 이 어휘들은 사전이라 부르는 책에 모아지고, 설명되고, 정의되고, 그리고 보기글이 주어지기도 한다. 이 때문에 사전 없이 외국어를 배운다는 것은 매우 어렵고, 어려운 만큼 또한 고생스럽다. 바로 이 고통을 덜어주고자 한국 외국어 대학교 터어키어과 교수 서재만 박사가 한국에서 처음으로 헌신적인 노력과 심혈을 기울여 만든 이 터어키어-한글 사전을 아낌없는 찬사와 갈채로 환영하는 바이다.

터어키어-한글 사전을 편찬한 서 박사를 위시하여 이 사전의 편찬과 인쇄에 물질적, 정신적으로 협력한 분들에게 축하를 드린다. 한국에서 터어키어를 배우는 학생들, 그리고 터어키에서 한국어를 배우는 학생들, 한국·터어키 사이의 문화 및 교역관계에 종사하고 있거나 또는 이 분야에

종사하고자 하는 분들, 그리고 우랄·알타이 어족에 관심을 갖고 있는 분들에게 이 사전을 진심으로 추천하는 바이다.

1987년 2월 서울에서

한국외국어대학교 터어키어과
초빙교수 알리·르자·발라만
(인투학 박사)

Tavsiye Sözü

Türkçede çok kullanılan ünlü bir atasözü vardır: Hayvanlar koklaşa koklaşa, insanlar konuşa konuşa anlaşırlar. Insanı doğadaki öteki canlı varlıklardan ayıran özelliklerden biri olan dil, insanın insanla anlaşması gereksinmesinden doğan bir üründür. En az iki insanın bir arada bulunduğu yerde sosyo-kültürel bir olay başlar ve bu olayda, konuşarak anlaşma hemen ön sıraya geçer. Teknolojinin gücü oranında giderek küçülen dünyamızda, giderek çoğalan bir oranda yaklaşık olarak Dörtbuçuk Milyar insan yaşamakta; böylece, dil aracılığıyla konuşarak (yazışarak) anlaşmanın önemi de insan sayısı oranında artmaktadır.

Dil, bir kültür (yaşam biçimi) ürünüdür. Kültürler, kendi yaşam biçimlerine uygun gereksinme duydukları sözcükleri yaratarak kendilerine benzer dillerini yaparlar. Bu nedenle, dünyamızda birden fazla yaşam biçimi olduğundan birden fazla da dilin varolması doğal bir gerçektir. Küçülen dünyamızda giderek büyüyen ve de yoğunlaşan insanlararası ilişkiler, bir kültürün dilinin öteki kültürde konuşulması gereksinimini de beraberinde getirdi ve böylece insanlar, kendi kültürlerinin anadili yanında başka dilleri de öğrenmek ve kullanmak zorunda kaldılar. Örneğin, Kore'de Korelilere öğretilen Türkçe, Türkiye'de Türklere ögretilen Korece, iki ülke arasındaki tarihsel geçmişe dayanan ilişkilerin günümüzde artmasının bir souncudur.

Her dil, o dilde kullanılan sözcük sayısı oranında zengindir. Bu sözcüklerse "Sözlük" denilen kitaplarda toplanır; orada açıklanır, tanımlanır ve de örneklendirilir. Bu nedenle sözlük olmadan (kullanılmadan) bir yabancı dil öğrenmek zor, zor olduğu kadar da derttir. İşte, bu derde bir derman (ilaç) olmak üzere Hankuk Yabancı Araştırmalar Üniversitesi, Türkçe Bölümü Öğretim Üyelerinden Pro. Dr. Jae Mahn SUH' un Korede ilk kez, özveri içerisinde ve üstün çaba harcayarak meydana getirdiği Türkçe-Korece Sözlük, takdirle ve de övgüyle karşılanmıştır.

Türkçe-Korece Sözlüğü hazırlayan Dr. SUH başta olmak üzere bu sözlüğün hazırlanmasında ve basılmasında maddî (parasal) ve manevî katkıları olanları kutlar; Korede Türkçe öğrencilerine, Türkiyede Korece öğrenenlere, Kore-Türkiye arasında kültürel ve ticarî ilişkileri olanlara ya da bu ilişkileri kurmak isteyenlere, Ural-Altay Dilleri Ailesi'ne ilgi duyanlara bu süzlüğü içtenlikle salık veririm. Nisan, 1987. SEOUL.

Ali Rıza BALAMAN
(Sosyal Antropolog, Ph.D.)
Hankuk, Yabancı Araştırmalar Üniversitesi, Türkçe Bölümü
Konuk Öğretim Üyesi.

일 러 두 기

이 사전은 알타이어계의 두 언어 즉 터어키어 · 한글사전으로서 터어키어와 한글만을 사용하였으며 일체의 한자를 쓰지 않았다. 그 편찬 방침을 간단히 설명하면 다음과 같다.

Ⅰ. 어휘의 수록

(1) 터어키어의 일반 어휘 가운데에서 중요성과 빈도수 등을 참작하여 엄선 하였다.

(2) 이 외에도 학습과 실무에 필요한 중요 고유명사, 학술 전문어, 약호, 상용 외래어, 관용어구, 속담 등을 수록하였다.

(3) 터어키어 알파벨 순으로 배열하였다.

Ⅱ. 표제어

(1) 찾아보기 쉽게 한 단어를 한 표제어로 내세웠다. 주로 터어키어학회에서 출판된 Türkçe Sözlügü 제 5 판(1969)에 따랐다.

(2) 같은 낱말에 두가지 철자가 있을때 터어키어학회에서 출판된 Yeni Yazım Kılavuzu, 8. Baskı · (1975)를 참고 하였다.

(3) 속담이나 성구어는 그 첫머리의 말에 해당하는 표제어에 붙여 정리하였다.

(4) 표제어 마다 품사를 표시하였다.

Ⅲ. 기호와 약어

(1) 기호

〔 〕	전문어의 분야 표시
( )	역어의 보충 설명
～	표제어의 반복
,	유사한 둘 이상의 역어
;	서로 다른 역어
→	참고

(2) 약어

b.	bileşik	(합성)
bağ.	bağlaç	(접속사)
e.	edat	(독립사)
f.	fiil	(동사)
is.	isim	(명사)
öz.	özel	(고유)
s.	sıfat	(형용사)
ünl.	ünlem	(감탄사)
z.	zamir	(대명사)
zf.	zarf	(부사)

알 파 베(ALFABE)

인쇄체		필기체		문자명
대문자	소문자	대문자	소문자	
A	a	A	a	a
B	b	B	b	be
C	c	C	c	ce
Ç	ç	Ç	ç	çe
D	d	D	d	de
E	e	E	e	e
F	f	F	f	fe
G	g	G	g	ge
Ğ	ğ	Ğ	ğ	yumuşak ge
H	h	H	h	he
I	ı	I	ı	ı
İ	i	İ	i	i
J	j	J	j	je
K	k	K	k	ke
L	l	L	l	le
M	m	M	m	me
N	n	N	n	ne
O	o	O	o	o
Ö	ö	Ö	ö	ö
P	p	P	p	pe
R	r	R	r	re
S	s	S	s	se
Ş	ş	Ş	ş	şe
T	t	T	t	te
U	u	U	u	u
Ü	ü	Ü	ü	ü
V	v	V	v	ve
Y	y	Y	y	ye
Z	z	Z	z	ze

발 음

문자	발음기호	예	한국어 대 조	비고
A	a	adam, at, ay, masa, yaş	ㅏ	â=ya
	a:	adet, muharebe, iade	ㅏ:	
B	b	baba, bacak, baş, beş, bir	ㅂ	
C	dz	cam, cadde, cuma, gece	ㅈ	
Ç	tc	çabuk, çay, çocuk, çok	ㅊ	
D	d	diş, dudak, dokuz, deniz	ㄷ	
E	ɛ	el, ev, et, ekmek, gelmek	ㅔ	
	e	demek, yemek, vermek, bel	ㅐ	
G	g	gece, geç, göl, gün, güneş	ㄱ	
Ğ	ə	bağ, çağ, dağ, sağ, yağ	ㅓ	
	a	ağaç boğaz, armağan	ㅏ	
	u	soğuk, uğur, kuğu, doğu	ㅜ	
	y	beğenmek, düğüm, düğün	ㅖ	
H	h	hava, hangi, hoca, hafta	ㅎ	
I	ə	açık, halı, ışık, kıl, yıl	ㅓ	
İ	i	iki, isim, iyi, kim, kitap	ㅣ	î=yi
J	ʤ	garaj, jandarma, jeolog	ㅈ	
K	k	ak, kış, kuş, kalem, küçük	ㅋ	
L	l	bal, dal, dil, elma, gül	ㄹ	
M	m	mum, muz, mendil, mektup	ㅁ	
N	n	ne, anne, nehir, nokta	ㄴ	
O	o	oda, oduņ on, olta, orta un,	ㅗ	
Ö	oe	çöl, göz, kömür, öğrenci	ㅚ	
P	p	para, park, pencere, pamuk	ㅍ	
R	r	araba, duvar, perde, pazar	ㄹ	
S	s	su, sen, ses, sekiz, saat	ㅅ	
Ş	ʃ	boş, baş, taş, düş, şimdi	쉬	
T	t	toz, top, tahta, tebeşir	ㅌ	
U	u	bu, burun, kutu, uzun	ㅜ	
Ü	y	üç, güz, büyük, yüz, üzüm	ㅟ	
V	w	deve, evet, var, yuva	ㅘ	
Y	j	ayak, kaya, yedi, yol, yok	ㅑ	
Z	z	az, söz, zor, zaman, zarf	ㅈ	

동사의 활용 (demek)

직 설 법

	단 순 시 제	복 합 시 제		
		서 술 형	보 고 형	조 건 형
현재형	diyorum diyorsun diyor diyoruz diyorsunuz diyorlar	diyordum diyordun diyordu diyorduk diyordunuz diyordular	diyormuşum diyormuşsun diyormuş diyormuşuz diyormuşsunuz diyormuşlar	diyorsam diyorsan diyorsa diyorsak diyorsanız diyorsalar
부정현재형	derim dersin der deriz dersiniz derler	derdim derdin derdi derdik derdiniz derdiler	dermişim dermişsin dermiş dermişiz dermişsiniz dermişler	dersem dersen derse dersek derseniz derseler
미래형	diyeceğim diyeceksin diyecek diyeceğiz diyeceksiniz diyecekler	diyecektim diyecektin diyecekti diyecektik diyecektiniz diyecektiler	diyecekmişim diyecekmişsin diyecekmiş diyecekmişiz diyecekmişsiniz diyecekmişler	diyeceksem diyeceksen diyecekse diyeceksek diyecekseniz diyecekseler
가시적과거형	dedim dedin dedi dedik dediniz dediler	dediydim dediydin dediydi dediydik dediydiniz dediydiler		dediysem dediysen dediyse dediysek dediyseniz dediyseler
불가시적과거형	demişim demişsin demiş demişiz demişsiniz demişler	demiştim demiştin demişti demiştik demiştiniz demiştiler	demişmişim demişmişsin demişmiş demişmişiz demişmişsiniz demişmişler	demişsem demişsen demişse demişsek demişseniz demişseler

가 정 법

	단순시제	복합시제	
		서술형	보고형
조건형	desem	deseydim	deseymişim
	desen	deseydin	deseymişsin
	dese	deseydi	deseymiş
	desek	deseydik	deseymişiz
	deseniz	deseydiniz	deseymişsiniz
	deseler	deseydiler	deseymişller
원망형	diyeyim	diyeydim	diyeymişim
	diyesin	diyeydin	diyeymişsin
	diye	diyeydi	diyeymiş
	diyelim	diyeydik	diyeymişiz
	diyesiniz	diyeydiniz	diyeymisşiniz
	diyeler	diyeydiler	diyeymişler
필수형	demeliyim	demeliydim	demeliymişim
	demelisin	demeliydin	demeliyimşsin
	demeli	demeliydi	demeliymiş
	demeliyiz	demeliydik	demeliymişiz
	demelisiniiz	demeliydiniz	demeliymişsiniz
	demeliler	demeliydiler	demeliymişler
명령형	–		
	de		
	desin		
	–		
	deyin, deyiniz		
	desinler		

A, a

A, a ① 터어키어 자모의 첫 글자; 〔음악〕 라 음계; ~'dan z'ye kadar 처음부터 끝까지, 모두; 전혀.
a ② *ünl.* 아!
-a (-na, -ya) 〔문법〕 명사 격변화의 여격어미.
aba *is.* 소매 없는 망또; Birine ~yı yakmak ~에게 사랑에 빠지다.
abacı *is.* 망또 상인 또는 제조업자.
abacılık *is.* 망또 상업 또는 제조업.
abajur *is.* 등잔 갓.
abalı *s.* 망또를 입거나 걸친; 나약한, 가난한, 불쌍한.
abanmak *f.* 기대다; 의존하여 살다, 기생하다.
abanoz *is.* 〔식물〕 흑단.
abanozgiller *ç. is.* 〔식물〕 흑단과.
abartı *is.* 과장
abartılma *is.* 과장됨.
abartılmak *f.* 과장되다.
abartma *is.* 과장.
abartmak *f.* 과장하다.
abes *s.* 어리석은, 현명치 못한, 무용한; ~le uğraşmak 헛일하다, 하찮은 일로 시간을 낭비하다, 쓰잘데 없는 일을 하다.
abi *is.* 〔속어〕 형, 형님.
abide *is.* 기념물, 기념비; millî ~ 국민적 기념비; zafer ~si 승전 기념비.
abidevî *s.* 기념할 만한, 기념비의, 기념비적.
abla *is.* 누나, 누이.
ablalık *is.* 누나 노릇, 누이 역.
abluka *is.* 봉쇄, 폐쇄; 차단, 두절.
abone *is.* (신문, 출판물 등) 구독 예약; 구독 예약자; ~ olmak 구독 예약을 하다, 예약 신입하다; ~ şeraiti 구독예약 조건; ~ ücreti 구독 예약금.
abonelik *is.* 구독 예약; ~ inden vazgeçmek 구독 예약을 해약하다.
abonman *is.* 정기구독 예약자.
abstre *s.* 추상의, 추상적.
abuk sabuk *zf.* 되는 대로, 이치에 맞지 않게; ~ ~ konuşmak 전혀 생각지도 않고 말을 하다, 조리에 맞지 않는 말을 하다.
abur cubur *zf.* 뒤죽박죽.
acaba *zf.* 어쩌면, 혹시.
Acar *öz. is.* 그루지아인.
acar *s.* 튼튼한, 강건한; 의욕적인, 정력적인, 원기왕성한; 용감한, 용기있는, 대담한: 영리한, 영민한, 재치있는; 교활한, 약삭빠른.
acayip *s.* 이상한, 괴상한, 묘한, 우스꽝스런; ~ kıyafet 이상스런 옷, 우스꽝스런 옷; ~ hava 이상한 날씨; ~ bir hayvan 이상한 동물; ~ şey 이상한 일, 우스꽝스런 일, 괴상한 일, 묘한 일.
acayiplik *is.* 이상함, 묘함; Bunda bir ~ var 여기에 좀 묘한데가 있다, 석연치 못한 점이 있다.
accelerando *zf.* 〔aççelerando〕 〔음악〕 차차 빠르게.
acele *s.* 급한, 위급한; *zf.* 급히,

속히; ~ etmek 서두르다, 급히하다; 재촉하다.

aceleci *s.* 성급한, 조급한, 참을성이 없는.

Acem *öz. is.* 이란인, 페르시아인; ~ halısı 페르시아 양탄자; ~ kılıcı 페르시아 칼.

Acemce *öz. is.* 페르시아어, 이란어.

acemi *s.* 서투른; ~ öğretmeye vaktim yok 상대가 되지 않는 사람과 논쟁하지 않겠다.

acemilik *is.* 서투름, 서투른 태도.

acenta, acente *is.* 대리인, 중계인, 거간; 지점, 대리점.

acentalık *is.* 대리업, 대리점업, 대리권.

acı ① *s.* 매운, 쏘는, 쓴, 쓰린, 독한; 고통스런, 아픈, 애통한, 비통한, 애타는; ~ hatıra 쓰라린 기억; ~ söz 고언; ② *is.* 고통, 애통, 슬픔; ~sını çekmek 고통을 당하다; ~sını çıkartmak 고통을 덜다.

acıklı *s.* 슬픈, 괴로운, 비통한, 비참한.

acıkmak *f.* 배가 고프다, 허기가 나다, 시장하다.

acılanmak *f.* 매워지다, 써지다.

acılı *s.* 매운, 쓴.

acılık *is.* 매운것, 쓴것.

acıma *is.* 동정, 동정심.

acımak *f.* 아프다, 고통을 느끼다, 마음이 아프다, 불쌍히 여기다; 동정하다; 억울해하다.

acımasız *s.* 동정심이 없는, 무정한, 냉정한.

acımsı *s.* 약간매운, 매운듯한; 약간 쓴.

acımtırak *s.* 매운듯한, 쓴 듯한.

acındırmak *f.* 동정을 불러 일으키게하다.

acıtmak *f.* 아프게 하다, 고통을 주다; 맵게하다, 쓰게하다.

acıyıcı *s.* 고통을 쉽게 느끼는.

acibe *is.* 진기한 일이나 물건.

âcil *s.* 긴급한; ~ tedbirler 긴급조치; ~ lüzüm 긴급.

acip *s.* 낯선, 생소한, 색다른, 이상한, 기묘한.

âciz *s.* 무력한, 무능한; ~ kalmak 할 수 없다.

acuze *is.* 노파.

aç *s.* 배고픈, 시장한, 기아의; 욕심많은, 탐욕스런; *is.* 시장, 기아; 가난뱅이; ~ından ölmek 굶어서 죽다, 배가 고파 죽을 지경이다; ~ ~ına 굶고서, ~ bırakmak 굶기다; ~ doyurmak 굶주린 자를 먹이다; ~ kalmak 굶다, 굶주리다; ~ karın 빈속, 공복.

açacak *is.* (병)마개뽑이, 깡통따개.

açan *s.* 여는.

açar *is.* 열쇠.

açgözlü *s.* 욕심많은, 탐욕스러운.

açgözlülük *b. is.* 탐욕, 욕심.

açı *is.* 〔수학〕 각, 각도; dar ~ 예각; dik ~ 직각; dış ~ 외각; düzlem ~ 평각(2 직각); geniş ~ 둔각; iç ~ 내각.

açık ① *s.* 열린, 개방된, 봉하지 않은; 트인, 뚫린, 개통된; 벗은; 빈; 차이가 나는; 업무중인; 공개적, 명백한, 〔색깔〕 옅은, 〔날씨〕 개인; ~ deniz 공해; ~ elli 대범한, 관대한, 인심좋은; ~ hava 개인 날씨, 맑은 날씨; 옥외, 노천, 야외; ~ hava mektebi 노천학교, 야외학교; ~ hava eğlenceleri 야외 놀이; ~ hesap 외상; ~ kapı 문호개방; ~ kapı sistemi, ~ kapı usulü 문호개방체제; ~ kapı siyaseti 문호개방정책; ~ mektup 개봉우편; ~ saçık 음난한; (옷을)걸친듯 만듯, 반나체의; ~ şehir 무방비도시; ~ yer 노천, 옥외, 넓은곳, 야외, 공지; ② *is.*

노천, 옥외, 넓은곳, 야외; [경제] 차액; ~ vermek 적자가 나다; 차액이 생기다; ~a çıkmak 분명해지다, 밝혀지다. ~a vermek, ~a vurmak 밝히다; ~ta, bırakmak 무직으로 두다; ~ta kalmak 무직이 되다; ③ *zf.* 솔직히, 공개적으로; ~ konuşmak 공개적으로 말하다. 솔직히 이야기 하다; ~ okumak 낭독하다

açıkçâ *zf.* 공개적으로, 솔직히 명백히, 허심탄회하게.

açıkgöz *s.* 교활한, 얌체의, 약싹빠른.

açıkgözlük *b. is.* 얌체, 교활.

açıklama *is.* 설명, 해설, 해명.

açıklamak *f.* 설명하다, 해설하다, 해명하다.

açıklanmak *f.* 설명되다, 해명되다.

açıklayıcı *s.* 설명하는 해명하는.

açıklık *is.* 차이, 거리, 넓이; 설명, 해설; (색깔) 농담; 공간, 공지; 시야.

açılış *is.* 개막; 개관, 개업; ~ töreni개회식, 개막식.

açılmak *f.* 열리다, 개방되다. 개최되다. (기분) 풀리다; 트이다; 뚫리다, 개통되다.

açlık *is.* 기아, 굶주림, 시장; 가난.

açmak *f.* 열다, (불을) 켜다, (전등을) 켜다, 개최하다, 개회하다, 설립하다, 개통하다.

açtırmak *f.* 열게하다.

ad *is.* 이름, 성명, 명성, 명망; adı geçen언급한, (위에) 설명한, 상술한.

ada *is.* 섬.

adabımuaşeret *is.* 윤리 도덕.

adacık *is.* 작은 섬.

adagio〔adaco〕 *zf.* 〔음악〕 서서히, 느리게; *is.* 느린곡조.

adak *is.* 제물, 희생물.

adaklı *s.* 제물이된.

adale *is.* 근육.

adaleli *s.* 근육의; 강한.

adalet *is.* 정의, 공정; 사법.

adaletli *s.* 정의로운, 공정한.

adaletsiz *s.* 부정의, 부정한, 공정치 못한.

adaletsizlik *is.* 부정, 불의, 불공정.

adalı *s.* 섬이 있는, 섬형태의; *is.* 섬사람.

adam *is.* 사람; 남자; 인간; 개인; 인물, 훌륭한 사람; ~ başına 한사람에, 사람마다; ~ etmak 사람을 만들다, 잘 키우다; ~ gibi 예의 바르게, 신사답게; ~ına göre 개인에 따라, 사람에 따라; ~olmak 사람이되다, 인간이 되다, 신사가 되다, 훌륭한 인물이 되다; ~ olmaz 교정할 수 없는, 구제할 수 없는, 희망없는, 장래성이 없는; ~ sen de 염려말라, 걱정말라.

adamak *f.* 몰두하다, 심취하다, 깊이 빠지다, 맹세하다, 약속하다.

adamakıllı *zf.* 완전히, 철저히; 심히.

adamca *zf.* 사람답게, 인간답게.

adamcağız *is.* 〔속어〕 사람, 인간.

adamcık *is.* 〔비칭〕 사람, 치.

adamcıl *s.* 길들여진.

adamlık *is.* 사람됨, 인간성.

adaptasyon *is.* 개작; 각색; 개작물; 적응, 순응.

adapte *s.* 개작의, 객색의 : ~ etmek 개작하다, 각색하다; 순응하다, 적응하다.

adaş *is.* 동명이인, 같은 이름을 가진 사람.

adatavşanı *b. is.* (일종의)들 토끼.

adcay *is.* 후보, 후노자.

adaylık *is.* 후보.

addetmek *f.* 셈하다, 계산하다, 치다.

addolunmak *f.* 셈되다, 계산되다.

Âdem *öz. is.* (성서의) 아담; ~elması〔해부〕결후.
ademoğlu *b. is.* 인간, 인류.
adet *is.* (수) 개.
âdet *is.* 습관, 관습; 풍습, 습속, 풍속.
âdeta *zf.* 즉시, 즉각, 곧.
adım *is.* 보, 걸음; ~~ 한 걸음 한 걸음, 계단적으로, 단계적으로, 순서있게; ~ atmak 발을 내 딛다; ~ başında 아주 가까운 곳에서, 바로 코 앞에서; ~ını geri almak 시작했던 일에서 후퇴하다.
adımlamak *f.* 걸음으로 재다.
adi *s.* 보통의, 평범한, 일상의; 범속한, 열등한, 낮은, 저속한, 천박한, 비속한; ~ gün 평일; ~ bir hareket 천박한 행동; ~ mektup 보통우편.
âdil *s.* 공평한, 공정한.
adilik *is.* 천박, 저질.
adlandırmak *f.* 이름짓게 하다, 이름붙이게 하다.
adlanmak *f.* 이름짓다, 이름 붙이다.
adlı *s.* 이름의, 이름으로 된.
adlî *s.* 법의, 법적; 사법적.
adliye *is.* 사법; 법원; ~ bakanı 법무부장관; ~ bakanlığı 법무부; ~ sarayı 법원.
adliyeci *is.* 법률가, 법조인.
adres *is.* 주소 ~ rehberi 주소록.
Adriyatik(denizi) *öz. is.* 아드리아해.
adsız *s.* 이름없는, 무명의; ~ parmak 무명지.
af *is.* 용서, 면제, 해제; 면직, 해고; 퇴거, 해산, 사면; 각하, 기각; genel(umumî) ~ 일반사면, özel(hususî) ~ 특별사면.
afacan *s.* 개구장이의.
afaki *s.* 피상적인, 천박한; 객관적인, 편견이 없는.
aferin *ünl.* 장하군! 잘했군! 부라보!; *is.* (성적등급) 수.
affetmek *f.* 용서하다, 사하다; affedersiniz! 용서하여 주십시요! 사과합니다, 실례합니다, 죄송합니다.
Afgan *öz. is.* 아프카니스탄; 아프카니스탄인.
Afganlı *öz. is.* 아프카니스탄인.
afiş *is.* 포스터, 프라카드.
afiyet *is.* 건강, afiyet olsun! (식사 전·후 인사) 당신의 건강을 빕니다.
Afrika *öz. is.* 아프리카주.
Afrikalı *öz. is.* 아프리카 사람, 아프리카인.
afyon *is.* 아편.
ağ *is.* 그물; ~ atmak(bırakmak) 그물을 치다, 그물을 놓다; ~ yatak 달아맨 그물침대, 함목크; ~ı çekmek 그물을 당기다, 그물을 거두다; ~ına düşürmek 덫에 걸리게 하다, 그물에 빠지게 하다.
ağa *is.* (유지에게 붙이는 칭호) 선생, 님;〔역사〕지주.
ağabey *b. is.* 형;〔역사〕지주.
ağabeylik *b. is.* 형노릇;〔역사〕지주노릇.
ağaç *is.* 나무.
ağaçlanmak, ağaçlandırmak *f.* 수림화하다.
ağaçlı *s.* 나무가 있는, 나무가 많은.
ağaçlık *is.* 수림지, 산림지, 숲.
ağaçsız *s.* 나무가 없는.
ağarma *is.* 여명.
ağarmak *f.* 희어지다, 백발이 되다, (머리가) 새다; 밝아지다.
ağartmak *f.* 희게하다.
ağıl *is.* (가축의) 우리.
ağır *s.* 무거운; 어려운, 심각한; 중대한, 커다란; ~ başlı 신중한, 점잖은, 침착한, 정중한, 진실한, 진지한; ~ başlılık 침착, 정중, 신중, 진실, 지지; ~ ceza 형사죄; ~ ceza mahkemesi 형사법원.
ağırlamak *f.* 대접하다. 모시다.

ağırlaşmak *f.* 무거워지다, 어려워지다, 곤란해지다, 중대해지다.
ağırlaştırmak *f.* 무겁게 만들다, 어렵게 만들다.
ağırlık *is.* 무게, 체중, 중량; ~ merkezi 무게중심; özgül ~ 비중.
ağıryağ *b. is.* 중유.
ağıt *is.* 곡, 울음.
ağız *is.* 입, 입구, (병따위의) 주둥이, (동물의) 주둥이.
ağızbirliği *b. is.* 함께, 동시에 이구동성으로.
ağızlık *is.* 물뿌리; (취주악기의) 취구; 굴레.
ağlamak *f.* 울다, (새따위가) 지저귀다.
ağlaşmak *f.* 함께울다.
ağlatmak *f.* 울리다.
ağrı *is.* 고통, 통증, (산모의) 진통; ~sı tutmak 진통하기 시작하다.
Ağrı dağı *öz. is.* 아으르산(5,165 m로 터어키의 최고봉).
ağrımak *f.* 아프다.
ağrısız *s.* 통증이 없는, 아프지 않은, 무통의.
ağrılı *s.* 아픈, 통증이 있는.
ağrıtmak *f.* 아프게 하다, 통증을 일으키다.
ağustos *is.* 팔월.
ağustosböceği *b. is.* 〔곤충〕매미.
ağuş *is.* 가슴, 흉부 : 한 아름.
ah *ünl.* 아! 오! 어머나! 아이! 어이! 아하! 오호!
ahali *is.* 주민, 인구, 공민.
ahbap *is.* 친구, 친지.
ahbapça *zf.* 친구로서, 친지로서.
ahbaplık *is.* 친구의 정, 우정; ~ etmek 우정을 나누다.
ahçı, aşçı *is.* 요리사.
ahçıbaşı *b. is.* 주방장.
ahçılık *is.* 요리사업.
ahdetmek *f.* 맹세하다, 서약하다.
Ahdiatik *öz. is.* 구약성서.
Ahdicedit *öz. is.* 신약성서.
ahenk *is.* 조화.
ahfat *is.* 후손, 자손; 손자.
ahır *is.* 마구간, 외양간.
ahiret *is.* 저세상, 저승, 내세, 사후세계.
ahit *is.* 맹세; 계약.
ahitname *b. is.* 조약, 계약서.
ahlâk *is.* 도덕, 도의, 윤리.
ahlâkçı *is.* 도덕적인 사람, 윤리적인 사람.
ahlâkdışı *s.* 부도덕한.
ahlâkdışçılık *b. is.* 부도덕.
ahlâkıyat *is.* 윤리학.
ahlâkî *s.* 도덕적, 윤리적.
ahlâklı *s.* 도덕의, 윤리의.
ahlâklılık *is.* 도덕적태도, 도덕적 상태.
ahlâksız *s.* 비도덕적, 부도덕적, 비윤리적.
ahlâksızlık *is.* 비윤리적 상태, 부도덕적 상태; 비윤리적 태도.
ahret *is.* 저세상, 저승, 내세.
ahşap *s.* 목조의, 목재의; ~ ev 목조가옥, ~ köprü 나무다리.
ahtapot *is.* 〔동물〕낙지.
ahval *is.* 상태, 상황, 처지, 환경; 태도.
aile *is.* 가족, 가정; 속, 족; ~ reisi *is.* 가장.
ailece *zf.* 가족과 함께.
ailelik *s.* 가족의.
ailevî *s.* 가족과 관계된.
ait *s.* 속한, 예속한, 관계된, 소유의; ~ olmak 소속되다, 소유되다.
ajan *is.* 스파이, 간첩, 첩자.
ajans *is.* 통신사, 신문사; 대리점, 지사.
ak *s.* 흰, 백색의; 깨끗한, 정직한; *is.* 흰반점; 흰부분; yumurta ~ı 계란 흰자위.
akademi *is.* 아카데미; 고등전문학교.
akademik *s.* 학구적.
akanyıldız *b. is.* 〔천문〕유성.

akar *s.* 흐르는, 유동적.
akarsu *b. is.* 흐르는 물, 유수.
akaryakıt *b. is.* 액체연료.
akasya *is.* 〔식물〕 아카시아.
akbalık *is.* 〔동물〕 숭어.
akbenek *b. is.* 동공의 흰 상처.
akciğer *b. is.* 〔해부〕 폐, 허파; ~ veremi 폐병, 폐결핵.
akça *s.* 꽤 흰.
akçaağaç *is.* 〔식물〕 단풍나무.
akçayel *is.* 동남풍.
Akdeniz *öz. b. is.* 지중해.
akdetmek *f.* (조약)체결하다.
akı *is.* 흐름, 유동, 유출.
akıbet *is.* 결과; zf. 결국, 종국.
akıcı *s.* 흐르는, 유동적; ~ ünsüz〔문법〕 유음, r, l.
akıcılık *is.* 흐름, 유동; (발음) 유연; (연설) 유창.
akıl *is.* 지혜, 예지, 총명, 이성, 지능, 이해, 판단, 사고, 정신, 생각, 기지; ~ defteri 메모용 수첩; ~ etmek(akıletmek) 숙고하다, 궁리하다, ~ hastalıkları 정신병; ~ hastanesi 정신병원; ~ına gelmek 생각나다, 생각에 떠오르다; ~ında tutmak 마음속에 간직하다, 기억하다, 잊지않다; ~ından çıkmak 잊어버리다, 망각하다.
akılcılık *b. is.* 이성론, 이성주의.
akıldişi *b. is.* 사랑니.
akıllanmak *f.* 현명해지다, 이성적이 되다.
akıllanmaz *zf.* 교정할 수 없는, 어쩔 수 없는.
akıllı *s.* 현명한, 총명한, 이성적인, 지각있는, 사려있는, 명석한, 영리한.
akıllılık *is.* 지혜, 총명, 명석, 예지.
akılsız *s.* 경솔한, 지각없는, 경망한, 어리석은, 바보같은, 멍청한, 정신나간.
akılsızlık *is.* 경솔, 무지각, 경망, 경솔한 언행, 어리석음, 우둔.
akım *is.* 흐름.
akın *is.* 공격, 침노하여 약탈함; 무리, 떼; balık ~ı 고기떼.
akıncı *is.* (정규전 이전의) 유격대.
akıntı *is.* 흐름.
akış *is.* 흐름, 흐르는 상태.
âkit *is.* 계약자, ~ devleti 조약 체약국.
akkor *s.* 백열의.
akkorluk *is.* 백열.
aklık *is.* 흰상태.
aklıselim *b. is.* 상식.
akmak *f.* 흐르다, 떨어지다.
akordeon *is.* 〔악기〕 아코디온.
akort *is.* 조율.
akortçu *is.* 조율사.
akraba *is.* 친척.
akrabalık *is.* 친척관계.
akreditif *is.* 〔상업〕 신용장.
akrep *is.* 〔동물〕 전갈; (시계의) 시침.
akrobasi *is.* 곡예.
aksak *s.* 절름거리는.
aksaklık *is.* 절름거림.
aksamak *f.* 절름거리다.
aksan *is.* 액센트.
aksesuar *is.* 액세서리.
aksırık *is.* 재채기.
aksırma *is.* 재채기하기.
aksırtıcı *s.* 재채기나게하는; ~ toz 재채기나게 하는 약.
aksi *s.* 반대의, 반하는, 거꾸로, 모순된; ~ takdirde 그렇지 않고, 불연이면.
aksilik *is.* 반대, 상반, 모순, 배치; 역, 불리, 역경.
aksine *zf.* 반대로, 역으로, 거꾸로.
aksu *is.* 〔의학〕 백내장 (cataract)
akşam *is.* 밤, 저녁; *zf.* 밤에, 저녁에; ~ yemeği 저녁밥, 저녁식사; ~a doğru 저녁때 가까이, 저녁때 쯤; ~ları *zf.* 매일저녁에.
akşamcı *is.* 주정뱅이, 알콜 중독자; 야간부 학생, 야간 불침번, 야간 직업반, 야간직업에 익숙한 사람.
akşamcılık *is.* 습관적으로 술마시기; ~ etmek 습관적으로 술 마시다.
akşamgüneşi *b. is.* 황혼; 노인의 말년.
akşamlamak *f.* 저녁을 맞다; 저녁을 보내다.
akşamleyin *zf.* 저녁때, 저녁에, 밤에.
akşamlık *s.* 밤에 소용되는, 밤과 관계있는.
akşamüstü, akşamüzeri *b. zf.* 해질 무렵, 저녁 무렵, 저녁때쯤.
aktar *is.* 잡화상.
aktarcı *is.* 기와같이장이.
aktarlık *is.* 잡화상업; *s.* 잡화상점에서 파는.
aktarma *is.* 옮김, 바꾸기, 변경; (차, 비행기, 배의) 갈아타기; (글의) 인용; ~ etmek 옮기다, 바꾸다; ~ yapmak (차, 배, 비행기를) 갈아타다, (예산의) 항목을 바꾸다.
aktarmak *f.* 옮기다; 인용하다, 전재하다, 옮겨 싣다; 갈아끼우다; 비우다, 털다; (밭을) 갈다.
aktarmalı *s.* 갈아타는, 바꾸어 타는.
aktör *is.* 배우, 남우.
aktris *is.* 여배우, 여우.
aktüalite *is.* 시사, 시사문제.
aktüel *s.* 현실의, 현행의, 시사의.
akuzatif *is.* 〔문법〕 여격.
akümülatör *is.* 축전지.
akvam *c.* 민족, 종족.
akvaryum *is.* 어항, 수족관.
akyem *b. is.* 낚시, 미끼로 사용하는 생선.
al *s.* 붉은, 홍색의, 적색의, 빨간.
âlâ *s.* 좋은; ne ~! 얼마나 좋은가!
alabalık *is.* 〔동물〕 송어.
alaca *s.* 여러가지 다양한 색갈의, 잡색의, 체크무늬의; *is.* 여러 색갈로 짠 천; ~ bulaca 알록달록, 아롱다롱; ~ karanlık 좀 어두운, 반쯤 어두운.
alacak *is.* 받을 빚 또는 물건, 채권.
alacaklı *s.* 받을, 채권의; *is.* 채권자.
alacalanmak *f.* 여러가지 색갈이 되다, 잡색이 되다; 놀라거나 당황하여 얼굴색이 변하다.
alacalı *s.* 여러가지 다양한 색갈의, 체크무늬의; ~ bulacalı 아롱다롱, 알록달록, 얼룩덜룩.
alafranga *s.* 유우럽 풍의, 유우럽형의.
alafrangalık *is.* 유우럽풍, 유우럽형.
alagarson *s.* (여자가) 머리를 남자같이 깎은.
alâimisema *is.* 무지개.
alâka *is.* 관계, 연관, 관련, 근친관계; 관심.
alakabahş *s.* 관심을 끄는, 관심거리의.
alâkadar *s.* 관계된, 관련된, 관계있는; ~ olmak 관심을 갖다; 관계가 있다.
alâkalanmak *f.* 관계되다, 관심을 갖게되다.
alâkalı *s.* 관계있는, 관계된; 관심있는.
alâkasız *s.* 관계없는; 관심없는.
alâmet *is.* 표시, 표지.
alan *is.* 공지, 넓은 곳; 분야, 계; 면적; hava ~ı 비행장, 공항.
alarm *is.* 경보.
alaturka *s.* 터어키풍의.
alaturkalık *is.* 터어키풍, 터어키형.
alay ① *is.* 단, 집단, 무리, 떼; 〔군사〕 연대; ~ ~ 무리무리,

떼지어; ~ malay 무리지어.
alay ② *is.* 희롱, 놀림; ~ etmek 놀려대다, 희롱하다, 괴롭히다, 못살게굴다.
alaycı *is.* 장난을 잘 하는 사람, 놀리기 좋아하는 사람.
alaylı *s.* 장난스런, 장난기 있는, 장난기섞인.
alaz *is.* 불꽃, 화염.
albay *is.* 〔군사〕 대령.
albaylık *is.* 대령계급.
albüm *is.* 사진첩, 앨범.
albümin *is.* 단백질, 단백소.
alçacık *s.* 조금낮은, 아주 천박한.
alçak *s.* 낮은; 저속한, 비천한, 미천한, 천박한; ~ gönüllü 겸손한, 겸양한; ~ gönüllülük 겸손, 겸양; ~ gönüllülük etmek 겸손하다; ~ ses 작은소리; 〔음악〕 저음.
alçakça *s.* 꽤 낮은.
alçaklık *is.* 낮음; 천박, 비천, 비속.
alçalma *is.* 하강, 침강.
alçalmak *f.* 내려앉다, 침강하다, 하강하다.
alçaltmak *f.* 낮추다.
alçı *is.* 석고, 벽토.
alçılamak *f.* 석고 칠을 하다.
alçıtaş *b. is.* (생) 석고.
aldanç *s.* 잘 속는, 쉽게 속는.
aldanmak *f.* 속다.
aldatıcı *s.* 속이는.
aldatılmak *f.* 속다, 속임을 당하다, 사기를 당하다.
aldatmak *f.* 속이다, 사기치다.
aldırmak *f.* 대신 사도록 시키다; 관심을 갖다, 의미를 부여하다, 중요하게 여기다, 중시하다.
aldırmaz *s.* 관심없는, 무관심의
aldırmazlık *is.* 무관심.
alelacayip *s.* 아주 이상한, 기묘한, 신기한.
alelacele *zf.* 아주 급히, 매우 서둘러서, 아주 신속히.
alelade *s.* 보통의, 평상의, 범상한, 통상적인.
alelûmum *zf.* 일반적으로, 대체로.
alem *is.* 기, 터어키 및 회교국의 초생달 모양 상징물.
âlem *is.* 세계, 방면, 계; 상태, 정세; 세인, 사람들; 오락회.
alemdar *is.* 기수; 선봉장.
âlemşümul *s.* 보편적, 일반의, 세계적.
alenî *s.* 공개적.
aleniyet *is.* 공개; ~e vurmak 공개하다.
alerji *is.* 이상과민, 이상반응, 알레르기.
alet *is.* 도구, 기구, 기계.
Aleut adaları *öz. is.* 알류산 열도(Aleution Islands).
alev *is.* 불꽃, 화염.
Alevî *öz. is.* 회교의 제4대 교주; 알리를 신봉하는 교파의 교도.
Alevîlik *öz. is.* 회교의 제4대 교주 알리를 신봉하는 교파.
alevlendirmek *f.* 불꽃을 내게 하다, 불길을 세우다, 화염을 일으키다.
alevlenmek *f.* 불길을 내기 시작하다. 화염을 내다; (사태가) 악화하다.
alevli *s.* 불꽃이 있는, 화염이 생긴.
aleyhinde *zf.* 반대하여, 반하여, 대립하여; ~ olmak 대립하다, 반대하다.
aleyhtar *s.* 반대편에 서는, 대립하는.
aleykümselâm, selâmünaleyküm *ünl.* 평안을 기원합니다.
alfabe *is.* 알파벳; 초보, 서두.
alfabetik *s.* 알파벳 순의, 알파벳 순으로 된.
algı *is.* 〔철학〕 지각.
algılamak *f.* 지각하다, 인지하다.
alıcı *is.* 사는 사람, 매입자, 구

입자; 받을 사람, 수취인; ~ gözüyle bakmak 세밀히 검토하다; ~ kuş 사냥새; ~ meslek 저승사자.

alık *s.* 저능한, 우둔한.

alıklık *is.* 저능, 우둔.

alıkoymak *f.* 억지로 붙들다; 억지로 말리다, 만류하다, 저지하다; 따로 두다, 유보하다, 보류하다.

alım *is.* 획득, 취득; 소득; 〔경제〕구매; ~ satım 매매; ~ satım komisyonu 매매중개 수수료.

alımcı *is.* 징수원, 징세원.

alın *is.* 이마; 앞부분; ~ yazısı 운명, 천명, 팔자.

alındı *is.* 영수증, 수취증.

alıngan *s.* 감수성이 예민한, 과민한.

alınlık *is.* 장식용 이마걸이; 건물의 이마에 해당하는 부분의 장식.

alınmak *f.* 받아지다, 수취되다; 과민하다, 화를 잘 내다.

alırlık *is.* 〔철학〕 지각력.

alış *is.* 매입, 구입.

alışık *s.* 습관된, 습관적.

alışılmak *f.* 습관되다, 익숙하지다.

alışılmış *s.* 익숙한, 습관된.

alışkanlık *is.* 습관, 버릇.

alışkı *is.* 관습.

alışkın *s.* 버릇된, 습관된.

alışmak *f.* 익숙하다, 습관화되다; 적응되다; 버릇되다.

alıştırma *is.* 연습, 훈련.

alıştırmak *f.* 익숙하게하다, 연습시키다, 훈련시키다, 습관화시키다, 적응시키다.

alışveriş *is.* 매매; 매입, 구입; 장보기, 물건사기.

alî *s.* 숭고한, 높은.

âlim *is.* 학자; *s.* 지식이 높은, 학식이 높은.

alivre *s.* 장기청산의, 정기의; *is.* 〔상업〕 정기거래.

alkali *is.* 〔화학〕 알칼리.

alkalik *s.* 알칼리성의.

alkalimetre *is.* 알칼리 측정기.

alkaloit *is.* 알칼로이드.

alkalölçer *is.* 알칼리 측정기.

alkım *is.* 무지개.

alkış *is.* 칭찬, 박수, 갈채, 호평; ~ tutmak 손뼉을 쳐서 갈채하다, 큰소리로 만세하고 환호하다.

alkışlamak *f.* 칭찬하다, 박수치다, 갈채하다, 호평하다, 환호하다.

alkışlanmak *f.* 환영받다, 환호받다, 박수갈채로 맞다.

alkol *is.* 알코올.

alkolik *s.* 알코올의, 알코올성의, 알코올 중독의; *is.* 알코올 중독자.

alkolize *s.* 알코올화된; ~ etmek 알코올로 만들다, 알코올화하다.

alkolizm *is.* 알코올 중독.

alkollü *s.* 알코올 성분이 들어있는; ~ içkiler 알코올성 음료.

Allah *öz. is.* 신, 하나님, 초월자, 절대자; ~ ~! 아이구 하나님! 신이여! ~ acısını unutturmasın 하나님 다시는 그런 변이 없도록 하여 주십시요; ~ akıl fikir versin, ~ akıllar versin 하나님, 지혜를 주십시요; ~ aşkına 신의 가호로; 신에 대한 사랑으로; ~ bilir 하나님이나 아시리라; ~ evi 교회, 사원 등 신성한 곳; ~ ömürler versin 신의 가호로 만수무강 하시기를!; ~ rahmet eylesin 신의 은총으로 깊이 잠드소서, ~ selâmet versin 여행중에 신의 은총을!; ~ taksimi 불공평한 분배; ~yapısı 신의 창조물; ~a emanet 신에게 맡깁니다; ~a emanet olsun, ~a ısmarladık 안녕히 계

십시요; ~a şükür 신에게 감사드립니다; ~ı seversen 하나님을 사랑한다면; ~ın belâsı 신의 저주를!; ~ın cezası 천벌; ~ın işine bak 도대체 일이 어떻게 되었는지를 좀 보라; ~tan korkmaz 냉정한, 잔인한, 무정한.

allahlık *is.* 남을 해칠 줄 모르는 사람.

allahsız *s.* 신을 믿지 않는, 무신론의.

allak bullak *b. zf.* 뒤죽박죽.

allegretto *zf.* 〔음악〕 조금빨리 (알레그로와 안단테의 중간).

allegro *zf.* 〔음악〕 급속하게(안단테와 프레스토의 중간).

allı *s.* 붉은 색이 묻은, 붉은 색이 있는; ~ pullu 울긋불긋 눈을 끄는, 현란한 색갈 또는 그런 것들로 장식한.

allık *is.* 붉은 상태; 볼에 바르는 붉은색 화장품.

almaç *is.* 전화 수화기.

almak *f.* 받다, 갖다, 얻다; 사다, 구입하다; 들어가다, 포함하다, 수용하다; 들이다, 받아주다, 받아들이다, 허락하다; 듣다, 입수하다, 접수하다; 들어오다, 새다; 쓸다, 가져가다; 먹다, 걸리다, (병)들다, (총탄)맞다, 벌(받다); (치수) 재다, 기록하다; 끌다, 끌어당기다, 놓다; 꺼내다, 잘라내다, 도려내다, 베어내다; 보이다, 눈에 들어오다, 눈에 들다, 마음에 들다; 탈취하다, 점령하다; 느끼다, 감지하다, (냄새) 맡다, dikkate ~ 주의하다.

Alman *öz. is.* 독일인, 독일.

almanak *is.* 연감.

Almanca *öz. is.* 독일어, 독일문자.

Almanya *öz. is.* 독일국; Batı ~ 서독; Doğu ~ 동독.

alo *ünl.* (전화사용시)여보세요!

alp *is.* 영웅, 호걸.

Alp dağları, Alpler *ç. öz. is.* 알프스 산맥.

alt *is.* 밑, 밑바닥, 바닥, 아래; 뒤, 뒷 부분; ~~a(서로서로) 아래로~~a üst üste 막상막하; ~etmek 이기다, 승리하다; ~olmak 지다, 패하다; ~ta tarafı 나머지; 마지막; ~ını üstüne getirmek 뒤죽박죽 만들다. 혼란하게 만들다; 샅샅이 뒤지다; ~tan almak, ~tan gelmek 부드럽게 대하다, 유순하게 대하다.

altbilinc *b. is.* 〔심리〕잠재의식.

altcins *b. is.* 분류법의 아속.

altçene *b. is.* 아랫 턱.

altderi *b. is.* 속가죽, 내피.

alternatif *is.* 대안.

alternatör *is.* 교류 발전기.

Altes *is.* 〔존칭〕전하; Altesiniz! 전하!

altfamilya *b. is.* 분류법의 아과.

altgeçit *b. is.* 지하도.

altı *is.* 여섯; *s.* 여섯의; ~ okka etmek 여럿이 사지를 들고 가다.

altıgen *b. is.* 육각형; *b. is.* 육각형의; düzgün ~〔기하〕정육각형.

altıköşe *b. is.* 육각형의.

altın *is.* 금; 화폐, 돈; 금의, 금으로 만든; ~ adını bakır etmek 명성을 더럽히다; ~ anahtar her kapıyı açar 황금은 만능이다; ~ babası 뜻밖의 부자; ~ devri 황금기; ~eli bıçak kesmez 돈이 많으면 아무도 해치지 못한다; ~ kesegi 자연금괴; ~ topu 금 싸라기; ~ tutsa, toprak olur, ~a yapışsa, elinde bakır kesilir 재수가 없으면 금을 쥐어도 흙이 된다.

altınbaş *b. is.* 금딱지; *b. s.* 금도금의.

altıncı *s.* 여섯번째의.

altınlamak *f.* 금으로 장식하다,

금으로 꾸미다.
altıparmak *b. s.* 육손의.
altışar *s.* 여섯개씩의.
altmış *s.* 육십의; *is.* 육십.
altmışar *s.* 육십개 씩의.
altmışıncı *s.* 제 육십번째의.
altmışlık *s.* 육십개가 들어있는, 육십대의.
alto *is.* 〔음악〕여자의 낮은 음성.
altunî *s.* 금색의.
altüst *b. s.* 혼란한, 복잡한, 혼합한; ~ etmek 혼란하게 하다, 뒤죽박죽으로 만들다, 샅샅이 뒤지다; ~ olmak 뒤죽박죽이 되다, 혼란하게 되다.
altyapı *is.* (도로, 수도, 전기 등 사회의) 기간시설.
alüminyum *is.* 〔광물〕 알루미늄.
alyuvar *is.* 적혈구.
am *is.* 〔해부〕 여성의 성기, 음부.
ama, amma *bağ.* 그러나, 그렇지만; ~sı var 누구에게나 이유가 있다.
âmâ *is.* 장님, *s.* 장님의.
amaç *is.* 목표, 목적.
amaçlamak *f.* 목표하다, 목적삼다, 의도하다, 기도하다.
amade *s.* 준비된.
aman *ünl.* 아이구! 아!
amansız *s.* 매정한, 지독한, 혹독한.
amatör *is.* 애호가, 아마츄어; *s.* 비직업적인, 아마츄어의.
ambalaj *is.* 포장, 짐꾸리기.
ambargo *is.* 억류.
amca *is.* 아저씨, 삼촌.
amcalık *is.* 아저씨지위, 삼촌지위.
amcaoğlu *b. is.* 사촌형제, 종형제.
amcazade *b. is.* 사촌자매, 종자매.
ameliyat *is.* 수술.
ameliyathane *is.* 수술실.
Amerika *öz. is.* 미국; ~ Birleşik Devletleri 미합중국, 미국; ~ Reisicumhuru 미국대통령; Cenubî ~, Güney ~ 남미; Şimali ~, Kuzey ~ 북미.
Amerikalı *öz. is.* 미국인.
Amerikalılaşmak *f.* 미국인화하다.
Amerikan *s.* 미국인의; ~ bezi *is.* 무늬없는, 표백하지않은 무명 천.
amil *is.* 원인, 요인, 동인.
amir *is.* 장, 우두머리, 수장; 족장; 태수.
amiral *is.* 해군제독.
amirlik *is.* 태수직, 우두머리직.
amme *is.* 공중, 공민; ~ hukuku 공법; ~ hizmetleri 공무, 공용, 공공사업; ~ idaresi 일반행정.
amonyak *is.* 〔화학〕 암모니아가스, 암모니아수.
amonyum *is.* 〔화학〕 암모늄.
ampul *is.* 전구.
an *is.* 순간, 찰나, 잠시.
ana *is.* 어머니, 모친; ~ akçe 원금; ~ baba 부모, 양친; ~ baba bir 같은 부모의; ~ baba günü 혼란, 소란, 소동, 혼잡; ~ bir baba ayrı 어머니는 같으나 아버지가 다른; ~ kucağı 어머니 품, 어머니 곁; ~ para 원금.
anacıl *s.* 어머니에게 빠진.
anadil *b. is.* 기본어.
anadili *b. is.* 모국어.
anafor *is.* 거슬러 흐름, 역류; 〔속어〕 부당이익.
anahtar *is.* 열쇠, 관건.
analı *s.* 어머니가 있는.
analık *is.* 어머니 지위; 모정; 어머니 역; ~ etmek 어머니 노릇을 하다.
analiz *is.* 분석.
analjesi *is.* 〔의학〕무통, 통각상실.
analoji *is.* 유추론, 유추법.
analojik *s.* 유추의.
anamal *b. is.* 자본금, 자본.
anamalcı *b. is.* 자본가.
anamalcılık *b. is.* 자본주의.
ananas *is.* 〔식물〕 파인애플.

ananasgiller *b. is.* 파인애플과.
anane *is.* 전통, 습속, 풍속.
ananevî *s.* 전통적, 습관적, 풍속적.
anaokulu *b. is.* 국민학교.
anarşi *is.* 무정부 상태, 난세, 무질서.
anarşist *is.* 무정부주의자.
anarşizm *is.* 무정부주의.
anason *is.* 〔식물〕(미나리과의) 대회향, 대회향의 열매.
anasonlu *s.* 대회향이 들어있는, 대회향냄새가 나는.
anatomi *is.* 〔의학〕 해부, 해부학; karşılaştırmalı ~i, mukayeseli ~i *s.* 비교해부학.
anatomik *s.* 해부의, 해부학상의.
anavatan *b. is.* 고향, 고국, 모국.
anayasa *b. is.* 헌법.
anayol *b. is.* 한길, 간선도로, 국도.
anayön *b. is.* 정방향, 정동, 정남, 정서, 정북중의 하나.
anayurt *b. is.* 고향, 모국.
anca beraber kanca beraber *zf.* 불가분적으로.
ancak *zf.* 다만, 단지, 오직; 뿐, 겨우; 그러나, 그렇지만.
andaç *is.* 기념, 기념품, 기념물.
andante *zf.* 〔음악〕 느리게.
andantino *zf.* 〔음악〕약간 느리게.
andıran *s.* 상기시키는, 연상시키는.
andırış *is.* 연상; 상기.
andırışma *is.* 연상하기, 상기하기.
andırmak *f.* 상기시키다, 연상시키다.
andız *is.* 〔식물〕 금불초.
andlaşma *is.* 조약, 계약.
andlaşmalar *is.* 조약.
andlaşmak *f.* 조약을 체결하다.
Anglosakson *öz. is.* 앵글로색슨 사람.

anılmak *f.* 기억되다, 생각되다.
anıştırma *is.* 암시.
anıştırmak *f.* 넌지시 알리다, 암시하다.
anıt *is.* 기념물, 기념관, 기념비; 기록, 연대기, ~ kabir 묘, 영묘, 능.
anıtlaşmak *f.* 기념비가 되다, 기념비로 만들다.
anıtsal *s.* 기념의, 기념비의, 기념비적.
anî *s.* 순간적, 돌발적, 우발적; ~den *zf.* 순간적으로, 돌발적으로, 우발적으로.
animato *zf.* 〔음악〕 활발하게.
animizm *is.* 〔철학〕 물활론.
Ankara *öz. is.* 터어키의 수도, 앙카라.
anket *is.* 질문서, 앙케트.
anlam *is.* 뜻, 의미; 의도; ~ına gelmek 의미가 되다.
anlama *is.* 이해.
anlamak *f.* 알다, 이해하다, 깨우치다, 깨닫다.
anlamazlık *is.* 무지, 무지각, 몰이해.
anlamdaş *is.* 〔문법〕 동의어.
anlamlı *s.* 뜻이 있는, 뜻의, 의미있는, 의미의.
anlamsız *s.* 뜻이 없는, 의미없는, 무의미한.
anlaşılan *s., is.* 이해된(것), 양해된(것).
anlaşılır *s.* 이해가 되는.
anlaşılmak *f.* 이해되다; 양해되다.
anlaşma *is.* 이해, 양해, 합의, 약정, 협약.
anlaşmak *f.* 이해하다, 양해하다, 합의하다, 의견의 일치를 얻다.
anlaşmazlık *is.* 오해, 불화, 불일치.
anlatılmak *f.* 설명되다.
anlatım *is.* 설명, 해명.
anlatış *is.* 설명하는 태도.

anlatmak *f.* 설명하다, 해명하다, 이해시키다.
anlayış *is.* 이해, 양해; 이해력.
anlayışlı *s.* 이해를 잘 하는, 이해가 되는, 의기가 투합하는; 마음이 넓은, 아량 있는.
anlayışsız *s.* 이해할 줄 모르는, 오해를 잘 하는.
anlayışsızlık *is.* 불소통, 도량이 없음.
anma *is.* 추모, 기념; ~ günü 추모일.
anmak *f.* 기념하다, 추모하다, 추억하다.
anmalık *is.* 기념품, 기념물, 추모물.
anne *is.* 어머니, 모친, 어미.
anneanne *b. is.* 외할머니, 외조모.
anonim *s.* 이름모를, 익명의, 작자미상의, 가명의; ~ ortaklık, ~ sirket 주식회사.
anormal *s.* 비정상적.
ansızın *zf.* 갑자기, 뜻밖에, 돌연히.
ansiklopedi *is.* 백과사전.
ansiklopedik *s.* 백과사전적, 지식이 해박한.
ant *is.* 맹세, 서약; ~ etmek 맹세하다; ~ içirmek 맹세시키다; ~ içmek 맹세하다; ~ kardeşi 의형제; ~ verdirmek 맹세시키다, 서약하게하다; ~ ını bozmak 서약을 어기다, 맹세를 깨뜨리다.
antant *is.* 〔정치〕 협상, 협상국.
anten *is.* 안테나; ~ çekmek, ~ koymak 안테나를 설치하다.
antepfıstığı *is.* 〔식물〕 피스타쇼우나무열매.
antibiyotik *is.* 항생물질, 항생제.
antidemokratik *s.* 비민주적, 반민주적.
antika *is.* 고물, 골동품, 유물; ~ meraklısı 골동품수집가, 골동품애호가; ~lar *ç. is.* 유물.
antikacı *is.* 골동품상인; ~ dükkânı 골동품상점.
antimon *is.* 〔화학〕 안티몬(Sb).
antipati *is.* 무정, 냉정.
antipatik *s.* 무정한, 냉정한.
antisepsi *is.* 방부.
antiseptik *s.* 방부의, 방수성의.
antitez *is.* 대조법, 정반대.
antitoksin *is.* 항독소.
antlaşma andlaşma를 보라.
antlı *s.* 맹세한, 서약한.
antoloji *is.* 명시 또는 명문선집.
antolojik *s.* 명문의.
antolojist *is.* 명문 또는 명문선집 편집자.
antrasit *is.* 〔광물〕 무연탄.
antre *is.* 입구; 입장; ~ ücreti 입장료.
antrenman *is.* 〔운동〕 훈련, 연습, 수련, 단련; ~ yapmak 훈련하다, 연습하다, 수련하다, 단련하다.
antrenör *is.* 코오치, 지도교사, 사범.
antropoloji *is.* 인류학.
antropolojik *s.* 인류학의, 인류학적.
antropolojist *is.* 인류학자.
A O. Anonim Ortaklık의 준말.
apaçık *s.* 아주명백한, 완전공개된.
apaçıklık *is.* 완전공개, 완전 노출.
apak *s.* 순백의, 아주 흰.
apandis *is.* 〔의학〕 충양돌기, 맹장.
apandisit *is.* 〔의학〕 충양돌기염, 맹장염; ~ ameliyatı 맹장염수술.
apansız, apansızın *zf.* 순간적으로, 찰나로.
apartman *is.* 아파트.
apaydın *zf.* 아주 밝은.
apayrı *zf.* 전혀 다른, 완전히 다른.
aperitif *is.* 식사전의 반주.

aplikasyon *is.* 꿰매붙인 장식.
aposteriori *zf.* 〔철학〕 후천적으로(의).
apriori *zf.* 〔철학〕 선험적으로.
aptal *s.* 바보의, 바보스런.
aptallaşmak *f.* 바보가 되다. 천치가 되다.
aptallık *is.* 바보, 바보같은 짓, 천치.
aptes *is.* 목욕, 제계; 변; ~ almak 몸을 씻다, 목욕제계하다; ~ bozmak 변을 보다; ~ tazelemek 새로 목욕제계 하다; ~i bozulmak 몸을 더럽히다, ~i gelmek, ~i olmak 변이 마렵다; ~i kaçmak 변마려운 생각이 없어지다.
apteshane *is.* 변소, 화장실.
aptesli *s.* 목욕제계를 한.
apteslik *is.* 목욕제계하는 장소; 목욕제계 할 때에 입는 옷.
aptessiz *s.* 목욕제계하지않은, 변을 본.
ar *is.* 〔수학〕 면적의 단위, 아아르, 100평방미터, 약 30. 25평
ara *is.* 공간, 간격, 틈, 휴식시간; ~ kapı 중간 문; ~ karar 중간결정; ~ seçimi 중간선거; ~ sıra 때때로, 이따금; ~ vermek 휴식하다; ~da bir 가끔, 드물게; ~da kalmak 사이에 끼어 어렵게 되다; ~da sırada 가끔, 때때로; ~ dan 그 사이; ~ larından susığmaz 물샐틈도 없으리 만큼 아주 친하다; ~ larını açmak 이간하다, ~sı açılmak, ~ları açık olmak 사이가 나빠지다; ~ya girmek 개입하다; 가로막다; ~ya koymak 중개하다, 중재하다; ~ya soğukluk girmek 사이가 식다; ~ya vermek 낭비하다, 헛되이 소비하다.
Arab → Arap
araba *is.* 차, 자동차, 수레; ~ vapuru 자동차를 수송하는 배.
arabacı *is.* 운전수, 운전자; 자동차 제조업자 , 자동차상인.
arabacılık *is.* 운수업; 자동차업.
arabalık *is.* 차고, 주차장; *s.* 자동차 크기의.
Arabî *öz. s.* 아랍인의, 아랍사람의; 아랍말의.
Arabistan *öz. is.* 아라비아, 아랍나라.
arabulucu *is.* 중재자
aracı *is.* 매개물, 매체, 매질, 방편; 중재인, 조정자, 매개자.
aracılık *is.* 조정, 중재, 중개.
araç *is.* 방법, 수단, 방편; 매개.
araçlı *s.* 간접적, 간접의.
araçsız *s.* 직접적, 직접의.
araklamak *f.* 훔치다, 도둑질하다.
aralık *is.* 십이월; 틈, 사이, 간격; 시간, 기회; ~ etmek 틈을 만들어 놓다, 사이를 두다; ~ vermek 틈을 주다, 쉴사이를 주다; ~ta 십이월에; 사이에.
arama *is.* 찾기, 뒤지기, 수색; ~ tarama 수색, 검색.
aramak *f.* 찾다, 뒤지다, 찾아보다; 구하다; Arama! 찾지 마시오!
aralamak *f.* 틈을 열어두다, 사이를 떼어두다.
aralaşmak *f.* 사이가 벌어지다.
aralatmak *f.* 사이를 두다.
aranılmak *f.* 수색을 당하다, 검색을 당하다.
aranmak *f.* 수색대상이 되다; 찾아지다.
Arap *öz. is.* 아랍인; 아랍국; ~ saçı 풀릴 수 없는 대단히 복잡한 일.
Arapça *öz. is.* 아랍말, 아랍어, 아랍문자.
arasız *zf.* 쉴사이 없이, 쉴틈도 없이, 계속적으로, 휴식시간 없이.
araştırma *is.* 〔광업〕 탐사; 탐구, 조사연구.
araştırmak *f.* 연구하다, 조사하다, 탐구하다, 탐사하다.

aratmak *f.* 조사시키다, 연구시키다.
arayıcı *is.* 수색자, 검사관.
arazi *is.* 토지.
argıt *is.* 산길.
argo *is.* 속어, 통용어, 은어.
arı ①. *s.* 깨끗한, 순수한
arı ②. *is.* 〔곤충〕 벌; bal ~sı 꿀벌; ~ gibi 대단히 부지런한.
arıcı *is.* 양봉가.
arıcılık *is.* 양봉업.
arıtmak *f.* 깨끗이하다; 정화하다, 숙청하다.
arıza *is.* 고장.
arızalı *s.* 고장이 난.
arızasız *s.* 고장이 나지않은, 고장이 없는.
arife *is.* 저녁, 전야; 시초, 입구, 발단, 문간.
arioso *zf.* 〔음악〕 유려하게, 선율조로.
Aristo *öz. is.* 옛 그리시아의 철학자, 아리스토텔레스(B. C 384~322).
Aristocu *is.* 〔철학〕 아리스토주의자.
Aristoculuk *is.* 〔철학〕 아리스토주의.
aristokrasi *is.* 귀족, 귀족사회.
aristokrat *s.* 귀족의, 귀족적.
aristokratlık *is.* 귀족, 귀족기질.
aritmetik *is.* 산수, 산술.
aritmetikçi *is.* 산술가.
aritmetikle *zf.* 산술적으로.
Arjantin *öz. is.* 아르헨티나; ~ Cumhuriyeti 아르헨티나공화국.
Arjantinli *öz. is.* 아르헨티나인.
arka *is.* 후, 뒤, 후면, 배후, 등, 배면; 뒷일, 뒷이야기, 뒷부분; ~ ~ya 차례로, 곧이어, 꼬리를 묻고; ~ kapıdan çıkmak 실패하여 중도에 빠져나가다, 낙제하여 퇴교하다; ~ üstü 등을 땅에 대고; ~ vermek 지지하다; ~da bırakmak 앞서가다; 전진하다, 떠나가다; ~da kalanlar, ~dakiler 뒤에 남은 사람들; 유족들; ~dan ~ya 비밀리에, 은밀히, 내밀히, 숨어서; ~dan söylemek 뒤에서 말하다, 당사자가 없는 곳에서 험담하다; ~dan vurmak 믿는자에게 몰래 나쁜 짓을 하다, 뒤통수를 때리다; ~sı kesilmek 소진하다, 끝장나다; ~sı pek 배경이 대단히 강한; ~sını almak 나머지 부분을 완성하다; ~sını bırakmak 그만두다; ~sını getirmemek 유종의 미를 거두지 못하다; ~sını sıvamak 등을 어루만지다, 칭찬하다; ~ya bırakmak 뒤로 미루다.
arkadaş *is.* 친구, 친우, 우인, 동료, 동반자.
arkadaşlık *is.* 친구관계, 우정.
arkalamak *f.* 밀고 돕다.
arkalı *s.* 보호자가 있는, 배후가 있는.
arkalık *is.* 소매없는 등받이 옷; 의자의 등걸이, 지게의 등받이, 짐질때 쓰는 등받이.
arkeolog *is.* 고고학자.
arkeoloji *is.* 고고학.
arkeolojik *s.* 고고학의, 고고학적, 고고학과 관계있는.
arktik *s.* 북극의; ~ kuşak 북극권; ~ kutup 북극; ~ yeri 북극지방대.
arma *is.* 국가 또는 도시의 상징, 휘장, 마아크 또는 표장.
armağan *is.* 선물, 예물; ~ etmek 선물하다, 예물하다, 바치다, 증여하다, 증정하다.
armut, armud *is.* 〔식물〕 배; ~ ağacı 배나무; ~ gibi 바보처럼; ~un en iyisini ayı yer. 아름다운 여자는 추남과 결혼한다, 죽쑤어 개준다.
Arnavut *öz. is.* 알바니아, 알바니아사람; ~ kaldırımı 잔돌을 박아 만든 옛길.

Arnavutça *öz. is.* 알바니아 말, 알바니아 문자.
Arnavutluk *öz. is.* 알바니아.
arpa *is.* 〔식물〕 알파맥; ～ boyu gitmek 아주 조금 전진하다; ～ ektim, darı çıktı! 예상과는 달리 엉뚱한 결과가 나타나다.
arpacı *is.* 알파맥 상인; ～ kumrusu gibi düşünmek 속수무책으로 오래오래 생각하다.
arpacık *is.* 〔의학〕 다래끼, 안검염.
arsa *is.* 대지, 건축용지.
arslan→ **aslan.**
arşiv *is.* 기록 보관소, 문서고.
art *is.* 뒤, 후면; ～ arda 차례로; ～ı sıra gitmek 줄을 서서 가다, 뒤따라가다.
artçı *is.* 〔군사〕 후위, 후위대.
artı *is.* 〔수학〕 더하기, 더하기표.
artık *s.* 잉여의, 나머지의, 여분의; *is.* 잉여, 나머지; 자투리; *zf.* 이제, 드디어; 결코.
artıkgün *b. is.* 윤일(2월 29일).
artıkyıl *is. b.* 윤년.
artist *is.* 예술가.
artistik *s.* 예술적.
artmak *f.* 증가하다, 더하다; 남다.
arz *is.* 〔경제〕 공급; ～ ve talep 공급과 수요.
arzu *is.* 원망, 바램; ～ etmek 바라다, 희망하다, 원하다.
arzulu *s.* 바라는, 희망하는, 원하는.
asabî *s.* 신경질적인.
asabîleşmek *f.* 신경질적이 되다.
asabiye *is.* 신경질환.
asabiyeci *is.* 〔의학〕 신경과의사.
asalak *is.* 〔생물〕 기생동물, 기생충; 기식자, 식객.
asalaklık *is.* 기생, 기생충적 생활, 기생충명.
asansör *is.* 엘리베이터.
asetilen *is.* 〔화학〕 아세틸렌.
aseton *is.* 〔화학〕 아세톤.
asfalt *is.* 아스팔트.
asfaltlamak *f.* 아스팔트 포장을 하다.
asgarî *s.* 최저, 최소; 〔수학〕 극소.
ashab *is.* 교조 모하멘의 사도.
asıl *is.* 기원, 근원; 기초; 본질; *s.* 근원적, 본질적, 기본적, 원천적, 원초적, 기초적, 사실의.
asılı *s.* 걸린, 매달린.
asılmak *f.* 매달리다, 걸리다.
asır *is.* 세기, 100년.
asi *s.* 모반의, 배반의, 불복종의; *is.* 반도, 반역자, 폭도, 반란자.
asil *s.* 명문의; 고귀한.
asistan *is.* 조교, 조수.
asistanlık *is.* 조교직.
asitfenik *b. is.* 〔화학〕 석탄산.
asker *is.* 군인, 사병; ～ kaçağı 탈영병; ～e alınmak 징집되다, 소집되다; ～e almak 징집하다, 소집하다; ～e çağırılmak 징집되다, 소집되다; ～e gitmek 병역에 복무하다, 입대하다.
askerce *zf.* 군으로서, 군인으로서.
askerî *s.* 군의, 군대의; ～ harekât 군사작전; ～ heyeti 군사위원; ～ mahkeme 군사재판소; ～ malzeme 군수품; ～müze 군사박물관; ～ yargıtay 고등군법회의.
askerlik *is.* 병역, 군직; ～ dairesi 병사과; ～ hizmeti 군복무.
askı *is.* 옷걸이, 걸이.
askılı *s.* 걸이가 있는; ～ yatak 달아매는 그물침대, 함목크.
asla *zf.* 전연, 결코.
aslan, arslan *is.* 〔동물〕 사자; ～ payı 자기 몫 보다 많은 몫; ～ postu 사자껍질, 사자털; ～ sütü 〔속어〕 라크술; ～ yavrusu 새끼사자; ～ yürekli 용

맹한.
aslanağızı *b. is.* 〔식물〕 금어초.
aslangiller *is.* 〔동물〕 고양이과.
asma *is.* 걸기; s. 걸린; ~ köprü 가교.
asmak *f.* 걸다, 널다; 메달다; (목을) 메달다, 교수형을 하다.
aspirin *is.* 〔의약〕 아스피린.
asrî *s.* 현대의.
assubay *b. is.* 〔군사〕 하사관.
asteğmen *b. is.* 〔군사〕 준위.
astragan *is.* 소련의 Astrakhan 지방에서 유래된 출산 이전의 새끼염소 가죽털.
astrolog *is.* 점성가.
astroloji *is.* 점성학.
astrolojik *s.* 점성학의, 점성학적.
astronomi *is.* 천문학.
astronomik *s.* 천문학의, 천문학적; ~ rakamlar 천문학적 숫자.
astronot *is.* 우주인.
astropika *is.* 〔지리〕 아열대지방.
astropikal *s.* 아열대의; ~ bölge 아열대 지대; ~ iklim 아열대성 기후.
Asya *öz. is.* 〔지리〕 아시아.
Asyalı *öz. is.* 아시아사람.
A.Ş. Anonim Şirket의 준말
aş *is.* 요리.
aşağı *is.* 밑, 바닥, 아래; *s.* 밑의, 아래의, 저급의, 저속한, 낮은; *zf.* 아래로; ~ yukarı 대강, 대개, 약.
aşama *is.* 계급.
aşçı *is.* 요리사, 조리사; ~ baltası 고기뼈를 자르는데 사용하는 도끼.
aşçıbaşı *b. is.* 주방장.
aşçılık *is.* 요리업.
aşevi *b. is.* 음식점, 식당; 무료급식소; 주방.
aşhane→aşevi
aşı *is.* 예방주사, 면역주사, 접종; çiçek ~sı 천연두 면역주사; kolera ~sı 콜레라 면역주사; tifo ~sı 티프스 면역주사.
aşıcı *is.* 접종사, 예방주사를 놓는 사람.
âşık *s.* 사랑하는, 좋아하는; *is.* 사랑하는 사람, 사랑; ~ olmak 사랑에 빠지다.
aşınmak *f.* 닳다, 낡다, 마모되다; 부식되다, 침식되다.
aşırı *s.* 지나친, 과도한, 과분한; 과격한; ~ sağcı 극우파; ~ solcu 극좌파.
aşırmak *f.* 높거나 험한곳을 넘어가다; 〔속어〕 훔쳐가다.
aşk *is.* 사랑, 연정, 연애.
aşkın *s.* …을 넘은, …을 경과한, …을 초과한; 지나친.
aşlık *is.* 식료품; 비축식량.
aşmak *f.* 이르다, 지나다, 도달하다, 초과하다.
aşocağı *b. is.* 무료급식소.
at *is.* 말, ~ arabası 마차.
ata *is.* 조상, 선조, 아버지, 부.
atamak *f.* 임명하다.
atanma *is.* 임명됨 피임, 임명되다.
atanmak *f.* 임명되다.
atardamar *is.* 동맥; büyük ~ 대동맥.
atasözü *b. is.* 격언, 금언.
ataşe *is.* 대·공사관원; Askerlik ~si 무관, 육군무관; Basın ~si 공보관; Deniz ~si 해군무관; Hava ~si 공군무관, Ticaret ~si 상무관.
Atatürk *öz. is.* 터어키의 국부, 가지·무스타파 케말·아타튜르크 (Gazi Mustafa Kemal Atatürk, 1881~1938), 터어키 독립전쟁시의 장군이며 지도자였고 터어키 공화국 초대 대통령이 됨.
Atatürkçü *b. is.* 아타튜르크주의자.
Atatürkçülük *b. is.* 아타튜르크주의.

atel *is.* 〔의학〕 (외과의)부목, 곁대는 나무.
atelye *is.* 아뜨리에, 공작실.
ateş *is.* 불, 불꽃, 불씨, 불기; 열, 열기; 발사, 발포; 〔구령〕 발사! 발포!; ~ açmak 발사하기 시작하다, 발포하기 시작하다; ~ almak 불이 붙다; ~ çıkmak 화재가 나다; ~ etmek 발사하다, 발포하다; ~ kesmek 발사를 중지하다; ~ olmayan yerden duman çıkmaz 아니 땐 굴뚝에 연기날까; ~ vermek 불을 붙이다; ~e atmak 위험한 일에 들어가다.
ateşbalığı *b. is.* 〔어류〕 정어리.
ateşböceği *b. is.* 〔곤충〕개똥벌레, 반딧불.
ateşçi *is.* 화부, 소방수.
ateşkes *b. is.* 정전, 휴전; ~ anlaşması 정전조약, 휴전조약.
ateşlemek *f.* 점화하다, 불을 붙이다, 불을 때다, 방화하다.
ateşlendirmek *f.* 악화시키다, 촉진하다.
ateşlenmek *f.* 불붙여지다.
ateşletmek *f.* 불붙이게하다, 점화시키다.
ateşli *s.* 불이 붙은, 불이 있는; 열이 있는.
ateşlik *is.* 불을 놓아 두는 곳.
ateşperest *is.* 배화교도.
atıcı *is.* 사격수; *s.* 허풍을 떠는.
atıcılık *is.* 사격.
atıf *is.* 참조, 참고; (호의적)전환; 호의.
atılgan *s.* 용감한, 대담한, 활기찬; 무모한.
atılım *is.* 착수, 시작.
atılmak *f.* 버려지다; 몸을 던지다, 돌진하다; 발사되다.
atış *is.* 떨어지는 모습; 사격; ~ yeri 사격장.
Atina *öz. is.* 〔지리〕아테네.
atkuyruğu *is.* 〔식물〕 속새.
atlama *is.* 도약; ~ taşı 징검다리; yüksek ~ 높이뛰기.
atlamak *f.* 뛰다, 뛰어넘다, 도약하다; 뛰어 내리다, 멀리 뛰다, 뛰어 오르다; 거치지 않고 뛰어 넘다, 통과하다.
Atlantik *öz. is.* 대서양; ~ Denizi, ~ okyanusu 대서양; ~ Filosu 대서양함대.
atlas *is.* 지도책, 도해.
atlatılmak *f.* 뛰어 넘어서게 되다, 통과하게 되다.
atlatmak *f.* 뛰어 넘게 하다, 통과하게 하다.
atlet *is.* 운동선수; ~ fanilası 운동복, 체육복.
atletik *s.* 운동의, 체육의.
atletizm *is.* 비구니 운동.
atlı *s.* 말을 탄, 기병의.
atmak *f.* 버리다; 던지다, 투척하다; 쏘다, 사격하다; 때리다, 치다, 내뱉다, 말하다; 〔속어〕 거짓말 하다, 허풍떨다.
atmık *is.* 〔생물〕 정자.
atmosfer *is.* 대기.
atom *is.* 원자; ~ bombası 원자탄; ~ enerjisi 원자력.
atomculuk *is.* 〔철학〕 원자론자.
av *is.* 사냥; 낚시; 사냥감; 낚시감; ~ aramak 사냥, 낚시감을 찾다; ~ elbisesi 사냥복; 낚시복; ~ köpeği 사냥개; ~ kuşu 사냥새; ~ tezkeresi 사냥허가(서), ~ tüfeği 사냥총, 엽총; ~ yeri; 사냥하는 장소; ~a çıkmak, ~a gitmek; 사냥하러 가다; 낚시하러 가다.
Avam kamarası *öz. is.* 영국의회.
avans *is.* 가불, 가불금; ~ almak 가불받다; ~ vermek 가불을 주다.
avaz *is.* 소리, (이단어는 온 힘으로 소리치다의 뜻으로 사용되고 avaz avaz bağırmak, 또는 avazı çıktığı kadar bağırmak 과 같은 관용구에만 사용됨).

avcı *is.* 사냥꾼, 수렵가; 〔군사〕 전초 척후병.
avcılık *is.* 사냥, 수렵.
avlamak *f.* 사냥하다, 포획하다.
avlanmak *f.* 사냥가다, 사냥하다; 잡히다, 포획되다.
avlu *is.* 뜰, 마당.
Avrupa *öz. is.* 유럽; Doğu ~ 동유럽, Batı ~ 서유럽, ~ Ortak Pazarı 구주공동시장.
Avrupalı *öz. is.* 유럽사람.
Avrupalılaşmak *f.* 유럽화 하다, 구주화하다.
avuç *is.* 손바닥; 한줌; ~ açmak 구걸하다; ~ ~ 한줌한줌; ~ dolusu 한주먹 만큼의 양; ~ içi kadar; 겨우 손바닥만큼.
avukat *is.* 변호사, 변호인.
avukatlık *is.* 변호사업; ~ etmek 변호하다, 변론하다.
avurt *is.* 볼 ~u ~una göçmüş; 대단히 야위다.
Avustralya *öz. is.* 〔국명〕 오스트랄리아, 호주.
Avustralyalı *öz. is.* 오스트랄리아사람, 호주인.
Austurya *öz. is.* 〔국명〕 오스트리아, 오지리.
Avusturyalı *öz. is.* 오스트리아사람, 오지리인.
avutmak *f.* 달래다, 가라 앉히다, 진정시키다, 위안하다.
avutturmak *f.* 진정하게 하다.
avutulmak *f.* 진정되다, 달래지다.
ay ① *ünl.* 아!
ay ② *is.* 달, 월; ~başı 월초; ~ dede 〔속어〕 달; ~ dedeye misafir olmak 달밤에 노숙하다; ~ışığı 달빛, 월광; ~ sonu 월말; ~ yıldız 터어키 국기의 초생달과 별모양; ~da bir 매월 한번; ~da yılda bir 아주 드물게; ~ın on dördü 만월, 보름달; ~ın on dördü gibi 얼굴이 대단히 예쁜; bu ~ 이달; geçen ~ 지난달; gelecek ~ 내달, 다음달.
ayak *is.* 발, 다리, 하반신; 지류 ~ atmak, ~ basmak, 발을 디디다, 도달하다; ~ değiştirmek 행진에서 발을 맞추기 위해 발을 바꾸다; ~ divanı 비상시의 임시 특별 소집의회; ~ işi 이리저리 바쁘게 다녀야 할 일; ~ makinesi 발로 작동하는 기계; ~ satıcısı 행상; ~ sürtmek 돌아다니다; ~ sürümek 일을 피할 기회를 찾다; ~ tedavisi 서서 받는 치료; ~ teri 발가락 사이 때; ~ uydurmak 행진에서 발을 맞추다; 적응하다; ~ı alışmak 단골손님이 되다; ~ı dolaşmak 보행시 다리가 서로 걸리다; ~ı düşmek 가는 길에 들리다; ~ı ile gelmek 스스로 원해서 오다; ~ı suya ermek 지난후에 깨닫다; ~ına düşmek 간청하다, 애원하다; ~ını bağlamak 방해하다; ~ının tozu ile 오자마자, 쉴새없이; ~lar baş, başlar ~ oldu 인재등용이 잘못되다; ~ları yere değmemek 너무 사랑해서 발에 흙을 묻히지 않다; ~ta 서서; ~ta kalmak 앉을 자리가 없다. 서 있다; ~ta tutmak 서있게 만들다; ~ta uymak 대단히 지치다; ~tan 선채로.
ayakçı *is.* 임시고용원.
ayakkabı *b. is.* 신발.
ayakkabıcı *b. is.* 신발제조업자, 또는 신발상.
ayakkabıcılık *b. is.* 신발제조업, 또는 신발상업.
ayaklamak *f.* 발로 재다.
ayaklandırmak *f.* 부축하여 일으키다, 걷게 하다. 반항하게 하다.
ayaklanma *is.* 반란, 폭동, 모반, 혁명, 봉기.
ayaklanmak *f.* 일어서다; 걷기

시작하다; 봉기하다, 폭동이 일어나다, 반란이 일어나다.

ayaklı *s.* 발이 있는, 다리가 있는; ~ kütüphane 살아있는 백과사전.

ayaklık *is.* 발로 작동하는 기계의 발판.

ayaksız *s.* 발이 없는, 다리가 없는, 무각의, 무족의.

ayaktaş *is.* 친구, 보행인.

ayaktopu *b. is.* 축구공.

ayaküstü *zf.* 서서, 선채로.

ayakyolu *b. is.* 화장실, 변소, 뒷간; ~na gitmek 화장실에 가다, 변을 보다.

ayar *is.* 도량형의 표준원기, 표준; 조준; ~ı bozuk 성격 또는 지능이 바르지 못한, 비정상인.

ayarcı *is.* 도량형의 표준원기 측정인.

ayarlama *is.* 맞춤, 조정, 조준.

ayarlamak *f.* 맞추다, 조정하다, 조준하다; fiyat ~ 가격을 조정하다.

ayarlanma *is.* 맞춤, 조정, 조준.

ayarlı *s.* 맞춘, 조정한, 조준한.

Ayasofya *öz. is.* 성 소피아; ~ Camisi 성 소피아 사원.

ayaz *is.* 청명하고 추운 날씨, 청명한 혹한; ~ kesmek 오랫동안 추위가 계속되다.

ayazlamak *f.* 청명하고 냉혹한 날씨가 되다; 혹한에 떨다.

ayazlatmak *f.* 혹한에 떨게하다.

aybaşı *b. is.* 월경.

ayça *is.* 초생달, 신월.

ayçiçeği *b. is.* 〔식물〕 해바라기; ~ tohumu 해바라기 씨; ~ yağı 해바라기 기름.

aydın *s.* 빛의, 광선의, 광명한, 밝은, 명백한; *is.* 지식인.

aydınlanma *is.* 조명; 개명.

aydınlanmak *f.* 밝아지다; 개명되다.

aydınlatıcı *s.* 밝히는; 명백하게 하는.

aydınlatmak *f.* 조명하다, 밝히다, 밝게하다; 명백하게 하다, 개명되게 하다.

aydınlık *is.* 광명; *s.* 광명한; *is.* 명백한 상태.

aygır *is.* 〔동물〕 숫말.

aygıt *is.* 기재, 기구, 기관; sindirim ~ı 소화기관; solunum ~ı 호흡기관; konuşma ~ı 대화기구.

ayı *is.* 〔동물〕 곰; ~ gibi 곰같이 거대한; ~ya kaval çalmak 소귀에 경읽기; beyaz ~ 백곰.

ayıbalığı *b. is.* 〔동물〕 바다표범, 바닷개.

ayıcı *is.* 곰을 재주부리게 다루는 사람.

ayık *s.* 맑은정신의, 술취하지 않은.

ayıklamak *f.* 불필요한 것을 골라 내다.

ayıklanma *is.* 솎아내기.

ayılmak *f.* 정신이 들다, 깨어나다, 각성하다; ayılıp bayılmak 지나치게 사랑하다.

ayıp *s.* 부끄러운, 창피스런, 버릇없는, 보기흉한; *is.* 수치, 창피, 과실, 불명예; ~ etmek 부끄러운 일을 저지르다, 창피한 일을 저지르다; ~ söz 욕설, 나쁜 말; ~ yerler 치부, 국부.

ayırdetmek → ayırt etmek.

ayırmak *f.* 분리하다, 구분하다, 구별하다, 떼다.

ayırt etmek *f.* 구별하다.

ayırtı *is.* 차이.

ayırtmak *f.* 분리시키다, 떼내다, 구분시키다.

âyin *is.* 종교적 의식.

aykırı *s.* 어색한, 맞지 않은, 반대되는, 위반의, 위배의.

aykırılaşmak *f.* 서로 위배되다, 상반되다.

aykırılık *is.* 위배, 상반, 부조화.

ayla *is.* 달무리, 월훈.

aylak *s.* 실직의, 무직의, 방랑의.
aylakçı *is.* 임시 노무자, 가실업자.
aylakçılık *is.* 가실업상태.
aylaklık *is.* 가실업.
ayle → aile
aylık *s.* 한달치의, 한달분의, 한달에 한번의; 월간의; *is.* 월급, 월세; 월경; ~ mecmua 월간잡지.
aylıkçı *is.* 봉급생활자; 월급노동자.
aylıklı *s.* 월급의, 월급제의.
ayna *is.* 거울.
aynacı *is.* 거울 제조업자 또는 거울상인.
aynalı *s.* 거울이 달린.
aynen *zf.* 똑같이.
aynı *s.* 같은, 동일한, 비슷한, 닮은; ~ ağzı kullanmak 같은 말을 반복하다.
aynılık *is.* 같음, 동일.
aynıyle *zf.* 똑같이, 동일하게.
ayniyet *is.* 동일성.
ayraç *is.* 괄호.
ayran *is.* 요구르트를 희석시킨 음료의 일종.
ayrı *s.* 별도의, 다른, 같지않은; ~ tutmak 별도로 취급하다, 다르게 취급하다.
ayrıbasım *b. is.* 별쇄; 별쇄본.
ayrıca *zf.* 달리, 따로; 별도로.
ayrıcalı *s.* 별도의.
ayrıcalık *is.* 특전.
ayrılanma *is.* 〔물리〕 분리, 분산.
ayrılanmak *f.* 분리되다.
ayrılaşmak *f.* 상호분리하다.
ayrılı *s.* 분리된.
ayrılık *is.* 분리상태.
ayrılma *is.* 분리, 이탈.
ayrılmak *f.* 떨어지다, 분리되다; 떠나다, 이탈하다; 이혼하다, 헤어지다.
ayrım *is.* 분리, 분열; 이탈; 분절; 차이.
ayrıt *is.* 〔기하〕 (물건의) 모서리.
aysberk *is.* 빙산.
aytutulması *b. is.* 〔천문〕 월식.
ayva *is.* 〔식물〕 모과; ~ ağacı 모과나무; ~ göbekli 배꼽이 들어간 사람.
ayvalık *is.* 모과밭.
az *s. zf.* 적은, 조금, 약간, 얼마; ~ çok 다소, 얼마간; ~ daha 조금 더, 약간 더; ~ gelmek 부족하다, 충분치 못하다; ~ görmek 생각했던 것 보다 적다.
aza *c. is.* 위원, 회원.
azalmak *f.* 줄다, 적어지다, 축소되다.
azaltmak *f.* 줄이다, 축소하다.
azamî *s.* 최대의, 최고의, 최다의; ~ sürat 최고속도.
azap *is.* 고통, 벌, 형벌.
azar *is.* 꾸중, 꾸지람, 질책, 힐책, 책망; ~ işitmek 꾸중듣다.
azarlamak *f.* 꾸중하다, 꾸짖다, 책망하다.
azarlatmak *f.* 꾸짖게 하다.
azca *s.* 작은.
Azerbaycan *öz. is.* 아제르바이잔.
Azeri *öz. is.* 아제르바이잔 사람.
azgın *s.* 잔인한, 거친, 사나운, 난폭한; 사악한; 반항적인.
azı *is.* 〔해부〕 어금니; (동물의) 엄니, 뻐드렁니; ~ dişi 〔해부〕 어금니.
azıcık *s.* 아주 적은.
azık *is.* 도시락; 양식, 식량; ~ torbası 도시락보.
azılı *s.* 엄니가 난; 어금니가 있는; 뻐드렁니난; 거친, 난폭한.
azınlık *is.* 소수, 소수당, 소수민족.
azim *is.* 결정; 결의.
azimli *s.* 결의의; 결정의, 결정적.

aziz *s.* 사랑하는, 친애하는, 경애하는; ~ dostum! 사랑하는 친구여!
azletmek *f.* 해고하다, 면직시키다, 퇴거시키다, 파면하다.
azot *is.* 〔화학〕 질소.
azoti, azotlu *s.* 〔화학〕 질소의; 질소가 들어있는.
azotsuz *s.* 〔화학〕 질소가 없는.

B, b

B, b 터어키어 자모의 두번째 글자: 〔음악〕 시 음계.
B. Bay의 주말
Ba 〔화학〕 바리움.
baba *is.* 아버지, 부친, 아비; ~ ocağı 조상대대로 물려 받은 가옥; ~dan ~ya 조상 대대로; ~ larımız 아버지 세대.
babaanne *b. is.* 할머니, 조모.
babalı *s.* 아버지가 있는.
babalık *is.* 아버지의 지위, 부권.
Babıâli *öz. is.* 오스만제국시의 중앙청사; 오스만제국 정부.
baca *is.* 굴뚝, 연통; 환기통.
bacak *is.* 다리.
bacaklı *s.* 다리가 있는, 다리가 달린.
bacaksız *s.* 다리가 없는.
bacanak *is.* 남자동서.
bacı *is.* 누나, 누님, 여자형제.
badana *is.* (도료) 석회수; 칠; ~ etmek, ~ vurmak 칠하다.
badanacı *is.* 칠하는 사람, 페인트공.
badanalamak *f.* 칠하다.
badanalı *s.* 칠을 한; 〔속어〕 화장을 짙게 한.
badem *is.* 〔식물〕 살구.
bademcik *is.* 〔의학〕 편도선.
bademlik *is.* 살구밭.
bademyağı *b. is.* 살구 기름.
bagaj *is.* 수하물; 수하물차; 짐 싣는 곳.
bağ ① *is.* 끈, 줄, 철사줄, 노끈; 관계, 연관; 〔해부〕 관절.
bağ ②. *is.* 포도원; ~ bozmak 포도를 마지막으로 거두어 들이다.
bağbozumu *b. is.* 포도원의 마지막 추수; 가을.
bağcı *is.* 포도원 원장.
bağcılık *is.* 포도원 과수업.
bağdaş *is.* (자세) 책상 다리, 가부; ~ kurmak 책상다리를 하다.
bağdaşım *is.* 일관성.
bağdaşmak *f.* 어울리다. (의견이) 맞다. 협력하다; 부합하다.
Bağdat *öz. is.* 바그다드.
bağıcı *is.* 마법사, 마술사.
bağım *is.* 종속, 예속.
bağımlı *s.* 예속의, 부속의, 종속의.
bağımlılık *is.* 종속성.
bağımsız *s.* 독립의.
bağımsızlık *is.* 독립.
bağır *is.* 가슴.
bağırma *is.* 고함치기.
bağırmak *f.* 고함치다, 소리지르다; bağırıp çağırmak 큰소리로 부르다, 고함쳐서 부르다.
bağırsak *is.* 〔해부〕 장, 창자.
bağırtı *is.* 고함소리, 함성.
bağırtmak *f.* 소리치게하다.
bağış *is.* 헌납, 기부; 헌납물.
bağışık *s.* 면역의; ~ kılmak 면역되다.
bağışıklamak *f.*(-i) 면역되다.
bağışıklık *is.* 면역; 면제; hastalık ~ı 질병면역; vergi ~ı 세금면제.
bağışlamak *f.* 기부하다, 헌납하다; 용서하다, 사하다.
bağlaç *is.* 집게 또는 핀등 종이를 집는데 사용하는 물건; 〔문법〕 접속사.
bağlama *is.* 연결, 접합, 결합.
bağlamak *f.* 묶다, 매다, 잡아매다; 매듭을 만들다; 동여매다; 연결하다, 잇다, 접합하다,

결합시키다.
bağlanmak *f.* 매이다, 묶이다, 연결되다, 이어지다.
bağlantı *is.* 연관, 관계.
Bağlantısızlar *b. is.* 〔정치〕 비동맹국.
bağlantısızlık *b. is.* 〔정치〕 비동맹.
bağlaşık *s.* 연합된, 동맹의, 결속된.
bağlaşma *is.* 연합, 동맹, 결속
bağlaşmak *f.* 연합하다, 동맹하다, 결속하다.
bağlı *s.* 묶인, 매인; 종속된, 의존한; 소속된.
bağlık *is.* 포도밭이 많은 곳.
bağlılaşma *is.* 상관관계.
bağlılık *is.* 종속; 소속.
bağnaz *s.* 광신의, 맹신의.
bağnazlık *is.* 광신, 맹신.
bağrışmak *f.* (함께 또는 서로서로) 소리지르다.
bahane *is.* 구실, 핑계; ~ etmek 구실 삼다, 핑계 삼다.
bahar *is.* 봄, 청춘; ~ noktası 〔천문〕 춘분점.
baharat *is.* 조미료, 향신료.
baharatçı *is.* 조미료 또는 향신료 재배자 또는 상인.
baharatçılık *is.* 조미료 또는 향신료 재배업 또는 상업.
bahçe *is.* 정원, 뜰, 마당; 공원밭, 채마밭, 채전.
bahçeci *is.* 원정, 정원사; 채마밭 주인.
bahçecilik *is.* 정원업, 채마농사.
bahçeli *s.* 정원이 있는.
bahçelik *is.* 정원이 많은 곳.
bahçıvan *is.* 원정, 정원사.
bahçıvanlık *is.* 원정업, 정원업.
bahir *is.* 〔고어〕 바다.
bahis *is.* 주제, 제목; 문제, 토의, 논거; ~ konusu, ~ mevzuu 화제, 논제.
bahrî *s.* 바다의, 해양의.
bahriye *is.* (총칭)해군; ~ askeri 해군; B~ Nazırı 해군성장관; B~ Nezareti 해군성.
bahriyeli *is.* 해군군인; 해군사관학교 생도.
bahsetmek *f.* 언급하다, ~에 관하여 말하다.
bahşiş *is.* 사례금, 팁.
bahtiyar *s.* 행복한; ~ olmak 행복하다.
bahtiyarlık *is.* 행복.
bahtsız *s.* 불행한.
bakan *is.* 장관; ~lar kurulu국무회의; Devlet ~ı 무임소장관.
bakanlık *is.* 행정부처; Dışişleri ~ı 외무부; İçişleri ~ı 내무부; Millî Eğitim ~ı 문교부.
bakarkör *b. is.* 눈뜬 장님.
bakı *is.* 향, 방향.
bakıcı *is.* 돌보는 사람.
bakıcılık *is.* 돌보는 일.
bakılmak *f.* 돌보아지다.
bakım *is.* 돌봄, 손질; 관점, 측면; ~ masrafı 유지비; ~ yurdu 보호수용소.
bakımından *zf.* 관점에서, 국면에서.
bakımlı *s.* 잘 돌본, 잘 손질된.
bakımsız *s.* 잘 돌보지 않은, 잘 손질하지 않은.
bakır *is.* 〔광물〕 구리, 동; 구리제품; *s.* 구리로 만든; ~ çağı 청동기; ~ çalmak 음식물로 놋그릇이 부식되다. 구리가 녹슬다; ~ kaplama 구리도금; ~ kaplamak 구리로 도금하다; ~ para 동전, 동화; ~ pası 구리녹; ~ takımları 놋그릇; dişi ~ 청동; erkek ~ 황동.
bakırcı *is.* 구리제품 제조업자 또는 상인.
bakırcılık *is.* 구리제품 제조업 또는 상업.
bakırtaşı *b. is.* 공작석.
bakış *is.* 보는 태도, 눈길; 관점; 조망; 일견; 견해.
bakışık *s.* 〔수학〕 대칭적, 대칭

의; ~ olarak 대칭으로.
bakışım *is.* 〔수학〕 대칭.
bakışımlı *s.* 〔수학〕 대칭적, 대칭의.
bakışımsız *s.* 〔수학〕 비대칭의, 비대칭적.
bakışımsızlık *is.* 〔수학〕 비대칭.
bakışmak *f.* 서로 쳐다보다.
bakıye *is.* 나머지, 잉여; 찌꺼기, 여분.
bakir *s.* 깨끗한, 순결한, 손결이 닿지 않은; ~ ormanlar 처녀림.
bakire *is.* 처녀, 숫처녀.
bakkal *is.* 식료잡화; 식료잡화 가게; ~ dükkânı 식료품 상점 식료잡화상점.
bakkaliye *is.* 식료잡화류; 대형 식료잡화상점; ~ mağazası 식료잡화상점.
bakkalcı *is.* 식료잡화상인.
bakkallık *is.* 식료상업, 식료잡화상업.
baklava *is.* 터어키 식의 대단히 단 파이과자의 일종.
bakmak *f.* 보다, 쳐다보다, 바라보다; 향하다, 면하다; 돌보다; bana bak! 나를 좀 보시오! 주의를 좀 기우리시오!
bakraç *is.* 양동이, 들통, 두레박.
bakteri *is.* 세균, 박테리아.
bakteriyolog *is.* 세균학자.
bakteriyoloji *is.* 세균학.
baktırmak *f.* 보게하다; 주의를 환기시키다.
bal *is.* 꿀. ~ arısı 꿀벌, ~ gibi 아주 단.
balans *is.* 균형, 평형, 형평; 조화; 평균.
balayı *b. is.* 결혼 후 첫달; ~ seyahati 신혼여행.
balcı *is.* 양봉가.
balcılık *is.* 양봉업.
baldır *is.* 장딴지; ~ kemiği 장딴지 뼈.
baldırak *is.* 바지의 무릎아래 부분.
baldız *is.* 처제.
bale *is.* 무용, 발레; ~ süiti 〔음악〕 무용조곡.
balerin *is.* 여자 무용수.
balgam *is.* 가래; ~ söktürmek 가래침을 뱉다.
balık *is.* 물고기, 생선; ~ baştan kokar 윗물이 맑아야 아랫물이 맑다는 뜻으로 생선은 머리부터 상한다; ~ yumurtası 생선 알.
balıkadam *b. is.* 잠수부.
balıkçı *is.* 어부, 생선상인.
balıkçıl *is.* 〔조류〕 왜가리; *s.* 물고기를 먹는.
balıkçılık *is.* 어업, 수산업.
balıkhane *b. is.* 어물전, 생선가게.
balıksırtı *b. s.* 생선등처럼 생긴; ~ yol 양쪽으로 굽은 길.
balıkyağı *b. is.* 생선기름, 어유.
balina *is.* 〔동물〕 고래; ~ avcılığı 포경.
balinagiller *ç. is.* 고래과.
Balkan *öz. is.* 〔지리〕 발칸.
balkon *is.* 발코니.
ballı *s.* 꿀이 들어 있는.
balmumu *is.* 밀랍.
balo *is.* 무도회; ~ vermek 무도회를 열다.
balon *is.* 풍선, 기구; ~ uçurmak 풍선을 띄우다.
baloncu *is.* 풍선제조업자 또는 상인.
balonculuk *is.* 풍선제조업 또는 상업.
balta *is.* 도끼; ~ değmemiş, ~ görmemiş, ~ girmemiş 손대지 않은, 원시의; ~yı taşa vurmak 기분상하는 말을 하다.
baltacı *is.* 〔역사〕 도끼를 무기로 한 근위병; 도끼를 장비한 소방수.
baltalamak *f.* 도끼질을 하다; 열을 악화 시키다.
baltalık *is.* 채벌 허가지, 벌목한 가지.

Baltık *öz. is.* 〔지리〕 발틱; ~ Denizi 발틱해.
balya *is.* 큰 자루, 포대, 부대.
bambaşka *s.* 전혀 다른, 아주 다른.
bambu *is.* 〔식물〕 대나무; ~ perde 죽의장막.
bana *zm.* 나에게 (일인칭 단수 여격).
bandaj *is.* 붕대.
bandıra *is.* 선박의 국적을 표시하는 국기.
bandırma *is.* 터어키 특유의 과일잼에 콩 등을 넣어 말린 것.
bando *is.* 악대.
bank *is.* 은행.
banka *is.* 은행; göz ~sı 안구은행; kan ~sı 혈액은행.
bankacı *is.* 은행원, 은행가.
banker *is.* 은행소유주.
bankınot *is.* 지폐, 은행권.
banliyö *is.* 교외; ~ treni 교외선 기차.
bant *is.* 녹음 테이프; ~a almak 녹음하다.
banyo *is.* 목욕; ~ odası 목욕탕, 목욕실; ~ yapmak 목욕 하다.
banyolu *s.* 목욕실이 달려있는.
banyosuz *s.* 목욕실이 달려있지 않은.
bar *is.* 술집의 일종; 목로판.
baraj *is.* 저수지, 제방호, 댐; ~ ateşi 〔군사〕 탄막; ~ yapmak 저수지를 만들다.
baraka *is.* 허술한 집, 바라크.
barbar *is.* 미개, 야만; *s.* 야만의, 미개한.
barbarlık *is.* 야만상태, 미개상태.
bardak *is.* 잔, 컵; bir ~ su 한잔의 물; su ~ı 물컵.
barem *is.* 계산조견표.
barınak *is.* 대피소.
barındırmak *f.* 대피시키다.
barınmak *f.* 대피하다, 피난하다, 숨다.
barış *is.* 평화, 화평; yurtta ~, cihanda ~ 국내에서 평화, 국외에서도 평화.
barışçı *s.* 평화를 애호하는.
barışçılık *is.* 평화애호, 평화애호주의.
barışık *s.* 화해적, 화해하는.
barışıklık *is.* 화해.
barışmak *f.* 화해하다.
barışsever *s.* 평화를 사랑하는, 평화를 애호하는.
barıştırmak *f.* 화해하게하다.
bari *bag.* 적어도; 그렇다면.
barikat *is.* 방책.
bariton *is.* 〔음악〕 테너와 베이스의 사이에 위치한 상저음.
bariz *s.* 명백한, 뚜렷한, 명확한, 확실한, 완연한, 분명한.
baro *is.* 법조계, 변호사단, 변호사회.
barometre *is.* 기압계, 고도계.
barut *is.* 화약, 폭약.
baruthane *is.* 화약고, 폭약고; 화약공장.
barutluk *is.* 화약통; 화약고.
baryum *is.* 〔화학〕 바리움(Barium).
basamak *is.* 계단의 발판; 급, 등급, 계급; 〔수학〕 (십진법의) 자리수.
basamaklı *s.* 발판이 있는.
bası *is.* 인쇄.
basıcı *is.* 인쇄인.
basık *s.* 눌린, 낮은, 납작한.
basıklık *is.* 눌림.
basılı *s.* 다져진, 눌려진; 인쇄된.
basılmak *f.* 인쇄되다; 눌려지다, 억압되다; 발을 딛다.
basım *is.* 인쇄.
basımcı *is.* 인쇄인.
basımevi *b. is.* 인쇄소.
basın *is.* 언론, 출판; ~ konferansı, ~ toplantısı 기자회견.
basınç *is.* 압력, 기압; alçak~ 저기압; yüksek ~ 고기압.
basıölçer *b. is.* 기압계기.
basit *s.* 간단한, 간편한; 쉬운,

기초적, 초보적; 단순한; ~ cümle 〔문법〕 단문.
basitleşmek *f.* 단순해지다, 쉬워지다.
basitleştirme *is.* 단순화.
basitleştirmek *f.* 단순화하다.
basitlik *is.* 단순, 간단.
basketbol *is.* 〔운동〕 농구.
baskı *is.* 압력, 위압, 압박; 압착기; 출판수; 발행부수; 인쇄상태; 무늬판; 옷단; ~da 인쇄중에 있는.
baskıcı *is.* 천에 무늬를 찍는.
baskılık *is.* 문진, 서진.
baskın *s.* 우세한; *is.* 불시공격, 급습, 습격; ~ çıkmak 우세를 보이다; ~ yapmak 급습하다, 습격하다; ~a uğramak 습격을 당하다; deniz ~ı 해일; su ~ı 범람
basma *is.* 압박하기, 누르기; 나염천; 인쇄물.
basmacı *is.* 나염공.
basmacılık *is.* 나염업.
basmak *f.* 밟다, 디디다, 서다 누르다; 억지로 집어넣다; 인쇄하다; 찍다; 습격하다, 압력을 가하다, 억압하다, 억누르다 짓누르다, 진압하다; 도달하다, 이르다, 들어가다.
basso *is.* 〔음악〕 저음, 남성저음부; ~ tutmak 저음으로 반주를 넣다, 베이스를 넣다.
bastırılmak *f.* 진압되다; 찍히다, 인쇄되다.
bastırmak *f.* 진압하다; 위압하다; 단을 넣어 박다; 눌러 담다; 급습하다, 습격하다.
baston *is.* 지팡이, 단장.
basur *is.* 〔병리〕 치질; ~ memesi 치질종양.
basuri *s.* 〔병리〕 치질의, 치질에 관한.
basurlu *s.* 〔병리〕 치질이 있는.
baş *is.* 머리, 두부; 꼭대기, 상부, 위; 선도자, 주장; 지휘관; 처음, 필두, 선두; ~ ağrısı 두통, 근심, 걱정, 불쾌; ~ ağrıtmak 성가시게하다, 귀찮케하다, 불쾌하게하다; ~ aşağı 거꾸로; ~ aşağı etmek 뒤집어엎다; ~ ~a 개인적으로, 사적으로, 일대일토; 맞대어서; ~ kaldırmak 반항하다, 봉기하다, ~ rolü 주연; ~ vurmak 문의하다, 구하다; tek ~ına 혼자서, 독자적으로; ~ta 먼저, 우선; ~tan ~a 철저하게, 철두철미하게;
başak *is.* 곡식의 낟알, 이삭.
başakçı *is.* 이삭을 줍는 사람.
başaklamak *f.* 이삭을 줍다.
başaklı *s.* 이삭이 있는.
başarı *is.* 성공, 성취; ~ göstermek 성공하다, 성취하다; ~lar temenni etmek, ~lar temenni dilemek 성공을 빌다.
başarıcı *s.* 성공적.
başarılı *s.* 성공적인.
başarılmak *f.* 성공적으로 일을 마치다.
başarısız *s.* 실패한, 성공못한.
başarmak *f.* 성공하다, 성취하다, 달성하다.
başasistan *b. is.* 수석조원.
başbakan *b. is.* 국무총리, 수상.
başbakanlık *b. is.* 〔정치〕 국무총리실, 수상실.
başçavuş *b. is.* 〔군사〕 일등상사.
başçavuşluk *b. is.* 〔군사〕 일등상사계급.
başçı *is.* 십장.
başçık *is.* 〔식물〕 꽃밥
başhemşire *b. is.* 간호장.
başıkabak *s.* 대머리의; 까까머리의.
başka *s.* 다른, 같지않은; bundan ~ 이것을 제외하고, 이것 외에.
başkaca *zf.* 달리, 별도로.
başkalaşmak *f.* 달라지다, 변하다

başkalık *is.* 다름, 같지않음, 부동.
başkan *is.* 두목, 우두머리, 장.
başkanlık *is.* 두목자리, 장의 직위.
başkası *zm.* 다른 것, 다른 물건, 다른 사람.
başkâtip *b. is.* 수석서기, 서기장, 비서장.
başkent *b. is.* 수도, 서울.
başkomutan *b. is.* 총사령관.
başkonsolos *b. is.* 〔정치〕 총영사.
başkonsolosluk *b. is.* 〔정치〕 총영사관.
başkumandan *b. is.* 총사령관.
Başkurt *öz. is.* 우랄산맥부근에 분포한 킵착 터어키계의 한 부족.
başlama *is.* 시작, 발단; ~ günü 시작일; ~ saati 시작시간.
başlamak *f.* 시작하다, 발단되다.
başlangıç *is.* 시작, 시초, 발단, 초기, 기원, 처음; 서문, 전문.
başlanılmak *f.* 시작되어지다.
başlanmak *f.* 시작되다.
başlatmak *f.* 발단시키다, 시작시키다.
başlayıcı *s.* 시작의, 시작하는; *is.* 시작하는 사람.
başlayış *is.* 시작하는 모습.
başlı *s.* 머리가 달린.
başlıbaşına *zf.* 스스로, 독립적으로.
başlıca *zf.* 주로, 주요한, 중요한.
başlık *is.* 우두머리직; 두건; 끝부분, 꼭지부분; (사건의)모두, 시발; (글의) 첫부분, 표제.
başlıklı *s.* 두건을 쓴; 표제의, 표제가 붙은.
başlıksız *s.* 두건을 쓰지 않은; 표제가 없는.
başmakale *b. is.* 머릿글, 머릿기사.
başmal *b. is.* 자본.
başmuharrir *b. is.* 주필, 편집주간, 편집장.
başmuharrirlik *b. is.* 편집장직.
başmüdür *b. is.* 국장.
başmüdürlük *b. is.* 국; 국장실.
başmüfettiş *b. is.* 감사관장.
başmüşavir *b. is.* 고문단장.
başöğretmen *is.* 국민학교교장.
başörtü *b. is.* 여자들의 머리수건.
başörtülü *b. s.* 머리수건을 쓴.
başparmak *b. is.* 엄지, 엄지손가락, 무지.
başpehlivan *b. is.* 터어키식 레스링의 가장 우수한 선수.
başpiskopos *b. is.* 〔종교〕 주교장.
başsağı, başsağlığı *b. is.* 조위, 조문; ~ dilemek 조문하다, 조위하다.
başsağlamak *f.* 조문하다, 조위하다.
başsavcı *b. is.* 검사장.
başsız *s.* 우두머리가 없는, 지도자가 없는.
başsızlık *b. is.* 무정부상태.
başşehir *b. is.* 수도, 서울.
baştan *zf.* 처음부터; 새로이.
başucu *b. is.* 〔천문〕 하늘 꼭대기, 천정; 끝머리.
başülke *b. is.* 식민지에 대한 종주국.
başvekâlet *b. is.* 수상실.
başvekil *b. is.* 수상; ~ muavini 부수상.
başyazar *b. is.* 주필, 편집장, 편집주간.
başyazı *b. is.* 머릿기사, 머릿글.
batak *is.* 늪, 소, 습지, 초원; *s.* 사기의; ~ iş 사기짓; ~ para 사기하여 얻은 돈; ~ mal 사기물.
batakçı *is.* 사깃군(특히 금전을 갚지않은).
batakçılık *is.* 사기행각; ~ et-

mek 사기행각을 하다.
batakhane *b. is.* 소굴.
bataklı *s.* 늪지의, 늪지같은.
bataklık *is.* 늪지, 늪; ~ arazi 넓은 늪; ~ yer 넓은 늪지대; ~ yosunu 물이끼, 수태.
bataksal *s.* 늪의, 늪지의, 늪같은, 축축한, 늪이 많은, 늪에서 서식하는.
batarya *is.* 〔군사〕 포병; 〔전기〕 밧데리, 전지; ~ komutanı 포병사령관.
batı *is.* 저쪽, 서방, 서편; 서풍; *s.* 서쪽의; ~ Almanya 서독.
batılı *is.* 서방인, 서양사람.
batılılaşma *is.* 서방화.
batılılaşmak *f.* 서방화하다.
batırılmak *f.* 침몰되다.
batırmak *f.* 침몰시키다, 빠드리다; 몰락시키다, 가라앉히다.
batkı *is.* 파산.
batkın *is. s.* 파산자(의).
batkınlık *is.* 파산, 지불 불능
batma *is.* 침몰; 파산.
batmak *f.* 가라앉다; (해가) 지다; 잃다. 파산하다; 파괴되다, 폐허가 되다, 침몰하다.
battaniye *is.* 담요.
bavul *is.* 여행용 큰 가방, 트렁크.
bay *is.* 씨, 이름대신 남성에게 사용하는 존칭; ~ lar 신사.
bayan *is.* 부인, 양, 여사, 이름대신 여성에게 사용하는 존칭; ~lar 숙녀; ~lara mahsus 여자용, 숙녀용.
bayat *s.* 싱싱치 못한, 김이 빠진, 신선치 못한; 식은, 묵은; 낡은; ~ balık 신선하지 않은 생선; ~ ekmek 오래된 빵, 묵은 빵; ~ havadis 낡은 소식, 케케묵은 소식.
bayatlamak *f.* 오래 되다, 김이 빠지다, 신선하지 못하다, 묵다, 낡다.
bayatlatmak *f.* 묵히다.
bayatlık *is.* 부패, 진부.
baygın *s.* 넋 나간, 넋 빠진, 정신이 나간.
baygınlaşmak *f.* 넋이 빠지다, 넋이 나가다.
baygınlık *is.* 기절, 혼수; ~ gelmek 기절하다.
bayılma *is.* 기절 실신, 혼수, 마비.
bayılmak *f.* 기절하다, 실신하다; 대단히 기뻐하다, 너무 좋아 어찌할 바를 모르다, 미칠듯이 기뻐하다.
bayıltıcı *s.* 마비시키는, 마취시키는; ~ ilaç, ~ madde 마취제.
bayıltma *is.* 〔의학〕 마취, 마비.
bayıltmak *f.* 마취시키다, 마비시키다.
bayındır *s.* 번창한, 번영의, 복지의.
bayındırlaştırmak *f.* 번창케하다, 번영케하다.
bayındırlık *is.* 개발, 복지, 번영; ~ bakanı 공공사업부 장관; ~ Bakanlığı 공공사업부.
bayındırmak *f.* 개발하다.
bayır *is.* 비탈, 경사지, 사면; 구릉.
baykuş *b. is.* 올빼미; ~ gibi 올빼미처럼, 불운을 가져오는; ~ yavrusu 올빼미 새끼; ~ yuvası 올빼미둥지, 폐허.
bayrak *is.* 기; ~ merasimi, ~ töreni 국기하게양식; millî ~ 국기.
bayraklı *s.* 국기를 게양한, 국기가 있는.
bayraktar *is.* 기수.
bayram *is.* 축일, 축제, 축하연; 공휴일, 국경일; ~ ayı (회교력의) 10월; ~ etmek 축일을 축하하다, 축일을 즐기다; ~ günü 축제일; ~ tebriki 축제일 인사; ~ yapmak 축일을 축하하다, 축일을 즐기다; ~ınız kutlu olsun! 축일을 축하합니다, 즐거운 축일이 되시기를!
bayramlaşmak *f.* 축일 인사를

교환하다.

bayramlık *s.* 축일에 사용하는; *is.* 축일의 기념품 또는 희사금, 축제일 의상, 때때옷.

bazan, bazen *zf.* 때때로, 가끔, 이따금.

bazı *s.* 어떤, 어느, 아무의, 약간의; *zf.* 가끔, 때때로.

bazu *is.* 〔해부〕 어깨에서 팔꿈치까지의 팔부분, 상박, 상 완.

be *ünl.* 에!, 예!

bebek *is.* 아기, 애기, 유아, 젖먹이 아이, 영아; 인형.

becerikli *s.* 영리한, 교묘한, 능난한, 재빠른.

beceriklilik *is.* 영리함, 교묘함, 능난함, 민첩함.

becermek *f.* 해내다, 처리하다.

bedava *s.* 무료의, 보상조건이 없는, 공짜의; 아주 싼; ~ sirke baldan tatlıdır 공짜 식초는 꿀보다 달다; ~dan 무료로, 공짜로.

bedavacı *s.* 공짜를 좋아하는.

bedel *is.* 대가, 대체물; 〔역사〕 군역을 면해주는 대가로 국가에 바치는 돈.

bedelci *is.* 돈으로 군역을 면한 사람.

bedelli *s.* 군역을 대신하여 돈을 내는; *is.* 군역을 대신하여 돈을 낸 사람.

bedelsiz *s.* 군역을 대신하여 돈을 내지 않은.

beden *is.* 신체; ~ cezası 체형; ~ terbiyesi 신체훈련, 신체단련.

bedeneğitimi *b. is.* 체육, 체능 교육.

bedenî *s.* 신체의.

beğendirmek *f.* 좋아하게 만들다; 만족하게 하다, 즐겁게 해주다, 기쁘게 하다.

beğenilmek *f.* 좋아하게 되다; 만족하다, 즐거워하다; 사랑받다, 귀염받다.

beğenmek *f.* 좋아하다; kendini ~ 자만하다.

beka *is.* 지속, 계속, 영속; ~î ruh 영혼 불멸성.

bekâr *is.* 미혼자; 독신.

bekâret *is.* 처녀성, 동정성; 처녀, 동정.

bekârlık *is.* 미혼상태, 독신상태; ~ sultanlık 미혼은 술탄이다.

bekçi *is.* 경비원, 야경꾼, 야경원.

bekçilik *is.* 경비직.

bekleme *is.* 기다림, 기대, 고대; ~ külübesi 〔군사〕 초소막; 보초막, 파수막; ~ müddeti, ~ süresi 대기기간, 연한; ~ odası 대기실, 대합실.

beklemek *f.* 기다리다, 고대하다; 기대하다, 예기하다; 망보다, 파수를 보다.

beklemesalonu *b. is.* 대기실, 대합실.

beklenilmek *f.* 기다리는 대상이 되다.

beklenmek *f.* 기다려지다; 기대되다.

bekleşmek *f.* 함께 기다리다, 함께 기대하다.

bekletmek *f.* 기다리게 하다, 기대하게 하다.

beklettirmek *f.* 기다리게 시키다. 기대하게 시키다.

bekleyici *s.* 기다리게 하는, 기대하게 하는; 파수꾼.

bel *is.* 허리, 허리부분; ~ini kırmak 못쓰게 만들다.

belâ *is.* 불상사, 재난, 참화, 두통거리, 불행; ~ çıkarmak 불상사를 일으키다; ~ya çatmak, ~ ya girmek 재난에 뛰어들다; ~ya düşmek 재난에 빠지다; ~ya sokmak 불행에 몰아넣다, 재난에 몰아넣다; ~ya tutulmak 불행에 봉착하다, 재난에 봉착하다, 참화를 만나다; ~ya uğramak 불행을 만나다,

재난을 당하다; ～yı satın almak 재난을 불러 일으키다.
Belçika *öz. is.* 〔국명〕벨기에.
Belçikalı *öz. is.* 벨기에인.
beledî *s.* 시의.
belediye *is.* 시청; ～ binası 시청청사; ～ meclisi 시의회; ～ memuru 시청직원; ～ Reisi 시장; ～ seçimi 시장선거.
belge *is.* 서류, 증명서, 문서; 자료.
belgelemek *f.* 증빙서류로 증명하다.
belgelenmek *f.* 증명되다.
Belgrat *öz. is.* 〔지리〕벨그라드.
belirgin *s.* 명백한, 뚜렷한, 완연한, 확실한, 명확한.
belirleme *is.* 결정, 한정, 규정.
belirlemek *f.* 한정하다, 규정하다, 정의하다.
belirlenmezlik *is.* 비한정.
belirli *s.* 한정된; 확고한.
belirmek *f.* 나타나다, 현시하다, 명백해지다, 확고해 지다.
belirsiz *s.* 비한정의.
belirsizlik *is.* 비한정.
belirten *is.* 〔문법〕한정사.
belirti *is.* 표시, 징후.
belirtili *s.* 표시가 있는, 표시나는.
belirtisiz *s.* 표시가 없는.
belirtme *is.* 밝힘, 공표.
belirtmek *f.* 밝히다, 명백히하다, 알리다, 공표하다, 지시하다, 제시하다.
belkemiği *b. is.* 〔해부〕척추, 등뼈.
belki *zf.* 아마도, 어쩌면, 혹시.
bellek *is.* 기억; 기억력; ～ karışıklığı 혼란증; ～ yitimi 기억상실증.
bellem *is.* 기억력.
belleme *is.* 기억.
bellemek *f.* 기억하다.
bellenmek *f.* 기억되다.
belleten *is.* 회보.
belletmek *f.* 기억시키다.
belli *s.* 분명한, 명백한, 명료한; 일정한, 한정된; ～ başlı 분명한; ～ olmak 분명해지다. 명백해지다.
bellilik *is.* 명백성, 명료성.
bembeyaz *s.* 아주 흰, 순백의.
ben *zm.* 나(일인칭 단수 주격) ～ce 나로서는; ～de 나에게서; ～i 나를; ～den 나로부터.
bencil *s.* 이기적.
bencilik *is.* 이기.
bencileşmek *f.* 이기적이 되다.
bencillik *is.* 이기주의.
bende *is.* 하인, 종, 종복; ～niz 당신의 충복.
bendegân *ç. is.* 하인들, 종들, 노예들.
benek *is.* 점, 반점.
benekli *s.* 반점이 있는, 점박이의.
bengi *s.* 영원한, 무한한, 끝없는, 무궁한.
bengilemek *f.* 영원케하다.
bengilik *is.* 영원, 무궁, 불멸, 영겁.
bengisu *b. is.* 불로수, 마시면 죽지않는다는 물.
benimsemek *f.* 찬동하다; 자기 것으로 하다.
benimsenmek *f.* 동조하게되다, 자기 것으로 되다.
benimsetmek *f.* 동조케하다, 찬동케 하다.
beniz *is.* 얼굴 빛, 안색.
benlik *is.* 개성, 성격; 자부; ～ni kaybetmek 개성을 상실하다, 자부심을 잃다.
benlikçi *s.* 자부심이 강한, 개성이 강한.
benlikçilik *is.* 개성주의.
bent *is.* 제방, 뚝; (글의) 절, 조문의)항.
benzeme *is.* 유사, 닮음, 상사.
benzemek *f.* 유사하다, 비슷하다, 닮다.
benzen *is.* 〔화학〕벤젠.

benzer *s.* 닮은, 유사한, 상사적; ~ şekiller 닮은 꼴.
benzerlik *is.* 유사성.
benzersiz *s.* 무쌍의, 비할 바 없는.
benzeşim *is.* 〔수학〕 상사; ~ oranı 상사도.
benzeşlik *is.* 유사성.
benzeşme *is.* 〔문법〕 조화, 일치.
benzeşmek *f.* 서로 닮다, 유사하다; 조화하다, 일치하다.
benzetmek *f.* 비유하다, 유사성을 찾다.
benzeyiş *is.* 유사상태, 닮은 점.
benzin *is.* 휘발유.
benzol *is.* 〔화학〕 벤졸.
beraber *zf.* 함께, 같이; ~e kalmak 동점이 되다, 비기다; …le ~ …과 함께.
beraberlik *is.* 동점, 비김; ~ müziği 합주곡, 합창곡.
beraet *is.* 〔법률〕 무죄; 석방; ~ etmek 무죄로 하다; 석방하다; ~ ettirmek 석방시키다; ~ kararı 무죄판결.
berat *is.* 특허장, 수여증서; ~ gecesi 회교달력으로 8월 15일 밤.
berbat *s.* 대단히 나쁜, 더러운.
berber *is.* 이발사; kadın ~ dükkânı 이발소, 이용원; kadın ~i 미장원.
Berberî *öz. is.* 북아프리카의 한 종족인 바아바리 사람.
berberlik *is.* 이용업.
bere *is.* 경상, 가벼운 상처; (털실로 짠) 모자.
bereket *is.* 풍요, 풍성; Allaha ~ versin! 신에게 감사를!
bereketli *s.* 풍요한, 풍성한.
bereketsiz *s.* 풍요치 못한, 궁핍한.
berelemek *f.* 가벼운 상처를 내다. 경상을 내다.
berelenmek *f.* 가벼운 상처를 입다, 경상을 입다.
bereli *s.* 가벼운 상처를 입은, 경상의.
beri *is.* 뒤; *s.* 뒤(쪽)의; *zf.* 이래로, 이후로; ötede ~de 여기저기에서.
berilyum *is.* 〔화학〕 베릴리움 (Be).
berk *s.* 딱딱한, 견고한.
berklik *is.* 견고.
berrak *s.* 맑은, 청명한, 투명한.
berraklaşmak *f.* 맑아지다, 청명해지다, 투명해지다.
bertaraf *zf.* 한쪽 옆으로; ~ etmek 옆으로 밀어내다.
besbelli *s.* 아주 분명한, 아주 명백한.
besin *is.* 영양, 식품, 음식물; ~ madde 식품, 식량.
besleme *is.* 키우기, 재배, 사육, 양육; 양자녀; ~ gibi 옷이 잘 어울리지 않는.
beslemek *f.* 키우다, 먹이다, 사육하다, 재배하다, 양육하다, 기르다.
beslenmek *f.* 양육되다, 재배되다, 길러지다.
besletmek *f.* 사육케하다, 재배하게하다, 양육하게하다.
besleyici *s.* 자양적, 영양있는, 양분있는.
beste *is.* 〔음악〕 작곡; ~ bağlamak 작곡하다.
besteci *is.* 작곡가.
bestekâr *is.* 작곡가.
besteli *s.* 작곡의, 작곡한.
beş *is.* 다섯; ~ aşağı ~ yukarı gezmek 이리저리 왔다 갔다 하다; ~ aşağı ~ yukarı uyuşmak 쌍방이 양보하여 홍정하다; ~ duyu 시각, 청각, 미각, 후각, 촉각에 의한 다섯 감각; ~ para 쓸모없는, 쓰잘데 없는; ~ para etmez 쓸모없는, 무용한; ~ paralık 쓸모없는 것, 무용한 것; ~ parmak bir olmaz 한날 한시에 난 손가락도 길고

짧은 것이 있다.
beşer *s.* 다섯씩의.
beşgen *is.* 〔기하〕 오각형; düz- ~〔기하〕 정오각형.
beşik *is.* 요람.
beşikçi *is.* 요람 만드는 사람 또는 상인.
beşinci *s.* 다섯번째의, 제 5 의; ~ kol 오열, 간첩.
beşiz *s.* 다섯 쌍동이.
beşizli *s.* 다섯 쌍으로 된.
beşli *s.* 다섯으로 된, 다섯의.
beşlik *is.* 다섯단위; 5 리라 짜리 화폐.
beşparmak *b. is.* 〔동물〕 불가사리.
beşpençe *b. is.* 〔동물〕불가사리.
beşyüzlük *b. is.* 500리라짜리 화폐.
beştaş *is.* 〔놀이〕 공기놀이.
betim *is.* 기술, 묘사.
betimlemek *f.* 기술하다, 묘사하다.
betimsel *s.* 기술적, 묘사의.
beton *is.* 콘크리이트 구조물.
betonarme *b. is.* 철근 콘크리이트 구조물.
betonyer *is.* 콘크리이트를 혼합하는 기계.
bey *is.* 님, 씨, 선생; 유지, 저명인사.
beyan *is.* 성명, 표명; ~ etmek 성명하다.
beyanat *is.* 성명.
beyanname *b. is.* 성명서.
beyaz *is.* 흰색, 백색; *s.* 흰, 흰색의, 백색의; ~ etmek, ~a çekmek 정서하다; ~ kitap 백서; ~ Rus 백러시아; ~ saçlı 백색머리의; ~ Saray 백악관.
beyazımsı, beyazımtırak *s.* 흰색이 나는, 흰색이 도는.
beyazlanmak, beyazlaşmak *f.* 희게되다, 희어지다.
beyazlatmak *f.* 희게 만들다.
beyazlık *is.* 흰것, 흰 상태.
beyazperde *b. is.* 영사막.
beyazpeynir *b. is.* 흰 치즈, 백색치즈.
beydak *is.* (장기의)병과 졸.
beyefendi *b. is.* bey의 존칭.
beygir *is.* 짐나르는 말.
beygirgücü *b. is.* 마력.
beygirkuvveti *b. is.* 마력.
beyin *is.* 뇌, 두뇌; ~ yıkama 세뇌.
beyinsiz *s.* 멍청한, 영리하지 못한.
beylerbey *is.* 〔역사〕 작은 주(sancak)의 유지의 우두머리.
beylik *is.* 〔역사〕 영주국, 후국, 공국.
beynelmilel *s.* 국제적, 국제상의.
Beyoğlu *öz. is.* 〔지리〕 이스탄불시의 구역 명칭.
Beyrut *öz. is.* 〔지리〕 베이루트.
beysbol *is.* 〔운동〕 야구.
beyzade *b. is.* 귀족의 아들, 유지의 아들.
beyzî *s.* 타원형의, 달걀모양의
bez *is.* 천, 헝겊, 나사, 옷감, 모직, 면직; ~ ayakkabı 운동화; ~ fabrikası 방직공장; ~ kaplamak 천을 씌우다, 천으로 덮다; ~ kaplı 천으로 덮은; çocuk ~i (아기의) 기저귀; yelken ~i 천막이나 돛을 만드는 두꺼운 천.
bezelye *is.* 〔식물〕 완두콩.
bezeme *is.* 장식, 꾸밈.
bezemek *f.* 장식하다, 꾸미다.
bezgin *s.* 지친, 의욕을 잃은, 낙담한, 비관적.
bezginlik *is.* 낙담,무기력,비관.
bezmek *f.* 지치다, 낙담하다, 의욕을 잃다, 무기력해지다, 비관하다.
bıçak *is.* 칼, 검; ~ ~a gelmek 서로 칼질을 하리 만큼 혈전을 하다; ~ gibi kesmek 완전히 또는 급속히 베거나, 자르다;

~ kemiğe dayanmak 사태가 참을 수 없는 경지에 이르다; ~ kını 칼집; ~ sapı 칼의 손잡이; ~ sırtı 칼등; ~ yarası 칼 자국, 칼에 다친 상처 자국.
bıçakçı *is.* 칼 장수, 칼 만드는 사람.
bıçakçılık *is.* 칼 상업, 칼 제조업.
bıçaklamak *f.* 칼로 해치다, 칼로 자르다.
bıçaklanmak *f.* 칼에 다치다, 칼에 상처를 입다.
bıçaklık *is.* 칼걸이; 칼만들기에 알맞는 쇠붙이.
bıçkı *is.* 큰 톱.
bıçkıcı *is.* 큰 톱질장이.
bıkılmak *f.* 싫증이 생겨나다.
bıkkın *s.* 싫증이 난, 권태가 난.
bıkkınlık *is.* 싫증, 싫증이 난 상태.
bıkmak *f.* 싫증나다, 권태나다.
bıktırmak *f.* 싫증나게하다, 권태나게하다.
bıldır *zf.* 지난 해, 작년, 일년전.
bıldırcın *is.* 〔동물〕 메추리.
bıllık bıllık *s.* 아주 통통한, 포동포동한.
bıngıldak *is.* 〔해부〕 숨구멍, 숫구멍, 갓난아이의 정수리의 발딱발딱 뛰는 연한 곳.
bırakılmak *f.* 놓여지다, 두어지다; 포기되다, 그만 두어지다; 방면되다.
bırakmak *f.* 놓다, 두다; 그만두다, 포기하다, 버리다; 남기다, 방면하다, 허락하다; 이혼하다; 넘겨주다, 주다.
bıraktırmak *f.* 놓게하다, 두게하다; 그만두게하다, 포기시키다, 버리게하다; 방면하게하다; 넘겨주게하다.
bıyık *is.* 코밑 수염; ~ altından gülmek 숨어서 웃다, 은밀히 웃다.
bıyıklanmak *f.* 수염이 나다.
bıyıklı *s.* 수염이 난. 수염이 있는.
bıyıksız *s.* 수염이 없는.
biber *is.* 〔식물〕 고추.
biberlik *is.* 고추가루 넣는 병; 고추밭.
bibliyograf *is.* 서지학자, 서적 해제의 저자.
bibliyografya *is.* 서지학, 서적 해제; 저서 목록, 관계 서지, 참조서 일람, 참고문헌 목록.
biçare *s.* 불쌍한, 가련한.
biçarelik *is.* 가련, 불쌍함.
biçilmek *f.* 잘려지다, 베어지다, 재단되다.
biçim *is.* 형태, 모양, 종류, 태도; 베기, 자르기, 재단.
biçimlendirmek *f.* 일정한 형태를 갖게하다.
biçimlenmek *f.* 일정한 형태를 갖추다.
biçimli *s.* 모양이 좋은.
biçimsel *s.* 모양의, 모양에 관한.
biçimsiz *s.* 모양이 나쁜.
biçki *is.* 재단술.
biçme *is.* 베기, 자르기, 재단하기.
biçmek *f.* 자르다, 베다, 재단하다.
biçtirmek *f.* 베게하다, 자르게하다, 재단하게하다.
bidon *is.* 두꺼운 철판으로 만든 큰통.
biftek *is.* 〔음식〕 비이프 스테이크.
bikini *is.* 두부분으로 분리된 비키니 수영복.
bilâ- *e.* 부정 또는 반대의 접두사, 반-, 비-; ~ bedel 무료로.
bilâistisna *zf.* 예외없이; 무분별, 등등.
bilâkaydüşart *zf.* 무조건, 절대로.
bilâkis *zf.* 반대로, 정반대로, 역으로.
bilanço *is.* 〔경제〕 대차대조표,

계산표.
bilardo *is.* 당구; ～ oynamak 당구를 치다; ～ masası 당구대; ～ salonu 당구장.
bilâvasıta *s.* 직접의, 직접적.
bilcümle *zf.* 온통, 전부.
bildiri *is.* 알림; 공지문, 공표문, 성명서; 발표문.
bildirilmek *f.* 알려지다, 공표되다, 발표되다.
bildirim *is.* 알리는 태도.
bildirme *is.* 알림, 공표, 공지.
bildirmek *f.* 알리다, 통지하다.
bile *zf.* ～까지도; 이미, 벌써; …하더라도, …할지라도.
bileği *is.* 숫돌.
bilek *is.* 〔해부〕손목; ayak ～i 발목; ～ kuvveti 팔힘; ～ saati 팔목시계, 팔뚝시계.
bileklik *is.* 운동할 때 사용하는 팔목띠.
bilemek *f.* (칼, 가위따위를) 갈다, 날을 세우다.
bilenmek *f.* (칼, 가위 따위가) 갈아지다, 날이 서다.
bileşik *s.* 혼합의, 혼합적, 복합적; 〔화학〕 화합적; ～ cümle 〔문법〕 복합문; ～ faiz 복리; ～ fiil 〔문법〕 합성동사; ～ kelime 〔문법〕 합성어.
bileşim *is.* 혼합, 합성, 화합.
bileşmek *f.* 〔화학〕 화합하다; 〔물리〕 혼합하다.
bileştirmek *f.* 화합시키다, 혼합시키다, 복합시키다.
bilet *is.* 표.
biletçi *is.* 매표원.
biletmek *f.* (칼, 가위 따위를) 갈게하다.
bileyici *is.* (칼, 가위 따위를) 가는 사람.
bileyicilik *is.* (칼, 가위 따위를) 가는 일.
bilezik *is.* 팔찌; 팔찌모양의 원형고리.
bilgi *is.* 지식, 학문.
bilgili *s.* 지식이 있는.
bilgin *is.* 지식인, 학자, 식자.
bilgisiz *s.* 무식한, 교육받지 못한, 지식이 없는.
bilgisizlik *is.* 무지, 무식, 무학.
bilhassa *zf.* 특히, 특별히.
bilim *is.* 지식, 학문.
bilimsel *s.* 지식의, 지적, 학문적.
bilimsiz *s.* 무식한, 지식이없는.
bilimsizlik *is.* 무식.
bilinç *is.* 의식.
bilinçdışı *b. is.* 무의식.
bilinçli *s.* 의식적, 의식이 있는.
bilinçsiz *s.* 무의식적, 무의식의.
bilinçsizlik *is.* 무의식.
bilindik *is.* 〔수학〕 기지수; ～i gibi 아는 바와 같이.
bilinemez *z.* 불가지의, 감지할 수 없는.
bilinemezci *is.* 불가지론자.
bilinemezcilik 불가지론.
bilinen *is.* 〔수학〕 기지수.
bilinmedik *is.* 〔수학〕 미지수.
bilinmek *f.* 알려지다, 감지되다.
bilinmeyen *is.* 〔수학〕 미지수.
bilinmez *s.* 미지의, 모호한.
bilinmezlik *is.* 모호성, 불확실성, 불가지성.
bilir *s.* 아는, 감지하는.
bilirkişi *b. is.* 전문가.
bilkimya *zf.* 화학상, 화학적으로.
billûr *is.* 수정; 결정; ～ gibi 아주 투명한, 아주 맑은.
billûrcisim *b. is.* 〔해부〕 수정체.
billûrlaşma *is.* 결정화.
billûrlaştırmak *f.* 결정시키다.
billûrlu *s.* 수정의; 결정의.
bilmece *is.* 수수께끼.
bilmek *f.* 알다, 배우다; 기억하다, 체험하다.
bilmez *s.* 무식한, 무지의.
bilmezlik *is.* 무식, 무지.
bilvasıta *s., zf.* 간접의(으로).
bilyon *is.* 10억.
bin *i.* 1,000의; *is.* 1,000; on ～

10,000; yüz ~ 100,000.
bina *is.* 건물.
binaenaleyh *zf.* 결과적으로, 그러므로, 그렇기 때문에.
binbaşı *b. is.* 〔군사〕 소령.
binbaşılık *b. is.* 〔군사〕 소령계급, 소령직위.
bindirmek *f.* 싣다, 태우다; 들이 받다.
binici *is.* 〔체육〕 승마기수, 승마기사.
binicilik *is.* 〔체육〕 승마술.
bininci *s.* 천번째의.
biniş *is.* 말을 타는 방법.
binmek *f.* 타다, 오르다.
bir *s.* 하나의, 어떤; *is.* 하나.
bira *is.* 맥주; ~ fabrikası 맥주공장; ~ fıçısı(양조장의 큰) 맥주통; ~ şişesi 맥주병.
birader *is.* 남자동생.
birahane *b. is.* 맥주집, 비어홀.
biraz *s.* 약간, 조금.
birazcık *s.* 아주 조금, 아주 약간.
birazdan *zf.* 잠시 후.
birbiri, biribiri *zm.* 서로서로.
bircilik *is.* 〔철학〕 일원론.
birçok *s.* 많은, 제법 많은.
birçoğu *zm.* 대부분.
birden *zf.* 갑자기; 한번에.
birdenbire *zf.* 갑자기.
birdirbir *is.* 〔놀이〕 말타기, 뛰어넘기.
birer *s* 하나씩.
birey *is.* 개인.
bireyci *s.* 개인주의적.
bireycilik *is.* 개인주의.
bireysel *s.* 개인적, 개인의.
biri *zm.* 하나, 어떤하나.
biricik *s.* 유일한, 유일무이한.
birikim *is.* 축척, 적립, 누적.
birikinti *is.* 축적물.
birikme *is.* 축적.
birikmek *f.* 축적되다, 쌓다.
biriktirmek *f.* 저축하다, 모으다, 축적하다, 수집하다.
birileri *c. zm.* 어떤 사람들.
birim *is.* 단위.
birinci *s.* 첫번째의, 제 1 의.
birincilik *is.* 첫번째, 제일.
birisi *zm.* 어떤 하나.
birkaç *b. s.* 약간, 얼마.
birkaçı *b. zm.* 약간, 얼마.
birlemek *f.* 하나로 만들다.
birleşik *s.* 연합의, 합동의; ~ devlet 합중국; ~ oturum 합동 회의.
birleşim *is.* 연합, 합동; 〔생물〕 교합.
birleşme *is.* 통합, 연합, 통일.
birleşmek *f.* 통일하다, 통합하다, 연합하다; 합치다.
birleşmiş *s.* 통합된, 통일된; ~ Milletler 국제연합; ~ Milletler Ekonomik ve Sosyal Konsey 국제연합경제사회이사회; ~ Milletler Genel Kurulu 국제연합총회; ~ Milletler Genel Sekreteri; 국제연합사무총장; ~ Milletler Güvenlik Konsey 국제연합안전보장 이사회; ~ Milletler Sekreterliği 국제연합사무국; ~ Milletler Vesayet Meclisi 국제연합신탁통치이사회.
birleştirme *is.* 통합, 연합; ~ çizgisi〔문법〕 연자 부호, 하이픈.
birleştirmek *f.* 통일시키다, 통합시키다.
birli *is.* (놀이 등에서) 하나짜리.
birlik *is.* 유일성; 단일성; 통일성, 전체성; 회, 단, 단체, 조직; 〔군사〕 대, 부대; ~ olmak 합동하다, 협동하다, 공동으로 하다.
birlikte *zf.* 함께, 같이.
birtakım *s.* (부정확한 집단적) 일단의, 여럿의.
bisiklet *is.* 자전차, 자전거.
bisküvi, bisküvit *is.* 비스켓.
bit *is.* 〔곤충〕 이.
bitaraf *s.* 중립의, 불편부당한.
bitaraflık *is.* 중립, 불편부당.

bitek *s.* 비옥한.
biteksiz *s.* 비옥하지 않은, 황폐한, 불모의.
bitevi, biteviye *zf., s.* 지속적, 계속적, 항상, 천편일률적으로.
biteviyelik *is.* 단조, 천편일율, 계속, 지속.
bitirmek *f.* 끝내다, 다하다, 완성하다.
bitirmiş *s.* 끝난, 완성한.
bitişik *s.* 인접의, 접한, 붙어있는; *is.* 접해있는 이웃.
bitişmek *f.* 인접하다, 접하다, 붙다.
bitiştirmek *f.* 접하게하다, 인접시키다, 붙이다.
bitki *is.* 식물; ~ bilimi 식물학.
bitkimsi *s.* 식물과 같은, 식물을 닮은, 식물과 유사한.
bitkisel *s.* 식물의, 식물성의.
bitlemek *f.* 이를 잡아주다.
bitlenmnk *f.* 이가 생기다; 스스로 이를 잡다.
bitli *s.* 이가 있는.
bitmek *f.* (말, 일 등이) 끝나다 ;(돈, 쌀 등이) 떨어지다; (식물, 머리털 등이) 자라다.
biyofizik *is.* 생물리학.
biyografi *is.* 전기; 전기 문학.
biyojeografi *is.* 생물지리학.
biyokimya *is.* 생화학.
biyolog *is.* 생물학자.
biyoloji *is.* 생물학; ~ bakımından 생물학적으로, 생물학상으로.
biyolojik *s.* 생물학의, 생물학적.
biz *zm.* 인칭대명사의 1인칭 복수 주격, 우리들; ~de 우리들에게는; ~den 우리들로부터; ~e 우리들에게; ~i 우리들을; ~im 우리들의.
Bizans *öz. is.* 〔역사〕비잔틴제국; 비잔틴제국사람.
bizzat *zf.* 몸소, 친히, 스스로.
Bk. bak의 준말
Bknz. bakınız의 준말
blok *is.* (건물의) 동.
bloke *is.* 봉쇄, 저지; ~ etmek 저지하다, 봉쇄하다.
blöf *is.* 허세, 기만; ~ yapmak 기만하다, 허세를 부리다. 위협하다.
bluz *is.* 〔의류〕 블라우스.
Blucistan *öz. is.* 〔지리〕 인도와 이란사이의 발루치스탄.
Blücistanlı *öz. is.* 발루치스탄 사람.
Bn. Bayan의 준말
boa *is.* 〔동물〕 큰 구렁이.
bobin *is.* 〔전기〕 보빈.
bodrum *is.* 지하실, 동굴; ~ katı 지하층.
bodur *is.* 난장이.
boğa *is.* 〔동물〕 황소; ~ dövüşü 투우.
Boğa *öz. is.* 〔천문〕 웅우좌, 황소별자리.
boğaz *is.* 목; 해협.
boğazlamak *f.* (동물이나 사람을) 목을 베어 죽이다, 참수하다.
Boğazlar *öz. is.* 터어키 해협; ~ meselesi 터어키해협문제.
boğazlaşmak *f.* 서로 목을 조르고 싸우다.
boğazlı *s.* 밥을 많이 먹는, 음식에 욕심이 많은.
boğazsız *s.* 밥을 조금 먹는, 식욕이 없는.
boğdurmak *f.* 목을 졸라 죽이게 하다, 질식하게 하다.
boğdurulmak *f.* 목을 졸라 죽임을 당하다, 질식 당하다.
boğdurtmak *f.* 남으로 하여금 질식시키게 하다.
boğmaca *is.* 〔의학〕 백일해.
boğmak *f.* 목을 조르다, 질식시키다; 조르다.
boğucu *s.* 몹시 졸라대는.
boğuk *s.* 목소리가 쉰.
boğulmak *f.* 질식하다, 질식하여 죽다; 익사하다.
boğum *is.* (손가락, 대나무 등의) 마디.

boğuşmak *f.* 서로 붙들고 싸우다.
bohça *is.* 보자기.
bohçacı *is.* 보따리 장사.
bohçalamak *f.* 보자기에 싸다.
Bohemya *öz. is.* 〔지리〕 보헤미아.
Bohemyalı *öz. is.* 보헤미아사람.
bok *is.* 대변, 변, 똥; 곤경.
boklamak *f.* 〔속어〕 곤경에 빠지게하다.
bokluk *is.* 〔속어〕 심한 곤경.
boks *is.* 〔운동〕 권투, 복싱; ~ eldiveni 권투장갑; ~ maçı 권투시합; ~ yapmak 권투를 하다.
boksör *is.* 권투인, 권투선수.
bol *s.* 풍부한, 많은; ~ ~ 풍부히, 많이.
Bolivya *öz. is.* 〔지리〕 볼리비아; *s.* 볼리비아의
Bolivyalı *öz. is.* 볼리비아 사람.
bollanmak *f.* 풍부해지다.
bollatmak *f.* 풍부하게 하다.
bolluk *is.* 풍부, 풍요.
Bolşevik *öz. is.* 러시아의 볼쉐비키당, 볼쉐비키당원.
bomba *is.* 폭발물, 폭약, 폭탄.
bombacı *is.* 폭발물 운반자, 폭발물 사용자, 폭발물 제조인.
bombalamak *f.* 폭탄을 투척하다.
bombardıman *is.* 폭격; ~ uçağı 폭격기.
bombok *s.* 아주 나쁜.
bomboş *s.* 완전히 빈.
boncuk *is.* (구멍뚫린 조그만) 구슬.
bonfile *is.* 등심고기, 봉필레.
bono *is.* 채권.
bonservis *b. is.* 직장을 떠날때 발행하는 이직 증명서.
boraks *is.* 〔화학〕 붕사.
borazan *is.* 나팔수; 나팔.
borç *is.* 빚; 대여, 빌림; ~ almak 빚을 얻다, 빌리다; ~ vermek 빚을 주다, 빌려주다; ~a girmek 부채를 지다; ~lar hukuku 〔법률〕 채권법; ~unu kapatmak, ~unu ödemek 빚을 갚다.
borçlanmak *f.* 빚을 지다, 빌리다.
borçlu *s.* 빚을 진, 빌린.
borçsuz *s.* 빚이 없는.
bordro *is.* 계산명세서; maaş ~su 봉급계산서.
borsa *is.* 환 또는 어음 교환소; kara ~ 암시장.
boru *is.* 관, 속이 빈 긴 물건; 나팔.
borucuk *is.* 작은 관.
borumsu *s.* 관을 닮은, 관과 비슷한.
bostan *is.* 채마 밭, 채소 밭, 남새 밭.
bostancı *is.* 채마 밭을 가꾸는 사람.
boş *s.* 빈; 쓸데없는; 자유로운, 한가한, 여유있는; 주인없는; 지식이 없는; ~ söz 빈말; ~ vermek 마음에 두지 않다, 개의치 않다, 그만 두다; ~a çıkmak 실현시키지 못하다, 이루지 못하다; ~a gitmek 이득을 주지 못하고 사라지다; 헛수고를 하다; ~ta 일이 없이; ~u ~una 헛되이.
boşalmak *f.* 비다.
boşaltma *is.* 비우기; 해제; 면책, 철수.
boşaltmak *f.* 비우다; 쏟아 버리다; 없애 버리다; 철수하다.
boşamak *f.* 이혼하다.
boşanma *is.* 이혼; ~ davası 이혼소송.
boşanmak *f.* 이혼하다, 헤어지다, 이별하다.
boşanmış *s.* 이혼한.
boşboğaz *s.* 입이 가벼운, 비밀을 잘 지키지 못하는.
boşboğazlık *b. is.* 폭로, 누설.
boşluk *is.* 공간, 우묵 패인 곳, 틈, 간격, 빈곳; 공허; 진공;

빈란, 빈칸.
boşuna *zf.* 헛되이.
bot *is.* 작은배, 보오트.
botanik *is.* 식물학; *s.* 식물학의.
boy *is.* 부족; 혈족; 키, 크기; ~u ~una, huyu huyuna 유유상종.
boya *is.* 크레용, 물감, 칠.
boyacı *is.* 물감을 만들거나 파는 사람; 칠하는 사람, 염색공.
boyacılık *is.* 염색업; 물감제조업; 물감 판매상; 페인트업.
boyaevi *b. is.* 염색업소; 물감판매상업.
boyahane *b. is.* 염색업소; 물감판매상업.
boyalamak *f.* 칠을 하다, 색칠을 하다.
boyalanmak *f.* 칠해지다, 색칠되다; 화장하다.
boyalı *s.* 칠을 한, 색칠한; 화장한.
boyama *is.* 색칠하기; 칠을 한 상태.
boyamak *f.* 칠하다, 칠을 입히다.
boyanmak *f.* 칠이 되다, 색칠되다.
boyatmak *f.* 칠을 시키다, 색칠하게 하다.
boydaş *s.* 키가 같은.
boykot *is.* 배척, 공동배척, 파업.
boylam *is.* 날줄, 경도, 경선.
boylu *s.* 키의, 키가 큰.
boynuz *is.* (동물의) 뿔, 각; *s.* 뿔로 만든.
boynuzlu *s.* 뿔이 있는.
boysuz *s.* 키가 작은.
boyun *is.* 〔해부〕 목, 목부분; ~ eğmek 억지로 굽히다; 굴복하다; ~ kesmek 머리를 숙이다; ~unu vurmak 목을 베어 처형하다.
boyunca *zf.* 키만큼; 계속된 시간만큼.
boyunduruk *is.* 멍에.
boyunluk *is.* 멍에줄.
boyut *is.* 〔수학〕 차원.
boz *s.* 회색의; *is.* 갈지 않은 땅, 미개간지.
bozarmak *f.* 회색이 되다.
bozca *s.* 회색빛이 나는; 개간하지 않은 농지.
bozdurmak *f.* 부수게 하다, 파괴하게 하다; 잔돈으로 바꾸다.
bozgun *is.* 대패, 참패, 패주; *s.* 대패한, 참피한, 패주한; ~a uğramak 대패하다, 참패하다, 패주하다.
bozkır *is.* 초원.
bozmak *f.* 부수다, 파괴하다, 깨뜨리다; 부패하다; 혼란되다.
bozuk *s.* 부서진, 파괴된, 깨진; 부패한; ~ para 잔돈, 거스름돈; ~ düzen 무질서.
bozukluk *is.* 부파, 파괴; 잔돈.
bozulmak *f.* 부서지다, 파괴되다, 깨어지다; 부패되다.
bozulmaz *s.* 부서지지 않는; 부패하지 않는.
bozulmuş *s.* 깨진, 상한, 부서진; 부패한.
bozulur *s.* 부패하는, 부서지는.
bozum *is.* 부수기, 깨기.
böbrek *is.* 〔해부〕 신장, 콩팥.
böcek *is.* 벌레, 곤충.
böcekçil *s.* 곤충을 잡아 먹는.
böceklenmek *f.* 벌레가 생기다.
böcekli *s.* 벌레가 생긴.
böceklik *is.* 누에 배양기.
böğürtlen *is.* 〔식물〕 산딸기.
bölen *is.* 〔수학〕 제수, 나누는 수.
bölge *is.* 지역, 지구, 지방; 〔수학〕 한계.
bölgecilik *is.* 지방색.
bölgesel *s.* 지역적, 지방적.
bölme *is.* 구분, 구획; 분할, 분리, 〔수학〕 나누기; ~ duvarı 칸막이벽.

bölmek *f.* 분리하다, 분할하다; 〔수학〕 나누다.
bölü *is.* 〔수학〕 나누기 부호.
bölücü *s.* 분열시키는, 분화하게 하는, 이간질 하는.
bölük *is.* 구획, 칸막이; 〔군사〕 보병중대; ~ emini 〔군사〕 보급계; ~ komutanı 보병 중대장.
bölüm *is.* 구분, 부분, 부, 절; 〔수학〕 나누어진 수, 몫.
bölümlemek *f.* 구분하다, 나누다.
bölünebilme *is.* 가분성.
bölünen *is.* 〔수학〕 피젯수, 나누어지는 수.
bölünme *is.* 구분; 분할; 〔생물〕 분열.
bölünmek *f.* 구분되다, 구획하다; 나누어지다, 분할되다, 분리되다.
bölünmez *s.* 나누어지지 않는, 불가분의.
bölüşmek *f.* 함께 나누다, 서로 나누어 갖다.
bölüştürmek *f.* 서로 나누어 갖게하다.
bön *s.* 바보스런, 어리석은.
bönleşmek *f.* 바보가 되다.
bönlük *is.* 바보; 바보스런 짓.
börek *is.* 〔음식〕 터어키식 만두의 일종.
börekçi *is.* börek을 만드는 사람 또는 파는 사람.
börekçilik *is.* börek을 만들거나 파는 업.
böyle *s.* 이와 같은; *zf.* 이와같이.
böylece *zf.* 이렇게, 이리하여.
böylelikle *zf.* 이렇게 하여, 이리하여.
Br *öz. is.* 〔화학〕 브로움, 취소.
brakisefal *s.* 〔희랍어〕 〔해부〕 단두의, 단두형의.
branş *is.* (기구, 조직의) 지부, 지점, 출장소; (학문의) 부문, 분과.
bravo *ünl.* 〔이태리어〕 (갈채소리) 잘한다! 좋다!
Brezilya *öz. is.* 〔국명〕 브라질.
briç *is.* 〔오락〕 트럼프 놀이의 일종, 브리지 놀이.
Britanya *öz. is.* 〔국명〕 영본국, 영제국.
brom *öz. is.* 〔화학〕 브로움.
bronş *is.* 〔해부〕 기관지.
bronşit *is.* 〔의학〕 기관지염.
broş *is.* (여자장식용) 흉침, 브로우취.
broşür *is.* 가철한 책, 작은 책, 팜플렛.
bronz *is.* 청동.
bu *s.* 이; ~ adam 이 사람; *zm.* 이, 이것; ~ da 이것도, 또한; ~ defa 이번에; ~ gibi 이와 같이, 이처럼, 이렇게; ~ günlerde 요즈음, 최근, 근래; ~ kadar 이정도, 이만큼.
bucak *is.* 모서리, 끝, 가; (행정구역) 읍, 면; ~ ~ aramak 시골 마을마다 찾아다니다; ~ ~ kaçmak 시골 마을마다 숨어 다니다.
buçuk *s.* (수) 반, 절반, 2분지 1.
buçuklu *s.* 반의, 절반의.
Buda *öz. is.* 석가모니, 부처.
budala *s.* 얼이 나간, 멍청한, 정신나간, 얼간의, 바보의; *is.* 광적인 사람, 미친 사람; sinema ~sı 영화광,
budalaca *s. zf.* 어리석게, 바보같이; 광적으로.
budalalanmak *f.* 어리석게 되다, 바보가 되다.
budalalandırmak *f.* 어리석게 하다, 바보로 만들다.
budalalık *is.* 어리석음, 바보; 광, 열광.
budama *is.* 전지, 제거, 절제.
budamak *f.* 잘라내다, 전지하다. 제거하다. 없애다; 줄이다, 간결하게 하다.

budanmak *f.* 짤리다, 전지되다, 없애지다, 줄여지다, 간결하게 되다.
budantı *is.* 전지, (나무의) 가지 치기.
budatmak *f.* 전지를 시키다, 가지치기를 시키다.
Budist *öz. is.* 불교도, 불교신자.
Budistik *s.* 불교의.
Budizm *öz. is.* 불교.
budun *is.* 종족.
budunbetim *b. is.* 인종학, 토속학.
budunbilim *b. is.* 인종학, 민족학.
bufa *is.* 〔어류〕 장어.
bugün *is. zf.* 오늘, 금일; ~lerde 요사이, 몇일 사이, 근간에.
bugünkü *zm.* 현재; *s.* 오늘의, 금일의.
bugünlük *zf.* 오늘로서.
buğday *is.* 〔식물〕 밀, 소맥.
buğdaysı *s.* 밀을 닮은, 밀같은.
buğu *is.* 김, 수증기.
buğuevi *b. is.* 훈증소독실.
buğlama *is.* 훈제, 훈증조리, 더운 연기에 쐬어서 찜; *s.* 더운 연기에 쐬어서 찐, 훈제한, 훈제의.
buğlamak *f.* 더운 김이나 연기에 쐬다.
buğlanmak *f.* 더운 김이나 연기에 쐬어지다.
buhar *is.* 김, 증기, 수증기; 기체.
buharlaşmak *f.* 기체화하다, 수증기로 변하다.
buharlı *s.* 김이 자욱한, 증기가 있는, 기체의.
buhran *is.* 위기; ~ nokası 위기점.
buket *is.* 꽃다발.
bulamak *f.* (음식 따위를) 밀가루나 계란칠을 하다.
bulandırmak *f.* 흐리게 하다, 몽몽하게 하다; 흔들다, 교란하다, 선동하다, 소란스럽게하다; (음식 따위에) 밀가루나 계란을 입히다.
bulanık *s.* 흐린, 희미한, 혼탁한, 음침한; ~ su 혼탁한 물, 흐린 물; ~ hava 흐린 날씨, 음침한 날씨.
bulanıklık *is.* 흐림, 불투명, 희미함, 혼탁.
bulanmak *f.* 흐려지다, 희미해지다, 혼탁되다.
bulantı *is.* 구토, 구역.
bulaşıcı *s.* 전염성의; ~ hastalık 전염병.
bulaşık *s.* 오염된, 전염된; *is.* 사용하여 더럽혀진 식기 또는 기구; ~ bezi 행주; ~ kızı 설겆이 하는 하녀; ~ suyu 설겆이 물; ~ yeri 설겆이 대; ~ yıkamak 설겆이 하다.
bulaşıkçı *is.* 설겆이 하는 사람.
bulaşmak *f.* 더럽혀지다, 오물이 묻다; 전염되다.
bulaştırmak *f.* 더럽히다; 전염시키다.
buldok *is.* 〔동물〕 영국원산의 불독 개.
buldozer *is.* 땅 고르는 무한 궤도기, 불도저.
buldurmak *f.* 찾게 하다, 찾아내게 하다.
Bulgar *öz. is.* 불가리아 사람.
Bulgarca *öz. is.* 불가리아 말, 불가리아 어.
Bulgaristan *öz. is.* 불가리아 국.
bulgur *is.* 익혀서 말린 밀.
bulmaca *is.* 낱말을 가로 세로 맞추는 놀이, 크로스 워어드 퍼즐.
bulmak *f.* 찾다, 찾아내다; 발견하다; 획득하다, 얻다; 구하다; 이르다, 도달하다; 생각하다, 판단하다.
bulundurmak *f.* 찾게 하다, 발견하게 하다.
bulundurulmak *f.* 찾아지게 되다, 발견되게 되다.

bulunmak *f.* 있다; 찾아지다.
buluntu *is.* 〔고고〕 유물; 길에서 줏은 아이.
buluş *is.* 찾는 태도, 찾는 동작; 발견.
buluşmak *f.* 서로 만나다.
buluşturmak *f.* 서로 만나게 하다.
bulut *is.* 구름.
bulutlanmak *f.* 구름이 끼다.
bulutlu *s.* 구름 낀; 흐린.
bulüz *is.* (부인, 어린이들의) 블라우스.
bulvar *is.* (도시 안의 가로수가 있는) 큰 길.
bumbar *is.* (식용 동물의) 대장, 창자; 순대; 문풍지.
bumburuşuk *s.* 주름이 많은, 많이 구겨진.
buna bu의 여격; ~ binaen이 때문에; ~ gelince이것에 관하여, 이것에 대해서; ~ mukabil 이것과는 달리, 다른 한편.
bunak *s.* 노망한.
bunaklık *is.* 노망.
bunalım *is.* 위기; 불안.
bunalmak *f.* 호흡이 곤란해지다; 압박을 받다, 불안해지다.
bunaltı *is.* 곤궁; 불안, 고통.
bunaltmak *f.* 불안하게 하다.
bunama *is.* 망령, 노망.
bunamak *f.* 노망하다.
bunca *s.* 꾀 많이; 이만큼, 이정도; ~ zaman 그토록 오랫동안.
bunda bu의 처격; 여기에.
bundan *bu*의 탈격; 여기로 부터; 이것으로 부터, 이것 중에서; 이것 때문에; ~ başka이것 이외에, 더우기, 그 위에, 또한; ~ dolayı 이 때문에; ~ evvel, ~ önce 이전에, 이보다 앞서; ~ ötürü 그러므로, 따라서; ~ sonra 이후로, 이제부터, 금후.
bunlar bu의 복수.
bunu bu의 목적격.
bunun bu의 소유격; ~ için 이 때문에, 이런 이유로; ~ üzerine 이에 관하여, 이와 관련하여; ~la beraber, ~la birlikte 그러나, 그럼에도 불구하고.
bura *zm.* 이곳; ~lı 이 고장사람.
burası *zm.* bura와 같음.
burç *is.* 〔천문〕 십이궁도.
burgu *is.* 송곳, 나사 송곳; 코르크 마개 뽑이.
burgulamak *f.* 송곳으로 구멍을 뚫다.
burjuva *is.* 중산계급의 시민, 유산자, 부르죠아.
burjuvazi *is.* 부르죠아계급, 유산계급, 유한계급.
burkmak *f.* (발목 따위를) 삐다, 어긋나다.
burkulmak *f.* 삐게 되다.
burma *is.* 꼬기, 비틀기.
burmak *f.* 꼬다, 비틀다; 맵고, 시고, 떫은 맛이나다; 배를 앓다, 복통이 나다.
burs *is.* 장학금.
Bursa *öz. is.* 터어키의 주 이름; 부르사 주의 수도.
buru *is.* 복통; (분만시의) 진통.
buruk *s.* 꼬인; 떫은.
burukluk *is.* 떫은 맛.
burulmak *f.* 꼬이다, 비틀리다; 꼬이거나 뒤틀리듯이 아프다.
burun *is.* 코; 물건의 앞부분이나 뾰족한 부분; 곶, 갑; 거만, 오만; ~ boku 코딱지; ~ boşluğu 〔해부〕 코밑의 움푹 패인곳; ~ ~a 가까이; ~ bükmek 경시하다, 무시하다; ~ deliği 콧구멍; ~ kıvırmak 무시하여 조롱하다; ~ perdesi〔해부〕 코의 격벽; ~ silmek 코를 닦다; ~ şişirmek 거만해지다, 오만해지다; ~u büyük 오만한, 거만한; ~u havada 자만스런; ~u kafdağında 대단히 거만한; ~u kanamak 코피를 흘리다; ~u kanamamak 위험에서 무사히 구출되다, 위기를 모면하다;

~una girmek 대단히 가까이 접근하다; ~una götürmek 냄새를 맡다; ~undan kıl aldırmaz 대단히 까다로운(사람); ~undan yakalamak 단단히 붙들리다; ~unu çekmek 코를 훌쩍거리다; 곤궁에 빠지다; ~ unu kırmak 자만심을 꺾다; ~unu sokmak 간섭하다, 개입하다, 끼어들다; ~unun dibinde 코밑에, 대단히 가까이; ~unun diregi kırılmak 지독한 냄새로 매우 불쾌하다; ~unun diregi sızlamak 큰 고통을 당하다; ~unun ucunu görmüyor 만취하다.

burunduruk *is.* (동물에 물리는) 재갈.

burunotu *b. is.* 냄새 맡기 위한 담배.

buruntu *is.* 배앓이, 복통.

buruşmak *f.* 구겨지다, 주름이 생기다, 울퉁불퉁하다.

buruşuk *s.* 구겨진, 주름이 생긴, 울퉁불퉁한, 면이 고르지 못한.

buruşukluk *is.* 구김살, 주름.

buse *is.* 입맞춤.

but *is.* 〔해부〕 넓적다리, 대퇴부.

buut *is.* 〔수학〕 차원; 길이; ~lu 차원의.

buymak *f.* 동사하다, 얼어서 죽다; 대단히 추위에 떨다.

buyruk *is.* 명령, 칙령.

buyrultu *is.* 관청의 포고, 명령.

buyurmak *f.* 명령하다; 말하다, 밝히다; 오다, 가다, 들어가다, 들리다, 방문하다; 받다, 먹다.

buz *is.* 얼음; ~ kesmek 대단히 떨다; ~ tutmak (물건의 위에) 얼음이 얼다.

buzagı *is.* 송아지; (동물의) 새끼.

buzagılamak *f.* 송아지를 낳다; (동물이) 새끼를 낳다.

buzdagı *b. is.* 빙산.

buzdolabı *b. is.* 냉장고.

buzhane *b. is.* 제빙소, 저빙소.

buzkıran *b. is.* 쇄빙선.

buzlanmak *f.* (물건의 위에) 얼음이 얼다, 얼음이 끼다.

buzlu *s.* 얼음이 있는; 흐린.

buzluk *is.* 얼음창고, 저빙고.

buzul *is.* 빙하; ~çagı, ~devri 〔지질〕 빙하기; ~ kaynagı 빙하호; ~seli 빙하가 녹아서 생긴 홍수.

buzulkar *b. is.* 만년설.

buzultaş *b. is.* 빙하퇴석.

büfe *is.* 찬장; 준비된 요리를 손님이 스스로 갖다 먹는 식의 식사 또는 식당, 부페식당.

büfeci *is.* 부페식당경영인.

büget *is.* 제방, 둑; 제방호, 저수지.

bük *is.* (개울가의) 숲, 삽목 숲; 가시덤불 숲.

bükme *is.* 꼬기; 꼰 실.

bükmek *f.* (새끼 또는 끈을) 꼬다; 휘다, 꺾다, 비틀다; (종이, 천 등) 접다.

bükük *s.* 휘인, 꺾인, 꼬인, 접힌.

bükülmek *f.* 꼬이다, 휘이다, 꺾이다, 접히다.

bükülü *s.* 꼬인, 꺾인, 접힌.

büküm *is.* 꼬임, 비틀림, 꺾임, 접힘; 접힌 곳, 꺾인 곳; 꺾인 자국, 접힌 자국.

büküntü *is.* 꼬인 모양이나 자국, 꺾인 모양, 접힌 자국.

bülbül *is.* 〔조류〕 나이팅게일, 휘파람새, 밤에 우는 휘파람새; ~ gibi konuşmak 유창하게 말하다; ~ gibi okumak 유창하게 읽다; ~ gibi söylemek 숨김없이 다 털어놓고 이야기하다.

bülbülyuvası *b. is.* 터어키식 과자의 일종.

bülten *is.* 보고서, 휘보; 작은 잡지.

bünye *is.* 구조, 조직, 결구.

bürc *is.* burç와 같음.

büro *is.* 사무실.
bürokrasi *is.* 관료주의, 관료정치.
bürümek *f.* 싸서 덮다, 뒤덮다.
bürünmek *f.* 뒤덮히다.
büsbütün *zf.* 완전히, 전체적으로.
büst *is.* 상반신 사진, 상반신상.
bütan *is.* 부탄가스.
bütçe *is.* 예산; ~ yılı 회계년도.
bütün *s.* 전부의, 전체의, 합계의, 모두.
bütüncül *s.* 전체주의의, 전체주의적.
bütünleme *is.* 완성; ~ imtihanı 추가시험.
bütünlemek *f.* 완성하다, 하나로 만들다, 통합하다.
bütünler *s.* 보완의, 보완적; 〔수학〕 보각의.
bütünlük *is.* 완전, 총체; 〔법률〕 보편성.
büyü *is.* 주문, 마법.
büyücek *s.* 꾀 큰.
büyücü *is.* 마법사.
büyücülük *is.* 마법.
büyük *s.* 큰; 넓은; 위대한; 나이 많은; ~ Ada 이스탄불 부근 마르마라해의 섬 이름; ~ ana, ~ anne 할머니; ~ aptes 〔종교〕 목욕 재계; ~ aptesi gelmek 대변이 마렵다; ~baba 할아버지; ~ balık küçük balığı yutar 약육강식; ~ başın derdi ~ olur 가지 많은 나무 바람 잘 일 없다; ~ başlı 머리가 큰; 영리한; ~ Britanya 대영제국; ~ Devletler 강대국; ~ harf 대문자; ~ İskender 〔역사〕 알렉산더대제; ~ kafalı 대단히 영리한; ~ Millet Meclisi 의회, 국회; ~ Okyanus 태평양; ~ ölçüde 대규모로; ~ peder 할아버지; ~ söylemek 큰소리치다, 허풍떨다; ~ söz 허풍; ~ terim 〔논리〕 대명사, 대개념을 언어로 나타낸 말; ~ten ~e장자상속.
büyükayı *b. is.* 〔천문〕 북두칠성.
büyükçe *s.* 꽤 큰.
büyükelçi *b. is.* 대사.
büyüklenmek *f.* 잘난체하다, 뽐내다.
büyüklük *is.* 크기; 위대, 광대; 위대함, 위대성.
büyülemek *f.* 마법을 걸다.
büyülü *s.* 마법에 걸린.
büyüme *is.* 성장, 증대.
buyümek *f.* 크다, 자라다, 성장하다.
büyüteç *is.* 〔물리〕 확대경, 돋보기.
büyütme *is.* 확대, 증대, 확장; 〔사진〕 확대.
büyütmek *f.* 확대하다, 자라게 하다, 증대시키다; 과장하다; 〔사진〕 확대하다.
büyüyüş *is.* 성장하는 모습.
büzgü *is.* (의복의) 장식주름.
büzgülü *s.* 주름이 있는.
büzmek *f.* 오므려뜨리다, 수축시키다, 죄다; 웅크리다.
büzük *s.* 오므려진, 수축된, 죄여진.
büzülmek *f.* 웅크리다; 오므려지다, 죄어지다.
büzülüş *is.* 웅크린 모습, 웅크린 자세.

C, c

C, c 터어키어 자모의 세번째 글자; 〔음악〕 도 음계; 로마 숫자의 100.
Ca 〔화학〕 칼슈움.
caba *zf.* 무료로, 무상으로, 공짜로.
cabadan *zf.* 무료로.
cacık *is.* 요구르트를 희석시켜 그 속에 오이 등의 야채를 섞어 만든 찬 음료의 일종.
cadde *is.* 큰 길, 주요도로, 본선, 가로; ~yi tutmak 길을 닥다, 길을 차단하다, 길을 봉쇄하다.
cadı *is.* 마녀, 마귀할멈; 보기 흉한 노파; 귀신.
cahil *s.* 문맹의, 무식한, 무학의.
cahillik *is.* 문맹, 무식, 무학, 무지; 우매; ~ etmek 어리석은 짓을 하다.
caiz *s.* 적합한, 합당한; 합법적인, 정당한.
cam *is.* 유리; *s.* 유리로 된, 유리로 만든; ~ çerçevesi 유리창 틀; ~ dolap 유리로 만든 장; ~ evi, ~ yuvası 창틀의 유리를 끼우는 홈; ~ fabrikası 유리공장; ~ fener 유리등불; ~ geçirmek (창에) 유리를 끼우다; ~ gibi 유리모양의, 유리성질의; ~ kırığı 유리파편; ~ silecegi (자동차의) 유리닦게; ~ tabak 유리접시; ~ takmak 유리를 끼다.
cambaz *is.* 곡마사, 곡예사; *s.* 교활한, 꾀 많은, 간교한, 교사한.
cambazhane *b. is.* 곡마장.
cambazlık *is.* 곡마, 곡예; 교활, 간교, 교사.
camcı *is.* 유리공, 유리장수; ~ macunu 유리창 붙이는 데 쓰는 풀.
camcılık *is.* 유리상업, 유리업.
camekân *is.* 유리상자, 유리 진열장.
camgöbegi *s.* 유리의 단면에 보이는 푸른 빛.
camgöz *s.* 의안을 한; 욕심많은, 탐욕스런.
cami *is.* 회교교회, 모스끄.
camia *is.* 군중, 집단, 무리, 떼.
camit *s.* 생명이 없는, 무생물의.
camlamak *f.* 유리를 씌우다, 유리를 끼우다, 유리를 입히다.
camlatmak *f.* 유리를 끼우게 하다.
camlı *s.* 유리를 끼운, 유리를 입힌, 유리가 있는, 유리로 된; ~ dolap 유리로 된 상자, 유리가 붙은 상자; ~ kapı 유리로 만든 문, 유리가 붙은 문; ~ köşk 유리로 만든 정자.
camlık *is.* 유리를 덮거나 둘러 싼 곳.
camus *is.* 〔동물〕 물소.
can *is.* 정신, 마음, 영혼; 생명, 생명체; 사람; 역량, 힘; (애칭) 연인, 사랑하는 사람; *s.* 사랑스런, 귀여운; ~ acısı 애달픔 ~ alacak yer 가장 중요한 기초점; ~ atmak 갈망하다, 열망하다; ~ baş üstüne 생명이 다 하도록, 충심으로; ~ çekişmez 생사를 걸다; ~ damarı 생명선, 생명점; ~ damarına basmak 생명선을 위협하다; ~ dostu 아주 가까운 친구; ~ evi 심장; ~ evinden vurmak 급소

를 공격하다; ~ kalmamak 기진하다; ~ pahasına 생명을 걸고; ~ pazarı 사생결단; ~sıkıntısı 괴로움; ~ sıkmak 불쾌하게 느끼다, 귀찮게 굴다, 싫증나게 하다, 짜증나게 하다; ~ vermek 죽다; 갈망하다; 생기를 주다, 생명을 주다; ~ yakmak 고통을 주다; 해를 입히다, 상해하다; ~ yoldası 외로움을 덜기 위해 같이 사는 사람; ~a ~ katmak 기쁨을 더해 주다; ~a kıymak 죽이다, 살해하다; ~a yakın 마음을 끄는, 사랑스런; ~ dan 마음 속으로, 내밀히; ~dan geçmek 죽다, 사망하다; ~ı burnuna gelmek 대단히 애쓰다, 매우 수고하다; ~ı burnunda olmak 매우 지치다, 기진하다; ~ı çekilmek 기운을 잃어가다; ~ı çekmek 식욕을 돋구다, 의욕을 돋구다; ~ı çıkmak 의욕을 상실하다; ~ı çıksın 뒈져라! ; ~ı istemek 의욕을 느끼다; ~ı sıkılmak 불쾌하다, 마음이 괴롭다, 기분이 상하다; ~ı yanmak 매우 고통을 느끼다; ~ım ! (애칭) 얘야!, 여보게!; (경멸의 뜻으로) 여보시오!; ~ını almak 죽이다, 살해하다; ~ını dişine almak 위험을 무릅쓰다; ~ını sıkmak 기분을 상하게 하다; ~ını vermek 희생하다; ~la başla 기꺼이.

canavar *is.* 괴물, 괴수, 야수; 난폭한 사람, 잔인한 사람; ~ balığı〔어류〕흰 상어; ~ düdüğü 위험 싸이렌.

canavarlık *is.* 야수 같은 짓.

canavarotu *b. is.* 〔식물〕육종용.

canciğer *b. is.* 아주 가까운 사이.

canerigi *b. is.* 〔식물〕푸른색 자두의 일종.

cangıl cungul *zf.* (동물의 방울소리) 딸랑딸랑, 땡땡; *is.* 딸랑딸랑 하는 소리.

cani *is.* 살인자, 살인범.

cankurtaran *b. is.* 구명대; ~ arabası 구급차; ~ çanı, ~ düdüğü 위험을 알리거나 구명을 위한 종이나 싸이렌; ~ gemisi 구명정; ~ kemeri 구명부대; ~ kulübesi 〔산악〕대피소; ~ simidi 구명에 쓰이는 줄; ~ yeleği 구명동의.

canlandırmak *f.* 생기를 돋구다, 활기를 찾게 하다, 생명을' 불어 넣다.

canlanmak *f.* 활기를 찾다, 힘을 얻다, 살아나다, 생기를 찾다, 생동하다; (기억에) 생생히 살아나다, (눈에) 선하다; 생명을 얻다.

canlı *s.* 살아 있는, 생명이 있는, 생동하는, 활기 있는, 힘이 있는; *is.* 생물체, 동물; ~ cenaze 매우 수척하여 해골 같은 사람.

canlıcılık *is.* 〔철학〕물활론.

canlılık *is.* 활력, 생동력, 원기, 활동력.

cansız *s.* 죽은, 생명이 없는; 힘이 없는, 기력이 없는; 활력이 없는, 생기가 없는; *is.* 무생물; ~ düşmek 무기력해 지다, 기운이 없어지다.

cansızlık *is.* 무기력.

cari *s.* 흐르는, 유동하는, 움직이는; 유통의, 통용의, 현행의; ~ fiat 시가; ~ hesap 당좌계정, 당좌예금; ~ sene 이 해, 올해, 금년; küçük ~ hesap 저축예금.

cariye *is.* 궁녀, 여자 종, 시녀; 첩, 내연의 처; (회교도의) 둘째 이하의 처.

cart *zf.* 질긴 것을 찢을 때 나는 소리.

cartadak, cartadan *zf.* 갑작스레 소음을 내면서.

cascavlak *s.* 완전히 벗은, 발가벗은, 털이 전혀 없는.

casus *is.* 간첩, 스파이, 첩자, 밀정.
casusluk *is.* 간첩행위, 첩보행위.
cavlak *s.* 발가벗은, 털이 없는.
caydırmak *f.* 번의시키다, 번의하게 하다.
cayırdamak *f.* 강하고 긴 소리를 내다.
cayırtı *is.* 강하고 긴 소음.
caymak *f.* 번의하다.
caz *is.* 〔음악〕 재즈.
cazbant *b. is.* 〔음악〕 재즈악단.
cazibe *is.* 애교, 매혹, 매력; 〔물리〕 인력.
cazibeli *s.* 애교있는, 매혹적, 매력있는.
cazip *s.* 관심을 끄는, 흥미를 돋구는.
Cd. ① cadde의 준말
Cd ② *is.* 〔화학〕 카드미움.
cebbar *s.* 잔악한, 포악한, 폭군적, 폭력적.
cebe *is.* 갑옷; 무기.
cebeci *is.* 〔역사〕 오스만 제국 근위대에 속한 갑옷을 착용한 보병 또는 병기공.
cebel *is.* 산, 언덕; 산이 많은 고장.
cebeli *is.* 〔역사〕 오스만제국의 군사영지를 소유한 자가 양성한 군인.
Cebelitarık, Cebelüttarık *öz. is.* 〔지리〕스페인의 남단에 있는 지브랄타르(Gibraltar).
cebin *s.* 겁이 많은.
cebir ① *is.* 무력, 완력, 폭력; ~ kullanmak 무력을 쓰다, 폭력을 쓰다.
cebir ② *is.* 〔수학〕 대수(학); adî ~ 기초대수, 초급대수; âli ~ 고등대수.
cebire *is.* 〔의학〕 (외과의) 부목, 곁대는 나무.
cebirsel *s.* 〔수학〕 대수의, 대수적, 대수와 관계되는.
cebren *zf.* 무력으로, 폭력으로; 강제로, 억지로.
cebretmek *f.* 강요하다, 강제하다, 압박하다.
cefa *is.* 고통, 고뇌, 괴로움; 잔학, 학대; ~ çekmek 고통을 당하다, 고생하다; ~ etmek 고통을 주다, 괴롭히다, 고문하다.
cefakeş *s.* 참을성이 많은, 오래 견디는.
cehalet *is.* 무지, 무식, 몽매, 우매.
cehennem *is.* 지옥, 연옥; ~ azabı 지옥에서 내리는 벌, 큰 고통; ~ gibi (지옥에서 있을 법한)혹서, 영서; ~ havası 매우 고통스런 분위기; ~ kütüğü 지옥에서 타 죽을 사람, 큰 죄를 지은 사람; ~ olmak (경멸)사라지다, 없어지다, 꺼지다.
cehennemî *s.* 지옥같은, 지옥을 연상케 하는.
cehennemlik *s.* 지옥에 가야할.
cehennemtaşı *b. is.* 〔화학〕 질산은.
cehil *is.* 무지, 무식, 몽매, 우매.
ceket *is.* 양복 윗저고리.
celâl *is.* 위대; 영광, 위엄; (신의) 격노.
celâllenmek *f.* 화난 얼굴을 하다.
celâlli *s.* 화난 얼굴의, 화난 얼굴을 한.
celbe *is.* 사냥 가방.
celep *is.* 가축상인, 가축장수.
celeplik *is.* 가축상, 가축상업.
cellat *is.* 사형집행인; 대단히 잔인한 사람; ~ gibi 매우 잔인한, 무정한, 냉혹한.
celp *is.* 소환(장), 〔군사〕 소집(장), 징집(장), 영장; ~ etmek 부르다, 소환하다.
celpname *b. is.* 소환장, 영장, 소집장, 징집장.
cemaat *is.* (종교적) 집회; (종교적) 회중; (종교적)집단, 신도회, 신도단체; 군중; ~e uymak 군중을 따르다, 대중에 따라 행동하다.
cemal *is.* 아름다운 얼굴, 미모.
cem'an yekun *b. zf.* 전체로, 합계로, 총계로.
cemaziyelâhır *is.* 음력 6월.
cemaziyelevvel *is.* 음력 5월.
cemetmek *f.* 모우다, 소집하다.
cemi ① *is.* 〔수학〕 가법, 더하기; 〔문법〕 복수.
cemi ② *s.* 전체의, 모두의, 전부의, 총.
cemiyet *is.* 사회, 회, 단, 협회, 조합, 단체.
cenaze *is.* (매장 이전의) 시체, 시신, 주검; ~ alayı 장례, 장의; 장례식 참관 군중, 장례 행열; ~ arabası 장의차, 영구차, 장례차; ~ gibi 대단히 창백한; ~ marşı 〔음악〕 장송 행진곡; ~ merasimi, ~ töreni 장례식; ~ namazı 장례 기도, 장례 예배.
cendere *is.* 압착기; 협곡, 좁은 계곡; ~ye sokmak 몹시 압박하다.
Ceneviz *öz. is.* 〔지리〕 제노아 (Genoa).
Cenevizli *öz. is.* 제노아 사람.
Cenevre *öz. is.* 제네바(Geneva)
cengâver *s.* 호전적; 용맹스런, 용맹한.
cengâverlik *is.* 호전(성), 용맹(성).
cengel *is.* 밀림(지), 총림(지).
cenk *is.* 전쟁,
cenkçi *s.* 호전적.
cenkleşmek *f.* 전쟁하다, 싸우다; 경쟁하다, 견주다, 겨루다.
cennet *is.* 천국, 극락, 천당; ~i Adn 에덴 동산; ~i A'lâ 지상 천국, 최상의 천국; ~ öküzü 순진하고 어리석은 사람, 호인.
cennetkuşu *b. is.* 〔동물〕 극락조.
Cenova *öz. is.* 〔지리〕 제노아 (Genoa).
centilmen *is.* 신사, 양반.
centilmence *zf.* 신사적으로, 신사같은 태도로.
centilmenlik *is.* 신사, 신사적 태도, 신사도, 신사다움.
cenubî *s.* 남쪽의, 남녘의, 남방의.
cenup *is.* 남쪽, 남방.
cep *is.* 주머니, 호주머니; ~ defteri 수첩; ~ harçlığı 용돈; ~ saati 회중 시계; ~ sözlüğü 포켓 사전; ~i delik 돈이 없는, 무일푼의; ~ini doldurmak 돈을 많이 벌다.
cepane, cephane *is.* 탄약.
cephanelik *is.* 탄약고.
cephe *is.* 이마; (건물의) 앞면; 〔군사〕 전선, 전쟁 지역.
cerahat *is.* 〔의학〕 고름, 농.
cereme *is.* 보상, 배상; 벌, 형벌; 벌금, 과료; ~sini çekmek 벌을 받다, 벌금을 물다, 보상하다, 배상하다.
cereyan *is.* 흐름, 진행, 추세, 경향, 경과; 발생; 〔전기〕흐름; 맞바람, 기류; ~ etmek 발생하다, 일어나다, 진행되다, 경과하다, (전류가)흐르다, 맞바람치다; ~ı açmak 전등을 켜다, 전류가 통하게 하다; ~ı daimi 〔전기〕 직류; ~ı kesmek 전등을 끄다, 전류를 끊다; 흐름을 막다; ~ı mütenavip 〔전기〕 교류.
cerh *is.* 〔법률〕 상해; 논박.
cerha *is.* 상처.
cerhetmek *f.* 상해하다, 상처내다, 부상을 입히다; 논박하다.
ceriha *is.* 상처.
cerime cereme와 같음.
Cermen *öz. is.* 〔역사〕 게르만 (German) 사람, 튜우톤(Teuton) 사람.
Cermence *öz. is.* 게르만(German) 어, 튜우톤(Teuton) 어.

cerrah *is.* 〔의학〕 외과 의사.
cerrahî *s.* 외과의, 외과적; ~ müdahale 수술.
cerrahiye *is.* 〔의학〕 외과; 외과 병동.
cerrahlık *is.* 외과 업무, 외과업.
cesamet *is.* 거대, 방대, 막대.
cesametli *s.* 거대한, 방대한, 각대한.
cesaret *is.* 담대, 용감, 용기, 대담; ~ almak 용기를 얻다, 대담해지다; ~ etmek 감히 하다, 모험하다, 용기를 내다; ~ gelmek 용감해지다; ~ göstermek 용기를 보이다; ~ vermek 용기를 주다, 격려하다; ~ini kırmak 용기를 잃다, 용기를 꺾다.
cesaretlenmek *f.* 용기를 내다, 용감해지다.
cesaretli *s.* 용기 있는, 용감한, 대담한.
cesaretsiz *s.* 용기 없는, 대담치 못한.
ceset *is.* 시체, 주검, 영장, 송장.
cesim *s.* 큰, 거대한.
cesur *s.* 대담한, 용감한, 용기 있는, 모험심이 강한.
cesurluk *is.* 용감성, 대담성, 모험심.
cet *is.* 선조, 조상, 선인.
cetvel *is.* 자, 척도, 표, 명세표; ~ tahtası (줄을 긋기 위한) 자.
cevaben *zf.* 답으로서, 응답으로, 대답하여.
cevabî *s.* 회답의, 대답의; ~ mektup 회답 편지, 회신; ~ nota 〔외교〕 회답 각서.
cevahir *is.* 보석.
cevahirci *is.* 보석상.
cevap *is.* 대답, 응답, 회답; ~ almak 회답을 받다; ~ vermek 회답하다, 응답하다.
cevaplandırmak *f.* 회답하다, 응답하다, 대답하다.
cevaplı *s.* 대답이 들어 있는, 응답의; ~ telgraf 회신 요금을 지불한 전보.
cevapsız *s.* 대답이 없는, 회답이 없는, 무응답의.
cevher *is.* 〔광물〕 광석, 원광; 보석, 값진 물건; 재능; 〔철학〕 본질, 실체, 본체.
cevherli *s.* 광석의; 재능이 있는.
ceviz *is.* 〔식물〕 호도, *s.* 호도나무로 만든; ~ ağacı 호도나무; ~ masa 호도나무 책상.
cevizgiller *is.* 〔식물〕 호도나무과.
cevizlik *is.* 호도나무가 많은 곳.
Cevza *öz. is.* 〔천문〕 쌍동좌, 쌍자궁.
ceylan *is.* 영양(羚羊).
ceza *is.* 벌, 형, 형벌, 벌과; 〔문법〕 조건문 다음에 오는 문장; ağır ~ 〔법률〕 중형, 5년 이상의 징역형; **ağır para** ~sı 〔법률〕 중죄자에 대한 벌금; beden ~sı 〔법률〕 체형; ~ almak 벌을 받다; ~ çekmek 투옥되다, 복역하다; ~ görmek 벌을 받다; ~ kanunu 〔법률〕 형법; ~ kesmek 벌금형을 받다; ~ sistemi 〔법률〕 형벌 제도; ~ vermek 벌을 내리다, 벌금형을 내리다; ~ yazmak 벌금을 가하다, 과료에 처하다; ~sını çekmek 벌을 받다, 죄값을 치루다.
cezaevi *b. is.* 감옥.
cezalandırmak *f.* 벌을 받게 하다, 처벌하다.
cezalanmak *f.* 벌을 받다, 처벌받다.
cezalı *s.* 벌을 받은, 형을 받은.
cezasız *s.* 벌을 받지 않은.
Cezayir *öz. is.* 알제리아(Algeria).
cezir ① *is.* 〔수학〕 근, 근수, 평방근; ~ işareti 〔수학〕 평방근

기호(√‾‾); ~ini çıkarmak 평방근을 찾다.
cezir ② *is.* 퇴조; ~ hali〔지리〕썰물; ~ hareketi〔지리〕썰물 작용.
cılız *s.* 허약한.
cılızlaşmak *f.* 허약해지다.
cılızlık *is.* 허약.
cılk *s.* 부패하여 냄새가 나는; 화농한; ~ yara 화농한 상처; ~ yumurta 썩은 계란.
cırcırböceği *b. is.*〔곤충〕귀뚜라미.
cırıltı *is.* 찌륵찌륵 하는 소리.
cırlak *is.* cırcırböceği와 같음.
cıvık *s.* 물기가 많은.
cıvıl-cıvıl *zf.* (새가 지저귀는 소리) 짹짹, 조잘조잘, 쫑알쫑알.
cıvıldamak *f.* 지저귀다, 조잘거리다, 잡담하다.
cıvıltı *is.* (새들이) 지저귀는 소리.
cibin *is.*〔곤충〕모기.
cibinlik *is.* 모기장, 방충망.
cici *s.*〔소아〕사랑스런, 귀여운; *is.* 어린 아이들이 좋아하는 물건.
cicianne *b. is.* 할머니.
cidden *zf.* 진심으로, 진정으로, 진실로, 가식없이; 진지하게.
ciddî *s.* 진심의, 진정의, 진실한; 엄숙한, 신중한; 중요한; 진지한; ~ye almak 믿다, 진실로 받아들이다; 중히여기다.
ciddîleşmek *f.* 진지해지다.
ciddîlik *is.* 신중, 엄격, 근엄; 진실, 진정.
ciddiyet *is.* ciddîlik와 같음.
cif *is.*〔상업〕보험료 운임 포함 가격(cost, insurance, and freight).
ciğer *is.*〔해부〕간과 폐의 총칭; 동물의 내장; ~i beş para etmez, 천한(사람); ~i yanmak, 대단히 애태우다, 큰 고통을 당하다.
ciğerci *is.* (동물의) 내장 상인, 내장 음식상.
ciğerotları *b. is.*〔식물〕이끼(류).
cihan *is.* 세계; Birinci ~ Harbi 제 1 차 세계 대전; İkinci ~ Harbi 제 2 차 세계 대전.
cihangir *s.* 세계를 정복한, 패왕의.
cihangirlik *is.* 세계 정복, 패왕위.
cihanşümul *b. is.* 세계적, 범 세계적, 우주적.
cihar *is.* (주사위 놀이의) 4.
cihat *is.* 종교적 전쟁.
cihaz *is.* 장치, 기구, 부분품, 부속품, 도구.
cihet *is.* 방향.
cilâ *is.* 밀초, 밀랍, 봉랍, 왁스; 광택.
cilâcı *is.* 밀초 제조인, 밀랍으로 광택내는 사람.
cilâcılık *is.* 광택을 내는 일.
cilâlamak *f.* 밀랍을 칠하다, 밀랍으로 광택을 내다.
cilâlı *s.* 밀랍의, 밀랍으로 된, 밀랍이 묻은; 밀랍으로 광택을 낸; ~ taş devri〔역사〕마제석기 시대.
cilâsız *s.* 밀랍을 칠하지 않은, 광택이 없는; 밀랍이 없는.
cilt *is.* (사람의) 피부; (책의) 양장본 표지; (연속 출판물의) 전질, (연속 출판물의) 낱 권; (책) 제본; ~ hastalığı〔의학〕피부병; ~ yapmak (책을) 제본하다, 제책하다.
ciltçi *is.* 제책인.
ciltçilik *is.* 제본업, 제책업.
ciltevi *b. is.* 제본소, 제책소.
ciltlemek *f.* 제본하다, 제책하다.
ciltlenmek *f.* 제본되다.
ciltletmek *f.* 제본시키다.
ciltli *s.* 제본된; 권으로 된; iki

~li 2권으로 된.
ciltsiz *s.* 제본되지 않은.
cilve *is.* 아양, 교태.
cilvekâr *s.* 아양을 떠는, 교태를 부리는, 바람둥이의.
cilvelenmek *f.* 아양을 떨다, 교태를 부리다.
cilveleşmek *f.* (남녀가) 불장난 하다.
cilveli *s.* 아양을 떠는, 교태를 부리는.
cima *is.* 교접, 성교; ~ etmek 성교하다.
cimnastik *is.* 체육학; 체육, 운동, 체조.
cimri *s.* 인색한, 구두쇠의.
cimrilik *is.* 인색함, 구두쇠 짓.
cin ① *is.* 마귀, 귀신, 유령, 정령, 요정; ~ çarpmak 마법에 걸리다, 요술에 걸리다; ~ fikirli 대단히 교활한, 매우 간교한; ~ gibi 약삭빠른, 교묘한; (애칭) 요정같은.
cin ② *is.* (술의 일종) 진(gin).
cinaî *s.* 살인의.
cinayet *is.* 살인; 살인자, 살인범; 살인죄, 무거운 죄.
cinci *is.* 귀신을 부르는 사람, 무당.
cindarısı *b. is.* 튀김 옥수수, 팝코온(papcorn).
cingöz *b. s.* 약빠른.
cinmısırı *b. is.* (팝코온 만드는) 옥수수의 일종.
cins *is.* 종, 종류, 가지, 품종; 성, 성별.
cinsel *s.* 성적, 성의.
cinsellik *is.* 성욕, 성적 특성.
cinsi *s.* 성적, 성의.
cinsiyet *is.* 성별, 성.
cinslik *is.* 성별, 성.
cinslikbilim *b. is.* 성 과학.
cinsliksiz *s.* 성별이 없는, 무성의.
cip *is.* (소형 자동차의 일종) 지이프.
cirit *is.* 막대기; ~ oyunu 말을 타고 달리면서 막대 던지기를 하는 터어키 민속 놀이의 일종.
ciro *is.* 〔상업〕 배서.
cisim *is.* 물질, 물체.
cisimcik *is.* 작은 물체.
cisimlenmek *f.* 물질이 생기다, 물체화 하다.
cismanî *s.* 물질의, 물질적, 물체의, 물체적.
civa *is.* Far. Kim. 수은(Hg); ~ gibi 손에 쥘 수 없는.
civar *is.* 부근, 인근; ~ köyler 부근 마을, 인근 마을; ~ında *zf.* (장소) 부근에(서); (시간) 가까이, 쯤.
civciv *is.* 병아리, (가금의) 새끼.
Cizvit *öz. is.* 〔종교〕 예수회 신도.
Cl *is.* 〔화학〕 염소.
Co *is.* 〔화학〕 코발트.
coğrafî *s.* 지리상의, 지리적.
coğrafya *is.* 지리(학); ekonomik ~ 경제 지리(학); fizikî ~ 자연 지리(학); siyasî ~ 정치 지리(학), 인문 지리(학).
coğrafyacı *is.* 지리 학자.
cop *is.* (경찰관의) 곤봉.
cordum *is.* 떼, 군, 두리; balık ~u 어군, 고기 떼.
coşku *is.* 흥분.
coşkun *s.* 흥분한, 원기 왕성한.
coşkunluk *is.* 흥분 상태.
coşmak *f.* 흥분하다, 원기 왕성하다.
coşturmak *f.* 원기 왕성케하다, 흥분케하다.
cömert *s.* 관대한, 후한, 대범한, 인색하지 않은.
cömertlik *is.* 대범, 관대.
Cr *is.* 〔화학〕 크롬, 크로뮴.
crescendo *zf.* 〔음악〕 점점세게.
Cs *is.* 〔화학〕 세슘.
Cu *is.* (화학) 구리, 동.

cudam *is.* 폐인, 쓸모 없는 사람.

cuma *is.* 금요일.

cumartesi *is.* 토요일.

cumhur *is.* 국민, 인민; ~başkan yardımcı 부통령; ~ reisi 대통령.

cumhurbaşkanı *b. is.* 대통령.

cumhuriyet *is.* 공화국, 공화정치.

cumhuriyetçi *is.* 공화주의자, 공화당원.

cunta *is.* 〔정치〕 군사 혁명 위원회; ~ hükûmeti 군사 정권.

curnal jurnal과 같음.

cüce *is.* 난장이.

cücelik *is.* 난장이가 됨, 왜소함.

cülus *is.* 임금의 지위에 오름, 등위, 등조, 등극.

cümle *is.* 〔문법〕 문장; 전체; *s.* 모두, 전부; ~ kapısı (큰 건물의) 정문.

cümleten *zf.* 모두 함께.

cümudiye *is.* 빙하.

cünun *is.* 광기, 정신 착란, 정신 이상.

cüppe *is.* 종교 행사나 기타 의식에서 입는 두루마기 같은 긴 겉옷, 가운(gown).

cürüm *is.* 죄; 〔법률〕 중죄; ~ü meşhut 현행범; ~ü meşhut halinde yakalanmak 현장에서 (현행범으로) 체포되다.

cüzdan *is.* 지갑, 돈 주머니, 전대; 수첩; askerlik ~ı 병역수첩; nüfus ~ı 주민 등록증, 신분증.

Ç, ç

Ç, ç 터어키어 자모의 네번째글자.
çaba *is.* 노력, 분투.
çabalamak *f.* 노력하다, 애쓰다, 분투하다.
çabucak *zf.* 아주 빨리, 속히, 급히.
çabuk *zf.* 급히, 빨리, 속히; ~ parlayan ~ söner 급히 뜨거워지면 급히 식는다.
çabuklaşmak *f.* 빨라지다, 빨리하다.
çabuklaştırmak *f.* 촉진하다, 재촉하다, 속도를 가하다.
çabukluk *is.* 속도, 급속.
çadır *is.* 천막; ~ direği천막대, 천막기둥; ~ kurmak 천막을 치다.
çadırcı *is.* 천막 제조인, 천막상인.
çadırcılık *is.* 천막 제조업, 천막 상업.
çağ *is.* 시간, 시절, 시대, 기간, 시기; ~ açmak 한 시대를 열다; akşam ~ı 저녁 시간, 저녁무렵, 저녁때; çocukluk ~ı 유년기; ihtiyarlık ~ı 노년기.
Çağatay *öz. is.* 〔역사〕 징기스칸의 아들 차가타이; 차가타이국.
Çağatayca *öz. is.* 15세기 터어키 족의 일족인 차가타이 터어키 인의 말이나 글, 동 돌궐어.
çağcıl *s.* 현대의, 현대적.
çağdaş *s.* 같은 시대의, 당대의, 현대의.
çağdaşlaşmak *f.* 시대에 적응하다.
çağdışı *b. s.* 낡은, 시대에 뒤진, 구시대의; 〔군사〕 징집해제 된.
çağıl çağıl *zf.* 줄줄, 졸졸, 좔좔.
çağıldamak *f.* (물이) 졸졸 소리를 내다.
çağıltı *is.* 줄줄좔좔 물 흐르는 소리.
çağırı *is.* 소환, 부름; ~ kağıdı 소환장, 소집장, 영장.
çağırcı *is.* 소환을 알리는 사람, 부르러 가는 사람.
çağırmak *f.* 부르다, 초청하다, 소환하다; (노래를) 부르다.
çağırtı *is.* 부르는 소리.
çağırtkan *is.* 사냥군이 동무새를 꾀어들이기 위해 사용하는 새.
çağırtmak *f.* 불러오게 하다.
çağlamak *f.* (물이 소리내며) 흘러 내리다.
çağlayan *is.* (작은) 폭포.
çağlayık *is.* (밑에서 소리를 내며 솟아 오르는) 샘.
çağmak *f.* 비추다.
çağrı *is.* 부름, 초청, 초빙.
çağrılı *is.* 초청객.
çağrılık *is.* 초청장.
çağrılmak *f.* 초청되다, 초빙되다.
çağrışım *is.* 〔심리〕 연상.
çağrışımcı *is.* 〔심리〕 관념 연합론자, 연상 심리학자.
çağrışımcılık *is.* 〔심리〕 관념 연합론, 연상 심리학.
çağrışmak *f.* 서로 서로 부르다, 함께 큰 소리로 부르다.
çakal *is.* 〔동물〕 승냥이.
çakar *is.* 〔수산〕 그물의 일종; ~ almaz 소용없는.
çakı *is.* 주머니 칼.

çakıl *is.* 조약돌, 자갈.
çakıldamak *f.* 조약돌 부딪는 소리를 내다.
çakıllık *is.* 자갈 무덤, 자갈 밭.
çakılmak *f.* (못, 말뚝따위) 박히다; 묶이다, 매이다.
çakıltı *is.* 자갈 소리.
çakım *is.* 번갯불, 섬광, 반짝하는 불빛; 불똥, 불꽃.
çakın *is.* 번갯불.
çakırdiken *b. is.* 〔식물〕 유우럽산 우엉.
çakırdoğan *b. is.* 〔조류〕 날개가 짧은 큰 매.
çakırkanat *b. is.* 〔조류〕 날개에 파란 파상 무늬가 있는 오리.
çakırkeyf *b. is.* 조금 취한, 반쯤 취한.
çakışmak *f.* 걸리다, 서로 걸어서 연결되다, 화답하다.
çakıştırmak *f.* 술을 마시며 즐거워 하다.
çakmak ① *is.* 라이터; 화도, 부시.
çakmak ② *f.* (못따위) 박다; (못으로) 부착하다, 걸다; (말뚝에) 매다, 동여 묶다; 〔운동〕 (탁구, 정구 등에서) 때리다, 치다, 먹이다.
çakmakçı *is.* 라이터 장사, 라이터 제조인.
çakmaktaşı *b. is.* 부싯돌, 라이터 돌.
çaktırmak *f.* (못을) 박게하다, (말뚝에) 동여 묶게하다.
çalar *s.* (종 따위가) 울리는, *is.* (시계 따위의) 종; ~ saat 괘종 시계, 자명종 시계.
çalçene *b. s.* 쉴새 없이 수다를 떠는.
çaldırmak *f.* (악기를) 연주시키다; 도둑맞다.
çalgı *is.* 〔음악〕 악기; ~ âleti 〔음악〕 악기; ~ çalmak 악기를 연주하다; ~ takımı 〔음악〕 악대, 악단.
çalgıcı *is.* 〔음악〕 악사, 연주가.
çalgıcılık *is.* 〔음악〕 (직업적) 연주.
çalgıçı *is.* 〔음악〕 (현악기 연주용) 채, 픽(pick).
çalı *is.* 〔식물〕 관목; ~ süpürgesi 관목 줄기로 만든 빗자루.
çalıkuşu *is.* 〔조류〕 (금볏을 한) 굴뚝새.
çalılık *is.* 관목이 많은 곳, 관목숲, 관목대.
çalınmak *f.* 〔음악〕 연주되다; (종 따위가) 울리다; 도둑맞다.
çalışkan *s.* 근면한, 부지런한, 열심한.
çalışkanlık *is.* 부지런, 근면.
çalışma *is.* 일, 작업, 노동, 업무, 직무. 과업; ~ Bakanı 〔정치〕 노동성 장관; ~ Bakanlığı 〔정치〕 노동성; ~ gücü 업무 능력, 작업 능력; ~ saatleri 노동시간, 업무시간, 직무 시간, 근무 시간.
çalışmak *f.* 일하다, 작업하다, 노동하다; 노력하다; 공부하다, 연구하다; 근무하다, 집무하다; 작동하다, 움직이다.
çalıştırmak *f.* 일을 시키다, 사역하다, 작업시키다, 작동시키다; 공부시키다, 훈련시키다, 연구시키다.
çalkalamak çalkamak과 같음.
çalkalanmak çalkanmak과 같음.
çalkalatmak çalkatmak과 같음.
çalkama *is.* 흔들림, 흔듬, 동요; *s.* 흔들어서 뒤섞어 만드는.
çalkamak *f.* 흔들다, 흔들어 섞다, 동요하다; (물을 부어) 헹구다.
çalkanmak *f.* 흔들리다, 동요되다; 스스로 몸을 흔들다; 파도치다; (소문이) 전해지다; 체로 치다.
çalkantı *is.* 파도 침; 흔들어 섞은 물질; 체로 쳐서 걸러낸 찌꺼기.

çalkatmak *f.* 흔들다, 흔들어 섞다; 체로 치다.
çalma *is.* 두드림; 〔음악〕 연주; (종이나 초인종) 울림.
çalmak *f.* 두드리다; 치다, 부딪다; 던지다, 팽게치다; 훔치다, 도둑질하다; 〔음악〕 연주하다; 치다, 울리다, 소리나다; 비슷하다, 닮다, -듯 하다, -기가 나다.
çalpara *b. is.* 〔음악〕 캐스터네츠.
çam *is.* 〔식물〕 소나무.
çamaşır *is.* 내의, 내복; 빨래; ~ değiştirmek 내의를 갈아 입다; ~ makinesi 세탁기.
çamaşırcı *is.* 빨래하는 일을 업으로 삼는 사람.
çamaşırhane *b. is.* 세탁장.
çamaşırlık *b. is.* 세탁장.
çamfıstığı *b. is.* 〔식물〕 잣, 송실.
çamgiller *c. b. is.* 소나무 속의 식물.
çamlık *s.* 소나무가 많은; *is.* 소나무가 많은 곳, 소나무 밭, 송전.
çamsakız *b. is.* 송진.
çamur *is.* 진흙, 흙탕, 흙탕물.
çamurlamak *f.* 진흙칠을 하다, 흙탕칠을 하다.
çamurlanmak *f.* 진흙이 묻다, 흙탕이 묻다.
çamurlaşmak *f.* 진흙칠이 되다.
çamurlatmak *f.* 진흙을 묻히다.
çamurlu *s.* 진흙이 묻은, 흙탕물이 묻은; 진흙이 많은, 진흙으로 된.
çamurluk *is.* 진흙이 많은 곳, 진흙바닥; 신발이나 옷에 진흙이 묻지 않도록 사용하는 덧신 또는 덧옷; (자동차의) 흙받이.
çan *is.* 종, 방울, 초인종, 벨; ~ kulesi *is.* 종루, 종탑, 종각.
çanak *is.* (납작하고 넓은) 질그릇, 토기, 오지그릇; 〔식물〕 꽃받침; ~ çömlek 질그릇.
çanakçı *is.* 질그릇 제조업자 또는 상인.
Çanakkale *öz. is.* 〔지리〕다다넬스 해협 동쪽 연안의 고도 트로이의 터어키명; ~ Boğazı 다다넬스 해협.
çanaksı *s.* 질그릇을 닮은, 질그릇같은.
çancı *is.* 종이나 방울 제조업자 또는 상인; 종지기, 종치는 임무를 맡은 사람.
çançiçeği *b. is.* 〔식물〕 초롱꽃.
çançiçeğigiller *c. is. b.* 〔식물〕 초롱꽃 속의 식물.
çangıl çungul, çangır çungur *zf.* 찡그렁 쨍그렁, 띵그렁 땡그렁, 떨그럭 딱그럭.
çangırdamak *f.* (쇠붙이 종류의 떨어지거나 부딪쳐서) 찡그렁, 쨍그렁 소리를 내다; 귀에 거슬리는 소리가 계속해서 나다.
çangırtı *is.* 귀에 거슬리는 소리, 찡그렁 땡그렁 소리.
çanlı *s.* 종의, 종이 있는, 종으로 장식한, 종이 달린.
çanta *is.* 가방; el ~sı 손가방; para ~sı 돈 가방; yol ~sı 여행용 가방.
çantacı *is.* 가방 제조업자 또는 상인.
çantacılık *is.* 가방 제조업 또는 상업.
çap *is.* 〔기하〕 지름, 직경; 대각선; (총포의)구경; 크기, 부피, 용적, 체적; yarı ~ı 반지름, 반경.
çapa *is.* (농기구) 괭이; (배의) 닻
çapacı *is.* 괭이질하는 사람; 괭이 제조업자 또는 상인.
çapak *is.* 눈곱; 쇠를 불에 달구어 불릴 때에 튀어나는 부스러기, 쇠똥.
çapaklanmak *f.* 눈곱이 끼다, 눈곱이 생기다.

çapalamak *f.* 괭이질을 하다.
çapalanmak *f.* 괭이질 되다.
çapalatmak *f.* 괭이질을 시키다.
çaparı *is.* 〔수산〕 주낙.
çapkın *s.* 난봉의, 방탕한, 도색의, 색골의, 바람기가 많은.
çapkınlaşmak *f.* 방탕해지다, 난봉을 부리다, 바람을 피우다.
çapkınlık *is.* 방탕, 난봉.
çapraz *s.* 대각선의, 교차의.
çaprazlama *zf.* 대각선으로, 교차하여.
çaprazlamak *f.* 교차하다, 엇갈리다.
çaprazlaşmak *f.* 얽히고 섥히다, 속수무책이 되다.
çaprazlık *is.* 교차, 엇갈림.
Çar *öz.*|*is.* (러시아의) 황제.
çarçabuk *zf.* 매우 빨리, 급속히, 재빨리.
çardak *is.* 정자; 등나무 따위의 넝쿨을 올리기 위하여 새운 구조물.
çare *is.* 방법, 수단, 길, 방책, 묘책; 대책; ~ bulmak 방법을 강구하다.
çaresiz *s.* 방법이 없는, 방책이 없는, 도리없는; ~ kalmak 속수무책이 되다; *zf.* 도리없이, 어쩔 수 없이, 하는 수 없이.
çaresizlik *is.* 속수무책.
çareviç *is.* (러시아의) 황태자.
çarık *is.* 생가죽으로 만든 짚신 모양의 신발의 일종.
çarıkçı *is.* çarık 제조업자 또는 상인.
çarıkçılık *is.* çarık 제조업 또는 상업.
çarıklı *s.* çarık을 신은.
çarıklık *s.* çarık을 만들기에 편리한; *is.* çarık을 놓아두는 곳.
çariçe *is.* (러시아의) 여왕 또는 왕비.
çark *is.* 바퀴, 수레바퀴; 회전숫돌; dişli ~ 톱니바퀴.
çarkçı *is.* (선박의) 기관사; (회전숫돌로) 칼가는 사람.
çarkçıbaşı *b. is.* 일등 기관사.
çarkçılık *is.* 기관사 직.
çarlık *is.* (러시아의) 황제국.
çarliston *is.* 4/4박자의 미국에서 유래된 춤의 일종, 차알스턴 (charleston).
çarmıh *is.* 십자가 형틀; ~a germek 십자가에 못박다.
çarnaçar *zf.* 좋든 싫든, 이러나 저러나.
çarpan *is.* 〔수학〕 곱하는 수, 곱수, 승수.
çarpı *is.* 〔수학〕 곱하기표(×), 곱셈표.
çarpık 굽은, 기운, 휘인, 뒤틀린, 비뚤어진.
çarpılan *is.* 〔수학〕 곱셈에서 곱함을 당하는 수, 피승수.
çarpılmak *f.* 부딪치다; 굽다, 휘이다, 비뚤어지다.
çarpım *is.* 〔수학〕 곱셈에서 얻은 수, 곱, 적; ~ tablosu 곱셈표, 승표.
çarpınma *is.* 버둥질, 노력, 고투.
çarpınmak *f.* 버둥거리다, 허위적 거리다; 노력하다, 분투하다, 고투하다.
çarpıntı *is.* 가슴이 두근거림, 고동, 떨림.
çarpışma *is.* 충돌; 〔군사〕 작은 전투; 갈등.
çarpışmak *f.* 서로 충돌하다, 서로 맞부딪치다; 서로 싸우다, 전투를 하다; 갈등하다.
çarpıştırmak *f.* 충돌케 하다, 부딪치게 하다, 싸우게 하다.
çarpıtmak *f.* 굽게 하다, 휘게 하다, 비뚤게 하다.
çarpma *is.* 충돌, 부딪기; 곱하기; ~ cümlesi 〔수학〕 구구셈.
çarpmak *f.* 충돌하다, 부딪치다; 돌진하다; 병들다, 걸리다, 들다, 빠져들다; 날치기하다, 소매치기를 하다; 〔수학〕 곱하다;

göze ~ 눈에 띄다, 눈을 끌다.
çarptırmak *f.* 충돌시키다, 부딪게 하다; 소매치기 당하다, 날치기 당하다.
çarşaf *is.* 요나 이불의 홑청, 침대 시이트; 여자의 외출용 머리수건.
çarşamba *is.* 수요일.
çarşı *is.* 시장, 저자거리; ~ya çıkmak 장보러 가다, 쇼핑을 가다.
çaşıt *is.* 간첩, 첩자, 스파이, 밀정.
çaşıtlamak *f.* 간첩 행위를 하다, 탐정하다, 비밀히 조사하다.
çaşıtlık *is.* 간첩 행위, 탐정.
çat *is.* 딱하는 소리; ~ etmek 딱하는 소리를 내다; ~pat 약간, 조금; 때때로, 이따금.
çatal *is.* 포오크, 삼지창; (길, 나무 따위의) 분기점; 갈퀴; 가지; *s.* 가지가 난, 갈라진.
çatalağız *b. is.* 〔지리〕 삼각주.
çatallanmak *f.* 두갈래지다, 분기되다.
çatallı *s.* 포오크가 있는; 갈라진.
çatana *is.* 작은 기선.
çatı *is.* 지붕; ~ katı 지붕밑 다락층.
çatık *s.* 접합된, 연결된; (총) 걸어 총을 한; 찌뿌린 얼굴의; ~ kaş 서로 붙은 눈썹; 언짢은 표정, 찌푸린 모습; ~ surat, ~ yüz 노한 얼굴, 찌푸린 얼굴.
çatır çatır *zf.* (나무 등속이 무너지면서 내는 소리) 와르르.
çatırdamak *f.* 와르르 소리를 내다.
çatırtı *is.* 와르르 소리.
çatışık *s.* 대립적, 모순의 충돌의.
çatışkı *is.* 모순, 당착; 〔철학〕 이율배반.
çatışma *is.* 충돌, 투쟁, 싸움, 분쟁; 대립, 도순, 당착.
çatışmak *f.* 충돌하다, 투쟁하다, 싸우다; 서로 부딪치다; (의견이) 대립하다; 모순되다; (동물) 짝짓다; 서로 걸어서 세우다.
çatkı *is.* 서로 걸어서 세움; tüfek ~sı 서로 걸어 세운 총.
çatkılık *is.* (소, 말 따위의) 쌍두 멍에.
çatlak *is.* 금, 틈; *s.* 금이 간, 틈이 생긴, 파열된; ~ ses 쉰 목소리; (정신) 미친.
çatlaklık *is.* 금, 틈, 균열, 파열; 정신 이상.
çatlama *is.* 금이 생김, 틈이 생김, 균열이 일어남; 〔식물〕(석류, 밤송이 따위) 열림, 터짐; (파도가 부딪쳐) 거품이 생김.
çatlamak *f.* 금이 가다, 틈이 생기다, 균열이 일어나다, 터지다, 열리다.
çatlatmak *f.* 금가게 하다, 틈을 만들다, 터지게 하다.
çatma *is.* (총, 칼 따위) 서로 걸어 세움.
çatmak *f.* (총, 칼 따위) 서로 걸어 세우다; (옷) 가봉하다; (동물의 등에 걸어) 양쪽 으로 짐을 지우다; (달갑지 않은 일을)당하다; (달갑지 않은 시간이) 오다, 되다.
çavlan *is.* 폭포.
çavuş *is.* 〔군사〕 상사.
çavuşluk *is.* 〔군사〕 상사의 직.
çavuşüzümü *b. is.* 〔식물〕 흰 포도의 일종, 껍질이 얇고 씨가 작으며 알이 굵음.
çay ① *is.* (마시는)차; ~ fincanı 찻잔; ~ kaşığı 찻숟가락. süzgeçi 차걸럼받이; ~ ziraati 차 재배업, 차 농사; ~ ziyafeti 차 파티, 다과회; hafif ~ 연한 차, 묽은 차; koyu ~ 진한 차.
çay ② *is.* 개천, 시내(dere 보

다는 크고 ırmak 보다 적음).
çaycı *is.* (마시는) 차 장수; 다방주인, (다방의) 차 나르는사람.
çaycılık *is.* 차 재배업.
çaydanlık *is.* 차 주전자.
çayevi *is.* 찻집, 다방.
çaygiller *b. is.* 〔식물〕차나무속.
çayhane *b. is.* 찻집, 다방.
çayır *is.* (목)초지, 풀밭, 초원; 꼴, 마초; ~ çekirgesi 〔곤충〕 여치; ~ çimen 푸른 초원.
çayırkuşu *b. is.* 〔조류〕 종달새.
çayırlamak *f.* 방목하다, 풀을 뜯어 먹이다.
çayırlanmak *f.* 생풀을 먹이다.
çayırlaşmak *f.* 풀밭이 되다, 초지로 되다, 초원이 되다.
çayırlık *is.* 풀이 많은 곳, 초원.
çayırmantarı *b. is.* 〔식물〕 버섯.
çayırpeyniri *b. is.* 치이즈의 일종.
çaylak *is.* 〔조류〕 솔개.
çehre *is.* 얼굴, 면모; 모습, 외모.
çek *is.* 〔상업〕 수표, 어음; ~ defteri 수표첩, 수표책.
Çek *öz. is.* 체코슬로바키아; 체코 사람.
çekçek *is.* 바퀴가 네개 달린 손수레.
çekecek *is.* 구두주걱.
çekek *is.* (배를 끌어 올려 두는) 선가, 조선대.
çekelez *is.* 〔동물〕 다람쥐.
çeki *is.* 저울의 일종; 250킬로그람 중량; ~ taşı gibi 대단히 무거운; ~ye gelmez 달아볼 수 없을 만큼 무거운; 정돈할 수 없는, 대단히 무질서한.
çekici *s.* 끄는, 유도하는.
çekicilik *is.* 매력; 〔물리〕 인력; mıknatısın ~i 자력.
çekiç *is.* 망치, 장도리, 못뽑이.
çekiçkemiği *b. is.* 〔해부〕 중이 속에 있는 추골.
çekiçlemek *f.* 망치질을 하다.
çekik *s.* 기울은; ~ çene 안으로 쑥 들어간 턱; ~ göz 양쪽 끝이 가늘고 약간 올라간 눈; ~ kaş 양쪽 끝이 위로 올라간 눈썹.
çekiliş *is.* 추첨.
çekilme *is.* 오그라짐, 수축; 〔군사〕 철수.
çekilmek *f.* 오그라들다, 수축하다; 물러나다; 그만두다, 사임하다, 줄어들다, 없어지다; 철수하다.
çekim *is.* 끌기, 견인, 인력;〔문법〕 어형 변화; ~ eki 〔문법〕 변화 어미; 접미사.
çekimlemek *f.* 끌어 당기다.
çekimlenmek *f.* 삼가다.
çekimser *s.* 수줍은, 삼가는; 〔투표〕 기권의.
çekimserlik *is.* 수줍음; 〔투표〕 기권.
çekingen *s.* 수줍은, 삼가는, 부끄러워하는.
çekingenlik *is.* 수줍음, 부끄럼.
çekinik *s.* 〔생물〕 퇴행의; ~ karakterler 〔생물〕 열성형질.
çekinmek *f.* 수줍어하다, 부끄러워하다.
çekirdek *is.* 〔식물〕 씨, 열매, 종자; 핵; ~ fiziği 핵물리학; ~ kahve 커피 열매, 커피 콩.
çekirdeklenmek *f.* 열매를 맺다, 씨가 되다; 핵을 이루다.
çekirdekli *s.* 씨가 있는, 열매가 있는, 열매를 맺은; 핵의, 핵심적.
çekirdeksel *s.* 핵의.
çekirdeksiz *s.* 씨가 없는, 열매가 없는.
çekirge *is.* 〔곤충〕 메뚜기; 귀뚜라미.
çekirgekuşu *b. is.* 〔조류〕 찌르레기.
çekişme *is.* 싸움, 말다툼, 논쟁, 쟁의; 반목, 분쟁.

çekişmek *f.* 서로 끌어당기다; 싸우다, 다투다, 경쟁하다; 논쟁하다, 쟁의하다, 반목하다, 분쟁하다; (제비를) 뽑다.

çekiştirmek *f.* 양쪽에서 서로 끌어당기다.

çekme *is.* 끌기.

çekmece *is.* (책상, 장 따위) 서랍.

çekmek *f.* 끌다, 당기다; 빨아내다; 흡입하다; 옮기다; 견디다, 참다; 당하다; (숨을)들이마시다; (총, 칼 따위)끄내다; (돈을) 인출하다, 끄내다, 찾다; (제비)뽑다, 추첨하다, (선을)긋다; 옮겨쓰다, 베껴쓰다; 〔속어〕 (술을)마시다; (사진을) 찍다; (전보를)치다; 〔문법〕어형 변화시키다; (옷 따위)줄다; güçlük ~ 어려움을 당하다, 고난을 당하다; içini ~ 한숨쉬다, 탄식하다; kafa ~ 술에 취하다.

Çekoslovak *öz. is.* 첵코(슬로바키아) 사람, 첵코(슬로바키아)인.

Çekoslovakya *öz. is.* 첵코슬로바키아.

çelebi *is.* 신사, 교양있는 점잖은 사람, 양반; 〔역사〕 오스만 제국시 작위 칭호, 공, 공작.

çelebilik *is.* 신사도, 신사적 태도.

çelenk *is.* 화환; ~ koymak (무덤에) 화환을 올리다.

çelik ① *is.* 강철; *s.* 강철로 된; ~ gibi 대단히 힘이 센, 강한;

çelik ② *is.* 작은 나무가지; 자치기 놀이의 작은 막대.

çelikçomak *b. is.* 〔놀이〕자치기.

çelikleme *is.* (꽃, 나무 따위의) 지지목 세우기.

çeliklemek *f.* (꽃, 나무 따위의) 지지목을 세우다, 말뚝을 박다.

çelim *is.* 체격, 체위, 체구.

çelimli *s.* 체격이 좋은.

çelimsiz *s.* 체격이 좋지 않은, 체격이 약한.

çelimsizlik *is.* 왜소.

çelişik *s.* 〔논리〕 모순적, 대립적.

çelişiklik *is.* 〔논리〕 모순, 대립.

çelişken *s.* 대립되는, 모순되는.

çelişki *is.* 모순, 대립, 대당, 배치, 당착.

çelişme *is.* 〔논리〕 모순, 배치, 당착; ~ ilkesi 〔철학〕 모순율.

çelişmek *f.* 모순되다, 대립되다, 배치되다.

çelişmeli *s.* 반대의.

çeltik *is.* 벼; ~ fabrikası 정미소; ~ tarlası 논, 수전.

çeltikçi *is.* 벼농사꾼.

çeltikçilik *is.* 벼농사.

çember *is.* 〔기하〕 원; 바퀴, 고리; 굴렁쇠; 환대, 띠; 〔군사〕 포위; *s.* 원형의, 원의; ~ içine almak 〔군사〕 포위하다.

çemberlemek *f.* 테두리를 하다; 〔군사〕 포위하다.

çemberlenmek *f.* 원형이 되다; 포위하다.

çemen *is.* 〔식물〕 조미료의 일종, 카민(cumin).

çene *is.* 턱; ~ çalmak 말을 많이하다, 수다 떨다; ~ çukuru 보조개; ~ kavafı 수다장이; ~ yarıştırmak 서로 수다를 떨다; ~ yormak 수다 떨다; ~si düşük 말이 많은; ~si kuvvetli 입심 좋은; ~sini açtırmak 말할 기회를 주다; ~sini tutmak 비밀을 지키다.

çenebaz *s.* 말이 많은, 수다스런.

çeneli *s.* 말이 많은, 수다스런.

çenet *is.* 〔식물〕 (콩과식물의) 꼬투리, 깍지.

çengel *is.* 갈쿠리; ~ takmak 방해하다.

çengellemek *f.* 갈쿠리를 걸다; (문의) 빗장을 하다.

çengelli *s.* 갈쿠리가 달린, 갈쿠리 모양의.
çengelliiğne *b. is.* 낚시 바늘, 갈쿠리가 달린 바늘.
çenileme *is.* (개 등) 짐승의 울부짖는 소리.
çentik *is.* (물건의 가장자리에 V글자 모양으로 생기는)흠, 흠집, 찍힌 자국; *s.* (칼, 그릇 따위) 이가 빠진, 흠이 난, 찍힌.
çentiklemek *f.* 흠을 만들다, 흠집을 내다, 찍다.
çentilmek *f.* 흠이 생기다, 흠집이 나다, 흠 자국이 생기다, 이가 빠지다.
çentmek *f.* 흠자국을 내다, 찍다; (음식) 잘게 쓸다, 저미다.
çepçevre, çepeçevre *zf.* 사방에, 빙돌아.
çepel *s.* 더러운, 오염된, 불결한, 흙탕의; *is.* 티, 불순물, 잡것.
çepellenmek *f.* 더러워지다, 오염되다, 불결해 지다, 때가 묻다; 품질을 나쁘게 하다.
çepelli *s.* 불순물이 섞인, 티가 섞인, 잡것이 섞인.
çeper *is.* 울타리, 담, 담벽.
çepiç *is.* 염소새끼.
çepin *is.* 호미.
çerçeve *is.* (창문, 그림, 사진 따위의) 틀, 액자, (안경의)테; ～ takmak 틀 또는 테를 끼우다.
çerçeveci *is.* 틀 또는 테를 만드는 사람; 틀 또는 테를 끼우는 사람.
çerçevelemek *f.* 틀 또는 테를 끼우다, 틀 또는 테를 씌우다, (물건을) 틀 또는 테 속에 넣다.
çerçeveletmek *f.* 틀을 씌우게 하다, 테를 끼우게 하다.
çerçeveli *s.* 틀을 씌운, 테가 있는.
çerçi *is.* 잡화 행상인, 수로 양말, 손수건, 장갑 등속의 잡화와 리본, 레이스 등속의 장식 잡품을 취급함.
çerçilik *is.* 잡화 행상업.
çerez *is.* 주식 이외의 치즈, 건과물 등속의 음식물 상인.
çerezlenmek *f.* 군것질하다, 간식하다.
çergici *is.* 시장 노점 행상인.
çeri *is.* 〔역사〕 군인.
Çerkez *öz. is.* 서어카시아(Circassia) 사람.
Çerkezce *öz. is.* 서어카시아 (Circassia) 말.
çermik *is.* 온천.
Çesar(=Sezar) *öz. is.* 〔인명〕 시이저(Caesar).
çeşit *is.* 종류, 종, 류, 형; *s.* 종류의; ～ ～ 여러 종류의; 각종으로; her ～ 모든 종류.
çeşitlemek *f.* 다양하게 하다.
çeşitlenmek *f.* 다양해지다, 종류가 많아지다.
çeşitli *s.* 여러 가지의, 여러 종류의, 각종의.
çeşitlilik *is.* 여러 종류, 다양(성).
çeşme *is.* (수도관이 설치된)샘.
çeşni *is.* 맛; ～sine bakmak 맛보다.
çeşnilik *is.* 조미료.
çete *is.* 비정규 무장 군대, 비정규 무장 집단, 특공대; ～ harbi 유격전.
çeteci *is.* 게릴라 병, 비정규병, 특공 대원.
çetecilik *is.* 게릴라 전, 게릴라 활동; 약탈, 습격.
çetin *s.* 어려운, 힘든, 곤란한, 고난의.
çetinleşmek *f.* 어렵게 되다, 힘들게 되다, 곤란하게 되다.
çetinleştirmek *f.* 곤란하게 하다, 힘들게 만들다, 어렵게 하다.

çetinlik *is.* 어려움, 고난, 고역.
çevik *s.* 날랜, 빠른, 신속한, 민첩한.
çevikleşmek *f.* 신속해지다, 민첩해지다.
çeviklik *is.* 신속, 민첩.
çeviren *is.* 번역자.
çevirgeç *is.* 전기 회로를 개폐하는 장치, 전기 개폐기, 전기 스위치, 두꺼비집.
çevirici *is.* 번역가, 번역자.
çevirme *is.* 회전하기, 틀기, 바꾸기, 전환; 〔군사〕 포위; 번역, 해석.
çevirmek *f.* 회전하다, 돌다, 틀다, 바꾸다, 돌리다, 전환하다; 둘러싸다, 포위하다; 번역하다, 해석하다.
çevirmen *is.* 번역자, 번역가.
çevirtmek *f.* 돌리다, 바꾸다, 회전시키다; 번역을 시키다, 해석을 시키다; 포위게 하다, 둘러싸게 하다.
çevre *is.* 주위, 주변, 환경; 〔기하〕 원주; 둘레; 〔사회〕 환경.
çevrelemek *f.* 둘러싸다, 포위하다, 포함하다, 내포하다.
çevrelenmek *f.* 포위되다, 제한되다.
çevren *is.* 〔천문〕〔지리〕 지평, 지평선.
çevri ① *s.* 선회; hava ~si 회오리 바람; su ~si 소용돌이.
çevri ② *is.* 변명, 강변.
çevrilemek *f.* 변명하다, 강변하다.
çevriyazı *b. is.* (속기, 외국문자 따위를) 다른 글자로 옮겨쓰다.
çeyiz *is.* 혼수(감), 혼물; ~ düzmek 혼수(감)을 준비하다, 혼수(물)을 장만하다.
çeyizlemek *f.* 혼수물을 준비해주다, 혼수물을 마련해주다.
çeyizlenmek *f.* 혼수(물)을 갖다, 혼수를 지니다.
çeyizli *s.* 혼수(감)을 지닌.
çeyrek *s.* 4분의 1(의); *is.* (화폐) 25쿠르시; (시간) 15분; ~ final (경기의) 준준결승전.
çeyreklemek *f.* (유아를) 팔다리를 교차시켜 가벼운 운동을 시키다.
çıban *is.* 부스럼, 종기, 농양, 농포; ~ ağırşağı 종기의 부어오른 부분; ~ başı 종기의 대가리; ~ çıkarmak 종기가 생기다; ~ dökmek 종기가 많이 생기다.
çığ *is.* 눈사태.
çığır *is.* 눈사태로 생긴 길; 소로, 오솔길; ~ açmak 길을 열다, 길을 개척하다; ~ından çıkmak 궤도를 벗어나다, 정도를 벗어나다.
çığırtkan *is.* 사냥꾼이 동무새 꾀임에 쓰는 새; 시장이나 유흥장에서 손님을 끌기 위하여 외치는 사람, 광고인; 이익을 위하여 당이나 인물을 선전하는 사람.
çığırtkanlık *is.* 큰소리로 외치는 선전 광고업.
çığırtma *is.* 손님을 끌기 위해 외치는 행위; 가는 피리.
çığırtmacı *is.* 가는 피리를 부는 사람.
çığırtmak *f.* 손님을 끌기 위해 소리치다.
çığlık *is.* 비명(소리), 아우성, 절규(소리).
çığrışmak *f.* 함께 외쳐대다.
çıkacak *is.* 목욕 후 몸을 말리기 위해 사용하는 수건.
çıkagelmek *f.* 불쑥 나타나다, 갑자기 나타나다.
çıkar *is.* 이익, 이득, 이윤; ~ yol 막히지 않은 길; ~ına bakmak 사리(사욕)을 추구하다.
çıkarcı *is.* 사리 사욕에 눈이 어두운 사람.
çıkarcılık *is.* 사리 사욕.
çıkarılmak *f.* 쫓겨나다, 제외되

다, 제거되다, (강제로) 옮겨지다.

çıkarma *is.* 제거, 제외; 〔수학〕 빼기, 감산, 공제; 〔군사〕상륙; ~ cümlesi〔수학〕 뺄셈, 감산.

çıkarmak *f.* 없애다, 제거하다, 제외하다; 끄(집어)내다; 옮기다; 도출하다, 인출하다; (책을) 출간하다.

çıkarsama *is.* 〔철학〕 추론, 추정.

çıkartmak *f.* 제거시키다, 도출시키다, 인출시키다.

çıkık *s.* 튀어 나온, 솟아 나온; *is.* 튀어 나온 부분, 돌출부.

çıkıntı *is.* 돌출부.

çıkış *is.* 출구; 출발; 오름, 오르막.

çıkmak *f.* (밖으로) 나가다, 나오다, 빠져나가다, 빠져나오다; (직장을) 그만두다, 물러나다; 빠지다, 제거되다, 없어지다; (위로) 오르다; 솟아나다; 일어나다, 생기다, 발생하다, 터지다; 진급하다; 등장하다, 등단하다; 출발하다; 이르다, 통하다; 대항하다, 상대하다.

çıkmaz *s.* 막힌; 일어나지 않는, 발생하지 않는.

çıldırmak *f.* 얼이 빠지다, 미치다, 정신이 나가다, 발광하다, 열광하다.

çıldırmış *s.* 미친, 정신이 나간, 얼이 빠진.

çıldırtmak *f.* 얼이 빠지게 하다, 정신나가게 하다, 미치게 하다, 열광케 하다.

çılgın *s.* 광적, 미친, 정신나간, 얼빠진.

çılgınca *zf.* 광적으로, 미쳐서.

çılgınlaşmak *f.* 미치다.

çılgınlık *is.* 발광, 광기, 열광; (속어) 지랄.

çıma *is.* 밧줄의 끝; ~ vermek 밧줄을 늘려 건네주다.

çımacı *is.* 선창에서 밧줄을 건네주거나 받는 사람.

çınar *is.* 〔식물〕 프라타나스, 쥐방울나무.

çınargiller *b. is.* 〔식물〕 쥐방울나무속.

çınarlık *is.* 쥐방울나무 숲.

çınçın *zf.* 쇠붙이 부딪는 소리.

çıngırak *is.* 방울종.

çıngıraklı *s.* 방울종을 지닌.

çıngıraklıyılan *b. is.* 〔동물〕 방울뱀.

çıngır çıngır *zf.* 방울종 따위가 내는 소리.

çıngırdak *is.* 방울종; 방울종 소리가 나는 장난감.

çıngırdamak *f.* 방울종 소리가 나다.

çıngırtı *is.* 방울종 따위의 소리.

çınlak *s.* 메아리가 잘 울리는.

çınlamak *f.* 소리가 잘 울리다, 메아리가 나다.

çıplak *s.* 벗은, 벌거숭이의, 나체의; ~ gözle 육안으로; yarı ~ 반쯤 벗은, 반나의.

çıplaklaşmak *f.* 벗다, 벌거숭이가 되다, 나체가 되다.

çıplaklaştırmak *f.* 벗기다.

çıplaklık *is.* 벌거숭이, 나체.

çıra *is.* 관솔.

çırak *is.* 견습공, 수습공, 견습생, 도제.

çıraklık *is.* 견습공 신분, 견습공 직, 견습공 봉급.

çırakma, çırakman *is.* 양초, 등산 따위를 올려 놓는 선반.

çıralı *s.* 관솔의, 관솔이 있는.

çırçıplak, çırılçıplak *s.* 발가벗은, 벌거숭이의.

çırpı *is.* (나무)토막, 조각; 먹줄(치기); ~ vurmak 먹줄치다.

çırpınmak *f.* 경련하다, 떨다; 당황하다.

çırpıntı *is.* 파동; 경련.

çırpışmak *f.* (새 따위가) 날개를 퍼덕거리다.

çırpıştırma *is.* (가볍게)두드리기.

çırpıştırmak *f.* (가는 막대기로) 가볍게 두드리다.
çırpma *is.* 치기, 두드리기.
çırpmak *f.* 흔들어 털다, 두드리다; (물건의) 끝을 자르다; 훔치다.
çırt *is.* 무자위, 수차.
çıt *is.* 꺽어지는 소리; ~ etmek 딱 하는 소리가 나다; ~ yok 전혀 소리가 없다.
çıta *is.* 오리 목, 가늘고 긴 나무.
çıtır çıtır *b. zf.* (나무, 석탄 따위가 탈때 나는 소리) 탁탁.
çıtırdamak *f.* 탁탁 소리내다.
çıtırtı *is.* 탁탁 하는 소리.
çıtlamak *f.* 딱 하는 소리가 나다.
çıtlatmak *f.* 딱 하는 소리를 내다, (손가락을 꺽어) 소리를 내다.
çıvgın *is.* 진눈깨비.
çıyan *is.* 〔동물〕 지네.
çiçek *is.* 꽃, 꽃나무; ~ tozu 꽃가루; ~ yaprağı 꽃잎; 〔의학〕 천연두; ~ aşısı 종두; ~ hastalığı 천연두, 마마; ~ salgını 천연두 전염.
çiçekbozuğu *b. is.* 곰보, 얽은 자국; *s.* 얽은, 곰보의.
çiçekçi *is.* 꽃상인, 화원상; yapma ~ 가화상.
çiçekçilik *is.* 화원업, 원예업; 가가화업.
çiçeklenmek *f.* 꽃이 피다, 개화하다.
çiçekli *s.* 꽃이 있는, 꽃무늬가 있는.
çiçeklik *is.* 꽃병, 화병, 화분받침, 화분대, 화단.
çiçeksiz *s.* 꽃이 없는; ~ bitkiler 민꽃식물, 은화 식물.
çift *s.* 쌍의, 짝의, 우수의; *is.* 쌍, 짝 벌; 쌍두 농우; ~ çubuk 젓가락; 쟁기의 일종; ~ koşmak 쟁기를 끌다; ~ sürmek 쟁기로 밭을 갈다; ~ zamanı 밭 가는 철; ~e gitmek 밭 갈러 가다; ~e koşmak 쟁기를 끌게 하다.
çiftçi *is.* 농부, 농민; ~ Partisi 〔정치〕 농민당.
çiftçilik *is.* 농사, 농업.
çifte *s.* 쌍의; *is.* 쌍발 엽총.
çiftekanatlılar *b. is.* 〔곤충〕 파리목, 쌍시류.
çifter çifter *zf.* 두개씩, 쌍으로.
çiftlemek *f.* 짝을 짓다.
çiftleşmek *f.* 암수가 짝을 이루다.
çiftleştirmek *f.* 짝을 지어 주다.
çiftlik *is.* 농장, 농원; ~ evi 농가; ~ sahibi 지주.
çiftparmaklılar *b. is.* 〔동물〕 우제류, 지제류.
çiftsayı *b. is.* 〔수학〕 짝수, 우수.
çiğ *s.* 생것의, 날것의; ~ balık 생선회; 활어.
çiğde *is.* 〔식물〕 디추나무.
çiğin *is.* 어깨.
çiğindirik *is.* 양쪽 끝에 나를 물건을 달아 어깨에 걸치는 나무 막대, 목도.
çiğlik *is.* 날것, 생것.
çiğnem *is.* 씹을 만큼의 양.
çiğnemek *f.* 씹다, 저작하다, 깨물다; 짓밟다, 깔아 뭉게다; 유린하다.
çiğnemik *is.* 유아에게 먹이기 위해 음식물을 씹어서 내놓은 것.
çiğnenmek *f.* 씹히다.
çiklet *is.* 껌.
çikolata *is.* 초콜렛, 초콜렛 과자, 초콜렛 음료.
çil *is.* 주근깨, 반점; (거울의) 얼룩; 〔조류〕 자고새의 일종; *s.* (동물의 털의) 점박이가 있는.
çile ① *is.* 시련, 고생, 고통 ; ~

çekmek 시련을 겪다.
çile ② *is.* (실 등의) 타래.
çilek *is.* 〔식물〕 딸기.
çilingir *is.* 자물쇠 제조공, 자물쇠 수리공.
çilingirlik *is.* 자물쇠 제조업, 자물쇠 수리업.
çim *is.* 잔디.
çimdik *is.* 꼬집기; 엄지와 검지 사이의 뼘.
çimdiklemek *f.* 꼬집다.
çimen *is.* 〔식물〕 풀.
çimenlik *is.* 풀밭, 초지.
çimento *is.* 양회, 시멘트.
çimlendirmek *f.* 싹트게 하다.
çimlenmek *f.* 싹트다; 잔디를 심다.
çimmek *f.* 자맥질하다.; 씻다.
Çin *öz. is.* 중국; kıta ~ 중공; 중국 대륙; kızıl ~ 중공; komünist Çin 중공; Milliyetçi ~ 자유중국.
Çince *öz. is.* 중국어; 중국 문자.
Çingene *öz. is.* 방랑인, 집시.
çingene *s.* 비천한, 천박한; 인색한.
Çingenece *öz. is.* 집시 말.
çingeneleşmek *f.* 인색해지다.
çingenelik *is.* 방랑인 신세, 집시; 인색.
çini *is.* 타일(tile); *s.* 도자기의; ~ mürekkebi 먹.
çinici *is.* 타일 제조 업자 또는 상인, 도자기 예술공.
çinicilik *is.* 타일 제조업 또는 상업, 도자기 제조업 또는 상업, 도자기 예술.
çinili *s.* 타일을 바른, 타일로 장식한.
çinko *is.* 〔광물〕 아연; *s.* 아연으로 만든.
çinkograf *is.* 아연 제판공.
çinkografi *is.* 아연 제판(술), 아연 조각술.
Çinli *öz. is.* 중국인.
çiriş *is.* 풀, 접착제.
çirişlemek *f.* 풀칠하다.
çirişli *s.* 풀칠한.
çirişotu *b. is.* 〔식물〕 수선화.
çirkin *s.* 추한, 흉한.
çirkinleşmek *f.* 추해지다, 흉해지다.
çirkinleştirmek *f.* 추하게 하다, 흉하게 하다.
çirkinlik *is.* 추함, 흉함.
çirkinsemek *f.* 추하게 여기다, 흉하게 여기다.
çiroz *is.* 말린 고등어; ~ gibi 깡마른, 마른, 야윈; ~ salatası 말린 고등어 사라다.
çise *is.* 이슬비, 보슬비, 가랑비.
çiselemek *f.* 이슬비가 내리다, 보슬비가 내리다, 가랑비가 오다, 비가 부슬부슬 내리다.
çisemek *f.* 이슬비가 내리다, 이슬이 내리다.
çisenti *is.* 이슬비.
çiş *is.* 오줌, 소변; ~ etmek 오줌누다, 소변 보다; ~i gelmek 오줌이 마렵다. 소변이 보고 싶어지다.
çit *is.* 울타리.
çiten *is.* 바구니, 광주리.
çitilemek *f.* (빨래 따위를) 치대다, 문지르다.
çitili *s.* 치댄, 문지른.
çivi *is.* 못, 징.
çividî *s.* 쪽빛의, 남색의.
çivileme *is.* 못박기; (수영) 다이빙.
çivilemek *f.* 못을 박다.
çivilenmek *f.* 못박히다.
çivit *is.* (물감)쪽, 남색; 〔화학〕 인디고; 〔식물〕 인도 쪽나무.
çivitlemek *f.* 쪽빛 물감을 들이다.
çivitli *s.* 쪽빛의, 쪽빛 물감을 들인.
çivitotu *b. is.* 〔식물〕 쪽나무; (미나리과의) 대청.
çiviyazısı *b. is.* 설형문자.

çiy *is.* 이슬.
çiysemek *f.* 이슬이 내리다, 이슬이 맺히다.
çizdirmek *f.* 그리게 하다.
çizelge *is.* 표, 도표, 통계표.
çizge *is.* 곡선 도표.
çizgi *is.* 선, 줄, 금; 〔수학〕 선.
çizgili *s.* 선의, 선이 있는, 줄무늬의.
çizgilik *is.* (줄을 긋는 데에 쓰는) 자.
çizgisiz *s.* 선이 없는, 줄 무늬가 없는.
çizme *is.* 줄긋기.
çizmek *f.* 줄을 긋다, 선을 그리다; 그리다.
çoban *is.* 목동, 목자, 가축지기; ~ köpeği 가축지기 개.
çobanlık *is.* 목축; ~ etmek 목축을 하다.
çobanyıldızı *b. is.* 〔천문〕 금성.
çocuk *is.* 아기, 아이, 아동, 어린이, 유아; 자식, 자녀; 제자; ~ aldırmak (수술로) 낙태시키다; ~ arabası 유모차; ~ bahçesi 어린이 놀이터, 어린이 공원; ~ bakımı 육아; ~ bakımevi 탁아소; ~ bayramı 어린이 날; ~ bezi 기저귀; ~ büyütmek 아이를 양육하다; ~ düşürme 유산; ~ düşürmek 유산하다; ~ hastalığı 소아 질병; ~ hekimi 소아과 의사; ~ işi 쉬운 일, 별로 중요치 않은 일; ~lar! 얘들아!, 여러분!; ~ mahkemesi 소년 재판소; ~ maması 이유식; ~ odası 탁아소; ~ olmak 어린이가 되다, 동심으로 돌아가다; ~ oyuncağı 장난감; 쉬운 일, 별로 중요치 않은 일; ~ peydahlamak (미혼 여성이) 임신하다; ~ yapmak 임신하다; 출산하다; ~ yetiştirmek 아이를 양육하다; ~ yuvası 탁아소; ~u almak 산모 곁에서 해산 구완을 하다; ~u olmak 아기를 낳다, 출산하다.
çocukbilim *b. is.* 육아학, 아동학.
çocukça *zf.* 어린이로서; *s.* 어린 아이 같은.
çocuklaşmak *f.* 어린 아이처럼 되다.
çocuklu *s.* 어린아이가 있는.
çocukluk *is.* 어린 시절, 유년기; 어린 아이다움; 유치함, 어리석음.
çocuksu *s.* 어린 아이같은.
çoğalmak *f.* 늘다, 불다, 증가하다.
çoğaltmak *f.* 증가하게 하다.
çoğu *zm.* 대부분; *zf.* 대체로, 많은 경우.
çoğul *s.* 〔문법〕 복수의.
çoğullaştırmak *f.* 〔문법〕 복수로 만들다.
çoğunluk *is.* 다수, 대다수, 과반수; salt ~ (과반수가 아닌 단순한) 다수.
çok *s.* 많은; *zf.* 많은, 아주, 잘, 매우; ~tan (beri) 오랫동안.
çokanlamlı *b. s.* 여러가지 뜻을 가진, 다의의.
çokayaklılar *b. is.* 〔동물〕 지네, 노래기, 다족류.
çokçu *is.* 〔철학〕 다원론자.
çokçuluk *is.* 〔철학〕 다원론.
çokdüzlem *b. is.* 〔기하〕 다면체.
çokdüzlemli *b. s.* 〔기하〕 다면체의.
çokevli *b. s.* 일부 다처(제)의, 일처 다부(제)의.
çokgen *b. is.* 〔기하〕 다각형, 다변형; dış ~ 외접 다각형; iç ~ 내접 다각형.
çokhücreli *b. s.* 〔생물〕 다세포의
çokkarılı *s.* 일부 다처의.
çokkarılılık *is.* 일부 다처.
çokkocalı *s.* 일처 다부의.

çokkocalılık *is.* 일처 다부.
çokkutuplu *s.* 다극의.
çokluk *is.* 〔문법〕 복수; 다수.
çoktanrıcılık *b. is.* 〔철학〕 다신론.
çoktaraflı *b. s.* 〔법률〕 다변의, 3개국 이상이 관계 또는 참가하고 있는.
çokterimli *b. is.* 〔수학〕 다항식.
çokyüzlü *b. is.* 〔기하〕 다면체.
çolak *s.* 곰배팔의.
çolaklık *is.* 곰배(팔이)
çolpa *s.* 서투른, 솜씨없는, 재치없는.
çolpalık *is.* 서투름.
çolpan *is.* 〔천문〕 금성.
çoluk çocuk *b. is.* 가족.
çomak *is.* 막대기.
çomar *is.* 가축지기 개.
çopra *is.* 생선가시.
çoprabalığı *b. is.* 〔어류〕 미꾸라지.
çopur *s.* 얽은, 곰보의; *is.* 〔동물〕 황갈색에 흰 무늬 있는 사슴.
çopurluk *is.* 곰보.
çorak *s.* 황무지의, 불모지의.
çoraklaşmak *f.* 황무지가 되다, 불모지가 되다.
çoraklık *is.* 불모, 황폐, 황무.
çorap *is.* 양말; ~ bağı 양말대님; ~ kaçmak 양말의 올이 빠지다.
çorapçı *is.* 양말 제조업자 또는 상인.
çorapçılık *is.* 양말 제조업 또는 상업.
çorba *is.* 〔음식〕 국, 탕; ~ etmek 일을 망치다; ~ gibi 혼란된, 낭패가 된; ~ içmeğe çağırmak 식사에 초대하다; ~ kâsesi 국 주발; ~ kaşığı 식탁용 큰 숟갈; ~da tuzu bulunmak (어떤 일에) 도움이 되다; ~ya dönmek 낭패하다, (일이) 망치다.
çorbacı *is.* 국 또는 탕 따위를 만들거나 파는 사람; 국 또는 탕을 좋아하는 사람; 터어키 인 마을의 기독교도 명사; 〔역사〕 오스만제국 예니체리 군대의 지휘관.
çorbalık *s.* 국거리의, 탕거리의.
çotuk *is.* 그루터기; 지표위로 나온 나무뿌리; (과수의) 지지목.
çotur *s.* 평평한, 납작한; 납작코의.
çökek *is.* 움푹 패인 곳, 홈; 수렁.
çökel *is.* 찌끼, 찌꺼기, 침전물.
çökelge *is.* 〔지질〕 모래톱, 충적지, 충적 등에 의하여 물가에 새로 생긴 토지.
çökelmek *f.* 〔화학〕 침전되다.
çökelti *is.* 침전물.
çökeltmek *f.* 〔화학〕 침전시키다, 침전하다.
çökme *is.* 꿇기, 굴복; 붕괴, 무너짐.
çökmek *f.* (무릎을) 꿇다; 굴복하다, 항복하다; 붕괴하다, 가라앉다; 무너지다; 덮다.
çöktürmek *f.* 꿇게 하다, 항복하게 하다, 붕괴시키다.
çökük *s.* 꿇은, 무너진, 붕괴된; 움푹패인.
çöküntü *is.* 폐허, 잔해; 앙금, 침전물; 〔지질〕 침강, 함몰.
çöküş *is.* 꿇은 모습; 붕괴, 멸망.
çöküşmek *f.* 함께 붕괴하다, 함께 무릎을 꿇다; 함께 내려 앉다.
çöl *is.* 사막; 불모지.
çölleşmek *f.* 사막으로 변하다, 불모지가 되다.
çöllük *is.* 사막지대, 불모지대.
çömelmek *f.* 무릎을 꺾어 앉다.
çömlek *is.* 질그릇, 오지그릇, 토기, 오지냄비.
çömlekçi *is.* 질그릇 제조업자

또는 상인.
çömlekçilik *is.* 질그릇 제조업 또는 상업.
çöp *is.* 쓰레기, 폐물; ~ kutusu 쓰레기통; ~ tenekesi 쓰레기 통.
çöpçatan *b. is.* 결혼 중매자.
çöpçatanlık *b. is.* 중매.
çöpçü *is.* 쓰레깃 군, 청소부.
çöpçülük *is.* 청소업.
çöplük *is.* 쓰레기 통.
çörek *is.* 또아리; 또아리형의 빵.
çöreklenmek *f.* (뱀이) 또아리를 틀다.
çörten *is.* (처마의) 낙수홈통, 물받이, 반원형의 덮개없는 홈통.
çözme *is.* 풀기, 해결.
çözmek *f.* 끄르다, 풀다, 열다, 해결하다; 〔수학〕 문제를 풀다, 답을 찾아내다.
çözük *s.* 풀린, 열린, 끌린.
çözülmek *f.* 끌리다, 풀리다, 열리다, 해결되다; 녹다, 해빙되다.
çözüm *is.* 해답.
çözümleme *is.* 〔화학〕 〔문법〕 〔철학〕 분석.
çozümlemek *f.* 분석하다.
çubuk *is.* 막대기; 젓가락; 담뱃대; (천의) 긴 줄무늬; ~ ağacı 〔식물〕 대극.
çubukçu *is.* 담뱃대 제조인, 담뱃대 상인.
çubuklamak *f.* 막대기질을 하다.
çubuklu *s.* 막대기의, 젓가락의.
çubukluk *is.* 담뱃대 걸이.
çuha *is.* 모직.
çuhaçiçeği *b. is.* 〔식물〕 앵초; 프리뮬러.
çuhaçiçeğigiller *b. is.* 〔식물〕 앵초과
çukur *is.* 구덩이, 갱, 우묵한 곳, 공동; 분지; 무덤, 묘.; ~ açmak 구덩이를 파다; ~a düşmek 곤경에 처하다; ~unu kazmak 음모를 꾸미다.
çukurlanmak, çukurlaşmak *f.* 움푹 패이다, 구덩이가 되다.
çukurlatmak *f.* 구덩이를 파게 하다.
çukurlu *s.* 구덩이가 있는, 분지의.
çukurluk *is.* 구덩이 모양, 구덩이가 많은 곳; 분지, 함몰.
Çukurova *öz. is.* 터어키 동남부 지역의 지명.
çulluk *is.* 〔조류〕 도요새의 일종.
Çulpan *öz. is.* 〔천문〕 금성.
çuval *is.* 포대, 부대, 큰 자루.
çuvalcı *is.* 부대 제조인, 부대상.
çuvaldız *is.* 부대 꿰메는 뭉뚝한 바늘.
çük *is.* 〔해부〕 음경, 남경, 남근, 양경.
çükür *is.* 도끼와 괭이를 양날로 한 기구.
çünkü *bağ.* 왜냐하면, 이유로, 때문에.
çürük *s.* 상한, 썩은, 부패한; 튼튼치 못한; 근거가 박약한; *is.* 멍(든 자국); ~ vesikası 세효가 만료된 증명서.
çürükçül *is.* 〔생물〕 (균류 따위) 죽거나 상한 물질에 기생하는 생물.
çürüklük *is.* 부패.
çürümek *f.* 상하다, 썩다, 부패하다; 멍이 들다.
çürütmek *f.* 상하게 하다, 썩게 하다, 부패시키다.
çürütülmek *f.* 부패되다.

D, d

D, d 터어키어 자모의 다섯번째 글자; 〔음악〕 레음계, D음, D조.

da, de *bağ.* …도, 또한, 역시; …했는데도, …했지만.

-da, -de, -ta, -te 〔문법〕 처격어미.

dadanmak *f.* 좋아하다, 기호하다.

dadı *is.* 보모, 애 보는 사람.

dadılık *is.* 보모직, 유모직, 애보기; ~ etmek 애기를 보다, 보모역을 하다.

dağ ① *is.* 뫼, 산, 산악; ~ eteği 산록, 산기슭, 산각, 산족; ~ gibi (산처럼) 거대한; ~ kayması 산사태; ~ kolu 산줄기, 산의 지맥; ~ tepesi 산정, 산봉, 정상; ~ zirvesi 산정, 산봉, 정상; ~a çıkma 등산, 등반; ~lar 산맥.

dağ ② *is.* 불에 달구어 찍는 쇠도장, 낙인, 화인.

dağcı *is.* 등산가, 등산인, 산악인, 알피니스트.

dağcılık *is.* 등산, 등반, 산악운동; ~ Kulübü 등산회, 산악회.

dağılım *is.* 〔심리〕 분열.

dağılış *is.* 분산, 해산, 해체.

dağılmak *f.* 흩어지다, 분산하다, 해산하다; 분포하다; 어지럽혀지다, 문란하다.

dağınık *s.* 흩어진, 분산된; 무질서한, 어지러운, 문란한, 단정치 못한.

dağınıklık *is.* 분산, 해산, 산란.

dağıtıcı *is.* 배포하는 사람.

dağıtılmak *f.* 배포되다, 흩어지게 되다.

dağıtım *is.* 배포.

dağıtmak *f.* 나누어 주다, 배포하다; 질서를 깨다; 흩어 버리다, 분산시키다; 해산시키다.

dağkeçisi *b. is.* 〔동물〕 산양.

dağlağı *is.* 낙인 인두.

dağlamak *f.* 낙인을 찍다, 화인을 찍다.

dağlatmak *f.* 낙인을 찍게하다.

dağlı ① *s.* 산이 많은.

dağlı ② *s.* 낙인이 찍힌.

dağlık *is.* 산이 많은 곳, 산악지대.

daha *zf.* 더욱, 더우기, 훨씬 더, 아직도; bir ~ 한번 더, 다시 한번, 재차.

dahi *bağ.* …도, 또한, 역시, 심지어, 포함해서.

dahil *is.* 안, 내부; *zf.* 포함하여; ~ olmak 관계하다, 참가하다.

dahilen *zf.* (약품) 내복으로.

dahilî *s.* 안의, 내부의.

dahiliye *is.* 내부; 〔의학〕 내과.

daim *s.* 계속적, 계속의, 끝 없는; ~ olmak 계속되다.

daima *zf.* 언제나, 계속적으로.

daimî *s.* 영속적, 영구적, 계속적; ~ elçilik 상주공관.

dair *s.* 유관한, 관계된, 관한; …에 대한.

daire *is.* 원; (구조물의) 부분, 방, 사무실; (아파트의) 호; (사무실의) 계, 과; (은유) 한계, 범주; ~ çevresi 〔기하〕 원둘레, 원주; ~ dilimi, ~ kesmesi 〔기하〕 부채꼴; ~ muhiti 〔기하〕 원둘레, 원주; ~ müdürü

사무실의 관리자, 과장, 국장; ~ parçası〔기하〕호, 원주나 곡선상의 두 점에 의해 한정된 부분.
dairevî *s.* 둥근, 원형의, 고리꼬양의.
dakika *is.* (시간의 단위) 분.
daktilo *is.* 타자; 타자기; ~ etmek 타자를 치다; ~ makinesi 타자기.
daktilocu *is.* 타자수; 타자기 제조업자 또는 상인.
daktilografi *is.* 타자(술).
daktiloskopi *is.* 지문, 지장.
dal *is.* (나무)가지; (학문의) 분야.
dalak *is.* 〔해부〕비장, 지라.
dalamak *f.* (동물이) 물어 뜯다; (벌레가) 물다.
dalaş *is.* 물고 뜯는 잔인한 싸움.
dalaşmak *f.* 물고 뜯으며 싸우다.
dalavere *is.* 속임수.
dalavereci *is.* 속임수를 쓰는 사람.
dalaverecilik *is.* 속임수.
dalda *is.* 피난처.
daldırılmak *f.* 급습을 받다; 식물의 가지를 휘어 땅에 묻어 뿌리를 내려지게 되다.
daldırma *is.* 급습, 돌진; 식물의 가지를 휘어 땅에 묻어 뿌리를 내리게 하는 번식법 또는 번식된 가지.
daldırmak *f.* 뛰어들게 하다; 몰두하게 하다.
dalga *is.* 파도, 물결; 전파; ~ boyu〔물리〕파장; ~ geçmek 장난하다, 희롱하다; ~ gibi gelmek 물결처럼 밀려오다; ~yı başa almak 뱃머리로 파도를 정면으로 받다; 위험에 정면으로 맞서다; kısa ~〔전기〕단파; uzun ~〔전기〕장파.
dalgacı *s.* 진지하지 못한, 성실치 못한.
dalgacık *is.* 작은 파도.
dalgacılık *is.* 불성실.
dalgakıran *b. is.* 방파제.
dalgalandırmak *f.* 파도를 일게 하다.
dalgalanmak *f.* 파도치다, 물결이 일다, 파문을 일으키다.
dalgalı *s.* 파도가 이는, 파도가 치는.
dalgıç *is.* 잠수부.
dalgıçlık *is.* 잠수.
dalgın *s.* 방심한, 정신이 나간, 넋을 잃은.
dalgınlık *is.* 방심, 무감각, 생각에 몰두하여 정신을 잃음.
dalkavuk *b. is.* 아첨꾼, 아첨쟁이, 아부를 잘 하는 사람.
dalkavukluk *b. is.* 아첨, 아부.
dalkılıç 칼을 뽑은; *zf.* 칼을 뽑은 채로.
dallandırmak *f.* 가지가 생기게 하다.
dallanmak *f.* 가지가 생기다, 분파하다.
dallı *s.* 가지가 있는.
dalma *is.* 뛰어들기.
dalmak *f.* (물속에) 뛰어들다, 돌진하다, 잠수하다; 갑자기 뛰어들다; 몰두하다, 빠지다, 잠기다, 탐닉하다.
daltaban *b. s.* 맨 발의; 비천한, 비참한, 불쌍한.
Dalton hastalığı *öz. b. is.* 〔의학〕색맹.
daluyku *b. is.* 깊은 잠, 숙면.
dalya ① *is.* 〔식물〕다알리아 꽃 (dahlia).
dalya ② *ünl.* 수를 셀 때 십, 백 따위 앞에 붙이는 말.
dalyan *is.* 고기잡이 그물의 일종.
dam *is.* 지붕, 옥상; 작은 집, 오두막; 마구간, 외양간, 헛간; 감옥; ~ aktarma 기와갈이; ~dan düşer gibi 아닌 밤중에 홍

두깨처럼.

dama *is.* (놀이) 서양 장기; ~ tahtası 서양 장기 놀이판.

damacana *is.* 채통으로 싼 목이 좁은 큰 병.

damak *is.* 입천장, 구개; ~ eteği 여린 입천장.

damaklı *s.* 입천장의; ~ diş 입천장 모양이 달린 윗턱 의치.

damaksıl *s.* 〔음성〕 입천장 소리의, 구개음의.

damalı *s.* 바둑판 무늬의.

damar *is.* 혈관, 핏줄; (대리석, 목재 따위의) 무늬, 결; 〔지질〕 광맥, 맥, 암맥; 〔식물〕 엽맥; ~ tabaka 〔해부〕 맥락 막; ~ına basmak 화를 돋구다; ~ına girmek 약점을 찌르다; ~ını bulmak 약점을 찾아내다.

damardaraltan *s.* 〔의학〕 혈관을 수축시키는.

damargenişleten *s.* 〔의학〕 혈관을 확장(이완)시키는.

damarlı *s.* 혈관의, 혈관이 있는; 무늬가 있는.

damarsız *s.* 혈관이 없는; 무늬가 없는.

damat *is.* 사위, 서랑; 〔역사〕 부마.

damga *is.* 도장, 인장, 직인, 스템프; 낙인, 화인; ~ pulu 인지; ~ kanunu 인지세법; soğuk ~ 압인.

damgacı *is.* 날인하는 사람.

damgalamak *f.* 도장을 찍다, 날인하다.

damgalanmak *f.* 날인되다.

damgalı *s.* 도장이 찍힌, 날인된.

damgasız *s.* 날인되지 않은, 도장이 찍히지 않은.

damıtık *s.* 증류된, 증류의; ~ su 증류수.

damıtmak *f.* 증류하다.

damız *is.* 헛간, 마굿간, 외양간.

damızlık *s.* (동식물의) 씨받이의, 종자의; *is.* 효소, 효모.

damla *is.* 물방울, 방울; 방울만큼의 양으로 사용하는 약품.

damlalık *is.* 고무 주머니가 끝에 달린 유리관으로 잉크. 물약 따위를 빨아내어 다른 용기에 옮기는데 쓰이는 기구, 스포이트; 처마밑의 홈통.

damlamak *f.* 방울방울 떨어지다; 방울방울 떨어뜨리다; damlaya damlaya göl olur 티끌모아 태산.

damlatmak *f.* 방울방울 떨어지게 하다.

damlataş *b. is.* 석순.

damping *is.* 투매, 덤핑(dumping).

-dan, -den, 〔문법〕 탈격어미.

dan dun *zf.* (총소리) 땅땅, 빵빵.

dana *is.* 〔동물〕 송아지; ~ eti 송아지 고기; ~ eti kıyma 송아지 고기 갈은 것; ~ eti kuşbaşı 송아지 고기를 잘게 쓴것; ~ pirzola 송아지 갈비.

danışma *is.* 공보; 문의; ~ bürosu 공보과, 공보실; ~ kurulu 자문 기구, 자문 기관.

danışmak *f.* 자문하다; 문의하다, 자문을 구하다.

danışman *is.* 고문(관), 자문 위원.

danışmanlık *is.* 고문(직), 자문(직).

danıştay *is.* 최고 행정 재판소.

Danimarka *öz. is.* 덴마아크, 정말.

Danimarkalı *öz. is.* 덴마아크 사람.

dans *is.* 춤, 무용; ~ etmek 춤을 추다.

dansör *is.* 남자 무용수.

dansöz *is.* 여자 무용수.

dantel, dantela *is.* 실로 얽어 뜨거나 천의 가장자리에 수를 놓아 구멍 뚫린 무늬를 나타낸 수예 제품, 레이스.

dapdaracık *s.* 아주 좁은.

dar *s.* 좁은, 가는; 편협한; 팽팽한, 꼭끼는, 빽빽한; 곤궁한,

어려운; *zf.* 어렵게, 겨우, ~a düşmek, ~da bulunmak, ~da kalmak 돈이 필요하게 되다, 곤궁에 처하다.

dara *is.* (무게를 달 때의) 용기의 무게; (자동차의) 차체 중량; ~sını düşmek 용기의 무게를 빼다.

daracık *s.* 아주 좁은.

daradar *zf.* 아주 어렵게, 간신히, 겨우.

darağacı *b. is.* 교수대.

daralmak *f.* 좁아지다; 곤궁해지다, 궁색해지다.

daraltmak *f.* 좁히다; 궁색하게 만들다.

darbe *is.* 폭동, 강타, 일격; hükümet ~si 정변, 구데타(coup d'etat).

darbımesel *b. is.* 격언.

dargın *s.* 화난, 성난.

dargınlık *is.* 분노.

darı *is.* 〔식물〕 기장.

darılgan *s.* 화를 잘 내는.

darılganlık *is.* 화를 잘 냄.

darılmak *f.* 화내다, 성내다, 노하다.

darıltmak *f.* 화내게 하다, 성내게 하다.

darkafalı *b. s.* 마음이 좁은, 옹졸한, 편협한.

darlaşmak *f.* 좁아지다.

darlaştırmak *f.* 좁아지게 하다.

darlatmak *f.* 좁게 하다.

darlık *is.* 좁음; 편협; 곤궁, 어려움.

darmadağın, darmadağınık *b. s.* 매우 혼란한.

darphane *b. is.* (주로 주조화폐의) 조폐국, 조폐 공사.

darülfünun *b. is.* 〔역사〕 대학.

Darvincilik *öz. is.* 진화론, 자연도태설.

dasitan *is.* 서사시, 사시.

dasitanî *s.* 서사시적, 서사시의.

dava *is.* 〔법률〕 소송, 재판; 주장, 쟁의; 문제; ~ açmak 소송을 제기하다, 재판에 걸다.

davacı *is.* 〔법률〕 원고, 소송인.

davalı *s.* 소송중인; 소송의; 소송을 좋아하는; 논쟁하기 좋아하는; *is.* 피고.

davar *is.* 〔동물〕 (양·염소따위의 총칭) 양; 양떼.

davavekili *b. is.* 소송 대리인.

davet *is.* 초청, 초대; ~ etmek 초청하다, 초대하다.

davetçi *is.* 초청하는 사람.

davetiye *is.* 초청장, 초대장.

davetli *is.* 초대 받은 사람.

davranış *is.* (대하는) 태도, 처신, 행동, 품행.

davranma *is.* 대함, 처신함, 행동함.

davranmak *f.* 대하다, 처신하다, 행동하다.

davul *is.* 〔악기〕 북; ~ çalmak 북을 치다, 북을 두드리다.

davulcu *is.* 북을 치는 사람, 북잡이.

davulculuk *is.* 북 치는 일.

dayak ① *is.* 때리기; ~ atmak 패리다; ~ yemek 매를 맞다, 얻어 맞다.

dayak ② *is.* 넘어지지 않게 버티는 나무, 지지목, 버팀목.

dayaklamak *f.* 지지목을 대다.

dayalı *s.* 기댄.

dayamak *f.* 기대다, 버티다, 의지하다.

dayanak *is.* 지지물; 〔철학〕 기초, 토대, 근본.

dayangaç *is.* 지지물, 의지물.

dayanık *s.* 기대고 있는; 인내의.

dayanıklı *s.* 지지물이 있는; 내구적, 지구적.

dayanıklılık *is.* 내구, 지구, 인내.

dayanıksızlık *is.* 오래 견디지 못함, 지구력이 없는, 내구성이 없음.

dayanım *is.* 인내, 내구, 지구.

dayanmak *f.* 견디다, 참다, 고통을 이기다, 인고하다, 인내하다; 기대다, 의지하다, 의하다, 의거하다.
dayı *is.* 외삼촌.
dayılık *is.* 외삼촌 역.
dayızade *is.* 외사촌, 외종.
daz *is.* 대머리.
dazlak *s.* 대머리의.
D.D.Y. Devlet Demiryolları의 준말
-de 〔문법〕 처격어미.
de *bağ.* 도, 또한.
debdebe *is.* 장관, 화려.
dede *is.* 조부, 할아버지; 조상.
dedikodu *b. is.* 소문, 쓸데없는 이야기, 험담, 뒷공론.
dedikoducu *s.* 소문을 잘 퍼뜨리는, 험담을 잘 하는.
dedikoduculuk *is.* 험담하기.
defa *is.* 차례, 번; bir ~ 한번; birkaç ~ 수차, 여러번, 몇차례; çok ~ 여러번, 몇번.
defetmek *f.* 몰아내다, 구축하다, 밀어내다.
defin *is.* 매장, 사장.
define *is.* 사장된 보물, 매장된 보물.
defineci *is.* 매장된 보화를 발굴하는 사람.
deflation *is.* 〔경제〕 통화수축.
defne *is.* 〔식물〕 월계수.
defnegiller *is.* 〔식물〕 월계수과.
defnetmek *f.* 매장하다.
defolmak *f.* (눈앞에서) 사라지다, (경멸) 꺼지다; defol! 꺼져라!, 사라져라!
defter *is.* 공책, 기록부, 장부, 대장; ana ~, ~i kebir 〔상업〕 원장부; ~ tutma 〔상업〕 부기. ~ tutmak 〔상업〕 장부를 기입하다;
defterdar *is.* (지방 주) 재무국장.
defterdarlık *is.* (지방 주) 재무국; (지방 주) 재무국장직.
defterhane *b. is.* 부동산등기소.
değdirmek *f.* 접촉시키다, 닿게 하다, 도달하게 하다.
değer *s.* 알맞는, 상응하는, 부합하는; *is.* 값, 가격; 값어치, 가치; ~ biçmek 평가하다; 가격을 매기다; ~ koymak 가격을 매기다; ~ kuramı 〔철학〕 가치론; yaklaşık ~ 〔수학〕 근사치.
değerbilir *s.* 눈이 높은, 감식력이 있는, 안목이 높은.
değerbilirlik *b. is.* 감식력.
değerbilmez *s.* 안목이 없는, 감식력이 없는.
değerlendirme *is.* 평가; 감정.
değerlendirmek *f.* 평가하다; 감정하다; 높이 평가하다; (물건을 팔아서) 돈으로 바꾸다; 값을 매기다.
değerlenmek *f.* 가치를 얻다; 값을 매기다. 값을 정하다.
değerli *s.* 값어치 있는, 값진, 가치 있는, 유용한, 쓸모 있는.
değersiz *s.* 값어치 없는, 가치 없는, 무용한, 쓸모 없는.
değgin *s.* 관계 있는, 유관한.
değil *zf.* …아니다.
değin ① *e.* …까지.
değin ② *is.* 〔동물〕 다람쥐.
değinmek *f.* 접촉하다, 교섭하다; 언급하다.
değirmek *f.* 접촉하게 하다, 닿게 하다; 알리다.
değirmen *is.* 방아; 방앗간, 연자간; ~ çarkı 물레(방아)바퀴; ~ deresi 물레방아를 돌리는 데 끌어댄 개울(물); ~ hakkı 방아를 찧어준 대가로 받는 가루의 일부; ~ kanadı 풍차날개; 물레방아 바퀴살; ~ taşı 멧돌, 분쇄기; ~ taşı kadar 대단히 큰, 거대한; el ~ 멧돌; su ~i 물레방아; yel ~i 풍차(방아).
değirmenci *is.* 방앗간 주인, 방앗간 경영인.
değirmencilik *is.* 방앗간업; 방

앗간 건축업; ~ şirketi제분업자 조합.

değirmenlik *is.* 방앗간이 많은 곳.

değirmi *s.* 둥근, 원형의, 바퀴 모양의.

değirmilemek *f.* 원형으로 만들다.

değiş *is.* 교환; ~ etmek 교환하다.

değişik *s.* 여러가지의; 변화의; 색다른; 다른; 개변한.

değişiklik *is.* 변화, 변천; 개변.

değişim *is.* 〔수학〕 편차.

değişken *is.* 〔수학〕 변수.

değişme *is.* 변화, 변천, 전환, 변경; 바꿈, 교환.

değişmek *f.* 변(화)하다, 변천하다; 바꾸다; 바뀌다; 변경하다; 변경되다; 전환하다.

değiştirmek *f.* 교환하다, 바꾸다, 변경하다, 전환시키다, 변형시키다.

değme *is.* 접촉, 마찰.

değmek ① *f.* 손대다; 이르다; 접촉하다; 닿다; 미치다.

değmek ② *f.* 값나가다, 가치가 되다, 값어치가 되다.

değnek *is.* 막대기, 장대; 지팡이; ~ gibi (막대기 처럼) 여윈, 가느다란.

dehliz *is.* 회랑, 복도.

dehşet *is.* 공포, 무서움, 외경.

dehşetli *s.* 공포의, 공포스런, 무서운.

dejenere *s.* 퇴화한, 타락한, 변질한, 나빠진, 악화한, 퇴보한.

dejenereleşmek *f.* 타락하다, 퇴보하다, 나빠지다, 퇴화하다.

dejenerelik *is.* 타락, 퇴보; 퇴폐; 퇴화.

dek *e.* …에 까지, …때 까지.

dekadan *is.* 19세기 말 불란서를 중심으로 퍼진 데카당파의 문인과 예술가, 퇴폐주의자.

dekadanlık *is.* 퇴폐풍조.

dekagram *is.* (무게의 단위) 10그람, 데카 그람.

dekalitre *is.* (양의 단위) 10리터, 데카 리터.

dekametre *is.* (길이의 단위) 10미터, 데카 미터.

dekan *is.* 학장.

dekanlık *is.* 학장직.

dekar *is.* (넓이의 단위) 10아아르

Dekartçı *öz. is.* 〔철학〕 데카르트 학도.

Dekartçılık *öz. is.* 〔철학〕 데카르트 주의.

dekaster *is.* 데카스테르, 10제곱미이터.

dekor *is.* 장식물.

dekorayon *is.* 장식.

dekoratif *s.* 장식의, 장식적.

dekoratör *is.* 장식가.

dekorcu *is.* 연극 또는 영화의 무대 장치 예술가.

delâlet *is.* 안내, 인도, 지도, 지시; 조정, 중개; ~ etmek 안내하다.

deldirmek *f.* 구멍을 뚫게 하다.

delege *is.* 대리자, 대의원, 대표, 사절, 파견위원.

delegelik *is.* 대리자직, 대의원직, 대표직.

delgi *is.* 송곳, 구멍 뚫는 기구, 천공기, 착암기.

deli *s.* 미친, 정신이 나간,(열광적인 성벽)광; ~ olmak 열광하다, 대단히 좋아하다.

deli balta *b. is.* 잔인한 사람, 냉혈한.

delibozuk *s.* 불균형의, 변덕스러운.

delice *zf.* 미친듯이; *s.* 약간 정신이 이상한.

deli dolu *s.* 경솔한, 지각없는.

deli duman *s.* 주책없는, 무모한.

delifişek *s.* 경박한, 유치한, 까부는.

delik *is.* 구멍, 공동, 갱; *s.* 구

멍난; ~ deşik 구멍 투성이의.
delikanlı *b. is.* 청년.
delikanlılık *b. is.* 청년기.
delikli *s.* 구멍이 있는; ~ taş (부엌의) 수채 시설, 싱크 (sink).
deliksiz *s.* 구멍이 없는; ~ uyku 깊은 잠.
delil *is.* 증거, 표적, 형적, 실마리, 단서.
delilik *is.* 미친 증세, 광기, 미치광이 짓.
delinmek *f.* 구멍이 나다, 구멍이 생기다, 구멍이 뚫리다.
delirmek *f.* 미치다, 몹시 흥분하다.
delirtmek *f.* 미치게 하다. 몹시 흥분케 하다.
delmek *f.* 구멍을 뚫다.
delta *is.* 〔지리〕 삼각주.
deltakas *b. is.* 〔해부〕 삼각근, 삼릉근.
dem ① *is.* 피, 출혈; 월경; ~ dökmek 월경하다; ~ gelmek 월경이 나오다.
dem ② *is.* 숨, 호흡; 시대, 시기; 술.
demagog *is.* 〔정치〕 선동 정치가, 민중 선동가.
demagoji *is.* 〔정치〕 민중 선동.
demeç *is.* 연설, 강연, 성명.
demek *f.* 말하다, 표현하다, 의미하다, 뜻하다; bu ne ~? 이것은 무슨 말이냐? demek ki 말하자면, 소위; diyorlar ki 말하기를.
demet *is.* 다발, 뭉치, 더미.
demetlemek *f.* 다발을 만들다, 다발로 묶다.
demin *zf.* 방금, 잠시 전에.
demir *is.* 쇠, 철; 〔해양〕 닻; ~ almak 닻을 올리다; ~ atmak 닻을 내리다, 정박하다;~ çubuk 봉강, 가락쇠; ~ devri 〔역사〕 철기시대; ~ gibi 강한, 건장한, 튼튼한; ~ madeni 철강; pik ~ 선철.
demirci *is.* 대장장이; 철물상.
demircilik *is.* 대장장이업; 철물업.
demirhane *b. is.* 대장간.
demirkapan *b. is.* 자석.
demirkazık *b. is.* 〔천문〕 북극성.
demirlemek *f.* 철물을 달다; 정박하다, 닻을 내리다.
demirperde *b. is.* 〔정치〕 철의 장막, 소련 및 그 위성국.
demiryolu *b. is.* 철도, 철로.
demlemek, demlendirmek *f.* (차를) 우려내다.
demlenmek *f.* (차가) 우러나다.
demli *s.* (차가) 우러난.
demlik *is.* 차를 우려내는 주전자.
demografi *is.* 인구학, 인구 통계.
demokrasi *is.* 〔정치〕 민주정치, 민주주의, 평민주의.
demokrat *is.* 민주주의자.
demokratik *s.* 민주주의의, 민주정체의; ~ ülke 민주국가.
demokratlık *is.* 민주정치.
denaet *is.* 비천, 천함, 비열.
denden *is.* 위에 적힌 사항과 똑같음을 나타내는 표시(〃).
denektaşı *b. is.* 시금석.
deneme *is.* 연습, 시험, 경험, 체험; ~ imtihanı 모의고사.
denemeci *is.* 습작.
denemek *f.* 연습하다, 시험하다; 경험하다.
denenmek *f.* 시험에 들다.
denet *is.* 단속, 감독, 조종; 관리.
denetçi *is.* 관리인, 감독자, 감독관.
denetim *is.* 감독하고 검사함, 감사.
denetleme *is.* 조사, 감사.
denetlemek *f.* 단속하다; 감독하다, 관리하다, 감사하다.
denetmek *f.* 감사시키다.

deney *is.* 〔물리, 화학〕 실험
deneyim *is.* 실습.
deneykap *b. is.* 〔화학〕 시험관.
deneysel *s.* 실험적, 실험에 의한.
deneyselcilik *is.* 〔철학〕 경험주의.
deneyüstü *s.* 〔철학〕 선험적.
denge *is.* 균형, 평형, 형평.
dengelemek *f.* 균형을 이루다.
dengeli *s.* 균형있는.
dengesiz *s.* 균형잃은, 불균형의.
dengesizlik *is.* 불균형.
-den 〔문법〕 탈격 어미.
denilmek *f.* 불리다, 칭해지다.
deniz *is.* 바다, 해양; ~ ataşesi 해군 무관; ~ banyosu 해수욕; ~ buzulu 빙산, 유빙; ~ feneri 등대; ~ harbi 해전; ~ kenarı , ~ kıyısı 해안, 해변. 연안; ~ kulübü 해상운동클럽; ~ kurdu 노장 뱃사람; ~ kuvvetleri 해군; ~ müzesi 해양 박물관; ~ otu 해초, 해조; ~ seviyesi 해발; ~ suyu 바닷물, 갯물; ~ tayyaresi 수상 비행기; ~ tayyare üssü 수상 비행 기지; ~ ticareti 해상무역; ~ ticareti hukuk 해상법; ~ Ticaret (Umum) Müdürlüğü 해운(공사)청; ~ tutmak 배멀미하다; ~ tutması 배멀미; ~ üssü 해군기지; ~ üstü 해상, 해면, 해수면; ~ subayı 해군 장교; ~den 바다로, 해로로; ~e düşen, yılana sarılır 물에 빠진 사람, 짚풀도 잡는다; ~e girmek 해수욕하다; ~e indirmek 진수하다.
denizaltı *b. is.* 잠수함; *b. s.* 잠수의, 수중의, 잠수한; ~ gemisi 잠수함; ~cı 잠수부.
denizanası *b. is.* 〔동물〕 해파리.
denizaşırı *s.* 해외의, 외국의; ~ ticaret 해외무역.
denizaygırı *b. is.* 〔동물〕 해마.
denizci *is.* 뱃사람, 선원; 〔군사〕 수병, 해군.
denizcilik *is.* 하운업; 항해업.
denizel *s.* 바다의, 해양의.
denizkızı *b. is.* 인어.
denizköpüğü *b. is.* 〔암석〕 해포석.
denizkulağı *b. is.* 갯벌.
denizler *is.* 해양, 대양.
denizlik *is.* 뱃전, 창문지붕.
denizpençesi *b. is.* 〔식물〕 산호.
denizsalyangozu *b. is.* 〔동물〕 소라.
denizsel *s.* 해운업의; 항해업의.
denizyolları *b. is.* 해로.
denk ① *is.* 보따리, 보퉁이; 동물의 등에 걸쳐 매어다는 짐꾸러미의 한 쪽.
denk ② *s.* 평형적; 적합한.
denklem *is.* 〔수학〕 방정식.
denklemek *f.* 평형을 이루다, 형평을 가져오다.
denkleşmek *f.* 서로 평형이 되다.
denkleştirmek *f.* 평형을 이루게 하다.
denklik *is.* 형평, 평형.
denkserlik *is.* 〔철학〕 공평, 공정, 정당.
denkteş *s.* 형평의, 공평한.
demek *f.* 이르다, 칭하다, 부르다, 말하다.
depo *is.* 저장소, 창고, 광; ~ etmek 저장하다; su ~su 저수지, 물탱크, 물통.
depozit, depozito *is.* 〔경제〕 예금, 공탁금, 보증금, 예탁금, 기탁금.
deprem *is.* 〔지질〕 지진.
depresyon *is.* 의기소침, 저기압.
derbent *is.* 좁은 길, 오솔길, 소로.
derdest *is.* 체포; ~ etmek 체포하다.
dere *is.* 개울, 도랑, 여울, 시

내, 계곡.
derebeyi *is.* 〔역사〕 봉건 영주.
derebeylik *is.* 〔역사〕 봉건주의.
derece *is.* 도, 정도, 점수, 급, 등급; 〔수학〕 각도; *e.* 정도; bu ~ 이정도 ;ne ~어느정도; o ~ 그 정도; bir ~ye kadar 어느 정도 까지; son ~de 극히, 최고조로, 최대로.
dereceli *s.* 등급의.
dergi *is.* 잡지, 정기 간행물.
derhal *zf.* 곧, 즉시, 즉각.
deri *is.* 가죽, 피혁; 껍질, 껍데기; ~ altı 〔해부〕 피하; ~ alt iğnesi 피하주사; ~ kaplı (책) 가죽장정; ~ sanayii피혁(가)공업; bir ~ bir kemik, derisi kemiğine yapışmak 피골이 상접하다.
derici *is.* 피혁상, 피혁공.
dericilik *is.* 피혁 상업, 피혁 공업.
derin *s.* 깊은, 심오한.
derinleşmek *f.* 깊어지다.
derinleştirmek *f.* 깊게 하다; 깊이 연구하다.
derinletmek *f.* 깊게 하다.
derinlik *is.* 깊이, 심도.
derisidikenliler *b. is.* 〔동물〕성게.
derişik *s.* 집중한, 농축된.
derişme *is.* 집중, 전념, 전심; 농축.
derişmek *f.* 집중하다, 전념하다, 전심하다; 농축하다, 응집하다.
derk *is.* 이해, 인식; ~ etmek 이해하다, 인식하다.
derken *zf.* 갑자기.
derleme *is.* 골라 뽑아 모음, 수집; 선집.
derlemek *f.* 골라 뽑아 모으다, 수집하다, 편집하다.
derlenmek *f.* 골라 뽑아 모이다, 수집되다.
derli toplu *s.* 정돈된, 정연한.
derman *is.* 힘, 역량, 기력; 약.
dermansız *s.* 연약한, 기력이 없는; ~ dert 불치병, 난치병.
dermansızlık *is.* 무기력.
derme *is.* 거두어 모음, 수집; ~ çatma 잡동사니의, 날림의.
dermek *f.* 모으다, 수집하다.
dernek *is.* 모임, 회, 협회.
derpiş etmek *f.* 명심하다, 고려하다.
ders *is.* 가르침; 강의, 강좌; 공부; 교훈; ~ almak 강의를 듣다, 공부하다; ~ çalışmak 공부하다; ~ kitabı 교과서; ~ olmak 교훈이 되다; ~ vermek 강의를 하다, 공부를 가르치다, 교육시키다; 교훈을 주다.
dershane *is.* 교실, 강의실.
dert *is.* 걱정, 염려; 번민, 고뇌; 고통; ~ ortalığı 고통을 같이 나누는 사람, 동병상련; ~ yanmak 불평하다, 고통을 털어 놓다; ~ini dökmek 고통을 털어 놓다.
dertlenmek *f.* 걱정하다, 염려하다.
dertleşmek *f.* 고통을 털어 놓아 걱정을 나누다.
dertli *s.* 걱정스런, 염려스런, 고통스런; 번민의, 고뇌의.
dertsiz *s.* 걱정이 없는, 염려없는.
deruhte *is.* 떠맡음; ~ etmek 떠맡다, 책임지다.
derunî *s.* 내심의.
derviş *is.* 회교식 탁발승.
dervişlik *is.* 회교식 탁발승직.
derya *is.* 바다, 해양, 대양; 박학다식한 사람.
deryadil *s.* 도량이 넓은, 너그러운; 낙관적인.
derz *is.* 〔건축〕 메지.
desen *is.* 무늬.
desigram *is.* 데시 그람, 10분지 12 그람.
desilitre *is.* 데시 리터, 10분

지 1리터.
desimetre *is.* 데시 미터, 10분지 1미터.
desise *is.* 간계, 속임수, 음모.
desiseci *is.* 사깃군, 협잡군.
desisekâr *is.* 사깃군, 협잡군.
desister *is.* 데시스테르, 1세제곱 미이터의 10분의 1.
destan *is.* 서사시, 사시, 설화, 전설, 이야기; vatan ~ı 국긴 서사시.
deste *is.* 다발, 묶음, 타래.
destek *is.* 지지, 지원, 원조, 후원; 지주, 버팀대, 지지목; ~ koymak 지지목을 바치다.
desteklemek *f.* 지지하다, 지원하다, 후원하다, 버티어 주다.
desteklenmek *f.* 지지받다, 지원받다.
destekli *s.* 지지하는.
destroyer *is.* 구축함.
deşelemek *f.* 긁다, 긁어파다.
deşik *s.* 할퀸.
deşilmek *f.* 할퀴다.
detektif *is.* 형사, 수사관, 탐정.
detektör *is.* 검파기.
deşmek *f.* 파다, 파서 헤치다, 헤치다, 긁다, 할퀴다.
determinizm *is.* 〔철학〕 결정론.
detonatör *is.* 〔군사〕 뇌관, 폭발물.
deuterium *is.* 〔화학〕 중수소.
deuteron *is.* 〔화학〕 중양자, 중수소의 원자핵.
dev *is.* 괴물, 거인, 거물; ~ anası 여자 괴물, 여자 거인, 여자 거물; ~ gibi 거대하고 무서운.
deva *is.* 약(품); 치료.
devalüasyon *is.* 〔경제〕 평가절하.
devam *is.* 계속, 지속, 연속, 부단; ~ etmek 계속하다, 지속하다.
devamlı *s.* 계속적, 지속적, 연속적, 부단한, 끊임없는.
devamlılık *is.* 지속성, 연속성.
devamsız *s.* 연속성이 없는.
devamsızlık *is.* 불연속.
devaynası *b. is.* 볼록거울; kendini ~nda görmek 과대 망상하다.
deve *is.* 〔동물〕 낙타; ~den büyük fil var (격언) 뛰는 놈 위에 나는 놈이 있다.
deveboynu *b. is.* S자 또는 U자 형의 관.
deveci *is.* 낙타 모는 사람.
devedikeni *b. is.* 〔식물〕 엉겅퀴, 엉거시.
devedişi *s.* 낱알이 굵은.
deveelması *b. is.* 〔식물〕 우엉.
devekuşu *b. is.* 〔동물〕 타조.
devеran *is.* 순환, 회전, 회귀; ~ mihveri 〔천문〕 회전축; ~ müddeti 〔천문〕 회전 기간, 주기.
deveranıdem *b. is.* 〔생물〕 혈액 순환.
deveranî *s.* 순환(성)의, 회전식의, 주기적으로 돌아오는.
devetabanı *b. is.* 〔식물〕 유럽산 엉거시과의 식물, 머위.
devetımarı *s.* 날림의.
devetüyü *s.* 낙타털로 만든, 낙타털 색갈의.
devim *is.* 움직임, 운동.
devindirmek *f.* 부추기다, 교사하다, 사주하다.
devinduyum *b. is.* 〔심리〕 근육 운동 지각.
devinduyumsal *s.* 근육 운동 지각의.
devingen *s.* 움직이는, 활동적인, 가동적.
devinim *is.* 동작.
devinirlik *is.* 운동성, 자동력.
devinme *is.* 움직임, 활동, 운동.
devinmek *f.* 움직이다, 활동하다, 이동하다.
devir ① *is.* 시기, 시대; ~ açmak 새 시대를 열다.

devir ② *is.* 회전; 바퀴; 이전, 이동, 이송; 주기.
devirli *s.* 주기적.
devirmek *f.* 넘어뜨리다, 쓰러뜨리다, 뒤집다, 엎다; 실패시키다; 타도하다.
devirtmek *f.* 넘어뜨리게 하다, 타도하게 하다.
devitken *s.* 〔철학〕 원동적.
devitmek *f.* 움직이게 하다.
devlet ① *is.* 나라, 국가; ~ adamı 정치가, 정치인; ~ bankası 국책 은행; ~ borçları 〔경제〕 국채; ~ emlâkî〔경제〕 국유 재산; ~ erkânı 장관 또는 고급 공무원; ~ esrarı 국가 기밀; ~ hazinesi 〔경제〕국고; ~ hizmeti 국가 공무; ~ işleri 국무, 국사; ~ matbaası 정부 간행물 출판국; ~ memuru 국가 공무원; ~ reisi 국가 수반, 대통령; ~ ricali 고급 공무원, 장관; ~ şurası 국가 평의회; ~i Osmaniye 오스만 제국; ~in esas hakları 국가의 기본권; ~ler hukuku〔법률〕 국제법; ~ler hususî hukuku 〔법률〕 국제 사법; ~ler konfederasyonu 국가 연합, 동맹; ~ler ticaret hukuku〔법률〕 국제 상법; ~ler umumî hukuku 〔법률〕 국제 공법.
devlet ② *is.* 운, 행운; ~ kuşu 뜻밖의 행운, 굴러 들어온 복, 횡재; ~le! (인사) 안녕히 가십시오.
devletçe *zf.* 국가적으로, 거국적으로.
devletçi *is.* 국가 통제주의자.
devletçilik *is.* 국가 통제주의.
devletleştirme *is.* 국유화.
devletleştirmek *f.* 국유화하다.
devre *is.* 시기, 시대, 주기; 〔전기〕 주파.
devretmek *f.* 뒤집어 엎다, 넘어뜨리다, 넘기다, 이전하다; 전가시키다.
devrî *s.* 주기적, 순환적.
devrik *s.* 뒤집힌; 〔문법〕 도치의.
devrilmek *f.* 뒤집어지다, 뒤집히다; 무너지다.
devrim *is.* 개혁, 혁신, 혁명.
devrimci *is.* 개혁가, 개혁주의자, 혁신주의자; 혁명가.
devrimcilik *is.* 개혁주의, 혁신주의.
devriye *is.* 순찰대, 정찰대.
devşirim *is.* 수집.
devşirimli *s.* 잘 정돈된, 정연한.
devşirimsiz *s.* 정돈되지 못한, 흐트러진.
devşirme *is.* 수집; 〔역사〕오스만 제국시 yeniçeri 군 보충병 또는 보충병을 불러 모으는 일.
devşirmek *f.* 수집하다; 채집하다; 접어개다.
deyim *is.* 표현, 용어, 관용구, 숙어.
deyiş *is.* 표현법; 설명.
dezenfekte *s.* 살균한, 소독한; ~ etmek 소독하다, 살균하다.
dılı *is.* 〔수학〕 제곱근; 〔기하〕 변; 〔해부〕 늑골.
dış *is.* 밖, 외부; *s.* 밖의, 외부의; ~ deniz 대양; ~ haberler 국외 소식; ~ hat (전화) 외선; 국제선; (교통) 국제선; ~ lastik (자동차의) 타이어의 겉싸개; ~ münasebetleri 대외관계, 외교 관계; ~ siyaset 국제 정치, 외교 정책; ~ ticaret 국외 무역; ~a dönük 〔심리〕외향적인 사람; ~a dönüm 〔심리〕 외향성; bunun ~ında 이것을 제외하고, 이 외에; ~ında 밖에서.
dışalım *b. is.* 〔경제〕 수입.
dışarı *is.* 밖; 외면; 외부; 외국; *zf.* 밖으로; 국외로; ~ çıkmak 밖으로 나가다; 화장실에 가다; ~ gitmek 집 밖으로 나가다;

외국에 가다; ~da 밖에서; 외국에서; ~dan 밖에서부터; 외국으로부터; ~ya 밖으로; 외국으로.

dışbükey *s.* 〔물리〕 볼록한, 철면의; ~ mercek 〔물리〕 볼록 렌즈; ~ ayna 〔물리〕볼록거울.

dışişleri *b. is.* 〔정치〕 외무; ~ Bakanı 외무부 장관; ~ Bakanlığı 외무부.

dışkı *is.* 〔동물〕 배설물, 대변, 똥.

dışkılık *is.* 〔동물〕 (조류, 어류 따위의) 총배설강, 똥구멍.

dışsatım *b. is.* 〔경제〕 수출.

dışyüz *b. is.* 외면, 외모, 외양. 표면.

dibek *is.* 절구(통)

Dicle *öz. is.* 티그리스 강.

difteri *is.* 〔의학〕 디프테리아.

diftong *is.* 〔문법〕 이중 모음.

diğer *s.* 다른, 그 밖의, 이외의.

dik *s.* 수직의, 직각을 이루는; 직립한; ~ açı 〔기하〕직각; ~ adam 타협하지 않는 사람; ~ aşağı 똑바로 아래; ~ başlı, ~ kafalı 완고한; ~ ses 날카로운 소리; ~ yokuş 급경사.

dikdörtken *b. is.* 〔기하〕 직사각형, 구형.

diken *is.* 가시; 가시 많은 식물; ~ üstünde oturmak 바늘 방석에 앉다, 안절부절하다, 불안해 하다.

dikenli *s.* 가시가 있는, 가시가 많은; ~ balık 〔어류〕 가시고기; ~ tel 가시철망.

dikensi *s.* 가시같은.

dikensiz *s.* 가시가 없는.

dikey *s.* 수직의; 세로의.

dikgen *s.* 수직으로 교차하는.

dikici *is.* 신기료 장수.

dikili *s.* 세운, 서있는; 꿰맨; ~ taş 선돌, 입석, 오벨리스크(obelisk)

dikilmek *f.* 세워지다, 심어지다; 서서 있다; 의복을 짓다.

dikim *is.* 식목, 식수; 봉재, 바느질; ~ zamanı 식목철, 식수기.

dikimevi, dikimhane *b. is.* 봉재소, 바느질 집.

dikine *zf.* 수직으로.

dikiş *is.* 재봉, 바느질; 봉재; ~ dikmek 바느질하다; ~ iğnesi 재봉 바늘; ~ kutusu 재봉구 함, 재봉 그릇; ~ makinesi 재봉틀.

dikişçi *is.* 재봉사, 봉재사.

dikişli *s.* 재봉을 한, 봉재한.

dikişsiz *s.* 꿰매지 않은.

dikiz *is.* 흘깃 봄; ~ aynası 백미러, 자동차나 자전거의 뒤를 볼 수 있는 거울. 꺾어지는 길목에 설치된 거울; ~ etmek, ~ geçmek 째리다.

dikizlemek *f.* 째리다.

dikkat *is.* 주의, 조심; *ünl.* 주의!; ~ etmek 주의하다, 조심하다; ~ kesilmek 주의를 집중하다; ~e almak 고려하다.

dikkatle *zf.* 조심스럽게, 주의하여, 주의깊게.

dikkatli *s.* 주의하는, 주의깊은, 조심하는.

dikkatsiz *s.* 부주의한, 조심성 없는.

dikkatsizlik *is.* 부주의.

dikmek ① *f.* 꿰매다, 깁다; 봉재하다, (옷을) 짓다.

dikmek ② *f.* 심다; 박다, 세우다.

dikmen *is.* 산 봉우리.

dikta *is.* 명령, 지령, 지시.

diktafan *is.* 구술 축음기.

diktatör *is.* 〔정치〕 독재자.

diktatörlük *is.* 〔정치〕 독재(권) 독재 정권, 독재 정치.

dikte *is.* 받아쓰기; ~ etmek 받다 쓰게하다.

diktirmek ① *f.* 꿰매게 하다, (옷을) 짓게 하다.

diktirmek ② *f.* 심게 하다; 세우게 하다, 박게 하다.
dil *is.* 혀; 말, 언어; ~ çıkarmak 희롱하다, 놀리다, 웃기다; ~ dökmek 감언이설로 꾀다; ~ ebesi 수다쟁이; ~ kavgası 언쟁, 말다툼; ~ tutukluğu 말이 똑똑치 못함; ~ uzatmak 비방하다, 중상하다; ~ yarası 설화, 말로 인해 입는 화; ~e düşmek 구설수에 오르다; ~e vermek 누설하다, 폭로하다; ~i dolaşmak 횡설수설하다; ~ini kesmek 침묵하다; ~ini tutmak 침묵하다, 비밀을 지키다; küçük ~ 목젖.
dilbaz *s.* 수다스런.
dilbilgisi *b. is.* 문법, 말본.
dilbilim *b. is.* 언어학.
dilek *is.* 원, 바람, 희망; 지망, 지원; 소망, 소원; ~ kipleri 〔문법〕 희망법; ~ şart kipi 〔문법〕 조건법.
dilekçe *is.* 신청서; 진정서, 소원서, 청원서.
dilekçi *is.* 신청자, 진정자, 청원자.
dilemek *f.* 희망하다, 바라다, 원하다, 기원하다; 요청하다, 간청하다, 청원하다.
dilenci *is.* 거지, 걸인, 비렁뱅이.
dilencilik *is.* 거지노릇, 구걸, 걸인 행각; ~ etmek 구걸하다, 거지짓을 하다.
dilendirmek *f.* 구걸하게 하다.
dilenmek *f.* 구걸하다.
dilim *is.* (빵 또는 과일) 조각, 박편.
dilimlemek *f.* 조각내다, 쪼개다.
dilmek *f.* 엷고 길게 자르다.
dilsiz *is.* 벙어리; *s.* 벙어리의.
dimağ *is.* 뇌, 두뇌; 지혜.
dimdik *s.* 똑 바로, 아주 곧은.
din *is.* 종교, 신앙.
dinamik *is.* 힘, 활력, 동력, 원동력; *s.* 활기 있는, 정력적; 〔철학〕 역본설의, 물력논의.
dinamit *is.* 〔화학〕 다이너마이트.
dinamizm *is.* 역본설.
dinamo *is.* 발전기.
dinamometre *is.* 동력계, 역량계, 검력계.
dinar *is.* (화폐 단위) 디나아르.
dinç *s.* 건장한, 강장한.
dinçleşmek *f.* 건강해지다, 기력이 세지다.
dinçlik *is.* 건장, 강장.
dindar *s.* 신앙심이 깊은, 독실한.
dindarlık *is.* 경건, 독실, 신앙심이 깊은.
dindaş *is.* 교우, 같은 종교를 믿는 교도.
dindirmek *f.* 억제시키다, 진정시키다, 정지하게 하다.
dingil *is.* 굴대, 축, 차축.
dinî *s.* 종교의, 종교적.
dinlemek *f.* 듣다, 청취하다; (충고를) 듣다.
dinlendirici *s.* 피로를 풀어주는.
dinlendirmek *f.* 쉬게 하다, 휴식을 취하게 하다; (술 따위를) 묵히다; (화로, 난로를) 끄다.
dinlenmek *f.* 쉬다, 휴식하다; (말이나 충고가) 받아 들여지다.
dinletmek *f.* 듣게 하다; (충고를) 받아들이게 하다.
dinleyici *is.* 듣는 사람, 청중.
dinmek *f.* (통증 또는 출혈 등이) 멈추다, 없어지다, 사라지다; (바람이) 자다; 진정하다.
dinsel *s.* 종교의, 종교적, 신앙의.
dinsiz *s.* 신앙이 없는, 무종교의; 잔인한, 잔혹한, 무자비한, 박정한.
dinsizlik *is.* 무종교, 무신앙; 잔인, 잔혹, 무자비.
dip *is.* 바닥, 밑, 아래; ~ini

bulmak 비우다, 없애다, 바닥내다.
dipçik *is.* (총의) 개머리판.
dipçiklemek *f.* (총의) 개머리판으로 치다.
dipdiri *s.* 아주 싱싱한, 생기가 왕성한, 전혀 상하지 않은.
dipkoçanı *b. is.* (영수증 또는 수표의) 발행후에 남겨두는 부본 쪽지.
diploma *is.* 증서, 졸업 증서, 학위 수여증, 면허장.
diplomalı *s.* 증서가 있는.
diplomasız *s.* 증서가 없는.
diplomasi *is.* 외교, 외교술.
diplomat *is.* 외교관.
diplomatik *s.* 외교의.
diplomatlık *is.* 외교관 직, 외교관 업무.
dipnot *b. is.* 주석, 각주.
dipsiz *s.* 바닥이 없는; 근거가 없는, 거짓의.
direk *is.* 기둥, 말뚝; 돛대.
direkli *s.* 기둥이 있는; 돛대가 있는.
direksiyon *is.* (자동차 따위의) 핸들, 조종간.
direktif *is.* 명령, 지령, 지시, 훈령; ~ almak 지령을 받다, 훈령을 받다; ~ vermek 지령을 내리다, 훈령을 내리다.
direktör *is.* 지도자, 장, 관리자; (관청의) 국장.
direktörlük *is.* 관리자 직; (관청의) 국장직.
diren *is.* (농기구) 갈퀴.
direnç *is.* 〔물리〕 저항, 저항력.
direngen *s.* 완고한, 완강한.
direngenlik *is.* 완고, 완강.
direniş *is.* 항의, 반대, 저항.
direnlemek *f.* 갈퀴로 헤집다.
direnme *is.* 항의, 반대, 저항.
direnmek *f.* 반대하다, 일치 하지 않다, 의견을 달리하다, 이의를 말하다, 단호히 행하다, 기를 쓰다, 저항하다, 항의하다.
direşken *s.* 완강한.
direşmek *f.* 완강하다, 완강히 버티다.
direy *is.* 〔생물〕 (일정한 지방의) 동물군, 동물구계.
direyici *s.* 저항하는, 저항적.
dirgen *is.* (농기구) 갈퀴,
diri *s.* 산, 살아 있는, 생의, 시들지 않은; 날 것의, 덜 익은; ~ çiçek 생화; ~ yaprak 생잎.
dirilmek *f.* 재생하다, 되살아 나다, 소생하다.
diriltmek *f.* 재생시키다, 되살리다, 소생시키다.
dirim *is.* 생명; 생활; ölüm ~ 생사.
dirimli *s.* 생명이 있는, 살아 있는.
dirlik *is.* 안녕, 평안, 태평.
dirsek *is.* 팔꿈치. ㄱ자 모양의 관; ㄱ자 모양의 물건; ~ kemiği 팔꿈치 뼈.
disiplin *is.* 규율, 일정한 질서.
disk *is.* 〔운동〕 원반.
diskalifiye *is.* (경기의) 실격.
diskotek *is.* 음향기기; 서양 무도장.
dispanser *is.* 보건 진료소.
diş *is.* 이빨, 치아; 톱니; 빗살; ~ çekmek 발치하다, 치아를 뽑다; ~ fırçası 칫솔; ~ göstermek 위협하다; ~ macunu 치약; ~ tabibi 치과 의사.
dişçi *is.* 치과; 치과 의사.
dişçilik *is.* 치과 병원, 치과 의술, 치과업.
dişeti *is.* 〔해부〕 잇몸.
dişi *is.* (동식물의) 암컷.
dişil *s.* 암컷의; *is.* 〔문법〕 여성.
dişilik *is.* 〔생물〕 자성, 암의 성.
dişilleştirmek *f.* 〔문법〕 여성화 하다.
dişiorgan *b. is.* 〔식물〕 암술.
dişlek *s.* 뻐드렁니의.
dişlemek *f.* 물다, 물어 뜯다,

물어 끊다, 쏠다.
dişlenmek *f.* 물리다.
dişli *s.* 이빨 모양의, 이빨이 있는; ~ tırnaklı 침략적인, 호전적인, 흉폭한.
dişözü *b. is.* 〔해부〕 치수.
dişsel *s.* 이의, 치과의, 치과용의; 〔문법〕 치음의.
dişsiz *s.* 이빨이 없는; 부드러운.
diştacı *b. is.* 〔해부〕 치관, 입안에 나타나 있는 이의 법랑질의 부분.
divan ① *is.* (터어키, 이란식의 벽 옆에 놓는) 긴 의자.
divan ② *is.* 국무 회의, 대신 회의; 〔역사〕 시집; ~ durmak 웃사람에 대한 예로써 그 앞에 손을 모아 쥐고 서다; ~ edebiyatı 〔역사〕 13세기부터 19세기 중엽의 터어키의 고전 문학.
divane *s.* 정신 이상의, 미친, 광기의; ~ olmak 정신이 이상해지다.
divanelik *is.* 정신 이상.
divanıalî *b. is.* 탄핵 재판소.
divanıharp *b. is.* 군법 회의.
divanımuhasebat *b. is.* 감사원.
diyabet *is.* 〔의학〕 당뇨병.
diyagram *is.* 그림, 도형; 도표; 일람표; 도식, 도해.
diyalekt *is.* 〔언어〕 방언.
diyalektik *s.* 변증법적; *is.* 〔철학〕 변증법.
diyalektoloji *is.* 〔언어〕 방언학.
diyalog *is.* 문답, 대화, 대화체, 대화극, 대사.
diyanet *is.* 경건; 종교; ~ işleri 종교 사업; ~ İşleri Başkanlığı 종교청.
diyanetkâr *s.* 종교적, 신앙적, 신앙심 깊은.
diyanetli *s.* 종교적, 신앙적, 신앙심 깊은.
diyar *is.* 나라.
diyare *is.* 〔의학〕 설사.
diyastaz *is.* 〔화학〕 전분 당화 효소, 디아스타제.
diyatom *is.* 〔식물〕 규조류.
diye *zf.* …라고.
diyet *is.* (치료, 체중 조절을 위한) 규정식, 식이 요법.
diyez *is.* 〔음악〕 반음 올림표; *s.* 반음높은, 올림표가 붙은.
diz *is.* 〔해부〕 무릎, 무릎관절; ~ ağırşağı 〔해부〕 슬개골, 종지뼈, 무릎 관절을 덮고 있는 뼈; ~ çökmek 무릎을 꿇다; 항복하다, 굴복하다; ~ üstü 무릎을 꿇고서.; ~e gelmek 간청하고자 무릎을 꿇다.
dizanteri *is.* 〔의학〕 이질.
dizdirmek *f.* 무릎을 꿇게 하다.
dizel *is.* 디이젤 기관.
dizgi *is.* 〔인쇄〕 식자, 조판.
dizgici *is.* 〔인쇄〕 식자공, 조판공.
dizgin *is.* 고삐.
dizginlemek *f.* 고삐를 달다; 고삐를 매다; 고삐를 끌다; 억제하다.
dizginsiz *s.* 고삐를 매지 않은; 구속이 없는; 억제할 수 없는.
dizi *is.* ① 줄, 배열; 꾸러미; ② 〔수학〕 급수; aritmetik ~ 산술 급수; artan ~ 증가 급수; eksilen ~ 감소 급수; geometrik ~ 기하 급수.
dizici *is.* 〔인쇄〕 식자공.
dizilemek *f.* 식자하다, 배열하다; (실에) 꿰다; 정열하다.
dizili *s.* 배열된.
dizilmek *f.* (실에) 꿰어 지다, 정열되다.
dizim *is.* 정돈, 정렬.
dizin *is.* 색인.
dizkapağı *b. is.* 〔해부〕 슬개골; ~ kemiği 〔해부〕 슬개골.
dizlik *is.* 무릎 보호대, 무릎 싸개; 반 바지.
dizmek *f.* (실, 철사, 꼬지에) 꿰다; 정열하다, 배열하다;

〔인쇄〕 조판하다.

do *is.* 〔음악〕 도 음계, 장조 음계의 첫 음.

doçent *is.* (터어키 대학의) 조교수 및 부교수.

doçentlik *is.* 조교수 또는 부교수 직위; ~ tezi 조교수 또는 부교수 진급을 위한 논문.

dogma *is.* 〔철학〕 독단.

dogmacı *s.* 〔철학〕 독단론의, 독단적; is. 독단론자.

dogmacılık is . 〔철학〕 독단주의 .

dogmatik *s.* 〔철학〕 독단적; ~ felsefe 독단주의 철학.

dogmatizm *is.* 〔철학〕 독단주의, 독단론.

doğa *is.* 자연, 자연계 ; 천성, 성질.

doğaca *s.* 자연의 ; 천부의.

doğacı *is.* 자연주의자.

doğacılık *is.* 〔철학, 예술, 문학〕 자연주의 ; 자연숭배.

doğaç *is.* 영감.

doğal *s.* 자연의, 천연의, 자연 그대로의; 타고난, 천부의; ~ sayılar 자연수.

doğalcılık *is.* 〔철학〕 선험주의 ; 자연주의.

doğan *is.* 〔조류〕 매.

doğancı *is.* 사냥 매를 길들이는 사람, 매 사냥꾼.

doğaötesi *b. is.* 〔철학〕 형이상학; *s.* 형이상학적.

doğaüstü *b. is.* 〔철학〕 초자연론.

doğdurmak *f.* 낳게 하다; 창조하다.

doğma *is.* 출생, 탄생 ; ~ büyüme 토착.

doğmak *f.* 나다, 나오다, 태어나다, 출생하다, 탄생하다; 뜨다, 떠오르다.

doğram *is.* 조각, 토막.

doğrama *is.* 베기, 깍기, 켜기, 자르기.

doğramacı *is.* 목수, 목공.

doğramacılık *si.* 목수업, 목공업.

doğramak *f.* 베다, 자르다, 켜다, 토막내다.

doğranmak *f.* 토막나다, 조각나다; 베어지듯이 아프다, 잘려진 듯한 고통을 느끼다.

doğratmak *f.* 자르게 하다, 베게 하다.

doğru *s.* 바른, 곧은; 옳은, 진실한, 참된, 정직한; *zf.* 똑바로; 향하여; 바르게, 정직하게, 진실로; (시간) 가까이, 무렵 ; is. 참, 정말, 진실, 사실 ; 〔수학〕 직선; dik ~수직선; ~ açı 평각, 2 지각, 180도; ~ ~ dosdoğru 틀림없이, 절대로, 정말로; ~ durmak 똑바로 서다 ; 가만히 있다; ~ dürüst 아주 진실된; ~ oturmak 얌전히 있다; ~ parçası 〔수학〕 선분, 유한직선; ~ yol 올바른 길, 정당한 도리, 정도; ~dan 직접적으로; ~dan ~ya 직접적으로; ~su 진실, 사실; paralel ~lar 평행선.

doğruca *zf.* 곧바로, 직접적으로, 우회하지 않고.

doğrucu *s.* 정직한, 진실한, 참된; *is.* 정직한 사람, 참된 사람, 진실한 사람.

doğruculuk *is.* 진실, 정직, 참; 〔철학〕 진실성, 정직.

doğrulamak *f.* 확실히 하다, 확증하다, 확인하다.

doğrulmak *f.* 똑바르게 되다, 펴지다; 단정히 하다; (일이) 바로 잡히다, 바로 고쳐지다; 향하다.

doğrultmak *f.* 바로 잡다, 바로 고치다; 펴다, 바르게 하다.

doğruluk *is.* 똑바름, 곧음; 정직.

doğu *is.* 동, 동쪽, 동편, 동방, 동양; ~ Almanya 동독.

doğulu *is.* 동양인.

doğum *is.* 탄생, 출생 ; 출산, 해

산; ~ ağrıları, ~ sancısı 산고, 진통; ~ günü 생일, 생신; ~ nispeti 출산율; ~ tarihi 생년월일; ~ yapmak 출산하다, 해산하다, 분만하다.
doğumevi *b. is.* 조산원, 분만원.
doğumlu *s.* 출생의, 탄생의 ; *is.* 출생자.
doğuranlar *is.* 〔동물〕 태생동물.
doğurgan *s.* 다산의, 출산력이 풍부한.
doğurganlık *is.* 다산.
doğurmak *f.* 낳다, 출산하다; (결과를) 가져오다.
doğurtmak *f.* 낳게 하다, 출산케 하다; 가져오게 하다.
doğurtculuk *is.* 〔철학〕 (소크라테스의) 산파술.
doğuş *is.* 출생, 탄생; ~tan 선천적으로.
doğuşlu *s.* 가계의, 혈통의.
doğuştancı *is.* 〔철학〕 본유론자, 선천론자.
doğuştancılık *is.* 〔철학〕 본유, 관념, 본유론, 선천설, 생득설.
dok *is.* 선거, 조선소, 선창.
doksan *s.* 90의; *is.* 90, 아흔.
doksanar *s.* 아흔씩의.
doksanıncı *s.* 아흔째의.
doksanlık *s.* 아흔짜리의; 아흔살의.
doktor *is.* 의사; 박사.
doktora *is.* 박사 학위; ~ almak 박사 학위를 취득하다; ~ imtihanı 박사 학위 시험; ~ tezi 박사 학위 논문.
doktorluk *is.* 의사직; 박사 지위.
doktrin *is.* 교의, 교지; 주의; 원칙; 학설.
doku *is.* 〔생물〕 조직; sinir ~su〔해부〕 신경 조직.
dokubilim *b. is.* 〔생물〕 조직학.
dokuma *is.* 짜기, 엮기; 편직물, 천; ~ tezgahı 베틀, 직물기.
dokumacı *is.* 직조공.
dokumacılık *is.* 직조업, 방직업.
dokumak *f.* 짜다, 직조하다.
dokunaç *is.* 〔동물〕 촉수, 촉각.
dokunaklı *s.* 영향을 미치는, 기분을 상하게 하는.
dokundurmak *f.* 침해하게 하다; 만지게 하다; 상하게 하다.
dokunma *is.* 접촉, 교섭; ~ duyusu 촉각.
dokunmak *f.* 대다, 만지다; 영향을 주다; 자극하다, 해치다; 간섭하다.
dokunsal *s.* 촉각의, 만져서 알 수 있는.
dokunulmak *f.* 만져지다, 침해받다, 영향을 입다, 해를 입다.
dokunulmazlık *is.* 〔외교, 법률〕 신분 보장권, 불가침권, 면책권; kişi ~ı〔법률〕 신체 불가침권; haberleşme ~ı〔법률〕통신 불가침권.
dokunum *is.* 촉감; 〔동물〕 촉수, 촉각.
dokuz *s.* 아홉의; *is.* 9, 아홉; ~ babalı 사생아의.
dokuzar *s.* 아홉씩의.
dokuzlu *s.* 아홉의.
dokuzuncu *s.* 아홉번째의.
doküman *is.* 문서, 서류.
dolak *is.* 각반.
dolam *is.* 바퀴, 회전.
dolama *is.* 감기, 감는 일.
dolambaç *is.* 굴곡, 우회; 미궁, 미로; 〔해부〕 와우각.
dolambaçlı *s.* 굴곡이 심한, 우회가 많은; 미궁의, 미로의.
dolan *is.* 속이기, 사기, 협잡.
dolancı *is.* 거짓말장이.
dolandırıcı *is.* 사기군, 협잡군.
dolandırmak *f.* 사기하다, 협잡하다.
dolanmak *f.* 둘러싸다; 주변을 돌다, 순회하다.
dolap *is.* 장, 장농, 찬장, 서랍, 캐비닛; 물레바퀴, 양수차; ~ çevirmek 야바위짓을 하다.

dolapçı *is.* 장농 만드는 사람 또는 파는 사람; 사깃군, 협잡군, 야바위군.
dolar *is.* 달러, 미국의 화폐 단위.
dolaşık *s.* 도는, 우회의, 꾸불꾸불한; 난해한, 쉽게 풀리지 않는, 얽힌, 복잡한; 간접적인, 우회적인, 완곡한.
dolaşıklık *si.* 우회, 만곡, 꾸불꾸불함.
dolaşıksız *s.* 우회하지 않는, 지름길의.
dolaşılmak *f.* dolaşmak의 수동형.
dolaşım *is.* 우회; 〔해부〕 순환.
dolaşmak *f.* 돌아 다니다, 배회하다; 돌다, 우회하다; 얽히다; 유람하다; (풍문) 나돌다.
dolaştırılmak *f.* dolaştırmak의 수동형.
dolaştırmak *f.* dolaşmak의 사역형.
dolay *is.* 주변, 주위, 부근; (길) 급한 만곡.
dolayı *is.* 부근, 주변; …dan ~ 때문에, 이유로; ~nda 대략, …정도; ~ sıyla 간접적으로; 때문에, 이유로, 원인으로.
dolaylı *s.* 간접의.
dolaysız *s.* 직접의.
doldurma *is.* 채우기.
doldurmak *f.* 채우다, 메우다.
doldurtmak *f.* doldurmak의 사역형.
doldurulmak *f.* doldurmak의 수동형.
dolgu *is.* 채우기, 메우기; 충전물, 충전재; 〔치과〕 이빨의 구멍난 곳을 메우는 일, 메우는 물질.
dolgun *s.* (속을 채워서) 동그란; 통통한; 둥근; 풍만한.
dolgunlaşmak *f.* 둥그레지다.
dolgunluk *is.* 공과 같이 둥근 모양, 구형.
dolikosefal *s.* 〔해부, 고고〕 장두의, 장두형의.
dolma *is.* 차기, 가득하기; 속에 쌀이나 고기 등 속을 다져 넣어 만든 음식; *s.* 채워서 만든.
Dolmabahçe Sarayı *öz.is.* 이스탄불 소재 궁으로 1853 년에 건립됨.
dolmak *f.* 차다, 가득하다; 만기가 되다.
dolmakalem *b.is.* 만년필.
dolmalık *is.* dolma 음식 재료.
dolmen *is.* 〔고고〕 고인돌.
dolmuş *s.* 가득 찬; *is.* 합승차; ~ yapmak 합승하다.
dolmuşçu *is.* 합승차주, 합승차 기사.
dolu ① *is.* 우박.
dolu ② *s.* 가득찬; 많은; (총포에 탄약이)장전된; ~su 가득 찬 양.
dolunay *is.* 만월, 보름달.
domates *is.* 〔식물〕 도마도; ~ salçası 도마도 케찹.
domino *is.* 〔놀이〕 도미노.
dominyon *is.* 〔정치〕 (영국 연방) 자치령.
domuz *is.* 〔동물〕 돼지; ~ eti 돼지 고기, 돈육, 제육; yaban ~u 멧돼지, 산돼지.
don ① *is.* 얼음; ~ çözülmek 해빙하다, 해동하다.
don ② *is.* 잠방이, 팬티.
donakalmak *f.* 크게 놀라 얼어 붙다, 어안이벙벙하다.
donanma *is.* 장식, 꾸밈; 경축; 선박, 함대.
donanmak *f.* 장식하다, 치장하다; 장비하다.
donatı *is.* 장비, 설비, 비품.
donatılmak *f.* donatmak의 수동형.
donatım *is.* 치장; 장치, 설치; 장비, 무장.
donatmak *f.* 의장하다, 꾸미다, 치장하다, 장식하다; 설치하다,

장치하다.

donattırmak *f.* donatmak의 사역형.

dondurma *is.* 아이스·크림; 얼리기, 냉동; *s.* 냉동의, 냉동된.

dondurmacı *is.* 아이스 크림 제조업자 또는 판매자.

dondurmak *f.* 얼리다, 냉동하다; (가격을) 제한하다, 동결시키다.

donkişotluk *is.* 돈 키호테 형의 행동, 현실을 무시하고 정의감에 사로잡힌 무분별한 행동.

donmak *f.* 얼다, 얼음이 되다, 결빙하다; 동사하다; 굳다.

donsuz *s.* 팬티를 입지 않은; 가난한; 부랑하는, 방랑하는.

donuk *s.* 무광택의; 생기가 없는; 둔한, 흐린; 얼은; ~ cam 흐린 유리, 반투명 유리, 젖빛 유리.

donuklanmak, donuklaşmak *f.* 광택이 없어지다, 흐려지다; 생기가 없어지다.

donukluk *is.* 무광택; 무딤, 둔감; 불명료, 으스름, 흐림.

donyağı *b. is.* 동물성 수지.

dopdolu *s.* 아주 꽉 찬.

doruk *is.* 꼭대기, 정상, 절정, 끝.

doruklama *is.* 산 모양으로 쌓기; *zf.* 산처럼, 산 모양으로.

doruklamak *f.* 산 모양으로 쌓아 올리다.

dorum *is.* 새끼 낙타.

dosa *is.* (배와 부두를 연결하는) 배 다리.

dosdoğru *s.* 똑바른; 완전하게 옳은; *zf.* 똑바로, 곧장.

dost *is.* 친구, 친우, 붕우; 친지; 애인, 연인; ~ ağlatır, düşman güldürür 친구는 고언을 한다; ~ edinmek 친구가 되다, 가까이 사귀다; ~ kara günde belli olur 친구는 어려운 때 알아 본다; ~ sözü acıdır 친구의 충고는 고언이다.

dostane *zf.* 친구로서, 가까이, 친근하게, 우호적으로.

dostça *s.* 가까운 사이의, 친구의, 친근한, 우호적; *zf.* 친구로서, 친근하게, 우호적으로.

dostluk *is.* 친근, 우의, 우호, 우정, 호의; 친목, 친선.

dosya *is.* 서류 꽂이, 서류철, 자료철.

dosyalamak *f.* 서류 꽂이를 만들다; 서류 꽂이에 철하다.

doygun *s.* 만족한, 불만이 없는 포만한.

doygunluk *is.* 만족; 포만.

doyma *is.* 만족, 포만; 〔화학〕 포화.

doymak *f.* (배가) 부르다, 차다, 포만하다; 만족하다; 충만하다, 가득차다.

doymaz *s.* 만족할 줄 모르는, 탐욕이 많은.

doymazlık *is.* 만족할 줄 모르는 탐욕.

doymuş *s.* 포화된.

doyulmak *f.* doymak의 수동형.

doyum *is.* 만족, 포만; ~ olmak 만족하다.

doyumluk *is.* 충분한 양.

doyunmak *f.* 포만하다, (배가) 부르다.

doyuran *s.* 포화시키는, 포화제의.

doyurmak *f.* 만족하게 하다; (배가) 부르게 하다; 포화 상태로 만들다.

doyurucu *s.* 만족하게 하는, 충족시키는, (배를) 부르게 하는.

doyurulmak *f.* doyurmak의 수동형.

dökme *is.* 쏟기, 붓기; *s.* 부은, 쏟은, 쏟아진; 주조의.

dökmeci *is.* 주조자, 주조업자.

dökmecilik *is.* 주조업, 주물업.

dökmek *f.* 쏟다, 붓다, 엎지르

다; 떨어 뜨리다; (머리) 빠지다; 비우다; 주조하다; 소비하다.
döktürmek *f.* dökmek의 사역형.
dökük *s.* 흘러 내린.
dökülmek *f.* dökmek의 수동형.
döküm *is.* 떨어짐, 조락, 빠짐; 주조; 일일이 셈, 열거; 직조.
dökümcü *is.* 주조자, 주물사; 주조 업자, 주물 업자.
dökümcülük *is.* 주조업, 주물업.
dokümevi, dökümhane *b. is.* 주조소, 주물 공장.
dökümlü *s.* (옷이) 몸에 잘 맞는.
dökünmek *f.* dökmek의 재귀형.
döl *is.* (동식물의) 종자; ~ döş 자손, 아들과 손자.
dölüt *is.* 〔생물〕 태아.
dölyatağı *b. is.* 〔해부〕 자궁.
dölyolu *b. is.* 〔해부〕 질.
döndürmek *f.* 돌리다, 돌게 하다.
dönek *s.* 변덕스러운, 변하기 쉬운.
döneklik *is.* 변덕.
dönelmek *f.* 기울기 시작하다, 아래로 향하다.
dönem *is.* 기, 기간, 동안, 기일; 회기.
dönemeç *is.* (길의) 굽이, 모퉁이.
döner *s.* 회전의; ~ kebap 회전축에 꽂아 구운 고기 음식; ~ sermaye 유동 자본, 운전 자금.
dönme *is.* 회전; 교대; 귀환; 개종자; *s.* 전향한.
dönmek *f.* 돌다, 회전하다; 전향하다, 변하다; 돌아오다.
dönüm ① *is.* 회전, 전환; 주기; ~ noktası 전환점; yıl ~ü 주년.
dönüm ② *is.* 토지의 단위 (940 평방미터).
dönüş *is.* 회전; 귀환; 귀로; 전환.
dönüşlü *s.* 〔문법〕 재귀적, 재귀의.
dönüşmek *f.* 변환하다, 변형하다.
dönüştürmek *f.* 변환시키다, 변형시키다.
dörder *s.* 네개씩의.
dördül *is.* 〔기하〕 정방형, 정사각형.
dördüncü *s.* 네번째의.
dördüz *s.* 네쌍동이의: 네형제의.
dört *is.* 넷, 4; *s.* 넷의; ~ bacaklı 네발 달린, 사지의; ~ gözle beklemek 몹시 기다리다; ~ kat 4층; 4배; ~ katlı 4층의; ~ köşeli 사각형의; ~ taraf 사방; ~te biri 4분지 1.
dörtgen *b. is.* 〔기하〕 네모꼴, 사각형; dik ~ 직사각형.
dörtkenar *b. is.* 사각형.
dörtlü *s.* 4의; 넷으로 된.
dörtlük *is.* 〔음악〕 4분음표; 〔문학〕 4행시.
dörtnal *b. is.* 전속, 최고 속도.
dörtnala *zf.* 전속으로.
dörtyol *b. is.* 네거리.
dörtyüzlü *b. is.* 〔기하〕 네모뿔; *b. s.* 네모뿔의.
döşek *is.* 메트레스, 침상용 요.
döşeme *is.* 마루바닥; 가구.
döşemeci *is.* 마루바닥 까는 목공; 소파(안락의자); 가구상.
döşemecilik *is.* 마루바닥 까는 목공업; 가구 상업.
döşemek *f.* 깔다, 펴다; 마루를 깔다; 가구 등속을 놓다.
dövdürmek *f.* dövmek의 사역형.
döven *is.* (농기구) 도리깨.
döviz *is.* 외화, 외환; 외자.
dövme *is.* 때림, 구타; 문신; *s.* 단련의, 두들겨서 단든.
dövmek *f.* 때리다, 치다, 두들기다, 구타하다.
dövülmek *f.* 맞다, 구타당하다.
dövünmek *f.* dövmek의 재귀형.

dövüş *is.* 때림, 구타; 싸움.
dövüşken *s.* 잘 싸우는, 싸움을 좋아하는.
dövüşmek *f.* 서로 때리다; 싸우다.
dövüştürmek *f.* 싸움을 시키다.
dram *is.* 희극.
dramatik *s.* 극적인.
drenaj *is.* 배수.
dua *is.* 기도, 기구; ~ etmek 기도하다, 기구하다, 기원하다.
duacı *is.* 기도자.
dudak *is.* 입술; ~ bükmek (입을) 비죽거리다; ~ çukuru 인중; ~ ~a gelmek 입을 맞추다; ~ payı bırakmak 잔을 완전히 채우지 않고 한 모금 정도 비워 두다.
dudaksıl *is., s.* 〔문법〕 순음(의).
duetto *is.* 〔음악〕 이중창; 이중주.
duka *is.* 〔역사〕 공작.
dukalık *is.* 〔역사〕 공국.
dul *is.* 과부, 미망인; 홀아비; ~ kalmak 과부가 되다, 미망인이 되다; 홀아비가 되다.
dulda *is.* 방패.
dulluk *is.* 과부나 홀아비 상태.
duman *is.* 연기, 매연; 운무.
dumanlamak *f.* 연기를 피우다, 매연을 내다.
dumanlanmak *f.* 연기가 끼이다, 매연이 끼이다.
dumanlı *s.* 연기가 있는, 연기의, 매연의; 운무의.
dumansız *s.* 연기가 없는, 매연이 없는.
durağan *s.* 고정된, 정착된; ~ yıldız 〔천문〕 항성.
durak *is.* 정류소, 정거장, 역; 멈춤, 정지.
duraklama *is.* 멈춤, 정지.
duraklamak *f.* 멈추다, 정지하다.
duraksız *s.* 멈추지 않는, 정지하지 않는, 쉬지 않는.
dural *s.* 정적, 정태적.
durdurmak *f.* 세우다, 멈추게 하다, 정지시키다.
durgun *s.* 정적인, 조용한, 생기가 없는, 침체한; ~ mevsim (사교, 거래 등이) 활발하지 못한 때; ~ su 흐르지 않는 물, 고인물.
durgunlaşmak *f.* 가라 앉다, 조용해지다, 정체하다, 침체하다.
durgunluk *is.* 정체, 침체, 부동, 부진, 불경기.
durmak *f.* 서다, 멈추다, 정지하다, 중단하다; 남다, 보존되다, 잔존하다; 있다, 존재하다.
duru *s.* 맑은, 깨끗한, 청정한, 청명한, 투명한.
durulamak *f.* 가시다, 헹구다.
durulanmak *f.* durulamak의 수동형.
durulmak ① *f.* 맑아지다, 깨끗해지다, 청정하게 되다.
durulmak ② *f.* durmak의 수동형; 진정되다.
durultmak *f.* 맑게 하다, 깨끗하게 하다.
duruluk *is.* 맑음, 청정, 청명.
durum *is.* 상태, 상황, 사정.
duruş *is.* 정지; 자세, 태도.
duruşma *is.* 청문, 청취; 〔법률〕 심문.
duş *is.* 샤워, 관수욕; 관수욕기; ~ yapmak 샤워를 하다.
dut *is.* 〔식물〕 뽕, 오디; 뽕나무.
dutluk *is.* 뽕나무 밭, 오디나무 밭.
duvar *is.* 벽, 담, 담벼락, 담장.
duvarcı *is.* 담 쌓는 사람, 조적공.
duvarcılık *is.* 조적 공사업.
duyar *s.* 예민한, 민감한, 느끼기 쉬운.
duyarga *is.* 〔생물〕 촉각.
duyarlık *is.* 감각, 감각력, 감도.
duygu *is.* 느낌, 감정; 감각.

duygudaş *is.* 공감자, 공명자.
duygudaşlı *s.* 공감의, 공명의.
duygudaşlık *is.* 공감, 공명.
duygulamak *f.* 느끼다; 감동하다.
duygulanım *is.* 감동.
duygulanmak *f.* duygulamak 의 재귀형.
duygulu *s.* 예민한, 감상적.
duygusuz *s.* 둔한, 감각이 없는, 느끼지 못하는, 무정한.
duymak *f.* 느끼다, 감지하다; 듣다.
duysal *s.* 느낄 수 있는.
duyu *is.* 감각; dokunma ~su 촉각; görme ~su 시각; işitme ~su 청각; koklama ~su 후각; tatma ~su 미각.
duyusal *s.* 감각의, 감각적.
duyulmak *f.* 느껴지다, 들리다.
duyulur *s.* 느껴지는, 느낄 수 있는.
duyum *is.* 느낌, 감각, 지각; ~ eşiği 〔심리〕 식역.
duyumculuk *is.* 〔철학〕 감각론, 감각주의.
düden *is.* (지면 바위 따위의) 깊게 갈라진 틈.
düdük *is.* 호각, 호루루기; 휘파람.
düello *is.* (기사들의) 결투; ~ etmek 결투하다.
düğme *is.* 단추; (전기) 스위치.
düğmeci *is.* 단추 제조업자, 단추 상인.
düğmelemek *f.* 단추를 달다, 단추를 잠그다.
düğmeli *s.* 단추가 있는.
düğüm *is.* 매듭, 고; ~ noktası 관건.
düğülemek *f.* 매듭을 짓다, 고를 만들다.
düğümlenmek *f.* 매듭으로 연결되다.
düğün *is.* 피로연.
dük *is.* 공작.
dükkân *is.* 가게, 상점, 점포.
dükkâncı *is.* 상점 주인, 판매원.
dülger *is.* 목수, 대목.
dülgerlik *is.* 목수업.
dümdüz *s.* 아주 평평한; (사람이) 단순한.
dümen *is.* 키, 방향 타.
dümenci *is.* 키잡이, 타수.
dün *is.* 어제; 지난 날, 과거; *zf.* 어제.
dünden *zf.* 어제로부터.
dünkü *s.* 어제의; ~ gazete 어제 신문.
dünya *is.* 세계, 세상, 지구; Birinci ~ Savaş 제1차 세계 대전; İkinci ~ Savaş 제 2 차 세계 대전; ~ kadar 굉장히 많이; ~ya gelmek 태어나다, 출생하다, 탄생하다.
dünyevî *s.* 세상의, 세계의, 세계적.
düpedüz *zf.* 똑바로; 솔직히; *s.* 단순한.
dürbün *is.* 망원경.
dürmek *f.* (둥글게) 말다.
dürtmek *f.* 찌르다; 자극하다, 선동하다.
dürüst *s.* 정직한, 정확한; 성실한.
dürüstlük *is.* 정직 성실.
dürüşt *s.* 거치른, 깐깐한, 가혹한, 딱딱한, 심한.
düstur *is.* 〔법률〕 법전.
düş *is.* 꿈; 환영, 환상; ~ azmak 몽정하다, 몽설하다.
düşes *is.* 여 공작, 공작 부인.
düşgelmek *f.* 우연히 만나다, 조우하다, 해후하다.
düşkün *s.* 몰락한; 타락한; 깊이 빠진, 탐닉한, 골두한.
düşkünleşmek *f.* 깊이 빠지다, 탐닉하다, 몰두하다; 몰락하다; 타락하다.
düşkünlük *is.* 깊이 빠짐, 탐닉, 몰두; 타락, 몰락.
düşman *is.* 원수, 적, 구적.

düşmanlık *is.* 적성, 적의, 반목, 원한.
düşmek *f.* 떨어지다, 넘어지다; 내리다; 하락하다; 탈락하다, 빠지다; 몰두하다; 당하다, 만나다; 알맞다, 조화를 이루다; 줄다; 무너지다, 부서지다, 붕괴하다; 멸망하다.
düşük *s.* 떨어진, 내린, 하락한, 처진; 틀린, 오류의.
düşüklük *is.* 하강, 하락; 잘못, 오류.
düşünce *is.* 생각; 의견, 견해.
düşünceli *s.* 생각의, 생각하는, 생각있는; 영리한.
düşüncesiz *s.* 생각이 없는; 어리석은, 둔한.
düşündürmek *f.* 생각하게 하다.
düşünme *is.* 생각.
düşünmek *f.* 생각하다; 고려하다; 사고하다.
düşünülmek *f.* düşünmek의 수동형.
düşünür *is.* 사상가.
düşünüş *is.* 사고; 사고 방식.
düşürmek *f.* 떨어 뜨리다; 하락시키다.
düve *is.* 〔동물〕 (아직 새끼를 낳지 않은) 어린 암소.
düz *s.* 평평한, 평면의; 똑바른, 휘지 않은; (천의)·무늬가 없는, 장식이 없는; *is.* 평면; ~ ayna 평면 거울.
düzeç *is.* 수평기.
düzelmek *f.* 정돈되다, 정리되다; 해결되다, 평정되다; (바람, 파도) 자다.
düzeltici *s.* 정리하는, 단속하는; *is.* 수정자, 정돈자.
düzeltilmek *f.* düzeltmek의 수동형.
düzeltme *is.* 정돈, 정리; 개정, 수정, 교정.
düzeltmek *f.* 정돈하다, 정리하다; 개정하다, 수정하다, 교정하다; 평정하다, 해결하다.
düzeltmen *is.* 교정자.
düzen *is.* 질서, 규칙; ~ bağı 규율.
düzenlemek *f.* 질서를 잡다, 규칙을 세우다.
düzenleşmek *f.* düzenlemek 의 상호형.
düzenleştirmek *f.* düzenleşmek 의 사역형.
düzenli *s.* 질서있는, 정돈된, 정리된.
düzenlik *is.* 정연, 정돈.
düzensiz *s.* 무질서한, 문란한.
düzensizlik *is.* 무질서.
düzey *is.* 수준, 정도.
düzgü *is.* 표준, 규범.
düzgülü *s.* 표준적, 규범적, 규정적.
düzgün *s.* 바른, 평평한, 평탄한, 정돈된; 〔기하〕 도형의변의 길이가 같고 꼭지점의 내각이 서로 같은; ~ beşgen 정오각형.
düzgüsüz *s.* 비규범적, 표준에 안맞는.
düzine *is.* (12개짜리의) 타스.
düzlem *s.* 평평한, 평활한, 수평의; is. 〔기하〕 평면; ~açı 평면각; ~ geometri 〔기하〕평면기하; ~ küre〔지리〕 평면구형도.
düzlemek *f.* 평평하게 하다, 평면으로 만들다.
düzlemküre *b. is.* 〔지리〕 평면구형도.
düzlenmek *f.* 평면이 되다, 평평하게 되다.
düzlük *is.* 평평, 평탄; 평면, 평원, 평지.
düzyazı *b. is.* 산문.
Dz. deniz의 준말

E, e

E, e ① 터어키 어 자모의 6 번째 글자; 〔음악〕 미 음계.
e ② *ünl.* 아!; 글쎄!; 그렇다면, 그래서!
ebe *is.* 산파, 조산원; (놀이)술레.
ebed *is.* 영구, 영원.
ebedî *s.* 영원한, 영구한; 영속적, 불멸의.
ebedileşmek *f.* 영속화 하다.
ebedileştirmek *f.* 영속케 하다, 불멸케하다.
ebedilik *is.* 영속성.
ebediyen *zf.* 영속으로, 불멸로, 영원히, 영구히.
ebediyet *is.* 영원, 영구, 불후.
ebekuşağı *b. is.* 무지개.
ebelik *is.* 산파업, 조산원.
ebemkuşağı *b.is.* 무지개.
ebeveyn *is.* 부모, 양친.
ecdat *is.* 조상, 선조, 선인.
ecel *is.* 죽을때 인생의 종말.
ecnebi *s.* 외국의; 외국인의; *is.* 외국인; ~ parası 외환.
eczacı *is.* 약사, 약제사, 약종상.
eczacılık *is.* 약학; ~ Fakültesi 약학대학.
eczane *is.* 약방, 약국.
eda *is.* 태도; 표현 방식.
edalı *s.* 태도의, 매력적인, 호감이 가는.
edat *is.* 〔문법〕 관형사, 불변화사.
edebî *s.* 문학의, 문학적.
edebiyat *is.* 문학.
edebiyatçı *is.* 문학가.
edep *is.* 예의, 예절, 공손, 교양; 수양; ~ yeri 남녀의 외생식기가 있는 곳, 국부, 음부.
edepli *s.* 예의 바른, 공손한, 교양 있는, 부끄러움을 아는.
edepsiz *s.* 예의 없는, 교양 없는, 뻔뻔스런, 부끄러움을 모르는.
edepsizlik *is.* 예의 없음, 무교양, 부끄러움을 모름.
edilgen *s.* 〔문법〕 수동의, 피동적.
edilgenlik *is.* 〔문법〕 수동태.
edilmek *f.* etmek의 수동형.
edinmek *f.* etmek의 재귀형.
Edirne *öz. is.* 아드리아노플(Adrianople).
efektif *is.* 〔금융〕 현금.
efendi *is.* 신사; 주인; 선생; 님, 씨.
efendilik *is.* 신사적 태도.
efendim *ünl.* (대답) 예; (반문) 여?; (존칭) 예.
Efgan *öz. is.* 아프가니스탄 사람; 아프가니스탄.
Efganistan *öz. is.* 〔국명〕 아프가니스탄.
Efganlı *öz. is.* 아프가니스탄 사람.
efkâr *is.* 의견, 견해, 생각.
efkârıumumiye *b. is.* 여론.
Eflâk *öz. is.* 〔지명〕 왈라키아(Walachia); 왈라키아 사람.
Eflâtun ① *öz. is.* 〔인명〕 플라톤(Plato); 학자.
eflâtun ② *is.* 엷은 보라빛.
Eflâtunî ① *s.* 〔철학〕 플라톤적; 이상적.
eflâtuni ② *s.* 엷은 보라빛의.
efsane *is.* 신화, 전설, 설화.
efsanevi *s.* 신화의, 설화의, 전설적.

Ege *öz. is.* 〔지리〕 에게해, 다도해; ~ Denizi 에게 바다.
egemen *s.* 가장 높은, 최고의, 지고의, 지상의; 주권적, 자주적.
egemenlik *is.* 주권, 통치권, 독립권.
egoist *is.* 이기주의자.
egoistlik *is.* 이기주의.
egzersiz *is.* 연습, 훈련.
egzistansialist *is.* 〔철학〕 실존주의자.
eğe *is.* 〔해부〕 늑골, 갈비뼈; ~ kemiği 〔해부〕 늑골, 갈비뼈.
eğer *bağ.* 만일, 만약, 가령, 가사.
eğik *s.* 굽은, 휘인, 바르지 못한; 경사진.
eğiklik *is.* 굽음, 휘임, 만곡.
eğilim *is.* 경향; 편향.
eğilimli *s.* 경향의; 편향의.
eğilme *is.* 기울음, 경사짐, 휨.
eğilmek *f.* 기울다, 경사지다, 휘다, 굽다; (머리를) 숙이다, (허리를) 굽히다; 굴복하다.
eğim *is.* 경사, 사면.
eğimli *s.* 경향의.
eğin *is.* 등, 뒤, 후면, 배후.
eğinmek *f.* 경향을 갖다, 기울다, 쏠리다.
eğirmek *f.* (실을) 잣다, 내다, 방적하다.
eğirmen *is.* 물레.
eğirtmek *f.* eğirmek의 사역형.
eğitbilim *b. is.* 교육학; 교수법.
eğitim *is.* 교육, 훈도, 훈육.
eğitimci *is.* 교육가, 교사.
eğitimcilik *is.* 교육 사업.
eğitimli *s.* 교육적, 교육받은.
eğitimsel *s.* 교육의, 교육적.
eğitme *is.* 가르침, 교육, 훈도, 훈육.
eğitmek *f.* 가르치다, 교육하다, 훈육하다.
eğitmen *is.* 교육자, 교사.
eğitsel *s.* 교육의, 교육적.
eğlence *is.* 유희, 즐김, 오락.
eğlenceli *s.* 즐거운, 오락적.
eğlendirmek *f.* 즐겁게 하다, 즐기게 하다.
eğlenmek *f.* 즐기다, 유희하다; 놀리다, 장난하다.
eğlenti *is.* 즐기는 모임, 주연.
eğmek *f.* 기우리다.
eğrelti *is.* 〔식물〕 고사리; ~ otu 고사리.
eğreti *s.* 가짜의, 모조의; 임시의; ~ bacak 의족; ~ diş 의치; ~ köprü 임시 교량.
eğretilik *is.* 임시.
eğri *s.* 굽은, 휘인,; 경사진; 〔기하〕 곡선; ~ bakmak 곡해하다, 악의로 보다.
eğrilik *is.* 만곡, 만굴.
eğrilmek *f.* 굽다, 휘이다.
eğriltmek *f.* 굽게 하다, 휘이게 하다.
ehemmiyet *is.* 중요, 중대; 중요성, 중대성.
ehemmiyetli *s.* 중대한, 중요한.
ehemmiyetsiz *s.* 중요하지 않은, 중대하지 않은.
ehil *is.* 사람들, 집단; 전문가, 전문인; 배우자.
ehlî *s.* 길든, 순화된; ~ hayvan 가축.
ehliyet *is.* 능력, 실력, 효력; 자격; 자격증.
ehliyetli *s.* 가능한, 능력있는, 실력있는.
ehliyetname *b. is.* 면허서, 면허증, 자격증.
ehliyetnameli *s.* 면허를 가진, 자격증이 있는.
ehliyetnamesiz *s.* 면허가 없는, 무면허의.
ehliyetsiz *s.* 무능한, 능력없는, 실력없는, 자격없는.
ehliyetsizlik *is.* 무능, 무력, 무효력, 무능력; 무면허, 무자격.
ehram *is.* 피라밋; 〔기하〕 각뿔, 각추.

ehven *s.* 싼, 저렴한.
ejder, ejderha *is.* 용.
ek *is.* 부가, 첨가, 첨부; 〔문법〕 어미, 접미사.
ekâbir *is.* 요인, 거물, 위인.
ekber *s.* 가장 큰, 최고의, 최고령의; ~ evlât 장자, 장남; ~ evlât hakkı 〔법률〕 장자상속권.
ekili *s.* 경작된, 경작의.
ekilmek *f.* 심어지다, 파종되다. 경작되다.
ekim *is.* 10월; 경작, 파종.
ekin *is.* (파종 이후 추수까지의) 농작물; ~ biçmek 곡식을 베다; ~ bitmek 곡식이 나다, 자라다; ~ ekmek 곡식을 심다, 파종하다; ~ kaldırmak 추수하다, 곡식을 거두어 들이다.
ekinci *is.* 농부.
ekinoks *is.* 〔천문〕 주야 평분시, 춘분, 추분.
ekip *is.* (경기) 조, 팀; 작업조, 단, 대.
eklâmsi *is.* 〔의학〕 경기.
eklektizm *is.* 〔철학〕 절충주의, 절충학파.
eklem *is.* 〔해부〕 관절.
eklembacaklılar *b. is.* 〔동물〕 절족 동물(새우, 게 따위).
ekleme *is.* 더하기, 부가, 첨가, 첨부.
eklemek *f.* 더하다, 합하다, 부가하다, 첨가하다, 첨부하다.
eklemlemek *f.* 관절로 잇다, 마디를 붙이다.
eklemlenmek *f.* 관절로 이어지다, 마디가 이어지다.
eklenmek *f.* 붙여지다, 덧붙여지다, 부가되다, 첨부되다, 첨가되다.
eklenti *is.* 추가물, 첨가물; 〔문법〕 접미사.
ekletmek *f.* (덧)붙이게 하다, 부가하게 하다, 첨부시키다.
ekli *s.* 덧붙인.
ekmek ① *f.* (씨를) 뿌리다, 심다; Ne ekersen onu biçersin! 콩 심은 데 콩나고, 팥 심은 데 팥난다.
ekmek ② *is.* 빵; 밥, 식량, 양식; 생계; ~ parası 생계비; ~ini kazanmak 생계비를 벌다.
ekmekçi *is.* 빵장수, 제빵업자.
ekmekçilik *is.* 빵장수업, 제빵업.
ekmeklik *s.* 빵을 만들기 위한, 제빵용의; *is.* 빵 보관함.
ekoloji *is.* 생태학.
ekonomi *is.* 경제; 절약, 절용, 이재.
ekonomik *s.* 경제적, 절약하는; 경제상의, 경제학에 관한; ~ bunalım 경제 공황.
ekran *is.* 영사막, 화면; 병풍.
ekselans *is.* 각하(장관, 대사 이상의 사람과 그 부인에 대한 경칭).
eksen *is.* 굴대, 축.
ekser *is.* 큰 못, 대못.
ekseri *s.* 가장 많은, 대다수의.
ekseriya *zf.* 대체로, 대부분으로.
ekseriyet *is.* 다수, 대부분, 대다수.
eksi *is.* 〔수학〕 빼기 부호; *s.* 영하의.
eksik *s.* 부족한, 모자라는, 결손의, 결함이 있는, 불충분한, 불완전한; ~ çıkmak 부족되다; ~ doğmak 조산하다, 조기 출생하다; ~ doldurmak 부족을 메우다; ~ gelmek 부족하다, 불충분하다; ~ olma!, ~ olmasın! 건승을 바랍니다.
eksikli *s.* 부족한, 가난한, 생활이 딱한.
eksiklik *is.* 부족, 결핍, 결함, 오건, 오류.
eksiksiz *s.* 부족함이 없는, 결함이 없는, 완전한, 온전한.
eksilen *is.* 〔수학〕 피감수, 7—5=2 에서 7.

eksilme *is.* 감소, 축소, 감퇴; 〔수학〕 감소.
eksilmek *f.* 감소하다, 줄다; 사라지다, 없어지다, 빠지다.
eksiltme *is.* 감소.
eksiltmek *f.* 감소시키다.
ekskavatör *is.* 굴착기.
eksper *is.* 전문가, 숙련가, 숙달자, 명인.
eksperlik *is.* 전문 지식, 전문 기술; 특성.
ekspres *is.* (기차나 뻐스 따위의) 특급, 급행.
ekspresyonizm *is.* 〔미술〕 표현주의.
ekstra *s.* 특별히 좋은, 특급의; ~~ 최고급의.
ekşi *s.* 신, 신맛의, 신맛이 나는; *is.* 신맛; ~ yüz 불쾌한 얼굴.
ekşili *s.* 신맛이 나는, 산이 들어 있는.
ekşilik *is.* 신맛, 산.
ekşimek *f.* 시다, 시어지다; 발효하다.
ekşimsi *s.* 약간 신맛이 나는.
ekşimtırak *s.* 조금 시큼한.
ekşitmek *f.* 신맛이 나게 하다, 시게 하다.
ektirmek *f.* 심게 하다.
ekvator *is.* 〔지리〕 적도.
ekvatoral *s.* 〔지리〕 적도의.
el *is.* 손; 일손; 힘; ~ açmak 구걸하다, 요청하다; ~ altında 준비가 된; ~ altından 비밀리에; ~ arabası 손수레; ~ atmak 개입하다, 간섭하다; ~ ayası 손바닥; ~ bağlamak 존경을 표하기 위해 손을 앞으로 맞잡다; ~ basmak 경전에 손을 얹고 맹세하다; ~ bende 〔놀이〕 술레잡기; ~ bezi 물수건; ~ bombası 수류탄; ~ çekmek 포기하다; ~ çırpmak 박수치다; 손뼉치는 소리로 사람을 부르다; ~ değmemiş 전혀 손길이 닿지 않은; ~ ~e 손을 서로 맞잡고; ~ ~e vermek 협동하다, 협력하다; ~ etmek 손짓을 하다, 손짓으로 부르다; ~ işi 수공; ~ kaldırmak 손을 들다; ~ katmak 중재하다, 개입하다; ~ koymak 간섭하다, 개입하다; ~ sıkmak 악수하다; ~ sürmek 손을 대다; ~ vermek 도움을 주다; ~ vurmak 부르기 위해 손뼉을 치다; ~ yazısı 필기 글씨, 수서; ~ yıkamak 손을 떼다, 손을 끊다; ~ yordamı 손으로 더듬기; ~de etmek 취득하다, 갖다; ~e almak 취급하다, 다루다; ~e bakmak 손금을 보다; ~e geçirmek 잡다, 체포하다; ~i açık 관대한; 씀씀이가 헤픈, 낭비하는; ~i boş 무직의; ~i boş dönmek 빈 손으로 돌아오다; ~i boş gelmek 빈 손으로 오다; ~i kolu bağlı kalmak 손발이 묶이다; ~inden gelmek 할 수 있다; ~ler yukarı! 손 들어!
elastikî *s.* 탄력있는, 신축성있는, 탄성의.
elastikiyet *is.* 탄력성, 신축성.
elbet(=elbette) *zf.* 틀림없이, 정확히, 물론, 확실히.
elbirliği *b. is.* 협력, 협동.
elbise *is.* 옷, 의복, 의상, 의류; ~ fırçası 옷솔.
elbiseci *is.* 의류 상인.
elbiselik *s.* 의복용의.
elçi *is.* 사절.
elçilik *is.* 외교관 직; 대사관, 공사관.
elde *is* 〔수학〕 덧셈이나 곱셈에서 다음 자리수로 올라가는 수.
eldiven *is.* 장갑.
elebaşı *b. is.* (놀이의) 두목; 반도의 수령, 두목.
elegimsagıma *b. is.* 무지개.

elek *is.* 체, 조리 ; ~ ten geçirmek 체로치다, 조리로 거르다.
elekçi *is.* 체 제조인, 체 장수.
elektrik *is.* 전기, 전류 ; *s.* 전기의.
elektrikçi *is.* 전기 기사, 전공; 전기 계원; 전기상.
elektrikçilik *is.* 전기 기사직, 전공직; 전기 상업.
elektriklemek *f.* 전기를 통하다, 전기를 띠게 하다; 감전시키다; 충전하다.
elektriklenmek *f.* 충전되다.
elektrikli *s.* 전기의, 전기가 통한, 전기가 작동하는.
elektrolit *is.* 〔물리〕 전해질, 전해물.
elektroliz *is.* 〔물리〕 전기 분해, 전해.
elektromıknatıs *b. is.* 전자석.
elektromotor *b. is.* 발전기, 전동기, 전기 모터 ; ~ kuvvet 〔물리〕 기전력.
elektron *is.* 〔물리〕 전자.
elektronegatif *s.* 〔물리〕 음전기의, 음전기를 띤.
elektronik *s.* 전자의, 전자학의; 전기로 소리내는 ; ~ beyin 전자 계산기 ; ~ mühendis 전자 공학 기사 ; ~ saat 전자 시계 ; ~ sanayi 전자 산업.
elektropozitif *s.* 〔물리〕 양전기의, 양전기를 띤.
elektroskop *is.* 검전기.
elektrostatik *is.* 〔물리〕 정전학.
elektrot *is.* 〔물리〕 전극.
elem *is.* 아픔, 고통, 고뇌.
eleman *is.* 요소, 성분 ; 일원, 회원, 단원; 〔수학〕 (집합의) 원소.
eleme *is.* 고르기, 체로 치기 ; *s.* 선별된 ; ~ imtihanı, ~ sınavı 예비고사.
elemek *f.* 거르다, 체로 치다, 고르다, 가리다, 선별하다.
elenmek *f.* elemek의 수동형.
elenti *is.* 걸러낸 찌꺼기.
elerki *b. is.* 민주 정체.
eleştiri *is.* 비평, 평론.
eleştirici *is.* 비평가, 평론가.
eleştirilmek *f.* 비평되다, 비평받다.
eleştirimcilik *is.* 〔철학〕 비판, 비평, 비판 철학.
eleştirimsel *s.* 비판적, 비평적, 평론의.
eleştirme *is.* 비평, 비판, 평론.
eleştirmeci *is.* 비평가, 평론가.
eleştirmek *f.* 비평하다, 비판하다, 논평하다, 평론하다.
eleştirmeli *s.* 비평적, 평론의, 논평의.
eleştirmen *is.* 비평가, 평론가.
eletmek *f.* 체로 거르게 하다, 선별하게 하다.
elhamdülillah *ünl.* 신에게 감사를!
elhasıl *zf.* 요컨데, 결국.
elik *is.* 〔동물〕 산양; 야생 염소.
elindelik *is.* 〔철학〕 자유 의지.
elips *is.* 〔기하〕 타원.
elipsoidal *s.* 〔기하〕 타원체의.
elipsoit *is.* 〔기하〕 타원체.
eliptik *s.* 〔기하〕 타원의.
elişi *b. is.* (아동의) 공작 ; ~ kağıdı 색종이.
ellemek *f.* 손을 대다.
ellenmek *f.* 손길이 닿다.
elli *s.* 50의 ; *is.* 50.
ellilik *s.* 50짜리의 ; 50세의 ; *is.* (화폐) 50원짜리.
ellinci *s.* 50번째의.
ellişer *s.* 50(개)씩의.
elma *is.* 〔식물〕 사과 ; ~ ağacı 사과나무 ; ~ şarabı 사과술.
elmacık *is.* 〔해부〕 광대뼈가 있는 윗 볼 ; ~ kemiği 광대뼈.
elmalık *is.* 사과 밭, 사과 과수원.
elmas *is.* 다이아몬드, 금강석.
elmasçı *is.* 다이아몬드 상인,

다이아몬드 세공인.
eltası *b. is.* 세면기.
elti *is.* 여동서.
elverişli *s.* 편리한, 적합한, 알맞는.
elverişsiz *s.* 적합치 못한, 불편한.
elvermek *f.* 편리하다, 충분하다, 알맞다.
elzem *s.* 불가피한, 대단히 필요한, 필수의.
elzemiyet *is.* 필수 불가결.
em *is.* 약(품); ~e seme yaramaz 무해무득, 이로울 것도 없고 해로울 것도 없음.
emanet *is.* 보관, 기탁, 위탁, 신탁; 보관물, 기탁물, 위탁물, 신탁물; ~ etmek 맡기다, 기탁하다, 위탁하다, 신탁하다.
emanetçi *is.* 보관자; 보관소.
emanetçilik *is.* 보관업(무).
emare *is.* 기호, 표시, 지시; 흔적, 자국; 단서.
embriyoloji *is.* 태생학, 발생학.
embriyon *is.* 〔해부〕 태아; 배, 눈, 싹, 움; 유충.
emcik *is.* 젖꼭지.
emek *is.* 일, 노동, 작업; 노력, 노고; ~ vermek 애써 일하다.
emekçi *is.* 노동자.
emeklemek *f.* (유아가) 기어다니기 시작하다.
emekli *is.* 퇴역자, 은퇴자; *s.* 퇴역한, 퇴직한, 은퇴한.
emeklilik *is.* 퇴역, 퇴직, 은퇴.
emeksiz *s.* 노력하지 않은, 불노의; ~ evlât 양자.
emektar *s.* 노련한, 노숙한.
emektaş *is.* 동료.
emel *is.* 희망, 소망, 이상.
emeroit *is.* 〔의학〕 치질.
emin *s.* 안전한; 확실한; 믿는, 신뢰하는; ~ ol! 믿어라!; ~ olmak 믿다, 신용하다, 확신하다.
emir ① *is.* 명령; ~ eri 전령, 연락병; ~ kipi 〔문법〕 명령법.
emir ② *is.* 통치자, 지배자, 토후.
emirber *b. is.* 〔군사〕 전령, 연락병.
emirname *b. is.* 명령서, 명령장, 영장.
emlâk *is.* 부동산.
emlâkçı *is.* 부동산 업자.
emlâkçilik *is.* 부동산 (매매)업.
emlemek *f.* 약을 바르다, 투약하다, 치료하다.
emme *is.* 빨기.
emmeç *is.* 〔화학〕 흡기기; 〔의학〕 흡출기.
emmek *f.* 빨다, 빨아들이다, 흡수하다.
emmi *is.* 〔방언〕 아저씨.
emniyet *is.* 안전; 신임, 신뢰; 경찰 업무, 경비; ~ bölgesi 〔군사〕 안전 지대; ~ etmek 신임하다, 신탁하다, 위탁하다; ~ kemeri 안전 벨트, 구명대; ~ mesafesi 안전 거리; ~Sarayî 치안국; ~ tedbiri 안전 조치; ~ Umum Müdürlüğü 치안 국장실.
emniyetli *s.* 안전한; 믿을만한, 신임되는.
emniyetsiz *s.* 불안한, 안전하지 못한; 불신의, 믿을 수 없는.
emniyetsizlik *is.* 불안; 불신, 불신임.
emperiyalist *is.* 제국주의자.
emperiyalizm *is.* 제국주의.
emretmek *f.* 명령하다.
emsal *is.* 예, 유예, 범예; 〔수학〕 계수, 율; ~ göstermek 예를 들다; 관례를 보이다.
emsalsiz *s.* 비할 데 없는, 유례없는, 무적의.
emtia *is.* 상품.
emzik *is.* 고무 젖꼭지.
emzirmek *f.* 젖을 먹이다.
en ① *is.* 너비, 나비, 폭.
en ② *zf.* 가장; ~ aşağı, ~ az

최저로, 적어도; ~ baştan 처음부터, 처음으로, 최초로; ~ sonra 맨끝으로, 마지막으로; ~inde sonunda 드디어, 결국.

enayi *is.* 어리석은 사람; 바보, 백치, 천치; 속기 쉬운 사람.

enayice *zf.* 우둔하게, 저능하게, 바보같이, 천치같이.

enayilik *is.* 우둔, 바보짓, 바보 같은 태도; ~ etmek 바보짓을 하다, 천치짓을 하다, 어리석은 짓을 하다.

encümen *is.* 위원회; Büyük Millet Meclisi Maliye ~i 국회 재정 위원회.

endaze *is.* 도량형; 〔고어〕 약 65센티미터의 길이 단위.

ender *s.* 희귀한, 희소한, 아주 드문.

endişe *is.* 두려움, 공포, 무서움; 염려, 걱정, 근심; ~ etmek 두려워하다; 걱정하다, 염려하다.

endişelenmek *f.* 걱정하다, 근심하다.

endişeli *s.* 걱정스런, 근심되는.

endişesiz *s.* 근심없는, 걱정없는; 겁없는.

endüksiyon *is.* 〔철학〕 귀납법, 귀납추리; 〔전기〕 유도, 감응; ~ bobini 〔전기〕 유도 코일, 감응 코일.

endüktör *is.* 〔전기〕 유도자, 유전자; 〔물리〕 유도질, 감응 물질.

endüstri *is.* 공업, 제조업.

enemek *f.* 거세하다, 생식력을 제거하다.

enenmek *f.* 거세되다.

enerji *is.* 〔물리〕 에너지; 정력, 활기, 원기; eletrik ~si 전기에너지; ısı ~si 열에너지; ışık ~si 빛에너지.

enerjik *s.* 원기 왕성한, 활력이 넘치는, 활기 있는, 박력있는.

eneze *s.* 연약한, 허약한, 힘 없는.

enfes *s.* 아주 좋은, 매우 즐거운.

enflasyon *is.* 〔경제〕 통화 팽창, 물가 폭등, 인플레(이션).

enflüanza *is.* 〔의학〕 인플루엔자, 유행성 감기, 독감.

engebe *is.* 〔지리〕 지표의 고저, 표면의 기복.

engebeli *s.* 기복이 있는.

engebelik *is.* 〔지리〕 기복지세.

engel *is.* 장애, 방해, 저해; ~ olmak 방해하다, 훼방하다, 저해하다.

engellemek *f.* 방해하다, 훼방하다, 저해하다.

engellenmek *f.* 방해받다, 저해받다.

engelsiz *s.* 장애 없는, 방해받지 않는.

engin ① *s.* 광대한, 광활한, 무변의; *is.* 배래; ~ deniz 대해, 대양.

engin ② *s.* 저질의, 조잡한, 싼, 싸구려의.

enginlik *is.* 광대, 광활, 무변.

enikonu *zf.* 완전히, 아주, 철저히, 온통.

enişte *is.* 자형; 매부; 형부;고모부.

enjeksiyon *is.* 〔의학〕 주사; ~ yapmak 주사하다.

enjektör *is.* 〔의학〕 주사기.

enkaz *is.* 폐허, 잔해.

enlem *is.* 〔지리〕 씨줄, 위도, 위선.

enli *s.* 넓은, 폭이 큰.

enlilik *is.* 폭, 너비, 나비.

ense *is.* 목의 뒷 부분; ~ kemiği 목뼈; ~ kökü 목덜미; ~ yapmak 무위도식하다.

enser *is.* 큰 못, 대못.

ensiz *s.* 좁은, 협소한.

enstantane *is.* 순간 촬영 사진, 스냅; *s.* 즉석의, 즉시의, 즉각의.

enstitü *is.* 회, 협회, 학회, 연구소.
enstrüman *is.* 〔음악〕 악기.
ensülin *is.* 〔약품〕 인슐린, 취장 호르몬(당뇨병 주사약).
entari *is.* 여자들이 입는 두루마기같은 터어키식 옷.
entellektüel *s.* 지적인, 지능적인.
enteresan *s.* 흥미있는, 재미있는.
enternasyonal *s.* 〔정치〕 국제적.
entrika *is.* 음모, 술책, 계략; ~ çevirmek 음모를 꾸미다, 술책을 쓰다, 밀통하다.
entrikacı *is.* 음모자, 밀통자; 모략가, 술책가.
entrikalı *s.* 음모의, 음모를 꾸민, 술책을 쓴.
enüstünlük *b. is.* 〔문법〕최상급.
epey, epeyce *zf.* 꽤, 퍽, 상당히.
epikürcü *is.* 〔철학〕 쾌락주의자, 에피쿠루스 파.
epikürcülük *is.* 〔철학〕 쾌락주의.
epistemoloji *is.* 〔철학〕 인식론.
er ① *is.* 사내, 남자; 〔군사〕사병; 용감한 사람, 남자다운 사람; 전문가; ~ meydanı 씨름장, 레스링장.
er ② *zf.* 일찌기; ~ geç 조만간.
erat *is.* 〔군사〕 병졸, 사병.
erbap *is.* 전문가.
erbaş *b. is.* 〔군사〕 하사관.
Erdel *öz. is.* 〔지리〕트란실바니아.
erdem *is.* 덕, 미덕, 덕행.
erdemli *s.* 미덕의, 덕행의; 덕성스런, 덕이 높은.
erdemlik *is.* 덕성, 도덕심; 덕망.
erden *s.* 처녀의, 동정의, 순결한.
erdenlik *is.* 처녀성, 동정.
erdirmek *f.* 이르게 하다, 도달하게 하다.
erek *is.* 목적, 목표.
erekbilim *b. is.* 〔철학〕 목적론.
erekçilik *is.* 〔철학〕 궁극 원인론, 목적 원인론.
ereklik *is.* 〔철학〕 궁극성, 목적성.
ereksel *s.* 목적의, 궁극적, 종국적.
Erendiz *öz. is.* 〔천문〕 목성.
erg *is.* 〔물리〕 (일의 단위) 에르그.
ergen *s.* 결혼 적령기의; 미혼의.
ergene *is.* 광산 지대.
ergenlik *is.* 독신, 결혼 적령기; 여드름.
ergime *is.* 용해, 융해; ~ noktası 융점.
ergimek *f.* 녹다, 용해하다, 융해하다.
ergin *s.* 성숙한; 익은; 성년의.
erginlemek *f.* 성숙하다.
erginlenmek *f.* 성숙되다; 성년이 되다.
erginleşmek *f.* 성숙해지다; 성년이 되다.
erginlik *is.* 성숙; 성년.
ergitmek *f.* 녹이다, 용해시키다, 융해시키다.
erigen *s.* 잘 녹는.
erik *is.* 〔식물〕 오얏; ~ ağacı 오얏나무.
eril *s.* 〔문법〕 남성의.
erim *is.* 닿을 수 있는 거리, 미칠 수 있는 거리; el ~ 손 닿는 거리; göz ~ 가시 거리; ses ~ 가청 거리; kurşun ~ 사정 거리.
erimek *f.* 녹다, 용해되다.
erimez *s.* 녹지 않는, 용해되지 않는, 불용해성의.
erin *s.* 성숙한, 성년이 된, 충분히 발육된; 임신이 가능한.
erinç *is.* 안락, 평안, 안녕.
erinlik *is.* 성숙, 숙성, 원숙, 완

전한 발육.
erir *s.* 녹는, 가용성의.
erirlik *is.* 〔물리〕 가용성; 용해도.
erişim *is.* 교통, 왕래.
erişmek *f.* 이르다, 도달하다; 익다, 성숙하다.
eriten *s.* 녹이는, 가용성의.
eritilmek *f.* 녹다, 용해되다.
eritmek *f.* 녹이다, 용해시키다.
eriyik *is.* 용액, 용제.
erk *is.* 힘, 실력.
erkân *is.* 실력자, 유력자, 고위층 인사; 〔군사〕 장성급 고급장교; 길, 방법; ~ı devlet 장관급 유력 인사; ~ı harb 〔군사〕 참모, 막료; ~ı harb zabti 〔군사〕 참모 장교; ~ı harbiye 〔군사〕 참모 학교.
erkek *is.* 사내, 남자, 남성; 남편; *s.* 남성의, 남자의; 숫놈의, 수컷의, 웅성의; (요철로 쌍을 이룬 물건의) 철형의; ~ organ 〔식물〕 수술, 수꽃술, 웅예.
erkekçe *zf.* 사나이답게, 남성답게.
erkekleşmek *f.* (여자가) 남자를 닮아가다; (아이가) 남성다워지다, 어른스러워지다.
erkeklik *is.* 남성다움.
erkeksi *s.* 남자같은.
erken *zf.* 일찌기, 앞서.
erkence *zf.* 좀 일찌기, 이르게.
erkenci *s.* 일찍 일어나는, 일찍 온.
erkin *s.* 자유로운, 속박없는.
erkinci *is.* 자유주의자.
erkincilik *is.* 〔정치〕 자유주의.
erkinlik *is.* 자유, 해방.
ermek *f.* 이르다, 도달하다, 도착하다, 닿다; 익다, 성숙하다.
Ermeni *öz. is.* 에르메니아 사람, *s.* 에르메니아의.
Ermenice *öz. is.* 에르메니아 어.
Ermenistan *öz. is.* 에르메니아.
eroin *is.* 〔약품〕 헤로인, 진정제, 마약.
eroinci *is.* 헤로인 상인, 마약 밀매인.
Eros *öz. is.* 희랍신화의 사랑의 신 에로스; (e-) 성애, 사랑.
erosal *s.* 성애의, 애욕의, 욕정적인.
erosallık *is.* 성애적 경향, 에로티시즘.
erre *is.* 톱.
errehane *b. is.* 제재소.
errekeş *b. is.* 톱 제조공; 톱상인.
erselik *is.* 〔생물〕 자웅 동체; *s.* 자웅 동체의.
ersiz *s.* 남편을 잃은, 과부의, 미망인의.
ersizlik *is.* 과부; 미망인.
erte *is.* 다음날, 익일; 후일; savaş ~si 전쟁후.
ertelemek *f.* 연기하다.
ertelenmek *f.* 연기되다.
ertem *is.* 예의, 예절, 공손, 교양.
ertesi *s.* 다음의, 후의; ~ ay 다음달, 익월; ~ gün 다음날, 익일; ~ hafta 다음주; ~ yıl 다음해, 이듬해, 익년.
es *is.* 〔음악〕 쉼표.
esans *is.* 향수, 향료.
esaret *is.* 종, 노예; 포로, 피구속인.
esas *is.* 기초, 기본; 근본, 본질; *s.* 본래의, 기본적, 근본적, 본질적; ~ itibariyle 사실상, 실로; 원칙적으로; 본질적으로; 근본적으로.
esasen *zf.* 사실상; 본래, 원래, 근본적으로; 처음부터.
esasî *s.* 기본적, 근본적, 본질적.
esaslandırmak *f.* 기초로 하다, 초석으로 하다. 기본으로 하다.
esaslanmak *f.* 기초가 되다, 기본이 되다, 근본이 되다.

esaslı *s.* 확실한, 사실의, 믿을 만한; 근본적, 기초적.
esassız *s.* 기초가 없는, 근거가 없는; 옳지 않은, 거짓의.
esen *s.* 건강한, 튼튼한.
esenlemek *f.* 인사말을 하다, 손짓으로 인사하다.
esenleşmek *f.* 서로 인사를 나 눟다.
esenlik *is.* 건강.
eser *is.* 가치있는 물건, 작품, 유물; 흔적, 자취; 표시, 표적, 형적.
esir *is.* 포로; 노예.
esirci *is.* 노예 상인.
esircilik *is.* 노예 상업.
esirgemek *f.* 지키다, 보호하다, 수호하다.
esirgenmek *f.* 지켜지다, 보호 받다, 수호되다.
esirgeyici *s.* 지키는, 보호하는, 수호하는.
esirlik *is.* 노예 상태, 노예 기간; 포로 상태, 포로 기간.
eskatologya *is.* 〔철학〕 종말론, 내세론, 말세론.
eski *s.* 낡은; 오래된, 묵은; 지나간, 옛날의, 과거의; 이전의, 구, 전; 통용되지 않는; ~ zağrısı 옛연인; ~ kafalı낡은 사조의; ~ toprak 노익장; ~ den 이전에, 옛날에, 과거에; ~ler 옛날 사람; 옛날 물건, 골동품.
eskici *is.* 고물상; 신기료 장수.
eskicilik *is.* 고물 상업; 신기료 업.
eskiçağ *b. is.* 〔역사〕 고대 시대.
eskileşmek *f.* 낡다, 닳다, 오래되다, 과거가 되다.
eskilik *is.* 오래됨.
eskimek *f.* 낡다, 오래되다.
Eskimo *öz. is.* 에스키모 사람.
Eskimoca *öz. is.* 에스키모 말.
eskitmek *f.* 낡게 하다, 닳게 하다.
eskivarlıkbilim *b. is.* 〔지질〕 고생물학.
eskrim *is.* 〔운동〕 검술; 펜싱, 검도.
eskrimci *is.* 〔운동〕 검술 선수; 펜싱 선수, 검도 선수.
esmek *f.* (바람이) 불다; 갑자기 생각나다.
esmer *s.* 다갈색의; 검은색 피부의.
esmerleşmek *f.* 다갈색이 되다, 피부가 검어지다.
esna *is.* 때, 순간, 시간; o ~ da 그당시, 그때, 그순간.
esnaf *is.* 소형 수공업자; 소규모 상인.
esnek *s.* 탄력있는, 신축성있는, 탄성의.
esneklik *is.* 탄력성, 신축성.
esneme *is.* 하품.
esnemek *f.* 하품하다.
esnetmek *f.* 하품나게 하다, 지루하게 하다, 싫증나게 하다.
Esperanto *öz. is.* 에스페란토 국제어.
espri *is.* 재치있는 말, 곁말.
esrar ① *is.* 비밀, 기밀.
esrar ② *is.* 마약; ~ çekmek 대마초를 피우다.
esrarengiz *s.* 신기한, 신비스런.
esrarkeş *is.* 마약 중독자.
esrarlı *s.* 비밀의.
esre *is.* 아랍어 문자중 자음을 ı 또는 i 모음과 함께 발성하기 위한 기호.
estağfurullah *ünl.* 괜찮읍니다, 천만의 말씀입니다.
ester *is.* 〔화학〕 에스테르.
esterleşme *is.* 〔화학〕에스테르화.
esterleşmek *f.* 〔화학〕 에스테르로 변하게 하다, 에스테르화하다.
estetik *is.* 〔철학〕 미학.
estetikçi *is.* 〔철학〕 미학자.
estetiklik *is.* 〔철학〕 유미주의,

탐미주의.
esvap *is.* 옷, 의복, 의류.
esvaplık *s.* 의복용의.
eş *is.* (물건의) 짝; (부부의) 짝, 배우자, 반려자; 비슷한 물건, 닮은 물건, 유사품; ~ tutmak 둘씩 짝을 짓다; ~i yok 무쌍의, 비할 데 없는, 유례없는.
eşanlamlı *s.* 〔문법〕 동의어의
eşbası *is.* 〔기상〕 등압선.
eşbiçimli *s.* 〔생물, 화학〕 동형 이질의; 동형 이종의; 유질 등상의; 〔기하〕 닮은 꼴의.
eşbiçimlik *b. is.* 〔생물, 화학〕 동형 이질; 동형 이종; 〔언어〕 구조 동일성; 〔기하〕 닮은 꼴, 상사형.
eşdeğerli *s.* 같은 가격의; 〔기하〕 같은 크기의, 등치의, 동적의; 〔수학〕 등식의.
eşdeğerlik *b. is.* 〔수학〕 등치, 등가.
eşek *is.* 〔동물〕 당나귀.
eşekarısı *b. is.* 〔곤충〕 말벌.
eşekçe *zf.* 당나귀처럼, 당나귀같이.
eşekçi *is.* 당나귀 몰이꾼.
eşekdavası *b. is.* 〔기하〕 유우크리드 기하학의, 이등변 삼각형의 두 밑각은 서로 같다는 명제.
eşekdikeni *b. is.* 〔식물〕 엉겅퀴.
eşeklik *is.* 바보짓, 우둔함.
eşik *is.* 문지방, 문간.
eşit *s.* 같은, 동일한; 동등한, 대등한, 공평한, 평등한; 동질의; ~ olarak 대등하게, 동등하게, 평등하게, 공평하게.
eşitçi *is.* 〔철학〕 평등주의.
eşitlemek *f.* 같게 하다, 동일하게 하다; 동등하게 하다, 대등하게 하다; 공평하게 하다.
eşitlenmek *f.* 같아지다, 평등해지다, 대등해지다.
eşitlik *is.* 같음, 동일; 동등, 대등; 평등, 공평.
eşitsiz *s.* 같지 않은, 동일하지 않은; 불평등한, 불공평한.
eşitsizlik *is.* 부동; 불평등, 불공평.
eşkenar *s.* 〔기하〕 등변의; ~ dörtgen 등변 사각형; ~ paralelyüz 능면체 (rhombohedron); ~ üçgen 등변 삼각형.
eşkıya *is.* 산적, 도적.
eşkıyalık *is.* 산적질, 도적질.
eşlemek *f.* 짝짓다, 쌍이 되다.
eşleşmek *f.* 서로 짝을 이루다, 서로 쌍을 이루다; 서로 상대를 이루다.
eşlik *is.* 쌍, 짝; 〔음악〕 반주.
eşraf *is.* 유지, 명사, 명망가
eşsesli *b. is.* 〔문법〕 동음어, 동음 이의어.
eşsıcak *s.* 〔지리〕 등온의; *is.* 〔지리〕 등온선.
eşsiz *s.* 상대가 없는, 짝이 없는; 무적의.
eşsizlik *is.* 무쌍, 무적.
eşya *is.* 가구, 도구; 물건; 일용품.
et *is.* 고기, 정육; 육류; 살, 살갗; (과일의) 살; ~ suyu 고깃국물; ~ tahtası 고기 다루는 도마.
etek *is.* 치마, 여자의 하의; (옷의) 자락, 아래 끝부분; (천막 등의) 아래로 드리운 부분, 처마; 산기슭, 산처마, 산록.
eteklik *is.* 치마.
eter *is.* 〔화학〕 에테르.
etfaiye *is.* 소방서.
Eti *öz. is.* 〔역사〕 히타이트.
etiket *is.* (크기, 용량, 품질, 정가 등을 나타내는) 게시표, 라벨, 레테르; (외교상의) 의례, 의전.
etiketli *s.* (크기, 용량, 품질, 정가 등을 나타내는) 게시표가 붙은, 라벨이 있는, 레테르가 붙은; (외교상의) 의례적, 의전의, 의식의.

etilen *is.* 〔화학〕 에틸렌.
etimoloji *is.* 〔언어〕 어원학; 어원의 추정, 어원의 설명.
etimolojik *s.* (언어) 어원의; 어원학의.
etioloji *is.* 〔철학〕 원인론; 〔의학〕 병의 근원을 연구하는 학문, 병원학.
etken *s., is.* 〔문법〕 능동태(의); 작용을 하는, 영향을 미치는; 〔화학〕 작용의, 작인의; *is.* 〔철학〕 동인, 작인.
etkenlik *is.* 영향, 작인, 동인.
etki *is.* 영향; 효과, 효력.
etkilemek *f.* 영향을 주다.
etkilenmek *f.* 영향을 받다.
etkili *s.* 영향을 미치는; 효과적인, 유력한.
etkililik *is.* 영향, 영향력; 효험, 효력.
etkin *s.* 활동적, 능동적; 실천적.
etkinci *is., s.* 실천주의자(의).
etkincilik *is.* 〔철학〕 실천주의.
etkinlik *is.* 활동력, 활동.
etkisiz *s.* 영향을 미치지 않는, 영향력이 없는.
etli *s.* 고기의, 살의; 살이 있는; ~ yemek 고기 음식, 육류 음식.
etmek *f.* 하다; 만들다; 되다; 대하다.
etmen *is.* 〔수학〕 인자, 인수; 〔생물〕 인자.
etnik *s.* 인종의, 민족의.
etnografi *is.* 민속학.
etnografik *s.* 민속학적.
etnografya *is.* 민속학.
etnoloji *is.* 인종학, 민속학.
etnolojik *s.* 인종학적, 민속학적.
etraf *is.* 주변, 환경, 주위.
etsiz *s.* 살이 없는; 야윈.
ettirgen *s.* 〔문법〕 사역의.
ettirgenlik *is.* 〔문법〕 사역.
ettirmek *f.* 하게 하다, 시키다, 사역하다.
etüt *is.* 연구, 조사, 탐구; ~ etmek 연구하다, 조사하다, 탐구하다.
ev *is.* 집, 가옥; 가정; ~ kadını 가정부인, 주부.
evcil *s.* 길들여진, 가축의, 가축화된.
evcilleşmek *f.* 길들이다, 가축화하다.
evcilleştirme *is.* 가축화.
evet *zf.* 〔대답〕 예, 응, 그래, 옳다, 그렇다; ~ veya hayır 찬반; ~ efendimci 네, 네 하고 굽실거리는 사람.
evlât *is.* 후손, 자손, 후배.
evlâtlık *is.* 양자, 양녀.
evlek *is.* 밭고랑; 1/4 dönüm.
evlendirmek *f.* 결혼시키다, 혼인시키다.
evlenmek *f.* 혼인하다, 결혼하다.
evli *s.* 혼인한, 결혼한, 기혼의.
evlilik *is.* 혼인, 결혼, 기혼.
evliya *is.* (회교도) 성자, 성도.
evrak *is.* 서류, 문서.
evren *is.* 우주, 만유; 용; *s.* 거대한.
evrenbilim *is.* 우주론, 우주 철학.
evrendoğum *is.* 〔철학〕 우주의 발생, 우주의 생성, 우주 진화론.
evrendoğumsal *s.* 〔철학〕 우주 발생의, 우주 생성의, 우주 진화론의.
evrensel *s.* 우주의, 우주적; 전세계적; 보편적.
evvel *zf.* 먼저, 우선, 앞에.
evvelâ *zf.* 첫째로, 최초로, 먼저.
evvelce *zf.* 먼저, 우선.
evvelki *s.* 먼저의, 이전의.
ey *ünl.* 아!, 야!.
eyalet *is.* (행정 구역) 주; 도; 성.
eyer *is.* 안장.
eyerci *is.* 안장 만드는 사람; 안장 파는 사람.

eyerlemek *f.* 안장을 달다, 안장을 놓다.
eylem *is.* 행동, 활동; 작업; ~ isim〔문법〕 동명사.
eylül *is.* 9월.
eyvah *ünl.* (좋지 못한 일에) 아!.
eyvallah *ünl.* 안녕!; 감사합니다; 네, 그렇게 하죠.
ezan *is.* (회교의) 예배 시간을 알리는 소리; ~ okumak 예배 시간을 알리는 기도문을 낭송하다.
ezber *is.* 기억, 암기, 암송.
ezberci *s.* 외우는, 암기한.
ezbercilik *is.* 외우기, 암기하기; 외우기식의 공부.
ezberlemek *f.* 외우다, 암기하다.
ezdirmek *f.* 혹사시키다; 갈게 하다, 빻게 하다.
ezel *is.* 영겁, 영원; ~den beri 영겁이래로.
ezelî *s.* 영원한, 영겁의.
ezgi *is.* 〔음악〕 음조, 선율; 템포, 박자.
ezici *s.* 압도하는.
ezik *s.* 부서진, 갈아진; 이겨진, 으깨진.
eziklik *is.* 부서짐, 갈아짐; 으깨짐.
ezilgen *s.* 잘 부서지는.
ezilmek *f.* 부서지다, 깨지다, 으깨지다.
ezimevi *b. is.* 기름짜는 집, 착유소.
eziyet *is.* 압박; 고통.
eziyetli *s.* 고통스런.
ezme *is.* 갈기, 빻기, 부수기.
ezmek *f.* 갈다, 빻다, 부수다; 짜다, 짓이기다; 혹사하다; 쳐부수다; 압박하다, 압도하다.

F, f

F, f 터어키어 자모의 일곱번째 글자; 〔음악〕 파 음계.
faal *s.* 활동적인, 적극적인, 능동적인.
faaliyet *is.* 활동, 활약; 활동력; ~ sahası 활동 무대.
fabrika *is.* 공장; ~ işi 기계로 만든 제품.
fabrikacı *is.* 공장주.
fabrikatör *is.* 공장주, 공장 경영인; 실업가.
facia *is.* (연극) 비극; 참사;불행, 불운; 재난.
facialı *s.* 비극적, 불행한, 불운의.
fahiş *s.* 과도한, 지나친, 엄청난, 선을 넘어선, 탈선의; 음난한, 음탕한, 부도덕적; ~ faiz 과도한 이자, 고율 이자; ~ fiat 비법정 가격; ~ hata 대과, 큰 실수.
fahişe *is.* 창부, 창녀, 매춘부.
fahrenhayt *is.* 화씨(온도계)
fahrî *s.* 명예의, 명예상의; ~ olarak 명예상으로; ~ reis 명예 회장; ~ üye 명예 회원, 명예 위원.
faik *s.* 보다 높은, 상급의, 우월한.
faikiyet *is.* 우월, 우위, 탁월, 우세.
faiz *is.* 이자, 이윤, 이식; basit ~단리; bileşik ~복리; ~ getirmek 이자를 벌다, 이윤을 가져오다; ~ nispeti 이율; ~ vermek 이자를 지불하다; ~ yürütmek 이자를 계산하다; nizamî ~ 법정 이자.
faizci *is.* 대금 업자; 고리 대금업자.
faizsiz *s.* 무이식의.
fakat *bağ.* 그러나, 그렇지만.
fakir *s.* 가난한, 빈곤한, 빈한한, 구차한.
fakirhane *b. is.* (겸손을 위해) 누추한 집; (가난한 사람을 위한) 구호소.
fakirlik *is.* 가난, 빈곤, 빈한.
fakülte *is.* 대학.
fakülteli *is.* 대학생.
fal *is.* 운수, 점; ~a bakmak 점을 치다, 운수를 보다, 점괘를 보다.
falaka *is.* (끈이 달린) 매, 회초리, 곤장; ~ya çekmek, ~ vurmak 매질을 하다.
falan *zm.* 아무개, 모씨; *s.* (밝히기를 꺼리는 것에 대한) 아무, 모; *is.* 등, 등속; ~ filan 등등.
falanca *s. zm.* 아무개, 아무, 모, 모모.
falcı *is.* 점장이, 점술가.
falcılık *is.* 점술.
falso *is.* 〔음악〕 가락이 맞지 않는 음; 실수.
falsolu *s.* 잘못된, 실수의, 오류의.
falsosuz *s.* 잘못이 없는, 오류가 없는.
familya *is.* 가족. 가정; (분류) 족, 과; 아내, 처.
fani *s.* 무상한, 오래가지 않는.
fanila *is.* 플란넬제품 속옷; 러닝샤쓰.
fantasma *is.* 유령, 환영.
fantaziya *is.* 〔음악〕 환상곡;

공상, 환상.
farazî *s.* 가설의, 가정의, 억설의.
faraziye *is.* 가설, 가정, 억설.
fare *is.* 〔동물〕 쥐; ~ deliği 쥐구멍; ~ kapanı 쥐덫; ~ zehiri 쥐약.
fark *is.* 구분, 구별; 차이; 다름; ~ etmek 구분되다, 구별되다, 차이나다, 다르다; 눈치채다, 느끼다, 알아차리다; ~ına varmak 알아차리다.
farklı *s.* 다른, 차이나는; 구분된, 구별된.
farklılaşmak *f.* 달라지다, 차이나다.
farksız *s.* 다름이 없는, 차이가 없는.
Fars *öz. is.* 이란의 옛 고도; 이란인.
Farsça *öz. is.* 이란어, 페르시아어.
farz *is.* 〔종교〕 이슬람의 종교적 임무.
Fas *öz. is.* 〔국명〕 모로코.
fasıl *is.* (책의 구분) 단원, 편, 장.
fasıla *is.* 간격, 틈; 중단.
fasılalı *s.* 간격의; 중단있는.
fasılasız *s.* 간격없는, 중단없는, 쉬지 않고.
Faslı *öz. is.* 모로코 사람..
fasulye *is.* 〔식물〕 콩.
faşist *is.* 파시즘 신봉자.
faşistlik *is.* 파시즘, 독재적 국가 사회주의.
faşizm *is.* 파시즘, 독재적 국가 사회주의.
fatalizm *is.* 〔철학〕 운명론, 숙명론.
Fatımîler *öz. is.* 〔역사〕 북 아프리카 지역에 파티마 왕조를 세운 이슬람의 일파.
fatih *is.* 정복자.
fatura *is.* 계산서, 청구서.
favori *is.* 구레나룻 수염.
fayda *is.* 쓸모, 유익, 이득.
faydacıl *s.* 〔철학〕 공리주의의.
faydacılık *is.* 〔철학〕 공리주의, 공리설.
faydalanmak *f.* 사용하다, 이용하다.
faydalı *s.* 유용한, 유익한.
faydasız *s.* 무용한, 무익한.
fayton *is.* 덮개가 있는 마차.
fazıl *s.* 미덕의, 덕이 있는.
fazilet *is.* 덕, 미덕.
faziletli *s.* 덕이 있는, 미덕의.
fazla *s. zf.* 많은; 과도한, 과분한, 과잉의; …dan ~ 보다 많은, 너무 많은, 아주 많은; ~ gelmek 과다하다; 지나치다; 도를 넘다; ~ gitmek 도를 넘어가다; 지나치다, 과다하다.
Fe *is.* 〔화학〕 철의 원소 기호.
feci *s.* 비극의, 비극적; 비참한; 괴로운, 고통스런; 무서운; 지독한.
feda *is.* 희생, 헌신; ~ etmek 희생하다, 헌신하다.
fedaî *is.* 의사, 열사; 애국 지사.
fedaîlik *is.* 의거, 살신 성인.
fedakâr *s.* 희생적, 헌신적.
fedakârlık *is.* 희생, 헌신.
federal *s.* 동맹의, 연합의, 연맹의; 연방의; 연방제의; 연맹제의.
federalism *is.* 연방주의; 연방제도.
federasyon *is.* 연방; 연맹.
federatif *s.* 연방적. 연합적, 연맹적.
felah *is.* 구제, 구조, 구출.
felâket *is.* 재난, 재앙, 참사; 불행, 불운; ~euğramak 재난을 만나다, 참사를 당하다; 불행에 빠지다, 불운을 당하다.
felâketli *s.* 비참한; 불행한, 불운한.
Felâtun *öz. is.* 〔인명〕 플라톤.
felç *is.* 〔의학〕 마비; çocuk ~i 소아마비; ~e uğramak 마비되

다; 불수가 되다.
felçli *s.* 마비된, 불수가 된.
felek *is.* 하늘, 창공; 천운, 천명.
felekiyat *is.* 천문학.
Felemenkçe *öz. is.* 서부 벨기에 해안지방 플란더즈 말.
Felemenkli *öz. is.* 플란더즈 사람.
felsefe *is.* 철학; ~ yapmak 철학하다, 철학적으로 사색하다, 철학적으로 연구하다.
felsefeci *is.* 철학자, 철학가.
felsefî *s.* 철학의; 철학적.
feminist *is.* 남녀 동권론자, 여성 해방론자.
feminizm *is.* 여권 신장론; 남녀 동권주의.
fen *is.* 자연 과학, 이학; ~ adamı (자연) 과학자; ~ fakültesi 자연 과학 대학, 이학 대학.
fena *s.* 나쁜, 좋지 않은, 불량한; ~ etmek 나쁘게 대하다; 나쁘게 하다; ~ gitmek (일이) 나빠지다; 악화되다; ~ kalpli 악한, 사악한, 심술궂은, 심보가 고약한; ~ kokulu 냄새가 고약한, 나쁜 냄새가 나는; ~ muamele 냉대, 학대, 혹사; ~ muamele etmek 냉대하다, 학대하다, 혹사하다; ~ olmak 나빠지다; 기분이 상하다; ~ ya yormak 나쁘게 해석하다.
fenaca *zf.* 나쁘게.
fenalaşmak *f.* 나빠지다, 악화하다.
fenalaştırmak *f.* 나쁘게 하다, 악화시키다.
fenalık *is.* 불량, 사악, 악; 기절, 실신; 해, 해악; ~ etmek 해치다, 손상하다.
fener *is.* 등, 등잔; 등탑; 등대; ~ alayı 등불 행진; ~ çekmek 등을 들고 앞장서다; ~ direği 가로등 대; ~ memuru 등대지기.
fenerci *is.* 등 제조업자; 등 상인; 등대지기.
Fenike *öz. is.* 〔역사〕 페니키아.
Fenikeli *öz. is.* 〔역사〕 페니키아 사람.
fennen *zf.* 과학적으로; 기술적으로.
fennî *s.* 과학적; 기술적, 전문적; ~ tabir 기술 용어, 전문 용어.
fenniyat *is.* 과학 기술, 공업 기술.
fenomen *is.* 〔철학〕 현상, 외상.
fenomenizm *is.* 〔철학〕 현상론.
feodal *s.* 〔역사〕 봉토의; 봉건 제도의; ~ düzeni, ~ sistemi 봉건 제도.
feodalist *is.* 봉건주의자.
feodalite *is.* 봉건 제도, 봉건주의.
feodalizm *is.* 봉건주의.
feragat *is.* (권리를) 포기, 폐기, 기권; ~ etmek 그만두다, 철회하다; ~ sahibi 애타적인, 이기심이 없는.
ferağ *is.* (재산의) 양도.
ferah *s.* 넓은, 광활한; 유쾌한, 상쾌한.
ferahlamak, ferahlanmak *f.* 기분이 좋아지다; 생기가 나다, 기운이 나다; 유쾌해 지다; 넓어지다.
ferahlık *is.* 광활; 도량이 넓고 활달함; 쾌활, 상쾌, 즐거움.
ferda *is.* 다음; 내일; 미래; 심판의 날; ~sı gün 다음날.
ferdaferd *zf.* 개인적으로; 한 사람씩.
ferdî *s.* 단독적; 개인적; 개인의.
ferdiyet *is.* 개체, 개인, 단일체.
ferdiyetçi *is.* 개인주의자.
ferdiyetçilik *is.* 개인주의.
feribot *is.* 자동차·기차 등 속을 나르는 나룻배.
ferman *is.* 〔역사〕 칙령, 칙명,

칙지; 포고, 포고령.
fermanlı *s.* 〔역사〕 (칙령으로) 특권을 부여받은, 특전이 있는, 특권이 있는.
fermanname *is.* 칙령서, 칙명서, 칙지서.
fermuar *is.* 지퍼(zipper).
fert *is.* 개인; her ~ 각인, 누구나, 모두.
feryat *is.* 비명(소리); 고함; ~ etmek 비명을 지르다, 고함치다.
fes *is.* 검은 술이 달린 빨간색의 챙이 없는 터어키식 모자.
fesahat *is.* 웅변, 능변, 달변.
fesat *is.* 부패; 타락; 혼란, 소란, 문란; 음모; ahlâk ~ı 풍기 문란; 도덕의 타락; ~ başı 주모자; ~ çıkarmak 혼란을 일으키다; 음모하다; mide ~ı 바탈, 위장 장애.
fesatçı *is.* 음모자; 이간질하는 사람.
fesatlık *is.* 음모; 파괴적 행위.
feshetmek *f.* 취소하다; 철폐하다, 없애다, 철거하다; 폐지하다, 해지하다.
fesih, -shi *is.* 취소; 폐지, 철폐; 해산; ~ kararı 취소 결정; 폐지령; parlamentonun ~i 의회해산.
festival *is.* 잔치, 축제, 축전.
fetha *is.* 〔해부〕 구멍.
fethetmek *f.* 정복하다, 침략하다, 탈취하다, 토벌하다.
fethî *s.* 정복의.
fetih *is.* 정복, 토벌.
fetiş *is.* (미신적) 주물, 물신.
fetişizm *is.* 주물 숭배, 물신 숭배.
fetret *is.* 〔정치〕 정치 공백 기간; 공위 기간.
fetva *is.* 〔역사〕 종교(회교) 문제에 관한 회교 법학자의 유권적 해설.
feveran *is.* 끓음, 비등.
fevk *is.* 위, 우위, 상위.
fevkalade *s.* 비상한, 비범한, 특별한.
fevkalbeşer *is.* 초인적 능력을 가진 사람, 〔철학〕 초인.
feyezan *is.* 범람; 홍수.
feylesof *is.* 철학가, 철학자.
feyyaz *s.* 인색하지 않은, 후한, 손이 큰; 풍족한, 번성한, 무성한.
feza *is.* 〔물리〕 우주(공간).
fezleke *is.* 요약; 비망록, 메모.
fıçı *is.* (배가 불룩 나온)통; ~ balığı (통에 넣어) 소금에 절인 생선; ~ birası 생맥주; ~ gibi 매우 뚱뚱한.
fıçıcı *is.* (배가 나온) 통 제조인 또는 상인.
fıçıcılık *is.* (배가 나온) 통 판매업.
fıkdan *is.* 결석; 결핍.
fıkırdamak *f.* 부글부글 끓어오르다.
fıkır fıkır *zf.* 부글부글(끓어오르는 소리).
fıkırtı *is.* 부글부글 끓는 소리.
fıkra *is.* 이야기, 동화; (신문의) 작은 칼럼; (법조문의)항; (문장의) 단락, 페러그래프; 〔해부〕 척추골.
fıkracı *is.* 이야기를 잘 하는 사람; (신문의) 칼럼니스트.
fıkramak *f.* 발효하다.
fındık *is.* 〔식물〕 개암; ~ ağacı 〔식물〕 개암나무; ~ altını 200여년전의 터어키 금화의 일종.
fındıkçı *is.* 개암 재배인 또는 상인.
fındıkçılık *is.* 개암 재배업; 개암 상업.
fındıkfaresi *b. is.* 〔동물〕 새앙쥐.
fındıkî *s.* 개암껍질 색깔의; 옅은 밤색의.
fındıkkıran *b. is.* 개암 까는 기구.

fındıklık *is.* 개암나무 밭.
Fırat *öz. is.* 〔지리〕 유우프라테스 강.
fırça *is.* 솔; diş ~sı 칫솔; elbise ~sı 옷솔.
fırçacı *is.* 솔 제조인, 솔 상인.
fırçalamak *f.* 솔질하다, 털다.
fırçalanmak *f.* 솔질되다; fırçalamak의 재귀형.
fırçalatmak *f.* 솔질하게 하다.
fırdolayı *zf.* 사방에, 뼁돌아.
fır fır *zf.* (도는 모습) 빙빙, 빙글빙글.
fırıldak *is.* 바람개비; 통풍기, 환풍기; 계략, 책략.
fırıldakçı *is.* 바람개비나 환풍기 제조인; 사기군, 협잡군.
fırıldanmak *f.* 빙글빙글 돌다.
fırıldatmak *f.* 빙빙 돌리다.
fırıl fırıl *zf.* 빙빙, 빙글빙글.
fırın *is.* 화덕, 가마; ~ gibi 대단히 더운.
fırıncı *is.* 빵 제조인; 가마 주인, 화덕 주인.
fırıncılık *is.* 빵 제조업; 가마업.
fırınlamak *f.* 가마로 건조시키다.
fırınlatmak *f.* 가마로 건조하게 하다.
fırka *is.* 〔정치〕 정당; 집단, 단체, 회, 단; 〔군사〕 사단; 〔해군〕 소함대; ~ ~ 정당별로, 단체별로.
fırlamak *f.* 갑자기 뛰어 나가다, 튀어 나가다, 튕겨 나가다, 날아가다; (가격이) 뛰어 오르다.
fırlatmak *f.* 뛰어 나가게 하다, 날아가게 하다.
fırsat *is.* 기회, 시기; ~ aramak 기회를 찾다. ;~ beklemek 기회를 기다리다, 기회를 노리다;~ bulmak 기회를 포착하다, ~ düşükünü 기회주의자; ~ elde etmek 기회를 갖다.
fırsatçı *is.* 기회주의자.
fırtına *is.* 강풍, 폭풍; kar ~sı 폭풍설.
fırtınalı *s.* 폭풍의.
fısıldamak *f.* 귀엣말을 하다, 소근거리다.
fısıldaşmak *f.* 귀엣말을 주고받다, 소근대다.
fısıl fısıl *zf.* 소근소근.
fısıltı *is.* 소근거리는 소리.
fıskiye *is.* 분수.
fıslamak *f.* 소근소근 귀엣말을 하다; 비밀리에 소식을 전하다.
fıstık *is.* 〔식물〕 콩; çam ~ı 잣, 송실; şam ~ı 피스타치오 콩; yer ~ı 땅콩, 낙화생.
fıstıkçı *is.* 콩 재배인; 콩 상인.
fıstıkçılık *is.* 콩 재배업; 콩 상업.
fıstıklık *is.* 콩밭.
fışkırmak *f.* 갑자기 솟아 나오다, 분출하다, 분사하다.
fışkırtı *is.* 분출할 때 나는 소리.
fışkırtmak *f.* 갑자기 솟아나게 하다, 분출시키다, 분사시키다.
fıtık *is.* 〔의학〕 탈장.
fıtrat *is.* 성질, 기질, 천성.
fıtrî *s.* 천성의.
fiat *is.* 값, 가격.
fidan *is.* 〔식물〕 모, 모종, 묘목.
fidanlık *is.* 〔식물〕 묘포; pirinç ~ı 못자리, 모판.
fide *is.* 식물의 싹을 기름, 종묘.
fideci *is.* 종묘상.
fidecilik *is.* 종묘 상업.
fidelik *is.* 종묘밭.
fifre *is.* 가는 피리.
figan *is.* 비명(소리); 신음소리.
figür *is.* (그림이나 조각의) 사람의 모습.
figüran *is.* (연극의) 단역.
figüranlık *is.* (연극의) 단역 역할.
fihrist *is.* 찾아보기, 색인.
fiil *is.* 행동, 행위; 〔문법〕 동사; birleşik ~ 합성 동사; isim ~ 부정사; sıfat ~ 분사; yardım-

cı ~ 조동사; yeterlik ~ 가능태 동사.
fiilen *zf.* 실제로; 진실로; 〔정치〕 사실상의(de facto).
fiilî *s.* 실제의, 사실의, 진실의.
fikir *is.* 생각; 의견; 관념, 사념; ~ almak 의견을 듣다, 충고를 구하다; ~ vermek 의견을 제공하다, 충고하다.
fikirsiz *s.* 좋은 의견이 없는; 생각이 없는, 분별없는; 생각하는 능력이 없는.
fikirsizlik *is.* 생각이 없음, 분별력이 없음, 생각하는 능력이 없음; 속수무책.
fikrî *s.* 생각의.
fil *is.* 〔동물〕 코끼리.
filâma *is.* 표시기, 페난트.
filan *s. zm.* 모모, 등등; ~ falan 모모, 등등.
filantrop *is.* 박애주의자, 자선가.
filantropi *is.* 박애, 자선.
filarmonik okestra *b. is.* 〔음악〕 교향악단.
Fildişi ① *öz. is.* 〔국명〕 아이보리-코스트.
fildişi ② *b. is.* 상아; 〔해부〕 (치아의) 상아질; *s.* 상아 빛깔의; ~ siyahı 상아를 태워서 만든 흑색 안료.
file *is.* 머리에 쓰는 그물; 물건을 나르는 데에 쓰는 그물 자루.
filhakika *zf.* 사실상, 실로.
filik *is.* 새끼염소 털.
filim *is.* (사진) 필름; 영화; ~ yıldızı 영화 배우; ~ makinası 영화 촬영기.
filimci *is.* 영화 촬영사; 영사업자.
filimcilik *is.* 영화 촬영업; 영사업.
Filipin *öz. is.* 〔국명〕 필리핀; ~ adaları 필리핀 군도.
Filipinli *öz. is.* 필리핀 사람.
Filistin *öz. is.* 〔지명〕 팔레스타인.
Filistinli *öz. is.* 팔레스타인 사람.
filiz ① *is.* (식물의) 새순, 어린 가지.
filiz ② *is.* 〔지질〕 광석, 원광.
filizî *s.* 연한 녹색의.
filizkıran *b. is.* 5월 중순에 부는 폭풍.
filizlemek *f.* 식물의 과다한 새순이나 가지를 잘라내다.
filizlenmek *f.* 새싹이 나다, 새 가지가 뻗다.
filizli *s.* 새싹의, 새 가지의, 새순의.
film *is.* 영화; 필름.
filo *is.* (해군) 함대.
filolog *is.* 언어학자.
filoloji *is.* 언어학.
filoş *is.* 명주 솜, 인견 솜; ~ ipliği 인견사.
filoz *is.* (낚싯줄, 어망 따위의) 찌, 부표.
filozof *is.* 철학자.
filozofça *s.,zf.* 철학적; 철학적으로.
filozofi *is.* 철학.
filtre *is.* 여과용 자재; ~ kâğıcı 거름종이, 여과지.
filtreli *s.* 여과용 자재가 부착된.
filvaki *zf.* 사실상, 실로.
Fin *öz. is.* 핀란드 사람.
final *is.* 〔운동〕 결승(전); 〔음악〕 끝악장.
finalizm *is.* 〔철학〕 목적 원인론, 궁극 원인론.
finans *is.* 재정; ~ ataşesi (공사관의) 재정관.
finanse etmek *f.* 자금을 공급하다.
finansman *is.* 재정; 자금.
fincan *is.* 찻종, 찻잔; (전기) 애자.
fincancı *is.* 찻잔 제조인 또는 상인; 애자 제조인 또는 상인.
fincanlık *s.* 찻잔 분량의.

Fince *öz. is.* 핀란드 어.
Finli *öz. is.* 핀란드 사람.
fino *is.* 털이 많은 애완용 개의 일종.
firar *is.* 도망, 탈주.
Firavnî *öz. is.* (옛 이집트의 왕) 파라오의.
Firavun *öz. is.* (옛 이집트의 왕) 파라오.
fire *is.* (건조 또는 제조 과정에서 생기는) 손실, 상실, 감소; (인쇄 과정의) 파본; ~ vermek 감소하다, 줄어들다.
Firens *öz. is.* 〔지명〕 (이태리의) 플로렌스.
firkete *is.* 머리핀.
firma *is.* 상사, 상회, 회사; 상호.
Fisagor *öz. is.* 〔인명〕 피타고라스; ~ davası 피타고라스의 정리.
fiske *is.* 손가락 끝으로 튀기기; 두 손가락 끝으로 집을 수 있는 분량; (피부의) 물집.
fiskelemek *f.* 손가락 끝으로 튀기다.
fistan *is.* 치마.
fistanlı *s.* 치마를 입은.
fistanlık *s.* 치마를 만들기에 편리하게 생긴.
fiş *is.* 마개; 〔전기〕 플러그; 색인 카아드; 서식, (기입)용지; (놀이에서 사용되는) 작은 토막, 말.
fişek *is.* 탄피, 탄환; 꽃불; 동전 뭉치.
fişekhane *b. is.* 탄환 제조창.
fişeklik *is.* 탄띠, 탄대.
fişlemek *f.* 색인 카드를 만들다.
fişlenmek *f.* 색인 카드에 정리되다; (치안국에) 서류가 비치되다.
fişli *s.* 카드에 이름이 기록된; (치안국에) 등록이 되어 있는.
fişlik *is.* 색인 카드 상자.
fitil *is.* (양초·등잔 따위의) 심지; 〔의학〕 상처 구멍에 박아 넣는 가제, 심; (폭파에 쓰는) 도화선.
fitillemek *f.* (폭파물의) 도화선에 불을 붙이다; 노하게 하다.
fitilli *s.* 심지가 있는, 도화선이 달린.
fitne *is.* 난동, 선동, 교란.
fitneci *is.* 선동가.
fitnecilik *is.* 선동.
fiyat *is.* 값, 가격, 금; ~ biçmek 가격을 추산하다; ~ endeksi 물가 지수; ~ farkı 가격차; ~ haddi 최고 한정 가격; ~ indirme 가격 인하; ~ kırmak 값을 깍다; ~ koymak 가격을 정하다; ~ murakabe heyeti 물가 통제 위원회; ~ yükselme 가격 인상; ~ları dondurmak 가격 동결.
fizik *is.* 물리학.
fizikçi *is.* 물리학자.
fizikötesi *b. is.* 형이상학.
fizyolog *is.* 생리학자.
fizyoloji *is.* 생리학.
fiziyolojik *s.* 생리학의, 생리학적.
fizyonomi *is.* 인상학, 관상학.
flama *is.* 신호기, 표시기; (병기의) 창끝에 다는기; 측량에 사용되는 표시 막대기.
flamacı *is.* 신호기로 신호를 보내는 사람.
Flâman *öz. is.* 서부 벨기에의 플란더즈 사람.
flaş *is.* 〔사진〕 섬광등.
flavta *is.* 〔음악〕 피리; 플류트.
flavtacı *is.* 피리 부는 사람; 플류트 연주자.
flit *is.* 분무식 구충제, 스프레이 구충제.
flüt *is.* 〔음악〕 플류트.
flütçü *is.* 플류트 연주자.
fob *is.* 〔경제〕 본선 인도 가격.
fobi, fobya *is.* 공포증, 공포병.
fodra *is.* (의복의) 심.

fok *is.* 〔동물〕 바다 표범.
fokurdamak *f.* 부글부글 끓다.
fokurdatmak *f.* 부글부글 끓게 하다.
fokur fokur *zf.* 부글부글.
fokurtu *is.* 부글부글 끓는 소리.
fol *is.* 밑알.
folklor *is.* 민속학; 민속.
folklorcu *is.* 민속학자; 민속 전승자.
folluk *is.* (새의) 둥지, 둥우리.
fon *is.* 자금, 자본; (연극 무대의) 배경.
fonda *is.* (명령) 닻 내려!; ~ etmek 닻을 내리다.
fonem *is.* 〔문법〕 음소.
fonetik *is.* 음성학, 발음학; *s.* 음성의.
fonksiyon *is.* 기능;〔수학〕함수.
fonograf *is.* 축음기.
fonografi *is.* 축음.
fonojenik *s.* 음향 효과가 좋은.
fonolog *is.* 음성학자, 음운학자.
fonoloji *is.* 음성학, 음운론.
form *is.* 모양, 양태, 형태.
forma *is.* 모양, 양태, 형태; 제복; (인쇄) 16절지.
formalite *is.* 형식; 격식; 예식; 의례; bir ~den ibarettir 형식에 불과하다; ~ olarak 형식상, 형식적으로.
formaliteci *is.* 형식주의자, 형식주의론자.
formol *is.* 〔화학〕 포름 알데히드(방부 소독제).
Formoza *öz. is.* 〔지리〕 대만.
formül *is.* 서식, 양식, 견본; 〔수학〕 공식, 식; 〔화학〕 분자식.
forsa *is.* 선박의 노 젓는 노예.
forum *is.* 〔역사〕 (고대 로마 시대의) 공개 집회장.
fosfat *is.* 〔화학〕 인산 염; 인산 광물.
fosfor *is.* 〔화학〕 인.
fosforışı *b. is.* 〔화학〕 인광.
fosforışıl *b. s.* 〔화학〕 인광을 내는, 인광성의.
fosil *is.* 화석.
fosilleşme *is.* 화석화.
fosilleşmek *f.* 화석이 되다, 화석화하다.
foto *is.* 사진; ~ muhabiri 사진 기자.
fotoğraf *is.* 사진, 사진술; ~ albümü 사진첩; ~ atelyesi 사진관; ~ çekmek 사진을 찍다, 촬영하다; ~ çektirmek 사진을 찍(게 하)다, 촬영시키다; ~ makinesi 사진기, 카메라; ~ malzemesi 사진 재료.
fotoğrafçı *is.* 사진사.
fotoğrafçılık *is.* 사진업; 촬영법.
fotoğrafhane *is.* 사진관.
fotokopi *is.* (문서, 책 등의) 사진 복사.
fotometre *is.* 광도계; 〔사진〕 노출계.
frak *is.* 연미복.
frank *is.* (화폐 단우) 프랑.
Fransa *öz. is.*〔지리〕프랑스.
Fransalı *öz. s.* 프랑스 사람의.
Fransız *öz. is.* 프랑스 사람.
Fransızca *öz. is.* 프랑스 어, 프랑스 문자.
frekans *is.* 〔물리〕 진동수.
fren *is.* 제동기, (자동차의) 브레이크; ~ yapmak 속도를 줄이다.
frengi *is.* 〔의학〕 매독.
frengili *s.* 〔의학〕 매독에 감염된.
Frenk *öz. is.* 유럽 사람.
frenlemek *f.* 제동을 걸다.
frenoloji *is.* 골상학.
fresk *is.* 〔미술〕 갓 바른 회벽 위에 수채로 그리는 화법, 프레스코 화법.
frikik *is.* 〔운동〕 (축구의) 프리킥.
friksiyon *is.* 마찰, 안마, 마사지.

fuar *is.* 박람회.
fuhuş *is.* 매춘.
fukara *s.* 가난한, 빈곤한; 불쌍한; ~ babası 불쌍한 사람에게 자선을 잘 베푸는 사람.
fukaralık *is.* 가난, 빈곤.
fulya *is.* 〔식물〕 노랑 수선화.
funda *is.* 〔식물〕 석남과 에리키 속에 속하는 작은 관목, 히이드.
fundalık *is.* 히이드 숲,관목수풀.
futbol *is.* 〔운동〕 축구; ~ maçı 축구 경기.
futbolcu *is.* 축구 선수.
fütuhat *is.* 정복자.
fütur *is.* 권태; 무기력; ~ getirm 지루해지다.
fütürizm *is.* 〔예술〕 미래파.
füze *is.* 〔군사〕 유도탄, 미사일.

G, g

G, g 터어키어 자모의 여덟번째 글자; 〔음악〕 솔 음계; 사 장단조.
gaddar *s.* 잔인한, 냉혹한.
gaddarane *zf.* 잔인하게, 냉혹하게.
gaddare *is.* 양쪽에 날이 있는 언월도.
gaddarlık *is.* 잔인, 냉혹.
gafil *s.* 방심한, 부주의한; ~ avlamak 습격하다.
gaflet *is.* 방심, 부주의; ~ basmak 방심하다, 부주의하다.
gaga *is.* (새의) 부리; ~ burur 매부리코.
gagalamak *f.* 쪼다, 쪼아먹다.
gagalanmak *f.* 쪼이다, 쪼아먹히다.
gagalaşmak *f.* 서로 쪼아 싸우다.
gagalı *s.* 부리가 있는.
Gagavuz *öz. is.* 북부 발칸지역의 터어키어 사용 정교도.
Gagavuzca *öz. is.* 북부 발칸지역의 정교도 터어키어.
gaile *is.* 근심, 걱정, 불안.
gaileli *s.* 근심스런, 걱정스런, 불안한.
gailesiz *s.* 근심없는, 걱정없는.
gala *is.* 의식후의 향연; 시사회, 전야제.
galeri *is.* 진열실, 전시장; 화랑, 미술관.
galiba *zf.* 아마도, 어쩌면.
galibiyet *is.* 승리.
galip *s.* 승리의, 이긴; ~ gelmek 승리하다, 이기다; ~ ve mağlub 승패.
galon *is.* (용량의 단위) 갈론.
gam ① *is.* 슬픔, 비탄; ~ çekmek 슬퍼하다, 비탄해 하다.
gam ② *is.* 〔음악〕 음계.
gamze *is.* 볼우물.
gangster *is.* 악한 악당의 한 사람, 폭력배.
gangsterlik *is.* 악당 행위, 폭력배 노릇.
ganimet *is.* 전리품; 노획물.
Ganj *öz. is.* 〔지리〕 갠지스 강.
garaj *is.* 차고.
garanti *is.* 보증; ~ etmek 보증하다.
garantili *s.* 보증된, 보증할 수 있는.
garbî *s.* 서양의, 서구의.
gardenparti *is.* 원우회, 가든파티.
gardırop *is.* 옷장, 옷걸이장; 의상실.
gardiyan *is.* (형무소의) 간수.
gargara *is.* 물로 입안과 목을 가셔내는 일; 양치하는 물약.
garibe *is.* 생소한 일이나 물건, 괴상한 일이나 물건.
garip *s.* 낯선, 생소한, 괴상한.
gariplik *is.* 생소함, 괴상함; 불쌍함, 가련.
garnizon *is.* 〔군사〕 수비대; 주둔군; 요새; 주둔지; ~ komutanı 수비대장; ~ kumandanı 수비대장.
garp *is.* 서, 서편, 서방; ~ten *zf.* 서쪽으로부터.
garplı *is.* 서양인.
garplılaşma *is.* 서양화, 서구화.
garplılaşmak *f.* 서양화하다, 서구화하다.
garplılaştırmak *f.* 서양화시키다, 서구화시키다.

garplılık *is.* 서양식, 서구식, 서양풍.
garson *is.* (다방·음식점의) 음식을 나르는 종업원, 접대원.
gasil *is.* 시신을 씻기는 일.
gasletmek *f.* 시신을 씻기다.
gassal *is.* 시신을 씻기는 사람.
gâvur *is.* 이단자, 불신자; 비회교도; 기독교도.
gâvurca *is.* 영어·불어· 독어 등 서방어; *zf.* 이단자같이; 비회교도처럼; 기독교도처럼.
gâvurluk *is.* 무종교; 포악, 잔인, 냉혹; 기독교도들의 고장.
gaye *is.* 목적, 목표, 표적; 뜻, 계획, 의도.
gayet *zf.* 아주, 매우, 잘, 꽤, 제법, 자못, 퍽; ~le 아주, 매우, 퍽, 잘.
gayr *is.* 다른 사람, 다른 것, 이외의 것, 이외의 사람.
gayret *is.* 노력, 열심, 열중; ~ etmek 노력하다, 애쓰다, 열중하다; ~ göstermek 노력해 보이다; 최선을 다하다; ~ vermek 용기를 주다, 격려하다, 고무시키다; ~e gelmek 열중하다, 열의를 보이다; ~e getirmek 용기를 주다, 격려하다.
gayretkeş *s.* 열심인, 열성적인, 열광적인.
gayretkeşlik *is.* 열심, 열중, 열광.
gayretlenmek *f.* 애쓰다, 노력하다, 열의를 갖다.
gayretli *s.* 열성적, 의욕적.
gayretsiz *s.* 노력하지 않는, 애쓰지 않는, 의욕이 없는.
gayrı *zf.* 자, 이제.
gayri *is.* 다른 것; 반, 비, 부, 불; ~ ahlakî 부도덕적, 비윤리적, 비도덕적, 불륜의; ~ aklî 불합리한; ~ cismanî 비물질적, 정신적, 영적; ~ ihtiyarî 무의식중의, 부지불식의, 본의아닌, 경솔한, 신중치 못한; ~ ilmî 비학구적, 비학술적; ~ insanî 비인간적; 잔인한, 무자비한, 야만적; ~ iradî 무의식적인, 본의아닌; ~ kabil 불가한, 불가능한; ~ kabili akis 불가역의, 뒤집을 수 없는, 철회할 수 없는, 변경할 수 없는, 취소할 수 없는; ~ kabili kabul 허용할 수 없는, 받아들일 수 없는; ~ kabili kıyas 비교할 수 없는; ~ kabili red 거절할 수 없는, 반대할 수 없는; ~ kabili temyiz 분별하기 힘든, 식별할 수 없는; ~ kâfi 불충분한, 만족치 못한; ~ kanunî 불법적, 비합법적; ~ kanunî olarak 불법적으로, 비합법적으로; ~ kıyasî 불규칙적; ~ makûl 비합리적, 비논리적, 비이성적; 황당무계한; ~ mantıkî 비논리적; ~ medenî 비문화적, 미개의, 야만의; ~ melhuz 예기치 못한, 예상치 못한; ~ memnun 불만스런, 불만의; ~ memul 예기치 못한, 바라지 않는; ~ menkul 부동산의; ~ menkul mal 부동산; ~ menus 이상한, 낯선, 비상한; ~ meskûn 주인없는; 사람이 없는, 무인의; ~ mesul 무책임한, 권한이 없는, 공인되지 않은; ~ meşru 불법적, 위법의, 불법의, 불의의; ~ meşur 비양심적; ~ muayyen 불확실한, 불확정적, 모호한, 부정확한; 무제한, 무한한; ~ mufarik 불가분의; ~ muharip 비전투원의, 비교전적; ~ muhik 부당한, 조리에 안맞는; ~ muhtemel 불가능한, 있을 수 없는; ~ muntazam 불규칙적으로; ~ mümkün 불가능한; ~ münasip 부적당한; ~ münbit 불모의; ~ müsavi 부동의, 불평등의, 불공평의; ~ müslim 비이슬람교도; ~ tabiî 비자연적; 반자연적; ~ Türk

비터어키 인.
gayz *is.* 원한.
gaz *is.* 석유, 등유; 가스; ~ bombası 가스 폭탄, 독가스탄; ~ lâmbası 석유등; ~ maskesi 방독면; ~ saati 가스 미터; ~ sobası 석유 난로; ~ tenekesi 석유통.
gaza *is.* (이슬람교의) 성전.
gazap *is.* 성, 화, 분노 ~a gelmek 성내다, 화내다.
gazete *is.* 신문.
gazeteci *is.* 신문 기자; 신문 발행인; 신문팔이.
gazetecilik *is.* 신문 기자직; 신문 발행인직; 신문팔이 일.
gazhane *b. is.* 가스 공장.
gazışı *b. is.* 〔물리〕 발광.
gazışıl *s.* 〔물리〕 발광성의.
gazi *is.* 회교도의 성전에 참전 경험을 가진 자에 주는 칭호; 부상병; 전쟁승리군, 승리자.
gazino *is.* 나이트 클럽.
gazinocu *is.* 나이트 클럽 경영자 또는 주인.
gazlamak *f.* 가스를 공급하다; 석유를 칠하다.
gazlı *s.* 가스가 들어 있는; 가스를 사용하는.
gazometre *is.* 대형 가스 저장 탱크.
gazoz *iz.* 사이다, 소다수.
zazozcu *is.* 사이다 제조업자 또는 상인.
gazölçer *b. is.* 가스 측정기.
gebe *s.* 임신중의, 임신의; ~ kadın 임신부; ~ kalmak, ~ olmak 임신하다.
gebelik *is.* 임신, 잉태, 회임, 회잉, 회태,
geberlik *is.* 사망.
gebermek *f.* 죽다, 사망하다.
gebertmek *f.* 죽이다, 살해하다.
gece *is.* 밤; *zf.* 밤에; ~ bekçisi 야경군; 불침번; ~ gündüz 밤낮으로; 쉬지 않고; ~ gündüz dememek 밤낮을 가리지 않다; ~ işçisi 야간 근무자; 도둑; ~ işçiliği 야간 근무; ~ kelebekleri 〔동물〕 나방; ~ kuşu 〔조류〕 올빼미; 박쥐; 야간 외출이 잦은 사람; ~ silâhlı, gündüz külâhlı 이중 인간; ~ yarısı 한밤중, 야밤중; ~ yatısına gitmek 밤잠 잘 곳을 찾아가다.
gececi *s.* 야간 근무의.
gecekondu *b. is.* (빈민촌의) 무허가 건물.
gecelemek *f.* 밤을 보내다. 밤을 지내다.
geceleyin *zf.* 밤에.
gecelik *s.* 야간용의; 하루밤의; *is.* 잠옷
gecikme *is.* 지연, 연기.
gecikmek *f.* 늦어지다, 연기되다, 지연되다.
geciktirmek *f.* 연기시키다, 지연시키다, 늦추다.
geç *zf.* 늦게; *s.* 늦은; ~ kalmak 늦다; 지각하다; ~ vakit 늦은 시간.
geçe *zf.* (시간의 경과를 의미함) üçü beş ~ 세시 오분; üçü on dakika beş saniye ~ 세시 십분 오초.
geçen *s.* 지나간, 과거의, 경과한; ~ gün 일전에, 지난 날; ~ hafta 지난 주; ~ sene, ~ yıl 작년.
geçende, geçenlerde *zf.* (가까운 과거) 지난 날, 지나간 날. 일전에.
geçer *s.* 유통되는; 유효한, 통용되는, 사용되는; ~ para 통용화폐.
geçerlik *is.* 유통, 통용; 유효, 효력.
geçersiz *s.* 무효의, 통용되지 않은; 불통의.
geçersizlik *is.* 무효, 불통용.
geçici *s.* 일시적, 임시의, 잠정적, 과도적.
geçilmek *f.* 통과되다; buradan

giçilmez 통행금지.

geçim *is.* 생계, 생활, 살림;통교, 교제, 사귐.

geçimli *s.* (주변 사람과) 잘 지내는, 잘 사귀는, 사귐성이 있는.

geçimsiz *s.* 잘 사귀지 못하는, 사귐성이 없는.

geçimsizlik *is.* 사귐성이 없음.

geçindirmek *f.* geçinmek의 사역형.

geçinmek *f.* 살아가다, 생계를 유지하다; 사귀다, 통교하다, 교제하다.

geçirgen *s.* 침투성이 강한, 잘 통과시키는, 잘 투과시키는.

geçirgenlik *is.* 침투성, 투과성.

geçirilmek *f.* geçirmek의 수동형.

geçirmek *f.* 통과시키다, 들어가게 하다, 지나가게 하다; 감염시키다; 지나가버리다; (바늘에) 실을 꿰다; 옮기다; (고통을) 잊다, 회복하다; (유리, 전등을) 끼우다; 전송하다; (시간을) 보내다.

geçirtmek *f.* geçirmek의 사역형.

geçiş *is.* 통과; 추이, 변이, 변천; 이동, 이주, 이전.

geçişli *s.* 〔문법〕 타동(사)의 ; ~ fiil 타동사.

geçişme *is.* 〔물리〕 삼투.

geçişmek *f.* 섞이다, 혼합되다.

geçişsiz *s.* 〔문법〕 자동(사)의; ~ fiil 자동사.

geçiştirmek *f.* 쉽게 벗어나다, 큰 피해없이 빠져나가다.

geçit *is.* 통로; 샛길; 복도; 행렬; 〔군사〕 열병, 관병식; ~vermek 통로를 제공하다; ~yeri (개울 따위의) 걸어서 건널 수 있는 곳.

geçkin . 지난, 넘은, 넘어선; (전성기를) 넘긴; 나이든; (과일) 지나치게 익은; (나무) 지나치게 자란.

geçlik *is.* 늦음, 더딤, 지각.

geçme *is.* 통과; 경과; 초과; 추월; 합격; 진급; 유통; 유행; 유효, 사용; 전염; 전승; 이주; 종식.

geçmek *f.* 지나가다; 경과하다; 통과하다; 들어가다; 나가다; 나오다; (시간을) 보내다, (시간이) 지나다; 그만 두다 ; 치루다; 추월하다, 따르다, 이기다, 능가하다; 넘다, 초과하다; 대신 들어가다; 급제하다, 진급하다; 합격하다; (화폐) 유통되다, 유효하다, 사용되다 ; 전염하다, 오염되다; 전승되다, 물려받다; 옮기다, 이주하다; 영향을 미치다; 뛰어넘다; 끝나다, 종식되다 ; (과일) 지나치게 익다.

geçmelik *is.* 통행세, 통행료.

geçmiş *s.* 과거의, 경과한 지나간; 상한; 죽은, 사망한; *is.* 과거; ~ola!, ~olsun! (질병 또는 불행에 대한 인사) 빨리 쾌유되시기를! ; ~zaman〔문법〕 과거 시제.

gedik *is.* 갈라진 틈; 산길; 결함, 흠; ~ açmak 틈이생기다; ~ kapamak 틈을 메우다; 간격을 좁히다.

gedikli *s.* 틈이 생긴; 결함이 있는; 단골의; ~müsteriler 단골 손님.

gedilmek *f.* 결함이 생기다; 틈이 생기다.

geğirmek *f.* 트림을 하다.

geğirti *is.* 트림.

geğrek *is.* 〔의학〕 흉골에 연결되지 않은 늑골, 가늑골.

gelecek *is.* 미래, 장래; *s.* 미래의, 장차의, 올, 다음의; ~ hafta 다음주, 내주; ~ yıl 내

년, 익년; ～ zaman 〔문법〕 미래 시제.
gelen *s.* 오는; *is.* 오는 사람; ～ giden 왕래자.
gelenek *is.* 전통; 관습, 습속.
gelenekçi *is.* 전통주의자.
gelenekçilik *s.* 전통주의.
gelenekli, geleneksel *s.* 전통의, 전통적.
gelgit *is.* 조수, 조수의 간만.
Gelibolu *öz. is.* 〔지명〕 갈리폴리 (Gallipoli)
gelin *is.* 신부, 새아씨, 새색씨; 며느리.
gelince *zf.* 오자 마자, 왔을 때; …에 관하여서는, …에 대해서 말하자면; …로서는; bana ～ 나로서는.
gelincik *is.* 〔식물〕 양귀비.
gelinlik *is.* 신부; 신부감; 신부의상; *s.* 결혼 적령기의, 혼기의.
gelinmek *f.* gelmek의 재귀형.
gelir *is.* 수입, 이득, 소득, 수익; ～ kaynağı 소득원, 수익원; ～ vergisi 소득세; millî ～ 국민소득.
gelirli *s.* 수입이 있는, 소득이 있는.
geliş *is.* 오는 것, 내도; 되돌아옴.
gelişigüzel *zf.* 되는 대로, 편한 대로.
gelişim *is.* 성장, 발전.
gelişme *is.* 성장, 발전.
gelişmek *f.* 성장하다, 발전하다.
geliştirmek *f.* 성장시키다, 발전시키다, 확대하다.
gelme *is.* 오는 것; 출현, 유래, 출처.
gelmek *f.* 오다; 나오다, 생기다, 일어나다 발생하다.; 유래하다, 파생하다; 있다, 위치하다; 보이다, 생각되다; 어울리다, 조화되다, 알맞다;(약효)듣다;영향을미치다; 이르다, 도달하다; 붙다, 부가되다; (시간이) 되다, 오다; gel gelelim 그렇지만; 그런데도, 게다가; (계속성을 의미하는 합성 동사를 조성) okuna ～ 읽혀져오다; ola ～ 계속되어오다; yapa ～ 행하여 오다 등.
gem *is.* 재갈; ～ almak(말 따위가) 길이 들다; ～ almamak 말을 잘 듣지않다, 통제되지 않다; ～ vurmak 재갈을 물리다, 억제하다.
gemi *is.* 배, 선박 함선; ～ enkazı 난파; ～ sahibi 선주; ～ tezgâhı 조선소; ～ yatağı 정박항; ～de teslim 〔상업〕 본선인도 가격.
gemici *is.* 뱃사람, 선원, 수부; 수병; 선주.
gemicilik *is.* 선원 생활, 배를 타는 직업; 선박업.
gemilik *is.* 조선창 조선소.
genç *s.* 어린, 젊은, 청년의; *is.* 젊은 사람, 청년; ～ ay 새로 나온 달, 초생달, 신월; ～ler (집합) 청년, 젊은이들.
gençleşmek *f.* 젊어지다.
gençleşmiş *s.* 젊어 보이는, 젊어진.
gençleştirmek *f.* 젊어지게 하다, 젊어보이게 하다.
gençliğinde *zf.* 젊은 시절에, 청년 시절에.
gençlik *is.* 청춘, 청년 시절; (집합) 청년.
gene *zf.* 다시, 또, 더, 아직, 여전히; ～ de 그런데도, 그럼에도 불구하고.
genel *s.* 보통의, 일반의, 전체적; ～ direktör (관청의) 장; ～ karargâh 총사령부; ～ merkez 본부, 본사, 본점; ～ müdür (관공서의) 국·과장; ～ müdürlük (관공서의) 국·과장실; ～ olarak 일반으로, 대체로, 보통; ～ seçim 〔정치〕 총선거; ～ seferberlik 〔군사〕 총동원; ～ sekreter 사무총장;

서기장; ～ taarruz 〔군사〕 총공격.
geneleme *is.* 같은 말의 반복, 동의어 반복, 중복; 중언부언.
genelev *b. is.* 갈보집, 매춘부집, 사창가.
genelge *is.* 안내장, 전단, 삐라.
genelkurmay *b. is.* 〔군사〕 총참모; ～ başkanı 총참모장.
genelkurul *b. is.* 총회.
genelleme *is.* 일반화, 보편화; 보급.
genellemek *f.* 보급하다.
genelleşmek *f.* 일반화하다, 보편화하다.
genelleştirme *is.* 보편화, 일반화.
genelleştirmek *f.* 보편화 시키다, 일반화 시키다.
genellik *is.* 보편성, 일반성.
genellikle *zf.* 보편적으로, 일반적으로, 대체로.
general *is.* 〔군사〕 장군.
generallik *is.* 장군 계급.
genetik *is.* 〔생물〕 유전학.
geniş *s.* 넓은, 광막한, (의복) 큰; 관대한; ～ açı 〔기하〕 둔각; ～ fikirli 너그러운 마음씨의, 편견없는; ～ gönüllü 관대한, 인색하지 않은; ～ malûmat 박식, 박학 다식; ～ mikyasta 대규모로; ～ ölçüde 대규모로, 거시적으로; ～ yürekli 관대한; 대범한; ～ zaman 〔문법〕 초월 시제.
genişleme *is.* 확장, 확대.
genişlemek *f.* 넓어지다, 확대되다.
genişletmek *f.* 넓히다, 확장시키다.
genişlik *is.* 넓이; 나비; 크기.
geniz *is.* 〔해부〕 비강.
gensoru *is.* 〔정치〕 (의회의 대정부) 질의.
genzek *s.* 콧소리의, 콧소리로 말하는.
genzel *s.* 비강의; 〔문법〕 비음의.
geometri *is.* 기하학; analitik ～ 해석 기하학; düzlem ～ 평면 기하학; tasarı ～ 도형 기하학; uzay ～ 입체 기하학.
geometrik *s.* 기하학상, 기하학의, 기하학적; ～ dizi〔수학〕등비수열; ～ ortalama 〔수학〕 등비 중항, 비례 중항; ～ yer 〔수학〕 궤적.
gerçek *s.* 사실상, 실제의; 정확한, 확실한; 진짜의; *is.* 실제, 사실; 확실, 진실.
gerçekçi *is.* 〔예술〕 사실주의자; *s.* 현실주의의; 사실주의의.
gerçekçilik *is.* 〔철학〕 실재론; 사실주의; 실학주의.
gerçeklemek *f.* 〔수학〕 증명하다; 확인하다.
gerçekleşme *is.* 실현.
gerçekleşmek *f.* 실현하다; 실체화하다.
gerçekleştirmek *f.* 실현시키다, 사실화하다.
gerçekli *s.* 사실의, 틀림없는.
gerçeklik *is.* 실체; 사실; 진실; 확실.
gerçekten *zf.* 실제로, 사실상; 진실로.
gerçeküstücü *b. is.* 초현실주의자; *s.* 초현실주의자의.
gerçeküstücülük *b. is.* 초현실주의.
gerçi *zf.* 비록 …일지라도, …이긴 하지만, …이라고 하더라도.
gerdan *is.* 목(앞부분)
gerdanlık *is.* 목걸이.
gerdek *is.* 신방; ～ gecesi 첫날밤; ～e girmek (신랑, 신부가) 신방에 들어가다.
gereç *is.* 재료, 자재.
gerek *s.* 필요한, 필수의; 적합한, 마땅한, 알맞는; *is.* 필요, 필수; ～ … ～ 이던 …또한,

이던 … 또는; ~ ve yeter şart 〔수학〕 필요 충분 조건; ~-en 적합한, 적당한; 필요한; ~i yok 필요치 않다; ~ince …에 따라, …에 의지하여; ~mez 필요치 않은, 불필요한.
gerekçe *is.* 이유서, 설명서.
gerekirci *is.* 〔철학〕 결정론자.
gerekircilik *is.* 〔철학〕 결정론.
gerekli *s.* 필요한, 요구되는.
gereklik *is.* 필요(성); ~ kipi 〔문법〕 필수법.
gerekmek *f.* 필요로 하다.
gerekseme *is.* 필요(성), 필수.
gereksemek *f.* 필요로 하다, 필요성을 느끼다.
gereksiz *s.* 필요없는.
gerektirmek *f.* 필요하게 하다, 필요성을 느끼게 하다.
gergedan *is.* 〔동물〕 코뿔소.
gergef *is.* 자수 틀; ~ işlemek 자수를 놓다.
gergin *s.* 팽팽한, 긴장한.
gerginlik *is.* 긴장.
geri *is.* 뒤; 나중, 후; 이외의 것, 나머지; *s.* 뒤의, 나중의, 후의; 나머지의; 낙후의, 뒤떨어진; 늦은; *zf.* 뒤로; ~ almak 되돌려 받다, 되물려 받다; ~ bırakmak 남기다; 연기하다; ~ çağırmak 다시 부르다; ~ çekilme 후퇴; ~ çekilmek 후퇴하다, 물러나다, 철수하다; ~ dön! (구령) 뒤로돌아 !; ~ dönmek 되돌아 오다; 되돌아 가다; ~ durmak 행하지 않다; ~ göndermek 되돌려 보내다; ~ kalan 낙후된; ~ kalmak 남다, 잔여하다, 잔유하다; 낙후하다, 뒤떨어지다; 지각하다, 지연하다; ~ ödemek 돈을 갚아 주다, 상환하다; 갚다; 변상하다; ~ vermek 되돌려주다; ~ vites (자동차의) 후진기어; ~ye marş! (구령) 뒤로 돌아 갓!; ~ye saymak 거꾸로 세다.

gerici *s.* 보수적인.
gericilik *is.* 보수(주의), 보수성.
gerileme *is.* 후퇴; 퇴보.
gerilemek *f.* 후퇴하다; 퇴보하다, 낙후하다.
gerili *s.* 팽팽한, 바짝 당긴.
gerilik *is.* 낙후, 퇴보.
gerilim *is.* 〔물리〕 장력, 응장력; 〔전기〕 전압; 〔해부〕 혈압.
gerilla *is.* 〔군사〕 유격전, 게릴라 전.
gerillacı *is.* 유격대, 비정규병, 게릴라병.
gerilmek *f.* 팽팽해지다, 바짝 당겨지다.
gerinme *is.* 기지개.
gerinmek *f.* 기지개 켜다.
germek *f.* 팽팽하게 하다, 늘여 넓게 펴다; 팽팽한 것으로 덮어 씌우다.
getirilmek *f.* getirmek의 수동형.
getirmek *f.* 운반하다, 나르다; 생성하다; (먼곳에서 가까운 곳으로) 가져오다; 동반하다, 수반하다, 데리고 오다; meydana ~ 생성시키다, 발생시키다, 일으키다.
getirtmek *f.* getirmek의 사역형.
geveze *s.* 수다스런, 말이 많은, 말이 가벼운, 말이 헤픈.
gevezelik *is.* 수다; 한담, 잡담; ~ etmek 잡담하다.
gevrek *s.* 잘 부스러지는, 바삭바삭한; *is.* 바삭바삭한 과자의 일종.
gevremek *f.* 바삭바삭하게 되다, 잘 부스러지다.
gevretmek *f.* 바삭바삭하게 만들다, 잘 부스러지게 하다.
gevşek *s.* 느슨한; 헐렁헐렁한, 넓은; 해이한, 이완된.
gevşeklik *is.* 해이, 이완.
gevşeme *is.* 느슨함, 해이함, 이완됨.
gevşemek *f.* 느슨해지다, 해이

해지다, 이완되다, 긴장이 풀어지다.
gevşetilmek *f.* gevşetmek의 수동형.
gevşetmek *f.* 느슨하게 만들다, 해이하게 하다, 이완시키다.
geyik *is.* 〔동물〕 사슴; ~ derisi 사슴 가죽, 녹비.
gez *is.* 오늬, 활 고자; V자형 상처 자국; (총의) 가늠자; (측량에 사용하는) 연추, 측추.
gezdirmek *f.* gezmek의 사역형.
gezegen *is.* 〔천문〕 떠돌이 별, 행성, 혹성, 유성.
gezegen *s., is.* 헤매는, 방랑하는, 떠도는; 방랑자, 부랑자.
gezelemek *f.* 헤매다, 돌아다니다, 방랑하다, 유랑하다.
gezenti *s.* 방랑을 좋아하는, 방랑벽이 있는.
gezer *s.* 떠도는, 돌아다니는, 이동성이 있는, 유동하는.
gezgin *s.* 많이 돌아다니는.
gezginci *is.* 행상인; 떠돌이.
gezi *is.* 유람; 관광 여행; 산책, 산보; 행진.
gezici *s.* 행상의, 도부장수의.
gezicilik *is.* 행상.
gezilmek *f.* gezmek의 수동형.
gezimcilik *is.* 〔철학〕 소요학파의 철학.
gezinme *is.* 유람, 소풍.
gezinmek *f.* gezmek의 재귀형.
gezinti *is.* 산책, 유람, 소풍; (성벽 · 건축장의 발판 · 교량 따위의) 좁은 통로; 복도.
gezlemek *f.* (땅을) 측량하다; 조준하다.
gezmek *f.* 거닐다, 걷다; 돌아다니다, 산책하다, 산보하다; 돌아보다; 순시하다, 순찰하다.
gıda *is.* 영양물, 음식물; ~ maddeleri 식량.
gıdaklamak *f.* (닭이나 새가) 꼬꼬댁거리는 소리를 내다; 쓸데없는 말을 하다.
gıdalı *s.* 자양분 있는, 영양이 있는.
gıdasız *s.* 자양분이 없는, 영양이 없는.
gıdıklamak *f.* 간질이다. 웃기다.
gıdıklanmak *f.* 간지럽다, 근질근질하다.
gıpta *is.* 부러워함, 선망; ~ edilmek 부러움을 사다, 선망의 대상이 되다; ~ etmek 부러워하다, 선망하다, 바라다.
gırtlak *is.* 〔해부〕 (호흡기관의) 후두; ~ kapağı 〔해부〕 후두개; ~ kemiği 〔해부〕 결후.
gıyaben *zf.* 부재로, 궐석으로; 이름만으로.
gıyabî *s.* 부재의; 〔법률〕 불출두의, 궐석의; ~ hüküm, ~ karar 〔법률〕 궐석 판결, 결석 판결; ~ tanışma 직접 대면함이 없이 이름만으로 서로 아는 것.
gıyap *is.* 부재, 결석, 궐석; ~ kararı 〔법률〕 결석 판결, 궐석 판결; ~ ında 본인이 없는 곳에서, 뒤에서.
gıybet *is.* 비방, 중상.
gıybetçi *is.* 헐뜯는 사람, 비방하는 사람, 중상하는 사람.
gibi *e.* 처럼, 같이; 곧, 바로 그때; *is.* 같은 것, 유사한 것.
gider *is.* 경비, 지출.
giderek *zf.* 천천히, 서서히, 갈수록.
gidermek *f.* 없애다, 제거하다.
gidilmek *f.* gitmek의 수동형.
gidiş *is.* 가는 것; 가는 태도; 편도, 가는 길; 출발; ~ dönüş, ~ geliş 왕복.
gidon *is.* (자전거의) 손잡이, 핸들.
girdap *is.* 소용돌이.
girdibat *is.* 〔지리〕 회오리 바람.
girdirmek *f.* 들어가게 하다, 집어 넣다.
girgin *s.* 아무와도 잘 사귀는, 붙임성이 있는.

girginlik *is.* 붙임성, 외향적 성격.
girimlik *is.* 입장권, 출입증.
girinti *is.* 들어간 곳, 들어간 자국, 움푹 패인 곳.
girintili *s.* 움푹 패인, 들어간 자국이 있는; ~ çıkıntılı 요철이 있는, 움푹 들어가고 볼록 나온.
giriş *is.* 들어감, 진입; 입구; 시작; 서론; 서곡; ~ çıkış 출입구; 출입; ~ imtihanı 입학시험.
girişik *s.* 뒤얽힌, 얽히고 설킨.
girişilmek *f.* girişmek의 수동형.
girişim *is.* 〔물리〕 간섭.
girişken *s.* 활동적인, 진취적인, 모험적인; 사교적인.
girişmek *f.* 참견하다, 간섭하다 착수하다.
Girit *öz. is.* 〔지리〕 크레타 섬 (지중해에 위치).
girmek *f.* 들어가다, 진입하다; 가입하다; 참여하다; 시작하다; 침투하다.
gişe *is.* 매표구.
gitar *is.* 〔음악〕 기타.
gitarcı *is.* 〔음악〕 기타 연주자.
gitgide *zf.* 점점, 점차, 차츰, 갈수록.
gitmek *f.* 가다, 나아가다; 향하다, 떠나다; 이르다, 달하다; 어울리다, 조화하다, 알맞다; 쓰다, 소비하다, 사용하다; 계속되다; 출발하다; 걷다; 진행하다, 진전하다.
gittikçe *zf.* 점점, 점차, 갈수록.
giydirmek *f.* 입히다.
giyecek *is.* 옷, 의복, 의류.
giyilmek *f.* giymek의 수동형.
giyim *is.* 복장, 의복, 의상; ~ eşyası 옷, 의복, 의류; ~ evi 나사점, 의복 상점, 기성복점.
giyimli *s.* (옷을) 입은.
giyinmek *f.* giymek의 재귀형.
giymek *f.* 입다, 걸치다; (모자를) 쓰다; (양말, 신발을) 신다; (장갑을) 끼다.
giyotin *is.* 단두대, 기요틴.
giysi *is.* 옷, 의상, 의류, 의복.
giz *is.* 비밀; 불가사의한 일.
gizem *is.* 신비, 불가사의.
gizemci *is.* 신비주의자.
gizemli *s.* 신비적인.
gizleme *is.* 숨김, 감춤; 〔군사〕 위장.
gizlemek *f.* 숨기다, 감추다; 속이다; 덮다; 〔군사〕위장하다.
gizlenilmek *f.* gizlemek의 수동형.
gizlenme *is.* (스스로) 숨김.
gizlenmek *f.* (스스로) 숨기다, 감추다; 비밀로 되다; 〔군사〕 위장되다; gizlemek의 재귀형.
gizli *s.* 비밀의, 몰래; 숨은, 알려지지 않은; ~ oy 〔정치〕 비밀 투표; ~ polis 비밀 경찰; ~ tutmak 비밀로 하다, 비밀을 지키다.
gizlice *zf.* 비밀리에, 비밀로, 숨어서.
gizlilik *is.* 비밀.
glikojen *is.* 〔화학〕 글리코겐, 당원.
glikoz *is.* 〔화학〕 글루코우스, 포도당.
glikozit *is.* 〔화학〕 글루코사이드, 당원질.
glikozüri *is.* 〔의학〕 당뇨.
gliserin *is.* 〔화학〕 글리세린.
glüten *is.* 〔화학〕 글루우텐.
gol *is.* 〔운동〕 결승점, 결승선; (구기의) 고울; 득점; ~ atmak (축구·농구 따위에서) 공을 차거나 던져 넣다; ~ yapmak (구기 운동의) 득점을 얻다.
golf *is.* 〔운동〕 골프; ~ oynamak 골프를 치다, 골프 운동을 하다.
gonca *is.* 꽃망울
gondol *is.* (베니스의) 곤돌라, 양끝이 하늘로 치솟은 바닥이 평평한 배.

gondolcu *is.* (베니스의) 곤돌라 사공.

gong *is.* 징, 접시 모양의 종.

goril *is.* 〔동물〕 고릴라.

gotik *s.* 고오트 족의; 고오트 말의; ~ harfler (인쇄) 고딕체; ~ sanat (예술) 고딕양식.

göbek *is.* 〔해부〕 배꼽; 탯줄; 비만증의 볼록한 배; 중앙, 중심; 대, 세대; (배추 따위의) 속, 알; ~ adı 호, 별호, 아호; ~ anası 산파, 조산원; ~ atmak 배꼽 춤을 추다; 아주 즐기다; ~ bağı 배꼽 띠; ~ havası 배꼽 춤을 위한 반주; ~ taşı 공중 목욕탕의 땀을 흘리기 위해 마련된 침상; ~i düşmek (유아의) 배꼽이 떨어지다; 탈장이 되다; ~ini kesmek 탯줄을 자르다.

göbeklenmek *f.* (배추 따위) 속이 차다, 알이 배기다; 배가 볼록 나오다.

göbekli *s.* (배추 따위의) 알이 배긴, 속이 찬; 배가 볼록나온.

göbel *is.* 고아; 사생아.

göbelek *is.* 식용 버섯.

göcen *is.* 새끼 토끼; (동물의) 새끼.

göç *is.* 이주, 이동; ~ etmek 이주하다, 이동하다.

göçebe *s.* 유목의, 유랑의, 방랑의, 떠돌이의.

göçebelik *is.* 유목 생활, 유랑 생활, 방랑 생활, 이주, 방랑, 떠돌이.

göçmek *f.* 이주하다, 이동하다.

göçmen *is.* 이주민, 이민.

göçmenlik *is.* 이민 생활, 이주민 생활.

göğüs *is.* 가슴, 흉부, 흉곽; ~ başı 가슴의 윗부분; ~ darlığı 〔의학〕 천식; ~ hastalığı 결핵병, 폐병; ~ kemiği 갈비뼈, 가슴뼈, 흉골; ~ vermek 가슴으로 누르다; (여자의) 가슴이 발육하다.

göğüslü *s.* 가슴이 넓은; (여자) 유방이 큰.

göğüslük *is.* (유아 또는 여성의) 앞치마.

gök *is.* 하늘, 창공; 천국; *s.* 하늘빛의; ~ deldi 마천루; ~ gözlü 파란 눈; ~ gürlemesi 천둥; ~ haritası 천체도; ~mavi(si) 하늘색, 하늘빛, 담청; ~ rengi 하늘색.

gökcismi *b. is.* 〔천문〕 천체.

gökçe *s.* 하늘의, 창공의.

gökdelen *b. is.* 마천루.

gökkuşağı *b. is.* 무지개.

gökmen *s.* 파란 눈과 노랑머리의.

göksel *s.* 하늘의, 창공의.

göktaşı *b. is.* 〔천문〕 유성, 운석, 별똥별.

gökyolu *b. is.* 〔천문〕 은하수.

gökyüzü *b. is.* 하늘, 창공.

göl *is.* 연못, 호, 호수; ~ ayağı (연못 · 호수 따위의) 배수천.

gölbaşı *b. is.* (연못 · 호수 따위의) 수원이 되는 개울.

gölek *is.* 작은 연못, 저수지.

gölermek *f.* 호수가 되다, 호수를 이루다.

gölge *is.* 그늘, 그림자.

gölgelemek *f.* 그늘지게 하다, 그늘에 두다.

gölgeli *s.* 그늘진.

gölgelik *is.* 그늘진 곳; 차양, 차일.

gölgeolay *b. is.* 〔철학〕 부수 현상, 부대 현상.

gölgeolaycılık *b. is.* 〔철학〕 부수 현상설, 부대 현상설.

gömlek *is.* (와이) 샤쓰 블라우스.

gömlekçi *is.* 샤쓰. 블라우스 제조인 또는 상인.

gömlekçilik *is.* 샤쓰. 블라우스

제조업 또는 판매업.
gömleklik *s.* 샤쓰나 블라우스용의.
gömme *is.* 매장.
gömmek *f.* 파묻다, 매장하다.
gömü *is.* 매장물.
gömük *s.* 묻혀진, 매장된.
gömülmek *f.* 묻히다, 매장되다.
gömülü *s.* (파) 묻힌, 매장된.
gömüt *is.* 무덤, 묘, 분묘.
gomütlük *is.* 묘지.
gön *is.* 무두질한 가죽.
göncü *is.* 가죽상인.
gönder *is.* 깃대.
gönderilmek *f.* 보내지다, 파견되다; 이송되다.
göndermek *f.* 보내다; 발송하다; 파견하다.
göndertmek *f.* göndermek의 사역형.
gönenç *is.* 넉넉함, 부유, 유족.
gönül *is.* 마음, 정신; 의향, 기분; 의욕; 사랑; 성의; ~ açmak 기운이 나다; ~ almak 만족시키다, 즐겁게 하다; ~üne göre 욕망에 따라.
gönüldeş *is.* 공감하는 사람, 동감인 사람.
gönüllü *s.* 의욕이 있는, 기분이 나는, 성의있는.
gönüllülük *is.* 의욕.
gönülsüz *s.* 마음에 없는, 의욕이 없는; 천한, 비천한, 마음이 나쁜; 성의가 없는.
gönülsüzlük *is.* 천함, 비천; 의욕이 없음; 무성의.
gönye *is.* 〔기하〕 (제도용) 직삼각형자.
göre *e.* 의하여, 의거하여, …에 따라, …에 의하면, …로서(는); …에 관계되는.
görenek *is.* 습관, 관행, 관례, 일상, 통상.
görenkçi *s.,is.* 관행에 젖은(사람).
göreneksel *s.* 습관적, 관례적, 일상적, 통상적.
görev *is.* 임무, 책임; 과업; 의무; 숙제; 직책.
görevlendirmek *f.* 임무를 부과하다.
görevlenmek *f.* 임무를 받다, 의무를 지니다.
görevli *s.* 임무를 가진, 임무를 띤; *is.* 임무자, 책임자.
görevlilik *is.* 책임, 임무.
görevsiz *s.* 책임이 없는; 무책임한.
görevsizlik *is.* 무책임.
görgü *is.* 경험; 노련, 노숙; 예의.
görgücülük *is.* 〔철학〕 경험주의, 경험론.
görgülenmek *f.* 경험하다.
görgülü *s.* 경험이 풍부한; 예의가 바른.
görgüsüz *s.* 경험이 없는; 예의가 바르지 못한, 구례한.
görgüsüzlük *is.* 무경험; 무례.
görkem *is.* 외관; 화려, 장관.
görkemli *s.* 화려한, 장려한, 장관의, 성대한.
görme *is.* 보는 것; 시력.
görmek *f.* 보다; 만나다; 인지하다, 이해하다, 인식하다; 생각하다; 경험하다; 당하다, 입다, 받다; görmüş geçirmiş 경험이 많은, 산전수전을 겪은.
görü *is.* 시각, 시야, 시계.
görücü *is.* 선을 보는 사람.
görücülük *is.* 선, 사람의 좋고 나쁨을 가리는 일.
görülmek *f.* 보이다; görmek의 수동형.
görüm *is.* 시력.
görümce *is.* 시누이.
görümlük *s.* 전시용의, 진열용의.
görünmek *f.* 보이다, 나타내다.
görünürde *zf.* 외관으로, 외양으로, 겉모습으로.
görünüş *is.* 외관, 외양, 겉모습, 표면.

görünüşte *zf.* 보이는 바로는.
görüş *is.* 보는 태도; 관점, 시각.
görüşme *is.* 회견, 면회, 면담; 토의, 회담.
görüşmek *f.* 회견하다, 면담하다; 토의하다, 회담하다.
görüştürmek *f.* 대면시키다, 면담하게 하다; 토의하게 하다, 회담을 갖게 하다.
görüştürülmek *f.* görüştürmek의 수동형.
görüşülmek *f.* görüşmek의 수동형.
gösterge *is.* 〔물리〕 표시기; 〔화학〕지시약; (기계의) 지시하는 기구.
gösteri *is.* 전시, 전람; 시범, 시범회; 표시, 시위, 시위운동, 데모.
gösterilmek *f.* göstermek의 수동형.
gösteriş *is.* 전시, 전람; 시위; 보여주는 태도; ~ hareketi 군사 시위; ~ yapmak 전시하다, 시범하다; 시위하다.
gösterişçi *is.* 체 하는 사람, 과시하는 사람.
gösterişçilik *is.* 과시.
gösterişli *s.* 현저한; 늠름한, 위풍당당한, 나타내 보일 만한, 돋보이게 하는.
gösterişsiz *s.* 위엄없는, 보잘것 없는, 늠름치 못한, 돋보이는 데가 없는.
gösterme *is.* 전시, 전람; 지시; ~ parmağı 둘째 손가락, 집게손가락.
göstermek *f.* 보이다, 보여주다, 나타내다; 진열하다, 전시하다, 나열하다; 지시하다, 지적하다, 가리키다; 가르치다; 〔법률〕밝히다, (소송 이유 따위를) 말하다.
göstermelik *is.* 견본, 표본.
göstertmek *f.* göstermek의 사역형.
göt *is.* 궁둥이, 엉덩이, 밑, 후부.
götürmek *f.* 나르다, 운반하다; 가지고 가다, (가까운 곳에서 먼곳으로) 가져가다; 데리고 가다, 동반하다; 없애다, 앗아가다.
götürtmek *f.* 나르게 하다, 운반하게 하다; 가져가게 하다; 동반하게 하다; 죽게하다.
götürü *zf.* 통틀어서, 묶어서, 떨이로.
götürülmek *f.* götürmek의 수동형.
gövde *is.* 몸통, 몸체; 신체; 〔문법〕 어간.
göydergi *is.* 종기의 일종.
göz *is.* 눈; 안구; 안목; 시야; 시선; 〔식물〕 눈, 싹; (물의) 수원; (바늘의) 귀; 마음; bileşik ~ 〔생물〕 겹눈, 복안; ~ açmak 태어나다, 탄생하다; ~ akı 〔해부〕 (눈의) 흰자위; ~ alıcı 남의 눈을 끄는, 시선을 끄는; ~ atmak 훑깃 보다, 대강 훑어보다; ~ değmek 시기하는 눈길을 보내어 화가 미치다; ~ dikmek 탐내다; ~ doktoru 〔의학〕 안과 의사; ~ etmek 눈짓하다; ~ gezdirmek 눈길을 던지다; ~ ~e gelmek 시선이 서로 마주치다; ~ hastalığı 〔의학〕눈병, 안질; ~ hekimi 〔의학〕 안과 의사; ~ iltihabı 〔의학〕 눈의 염증, 안염; ~ kadehi 눈 세척에 사용하는 컵; ~ kamaştırmak 눈부시게 하다; 황홀케 하다; ~ kamaştırıcı 눈부신; 황홀한; ~ kapağı 눈꺼풀; ~ kararı 눈어림, 눈짐작; ~ karası 〔해부〕 동공, 눈동자; ~ kırpmak 눈을 깜박거리다; ~ koymak 탐내다, 탐하다; ~ kuyruğu 눈꼬리; ~ merhemi 안연고; ~ önünde tutmak 고려하다; 주의하다; ~ önüne getirmek 재연

하다; ~ pınarı 〔의학〕 눈물샘, 누선; ~ ucuyla bakmak 훌겨 보다; ~ yaşı 눈물; ~ yaşartıcı gaz 최루가스; ~ yaş dökmek 울다, 눈물을 흘리다; ~ yaşı kesesi 〔해부〕 누낭; ~ yaşı yolu 〔해부〕 누관; ~ yaylası 시야; ~ yummak 눈감아 주다, 묵인하다; ~den düşmek 신용을 잃다; ~den geçirmek 검토하다; ~den kaçmak 사라지다, 보이지 않다; 알아 차리지 못하다; ~den kaybolmak 시야에서 사라지다; ~e çarpmak 주의를 끌다; ~e girmek 관심을 끌다; ~e görünmek 눈에 떠오르다; ~e ~, dişe diş (동태 복수적 응징) 눈에는 눈, 이에는 이; ~leri buğulanmak 눈물이 나올 것 처럼 되다, 눈물이 핑돌다; ~lerini dikmek 주의 깊게 관찰하다; ~ü açık 약빠른, 기민한; ~ü doymak 만족해지다: ~ü pek 용감한, 용기있는, 대담한; ~ü tutmak 믿다, 좋아하다; ~ün aydın (좋은 일에 대한 인사) 축하합니다! 많이 즐기십시오! ; ~üne bakmak 눈을 들여다 보다; ~üne girmek 마음에 들다, 눈에 들다; ~üne ilismek 우연히 눈에 띄다; ~ünü acmak (잠을) 깨다; 주의하다; 인식시키다; 알게되다; ~ünü ayırmak 시선을 다른 데로 돌리다; ~ünü dikmek 주시하다, 응시하다; ~ ünü dört açmak 매우 주의하다.

gözaltı *is.* 감시, 관리, 감독; 연금; ~na alınmak 연금되다; ~na almak 연금하다.

gözbebeği *b. is.* 〔해부〕 동공, 눈동자.

gözcü *is.* 감시자, 감독관; 〔군사〕 정찰병; 〔의학〕 안과 의사.

gözcülük *is.* 감시직, 감독직; 〔의학〕 안과(학). 을 대고 깁다.

gözdişi *b. is.* 〔해부〕 송곳니.

göze *is.* 〔생물〕 세포; 수원(지)

gözemek *f.* 짜깁기하다; 헝겊

gözetici *s.* 보호하는, 돌보는; *is.* 보호자.

gözetilmek *f.* 보호받다.

gözetlemek *f.* 몰래 살펴보다, 은밀히 주시하다.

gözetlenmek *f.* 은밀히 주시받다.

gözetmek *f.* 보호하다, 돌보다; 중요시하다; 기다리다.

gözevi *b. is.* 〔해부〕 안와, 눈구멍.

gözlem *is.* 관찰.

gözlemci *is.* 관찰자.

gözlemcilik *is.* 관찰 업무.

gözleme *is.* 관찰, 관측.

gözlemek *f.* 기대하다; 관찰하다; 주시하다.

gözlemen *is.* 〔천문〕 관찰자, 관측자.

gözlemevi *is.* 〔기상〕 기상대, 관상대; 관측소.

gözlü *s.* 눈이 있는.

gözlük *is.* 안경; 고-글; 안대; ~ camı 안경알; ~ çerçevesi 안경테; ~ mahfazası 안경집; ~ takmak 안경을 쓰다; tek ~; 외알안경, 모노클.

gözlükçü *is.* 안경상인; fennî ~ 광학기계상.

gözlükçülük *is.* 안경상업.

gözlüklü *s.* 안경을 쓴.

gözsüz *s.* 눈이 없는, 장님의.

gözükmek *f.* 보이다.

grafik *is.* 도학, 제도법; 도식, 도표, 그래프.

gram *is.* (무게의 단위) 그램.

gramer *is.* 문법, 어법; 문법론, 문법학.

gramofon *is.* 축음기.

granit *is.* 〔지질〕 화강암.

gravür *is.* 〔미술〕 판화, 음각화.

grekoromen *b. is.* 〔운동〕 (레슬

링) 그리스·로마식.
grev *is.* 동맹 파업, 스트라이크; ~ yapmak 동맹 파업하다; ~ yasağı 동맹파업 금지법.
grevci *is.* 동맹 파업자.
greypfrut *is.* 〔식물〕 그레이프 프루우트, 귤 비슷한 과일.
gri *s.* 회색의, 잿빛의.
grip *is.* 유행성 감기, 인플루엔자, 독감.
grizu *is.* (탄갱안의) 폭발성 메탄까스; ~ patlaması 메탄까스 폭발.
grup *is.* 떼, 무리; 집단, 단체; 파, 당파 ; ~ ~무리지어, 단체로; ~ halinde 단체로, 집단으로; ~ halinde eğitim 집단교육; ~ halinde terbiye 집단훈련.
gudde *is.* 〔해부〕 선, 샘.
guguk *is.* 〔조류〕 뻐꾸기.
gulyabani *is.* 귀신; 마귀; 괴물.
gurbet *is.* 망명; 유배; 유랑; ~ çekmek 망명생활을 하다; 유배 생활을 하다; ~ diyarı, ~ eli 망명지; 유배지; ~te olmak 유배되다, 추방되다; 망명하다;
gurbetçi *is.* 망명객; 유배객; 유랑인.
gurbetçilik *is.* 망명 생활; 유배 생활; 유랑 생활.
gurur *is.* 자랑; 자존심; 자부심; 긍지, 자긍심; 교만, 오만.
gururlanmak *f.* 자랑하다, 오만하다, 교만하다.
gururlu *s.* 자부심이 있는; 오만한, 교만한.
gübre *is.* 비료; 퇴비; 변, 똥, 분뇨; ~ fabrikası 비료공장; ~ vermek 비료를 주다, 시비하다.
gübrelemek *f.* 비료를 주다, 시비하다.
gübreli *s.* 비료를 준, 시비된.
gübrelik *is.* 비료 저장소.
gücendirmek *f.* 기분을 상하게 하다, 불쾌하게 하다, 성나게 하다.
gücenik *s.* 성난, 기분 상한, 불쾌한.
güceniklik *is.* 성남, 기분 상함, 불쾌함.
gücenmek *f.* 기분이 상하다. 불쾌하다; 실망하다.
gücümsemek *f.* 어렵게 생각하다, 곤란하게 여기다.
güç ① *is.* 기운, 힘; 능력; 위력; 세력; 군사력; deniz ~ü 해군(력); ~ ile 힘으로, 강압적으로, 폭력으로; ~ü yettiği kadar 전력으로; hava ~ü 공군(력); kara ~ü 육군(력).
güç ② *s.* 어려운, 곤란한, 난해한; *is.* 어려움, 고충, 난점; ~ gelmek 어렵다; ~üne gitmek 어렵다; ~üne koşmak 어려운 길을 택하다.
güçlendirmek *f.* 강화하다, 강력하게 만들다; 어렵게 만들다.
güçlenmek *f.* 강력해 지다; 어렵게 되다.
güçleşmek *f.* 어려워 지다.
güçleştirmek *f.* 어려워지게하다.
güçlü *s.* 강한, 힘센; 세력있는; 능력있는.
güçlük *is.* 어려움, 고충, 곤란.
güçsüz *s.* 힘이 없는, 약한.
güçsüzlük *is.* 연약함, 무력, 무기력.
güdelemek *f.* 뒤쫓다, 추적하다, 추격하다.
güdüm *is.* 조종.
güdümlü *s.* 조종되는, 조종할 수 있는; ~ ekonomi, ~ iktisat 계획 경제; ~ mermi 〔군사〕 유도탄.
güfte *is.* 〔음악〕 가사.
gül *is.* 〔식물〕장미(꽃); ~ ağacı; 〔식물〕장미 나무; ~ü seven dikenine katlanır 장미를 좋아 하면 가시를 참아야 한다.

güldürmek *f.* 웃기다.
güldürü *is.* 소극, 익살극, 희극.
güldürücü *s.* 웃기는.
güleç *s.* 웃는.
gülfidanı *b. is.* 장미 덩굴.
güllaç *is.* (음식) 전분으로 만든 단 것의 일종.
gülle *is.* [운동] 투포환의 포환; 돌이나 쇠로 만든 포탄.
güllük *is.* 장미밭.
gülmek *f.* 웃다; 홍겨워 하다; 조소하다; güle güle! (인사)안녕히 가십시오; 즐겁게; ~ten kırılmak 폭소하다, 몹시 웃다.
gülsuyu *b. is.* 장미 향수.
gülümseme *is.* 미소.
gülümsemek *f.* 미소짓다, 가볍게 웃다.
gülünç *s.* 우스운, 우스꽝스런.
gülünçlü *s.* 익살스런.
gülünmek *f.* gülmek의 재귀형.
gülüş *is.* 웃는 모습.
gülüşmek *f.* 서로 서로 웃다, 함께 웃다.
gülyağı *b. is.* 장미유; 장미향수.
güm *is.* 쿵하는 소리; ~ ~ ötmek 쿵쿵 소리내다.
gümbür *is.* 으르렁대는 소리; 반향음, 여운; ~ ~으르렁 대면서.
gümbürdemek *f.* 포효하다, 으르렁 대다., 반향음을 내다.
gümbürdetmek *f.* 포효하게 하다, 으르렁대게 하다.
gümbürtü *is.* 포효, 으르렁대는 소리.
gümbürtülü *s.* 으르렁대는, 포효하는.
gümbürtüyle *zf.* 으르렁대면서, 포효하면서.
gümlemek *f.* 쿵하고 소리내다,
gümletmek *f.* 쿵하고 소리나게 하다.
gümrük *is.* 관세, 통관세, 수입세; 세관; ~ almak 관세를징수하다; ~ başmüdürü 세관장; ihracat ~ü 수출세; itlahât ~ ü 수입세.
gümrükçü *is.* 세관원; 통관 중개인.
gümrükçülük *is.* 세관직; 통관 중개업.
gümrüklemek *f.* 통관하다.
gümrüklü *s.* 관세가 붙은; 관세를 지불한.
gümrüksüz *s.* 관세가 없는, 무관세의; 관세를 지불하지 않은; 밀수의.
gümüş *is.* (금속)은; *s.* 은으로 된, 은 제품의.
gümüşçü *is.* 은 세공인; 은 제품 상인.
gümüşlemek *f.* 은 도금을하다; 은으로 장식하다.
gümüşlenmek *f.* 은 도금되다; 은처럼 반짝이다.
gümüşletmek *f.* 은 도금을 시키다; 은으로 장식시키다.
gümüşî *s.* 은빛의.
gümüşlü *s.* 은으로 된, 은 도금한.
gümüşü *s.* 은빛의.
gün *is.* 해, 태양; 낮; 날, 일자; 때. 시간, 철, 시절; 좋은 때, 좋은 시절; evvelki ~ 그저께; ~ ağarmak 날이 새다, 날이 밝다; ~ dikilmesi 정오; ~ doğmak 해가 뜨다, 아침이 되다; ~ eğişmesi 이른 오후; ~ görmemek 곤궁하게 살다; ~ görmez 햇빛이 들지않는; ~ görmüş 유족하게 산; ~ kavuşmak 해가 지다, 일몰하다; ~ koymak 날자를 정하다; ~ merkezli [천문] 태양 중심의; ~ orta 정오; ~ önü 새벽; ~ tün eşitliği [천문] 주야평분시; 춘분; 추분; ~den ~e 나날이, 매일, 점차; ~lerden bir ~ 한 때; ~leri gece olmak 불행을 당하다; ~leri sayılı olmak 죽음이 가까워

오다; ~ü ~üne 정확하게, 제 때에; ~ü yetmek 만기가 되다, 마감일이 되다; ~ün adamı 잠시 유명해 진 사람; 시대의 변천에 잘 적응하는 사람; ~ün birinde 어느 날; ~ünü doldurmak 기간을 채우다; 성숙하다; ~ünü görmek 나쁜 결과를 당하다; ~ünü ~ etmek 즐거이 지내다; **kış** ~ durumu 〔천문〕동지; öbür ~ 모레; önceki ~그저께; öteki ~ 모레; yaz ~ durumu〔천문〕 하지.

günah *is.* (종교·도덕상의) 죄, 죄악; ~ çıkarmak 고백하다, 고해성사하다; ~ çıkartmak 고백을 듣다, 고해성사를 듣다; ~ olmak 유감스럽다, 애석하다; ~a girmek (종교·도덕상의) 죄를 짓다, 죄악을 저지르다; ~a sokmak 죄를 짓게 하다, 죄악으로 빠뜨리다; ~ı kadar sevmemek 아주 싫어하다; ~ını çekmek 죄값을 치루다; ~ını vermez 매우 인색한.

günahkâr *s.* 죄악의, 유죄의.

günahkarlık *is.* 유죄.

günahlı *s.* 죄의, 유죄의, 죄악의.

günahsız *s.* 죄가 없는, 무죄의.

günaşırı *zf.* 격일(제)로.

günaydın *ünl.* (아침 인사) 안녕하십니까?

günbatısı *b. is.* 서쪽(방향).

günberi *b. is.* 〔천문〕 근일점.

güncek *is.* 양산, 우산.

güncel *s.* 시사의, 현행의.

güncellik *is.* 시사(성).

günçiçeği *b. is.* 〔식물〕해바라기.

gündeleşmek *f.* 일과로 하다; 일간으로 하다.

gündelik *s.* 매일의, 일간의; *is.* 일당, 일급; ~ çalışmalar 날일; ~ gazete 일간신문; ~ çalışan işçi 날품팔이, 일급고용원.

gündelikçi *is.* 일급(일당) 노동자, 날품팔이.

gündelikçilik *is.* 날품, 날일.

gündelikli *s.* 날품의, 날일의.

gündem *is.* 〔정치〕 (의회·국무회의의) 의사일정, 의제.

gündoğrusu, gündoğusu *b. is.* 동쪽(방향); 동풍.

gündönümü *b. is.* 밤낮의 길이가 같은 날; 춘분, 추분, 지일, 지점.

gündüz *is.* 낮, 주간; 대낮, 한낮, 백주; ~ taarruz 〔군사〕 주간 공격; ~ uçuşu 주간 비행; ~ vakti 낮시간, 주간; ~leri 낮에, 주간에.

gündüzcü *is.* 주간 근무; (학교) 주간 학생; 낮에 술을 마시는 사람.

gündüzün *zf.* 낮에, 주간에.

günebakan *b. is.* 〔식물〕 해바라기.

günedoğrulum *b. is.* 〔식물〕 해굽성, 향일성.

güneş *is.* 해, 태양; 햇빛, 햇살; ~ açmak 해가 나오다, 날씨가 맑아지다; ~ almak 햇빛을 쬐다; 볕에 말리다; ~ banyosu 일광욕; ~ batmak 해가 지다; ~ batması 일몰; ~ çarpmak 일사병에 걸리다; ~ çarpması 일사병; G~ -Dil teorisi〔문법〕 태양 언어설; ~ doğmak 해가 뜨다; ~ doğması 일출; ~ gözlüğü 색안경; ~ günü〔천문〕 태양일; ~ lekesi 〔천문〕 태양의 흑점; ~ manzumesi〔천문〕 태양계; ~ saati 해시계; ~ senesi 〔천문〕 태양년; ~ sistemi 〔천문〕 태양계; ~ şemsiyesi 양산, 파라솔; ~ tutulmak 일식이 되다; ~ vurmak 일사병에 걸리다; 햇빛이 비치다; ~ vurması 일사병; ~ yılı 〔천문〕 태양년.

güneşlemek *f.* 햇빛을 쬐다.

güneşlenmek *f.* güneşlemek 의 재귀형.
güneşletmek *f.* 볕에 말리다, 햇빛을 쏘이다.
güneşli *s.* 햇빛의, 햇빛이 있는.
güneşlik *s.* 양지의; *is.* 차양, 차일.
güneşsiz *s.* 그늘진, 햇빛이 없는; 구름이 낀, 흐린.
güneştutulması *is.* 〔천문〕 일식.
güney *is.* 남쪽(방향); *s.* 남쪽의; ~ batı 서남쪽; ~ doğu 동남쪽; ~ hacı 〔천문〕 남십자성; ~ kutubu 남극; ~ Afrika 남 아프리카; ~ Amerika 〔지리〕 남미(주); ~ Doğu Asya 동남아시아; ~ Kore〔지리〕 한국, 남한; ~ Vietnam 〔지리〕 월남.
güneyli *is.* 남쪽 지방에 사는 사람.
güneyindi *b. is.* 서쪽, 서편.
günlü *s.* 날자의, 일자의.
günlük *s.* 당일의, 그날의; 당시의; 매일의, 일상의; …일분, …일치, …일간; beş ~ gazete 5일치 신문; bir ~ ilâç 1 일분의 약; ~ güneşlik 양지바른, 햇빛이 잘드는; üç ~ gezi 3 일간 여행.
günöte *b. is.* 〔천문〕 지구가 태양으로 부터 가장 멀어진 점, 원지점.
güntutulması *is.* 〔천문〕 일식.
güpegündüz *zf.* 백주에, 대낮에, 한낮에.
gür *s.* 큰, 많은, 풍성한.
gürbüz *s.* 억센, 튼튼한, 건장한.
gürbüzluk *is.* 억셈, 튼튼함, 건장.
Gürcistan *öz. is.* 〔지리〕 러시아 남부 소련방의 하나, 조오지아 (Georgia).
Gürcü *öz. is.* 조오지아 사람.
Gürcüce *öz. is.* 조오지아 말.
gürel *s.* 〔철학〕 역학적, 동적인.
gürelcilik *is.* 〔철학〕 역본설, 물력론.
güreş *is.* 〔운동〕 레스링; 씨름.
güreşçi *is.* 레스링 선수; 씨름 선수, 씨름꾼;
güreşme *is.* 씨름하기; 레스링.
güreşmek *f.* 씨름하다; 레스링을 하다.
gürelmek *f.* 큰소리를 내다, 폭음을 내다.
gürültü *is.* 시끄러운 소리, 소음; 소란, 요란, 야단법석; ~ çıkarmak 소음을 내다, 시끄럽게 하다, 소란하게 하다; ~ etmek, ~ yapmak 시끄럽게하다, 소리치다.
gürültücü *s.* 소란스런.
gürültülü *s.* 시끄러운, 큰 소리의.
gürültüsüz *s.* 소리없는, 조용한.
gütmek *f.* (소 · 양떼를) 몰다; 이끌다, 향도하다; 조종하다.
güve *is.* 〔곤충〕 좀벌레.
güveç *is.* 토기, 질그릇, 오지그릇, 뚝배기; 뚝배기에 끓인 음식.
güvelenmek *f.* 좀벌레가 생기다; 좀먹다, 좀이 쓸다.
güven *is.* 신뢰, 신용, 신임; 안전; ~ beslemek 신용을 얻다, 신임을 얻다; ~ mektubu 신임장; ~ olmaz 믿을 수 없는, 신뢰할 수 없는; ~i olmak 믿다, 신용하다, 신뢰하다; ~i sarsılmak 신용을 잃다.
güvenç *is.* 신뢰감.
güvenilmek *f.* 신임받다, 신뢰받다.
güvenli *s.* 믿는, 신임 받는, 신뢰 받는.
güvenlik *is.* 안전, 보안; ~ Konseyi (국제연합) 안전보장 이사회.
güvenme *is.* 믿음, 신임, 신용, 신뢰.
güvenmek *f.* 믿다, 신용하다,

신임하다, 신뢰하다; 안전을 보장하다; güvendiği dağlara kar yağmak 믿는 나무에 곰이 피다; kendine ~자신을 갖다.

güvenoyu *b. is.* 〔정치〕 신임투표.

güvensiz *s.* 불신의, 신용이 없는, 믿을 수 없는; 불안한

güvensizlik *is.* 불신(임); 불안(정).

güvercin *is.* 〔조류〕 비둘기.

güvercinlik *is.* 비둘기 사육장.

güverte *is.* 갑판.

güvey *is.* 신랑, 새서방; 사위; ~ girmek 신랑이 신방에 들어가다, 신방을 차리다.

güveylik *is.* 신랑(신분); *s.* 신랑의.

güya *zf.* 마치, 마치 …처럼.

güz *is.* 가을, ~ noktası〔천문〕추분(점).

güzel *s.* 좋은; 이쁜, 아름다운; 착한, 선량한, 선한; ~ sanatlar 예술.

güzelce *s.* 꽤 아름다운; *zf.* 잘, 매우.

güzelleşmek *f.* 아름다워지다, 이뻐지다; 좋아지다, 선량해지다.

güzelleştirmek *f.* 아름답게하다.

güzellik *is.* 아름다움, 미, 미려.

güzey *is.* 음지, 그늘진 곳.

güzlek *is.* 가을비.

güzlük *s.* 가을에 심는, 가을 파종의.

güzün *zf.* 가을에.

Ğ, ğ

Ğ,ğ 터어키어 자모의 아홉번째 글자.

H, h

H, h 터어키어 자모의 열번째 글자; 〔음악〕 시 계음.

H 〔화학〕 수소의 원소 기호.

ha *ünl.* 아!

haber *is.* 소식; 보도, 뉴우스; 정보; 첩보; dış ~ler 외국소식, 외신보도; iç ~ler 국내소식; ~ almak 소식 듣다; ~ göndermek 소식을 전하다; ~ sormak 소식을 묻다; ~ vermek 소식 주다, 알려주다.

haberci *is.* 소식을 전하는 사람, 사자.

haberdar *s.* 소식의; ~ etmek 소식을 주다, 통지하다; ~ olmak 알다, 소식을 듣다.

haberleşme *is.* 통신, 교신, 서신 왕래.

haberleşmek *f.* 통신하다, 교신하다, 서신왕래를 하다.

haberli *s. zf.* 소식을 준; 소식을 받은.

habersiz *s.* 무소식의; *zf.* 소식없이, 소식을 전하지 않고.

habeş *s.* 흑인의.

Habeşî *öz. is.* 이디오피아 사람.

Habeşistan *öz. is.* 이디오피아.

habire *zf.* 끝없이, 계속적으로.

hac *is.* (회교도의) 멕카 성지 순례; ~ etmek, ~a gitmek 성지순례를 가다; ~ı asgar 소 순례; ~ı ekber 대 순례; ~ı islâm 성지 순례 의무.

haccetmek *f.* (회교) 성지 순례를 하다.

hacet *is.* 수요, 필요, 요구; ~ görmek 필요로 하다; ~ kapısı 소망을 기원하는 신성한 문; ~ yeri 화장실, 변소; ~i olmak 변이 마렵다.

hacı *is.* 멕카 순례를 마친 회교도(에게대한 칭호); ~ baba 원로 순례자; ~ bayramı 순례여행에서의 귀향 축하연; ~ hanım 순례를 마친 부인; ~ olmak 멕카 순례를 마친 회교도가 되다.

hacılarkuşağı *b. is.* 무지개.

hacılaryolu *b. is.* 〔천문〕 은하(수).

hacılık *is.* 성지 순례를 마친 사람의 신분.

hazıyatmaz *b. is.* 오뚜기; 난국을 잘 극복하는 사람.

hacim *is.* 크기, 부피, 용적, 체적.

hacir *is.* 〔법률〕 금치산.

Hacivat *öz. is.* 터어키 고유의 그림자 풍자극의 주인공.

haciz *is.* 〔법률〕 압류, 압수, 몰수; ~ altına almak 압류하다, 압수하다, 몰수하다; ~ kararı 〔법률〕 압류영장; ~ koymak 압류하다.

hacle *is.* 신방.

haczetmek *f.* 〔법률〕 압류하다.

haç *is.* 십자, 십자가; ~ çıkarma 기독교 신자가 가슴에 십자 성호를 긋는 것; ~lı seferleri 〔역사〕 십자군 원정.

haçlamak *f.* 십자가에 못 박다.

Haçlılar *öz. is.* 〔역사〕 십자군.

had *is.* 한계, 한도; 경계(선); 분수; ~dini aşmak 한도를 넘다; 분수를 넘다(모르다); ~ dini bilmek 한계를 알다, 분수를 알다, 분수를 지키다.

hâd *s.* 뾰족한, 첨예의; (병이) 심(각)한; (불화가) 첨예화한; 〔수학〕 예각의.
hadde *is.* 〔금속〕 압연기; ~ fabrikası 압연 공장; ~den geçirmek 압연하다.
hademe *is.* 고용인, 고용자, 그원.
hademelik *is.* 고용인 신분, 그용인 직무.
hadım *is.* 거세한 남자, 환관.
hadi *unl.* 자! 그럼! 이제! 어서!
hadim *s.* 봉사하는, 시중드는; 도움이되는, 소용되는.
hadis *is.* (회교) 교조 모하멘의 언행록.
hadise *is.* 사건; 사고; ~ çıkarmak 사고를 내다, 사건을 일으키다.
hadiseli *s.* 사고가 발생한.
hadisesiz *s.* 무사한, 무사고의.
hafıza *is.* 기억(력); ~sı kuvvetli 기억력이 좋은; ~sı zayıf 기억력이 나쁜, 건망증이 있는; ~yı takviye usulü 기억술.
hafızavî *s.* 기억(술)의, 기억을 돕는.
hafi *s.* 비밀의, 내밀한, 은밀한, 숨은.
hafif *s.* 가벼운; 쉬운; 경미한; 경박한; 경쾌한; 연한; ~ müzik 경음악.
hafiflemek *f.* 가벼워 지다; 쉬워 지다; 속도가 줄다.
hafifleşmek *f.* 가벼워 지다; 경미해지다; 경쾌해 지다.
hafifleştirmek *f.* hafifleşmek의 사역형.
hafifletmek *f.* hafiflemek의 사역형.
hafiflik *is.* 가벼움; 경미함; 경쾌함.
hafifmeşrep *s.* 경박한, 경솔한; 천박한, 시시한; 방종한, 방랑한.
hafifmeşreplik *b. is.* 경박, 경솔; 천박; 방탕, 방종.
hafifsemek *f.* 가벼이 보다, 중요하지 않게 여기다; 업신 여기다.
hafiye *is.* 탐정, 밀정.
hafiyelik *is.* 탐정의 일.
hafriyat *is.* 파냄, 굴착; 발굴.
hafta *is.* 주, 7일간, 1주간; ~ arasında 평일에; 주내에; ~ başı 주초; ~ günü 평일; ~ sonu, ~ tatili 주말; ~da 금주; ~da bir 매주1회; ~larca 수주일.
haftalık *is.* 주급; *s.* 매주의, 주1회의; 1주간의, 1주분의; ~ mecmua 주간지; ~ ücret 주급; ~la 주급으로, 1주를 단위로.
haftalıkçı *is.* 주급 고용인.
haftalıklı *s.* 주급의; *is.* 주급 고용인.
haftaym *is.* (운동) 전후반 경기의 하아프 타임.
hah *ünl.* (기대했던 바에 대한) 아!, 역시!.
hain *s.* 반역의, 배반의, *is.* 반역자, 배반자, 역모자.
haince *zf.* 반역으로, 배반으로.
hainleşmek *f.* 반역하다, 배반하다, 역모하다.
hainlik *is.* 반역, 배반, 역모.
haiz *s.* 담고 있는, 포함한; ehemiyeti ~ bir mesle 중요한 문제; ~ olmak 포함하다, 내포하다.
hak *is.* 권리; 정의; 정당; 몫; 임금, 급료, 보수; *s.* 정당한, 옳은; ~ etmek 권리를 갖다; ~ kazanmak 정당성을 인정받다; ~ vermek 정당성을 인정하다; ~ yolu 옳은 길, 정도.
hakan *is.* 왕의 칭호.
hakanlık *is.* 왕위; 왕의 신분.
hakaret *is.* 업신여김; 모욕, 멸

시, 경멸, 모멸; 치욕, 수치; ~ etmek 모욕주다, 멸시하다, 경멸하다, 업신여기다; ~ görmek 업신여김을 당하다, 모욕을 당하다, 멸시 받다.
hakem *is.* (경기의) 심판(관); 조정자, 중재인.
hakemlik *is.* (경기의) 심판; 조정, 중재.
hakikat *is.* 진실, 진상, 사실; *zf.* 실로, 참으로.
hakikaten *zf.* 실로, 참으로, 진실로, 실제로.
hakikatli *s.* 참의, 진짜의, 진정한.
hakikatsiz *s.* 가짜의, 허위의.
hakikî *s.* 사실의, 진실한, 실제의, 실질적, 참의, 진짜의; 본질적; 구체적; 〔철학〕 객관적인; ~ şahıs 〔법률〕 자연인.
hakim *is.* 〔법률〕 판사, 법관; 통치자; 통치, 지배; *s.* 통치의, 지배의; ~ etmek 지배하다, 통치하다, 통어하다, 관할하다; 우세하다.
hakimiyet *is.* 〔정치〕 주권, 통치권.
hakimlik *is.* 법관직, 판사직.
hakkaniyet *is.* 공정, 정당, 공평; 합법.
hakkında *e.* …에 관하여, …에 대하여.
hakkısükût *b. is.* 입막음 돈, 무마비.
hakkıyle *zf.* 정당히, 당연히.
haklamak *f.* 무찌르다, 격파하다, 깨뜨리다; 먹어 치우다.
haklaşmak *f.* 청산하다, 해결하다.
haklı *s.* 옳은, 정당한; 타당한, 합당한.
haklılık *is.* 옳음, 정당(성); 타당(성), 합당.
hakperest *s.* 정의를 좋아하는, 정직한.
haksever *s.* 정의를 좋아하는, 정직한, 진실한, 정의를 지키는.
hakseverlik *b. is.* 정직, 진실(성), 정의(감).
haksız *s.* 옳지 못한; 부정한, 부당한, 오류의; ~ çıkmak 옳지 못한 것이 들어나다, 부당함이 나타나다, 부정한 것으로 판명되다; ~ çıkarmak 부정함을 입증하다, 부당함을 밝히다;~ yere 부당하게, 부정하게.
haksızlık *is.* 옳지 못함, 부정, 부당; ~ etmek 부정을 저지르다.
haksinas *s.* 공정한, 정의로운.
haktanır *b.s.* 공정한, 정의로운.
hal ① *is.* 상태; 상황; 처지, 조건, 환경, 경우; 태도, 방식; 〔문법〕 격; 기운, 힘; bu ~de 그래서; 그런데; 이런 경우에; 이렇다면; ~ etmek 처리하다; 조절하다; 해결하다, ~e gelmek 상태가 되다; 상황에 이르다, her ~de 어쨌든; 어느 경우든; 아무튼; o ~de 그러면; 그런 경우.
hal ② *is.* (지붕이 있는) 시장.
hala *is.* 고모.
hâlâ *zf.* 아직, 아직도, 여전히, 아직까지.
halâs *is.* 구원, 구제, 구조.
halâskar *s.* 구원하는, 구제하는.
halat *is.* (굵은) 줄, 밧줄, 로우프; ~ çekme 〔경기〕 줄다리기.
halayık *is.* 여자 종, 시녀; 첩.
halayıklık *is.* 여자 종 신세, 시녀 신세; 첩 신세.
halazade *b. is.* 고종 사촌.
halbuki *bağ.* …임에 반하여; 그러나; 그럼에도 불구하고.
haldeş *s.* 같은 처지에 있는.
halef *is.* 계승자, 승계자; ~ selef olmak 계승하다.
halel *is.* 손상; 손실, 결손; 파괴, 파손; ~ gelmek 상하다, 손상되다, 손상을 입다; ~ getirmek 상하게 하다, 손상하다;

~ vermek 상해하다, 손상을 주다.
haleldar *s.* 상한, 손상된, 결손된.
halen *zf.* 지금(까지), 현재(까지), 아직.
hal'etmek *f.* (왕위에서) 퇴위시키다, 폐위시키다.
halhal *is.* 발목에 끼는 장신구.
halı *is.* 양탄자, 카아펫; ~ döşemek 양탄자를 깔다.
halıcı *is.* 양탄자 짜는 사람; 양탄자상인.
halıcılık *is.* 양탄자 업.
haliç *is.* 〔지리〕 작은 만; 깔때기 모양의 강 어귀.
halife *is.* 〔역사〕 회교국의 최고 통수권자, 칼리프.
halifelik *is.* 칼리프 직위; 칼리프 직무; 칼리프가 다스리는 나라; 칼리프 제도.
halk *is.* 국민, 백성, 민중, 대중, 인민; ~ efkâr 여론.
halka *is.* 고리, 고리 모양의 물건; 바퀴; 원, 원형; 환, 환체; ~ olmak 원형을 이루다; ~ oyunları 원형을 이루어서 하는 놀이.
halkalamak *f.* 원형을 만들다, 고리모양으로 만들다.
halkalanmak *f.* 원형을 이루다, 환상이 되다.
halkalı *s.* 원형의, 환상의, 고리 모양의.
halkbilgisi *b. is.* 민속학.
halkçı *s.* 만민 평등의.
halkçılık *is.* 만민 평등 주의.
halkdevinbilim *b. is.* 인구 통계학.
halkoyu *b. is.* 국민투표.
halletmek *f.* 해결하다.
halojen *is.* 〔화학〕 할로겐.
halsiz *s.* 지친, 피로한, 무기력한.
halsizlik *is.* 피로, 무기력, 권태.
halta *is.* 멍에, 굴레.
halter *is.* (운동기구) 아령; 역기; 역도.
halûk *s.* 착한, 온후한, 친절한.
ham *s.* (과일 따위) 덜 익은, 미숙한; 가공하지 않은; 가능성이 없는, 실현성이 없는; ~ adam 요령없는 사람; 분별없는 사람; ~ bakır 〔광물〕 동광(석); 생동; ~ demir 선철, 생철, 무쇠; ~ deri 생가죽; ~ fikir 터무니없는 생각; ~ ipek 생사; ~ madde 원료; ~ meyva 덜 익은 과일, 풋과일; ~ pamuk 원면; ~ petrol 원유; ~ şeker 조당; 흑설탕.
hamail *is.* 어깨 띠.
hamak *is.* 달아 매는 그물 침대, 해먹.
hamal *is.* 짐꾼; ~ sırığı 목도(몽둥이).
hamaliye *is.* 짐꾼 삯, 운반비.
hamallık *is.* 짐 나르는 일; 짐꾼 삯; 필요없는 짐, 불필요한 부담.
hamam *is.* 공중 목욕탕; ~ anası 공중 목욕탕 여자 경영인; 공중 목욕탕 여자 종업원; 몸집이 큰 여자; 거치른 여자; ~ gibi 매우 더운; ~ kesesi 때밀이 수건; ~ odası 탈의실; ~ yapmak 목욕하다.
hamamböceği *b. is.* 〔곤충〕 바퀴벌레).
hamamcı *is.* 공중 목욕탕 경영인.
hamamcılık *is.* 공중 목욕탕 경영(업).
hamamotu *b. is.* 탈모제.
hamamtası *b. is.* 목욕 대야.
hamarat *s.* (여자) 가사에 부지런하고 능숙한.
hamaratlık *is.* (여자) 가사에 부지런하고 능숙함.
hamdetmek *f.* 신에게 감사하다.
Hamel *öz. is.* 〔천문〕 수양자리,

백양궁.
hamhalat *s.* 솜씨 없는, 서투른.
hamhum *is.* 어흠하는 소리; ～ etmek 어흠소리를 내다.
hamil *s.* 가지고 있는, 지니고 있는; *is.* 지지; 임신, 잉태, 회임, 수태.
hâmile *s.* 임신의, 임신한; ～ kalmak, ～ olmak 임신하다; 임신되다.
hamilelik *is.* 임신, 수태, 회임.
hamiyet *is.* 공공심, 애국심.
hamsi *is.* 〔어류〕 멸치.
hamur *is.* (밀가루) 반죽; (종이) 등급; *s.* (빵 따위) 덜 익은; ～ açmak 반죽을 얇게 밀어 펴다; ～ gibi 매우 지친, 매우 피곤한; ～ işi 밀가루 반죽으로 만든 음식; ～ tahtası 밀가루 반죽 미는 나무; ～ tutmak, ～ yapmak, ～ yoğurmak 반죽을 만들다.
hamurcu, hamurkar *is.* 밀가루 반죽하는 사람.
hamurlamak *f.* (솥이나 냄비에 김이 새지 않게) 밀가루 반죽을 이겨 붙이다.
hamurlaşmak *f.* 반죽 상태가 되다; 축 늘어지다.
hamursu *s.* 잘 익지 않은; 반죽 같은.
han ① *is.* 주권자의 칭호, 칸; 황제; 추장.
han ② *is.* 여인숙.
hancı *is.* 여인숙 경영인.
hancılık *is.* 여인숙업; 숙박비.
hançer *is.* 비수, 단도, 단검.
hane *is.* 집; 칸, 난, (바둑판의) 집; (숫자의) 자리수.
hanedan *is.* 〔역사〕왕조; *s.* 귀족 가문의.
hanedanlık *is.* 귀족; 왕족.
Hanefi *öz. is.* 〔역사〕 이슬람 법학자 하네피; 하네피 파.
Hanefilik *öz. is.* 〔역사〕 하네피 파.
haneli *s.* 집의, …채의, …호의.
hangi *s.* 어느, 어떤.
hangisi *zm.* 어느 누구; 어느 것, 어떤 것.
hanım *is.* 부인, 양; ～ ～cık 현모양처.
hanımböceği *b. is.* 〔곤충〕 무당벌레, 풍뎅이.
hanımefendi *b. is.* (존칭) 부인, 여사.
hanımeli *b. is.* 〔식물〕 인동(덩굴).
hanımlık *is.* 부인 신분.
hani *zf.* 자!, 어디!.
hanlık *is.* 왕국, 칸국.
hantal *s.* 맵시 없는, 어색한; 너무 자라난, 너무 큰, 성가신, 귀찮은.
hap *is.* (약) 알, 알맹이; ～ı yutmak 낭패하다.
hapis *is.* 투옥, 수용, 감금; ～ giymek 투옥 선고를 받다.
hapishane *b. is.* 옥, 감옥, 교도소, 구치소.
hapislik *is.* 투옥; 투옥 기간.
hapsetmek *f.* 가두다, 감금하다; 수용하다; 투옥하다.
harabe *is.* 폐허, 옛터, 잔해.
harabelik *is.* 폐허, 잿더미.
haraç *is.* 〔역사〕 공물, 조공; ～a bağlamak 조공을 바치게 하다.
haraççı *is.* 공물을 거두어 들이는 사람.
haraççılık *is.* 공물을 거두어 들이는 일.
harakiri *is.* (일본의) 할복 자결.
haram *s.* (종교상) 금기의, 금지된; *is.* 금기; ～ olmak 금지되다, 금기되다; ～ para 부정한 금전; ～ yemek 부정하게 재산을 모으다.
haramî *is.* 도둑, 도적, 강도.
haramîlik *is.* 도둑질, 도적질.
haramzade *b. is.* 서자, 사생아.
harap *s.* 부서진, 폐허의, 황폐

한; 지친, 초췌한.

haraplık *is.* 황폐(지), 폐허, 잔해.

hararet *is.* 열, 더위, 더운 기운, 열기; ~ basmak 목이 마르다, 갈증을 느끼다; ~ söndürmek 갈증이 없어지다.

hararetlenmek *f.* 더워지다; 열이 나다; 갈증이 생기다; 흥분되다, 열기를 띄우다.

hararetli *s.* 더운; 열이 있는; 생동적인; 열띤, 격렬한.

harb *is.* 전쟁, 전투.

Harbiye *is.* 〔역사〕 군관 학교; 전쟁성; ~ mektebi 〔역사〕 사관 학교; ~ Nazırı 〔역사〕 전쟁성 장관; ~ Nezareti〔역사〕 전쟁성.

harbiyeli *is.* 사관학교 생도.

harcamak *f.* 쓰다, 소비하다; 소모하다, 들이다.

harcanmak *f.* 쓰이다, 소비되다, 소모되다, 들다.

harç *is.* 비용, 수수료; 사례; mahkeme ~ı 법원 소송비; tapu ~ı 부동산 등기비.

harçlı *s.* 비용의, 비용이 드는.

harçlık *is.* 용돈, 용전, 잡비.

harçsız *s.* 빚이 없는.

hardal *is.* 겨자, 겨자나무.

hare *is.* 물결무늬; 물결무늬 천.

harekât *is.* 〔군사〕 작전; 군사 행동; Genel Kurmay ~ Dairesi 총참모부 작전국.

hareke *is.* 아랍어 표기에서 모음대신 사용하는 음독기호.

harekelemek *f.* 음독 기호를 붙이다.

hareket *is.* 활동; 운동; 동작; 행동; 출발, 출동; ~ etmek 움직이다, 활동하다; 동작하다; 행동하다; 운동하다; 출동하다; 출발하다, 떠나다.

hareketli *s.* 움직이는, 활동적, 유동적.

hareketsiz *s.* 움직이지 않는, 부동의, 비활동적.

harem *is.* 〔역사〕 후궁들이 모여 사는 곳; 처, 부인.

harf *is.* 문자; 자모, 글자; büyük ~ 대문자; küçük ~ 소문자.

harfiyen *zf.* 한자 한자; 정확히.

harıl harıl *zf.* 쉼임 없이, (글을 쓰는 모습) 줄줄; (불타는 모습) 활활.

haricen *zf.* (약품의) 외용으로; 외견으로.

haricî *s.* 밖의, 외부의; 외국인의.

hariciye *is.* 외무, 외교; 〔의학〕 외상, 외과 질병; ~ dairesi 외무부; ~ memuru 외교관; ~ müsteşarı 참사관; ~ nazırı 외무부장관; ~ nezareti 외무부; ~ vekâleti 외무부; ~ vekili 외무부장관.

hariciyeci *is.* 외교관; 〔의학〕 외과의사.

hariciyecilik *is.* 외교관 직; 외교관 직무.

hariç *is.* 밖, 외부, 외면, 표면; *zf.* 이외에, 제외하고; ~ etmek 제외하다; ~ olmak 제외되다.

harika *is.* 경이, 경탄, 감탄; 기적.

harikulade *s.* 놀라운, 경이적인, 비범한, 비상한, 특별한, 독보적인.

harim *is.* 신성한 곳, 성소; 신성한 물건; 신성 불가침의 장소나 물건.

haris *s.* 탐욕스런, 몹시 탐내는

harita *is.* 〔지리〕 지도; 지형도; 해양도; 수로도; 항해도; 도해, 설명도; askerî ~ 군사지도; deniz ~sı 해도, 항해도; idarî ~ 행정지도; semavi ~천체도

haritacı *is.* 지도 제작자; 지도 상인.

haritacılık *is.* 지도 제작업.

harlamak *f.* 활활 타는 소리를 내다.
harlatmak *f.* 활활 태우다, 불꽃을 높이다.
harlı *s.* 활활 타는.
harman *is.* 타작, 마당질, 탈곡; 타작마당; 타작철; 추수기, 추수, 거두어 들임, 수확; (차·담배 따위의) 배합, 혼합; ~ dolabı 탈곡기; ~ dövmek 타작하다, 마당질하다; ~ etmek (차·담배 따위를) 배합하다; ~ makinesi 탈곡기; ~ savurmak (곡물·겨 따위를) 까부리다, 키질하다; ~ sonu 농작물을 거둔 뒤에 땅에 쳐져 흩어진 곡식, 이삭; 끝물; 추수의 끝머리; 끝막음; ~ yeri 타작마당.
harmancı *is.* 추수하는 사람; 타작하는 사람; (차·담배 따위를) 배합하는 사람.
harmancılık *is.* 추수 노동; 타작 노동; (차·담배 따위의) 배합하는 일.
harmanlamak *f.* 타작하다; 추수하다; (차·담배 따위를) 배합하다.
harmoni *is.* 〔음악〕 화음.
harmonyum *is.* 〔음악〕 소형 오르간.
harp *is.* 싸움, 전쟁; ~ açmak 전쟁하다; 개전하다; Birinci Dünya ~i 제 1 차 세계대전; dahilî ~내전; İkinci Dünya ~i 제 2차 세계대전.
has *s.* 특별한; 특유의, 고유의; 개인적, 사유의.
hasar *is.* 훼손; 손실; 재해, 피해; ~a uğramak 손실을 입다, 재해를 입다, 피해를 입다.
hasat *is.* 수확, 추수.
hasatçılık *is.* 추수 노동.
hasbıhal *is.* (친구간의) 이야기, 대화, 담소; ~ etmek 담소하다, 대화를 나누다.
hasbî *s.* 무료의, 무상의, 댓가 없는, 호의적; 이유 없는.
hasebiyle *e.* 이유로, 때문에.
haset *is.* 시기, 질투, 질시; ~ etmek 시기하다, 질투하다.
hasetçi *s.* 시기하는, 질투하는, 질시하는.
hasetlik *is.* 시기(심), 질투(심)
hasıl *is.* 풋 곡식.
hâsıl *s.* 생성된, 이루어 진, 발생된; ~ olmak 발생하다, 생기다.
hasıla *is.* 결과.
hasılât *is.* 이득; 수입, 소득; 수확
hâsılı *zf.* 간단히 말하자면; 결론적으로.
hasım *is.* 적, 상대; 원수, 구적.
hasımlık *is.* 증오, 적의.
hasır *is.* 골풀로 만든 자리, 돗자리의 일종; *s.* 골풀로 만든, 골풀제품의.
hasıraltı *b. is.* (일·사건 따위를) 고의로 뭉개는 일; ~ etmek (일·사건 따위를) 고의로 뭉개다.
hasırcı *is.* 돗자리 만드는 사람 또는 상인.
hasırcılık *is.* 돗자리 제조업, 돗자리 상업.
hasırlamak *f.* 돗자리를 깔다.
hasırlı *s.* 돗자리를 깐.
hasırotu *b. is.* 골풀.
hasis *s.* 인색한; 옹색한, 궁색한; 천한, 치사한, 천박한.
hasislik *is.* 인색(함); 치사.
hasret *is.* 그리움; 사모, 갈망, 선망, 소망; ~ çekmek 그리워하다, 사모하다.
hasretli *s.* 그리운; 소망의, 선망의, 갈망의.
hasretlik *is.* 그리움, 사모하는 정.
hasretmek *f.* 할애하다; 주력하다, 전념하다.
hassas *s.* 예민한, 민감한.
hassasiyet *is.* 감도, 감각력, 민감, 예민.

hasta *is.* 병, 질병; 환자; *s.* 병든, 아픈; 편치 않은; ~ arabası 병원차, 구급차; ~ düşmek 병들다; ~ etmek 병들게 하다; ~ gibi görünmek 병약하게 보이다; ~ odası 병실; ~ olmak 병들다, 병에 걸리다, 아프다; ~ teskeresi (환자 수송용) 들것; ~ yatağı 병상; ~sı olmak 깊이 빠지다, 탐닉하다, 몰두하다; ~ya bakmak 환자를 검진하다; 처치하다; 환자를 간호하다.

hastabakıcı *b. is.* 환자 시중인; 간호원; gönüllü ~ 독지간호부.

hastabakıcılık *b. is.* 간호원 직무.

hastalandırmak *f.* 병들게 하다.

hastalanmak *f.* 병들다.

hastalık *is.* 병, 질병; ~ almak, ~ kapmak 병에 걸리다, 감염되다; ~ geçirmek 병을 앓다, 병들다; ~a yakalanmak 병에 걸리다; salgın ~ 유행성 질병; sârî ~ 전염병.

hastalıklı *s.* 병의; 질병의; 병약한; 병든, 불건강한.

hastane, hastahane *is.* 병원 의원; 진료소; ~ gemisi 병원선; ~ otomobili 구급차, 병원차, 환자운반차; seyyar ~ 야전병원.

hastanelik *s. zf.* 병원에 가야 할 정도의; 병원용의.

haşarat *is.* 벌레, 곤충; 쓸모 없는 사람; 쓸모 없는 물건.

haşarı *s.* (아이) 못된, 불량한; (동물) 난폭한.

haşarılaşmak *f.* 불량해지다; 난폭해지다.

haşarılık *is.* 불량; 난폭.

haşhaş *is.* 〔식물〕 양귀비.

haşır haşır *zf.* (가랑잎 따위 마른 것에서 나는 소리) 바삭바삭.

haşin *s.* 거치른; 딱딱한, 완강한; 마음을 상하게 하는.

haşinlik *is.* 거치름; 완강.

haşiş *is.* 대마초; 마약.

haşiv *is.* 불필요하게 늘어 놓는 말이나 글.

haşiye *is.* 주석, 주해.

haşlama *is.* 삶거나 데쳐서 익힘; *s.* 삶은; 데친.

haşlamak *f.* 삶다; 데치다; (벌레가) 쏘다; 꾸짖다.

haşlamlılar *is.* 〔곤충〕 적충류 (원생동물)

haşlanmak *f.* haşlamak의 수동형.

haşlatmak *f.* haşlamak의 사역형.

haşmet *is.* 장엄; 화려; 장관; 웅대; 위엄, 위풍.

haşmetli *s.* 장엄한; 웅대한; 위엄 있는, 위풍 당당한; (윗사람에 대한 경칭의) 위대한, 고귀한.

haşviyat *is.* 말이나 글에서 불필요하게 늘어 놓은 부분, 허사.

haşyet *is.* 두려움, 공포.

hat *is.* 선, 줄; (글·시구 따위의) 줄, 행; (전화의) 선; (운수기관의) 노선; ana ~ (교통망의) 간선; ~ çekmek (전화선을) 설치하다.

hata *is.* 잘못, 오류; 과오, 과실; 실수; ~ etmek 잘못을 저지르다; 실수하다; ~ işlemek (죄, 과오를) 범하다, 저지르다; ~ yapmak 잘못하다, 실수하다; ~ya düşmek 잘못하다, 실수하다.

Hatay *öz. is.* 터어키의 지방 이름.

hatır *is.* 기억; 기념; 정, 정념; ~ için 정념으로, 정(성)을 보아, 정성때문에; ~ sormak 안부를 묻다; 문병하다; ~a gelmek 생각나다, 생각에 떠오르다; ~a getirmek 생각하다, 기억하다, 마음에 떠올리다; ~da tutmak 기억해 두다, 마음에 새겨두다; ~ına getirmek 생각나게 하다, 기억하게 하다; 상기시키다; ~ında kalmak 잊지않다, 기억하다, 기억에 남다; ~ında olmak 기억되다; ~ını kırmak 마음을 상하게 하다; 실망시키다; ~ını saymak 존경을 표하다.

hatıra *is.* 추억; 회고, 회상; 기념; 기념품, 기념물; ~ defteri 일기장; ~ olarak 기념(품)으로서.

hatıralık *is.* 기념물, 기념품.

hatırat *is.* 기억물; 회고록.

hatırlamak *f.* 기억하다; 추억하다, 회고하다, 회상하다.

hatırlanmak *f.* 기억되다, 떠오르다; 추억되다, 회상되다.

hatırlatmak *f.* 떠오르게 하다, 기억나게 하다; 추억케 하다, 회상케 하다; 상기시키다.

hatip *is.* 연설가, 연사; (종교) 설교사, 설교자.

hatiplik *is.* 연설가 직; (종교) 설교사 직(무).

hatmi *is.* 〔식물〕 양아욱.

hatta *bağ.* 더우기, 게다가, 심지어.

hattat *is.* 서예가.

hattatlık *is.* 서예.

hattıfasıl *b. is.* 구분선, 경계선.

hattıhareket *b. is.* 행동노선.

hatun *is.* 부인, 숙녀; (존칭) 여사.

hav *is.* 솜털; 보풀.

hava *is.* 공기; 하늘; 공중; 기후; 날씨; 〔음악〕 곡조, 가락; 분위기; 기분, 흥(취); açık ~ 청명한 날씨; bozuk ~ 나쁜 일기; fena ~ 나쁜 날씨; iyi ~ 좋은 날씨; ~ açılmak 날씨가 개이다, 맑아지다; ~ almak 공기를 넣다; 숨을 들이키다; 바람을 쏘이다, 산책하다; ~ basıncı 〔물리〕 공기압력, 기압; ~ borusu 공기 관; ~ boşluğu 진공; ~ cereyanı 〔기상〕 기류; ~ dalgası 〔물리〕 기파; ~ değişmesi 환기; ~ değiştirme 환기 장치; ~ deliği 공기구멍; ~ harbi 〔군사〕 공중전; ~ hattı 항공노선; ~ hücümü 〔군사〕 공습; ~ kesesi 〔어류〕 부레, 기포; ~ kuvvetleri 〔군사〕 공군; ~ meydanı 비행장, 공항; ~ limanı 비행장, 공항; ~ müdafaası 〔군사〕 방공; ~ müsait olursa 일기가 좋으면; ~ nakliyatı 항공수송, 공중수송, 공수; ~ raporu 〔기상〕 일기예보, 기상예보; ~ seferleri 항공여행; ~ tulumbası 공기펌프; ~ üssü 〔군사〕 공군기지; ~ vaziyeti 기상조건; ~ yolu (항)공로; ~ya uçurmak 파괴하다, 폭발시키다.

havaalanı *b. is.* 공항.

havacı *is.* 비행사, 항공사; 〔군사〕 공군.

havacılık *is.* 항공업; 항공술.

havadis *is.* 뉴우스, 보도, 소식.

havagazı *b. is.* (연료) 석탄 가스; 액화 가스.

havaî *s.* 하늘색의; 경박한; 헛된, 쓸모없는, 무용한; ~ fişek 불꽃놀이 로케트.

havaîlik *is.* 경박.

havaküre *is.* 대기; ~ basıncı 대기압력.

havalandırmak *f.* 공기를 주입하다; 통풍시키다, 환기시키다; 공기를 쏘이게 하다.

havalanmak *f.* 바람을 쐬다; 통풍하다, 환기하다; 날다, 비행하다; 마음이 들뜨다, 바람이 나다.

havale *is.* (일・임무의) 회부; 이송; 송달; ~ etmek 맡기다, 부여하다; 회부하다; 넘겨주다, 이송하다; 보내다, 송달하다; 송금하다.

havaleli *s.* 회부된; 넘겨준; 넘

어질 듯한.
havalename *b. is.* 환, 우편환 증서.
havalı *s.* 날씨의, 일기의; 환기가 잘되는, 통풍이 잘되는; 분위기의; 경쾌한; 우아한; 들뜬.
havali *is.* 근교, 교외, 부근, 주변.
havan *is.* 절구(통); ~ topu 〔군사〕 박격포, 구포; ~da su dövmek 헛일을 하다.
havaneli *b. is.* 절굿 공이.
havaölçer *b. is.* 기압계, 기압을 재는 기계.
havasız *s.* 환기가 나쁜; 공기가 없는; 공기가 희박한.
havasızlık *is.* 공기부족; 환기 불량.
havataşı *b. is.* 운석.
havlama *is.* (개의) 짖기, 짖음.
havlamak *f.* (개가) 짖다.
havlatmak *f.* (개를) 짖게 하다.
havlu *is.* 수건, 타올.
havlucu *is.* 수건 제조업자; 수건 상인.
havluculuk *f.* 수건 제조업, 수건 상업.
havra *is.* (유태교도의) 교회.
havsala *is.* 〔해부〕 골반.
havuç *is.* 〔식물〕 당근.
havuz *is.* 연못; (인공) 수영장; 양어장; 선거, 독; ~a girmek (배가) 선거에 들어 가다.
havuzlamak *f.* (배를) 선거에 넣다.
Havva *öz. is.* (성서의 아담의 아내) 이브.
havyar *is.* 철갑상어의 알젓, 캐비아.
havza *is.* (강의) 유역; 지역.
hay *e.* (예기치 못했던 일에 대해) 아아!; ~ ~ 예, 예!
haya *is.* 〔해부〕 불알, 고환.
hayâ *is.* 부끄럼.
hayal *is.* 환상; 유령; 몽환; 〔물리〕 (거울에 비친) 영상; ~ kırıklığı 실망; ~ meyal 불분명한.
hayalet *is.* 귀신; 유령.
hayalî *s.* 환상의; 환상적.
hayalperest *s.* 공상의.
hayâsız *s.* 부끄럼이 없는, 파렴치한.
hayâsızlık *is.* 파렴치.
hayat *is.* 생활; 생계; 생애, 일생; 생명; ~ geçirmek 생활하다, 살다, 생애를 보내다; ~ kavgası 생존경쟁; ~ mücadelesi 생존경쟁, 생계를 위한 투쟁; ~ müştereke 〔생물〕 공생; ~ pahalılığı 생활비, 생계비; ~ sahası 생활권; ~ sigorası 생명보험; ~ tehlikesi 생명의 위협; ~ (ve) memat (meselesi) 생사(문제) ~a veda etmek 죽다, 사망하다, 생명을 잃다, 생명을 버리다, 목숨을 잃다; ~-ında 생애에, 일생에; ~ını kazanmak 생계를 벌다; ~ını temin etmek 생계를 보장하다, 생계를 벌다; ~ını feda etmek 헌신하다, 희생하다; ~ını tehlikeye koymak 생명의 위협을 무릅쓰다; ~ını yazmak 자서전을 쓰다; rahat bir ~ 안일한 생활.
hayatî *s.* 생명이 있는, 산, 치명적; ~ bir mesele 치명적 문제.
hayatiyet *is.* 생명력; 생활력; 생기, 원기.
haydalamak *f.* (소리를 내어) 동물을 몰다.
haydamak *f.* 동물을 몰다.
haydi, hadi *ünl.* 자! 그럼.
haydut *is.* 비적, 산적, 도적.
haydutluk *is.* 도적질; ~ etmek 도적질하다.
hayhay *ünl.* 예, 예!; 그렇고 말고요!; 그렇게 하겠읍니다.
hayır ① *zf.* 아니오, 아니.
hayır ② *is.* 선, 선행; ~ haber

희소식; 좋은 소식; ~ işlemek 선(행)을 베풀다.
hayırdua *b. is.* 축복기도.
hayırlaşmak *f.* 합의가 이루어졌음을 서로 축하하다.
hayırlı *s.* 경사스런, 축복의, 행운의; 선한; ~ evlât 효성스런 자녀; ~ olsun! 축하합니다!; 행운을 빕니다!; ~ yolculuk! 좋은 여행을 바랍니다!
hayırsever *s.* 자선의.
hayırsız *s.* 무용한; 불모의, 황폐한; 불길한; ~ evlât 변변치 못한 자녀; 쓸모없는 자녀.
hayırsızlık *is.* 무용; 불모, 황폐; 불길.
haykırış *is.* 고함, 고함소리.
haykırışmak *f.* 함께 고함치자.
haykırmak *f.* 흥분하여 소리지르다, 고함치다; 호통하다.
haykırtı *is.* 호통.
haylaz *s.* 무뢰한의, 부랑자의.
haylazlaşmak *f.* 무뢰한이 되다, 부랑자가 되다.
haylazlık *is.* 무뢰, 부랑.
hayli *s.* 상당한, 퍽, 매우, 꽤; ~ce 얼마간, 어느정도; 매우, 상당히; ~den ~ye 상당히, 매우, 대단히, 퍽이나, 꽤 많이.
hayran *s.* 놀라운, 경이적; 감탄의; ~ olmak 놀라다, 경이스러워 하다, 감탄하다.
hayranlık *is.* 놀람, 경이, 감탄, 찬탄.
hayret *is.* 놀람, 경이, 경악; ~te bırakmak 놀라게 하다, 경악하게 하다. ~te kalmak 놀라다, 경악하다.
haysiyet *is.* 존엄, 위엄; 명예.
haysiyetli *s.* 존엄한, 위엄있는; 명예로운.
haysiyetsiz *s.* 존엄성이 없는, 위엄없는; 불명예스런.
haysiyetsizlik *is.* 존엄성이 없음, 위엄이 없음; 위엄이 없는 태도.
hayvan *is.* 짐승; 동물; ~ gibi 짐승같은.
hayvanat *is.* 동물; ~ bahçesi 동물원.
hayvanca *zf.* 짐승같이, 동물처럼.
hayvancılık *is.* 목축업; 가축상업.
hayvanî *s.* 동물성의; 짐승의; 동물적; 야만적.
hayanlaşmak *f.* 거칠어지다; 짐승을 닮아 가다.
hayvanlık *is.* 동물의 성질; 동물적 기질.
haz *is.* 즐거움; ~ almak 즐거워하다, 좋아하다.
Hazar Denizi *öz. is.* 〔지리〕 카스피해.
Hazar Türkleri *öz. is.* 카스피해 북부 볼가강 유역에 분포한 터어키 족.
hazım *is.* 소화.
hazımlı *s.* 너그러운, 관대한, 도량이 넓은.
hazımsız *s.* 소심한, 너그럽지 못한, 도량이 좁은.
hazımsızlık *is.* 소화불량.
hazır *s.* 준비의, 준비된; 만들어진, 기성의; ~ bulunmak 준비하여 기다리다, 출석하다, 완성되다; ~ elbise 기성복; ~ etmek 준비하다; ~ ol! (구령) 준비! 차렷!; ~ olmak 준비되다.
hazırcevap *s.* 재치있는 대답의.
hazırcı *is.* 기성복 상인; 준비성이 있는 사람.
hazırlamak *f.* 준비하다, 대비하다, 예비하다.
hazırlanmak *f.* hazırlamak의 재귀형.
hazırlatmak *f.* 준비시키다.
hazırlık *is.* 준비, 대비, 예비; ~ görmek 준비하다, 예비하다.
hazin *s.* 슬픈, 비탄의.
hazine *is.* 금고; 국고; 창고.
hazinedar *is.* 금고직이, 금고관리원; 출납원.

hazinedarlık *is.* 금고관리 직무.
haziran *is.* 6월.
hazmetmek *f.* 소화하다; 관용하다.
hazret *is.* (종교적) 성인; ~i İsa 예수 그리스도; ~i Peygamber 예언자 모하메드.
hece *is.* 〔문법〕 음절.
hecelemek *is.* 음절로 나누다 분철하다; 음절로 나누어 발음하다.
heceli *s.* 음절의; 음절이 있는.
hedef *is.* 목표; 목적; 표적, 과녁; askeri ~ 군사적 목적.
hedefsiz *s.* 목적없는.
hediye *is.* 선물; 예물; ~ etmek 선물하다, 선사하다, 예물하다; 증정하다; ~ olarak 선물로, 예물로.
hediyelik *s.* 선물이 될만한, 선물용의.
hegemonya *is.* 주도권, 지도권, 패권, 지배권.
hekim *is.* 의사.
hekimlik *is.* 의료업; 의술; 의학; *s.* 의술의.
hektar *is.* (면적의 단위) 핵타아르, 100 아아르.
hektogram *is.* (무게의 단위) 핵토그램, 100그램.
hektolitre *is.* (용적의 단위) 핵토리터, 100 리터.
hektometre *is.* (길이의 단위) 핵토미터, 100 미터.
helâ *is.* 화장실, 변소.
helâl *s.* (종교적) 정당한, 합당한; is. 약혼자.
hele *zf.* 특히; 적어도.
helezon *is.* 나선.
helezonî *s.* 나선모양의.
helikopter *is.* 헬리콥터.
helva *is.* 터어키 특유의 단 음식, 헬바.
helvacı *is.* 헬바 제조업자; 헬바 상인.
helyum *is.* 〔화학〕 헬륨.
hem *zf.* 또한, …도; ~ … ~ … 도, 그리고 …도; ~ de 더구나, 더우기, 또한.
hemen *zf.* 곧, 즉시, 갑자기, 지금 막, 거의; ~ aynı 거의 동일한; ~ ~ 거의; 대부분.
hemoglobin *is.* 〔생물〕 적혈구 가운데 혈색소인 헤모그로빈.
hemoroit *is.* 〔의학〕 치질.
hemşeri *is.* 시민, 주민; 동향인.
hemşerilik *is.* 주민 신분; 동향인 신분; ~ vermek 주민권을 주다.
hemşire *is.* 간호원, 간호부; baş ~ 간호장, 수간호원.
hemşirelik *is.* 간호업무; ~ etmek 간호업무에 종사하다, 간호업무를 보다.
hendek *is.* 도랑; 호, 참호.
hentbol *is.* 〔운동〕 송구.
henüz *zf.* 아직, 여지껏, 지금까지.
hep *zm.* 모두, 전체; *zf.* 완전히; 대체로; 언제나, 항상; ~ beraber 모두 합쳐서; 항상 함께; ~ veya hiç 전부가 아니면 전혀; ~le hiç ilkesi 〔생물〕 실무율.
hepsi *zm.* 전부, 모드.
hepten *zf.* 완전히.
her *s.* 각, 각각, 각기; ~ an 언제나, 항상; ~ bir 각각; ~ biri 어느 하나; ~ defa 언제나, 매번; ~ gün 매일, 언제나, 항상; ~ halde 어쨌든; 어쩌면, 아마도; ~ kim 어느 누구나; ~ kim olursa olsun 어느 누구이든 간에; ~ nasılsa 어쨌든 간에; ~ ne 무엇이던; ~ ne ise 어쨌든, 여하튼, 자!; ~ ne pahasına olursa olsun 값의 여하를 막론하고, 값이 얼마이던; ~ ne zaman(~ ne vakit) 언제나, 어느 때이던; ~ nedense 이 유여하를 막론하고; ~ nekadar …에도 불구하고; ~

nerede 어디든, 어느 곳이든; ~ şey 어느 것이든, 무엇이든; 모두; ~ tarafta 어느 쪽이든; 사방에; ~ taraftan 사방에서, 사면팔방에서; 양쪽에서, 쌍방에서; ~ yerde 모든 곳에서; 어느 곳이든; ~ zaman 언제나, 항상.

herhangi *s.* 어느 쪽이든; 무엇이든.

herif *is.* (구어) 놈, 녀석, 자; 사람, 사내.

herifçioglu *b. is.* (구어) 놈, 녀석; 시시한 녀석, 하찮은 남자.

herkes *zm.* 각각, 각자, 제각기; 누구나, 모두.

Herodot *öz. is.* 〔역사〕 헤로도토스.

Hersek *öz. is.* 〔지리〕 헤르제고비나.

hesap *is.* 계산, 셈; 회계; 거래, 계좌; 추산, 추정, 예산; ~ açmak 당좌계좌를 열다; ~ cetveli 계산자; ~ cüzdanı 은행통장; ~ çıkarmak 회계하다; ~ devresi 회계 기간; ~ dökümü 회계 청산, 결산; ~ etmek 계산하다; (손익을) 따져보다; ~ görmek 청구서를 지불하다; 결산하다, 청산하다; ~ memuru 회계원, 회계관; 〔군사〕 재정관; ~ müfettişi 회계감사관; ~ senesi 회계 연도; ~ tutmak 부기하다, 장부에 기재하다; ~ vermek 결산 보고하다; ~a almak 고려하다, 참작하다; 계산에 넣다; ~a çekmek 설명을 구하다; 문책하다; ~a gelmez 헤아릴 수 없는; ~ı kapamak 거래를 청산하다; ~ı kesmek 거래를 끊다; ~ı temizlemek 빚을 청산하다, 갚다; infinitezimal ~ 〔수학〕 미적분; zihin ~ı 암산, 속셈, 심산.

hesapça *zf.* 계산에 따라.

hesapçı *s.* 계산적인; 타산적인.

hesaplamak *f.* 계산하다, 산정하다; 계획하다.

hesaplaşmak *f.* 서로 청산하다.

hesaplı *s.* 계산의; 계획된; 타산적인.

hesapsız *s.* 계산하지 않은; 헤아릴 수 없는; 계획없는.

hesapsızlık *is.* 무계획.

heterogen *s.* 이질의, 다른 성분으로 된, 다른 종류의.

heteropati *is.* 〔심리〕자극에 대한 이상감각.

hevenk *is.* 실에 꿰거나 엮어 놓은 과일 등속의 꾸러미.

heves *is.* 의욕; 열망, 갈망, 동경; ~ etmek 의욕을 갖다; 열망하다, 갈망하다, 동경하다.

heveskâr *s.* 의욕적인; 열망하는, 갈망하는, 동경하는.

heveskarlık *is.* 의욕적 태도; 동경심.

heveslenmek *f.* 의욕을 갖다; 열망하다, 갈망하다, 동경하다.

hevesli *s.* 의욕적인; 열망하는, 갈망하는, 동경하는,

hevessiz *s.* 의욕이 없는; 열망하지 않는, 동경심이 없는.

hey *ünl.* 야! 자!; 얘(들아)!; 이봐!

heybe *is.* 안장에 다는 주머니.

heybet *is.* 장엄; 위엄; 위풍.

heybetli *s.* 장엄한; 위엄있는, 위풍있는.

heyecan *is.* 자극; 긴장; 홍분; 감격; 고무; 격발; 격정.

heyecanlandırmak *f.* 자극시키다; 고무시키다; 홍분시키다; 긴장시키다.

heyecanlanmak *f.* 자극되다; 고무되다; 홍분되다, 격정되다; 긴장되다.

heyecanlı *s.* 감동적인, 자극적인, 고무적인; 긴장된; 홍분된, 격정된.

heyecanlılık *is.* 감격성, 감동성.

heyecansız *s.* 조용한, 침착한; 무감동적; 무감정적.
heyet *is.* 대표단, 위원단.
heykel *is.* 조각; 조각품; 석고상, 석상; ~ dikmek 조상을 세우다; ~ yapmak 조각을 만들다.
heykelci *is.* 조각가.
heykeltraş *is.* 조각가.
heykeltraşlık *is.* 조각, 조소, 조각예술.
hezimet *is.* 대패, 참패, 패주; ~e uğramak 대패하다, 참패하다, 패주하다.
Hf 〔화학〕 하프늄의 원소 기호.
Hg 〔화학〕 수은의 원소 기호.
hıçkırık *is.* 딸꾹질; 흐느낌; ~ tutmak 딸꾹질하다; ~la 흐느끼면서; ~la ağlamak 흐느끼다.
hıçkırma *is.* 흐느낌.
hıçkırmak *f.* 딸꾹질하다; 흐느껴 울다.
hım hım *zf.* 콧소리를 내면서.
hımhım *s.* 콧소리로 발음하는, 콧소리로 말하는.
hınç *is.* 원한; ~(ını) almak 복수하다; 원한을 갚다.
hınzır *is.* (속어) 돼지; Vay ~ herif! 야, 돼지새끼야.
hırdavat *is.* 철물.
hırdavatçı *is.* 철물상.
hırdavatçılık *is.* 철물상업.
Hıristiyan *öz. is.* 기독교도.
Hıristiyanlaşmak *f.* 기독교도가 되다.
Hıristiyanlık *öz. is.* 기독교; ~ âlemi 기독교 세계.
Hıristo *öz. is.* 그리스도, 예수.
hırka *is.* 〔의류〕 (자켓형의) 걸치는 옷.
hırlamak *f.* (개가) 짖다.
hırlanmak *f.* hırlamak의 재귀형.
hırlaşmak *f.* hırlamak의 상호형.
hırpalamak *f.* 학대하다.
hırpalanmak *f.* 학대받다.
hırpalatmak *f.* 학대하게 하다.
hırpani *s.* 남루한; 누더기의.
hırpanilik *is.* 남루; 누더기.
hırs *is.* 과욕, 탐욕; 분노.
hırsız *is.* 도둑, 도적; ~ anahtarı 결쇠; ~ çekmecesi 비밀서랍.
hırsızlık *is.* 도둑질; 도난죄.
hırslandırmak *f.* 분노하게 하다.
hırslanmak *f.* 성내다, 화내다, 분노하다.
hırslı *s.* 화난, 성난, 분노한; 탐욕스런.
Hırvat *öz. is.* 크로아시아(croatia) 사람.
Hırvatça *öz. is.* 크로아시아(croatia) 말.
hısım *is.* 친척, 친족, 일가; ~ akraba 일가 친척; ~ olmak 친척이 되다.
hısımlık *is.* 일족, 친족관계.
hışıltı *is.* 바스락거리는 소리.
hışır *is.* (과일 따위의) 덜익은 부분.
hışırdamak *f.* (종이·나무·잎·천 등이 부딪쳐서 나는 소리) 바삭거리다, 버석거리다, 바작거리다.
hışırdatmak *f.* 바삭거리게 하다, 버석거리게 하다.
hışır hışır *zf.* 바삭 바삭, 버석 버석.
hışırtı *is.* 바삭거리는 소리, 버석거리는 소리.
hıyanet *is.* 배반; 반역; *s.* 불충한.
hıyar *is.* 〔식물〕 오이.
hız *is.* 빠르기, 신속; 속력; 속도; ~ almak 속력이 나다, 가속 되다; ~ vermek 속력을 내다, 가속하다; ~ın almak 속력을 낮추다.
hızlandırmak *f.* 가속하다, 촉진하다.
hızlanmak *f.* 속력을 내다.
hızlı *s.* 빠른, 쾌속의; *zf.* 세차게; 큰 소리로.

hibe *is.* 무상원조, 증여, 기증; ~ etmek 증여하다, 기증하다.
hicap *is.* 부끄러움, 수줍음; 수치.
Hicaz *öz. is.* 〔지리〕 헤자즈.
hiciv *is.* 풍자.
hicret *is.* 이주, 이민; *öz. is.* 회교기원; 마호멘의 멕카에서 메디나에의 도피(A.D. 622년).
hicrî *s.* 회교력의, 회교 기원의.
hicvetmek *f.* 풍자하다, 풍자 글을 쓰다.
hicviye *is.* 풍자, 풍자시, 비꼬기, 빈정대기.
hiç *zf.* 전연; 전혀; (부정) 아무 것도; (부정) 결코; *is.* 〔수학〕 영; ~ bir 전혀 아무 것도; ~ biri 전혀 아무도; ~ değilse, ~ olmazsa 아무리 적어도, 아무리 없어도; ~ yoktan 전혀 없는 것보다(때문에); ~e saymak 별로 중요치 않다.
hiçlik *is.* 전혀 없음.
hiçten *s.* 별로 값어치 없는; *zf.* 전혀 필요치 않음에도 불구하고.
hiddet *is.* 분노, 격노, 격분.
hiddetlendirmek *f.* 분노케 하다, 격노케하다, 격분시키다.
hiddetlenmek *f.* 분노하다, 격노하다, 격분하다.
hiddetli *s.* 분노한, 격노한, 격분한.
hidrasit *is.* 〔화학〕 수소산.
hidrat *is.* 〔화학〕 수화물, 수산화물.
hidroelektrik *s.* 수력 전기의; ~ santral 수력 발전소.
hidrofil *s.* 〔화학〕 흡수력이 있는, 흡수성의.
hidrografi *is.* 수로학; 수계 지리학.
hidrojen *is.* 〔화학〕 수소; ~ bombası 수소 폭탄.
hidrokarbon *is.* 〔화학〕 탄화 수소.
hidroksil *is.* 〔화학〕 수산기.
hidroksit *is.* 〔화학〕 수산화물.
hidrolik *s.* 수력의, 수압의; *is.* 수리학 수력학; ~ baskı 수압기; ~ fren 수압 브레이크.
hidroliz *is.* 〔화학〕 가수분해.
hidroloji *is.* 수리학.
hidromekanik *is.* 〔물리〕 유체역학, 액체 역학.
hidrometre *is.* 액체 비중 측정기.
hidrosfer *is.* 〔지질〕 수권; (지구의) 수계.
hidroskopi *is.* 〔지질〕 수중 탐사.
hidrostatik *is.* 〔물리〕 정수 역학; 유체 정역학.
hidroterapi *is.* 〔의학〕 수치료학; 수치료법.
hidrozol *is.* 〔화학〕 교질용액.
higrometre *is.* 습도 측정기.
higroskop *is.* 습도계.
hikâye *is.* 이야기; 유래, 내력, 고사; 경위; 전설, 설화; 줄거리; 꾸며낸 이야기, 허구; 〔문법〕 미완료 시제, 반과거; ~ etmek 설명하다.
hikâyeci *is.* 이야기를 하는 사람; 동화 작가; 단편 소설가.
hikâyecilik *is.* 구연직업.
hikmet *is.* 지혜, 예지; 동기, 숨은 이유, 내막; 신의 뜻.
hilâf *is.* 반대, 상반, 모순; 거짓(말).
hilâfet *is.* 〔역사〕 칼리프.
hilâl *is.* ① 초생달; ② 이쑤시개; 귀후비개; (읽는 곳을 가르키는) 지시봉.
hilâli *s.* 초생달 모양의.
hile *is.* 속임수, 야바위; 협잡, 사기, 사취; 간계, 계략; ~ yapmak 속이다, 속임수를 쓰다, 사기하다, 협잡하다.
hilebaz *s.* 사기꾼의, 협잡꾼의, 야바위꾼의.
hileci *is., s.* 사기꾼(의), 협잡꾼(의), 야바위꾼(의).

hilecilik *is.* 속임수; 야바위 짓, 사기짓, 협잡질.
hilekâr *s.* 사기꾼의, 협잡꾼의.
hileli *s.* 속임수의; 사기의, 야바위의, 협잡의; 간계의, 계략적.
hilesiz *s.* 속임수 없는; 계략적이 아닌.
hilkat *is.* 창조, 창작.
hilozoizm *is.* 〔철학〕 물활론, 단물 유생론.
himaye *is.* 보호; 비호; ~ etmek 보호하다; 비호하다; ~ usulü 〔경제〕 보호 정책; ~ sinde 보호 아래, 비호하에; ~sine almak 보호하에 두다.
himayecilik *is.* 〔경제〕 보호 무역 주의.
himayekar *s.* 〔경제〕 보호 무역(정책)의.
himayeli *s.* 보호받는, 비호하에 있는.
himayesiz *s.* 보호받지 않는, 비호받지 않는.
himmet *is.* 도움, 조력; 노력, 수고.
hindi *is.* 〔조류〕 칠면조.
Hindî *s.* 인도의; *is.* 인도사람; (종이) 인도지; ~ hesabı (속어) 인도식 계산, 비논리적 계산.
Hindistan *öz. is.* 〔지리〕 인도; ~ cevizi 〔식물〕 코코낫.
Hindu *öz. is.* 힌두교도.
Hint *öz. is.* 〔지리〕 인도; ~ Adaları 〔지리〕 동인도 제도; ~ Irmağı 〔지리〕 인더스 강; ~ Okyanusu 〔지리〕 인도양.
hintbaklası *b. is.* 〔식물〕 통카콩.
hinterlant *is.* (해안 또는 강안 따위의) 후배지.
Hintli *öz. is.* 인도사람.
hintyağı *b. is.* 피마자 기름.
hiperbol *is.* 〔수학〕 쌍곡선.
hiperbolik *s.* 〔수학〕 쌍곡선의.
hipermetrop *s.* 〔의학〕 원시(안)의.
hipermetropi *is.* 〔의학〕 원시.
hipertansiyon *is.* 〔의학〕 고혈압.
hipnotizm *is.* 최면술.
hipnoz *is.* 최면상태.
hipodrom *is.* 경마장.
hipokondri *is.* 〔의학〕 우울증.
hipokondriak *is.* 〔의학〕 우울증 환자.
hipostaz *is.* 〔철학〕 근본 원리, 본질; 〔신학〕 그리스도의 삼위일체의 하나.
hipotansiyon *is.* 〔의학〕 저혈압.
hipotenüs *is.* 〔기하〕 직각삼각형의 빗면.
hipotez *is.* 가설, 가정; 전제.
hipsometri *is.* 측고법.
his *is.* 감각, 지각; 감정, 느낌.
hisar *is.* 작은 성, 성채, 보루.
hisli *s.* 민감한, 예민한; 감상적인, 감정적인.
hisse *is.* 몫, 분, 부분; 주식; 교훈, 경고; ~ kapmak 교훈을 얻다; ~ senedi 〔경제〕 주식; ~i iştirak 〔경제〕 분담금.
hissedar *is.* 〔경제〕 주주.
hissedarlık *is.* 〔경제〕 주주역, 주주직.
hisseişayia *b. is.* 공동소유 (의 몫분).
hisseişayialı *s.* 공동소유의.
hisseli *s.* 여러 몫의.
hisset *is.* 인색.
hissetmek *f.* 느끼다; 감지하다, 알아차리다.
hissettirmek *f.* 느끼게 하다; 감지하게 하다, 알아차리게 하다.
hissi *s.* 감성적, 감상적.
hissikablelvuku *b. is.* 예감, 예각, 육감.
hissiselim *b. is.* 상식.
hissiyat *is.* 감각, 지각.
hissiz *s.* 무감각의, 무지각의.
hissizlik *is.* 무감각, 무감동.
histerezis *is.* 〔물리〕 자기 이

력.

histology *is.* 〔생물〕 조직학.

hiş hişt *ünl.* 이봐!; 쉿하고 부르는 소리.

hitabe *is.* 인사; 연설, 강연.

hitabet *is.* 웅변술.

hitam *is.* 끝, 종말, 종결; 완성; ~ bulmak 끝나다, 종결되다; 완성되다,

hitan *is.* 할례, 포경수술.

hitap *is.* 칭호, 호칭; ~ etmek 부르다; 칭호하다.

Hitit *öz. is.* 〔역사〕 고대 아나톨리아의 최초의 원주민이 세운 고대 희랍인 이전에 찬란한 문명을 가졌던 나라, 히타이트.

Hititçe *öz. is.* 히타이트 어.

hititolog *is.* 히타이트 전문가, 히타이트 연구가.

hititoloji *is.* 히타이트 학.

hiyerarşi *is.* 계층, 계급.

hiyeroglif *is.* 상형문자.

hizmet *is.* 봉사; 공헌, 이바지; 근무, 복무; 돌봄, 시중; 고용; ~ akdi 〔법률〕 고용계약; ~ etmek 봉사하다; 공헌하다, 이바지하다; 근무하다, 복무하다.

hizmetçi *is.* 하인; 피고용인.

hizmetçilik *is.* 고용살이.

hoca *is.* 교사, 선생; 〔종교〕 회교 학교의 교사; 회교교회의 성직자.

hocalık *is.* 교사직; 선생질; 〔종교〕 회교학교의 교사직; 회교 교회의 성직.

hohlamak *f.* 호호소리를 내며 입김을 불어 내다.

hohlanmak *f.* hohlamak의 수동형.

hokey *is.* 〔운동〕 하키 (hockey); çim ~ 〔운동〕 필드 하키 (field hockey); buz ~ 〔운동〕아이스 하키 (ice hockey)

hokka *is.* 병, 항아리, 단지; mürekkep ~sı 잉크 병; şeker ~sı 설탕 단지; tütün ~sı 담배 그릇.

hokkabaz *is.* 마술사, 요술장이.

hokkabazlık *is.* 마술, 요술; 마술업.

hol *is.* 현관의 넓은 공간.

Hollanda *öz. is.* 〔지리〕 화란, 홀랜드.

Hollandalı *öz. is.* 화란 사람, 홀랜드 사람.

homogen *s.* 〔수학〕 동차의.

homoseksüel *s.* 동성 연애의.

homurdanmak *f.* (화가 나서) 중얼 거리다, 투덜 거리다.

homurtu *is.* 투덜거림, 중얼거림.

hoparlör *is.* 확성기.

hoplamak *f.* (높이) 뛰다, 뛰어 오르다, 도약하다.

hoplatmak *f.* hoplamak의 사역형.

hoppa *s.* 유치한, 경솔한, 경박한.

horlamak *f.* 코를 골다.

hormon *is.* 〔생리〕 호르몬.

horoz *is.* 〔동물〕 장닭, 숫닭; ~ dövüşü 닭 싸움.

horozibiği *b. is.* 〔식물〕 맨드라미.

hortlak *is.* 마녀, 귀신.

hortum *is.* (동물의) 주둥이 또는 코 부분.

horuldamak *f.* 코를 골다.

horul horul *zf.* 쿨쿨.

horultu *is.* 코고는 소리.

hostes *is.* (비행기의) 여자 승무원.

hosteslik *is.* (비행기의) 여자 승무원 직.

hoş *s.* 즐거운, 유쾌한, 기쁜, 좋은; ~ bulduk! (인사) 반갑습니다(hoş geldiniz에 대한 손님의 답); ~ geldiniz! (인사) 어서 오십시요!; ~a gitmek 마음에 들다; ~una gitmek 좋아하다.

hoşça *zf.* 즐겁게, 유쾌히, 기쁘

게, 기분좋게; ~ kalın!(인사) 안녕히 계십시요.

hoşgörü *b. is.* 관용, 관대, 아량.

hoşgörücü *s.* 관용의, 관대한, 아량있는.

hoşgörürlük *is.* 관용, 관대, 아량.

hoşlandırmak *f.* 즐겁게 하다, 기쁘게 하다, 유쾌하게 하다.

hoşlanmak *f.* 좋아하다, 즐거워하다, 유쾌해하다, 기뻐하다, 즐기다.

hoşlaşmak *f.* 점차 즐거워지다, 유쾌해지다; 새로 즐거워하다.

hoşluk *is.* 즐거움.

hoşnut *s.* 기쁜, 만족한.

hoşnutluk *is.* 기쁨, 만족.

hoşnutsuz *s.* 불만스런.

hoşnutsuzluk *is.* 불만; ~ getirmek 불만을 나타내다.

hoyrat *s.* 거칠은, 솜씨없는.

höyük *is.* 무덤, 고분.

hububat *is.* 곡식, 곡물.

hudut *is.* 국경, 경계; ~ işareti 국경표지판, 경계표; ~ karakolu 국경초소.

hudutlandırmak *f.* 경계를 짓다.

hudutlanmak *f.* 경계되다.

hudutsuz *s.* 무국경의, 국경이 없는, 경계가 없는, 무한의.

hukuk *is.* 법, 법률; 법학; 우의, 우호; âdet ~u 관습법; amme ~u 공법; anayasa ~u 헌법; borçlar ~u 채권법; ceza ~u 형법; devletler ~u 국제법; ~ devleti 법치 국가; ~ Fakültesi 법과 대학; ~ felsefesi 법철학; ~ müşaviri 법률고문; idare ~u 행정법; kamu ~u 공법; medenî ~ 민법; müsbet ~ 실정법; özel ~ 사법; pozitif ~ 실정법; Roma ~u 로마법; tabii ~ 자연법; ticaret ~u 상법; yazılı ~ 성문법.

hukukçu *is.* 법조인.

hukukî *s.* 법의, 법적.

hukuklu *is.* 법과 대학생.

hulâsa *is.* 요약, 개요; 적요; 〔화학〕 농축물; *zf.* 요약하여, 간단히 말하자면; ~ etmek 요약하다.

humus *is.* (음식) 이집트 콩을 갈아서 만든 터어키 특유의 음식.

Hun *öz. is.* 〔역사〕 훈족, 흉노.

hun *is.* 피.

hunhar *s.* 잔인한, 악독한, 피에 굶주린, 극악한, 잔악한, 잔학한.

hunharlık *is.* 잔인, 잔악, 잔학, 극악.

huni *is.* 깔때기.

hurafe *is.* 미신.

hurda *s.* 작은, 미세한; 잡동사니의.

hurdacı *is.* 고물상.

hurdacılık *is.* 고물상업.

hurma *is.* 〔식물〕 대추야자; Trabzon ~sı 〔식물〕 감.

husuf *is.* 〔천문〕 월식.

husul *is.* 발생; 출현; ~ bulmak 되다, 나오다, 생기다, 발생하다, 출생하다.

husumet *is.* 적의, 적개심.

husus *is.* 일, 사무; 문제, 주제; 면, 방면; 점, 관점; 특성, 특질; ~iyle 특(별)히; ~unda (관)점에서.

hususî *s.* 특별한; 개인적, 사적인.

hususiyet *is.* 특(수)성; 친밀, 친근.

husye *is.* 〔해부〕 불알, 고환.

huşunet *is.* 거치름, 난폭, 조포.

hutbe *is.* 〔종교〕 설교.

huy *is.* 성정, 성품, 천성.

huylanmak *f.* 신경이 날카로와지다.

huysuz *s.* 성품이 좋지 못한; 비사교적인.

huysuzlanmak *f.* 좋지 못한 성품을 보이다; 잘 사귀지못하다.

huysuzluk *is.* 좋지 못한 성품.

huzur *is.* 안녕, 평안, 평정; ~ unda …의 면전에서.
huzursuz *s.* 불안한.
huzursuzluk *is.* 불안.
hüccet *is.* 논거, 증명; 증거물.
hücre *is.* 〔생물〕 세포; 작은 밀실.
hücum *is.* 공격, 침략, 침공; ~ etmek 공격하다, 침공하다, 침략하다; 돌진하다, 돌격하다; 비난하다; ~a uğramak 공격받다, 침략받다; 비난받다.
hükmî *s.* 법적, 법률상, 법률의; 합법적, 적법의; 명목상의, 명의상의; ~ şahıs(lar) 〔법률〕 법인; ~ şahısiyet 〔법률〕 법인.
hüküm *is.* 통치, 지배; 판결, 언도; 권위; 명령; 규정, 규칙; ~ giymek 형벌을 받다; ~ sürmek 지배하다.
hükümdar *is.* 통치자, 지배자; 군주, 군왕.
hükümdarlık *is.* 통치권, 지배권; 군주권, 왕국.
hükümet *is.* (행)정부, 정권; ~ darbesi 〔정치〕 쿠데타; ~ memuru 정부관리; ~ merkezi 수도.
hükümlü *s.* 〔법률〕 선고를 받은, 형을 받은.
hükümsüz *s.* 무효의.
hükümsüzlük *is.* 무효.
hümanist *is.* 인문주의자, 인본주의자, 인도주의자.
hümanizm *is.* 인문주의, 인본주의, 인도주의.
hüner *is.* 교묘; 재간, 재주, 기예, 묘기.
hünerli *s.* 교묘한, 재간있는.
hünersiz *s.* 재간없는.
hunkâr *is.* 〔역사〕 오스만제국의 황제에 대한 칭호.
hünsa *s.* 〔생물〕 자웅 동체의.
hünsaiyet *is.* 〔생물〕 자웅 동체성.
hür *s.* 자유의, 자유스런, 자유로운.
hürmet *is.* 존경, 존중, 숭배; ~ etmek 존경하다, 존중하다.
hürmetli *s.* 존경의.
hürmetsiz *s.* 불경의, 불손의.
hürmetsizlik *is.* 불경, 불손.
hürriyet *is.* 자유.
hüsnüniyet *is.* 선의, 호의, 후의, 친절, 성의.
hüviyet *is.* 정체, 신원; 신분증명서; ~ cüzdanı 신원증명서, 신분증; ~ kağıdı 신원증명서; ~ kartı 신분증.
hüzün *is.* 우울, 울적; 상심.
hüzünlenmek *f.* 우울해지다, 울적하다; 상심하다.

I, ı

I, ı 터어키어 자모의 열한번째 글자.
ıhlamak *f.* 지쳐서 신음소리를 내다.
ıhlamur *is.* 〔식물〕 보리수, 피나무 보리수차; ~ ağacı 보리수나무; ~ çiçeği 보리수꽃, 피나무꽃.
ıkınmak *f.* 숨을 죽이다; (용변시) 용쓰다, 기운을 몰아 산다; ıkınıp sıkınmak 기쓰다, 용쓰다.
ıkıntı *is.* 용씀, 기씀.
ılıca *is.* 온천.
ılıcık *s.* 미적지근한.
ılık *s.* 미적지근한, 미지근한; ~ su 미적지근한 물.
ılıklatmak (=ılıtmak, ılıştırmak) *f.* 미지근하게 하다.
ılıklık *is.* 미지근함.
ılım *is.* 〔철학〕 중용; 절제, 극기; 온화.
ılıman *s.* 〔지리〕 온난한, 온대의; ~ bölge 〔지리〕 온대; ~ iklim 〔지리〕 온대성 기후.
ılımlı *s.* 온화한; 적당한; 중도의; 중용의; 절제있는.
ılımlılık *is.* 온건, 중용, 적당.
ılınmak *f.* 미적지근해지다.
ılıştırmak *f.* 물을 섞어 미지근하게 하다.
ılıtmak *f.* 미지근하게 만들다.
ımızganma *is.* 비몽사몽; 졸기; ~ haller 반 죄면 상태.
ımızganmak *f.* 졸다; 우유부단하다.
ırak *s.* 먼.
Irak *öz. is.* 〔지리〕 이락.
ıraklaşmak *f.* 멀어지다.
Iraklı *öz. is.* 이락 사람.
ıraklık *is.* 거리(감).
ırk *is.* 종족; 기질; ~ kavgaları 인종분규, 인종투쟁.
ırkbilim *b. is.* 인종학.
ırkçı *is.* 종족주의자; *s.* 종족주의자의.
ırkçılık *is.* 종족주의.
ırkıyat *is.* 인종학.
ırkî *s.* 인종의, 인종상의.
ırksal *s.* 인종의, 인종상의, 종족의.
ırktaş *s.* 같은 종족의.
ırmak *is.* 강.
ırz *is.* 정숙, 순결; ~ düşmanı 강간범인; ~ına geçmek 강간하다, 겁탈하다.
ısı *is.* 열; *s.* 열의, 더운; ~ kuşak 〔지리〕 열대지방.
ısıalan *s.* 흡열의.
ısıl *s.* 열을 내는, 발열의.
ısın *is.* 〔물리〕 열량, 칼로리.
ısınak *is.* 난방기구.
ısındırmak *f.* 데우게 하다, 덥히다.
ısınmak *f.* 데우다. 더워지다.
ısıölçer *b. is.* 〔물리〕 열량계.
ısırgan *is.* 〔식물〕 쐐기풀; 무는 습관을 가진 동물.
ısırgın *is.* 여드름, 뾰루지.
ısırık *is.* 물린 자국.
ısırılmak *f.* 물리다 깨물리다.
ısırmak *f.* 물다, 깨물다.
ısırtmak *f.* 물게 하다, 깨물게 하다.
ısıtma *is.* 데우기.
ısıtmak *f.* 데우다, 따뜻하게 하다.
ısıveren *s.* 〔화학〕 열을 내는, 발열의.

ıskonto *is.* 〔상업〕 할인.
ıslah *is.* 개선, 개량; 개정, 수정; 선도; ~ etmek 개선하다, 개량하다; 선도하다.
ıslahat *is.* (복수) 개선, 개량; 개혁; 쇄신; 유신.
ıslahevi *b. is.* 〔법률〕 소년원, 감화원.
ıslahhane *b. is.* 〔법률〕 소년원, 감화원.
ıslak *s.* 젖은, 축축한, 습기 있는, 물기 있는.
ıslaklık *is.* 습기, 습윤, 수분, 습도.
ıslanmak *f.* 젖다.
ıslatılmak *f.* 젖어지다, 적셔지다.
ıslatmak *f.* 젖게 하다, 적시다.
Islav *öz. is.* 슬라브 사람; *öz. s.* 슬라브 사람의.
Islavlar *öz. is.* 슬라브 족.
Islavlık *is.* 범 슬라브 주의, 슬라브 민족 통일 주의.
ıslık *is.* 휘파람; 손가락을 입에 넣고 내는 날카로운 소리; ~ çalmak 휘파람을 불다.
ıslıklamak *f.* …에게 휘파람 소리를 내다.
ısmarlama *is.* 주문; *s.* 주문의.
ısmarlamak *f.* 주문하다.
ısmarlanmak *f.* 주문받다.
ısmarlatmak *f.* 주문을 시키다, 주문하게 하다.
ıspanak *is.* 〔식물〕 시금치.
ısrar *is.* 주장; 고집; 견지; ~ etmek 주장하다; 고집하다, 견지하다.
ıssız *s.* 무인의, 사람이 살지않는, 황무한.
ıssızlaşmak *f.* 무인화하다, 황무해지다.
ıssızlık *is.* 황무; 고독.
ıstakoz *is.* 〔동물〕 바닷 가재.
ıstampa *is.* 인장, 스탬프.
ıstılah *is.* 용어, 술어, 전문용어.
ıstırap *is.* 고통, 아픔; ~ çekmek 고통을 당하다, 아픔을 느끼다; ~ vermek 고통을 주다, 마음을 아프게 하다.
ıstıraplı *s.* 마음 아픈, 상심한, 고통스런.
ışığadağrulum *b. is.* 〔식물〕 굴광성, 향광성.
ışık *is.* 빛; 불빛; 광선; 등, 등잔; ~ açma 개등; ~ almak (사진) 필림이 노출되다; ~ bilgisi 〔물리〕 광학; ~ yılı 〔천문〕 광년.
ışıkçı *is.* 조명사.
ısıkgöçüm *b. is.* 〔식물〕 주광성.
ışıkküre *b. is.* 〔천문〕 광구, 태양이나 항성 등의 둥글게 광채를 나타내는 부분.
ışıklamak *f.* 비추다; 빛을 내다; 밝히다.
ışıklandırmak *f.* 빛을 내게 하다; 밝히게 하다.
ışıklanmak *f.* 비추어 지다; 밝혀 지다.
ışıklı *s.* 빛이 있는; 비추어 진.
ışıkölçer *b. is.* 광도계; 노출계.
ışılamak *f.* 빛나다, 반짝 거리다.
ışıldak *s.* 반짝 거리는; *is.* 투광기, 투사기.
ışıldamak *f.* 반짝이다, 반짝거리다, 빛나다.
ışıldatmak *f.* 반짝이게 하다.
ışıl ışıl *zf.* 반짝 반짝.
ışıltı *is.* 반짝임; 휘도, 광도.
ışıma *is.* 〔물리〕 방사, 발산.
ışımak *f.* 비추다; 빛을 내다, 발산하다.
ışın *is.* 광선, 섬광; 〔수학〕 반직선; ~ bilim 방사선학; ~ bilimci 방사선학자; ~ etkin 방사성의; ~ etkinliği 방사능, 방사성; Röntgen ~ ları 렌트겐선.
ıtır *is.* 향기.
ıtırlı *s.* 향기로운.
ızgara *is.* 석쇠; *s.* 석쇠로 익힌.

İ, i

I, i 터어키어 자모의 열두번째 글자.
İ 〔화학〕 옥소의 원소 기호.
iade *is.* 돌려주기, 반환, 반려, 반송; 환불; ~ etmek (되)돌려주다; 물려주다; 반환하다; 반송하다; 반려하다; 환불하다.
iadeli *s.* 반송의, 반려의, 환송의.
iane *is.* 증여, 부조; 부조금, 기부금; ~ toplamak 기부금을 모우다.
iare *is.* 대부, 대출, 대여, 빌려주기.
ibadet *is.* 예배, 숭배; ~ etmek 예배하다, 숭배하다.
ibadethane *b. is.* 예배당; 교회당; 사원.
ibare *is.* (문장의) 구절, 글귀, 문귀.
ibaret *s.* 구성하는; ~ olmak 구성하다.
ibik *is.* (닭의) 볏; 〔해부〕 골즐, 융기.
ibikli *s.* 볏이 있는, 볏 달린.
ibiksiz *s.* 볏이 없는.
iblis *is.* 사탄, 악마, 마왕.
ibne *is.* 동성애 상대자, 남색의 상대자, 면.
ibnelik *is.* 동성연애.
ibra *is.* 방면, 석방.
İbrahim *öz. is.* 아브라함 (Abraham).
İbranî *öz. is.* 헤브류.
İbranice *öz. is.* 헤브류어.
ibre *is.* 지시침; (시계, 나침반, 저울 등의) 바늘.
ibret *is.* 교훈, 경구; ~ dersi 교훈.
ibrik *is.* 주전자.
icabetmek *f.* 필요로하다, 요구되다, 없어서는 아니되다.
icadetmek *f.* 발명하다, 창안하다, 창조하다.
icap *is.* 필요, 요구, 수요; ~ ederse 필요하다면, 필요한 경우면; ~ etmek 필요하다, 요구되다, 없어서는 아니되다; ~ ına göre 필요에 따라, 수요에 따라; ~ ında 필요한 경우에, 필요한 때에.
icar *is.* 세, 전세; 조차; ~ etmek 전세얻다, 빌리다; 조차하다; ~a vermek 빌려주다; 조차해주다.
icat *is.* 발명, 고안, 창안, 창조; ~ etmek 발명하다, 고안하다, 창안하다; 창조하다, 창제하다.
icazet *is.* 허가, 윤허; 증서, 증명서.
icazetname *b. is.* 증서, 증명서.
icmal *is.* 요약, 적요.
icra *is.* 수행, 이행; 집행, 실행; ~ heyeti 집행위원회, 실행위원회; ~ memuru 집행관리; ~ Vekileri Heyeti 〔정치〕 내각, 국무위원.
icraat 일, 행위; 활동; 업적; 작용, 법적행위.
iç *is.* 안, 속; 내면, 이면; (속) 마음, 내심; 알맹이; (만두 따위의) 속; 국내; 내륙; 내부; ~ ağrısı 심적고통; 고민, 고뇌; ~ bulantısı 배멀미, 구토, 매시거움, 욕지기, 몸서리; ~ çamaşırı 내의, 속내복; ~ hastalıkları 내질환, 내과질환, 내장질환; ~ kapı 안대문; ~ yüzü

속, 내부, 속마음, 내심.
içbükey *b. s.* 오목한; ~ ayna 오목거울; ~ mercek 오목렌스.
içebakış *b. is.* 〔철학〕 내성, 자기관찰; 성찰.
içecek *is.* 음료수; *s.* 음료수의, 마실수 있는.
içedönmek *f.* 내성하다, 반성하다, 성찰하다.
içedönük *b. is.* 〔심리〕 내성적, 내향성의.
içedönüş *b. is.* 〔심리〕 내성, 내향.
içekapanık *b. s.* 〔심리〕 내성적, 내향(적)인.
içekanış *b. is.* 〔심리〕 내성, 내향; 안으로 말려들어감.
içeri *is.* 안(쪽), 내부; 내면, 이면; *s.* 안(쪽)의, 내부의; *zf.* 안(쪽)으로, 내부로; ~ atmak 투옥하다, 감옥에 넣다, 감옥에 가두다; ~ girmek 안으로 들어가다; 감옥에 들어가다; 손해보다; ~de 안에서; 감옥에서; 손해보는 입장에서; ~den 안으로 부터; ~ye 안으로.
içerik *is.* 내용; *s.* 함축적.
içerlek *s.* (더 뒤로) 쑥 들어간.
içerlemek *f.* 분개하다, 원망하다.
içgüdü *b. is.* 본능.
içgüvey *b. is.* 데릴사위.
içici *is.* 술꾼.
içim *is.* 한모금; 맛.
içimli *s.* 마시기에 좋은; 한 모금의.
için *e.* …을 위하여; …때문에, …을 이유로; ~ ~ *zf.* 속으로, 안으로, 내면으로.
içinde *zf.* 기간에, (시간) 안에.
içindekiler *is.* (책의) 차례, 목차.
içindelik *is.* 자발성; 천연성.
içinden *zf.* 자발적으로, 자연적으로.
içirmek *f.* 마시게 하다.
içişleri *b. is.* 국내적 일; ~ Bakanı 내무부 장관; ~ Bakanlığı 내무부.
içken *s.* 술꾼의.
içki *is.* 술, 주류; 음주; ~ içmesi 음주; ~ içmek 술마시다, 음주하다.
içkici *is.* 주류 판매업자; 양조업자; 술꾼.
içkili *s.* 술을 마신, 술 취한; 술이 곁들어진; ~ lokanta 술을 판매하는 식당.
içkisiz *s.* 술을 마시지 않은; 술이 없는.
içlenmek *f.* 걱정하다, 염려하다.
içli *s.* 속이 들어있는, 속이 비어 있지 않은, 알맹이가 있는; 소심한, 잘 토라지는, 과민한; 걱정 잘 하는.
içlidışlı *b. s.* 격식이없는, 형식에 구애됨이 없는.
içlik *s.* 안의, 내적인; 내복의, 내의의.
içme *is.* 마시기; 음주.
içmek *f.* 마시다; (담배를) 피우다; (수분을)흡수하다, 빨아들이다; 음주하다.
içplazma *b. is.* 〔생물〕 내부 원형질, 내형질.
içsel *s.* 안의, 내적, 내부의.
içten *s.* 내심의, 마음의, 친근한.
içtenlik *is.* 내심, 마음, 친근.
içtima *is.* 모임, 집회, 회의.
içtimaî *s.* 사회의, 사회적.
içtimaiyat *is.* 〔학문〕 사회학.
içtinap *is.* 삼가기, 절제, 기피.
içtüzük *b. is.* 내규, 규칙, 정관, 회칙, 규정.
içyüz *b. is.* 내면, 이면, 내막, 진상.
idadî *is.* 〔역사〕 (고등학교 수준의 옛) 학교.
idam *is.* 극형, 사형, 처형; ~ cezası 사형; ~ etmek 사형에 처하다, 극형에 처하다,

사형집행을 하다.

idame *is.* 유지, 지속, 계속, 보존, 고수; ~ etmek 계속하다, 연장하다, 지속하다, 보존하다, 영속하다.

idare *is.* 조종, 통어; 감독, 관리; 행정; 통치; ~ etmek 취급하다; 조종하다, 통어하다; 처리하다; 경영하다, 관리하다; 어떻게해서 …하다, 잘 해내다, 그럭저럭 해 나가다; 통치하다, 감독하다; ~ etmez 조종할 수 없는; ~ heyeti 지도위원회 관리위원회, (회사의) 중역진 또는 경영진; ~ memuru 행정관, 관리관, 감독관; ~ merkezi 본부, 관리본부; ~i örfiye 계엄령.

idareci *is.* 관리인, 감독인, 통치자; *s.* 감독의; 통치의.

idarehane *b. is.* 관리본부, 경영본부.

idareli *s.* 절약적; 잘 조절하는, 효과있는, 능력있는.

idaresiz *s.* 낭비적; 능력없는; 지도력이 없는.

idaresizlik *is.* 무절제, 무능력, 무통제, 무관리.

idareten *zf.* 관리상으로, 행정적으로.

idari *s.* 관리의, 행정의, 통치의.

idbar *is.* 역경, 불운, 불행.

iddia *is.* 주장, 요구, 청구; 고집; ~ etmek 주장하다, 요구하다, 청구하다; ~ Makamı 검사, 공소관; ~ya girişmek, ~ya tutuşmak 내기를 하다.

iddiacı *s.* 완고한, 고집이 센, 외고집의, 말 잘 안듣는; *is.* 〔법률〕 청구인, 신청인, 원고, 채권자; ~ adam 고집불통인 사람, 고집센 사람, 벽창호 같은 사람.

iddialı *s.* 논쟁의, 불합리한.

iddianame *is.* 〔법률〕 검사의 논고.

iddiasız *s.* 겸손한; 소박한, 온건한.

idea *is.* 생각, 상념; 〔철학〕 이데아, 관념, 이념.

ideal *s.* 이상의, 이상적; 관념적; *is.* 이상; 관념.

idealist *s.* 이상주의의, 관념론의; *is.* 이상주의자, 관념론자.

idealizm *is.* 〔철학〕 관념론, 유심론; 이상주의.

identik *s.* 똑같은, 동일한.

ideolog *is.* 이론가; 이상론자.

ideoloji *is.* 이데올로기, 이념.

ideolojik *s.* 관념학상의.

idil *is.* 〔문학〕 전원시, 목가.

idman *is.* 수련, 단련, 체조, 연습; 훈련.

idmancı *is.* 운동선수; 체육교사.

idmanlı *s.* 수련한, 단련한.

idrak *is.* 이해; 지각.

idrar *is.* 오줌, 소변, 뇨.

ifa *is.* 행함, 실천; ~ etmek 행하다, 수행하다.

ifade *is.* 설명, 진술, 표현; 해명; ~ etmek 설명하다, 진술하다; 해명하다; 표현하다; ~ vermek 해명하다, 답하다; ~sini almak 해명을 듣다, 대답을 듣다.

ifadelendirmek *f.* 해명시키다, 설명을 요구하다, 청문하다.

iffet *is.* 정직; 순결, 정절, 정조, 절조.

iffetli *s.* 정직한; 순결한, 정절한, 정조가 굳은.

iffetsiz *s.* 순결치 못한, 정조가 없는.

iflâh *is.* 향상; 개량, 개선; 발전; 구제; ~ olmak 발전하다; 개선하다; 향상하다; 구제되다.

iflâs *is.* 파산, 패가; ~ etmek 파산하다; 타락하다.

ifrat *is.* 과도, 과분, 지나침.

ifraz *is.* 분리, 이탈, 〔생물〕분비.

ifrazat *is.* 〔생물〕 분비물.

ifşa *is.* 폭로, 노출; ~ etmek

노출시키다, 폭로하다.
iftar *is.* 〔종교〕 단식을 그만 둠; 금식기간 중의 저녁식사; ~ etmek 단식을 그만 두다.
iftarlık *is.* 단식을 끝낸 후 처음 식사 때의 음식물; *s.* 아주 적은, 소량의.
iftihar *is.* 자랑, 영광; ~ etmek 자랑하다, 영광으로 여기다; ~a geçmek 우등생이 되다.
iftira *is.* 비방, 중상; ~ etmek 비방하다, 중상하다.
iftiracı *is.* 비방자, 중상자.
iğ *is.* (방적) 북, 방추; 축, 굴대.
iğne *is.* 바늘; 주사; 핀; 침; ~ atsan yere düşmez 대단히 밀집한; ~ deliği, ~ gözü, ~ yurdu 바늘 귀; ~ ile kuyu kaz mak 바늘로 샘을 파다, 매우 힘든 일을 하다; ~ ipliğe dönmek 매우 야위다; ~ işi 바느질, 자수; ~ vurmak, ~ yapmak 〔의학〕 주사하다; ~ yastığı 바늘 겨레, 바늘 방석; toplu ~ 핀침.
iğneci *is.* 주사하는 사람.
iğnecilik *is.* 주사하는 전문업.
iğnelemek *f.* 침으로 찔러 잡아두다; 말을하여 마음에 상처를 주다.
iğnelenmek *f.* iğnelemek의 수동형.
iğneli *s.* 침이 있는; ~ söz 마음을 상하게 하는 말.
iğnelik *is.* 침이나 바늘을 넣어두는 상자.
iğrenç *s.* 미운, 밉살스러운; 증오스런, 싫은; ~ getirmek 염증나다, 진절머리나다.
iğrençlik *is.* 미움, 증오; 염오, 혐오.
iğrendirmek *f.* 싫증나게하다; 증오심을 불러 일으키다.
iğrengen *s.* 증오하는 성격을 지닌.
iğrenilmek *f.* 미움을 받다.
iğrenmek *f.* 미워하다, 증오하다; 싫어하다.
iğrenti *is.* 증오(심); 혐오(감).
ihale *is.* 〔경제〕 입찰.
ihanet *is.* 반역, 배반, 배신; ~ etmek 배반하다, 배신하다, 반역하다.
ihata *is.* 포위, 위요; ~ etmek 둘러싸다, 포위하다, 위요하다.
ihbar *is.* 통지, 통고, 알림, 소식; 고발; 신고; 경고적 통고; 탄핵; 정보; ~ etmek 알리다, 소식주다; 통지하다, 통고하다; 고발하다; 탄핵하다.
ihbariye *is.* 공고; 정보제공 보상금.
ihbarname *b. is.* 경고문, 공고문, 통고문.
ihdas *is.* 생산, 창조, 발명; ~ etmek 생산하다, 창조하다, 발명하다.
ihlâl *is.* 파괴; 〔법률〕 위반, 위배, 침해.
ihlas *is.* 진심, 성심.
ihmal *is.* 소홀, 부주의; 태만; 경시, 무시; 간과; ~ etmek 게을리하다, 태만하다; 소홀하다; 경시하다; 무시하다; 부주의하다; 간과하다.
ihmalci *s.* 태만한, 소홀한; 부주의한; 무관심한.
ihmalcilik *is.* 태만함, 부주의함.
ihmalkâr *s.* 태만한; 부주의한, 무관심한.
ihmalkârlık *is.* 태만함, 부주의함.
ihracat *is.* 〔경제〕 수출; fazla ~ 〔경제〕 출초; ~ fonu 〔경제〕 수출기금; ~ primi 수출 장려금; ~ ve ithalât 〔경제〕 수출입.
ihracatçı *is.* 수출업자.
ihracatçılık *is.* 수출업.
ihraç *is.* 수출; 〔군사〕 상륙; ~ etmek 수출하다; ~ harekâtı 〔군사〕 상륙작전.

ihraz *is.* 획득, 취득; ~ etmek 얻다, 취득하다, 획득하다.
ihsan *is.* 호의, 은전; 하사; ~ etmek 하사하다.
ihsas *is.* 암시; ~ etmek 암시하다.
ihtar *is.* 경고, 계고; 주의; ~ etmek 경고하다, 계고하다, 주의시키다.
ihtilâf *is.* 불일치, 불화; 이견; 언쟁; 분쟁.
ihtilâl *is.* 혁명 ; 변혁; 반란, 봉기; 혼란.
ihtilâlci *s.* 혁명의, 반란의, 봉기의.
ihtilâs *is.* 횡령, 착복; ~ etmek 횡령하다, 착복하다.
ihtimal *is.* 가능성, 가망; 확률, 공산; *zf.* 아마도.
ihtimalât *is.* 가능성.
ihtimalî *s.* 있을수 있는, 가능성이 있는; 〔철학〕 개연적.
ihtimaliye *is.* 〔철학〕 개연론.
ihtimaliyet *is.* 〔수학〕 확률.
ihtimam *is.* 주의, 유의; 정성
ihtira *is.* 창조; 발명; ~ etmek 창조하다, 발명하다.
ihtirak *is.* 연소, 불타기; ~ etmek 불타다, 연소하다; ~ kabiliyeti 연소력; 가연성; ~ noktası 발화점.
ihtiram *is.* 존경, 숭경, 숭배; ~ etmek 존경하다, 숭배하다, 숭앙하다.
ihtiras *is.* 탐욕.
ihtiraz *is.* 예방; 절제; 도피, 기피; ~ etmek 예방하다; 경계하다; 피하다.
ihtisar *is.* 단축, 축소; 생략; 〔수학〕 분수의 약분; ~ etmek 줄이다, 단축하다, 축소하다; 요약하다; 약분하다.
ihtisas *is.* 전문(지식), 전공; 감각, 감정; ~ kazanmak 전문화하다; ~ sahibi 전문가, 기술자, 숙련가; ~ sahibi olmak 전문가가 되다. 숙련가가 되다, 기술자가 되다; ~ yapmak 전공하다, 전문훈련을 받다.
ihtişam *is.* 훌륭함, 장대, 장려.
ihtiva *is.* 포함, 포괄, 내포; ~ etmek 포함하다, 포괄하다, 내포하다.
ihtiyaç *is.* 필요, 요구; 〔경제〕 수요; 빈곤; ~ olmak 필요로 하다, 요구되다; 수요가 있다.
ihtiyar *s.* 나이 많은, 늙은, 노년의, 연로한; *is.* 선택; ~ etmek 선택하다.
ihtiyarî *s.* 하고 싶은대로의, 임의의.
ihtiyarlamak *f.* 늙다.
ihtiyarlatmak *f.* 늙게하다.
ihtiyarlık *is.* 연로; 노년기; ~ sigortası 양로보험.
ihtiyat *is.* 경계; 예방; 조심; *s.* 예비의; ~ kuvvetleri 〔군사〕 예비군.
ihtiyaten *zf.* …한 경우에 대비하여.
ihtiyatî *s.* 경계의, 예방적.
ihtiyatkâr *s.* 경계하는, 예방하는, 조심스런.
ihtiyatlı *s.* 경계의, 예방의, 조심의.
ihtiyatsız *s.* 조심성이 없는.
ihtiyatsızlık *is.* 조심성이 없음.
ihtizaz *is.* 떨림, 진동.
ihya *is.* 생동; 재생, 부활.
ikame *is.* 둠, 설치, 설립.
ikamet *is.* 체재, 기류, 체류; ~ etmek 살다, 체제하다, 체류하다, 기류하다, 거주하다; ~ tezkeresi 체류증명서, 기류계, 거주증명서.
ikametgâh *is.* 거주소, 관저.
ikaz *is.* 경고, 주의; ~ etmek 경고하다, 주의를 주다.
ikbal *is.* 좋은 운, 행운; 행복; 번창; 성공.
iken *e.* …일 때, …때에.
iki *s.* (수)둘의; *is.* 둘; ~ kap-

tan bir gemiyi batırır 사공이 많으면 배가 산으로 오른다; ~ kulak bir dil için 많이 듣고 조금 말하라; ~ nokta (구둣점) 이중점(:); ~de bir 2분지1; ~de birde 자주, 종종.

ikici *is.* 〔철학〕 이원론자; *s.* 이원론자의.

ikicilik *is.* 〔철학〕 이원론.

ikicinslikli *s.* 〔생물〕 암수의 성을 갖춘, 양성의.

ikiçenekliler *b. is.* 〔식물〕 쌍떡잎 식물.

ikiçenetli *b. is.* 〔동물〕 쌍각패류; 〔식물〕 쌍각으로 된 씨.

ikievcikli *s.* 〔식물〕 암수 딴 몸의, 자웅 별체의.

ikilem *is.* 〔논리〕 양도논법, 딜렘마.

ikilemek *f.* 두배로 하다; 쌍으로로 하다; 짝짓다.

ikili *s.* 2의 숫자가 들어있는; ~ bölü 〔논리〕 이분법.

ikilik *is.* 쌍, 짝; 양분; 이분.

ikinci *s.* 둘째의, 두번째의, 제2의; ~si *is.* 두번째 것; *zf.* 둘째로, 다음으로.

ikincil *s.* 〔화학〕 차등의; 제 2위의, 제2류의.

ikindi *is.* 오후; 〔종교〕 회교의 오후 기도.

ikindiyen *zf.* 오후에.

ikircil *s.* 두가지 뜻을 가진.

ikişer *s.* 두개씩의.

ikiyaşayışlı *s.* 〔생물〕 수륙 양서의.

ikiyüzlü *s.* 표리부동한; 위선적인; 양면을 사용할 수 있는.

ikiyüzlülük *b. is.* 위선; 표리부동.

ikiz *is.* 쌍둥이, 쌍생아.

ikizanlam *b. is.* 두가지 뜻을 갖는 말.

İkizler *öz. is.* 〔천문〕 쌍동좌, 쌍자궁.

ikizli *s.* 쌍둥이의; 두개가 달린; 두가지의 뜻을 가진.

ikizlilik *is.* 두가지의 뜻을 가짐.

iklim *is.* 기후.

ikmal *is.* 보완; 완성; 〔군사〕증원, 보강; 보급품; ~ etmek 보충하다, 보완하다; ~ imtihanı 추가시험; ~ kuvvetleri 〔군사〕 증원군; ~e kalmak 추가시험에 걸리다.

ikna *is.* 설득, 설유, 설복; 종용, 권고, 권유; ~ edilmek 설복되다; ~ etmek 설득하다, 설복하다, 종용하다; ~ kabiliyeti 설득력; ~ olmak 설득되다, 설복되다.

ikrah *is.* 증오; 염오, 혐오; ~ etmek 염오하다, 혐오하다.

ikrahlık *is.* 염오, 혐오감; ~ getirmek 혐오감을 주다.

ikram *is.* 증여, 증정; 서어비스, 봉사, 접대, 대접; 할인.

ikramcı *s.* 봉사적.

ikramiye *is.* 상여금, 보너스; 상, 상품, 상금, 경품; 증여품.

ikrar *is.* 자백, 고백; ~ vermek 자백하다, 고백하다.

ikraz *is.* 빌려줌, 대여; ~ etmek 빌려주다.

iksir *is.* 특효약, 불로장생약.

iktibas *is.* 인용, 채취.

iktidar *is.* 권능, 능력; 권세, 권력; 힘; 실력; 집권당, 여당; ~ mücadelesi 권력투쟁; ~ olmak 권력을 갖다; 집권하다; ~ partisi 여당; malî ~ 재력.

iktidarlı *s.* 힘있는, 능력있는, 실력있는, 영향력있는.

iktidarsız *s.* 힘없는, 무능한, 무력한.

iktidarsızlık *is.* 무력, 무능.

iktifa *is.* 충분, 만족; ~ etmek 충분하다, 만족하다.

iktisadî *s.* 경제의, 경제적; 경제적인.

iktisadiyat *is.* 경제사정.

iktisat *is.* 경제; 검약, 절약.

iktisatçı *is.* 경제학자; 경제 전문가.
il *is.* (행정구역) 도, 주, 성.
ilâç *is.* 약, 의약품; ~ almak약을 쓰다. 약을 복용하다; ~ kullanmak 약을 쓰다. ,투약하다.
ilâçlamak *f.* 약을 치다, 약을 뿌리다.
ilâçlı *s.* 약품이 들어있는; ~ pamuk 탈지면, 약솜.
ilâçsız *s.* 약(품)이 없는.
ilâh *is.* 신.
ilâhe *is.* 여신.
ilâhi *is.* 찬송가, 송가.
ilâhî *s.* 신의, 신적.
ilâhiyat *is.* 신학; ~ Fakültesi 신학대학.
ilâm *is.* 〔법률〕 판결문.
ilân *is.* 광고; 게시; 공고, 알림; 공포, 고지; 선언; ~ etmek 광고하다; 게시하다, 신고하다; 고지하다, 알리다; 통고하다; 선언하다; ~ sütunu 광고란; ~ ücreti 광고비; ~ı harb 선전포고.
ilâve *is.* 부가, 첨가, 첨부, ;~ etmek 부가하다, 첨가하다, 덧붙이다.
ilaveli *s.* 부가의, 첨가의.
ilçe *is.* (행정구역)군.
ile *bağ. e.*, …을 가지고; …와 함께, …과 더불어; 방법으로;그리고; ~ beraber …과 함께 더불어.
ileri *is.* 앞, 전방; *zf.* 앞으로, 전방으로; *s.* 앞의, 전방의; 앞선, 빠른, 이른, 일찍; 전진의, 선진의, 진보적; ~ almak (시계) 시간을 앞당기다; 우선으로 하다; 높은 직위에 올리다; ~ geçmek 앞서다; 앞장서다; 높은 직위에 오르다; ~gelmek 발생하다; 우선하다; ~ gitmek 앞서가다; (정도를) 지나치다; ~ sürmek 제안하다; 앞장서게하다.
ilerici *s.* 진보적.
ileride, ilerde *zf.* 장차, 장래, 미래에.
ilerlemek *f.* 앞으로 나아가다, 전진하다; 발전하다; 진전되다.
ilerletmek *f.* 발전시키다, 전진시키다, 진전시키다.
ilerleyici *s.* 앞서 가는, 전진하는, 선진의.
ilerleyiş *is.* 전진, 선진.
iletken *s.* 이전의, 전도의, 운반하는, 나르는; ~ damarlar〔식물〕 맥관.
iletkenlik *is.* 운반, 송달.
iletki *is.* 〔기하〕 각도기, 분도기.
iletme *is.* 나르기, 운반, 이전; 전도.
iletmek *f.* 나르다, 운반하다, 이전하다; 〔물리〕 전도하다.
ilga *is.* 폐기, 철폐, 제거; 취소; ~ etmek 폐기하다, 철폐하다; 취소하다.
ilgi *is.* 관계;관련,연관;관심,흥미 주의; 〔문법〕 소유격; ~ çekici 매혹적인, 흥미로운, 주의를 끄는; ~ çekmek 관심을 끌다, 흥미를 불러 일으키다; ~ zamiri 관계대명사.
ilgi endirmek *f.* 관심을 갖게하다; 관계를 갖게하다.
ilgilenmek *f.* 관심을 갖다, 흥미를 갖다.
ilgili *s.* 관계가 있는, 관련된; 관심있는, 흥미로운.
ilginç *s.* 관심거리의, 흥미있는.
ilgisiz *s.* 관계가 없는, 무관한; 관심없는, 흥미없는, 무관심의.
ilgisizlik *is.* 무관심.
ilhak *is.* 부가; 합병.
ilham *is.* 영감; 계시, 묵시; 암시; ~ almak 영감을 얻다, 묵시를 받다, 계시를 받다, 암시받다; ~ etmek 암시하다, 묵시하다, 계시하다; ~ perisi 시신,뮤우즈신; ~i ilâhî 신의 계시.

ilhan *is.* 왕자; 사령관; 족장; 통치자, 지배자; 황제.

ilhanlık *is.* 제국; 황제위, 제위.

ilik *is.* 단추구멍; 〔해부〕 골수; ~ine geçmek (추위 따위가) 골수에 까지 스며들다, 깊이 영향을 미치다; ~ini kurutmak 몹시 고통을 주다.

iliklemek *f.* 단추를 단추구멍에 끼우다, 단추를 채우다.

ilikli *s.* 단추가 있는; 단추를 채운.

iliksiz *s.* 단추가 없는; 단추를 채우지 않은.

ilim *is.* 지식; 학술, 과학, 학문.

ilişik *is.* 관계, 관련; *s.* 유관한; 부속의.

ilişikli *s.* 관계가 있는, 관련된.

ilişiksiz *s.* 관계가 없는, 무관한.

ilişki *is.* (상호) 관계.

ilişkin *s.* 관계된, 관한, 관련한.

ilişmek *f.* 가볍게 닿다, 접촉하다; 손대다, 건드리다; 거슬리다; 가볍게 반대하다; 잠시 걸터앉다.

iliştirmek *f.* 가볍게 부착하다; 잠시 걸다.

ilk *s.* 처음의, 모두의, 제 1 의; ~ adım 첫걸음; ~ ağızda 첫번째로; 한번으로; ~ ağızdan 처음부터; ~ defa 첫번; 한번; ~ ders 제 1 과; ~ eğitim 초등교육; ~ elden 처음부터; 처음으로; ~ evvel 무엇보다 먼저, 처음; ~ göz ağrısı 첫사랑; ~ insan 원시인; ~ mektep 국민학교.

ilkbahar *b. is.* 봄.

ilkçağ *b. is.* 〔역사〕 태고시대, 상고시대.

ilke *is.* 원자; 요소; 원칙, 원리.

ilkel *is.* 원시적; 원초적, 초보적; 태고의.

ilkin *zf.* 모두에, 처음에, 서두에, 먼저.

ilkkânun *b. is.*〔고어〕 12월.

ilkokul *b. is.* 국민학교.

ilköğretim *b. is.* 초등교육.

ilkönce *zf.* 먼저, 처음에.

ilkteşrin *b. is.* 10월.

ilkyaz *b. is.* 봄.

illâ, ille *zf.* 어쨌던, 기어이.

illet *is.* 질병; 결점; 이유, 원인

illetli *s.* 질병의; 결점투성이의.

ilmek *f.* 가볍게 묶다, 매듭을 매다; (양탄자를 짤때) 매듭을 하다; (손을) 대다.

ilmî *s.* 지식의, 학문의, 학술의, 과학의.

ilmik *is.* 풀기쉬운 일시적인 매듭.

ilmiklemek *f.* 임시로 매듭을 묶다.

ilmiklenmek *f.* ilmiklemek의 재귀형.

ilmikli *s.* 풀기쉽게 매듭지어진.

iltica *is.* 피난, 망명; ~ etmek 망명하다; siyasî ~ 정치망명.

iltifat *is.* 칭찬; 호의; 총애;~ etmek 칭찬하다, 좋게 말하다, 호의를 베풀다, 총애하다; ~ göstermek 호의를 보이다, 은혜를 베풀다.

iltihak *is.* 가입, 가맹; 합병; ~ etmek *f* 가입하다, 가맹하다; 합병하다.

iltihap *is.* 〔의학〕 염증.

iltihaplanmak *f.* 〔의학〕 곪다, 염증이 생기다.

iltimas *is.* 후원, 비호; ~ etmek 비호하다.

iltimasçılık *is.* 편애, 편파, 치우침.

iltisak *is.* 〔의학〕 유착; 접합; ~ hattı (철도의) 연결선, 지선.

ima *is.* 암시, 풍시, 어렴풋이 알리기; ~ etmek 암시하다, 비추다, 어렴풋이 알려주다.

imal *is.* 제조; ~ etmek 제조하다, 만들다, 생산하다.

imalât *is.* 제조품, 제품; 생산

품.
imalâthane *b. is.* 제품공장, 제조공장.
imam *is.* 회교국의 종교적 수령; (회교사원의) 이맘, 목회자.
imambayıldı *b. is.* 가지로 만든 음식의 일종.
imamlık *is.* 이맘의 임무.
iman *is.* 신앙.
imansız *s.* 신앙이 없는; 무정한, 매정한.
imar *is.* 개발, 건설; ~ etmek 개발하다; 건설하다.
imaret *is.* 무료급식소.
imbat *is.* 여름철의 해풍.
imbik *is.* 증류기; ~ten çekmek 증류하다.
imdat *is.* 구조, 도움; *unl.* 구조를 요청하는 외침; ~ işareti 구조신호; ~ kuvveti 증원군.
imek *f.* (접미동사)…이다.
imge *is.* 몽상, 환상, 환영, 공상.
imha *is.* 근절, 전멸, 소멸, 섬멸; ~ ateşi 〔군사〕 섬멸사격; ~ etmek 근절하다, 전멸하다, 소멸하다; ~ harbi, ~ muharebesi 〔군사〕 섬멸전.
imkân *is.* 가능성, 능력; ~ dahilinde 가능한한; ~ varsa 가능하면; ~ı yok 불가능하다.
imkânsız *s.* 불가한, 불가능한.
imkânsızlık *is.* 불가능(성).
imkânsızlaşmak *f.* 불가능하게 하다.
imlâ *is.* 충전, 채우기; 〔문법〕 철자법; ~ etmek 채우다, 충전하다; (구술을)받아쓰게하다; ~ kılavuzu 철자법 지침서.
immoralizm *is.* 부도덕.
imparator *is.* 황제.
imparatoriçe *is.* 왕비, 왕후; 여왕.
imparatorluk *is.* 제국, 황국.
imren *is.* 부러움, 선망, 욕망.
imrence *is.* 선망의 대상.
imrendirmek *f.* 부러워하게 하다, 욕망을 갖게하다.
imrenilmek *f.* 부러움을 사다.
imrenme *is.* 선망.
imrenmek *f.* 부러워하다, 선망하다, 욕구하다, 탐내다.
imsak *is.* 절제, 자제; (종교의 식의) 금식.
msakiye *is.* (종교의식상) 금식기간중 금식시간표.
ımtihan *is.* 시험; 고사; ~ etmek 시험하다; ~ vermek 응시하다; ~ yapmak 시험을 주재하다, (시험관이) 시험을 치게하다; ~ı vermek 시험에 통과하다, 시험에 합격하다, 시험을 치다; sözlü ~ 구두시험; yazlı ~ 필기시험.
imtiyaz *is.* 양여, 부여; 특권, 특전; 면책특권.
imza *is.* 서명, 날인; ~ atmek, ~ etmek 서명날인하다.
imzalamak *f.* 서명하다, 날인하다.
imzalanmak *f.* 서명되다, 날인되다.
imzalatmak *f.* 서명케하다, 날인케하다.
imzalı *s.* 서명의, 서명된.
imzasız *s.* 서명되지않는, 서명날인없는.
in *is.* 들짐승의 굴, 동혈; ~ gibi 들짐승의 굴과 같이) 어둡고 침침한.
inak *is.* 〔철학〕 독단.
inakçı *is.* 〔철학〕 독단주의자, 독단론자.
inakçılık *is.* 〔철학〕 독단주의.
inaksal *s.* 독단주의.
inam *is.* 위탁, 기탁, 신탁.
inamlamak *f.* 맡기다, 기탁하다, 위탁하다, 신탁하다.
inan *is.* 신봉; 신임.
inanç *is.* 신앙; 신념.
inandırıcı *s.* 믿게하는, 신앙케하는.

inandırılmak *f.* inandırmak의 수동형.
inandırmak *f.* 믿게하다, 신임케하다.
inanılacak *s.* 믿을수 있는, 믿음직스런.
inanılır *s.* 믿을 수 있는, 신용할 수 있는, 믿어도 좋은; 성실한.
inanılmak *f.* 믿어지다, 신임되다.
inanılmaz *s.* 믿을 수 없는, 신용할 수 없는.
inanış *is.* 신앙, 믿음; 신임, 신용.
inanlı *s.* 신용이 있는, 신임있는.
inanma *is.* 신용, 신임, 믿음.
inanmak *f.* 믿다, 신용하다, 신임하다; 신앙하다.
inansız *s.* 불신의, 신용이 없는, 신임되지 않는.
inat *is.* 고집.
inatçı *s.* 고집의, 완고한, 고집스런.
inatçılık *is.* 고집불통.
inayet *is.* 자비, 인자.
inbat *is.* 남풍, 마풍, 마파람.
ince *s.* 엷은, 얇은; 가느다란; 작은; 부드러운(거치른의 반대); 사소한; 섬세한, 세밀한; 치밀한; ~ ağrı 이따금씩 오는 가벼운 고통, 통증; ~ hastalık 〔의학〕 폐결핵; ~ ses 〔문법〕 전설모음; ~den ~ye극히 세밀히.
incebağırsak *b. is.* 〔해부〕 소장, 위와 대장 중간에 있는 소화기.
incecik *s.* 대단히 엷은, 아주 가느다란, 아주 섬세한.
inceleme *is.* 연구, 조사, 검토.
incelemek *f.* 연구하다, 조사하다, 검토하다.
incelenmek *f.* 연구되다, 조사되다, 검토되다.
inceletmek *f.* 연구시키다, 조사시키다, 검토시키다.
incelik *is.* 가늘음; 섬세; 부드러움, 친절.
incelmek *f.* 가늘어지다; 야위다.
inceltmek *f.* incelmek의 사역형.
inceyağ *b. is.* 경유.
inci *is.* 진주; ~ gerdanlık 진주목걸이; hakiki ~ 참 진주; suni ~ 인조 진주.
inciçiçeği *b. is.* 〔식물〕 비비추, 초롱꽃.
incik *is.* 〔해부〕 경골, 정갱이; ~ kemiği 〔해부〕 경골, 정갱이뼈.
incik boncuk *b. is.* 싸구려목걸이.
İncil *öz. is.* 기독교의 성서.
incinmek *f.* 내상을 입다; 마음이 상하다, 속상하다.
incir *is.* 〔식물〕 무화과; ~ ağacı 〔식물〕 무화과 나무; kuru ~ 건 무화과.
incirlik *is.* 무화과 밭.
incitaşı *b. is.* 〔지질〕 진주암.
incitici *s.* 아프게 하는, 마음을 상하게하는, 고통을 주는.
incitiş *is.* 통증.
incitme *is.* 통증; 고통.
incitmebeni *b. is.* 〔의학〕 암, 암종.
incitmek *f.* 상하다, 다치다; 삐다, 어긋나게하다; 마음을 아프게하다.
indeks *is.* 찾아보기, 색인.
indeterminizm *is.* 〔철학〕 비결정론, 자유의지론.
indirilmek *f.* 내려지다, 하강되다; 낮추어지다.
indirim *is.* 할인.
indirmek *f.* 내리다, 하강시키다; 낮추다; 세게 때리다.
indirtmek *f.* indirmek의 사역형.
individüalizm *is.* 〔철학〕 개인주의.
indiyum *is.* 〔화학〕 인디움 (금속원소), 원소기호 **In.**
inek *is.* 〔동물〕 소; 암소.

inekçi *is.* 소치는 사람.
ineklik *is.* 소 마굿간.
infaz *is.* 시행, 실시, 집행; ~ etmek 수행하다, 실행하다, 실시하다, 이행하다, 집행하다.
infial *is.* 격노, 격분, 분개.
infilâk *is.* 폭발;~ etmek 폭발하다.
infirat *is.* 고립; ~ politikası 고립정책.
infiratçı *is.* *s.* 고립주의(의).
İngiliz *öz. is.* 영국인; *s.* 영국으; ~ edebiyatı 영문학; ~ edebiyatı tarihi 영문학사; ~ hükûmeti 영국정부; ~ İmparatorluğu 대영제국.
İngilizce *öz. is.* 영어.
İngiltere *öz. is.* 〔지리〕 영국.
inha *is.* (하급기관의 상급기관에 대한) 보고, 상정안.
inhilâl *is.* 용해; 액화; 분해; 분산, 해산; ~ etmek 용해되다; 분해되다; 분산되다; ~ kabiliyeti 용해성.
inhina *is.* 만곡, 굴곡.
inhisar *is.* 제한, 한정; 독점, 전매; ~ etmek …에 한하다, 한정되다; ~ maddeleri 전매품; ~a almak 전매하다, 독점하다; ~ında olmak 전유되다, 독점되다.
inik *s.* (커텐 따위가) 내려진.
inildemek *f.* 신음하다, 신음소리를 내다.
inilmek *f.* 내려지다.
inilti *is.* 신음소리.
inim inim *zf.* (계속적 신음소리) 음음하면서.
inisiyatif *is.* 기선, 선제.
iniş *is.* 내리막; 내리는 모양; (비행기따위의) 착륙; 하강.
inkâr *is.* 반대, 거부, 부인;〔법률〕 쟁송; ~ etmek 반대하다, 거부하다, 부인하다; 항변하다.
inkarî *s.* 부인하는, 거부하는; 부정적.
inkılâp *is.* 개혁, 변혁. 혁신; 〔정치〕 혁명; ~ devresi 개혁기; 혁명기; ~ etmek 개혁하다, 변혁하다; ~ geçirmek 개혁을 맞다, 혁명을 치루다; ~ yapmak 개혁을 감행하다; kış ~ 〔천문〕 동지; yaz ~ 〔천문〕 하지.
inkılâpçı *s.* 개혁의, 혁신의; *is.* 혁명가, 혁신가, 개혁가.
inkılâpçılık *is.* 혁명론; 혁명정신.
inkıraz *is.* 몰락, 쇠퇴, 소멸; ~ bulmak 몰락하다, 쇠퇴하다, 소멸하다.
inkişaf *is.* 발전, 발달; 확장, 팽창; 번성; 번영; 〔수학〕 전개; ~ etmek 발전하다, 발달하다, 팽창하다, 증대하다, 증가하다, 번성하다, 번영하다; ~ ettirmek 확장시키다, 펼치다, 〔수학〕 전개하다.
inlemek *f.* 신음하다.
inletmek *f.* 신음하게 하다.
inme *is.* 하강, 내림, (기차 · 선박 · 자동차 따위로 부터) 내리기, 착륙, 상륙; 〔의학〕 마비; 〔지리〕 썰물.
inmek *f.* 내리다; 내려가다; 하강하다; (비행기따위) 착륙하다; 하차하다, 하선하다; (물여) 빠지다; (부기가) 빠지다, (작은 곳에서 큰 곳으로) 가다; (값이) 내리다; 체류하다, 머물다; (벽따위가) 무너져내리다.
inorganik *s.* 〔화학〕 무기의, 무기물의.
insaf *is.* 공정, 공평; 정당; 양심
insaflı *s.* 공정한, 공평한; 정당한; 양심이 있는.
insafsız *s.* 공정치못한, 불공평한 양심이 없는.
insafsızlık *is.* 부당, 불공평, 불공정; 비양심.
insan *is.* 사람; 인간; 인간존재;

～ gibi 사람다운, 사람답게, 인간답게; ～ hakları 인권; ～ olarak 사람으로서, 인간으로서.
insanbiçimcilik *b. is.* 〔철학〕 신인동형론; 신인동성론.
insanbilim *b. is.* 인류학.
insanca *zf.* 인간답게; 인간으로서; 인간적으로.
insanımsı *s.* 인간비슷한; 유인원의; *is.* 〔동물〕 유인원.
insanî *s.* 인간의; 인성의.
insaniyet *is.* 인성; 인류, 인간존재; 인간성; 인도.
insaniyetperest *b. is.* 인간성연구학자; 인문학자.
insaniyetperestlik *b. is.* 〔철학〕 인도주의; 인문주의, 인본주의.
insanlık *is.* 인성; 인류; 인간성; 인도.
insanoğlu *b. is.* 인간, 인류.
insanüstü *s.* 초인간적.
inşa *is.* 건물; 건조; 건축; 작문; 서예; ～ etmek 짓다, 만들다; 건축하다, 건조하다.
inşaat *is.* 건물; 건조; 건축.
inşaatçı *is.* 건축가.
inşaatçılık *is.* 건축업.
inşallah *ünl.* (희망을 기원함) 신이 원한다면!
intelekt *is.* 지능, 지성.
intelektüalizm *is.* 〔철학〕 주지주의; 지성주의.
intihal *is.* 표절(물); ～ etmek 표절하다.
intihar *is.* 자살; ～ etmek 자살하다; ～ maksadiyle 자살할 목적으로; ～ teşebbüsü 자살기도.
intikal *is.* 이동; 변이, 변천, 추이; 인식, 이해; ～devresi 과도기; ～ etmek 이동하다, 이전하다; (화제를) 바꾸다; 인식하다.
intikam *is.* 복수, 앙갚음, 보복, ～ almak 복수하다, 앙갚음하다, 보복하다; 원수를 갚다; ～ maçı 복수전.
intikamcı *s. is.* 앙갚음하는 (사람), 복수하는(사람).
intizam *is.* 평온; 질서.
intizamlı *s.* 평온한; 질서 정연한.
intizamsız *s.* 불온한; 무질서한.
intizamsizlık *is.* 무질서, 혼란.
intizar *is.* 기대, 기망, 희망.
inzibat *is.* 기율; 풍기; askeri ～ 〔군사〕 군기; askeri ～ memuru 〔군사〕 헌병
inzibati *s.* 기율의, 기율이 있는.
inzibatsız *s.* 기율이 없는; 풍기가 문란한.
ip *is.* 실, 끈, 줄; ～ atlamak 〔운동·놀이〕 줄넘기; 줄넘기하다; ～ cambazı 〔놀이〕 줄넘기; ～ merdiven 줄사다리; ～e çekmek 교수형을 받다, 교수형에 처하다; ～i çözmek 관계를 끊다.
ipek *is.* 비단, 명주; ～ gibi 비단결같이; ～ kozası 누에고치; suni ～ 인조비단.
ipekböceği *b. is.* 〔동물〕 누에.
ipekçi *is.* 양잠업자; 비단장사
ipekçilik *is.* 양잠업; 비단상업.
ipekli *s.* 비단의, 명주의; 비단으로 만든, 명주로 만든.
ipince *s.* 아주 가느다란.
iplik *is.* 실; 섬유; ～ çekmek 실을 빼다.
ipnotizma *is.* 최면.
ipnoz *is.* 최면상태,
ipotek *is.* 저당.
ipotekli *s.* 저당잡힌.
ipotetik *s.* 가정의, 가설의.
ipotez *is.* 가정, 가설; 전제.
ipsi *s.* 실같은.
iptal *is.* 취소, 철회, 철수; ～ etmek 취소하다.
iptida *is.* 처음, 시작, 시초, 시원; 원시.
iptidaî *s.* 처음의; 초보의, 기초의, 기본의; 예비의, 준비의; 원초적, 원시적; ～ insan 원시

인; ~ madde 원료; ~ mektep 국민학교; ~ merhale 첫단계, 초보단계.
iptilâ *is.* 탐익, 열중; 중독.
ipucu *b. is.* 실마리, 단서.
irade *is.* 의사; 명령; 의지.
iradeli *s.* 의지가 강한, 의지가 굳은.
iradesiz *s.* 의지가 약한.
İran *öz. is.* 〔지리〕 이란; ~ Körfezi 〔지리〕 이란 만.
İranlı *öz. is.* 이란사람.
irat *is.* 수입, 세입; 수익.
irfan *is.* 인식, 이해; 문화.
iri *s.* 거대한; 거창한; 광막한.
iribaş *b. is.* 〔동물〕 올챙이.
irice *s.* 꾀 큰, 커다란.
irileşmek *f.* 거대해지다.
irilik *is.* 거대함.
irin *is.* 〔의학〕 고름, 농, 분비물.
irinlenmek *f.* 곪다, 곪아터지다, 화농하다, 고름이 생기다, 농이 생기다.
iriyarı *s.* 거대한; ~ adam 거인.
irkilmek *f.* (물이) 고이다; 〔의학〕 염증이 생기다.
irkiltmek *f.* (물이) 고이게하다; 염증을 일으키다.
irkinti *is.* 고인 물.
İrlânda *öz. is.* 〔지리〕 아일랜드.
İrlândalı *öz. is.* 아일랜드사람.
irmek *f.* 〔문법〕 (접미동사)…이다, …다.
irmik *is.* 거친 밀가루.
irtibat *is.* 연관; 관계; 연락; ~ subay 〔군사〕 연락장교.
irtica *is.* 보수, 보수성, 보수주의; 반동주의.
irticaî *s.* 보수적인, 보수주의적; 반동주의적.
is *is.* 검정, 재, 매연; ~ kokmak 탄 냄새가 나다; 매연 냄새가 나다; ~ kokusu 매연 냄새; 탄 냄새; ~e tutmak 재가 묻다, 그을리다; 매연에 오염되다.
İsa *öz. is.* 〔종교〕 예수크리스도.
isabet *is.* 적중; 명중; 정당, 합당, 적당; ~ etmek 적중하다; 명중하다; 정당하다, 합당하다.
isabetli *s.* 적중한, 합당한, 적당한.
isabetsiz *s.* 부적합한, 온당치 못한.
ise *bağ.* …일지라도; …이라면; ~ de 일지라도.
İsevi *öz. is.* 기독교도.
İsevilik *öz. is.* 기독교.
isfenks *is.* (이집트의) 스핑크스; (희랍신화의) 괴물.
ishal *is.* 설사.
isilik *is.* 〔의학〕 발진, 두드러기.
isim *is.* 이름; 명칭; 성명, 〔문법〕 명사; ~ fiil 〔문법〕 동명사; 동사의 명사형; ~ koymak 이름을 붙이다, 이름을 달다. 명명하다; özel ~ 〔문법〕 고유명사; topluluk ~i 〔문법〕 집합명사.
isimli *s.* …의 이름을 가진; 이름이 있는.
isimsiz *s.* 이름이 없는.
İskandinav *öz. is.* 스칸디나비다 사람.
İskandinavya *öz. is.* 〔지리〕 스칸디나비아(반도).
İskandinavyalı *öz. is.* 스칸디나비아 사람.
iskele *is.* 부두, 선창; 상륙장; 부잔교; (건축물의) 비계; (배의) 트랩; ~ almak 비계 또는 트랩을 걸어 치우다.
iskelet *is.* 해골; 골격, 뼈대; 골자, 윤곽; 개략; ~ gibi 대단히 야윈, 깡마른; ~i çıkmak 대단히 야위다, 깡마르다.
iskemle *is.* (등받이가 없는) 의자, 걸상; 작은 상.
İskender *öz. is.* 〔인명〕 알렉산더 대왕.
İskenderiye *öz. is.* 〔지리〕 (이

집트의) 알렉산드리아.
İskenderun *öz. is.* 〔지리〕 (터어키의) 알렉산드렛타.
İskoç *öz. is.* 스콧트렌드 사람.
İskoçya *öz. is.* 〔지리〕 스콧트렌드.
İskoçyalı *öz. is.* 스콧트렌드 사람.
iskolastik *is.* 〔철학〕 스콜라철학; *s.* 스콜라철학의.
iskonto *is.* 〔상업〕 할인; ~ etmek 할인하다.
iskorbüt *is.* 〔의학〕 괴혈병.
İslâm *öz. is.* 〔종교〕 회교, 이슬람교; 회교도, 이슬람교도.
İslâmiyet *öz. is.* 회교, 이슬람교
İslânda *öz. is.* 〔지리〕 아이슬랜드(Iceland).
İslâv *öz. is.* 슬라브 사람.
islemek *f.* 검정으로 더럽혀지다.
islenmek *f.* islemek의 재귀형.
İslovak *öz is.* 슬로바키아 사람.
İsloven *öz. is.* 슬로베니아 사람.
ismen *zf.* 이름으로.
ismet *is.* 순결, 무구.
İspanya *öz. is.* 〔지리〕 스페인.
İspanyalı *öz. is.* 스페인 사람.
İspanyol *öz. is.* 스페인 사람, 스페인 나라.
İspanyolca *öz. is.* 스페인 말, 스페인어.
ispat *is.* 증명, 입증; 확인; ~ etmek 증명하다, 입증하다; 확인하다.
ispirto *is.* 메틸알코올, 공업용 알코올; ~ lambası 알코올램프.
ispirtoluk *is.* 알코올 버너.
isra *is.* 야간여행.
israf *is.* 낭비.
İsrail *öz. is.* 〔지리〕 이스라엘; ~ oğulları 유대인.
İsrailî *öz. is.* 이스라엘 사람, 유대인.
istakoz *is.* 〔동물〕 바닷가재, 대하, 큰 새우.
İstanbul *öz. is.* 〔지리〕이스탄불.
İstanbullu *is.* 이스탄불 사람.
istasyon *is.* 역, 정거장, 정류장.
istatistik *is.* 통계학; 통계, 통계표; *s.* 통계학의.
istek *is.* 바람, 희망; 욕망, 갈망, 기대; 요구, 요청, 청원; 욕구, 의욕; ~ kipi 〔문법〕 희망법.
isteka *is.* 당구놀이의 큐.
isteklendirmek *f.* 욕망을 갖게 하다.
istekli *s.* 욕망을 가진; 바라는, 희망하는.
isteksiz *s.* 욕망이 없는; 의욕이 없는.
istem *is.* 요구, 수요.
isteme *is.* 희망; 원; 요구; 요망.
istemek *f.* 희망하다, 원하다; 요구하다, 요청하다; 만나고자 하다; 필요로하다; ister istemez 좋던 싫던 간에, 원하던 원하지 않던 간에.
istemeksizin *zf.* 타의로.
istemli *s.* 의욕적인; 자발적, 자의적.
istemseme *is.* 가벼운 욕망; 불완전 욕망.
istemsiz *s.* 무심결의, 본의 아닌, 무의식적인.
istenilmek, istenmek *f.* 원해지다; 요구되다, 필요되다.
isteno *is.* 속기문자, 속기물.
istenograf *is.* 속기사.
istenografî, istenografya *is.* 속기술.
istenotip *is.* 속기용 타이프.
istep *is.* 〔지리〕 스텝지대(시베리아 등지의 수목없는 대 초원).
istepne *is.* (자동차의) 예비용 타이어.
ister *is.* 필요, 요구; ~…~… 원한다면… 또한 원한다면…
istereografi *is.* 입체화법.
istereoskop *is.* 입체경.

istereotip *is.* 연판인쇄.
istereotipi *is.* 연판인쇄술.
isteri *is.* 〔의학〕 히스테리다, 병적 흥분.
isterik *s.* 〔의학〕 히스테리성의, 히스테리에 걸린, 병적 흥분의.
istibdat *is.* 전제정치, 폭정.
istical *is.* 급속, 신속; 서두름, 성급.
isticar *is.* 임대차; ~ etmek 빌리다, 임대하다, 조차하다.
istida *is.* 청원, 탄원, 진정; ~ etmek 청원하다, 탄원하다, 진정하다; ~ hakkı 〔법률〕 청원권.
istif *is.* (정돈하여 쌓아둔) 더미, 퇴적, 적재; ~ etmek (정돈하여) 쌓아두다.
istifa *is.* 물러남, 사퇴; 사직, 사표; ~ etmek 물러나다, 사퇴하다; ~sını geri almak 사표서를 반려하다; ~sını vermek 사표서를 내다, 사직서를 제출하다.
istifade *is.* 이용, 유용, 활용; âzami ~ etmek 최대로 이용하다; ~ etmek 이용하다, 유용하다.
istifadeli *s.* 유용한.
istifaname *is.* 사표서, 사직서.
istifçi *is.* 저장가, 축적하는 사람; *s.* 매점매석하는.
istifçilik *is.* 매점매석; 저장, 축적; 적재.
istiflemek *f.* 쌓아두다; 저장하다, 축적하다.
istiğna *is.* 만족, 불만이 없음.
istihale *is.* 변형; 〔생물〕 변형작용; 변질.
istihbar *is.* 통지, 통보; 정보; ~ etmek (정보를) 듣다; (정보를 입수하다.
istihbarat *is.* 정보; ~ bürosu 정보부; ~ dairesi 정보부, 정보국; ~ hizmeti 정보업무; Millî ~ Teşkilâtı 중앙정보부.
istihfaf *is.* 가볍게 봄; 업신여김, 멸시; ~ etmek 업신여기다, 경멸하다, 멸시하다.
istihkam *is.* 〔군사〕 보루, 요새; 공병; ~ subayı 공병장교.
istihkâmcılık *is.* 〔군사〕 공병 병과.
istihsal *is.* 취득, 획득, 습득; 생산; ~ etmek 취득하다, 획득하다; 생산하다.
istihsalât *is.* 생산, 산출.
istikamet *is.* 방향; 정직, 솔직; 〔수학〕 직선.
istikbal *is.* 미래, 장래, 장차.
istiklâl *is.* 독립, 자주; ~ Harbi, ~ Savaşı(터어키의 1919~1922년간) 독립전쟁, 해방전쟁; ~ Marşı 터어키국가.
istikrar *is.* 안정, 안정성.
istilâ *is.* 침입, 침략; 정복; ~ etmek 침략하다, 공격하다; 정복하다; ~ ordusu 침략군.
istilâcı *is.* 침입자, 침략자; 침략군; *s.* 침입의, 침략의.
istim *is.* 증기.
istimlâk *is.* 수용; 징수; 몰수; ~ etmek 수용하다, 징수하다; ~ hakkı 〔법률〕 토지수용권; ~ kanunu 〔법률〕 토지수용법; ~ suretiyle 토지수용으로 인하여.
istinkâf *is.* 수줍음; ~ etmek 수줍어하다.
istirahat *is.* 휴식; 휴양, 정양; 단정; ~ etmek 휴식하다, 휴양하다.
istiridye *is.* 〔동물〕 굴.
istisna *is.* 예외, 제외, 이례; ~ etmek 제외하다, 예외로 하다.
istisnaî *s.* 예외적, 이례적; 제외된; ~ olarak 예외적으로.
istisnasız *zf.* 예외없이.
istişare *is.* 의논, 협의, 자문; ~ etmek 의논하다, 협의하다, 자문하다; ~ kurulu 자문회의.

istişarî *s.* 의논의, 협의의, 자문의; ~ olarak 의논으로, 협의로서, 자문으로서.
istizah *is.* 〔정치〕 (의원의 장관에 대한) 질문; 설명요구; ~ etmek (의원이 장관에게) 설명을 요구하다, 질문하다.
istoacı *is.* 〔철학〕 스토아학파 철학자, 금욕주의자.
istoacılık *is.* 〔철학〕 스토아철학, 금욕주의.
İsveç *öz. is.* 〔지리〕 스웨덴.
İsveçli *öz. is.* 스웨덴 사람.
İsviçre *öz. is.* 〔지리〕 스위스.
İsviçreli *öz. is.* 스위스 사람.
isyan *is.* 모반; 반란; 거역, 반역; ~ etmek 반역하다, 모반하다, 반란을 일으키다.
iş *is.* 일; 사건; 사물; 사업; 사무, 업무; ~ açmak (성가신) 일을 만들다; ~ akdi 노동계약; ~ bilmek 일을 처리할줄 알다; ~ bitirmek 일을 완수하다; ~ çıkarmak 일을 저지르다; ~ eri 능숙한 사업가; ~ görmek 일을 하다; ~ göstermek 일을 시키다; ~ Hukuku 〔법률〕 노동법; ~ karıştırmak 일을 그르치게하다; ~ tutmak 취직하다; ~ vermek 일을 주다, 일을 시키다; ~ yok 별볼일 없다; 소용이 없다; ~e bakmak 일에 착수하다; 일을 취급하다, 일을 보다; ~e yaramak 도움이 되다, 소용되다; ~in başı 관건; ~ine gelmek 알맞다, 들어맞다.
işadamı *b. is.* 사업가, 실업가.
işaret *is.* 표시; 기호; 신호; 표적; ~ etmek 표시하다; 지적하다, 지시하다; 신호하다; ~ sıfatı 〔문법〕 지시 형용사; ~ zamiri 〔문법〕 지시 대명사.
işaretleşmek *f.* 서로 신호를 보내다.
işaretparmağı *b. is.* 검지, 집게손가락.
işbaşı *b.is.* 일의 시작; (노동자의) 십장, 감독(관), 직원의 우두머리.
işbirliği *b. is.* 협력, 협동; 합작; 협조; 제휴.
işbölümü *b. is.* 분업.
işbu *s.* 이, 여기의, 여기있는.
işçi *is.* 일군, 노동자, 노무자; ~ partisi 〔정치〕 노동당; ~ sınıfı 노동자계급, 무산계급; ~ ücreti 임금.
işçilik *is.* 노동, 노업.
işemek *f.* 오줌누다, 소변보다, 방뇨하다.
işetmek *f.* 오줌을 누이다.
işgal *is.* 점령, 점유, 점거; ~ altında 점령아래, 점유아래; ~ eden 점령자; ~ etmek 점령하다, 점유하다, 점거하다; ~ ordusu 점령군.
işgücü *b. is.* 능력; 노동력.
işgüder *b. is.* 대리 대사.
işgünü *b. is.* 노동일, 노동하는 날.
işgüzar *s.* 참견하는.
işgüzarlık *b. is.* 참견.
işitilmek *f.* 들리다.
işitim *is.* 청각.
işitme *is.* 듣기; 청력; 청감; ~ cihazı 청취기, 수화기; 보청기; ~ kesesi 〔해부〕 이낭, 청포; ~ taşı 〔해부〕 이석.
işitmek *f.* 듣다, 청취하다.
işitmelik *is.* 음향.
işitmemezlik *is.* 귀머거리 상태.
işitsel *s.* 청각의.
işittirmek *f.* 듣게하다.
işkembe *is.* 반추동물의 위, 반추동물의 밥통고기; ~ çorbası 반추동물의 밥통고기 곰탕; ~ sini düşünmek 눈앞의 이익만을 생각하다; ~sini şişirmek 과식하다.
işkembeci *is.* 반추동물의 내장고기를 파는 사람.

işkence *is.* 고문, 린치.
işlek *s.* 붐비는; 번화한.
işlem *is.* 절차; 〔수학〕 계산; ~ dört ~ 〔수학〕 가감승제.
işleme *is.* 작업; (토지) 경작; 수예, 자수.
işlemeci *is.* 수예가.
işlemek *f.* 처리하다; 작업하다; 경작하다; 세공하다; 작동하다; (길이) 개통되다; 붐비다; 번화하다; 경영하다.
işlemeli *s.* 자수를 놓은, 자수로 꾸며진.
işlenmek *f.* 처리되다; 경작되다; 수예되다; 자수처리되다.
işletme *is.* 작업; 실시; 운영, 경영; 영업; ~ dairesi 영업부; ~ masrafı 경영비, 운영비; ~ müdürü 영업부장; ~ sermayesi 경영자본, 운영자금; ~ vergisi 부가가치세.
işletmeci *is.* 경영가, 경영인.
işletmek *f.* 작업시키다; 작동시키다; 운영하다, 경영하다.
işlik *is.* (예술가의) 작업실, 작업장.
işsiz *s.* 실업의, 무직의; gizli ~ 잠재실업; ~ güçsüz 게으름뱅이의, 부랑자의; ~ kalmak 실직하다.
işsizlik *s.* 실직, 실직상태.
iştah *is.* 식욕; 욕구; ~ açıcı 식욕을 돋구는(음식); ~ açmak 식욕을 돋구다; ~ ilâcı 식욕 촉진제; ~ı olmak 식욕을 갖다; ~la yemek 식욕을 갖고 먹다.
iştahlanmak *f.* 식욕을 느끼다; 욕망이 증가되다.
iştahlı *s.* 식욕이 있는; 의욕적.
iştahsız *s.* 식욕이 없는, 밥맛이 없는, 입맛이 없는.
iştahsızlık *is.* 식욕상실.
işte *ünl.* 자! 이것 봐!; 바로 이것.
iştira *is.* 구매, 구입; ~ kuvveti 구매력.
iştirak *is.* 참가, 참여; ~ etmek 참가하다, 동참하다; 공동 부담하다; ~ hakkı 〔경제〕 주주권; 〔정치〕 참정권.
işveren *b. is.* 고용주.
işyeri *b. is.* 작업장; 직장.
it *is.* 〔속어〕 개(새끼); ~ oğlu ~! (욕설) 개 새끼!
italik *s.* 〔인쇄〕 이탤릭체의.
İtalya *öz. is.* 〔지리〕 이태리.
İtalyan *öz. is.* 이태리 사람.
İtalayanca *öz. is.* 이태리 어, 이태리 말.
itelemek *f.* 계속 밀다, 밀어 내다; 〔물리〕 반발하다, 밀어 내다.
itfa *is.* (불을) 끄기, 소화; 〔상업〕 청산.
itfaiye *is.* 소방대, 소방서.
itfaiyeci *is.* 소방수, 소방대원.
ithal *is.* 〔무역〕 수입; ~ etmek 수입하다; ~ malı 수입품.
ithalât *is.* 수입; fazla ~ 입초, 수입초과.
ithalâtçı *is.* 수입상, 수입업자; *s.* 수입상의, 수입업자의.
ithalâtçılık *is.* 수입업, 수입상업.
itham *is.* 비난, 힐책, 비방; 고발; ~ etmek 비난하다, 비방하다, 힐책하다; 고발하다.
ithamname *b. is.* 고발장.
itibar *is.* 관심; 주목; 신용; ~ etmek 신용하다; 존중하다; ~ görmek 존중받다; ~ mektubu 〔무역〕 신용장; ~a almak 고려하다.
itibaren *zf.* 이래로, 이후로.
itibarî *s.* 명목상의.
itidal *is.* 온건, 온화; 적당, 완화; 중용, 절제; 〔천문〕 주야평분점; ~ bulmak 진정하다; ~ noktalar 〔천문〕 춘추분점; 주야평분점; ~ sahibi 냉정한, 침착한, 태연자약한; 온건한; ~ini kaybetmek 침착을 잃다; ~

ini muhafaza etmek 냉정을 지키다, 이성을 유지하다.

itidalli *s.* 온화한, 온건한; 절제하는, 중용의; 점잖은; 침착한; 냉정한.

itidalsiz *s.* 이성을 잃은, 침착치 못한, 냉정하지 못한; 절제없는, 방종한.

itidalsizlik *is.* 방종, 무절제, 과도.

itilâf *is.* 〔정치〕 동맹, 연합; 이해, 양해; ~ Devletleri 〔역사〕 제 1 차 세계대전중 연합국.

itilmek *f.* 밀리다.

itimat *is.* 신임, 신뢰; ~ etmek 신임하다, 신뢰하다.

itimatlı *s.* 신임받는, 신뢰받는.

itimatname *b. is.* (외국사절의) 신임장.

itimatsız *s.* 불신의, 신뢰감이 없는.

itimatsızlık *is.* 불신.

itina *is.* 주의, 주목, 관심; ~ etmek, ~ göstermek 주의하다, 주목하다, 관심을 갖다.

itinalı *s.* 주의하는, 주목하는, 관심을 쓰는.

itinasız *s.* 부주의한, 관심을 쓰지않는.

itiraf *is.* 실토, 자백, 고백, 참회; ~ etmek 실토하다, 자백하다, 고백하다.

itiraz *is.* 반대, 거부; 항의; ~ etmek 반대하다, 거부하다; 항의하다.

itirazcı *s. is.* 거부하는(사람), 반대하는(사람).

itişmek *f.* 서로 밀어내다.

itiştirmek *f.* 서로 밀어내게 하다; 계속 조금씩 밀어내다.

itiyadî *s.* 습관상, 습관적; ~ suçlar 〔법률〕 상습범.

itiyat *is.* 습관, 관습; ~ üzere 습관적으로.

itlik *is.* 비천, 천박.

itmek *f.* 밀다, 밀어내다; 몰다; 버리다.

ittifak *is.* 〔정치〕 동맹, 연합; ~ etmek 연합하다, 동맹하다.

ittihat *is.* 연합, 통합; ~ ve Terakki Cemiyeti 〔역사〕 오스만제국시 1908년 입헌혁명을 주도한 연합진보회.

ittihatçı *is.* 〔역사〕 1908년 입헌혁명시의 연합진보회원.

ivdirmek *f.* 재촉하다; 가속시키다.

ivedi *s.* 빠른, 신속한, 급한; *is.* 긴급, 조급.

ivedilenmek *f.* 가속하다.

ivedili *s.* 긴급한, 조급한.

ivedilik *is.* 신속; 지급; 긴급.

ivmek *f.* 서두르다, 빨리하다, 신속히하다.

iye *is.* 소유자, 물권자.

iyelemek *f.* 소유하다.

iyelik *is.* 소유; 〔문법〕 소유격; ~ eki 〔문법〕 소유격 접미어; ~ zamiri 〔문법〕 소유대명사.

iyi *s.* 좋은; 잘된, 훌륭한; 착한, 선량한; 우량한, 건강한; 행복한, 평안한; 만족한, 풍족한, 많은; 덕있는; 유능한; daha ~ (비교급)보다 좋은; daha ~si 더 좋은 것; en ~ (최상급)가장 좋은; en ~si 가장 좋은것; ~ etmek 잘하다, 현명한 처사를 하다; 치유하다, 낫게하다; ~ gelmek 유용하다, 소용되다; 알맞다; ~ gitmek (일이) 잘되어가다; (옷 따위가 몸에)맞다; ~ gözle bakmamak 좋게 생각하지 않다; ~ gün 번성기; ~ gün dostu 어려울때는 외면하는 친구; ~ kalpli 마음이 착한; ~ kötü 좋지도 않고 나쁘지도 않은, 그저그런; ~ maksata 선으로; 성실하게; ~ olmak 낫다, 치유되다, 회복되다; 잘 되다; ~ söylemek 칭찬하다; ~den ~ye 철저히.

iyice *zf.* 잘, 훌륭히; 좋게; 적

당히; 철저히; 조심스럽게; *s.* 꽤 좋은.

iyileşme *is.* 쾌유; 회복; 호전, 발전.

iyileşmek *f.* 호전하다, 발전하다; 쾌유되다, 회복하다.

iyileştirmek *f.* 호조시키다, 발전시키다; 쾌유시키다, 회복시키다.

iyilik *is.* 착함, 선, 선량; 친절; 덕행, 선행; 안녕, 건강; 복지; 발전, 개량, 개선; ~ bilmek 감사하다, 은혜를 잊지않다; ~ etmek 선행을 하다, 봉사하다, 친절을 베풀다; ~ görmek 친절을 받다, 은혜를 입다; ~ sağlık 만사형통!, 평안; ~le 친절히, 유순하게, 부드럽게.

iyilikçi, iyiliksever *s.* 친절한, 자비심이 많은.

iyimsemek *f.* 낙관하다.

iyimser *s.* 낙관적, 낙관하는, 낙관의.

iyimserlik *is.* 낙관주의.

iyon *is.* 〔화학〕 이온.

iyonlamak *f.* 이온화하다.

iyonlanmak *f.* 이온화 되다.

iyonlanma *is.* 〔화학〕 이온화, 전리.

iyonizasyon *is.* 이온화.

iyonlanmış *s.* 이온화된.

iyonize *s.* 이온화한.

İyonya *öz. is.* 〔역사, 지리〕 이오니아.

iyot *is.* 〔화학〕 옥도, 옥소, 원소기호 I.

iz *is.* 자국, 자취; 흔적, 족적, 종적, 형적; ~ basmak 발자국을 추적하다; ~ sürmek 추적하다; ~i silinmek 증거가 인멸되다; ~inden yürümek 답습하다; ~ine basmak 감시하다, 추적하다.

izafe *is.* 부속; 복속; ~ etmek 부속하다; 복속하다, 합병하다.

izafet *is.* 〔문법〕 명사의 합성, 명사수식법; 관계, 연관.

izafî *s.* 상관의, 관계의.

izafîlik *is.* 관계, 상관관계.

izafiyet *is.* 상대성, 상관성; 관계; ~ teorisi 〔물리〕 상대성이론.

izah *is.* 설명; 해명; 해설, 해석; ~ etmek 설명하다, 밝히다, 논급하다.

izahat *is.* 설명, 논급.

izci *is.* 소년단, 보이스카웃, 추적자, 척후병.

izcilik *is.* 소년단활동.

izin *is.* 허가, 허락, 승락; 휴가; ~ almak 허락받다; 휴가를 얻다; ~ vermek 허락하다, 허가하다; 휴가를 주다.

izinli *s.* 허가받은, 허락받은.

izinsiz *s.* 허가없는, 승락없는.

izlemek *f.* 따라가다, 추적하다, 답습하다.

izlendirmek *f.* 인상을 남기다.

izlenim *is.* 인상, 감명.

izlenimci *is.* 인상주의자; *s.* 인상주의의.

izlenimcilik *is.* 인상주의, 인상파.

izlenmek *f.* 인상받다 감명받다.

J, j

J, j 터어키어 자모의 열세번째 글자.
jambon *is.* (음식) 햄.
jandarma *is.* 헌병대, 민병대.
Japon *öz. is.* 일본사람.
Japonca *öz. is.* 일본어.
Japonya *öz. is.* 〔지리〕 일본.
Japongülü *öz. is.* 〔식물〕 동백.
jardiniyer *is.* 화분대; 화분.
jelâtin *is.* 정제한 아교, 젤라틴; 젤리.
jeolog *is.* 지질학자.
jeoloji *is.* 지질학.
jeopolitik *s.* 지정학적.
jeopolitika *is.* 지정학.
jilet *is.* 안전면도날.
jimnastik *is.* 체조, 체육, 운동.
jinekolog *is.* 〔의학〕 부인과 의사.
jinekoloji *is.* 〔의학〕 부인과의학.
jurnal *is.* 탄핵보고서; ~ etmek 탄핵소추하다.
jurnalcı *is.* 탄핵보고자.
jurnalcılık *is.* 탄핵.
Jüpiter *öz. is.* 〔천문〕 목성.
jüri *is.* 심사위원; (법원의) 배심원.

K, k

K, k 터어키어 자모의 열네번째 글자.

K. kuruş 의 준말

K 〔화학〕 칼리움의 원소기호.

kaba *s.* 거치른, 조잡한, 섬세하지 못한; 굵은; 교양없는, 세련되지 못한; 비속한, 천박한, 속된, (말씨나 행동이) 거치른; (셈)어림의.

kabaca *zf.* 거치르게, 조잡하게; 세련됨이 없이; 교양없이; 속되게, 천박하게; 어림셈으로, 짐작으로.

kabadayı *b. is.* 허풍선이; 장돌뱅이, 깡패, 똘만이.

kabadayılık *b. is.* 장돌뱅이짓, 깡패짓.

kabahat *is.* 실수, 과실, 잘못, 죄; 허물, 흠, 결함; 죄, 유죄; 비행, 죄악, 악행; ~ bende 그것은 내 잘못이다.

kabahatli *s.* 유죄의, 죄가있는; 잘못한, 결함이 있는; 실수가 있는, 과실의.

kabahatlilik *is.* 불완전, 과실이 있음, 비난할만 함.

kabahatsiz *s.* 과실이 없는; 흠이 없는, 잘못이 없는; 완전무결한.

kabahatsizlik *is.* 완전무결; 무죄, 결백.

kabak *is.* 〔식물〕 호박; *s.* 무식한, 교양없는.

kabaklık *is.* 무교양, 무식.

kabakulak *b. is.* 〔의학〕 (유행성) 이하선염.

kabalak *is.* 제1차세계대전시 오스만제국 군대가 사용하던 머리쓰개.

kabalaşmak *f.* 거칠어지다; 버릇없어지다; 야비해지다.

kabalaştırmak *f.* 거칠어지게 하다; 버릇없게 만들다; 야비하게 만들다.

kabalık *is.* 조잡함; 거칠음; 야비, 추잡.

kabara *is.* 구두 징.

kabaralı *s.* 징을 박은.

kabarcık *is.* (피부의) 물집; 기포; 여드름.

kabare *is.* 카바레, 가수와 무희가 있는 술집.

kabarık *s.* 부풀은, 부풀어 오른; ~ deniz 밀물, 고조, 만조.

kabarma *is.* 부풀기; 〔지리〕 만조, 밀물.

kabarmak *f.* (부피가) 부풀다, 부풀어 오르다; (끓어서) 넘치게 하다; (털이) 서다; 증가하다; (칠이) 들뜨다.

kabartı *is.* 삐죽 나온 부분, 융기부.

kabartma *is.* (조각)양각; *s.* 양각의; ~ harita 〔지리〕 모형지도.

kabartmak *f.* 새기다, 조각하다; 부풀게하다.

kabasakal *s.* 수염이 많은, 털보의.

kabız *is.* 〔의학〕 변비

kabil *s.* 가능한, 있을 수 있는.

kabile ① *is.* 종족, 부족.

kabile ② 산파.

kabiliyet *is.* 능력; 재주, 재능.

kabiliyetli *s.* 능력있는; 재주있는.

kabiliyetsiz *s.* 무능의.

kabiliyetsizlik *is.* 무능.

kabine *is.* 〔정치〕 내각.

kabir *is.* 묘, 분묘, 무덤.
kablo *is.* 전선, 전깃줄.
kabotaj *is.* 근해항행.
kabristan *is.* 묘지.
kabuk *is.* 껍질; ~ bağlamak 껍질이 생기다.
kabuklanmak *f.* 껍질이 생기다.
kabuklu *s.* 껍질이 있는.
kabuklular *is.* 〔동물〕 갑각류.
kabuksuz *s.* 껍질이 없는; ~ yumurtlatmak 일을 서둘러 그르치다.
kabul *is.* 찬성, 동의, 허락, 허가, 승락; 접수; ~ etmek 찬성하다, 동의하다; 승락하다, 허락하다, 수락하다; 접수하다.
kaburga *is.* 〔해부〕 늑골, 갈빗대; ~ları çıkmak 매우 야위다.
kâbus *is.* 악몽, 몽마.
kabza *is.* (칼 따위의) 손잡이.
kabzımal *b. is.* 중간상인, 중개상인.
kaç *s.* (의문문에) 얼마의; 여럿의, 다소의; bir~ 약간; ~a 얼마에.
kaçak *s.* 밀수의, 밀매의; 도망의; ~ mal 밀수품; 밀매품.
kaçakçı *is.* 밀수꾼, 밀매꾼.
kaçakçılık *is.* 밀수업, 밀매업; ~ etmek 밀수하다, 밀매하다.
kaçaklık *is.* 탈주.
kaçamak *is.* 구실, 핑계; 회피.
kaçar *s.* 몇개씩의, 얼마씩의.
kaçık *s.* 이상한, 미친; (양말 따위) 올이 빠져 미어진.
kaçıklık *is.* 이상한 태도, 기형.
kaçılmak *f.* 피하다.
kaçıncı *s.* 몇번째의.
kaçınık *s.* 은둔의.
kaçınılmaz *s.* 불가피한.
kaçınmak *f.* 피하다, 회피하다.
kaçırılmak *f.* 납치되다, 피납되다.
kaçırmak *f.* 납치하다; (범인을) 놓치다; (기차·자동차 ·비행기 등을) 놓치다, (기회를)놓치다, 잃다.
kaçışmak *f.* kaçmak의 상호형.
kaçkın *is.* 도망자.
kaçlı *s.* 몇년도의; 몇살의.
kaçlık *s.* 얼마짜리의.
kaçmak *f.* 도망하다; 도망치다, 달아나다; 빠져나가다; 빠져나오다; 피하다.
kafkas *is.* (기병용 또는 포를 끄는) 큰 말; ~ gibi 말처럼 큰 (여자).
kadar *ed.* 만큼; 정도로; … 까지.
kadastro *is.* 토지측량.
kadavra *is.* 〔의학〕 (해부실습 등의) 사체.
kadayıf *is.* 터어키식 매우 단 과자의 일종.
kadeh *is.* 작은 술잔; ~ kaldırmak 축배를 들다; ~ tokuşturmak 술잔을 맞대어 소리를 내다.
kadem *is.* (길이의 단위) 한발 (30cm 정도).
kademe *is.* 계단; ~ ~한발 한발; 한계단 한계단; 단계적으로.
kademehane *b. is.* 화장실, 변소.
kademli *s.* 행운의.
kademsiz *s.* 불운의.
kademsizlik *is.* 불운, 불행.
kader *is.* 운명.
kadercilik *is.* 운명론, 숙명론.
kadı *is.* (회교의) 재판관, 법관.
kadılık *is.* (회교의) 법관직.
kadın *is.* 여자; 부인; 부녀; 여사; 숙녀; ~ avcısı 오입장이; ~ berberi 미장원; ~ doktoru 〔의학〕 부인과 의사; ~ hastalıkları〔의학〕 부인병; ~ kadıncık 가정적인 여자; ~ nine 할머니; 할머니처럼 나이가 꾀든 여자; ~lar hamamı 여자 목욕탕; 매우 시끄러운 곳.
kadınbudu *b. is.* 다진 고기와 쌀· 계란을 섞어서 튀긴 음식.

kadıncıl *s.* 호색의, 색골의.
kadın göbeği *b. is.* 계란과 밀가루 반죽으로 만든 과자의 일종.
kadınlık *is.* 부인의 신분, 부인의 품위; 여자다움; 현모양처.
kadınsı *s.* 여자같은, 여자를 닮은.
kadırga *is.* 돛과 노를 함께 사용하는 옛 전함의 일종.
kadife *is.* 벨베트천, 비로오드천.
kadim *s.* 오래된, 구식의.
kadir ① *is.* 값, 가치; 〔천문〕(항성의) 광도; ~ ini bilmek 가치를 알다; ~ gecesi 〔종교〕회교도의 금식기인 라마단 달의 제 27일 밤.
kadir ② *s.* 강력한, 힘이 있는; ~olmak 권능을 갖다; ~i Mutlak 전능의 신.
kadirbilir *b. is.* 감식력이 있는.
kadirbilirlik *b. is.* 감식력.
kadirnaşinas *b. s.* 안목이 없는, 감식력이 없는.
kadirşinas *b. s.* 안목이 높은, 감식력이 있는.
kadmiyum *is.* 〔화학〕카드미움.
kadril *is.* 네사람이 짝이 되어 추는 옛 무도 또는 그 무도곡.
kadro *is.* 직원, 부원, 국원, 사원; 정원; ~ dışı 정원외; ~ harici 정원외; ~ya dahil 정원에 포함하여; ~ya girmek상임직원이 되다.
kadrolu *s.* 직원의, 정원의.
kadrosuz *s.* 비정원의.
kafa *is.* 머리; 두뇌; 생각, 사고; 재치; adamda ~ yok두뇌가 명석치 못하다; bu ~daki insanlar 이런 사고를 가진 사람들; ~ dengi 동지; ~ kağıdı (속어) 주민등록증; ~ şişirmek 시끄럽게하여 정신없게하다; ~ yormak 골몰하다; ~ yorucu 골치아픈, 골치거리;~dan atmak 과장해서 말하다, 아는체하다; ~sı dönmek 정신이 혼돈되다; ~sı dumanlı약간 술이 취한; ~sı durmak 정신이 피로하여 생각을 못하다;~sı işlemek 머리가 잘 돌다, 머리를 잘 쓰다; ~sı kızmak 화내다; ~sı şişmek 머리가 피로하다; ~sı taşa çarpmak 낭패보다; ~sı yerinde olmak 침착하다, 이성을 잃지않다;~sı yerinde olmamak 정신을 팔다, 정신이 나가다; 이성을 잃다; ~sına koymak 결심하다; ~sına vura vura 억지로; ~sının dikine gitmek 초지일관하다; ~yı çekmek (속어) 술을 마시다; ~yı yere vurmak 병으로 눕다.
kafadanbacaklılar *b. is.* 〔동물〕두족류 동물(오징어·문어 따우).
kafadar *is.* 동지.
kafadarlık *is.* 동지적 관계.
kafalı *s.* 머리가 있는; 머리가 좋은, 두뇌가 명석한.
kafasız *s.* 머리가 없는; 머리가 좋지않은, 우둔한.
kafatası *b. is.* 〔해부〕두개골.
kafatasçı *b. is.* 두개골을 기준으로 한 인종분류주의자.
kafatasçılık *b. is* 인종주의.
kafein *is.* 〔화학〕카페인.
kafes *is.* 새장, 조롱; 우리; 철책.
kafesçi *is.* 새장 만드는 사람 또는 파는 사람.
kafesli *s.* 새장이 있는, 새장 모양의.
kafeterya *is.* 손님 스스로가 음식을 날라다 먹는 간이식당.
kâffe *s.* 모두, 모든, 전부.
kâfi *s.* 넉넉한, 모자라지 않는, 충분한.
kafil *is.* 보증인.
kafile *is.* 여행단.

kâfir *is.* 비회교도; 무신론자, 무종교.
kâfirlik *is.* 무신론, 무종교.
kafiye *is.* (시, 시조의) 운, 각운.
kafiyeli *s.* (시, 시조의) 운이 있는, 각운의.
kafiyesiz *s.* (시, 시조의) 운이 없는, 각운이 없는.
Kafkas Dağları *öz. is.* 〔지리〕 코카사스산맥.
Kafkasya *öz. is.* 〔지리〕 코카사스.
kaftan *is.* 옛 터어키인의 소매가 길고 띠 달린 옷.
kağan *is.* 왕의 옛 칭호.
kâğıt *is.* 종이; 서류, 문서; (놀이) 카아드; ~ gibi olmak 창백해지다; ~ para 지폐; ~ üzerinde kalmak 지상공문이 되다; ~a dökmek 글로 옮기다, 인쇄화하다.
kağıtçı *is.* 지물상인; 제지업자.
kağıtçılık *is.* 지물업; 제지업.
kağıtlamak *f.* 종이로 싸다; 종이를 붙이다.
kağıtlık *is.* 서류함, 문방구상자.
kağnı *is.* (두바퀴 달린) 수레, 달구지.
kahır *is.* 비통, 침통; 압박, 압제.
kahırlanmak *f.* 비통해하다, 침통해하다.
kahırlı *s.* 비통한, 침통한, 애통한.
kâhin *is.* 점장이.
kâhinlik *is.* 점, 예언.
Kahire *öz. is.* 〔지리〕 카이로.
kahkaha *is.* 폭소; ~ atmak 폭소하다;
kahpe *is.* 매음부.
kahraman *is.* 영웅, 용사, 위인.
kahramanlık *is.* 영웅적 행위, 장거; 영웅적 자질.
kahretmek *f.* 억압하다; 궤멸시키다, 소멸시키다; 비통하게 하다; 비통해하다.
kahrolmak *f.* 대단히 비통해하다, 매우 침통해하다; kahrolsun! (속어) 망해버려라!
kahvaltı *b. is.* 아침식사, 조찬.
kahvaltılık *is.* 아침식사용 음식, 조식; *s.* 아침식사용의.
kahve *is.* 〔식물〕 커피; 커피열매; 커피차; 다방.
kahveci *is.* 커피판매업자; 다방업자.
kahvecilik *is.* 커피판매업; 다방업.
kahvehane *b. is.* 다방.
kahverengi *s.* 다갈색의.
kâhya *is.* 집사(장), 청지기(장); (조합, 단체 등의) 회장.
kâhyalık *is.* 집사직, 집사업무.
kaide *is.* 질서, 규칙, 규범; 기초, 기본, 원칙; her ~nin bir müstesnası vardır 예외 없는 법칙은 없다; ~ten 원칙으로; 대체로; ~ye göre 규칙에 의하여, 규범에 따라; ~ye riayet etmek 규칙을 따르다, 규칙을 준수하다.
kâinat *is.* 만유, 우주; 우주질서; 만인, 전 인류.
kak *is.* 건과일; *s.* 깡마른.
kaka *is.* (애기의) 똥, 변.
kakaç *is.* 소금에 절여서 말린 음식.
kakalamak *f.* (아기가) 똥을 누다.
kakao *is.* 〔식물〕 카카오 나무; 카카오나무 열매.
kakırdamak *f.* 덜그럭 거리다; *f.* (속어) 죽다.
kakma *is.* 금속판 등을 뒤에서 찍어서 두드러지게한 작품; 자개 등속을 입힌 작품.
kakmak *f.* 밀다; 쑤셔넣다; (못을) 박다.
kaktüs *is.* 〔식물〕 사보텡, 선인장.
kala *zf.* (시간) …전; ikiye beş ~ 두시 5분전; (거리) 남겨두고, 전에; köye iki kilometre

~ 마을까지 2킬로 남겨두고
kalabalık *is.* 군중, 많은 사람; *s.* (수가) 많은, 여럿의; 혼잡한, 복잡한.
kalabalıklaşmak *f.* 혼잡해지다, 복잡해지다.
kalamar *is.* 〔동물〕 오징어의 일종.
kalan *s.* 남은; *is.* 〔수학〕 나머지, 잉여.
kalay *is.* 〔광물〕 주석.
kalaycı *is.* 생철업자, 주석 세공업자.
kalaycılık *is.* 생철업, 주석세공업.
kalaylamak *f.* 주석을 입히다.
kalaylı *s.* 주석을 입힌; 주석이 들어 있는.
kalbî *s.* 진정의, 마음의, 내심의, 충정의.
kalbur *is.* (걸러내는데에 사용하는) 체; ~ kemiği 〔해부〕 두개골의 하나인 사골; ~ üstüne gelmek 여럿 가운데서 특별히 뛰어나다, 발군하다.
kalburcu *is.* 체장수, 체제조업자; 체에 치는 사람.
kalburlamak *f.* 체에 치다, 체로 걸르다.
kalça *is.* 엉덩이.
kalçalı *s.* 엉덩이가 큰.
kaldıraç *is.* (기계) 크랭크, 굽은 자루; 지레, 지렛대.
kaldırım *is.* 보도, 인도; 보도블록.
kaldırımcı *is.* 보도블록 제조인.
kaldırımcılık *is.* 보도블록 제조업.
kaldırmak *f.* (물건을) 들어올리다; 치우다, 없애다, 폐기하다, 폐지하다.
kale *is.* 성, 성채; 〔운동〕 (축구 등의) 골.
kalebent *b. is.* 성내 연금형벌.
kaleci *is.* 〔운동〕 (축구 등의) 골키퍼, 문지기.
kalecilik *is.* 〔운동〕 골키퍼역.
kalem *is.* 연필; 붓; 조각도; 문서국; dolma ~ 만년필; ~ açmak 연필을 깎다; ~ efendisi 서기; ~ işi 연필작품; ~e almak 문서화하다, 기록하다; kurşun ~ 연필; tükenmez ~ 볼펜.
kalemlik *is.* 필통.
kalemtıraş *is.* 연필깎개, 연필 깎는 칼.
kalım *is.* 생존; ölüm ~ savaşı 생사를 건 전쟁.
kalın *s.* 두꺼운; 굵은; 비대한, 살찐.
kalınbağırsak *b. is.* 〔해부〕 큰창자, 대장.
kalınlaşmak *f.* 두꺼워지다; 굵어지다; 비대해지다, 살찌다.
kalınlaştırmak *f.* 두껍게하다; 굵게 만들다.
kalınlık *is.* 두께, 굵기.
kalıntı *is.* 찌꺼지; 나머지, 잔여; 유물, 유적, 잔해.
kalınyağı *b. is.* 〔화학〕 중유.
kalıp *is.* 틀, 형, 주형; (비누·치즈 등) 덩어리; 외형, 형상; ~ gibi serilmek (피곤하게) 쭉 뻗어 눕다; ~ gibi uyumak 깊이 잠들다; ~ kıyafet 외양, 외모, 외관; ~a dökmek 쇠물을 주형에 붓다; ~a vurmak 잘못된 모양을 바로 잡기위해 주형에 넣다.
kalıpçı *is.* 주물업자.
kalıplamak *f.* 주형에 넣다; 주조하다.
kalıplanmak *f.* 주조되다.
kalite *is.* 질, 품질.
kaliteli *s.* 품질이 우수한.
kalitesiz *s.* 품질이 낮은.
kalkan *is.* 방패.
kalkanbezi *b. is.* 〔해부〕 갑상선.
kalker *is.* 〔지질〕 석회암.
kalkerleşmek *f.* 석회질이 되다, 석회화하다.

kalkındırma *is.* 회복, 부흥; 개발.
kalkındırmak *f.* 회복시키다;부흥시키다; 발전시키다, 번영시키다.
kalkınma *is.* 개발; 부흥; 발전, 번영;~ Bakanlığı 〔정치〕부흥부.
kalkınmak *f.* 회복하다; 부흥하다; 발전하다, 번영하다.
kalkma *is.* 기립.
kalkmak *f.* 일어서다, 기립하다; 일어나다, (잠에서) 깨어나다; 출발하다, 떠나다; 걷히다, 제거되다, 없어지다; 오르다; 발전하다; 거두다.
Kalküta *öz. is.* 〔지리〕 인도 동부의 칼캇타.
kalma *is.* 체류, 체재; *s.* 남은, 유산의.
kalmak *f.* 머물다, 체류하다, 체재하다; 남다; (바람이) 자다; 중단되다; 낙제하다, 유급하다; 할당되다, 넘겨지다; 유산되다; kaldı ki 더우기, 게다가; 단지; sınıfta ~ 낙제하다, 유급하다.
kalor *is.* 〔물리〕 열량, 칼로리.
kalorifer *is.* 증기난방장치; ~ borusu 증기난방시설 관.
kaloriferci *is.* 증기난방시설 기사 또는 화부.
kaloriferc ilik *is.* 증기난방시설업 또는 관리업.
kaloriferli *s.* 증기난방 시설이 설치된.
kalorifersiz *s.* 증기난방시설이 설비되지않은.
kalorimetre *is.* 열량계.
kalorimetri *is.* 열량측정.
kaloş *is.* 덧신.
kalp ① *is.* 〔해부〕 심장; 심장병; 마음, 가슴; 애정, 동정심, 인정;~ hastalığı 심장병; ~ kırmak 마음을 상하게 하다;~i çarpmak 심장이 뛰다; ~i olmamak 애정이 없다.
kalp ② *s.* 위조의, 모조의, 변조의; 믿을수 없는, 신뢰할 수 없는.
kalpak *is.* 털가죽모자.
kalpakçı *is.* 털가죽모자공 또는 상인.
kalpaklı *s.* 털가죽모자를 쓴.
kalpazan *is.* 위조화폐범; *s.* 사기한의.
kalpazanlık *is.* 사기(범죄).
kalpsiz *s.* 동정심이 없는, 무정한, 냉혹한.
kalpsizlik *is.* 무정, 냉혹.
kalsit *is.* 〔지질〕 방해석.
kalsiyum *is.* 〔화학〕 칼슈움, 원소기호 Ca.
kalyon *is.* 옛 전함의 일종.
kama *is.* 단도, 단검; 쐐기.
kamara *is.* (배의) 선실; Avam ~ sı (영국의) 의회.
kamaşmak *f.* 눈이 부시다; 잇발이 시다.
kamaştırmak *f.* 눈부시게 하다 잇발이 시게하다.
kambiyo *is.* 외국환거래(소);~ hukuku 외국환관리법; ~ kuru 환율; ~ masrafları 환전 수수료; ~ piyasası 외국환시장.
kambiyocu *is.* 외국환전상인.
kambiyoculuk *is.* 외국환전상업.
kambur *is.* 곱사등, 혹; 혹처럼 나온 돌출부; *s.* 곱사의, 곱추의; ~ çıkmak 곱사등이 되다;~ üstüne ~엎친데 덮친.
kamburlaşmak *f.* 곱사등이 되다, 곱추가 되다.
kamburluk *is.* 곱사, 곱추.
kamçı *is.* 채찍.
kamçılamak *f.* 채찍질하다, 채찍으로 치다.
kamelya *is.* 〔식물〕 동백.
kamer *is.* (천체의)달, 지구의 위성;~ayı 음력;~ yılı 태음년(약 354일 8시간).
kamera *is.* 사진기, 카메라.
kamış *is.* 〔식물〕 갈대; 대; 수

수깡; 〔해부〕 자지, 음경; *s.* 갈대의; bayağı ~ 광주리용 갈대; ~ dam 갈대지붕; ~ kalem 갈대붓; ~ sepet 갈대광주리; şeker ~ 사탕수수.

kamışsı *s.* 줄기가 갈대처럼 속이 빈.

kâmil *s.* 완전한, 온전한, 순전한, 더할나위없는; 정확한, 틀림없는; 충분한; 완성된, 완결된.

kâmilen *zf.* 완전히, 전적으로, 온전히; 충분히; 정확히; 틀림없이.

kamp *is.* 야영 천막; 야영; 천막생활; 임시 막사; 오두막집; 캠프; 〔군사〕 병영; 합숙 훈련(소); 수용소; aile ~ı 가족 야영지; askeri ~ı 〔군사〕 병영, 병영막사; ~ hastahanesi 〔군사〕 야전병원; ~ kurmak 야영 천막을 세우다, 막사를 세우다. 〔군사〕 병영을 세우다; (운동) 합숙훈련소를 열다; ~ yeri 야영지; 〔군사〕 병영; 합숙훈련소; 수용소; ~a çıkmak 야영을 떠나다, 캠핑을 가다; ~a girmek (운동) 합숙훈련에 들어가다, 합숙훈련소에 입소하다; okul ~ı 학교소유 야영지.

kampanya *is.* 조직적 운동, 캠페인; 유세, 선거전.

kamu *is.* 공중, 대중; 전체, 전부; *s.* 모든, 전체의; 공중의, 대중의; ~ efkarı 여론; ~ hukuku 〔법률〕 시민법.

kamuflaj *is.* 눈가림, 기만, 카무플라즈; 〔군사〕 위장.

kamulaştırma *is.* 국유화; 대중화, 공중화.

kamulaştırmak *f.* 국유화하다; 공용화하다.

kamuoyu *b. is.* 여론.

kamus *is.* 큰사전, 자전.

kamutay *is.* 터어키 국회.

kamyon *is.* 대형 화물자동차, 트럭.

kamyoncu *is.* 트럭기사; 화물운수업주.

kamyonculuk *is.* 화물운수업.

kamyonet *is.* 소형 화물자동차, 용달차.

kan *is.* 피, 혈액 혈통; ~ ağlamak 큰 슬픔을 당하다; ~ akçesi (살상에 대한) 보상금; ~ akıtmak 제물을 바치다; ~ akmak 피를 흘리다; ~ aktarmak 수혈하다; ~ almak 채혈하다; ~ bankası 혈액은행; ~ baskısı 혈압; ~ damarı 혈관; ~ davası 근친복수; ~ deveranı, ~ dolaşımı 혈액순환; ~ dökmek 유혈을 가져오다; ~ gelmek 피를 흘리다; ~ grupları 혈액형; ~ harareti 혈온; ~ izi 혈흔; ~ kardeşi 의형제; ~ kesici 지혈의; ~ kesme ilâcı 지혈제, 지혈약; ~ lekesi 혈흔; ~ muayenesi 혈액검사; ~ sulanması 빈혈증; ~ suyu 림파액; ~ tere batmak 온통 땀에 젖다; ~ vermek 수혈하다; ~a susamak 피에 굶주리다; ~ı sıcak 정이 많은, 따뜻한 마음씨의; kirli ~ 정맥혈; temiz ~ 동맥혈.

kanaat *is.* 의견, 견해; 만족; 신념; ~ etmek 만족해하다; ~imce 나의 의견으로는.

kanaatkâr *s.* 만족한.

Kanada *öz. is.* 〔국명〕 카나다 (Canada).

Kanadalı *öz. is.* 카나다사람.

kanal *is.* 운하, 수로; 도랑; 〔해부〕 관.

kanalizasyon *is.* 운하개착; 관개, 관수.

kanama *is.* 출혈.

kanamak *f.* 피를 흘리다, 출혈하다.

kanarya *is.* 〔조류〕 카나리아.

kanat *is.* (새의) 날개, 깃; (물

고기의) 지느러미; (비행기 등 속의) 날개; (선풍기의) 날개; (문 · 창의) 문짝; 〔군사〕 익, 윙; ~ germek 보호하다, 비호하다.
kanatlanmak *f.* 날기 시작하다, 비상하다.
kanatlı *s.* 날개가 달린.
kanatmak *f.* 피를 흘리게하다.
kanca *is.* 갈고리, 갈고랑이; ~yı atmak, ~yı takmak 괴롭히다, 집적대다.
kancalamak *f.* 갈고리로 걸다; 갈고리로 걸어 잡아채다; 괴롭히다, 집적대다.
kancalı *s.* 갈고리가 달린; ~ iğne 안전핀.
kançılar *is.* (영사관의) 영사.
kançılarlık *is.* 영사관; 영사직.
kançılarya *is.* 영사관.
kandaş *s.* 같은 혈족의.
kandaşlık *is.* 동족, 친족.
kandırıcı *s.* 설득력이 있는; 기만적인.
kandırılmak *f.* 설득되다, 설복되다; 속다, 꾀임을 당하다.
kandırmak *f.* 유혹하다, 꾀다, 기만하다; 설득하다; 믿게하다.
kandil *is.* 기름등잔; ~ çöreği 회교의 축일에 먹는 케이크; ~ gecesi〔종교〕 회교의 교조 모하메드의 생일 등 회교사원의 뾰족 탑에 불을 밝혀 축하하는 종교 축제일; ~ günü 회교사원 뾰족탑에 불을 밝히는 종교 축제일 전날; ~ yağı 등잔용 올리브 기름.
kandilci *is.* 회교사원의 뾰족 탑 등에 등잔을 켜는 사람.
kandilleşmek *f.* 회교 종교축제일에 서로 축하인사를 나누다.
kandilli *s.* 등잔이 있는.
kandillik *is.* 등잔을 두는 곳.
kanepe *is.* 긴 안락의자, 소오파.
kangal *is.* (실)타래, 사리; 묶음.
kangallamak *f.* 타래로 만들다, 사리를 만들다, 묶음을 만들다.
kangallanmak *f.* kangallamak의 수동형.
kanguru *is.* 〔동물〕 캥거루우.
kanı *is.* 의견, 견해.
kanık *s.* 만족한.
kanıklanmak *f.* 만족하다.
kanıklık *is.* 만족.
kanıt *is.* 증거.
kanıtlamak *f.* 증명하다, 입증하다.
kanıtlı *s.* 증명된, 입증된.
kanıtsamak *f.* 증거로 채택하다.
kanlanmak *f.* 피가 묻다; 혈색이 좋아지다.
kanlı *s.* 피가 묻은; 유혈의.
kanmak *f.* 믿다; 설득되다; 만족하다.
kanser *is.* 〔의학〕 암.
kanserli *s.* 암에 걸린.
kansız *s.* 피가 없는; 무혈의; 빈혈의; 무감동의; 겁장이의.
kansızlaşmak *f.* 빈혈이 되다.
kansızlık *is.* 〔의학〕 빈혈(증).
kantar *is.* 천평칭, 큰 저울; 무게의 단위, 약 120파운드; ~ı belinde 잘 속지않는,
kantarcı *is.* 저울 제조업자 및 상인; 무게를 다는 사람.
kantarcılık *is.* 저울 제조업, 저울상업; 무게를 다는 업.
kantin *is.* (합숙소 · 공장 등의) 매점, 간이식당.
kantinci *is.* 간이식당 경영인, 매점 경영인.
kantincilik *is.* 간이식당 경영업, 매점 경영업.
kanton *is.* (스위스 연방의)주.
kanun *is.* 법, 법령, 법률; 법전; 법칙; ceza ~u 형법; ~ dışı 악한, 무법자; ~ kitabı 법전; ~ maddesi 법조문; ~ tanımıyan 위법자; ~ tasarısı 법률안; ~ tasarısını kabul etmek 법률안을 가결하다; ~ tefsiri

법률해석; ~ teklifi 법(률)안; ~ yolu ile (합)법적으로; ~ yürürlüğe girmek 법률이 효력을 발생하다; ~a aykırı 위법의; ~a sığınmak 법에 호소하다; ~a uygun 합법적, 적법의; ~da boşluk 법률의 헛점; ~un ruhu 법정신 medenî ~ 민법.

kanunen *zf.* 법(률)적으로.

kununî *s.* 법적, 법률상, 법률; 합법적, 적법의; ~ esası 헌법; ~ faiz 〔경제〕 법정이자; ~ gün 법정일수; ~ medenî 민법; ~ miras 상속법; ~ örfi 계엄령; ~ para 〔경제〕 법화.

kanuniyet *is.* 적법; 법적효력.

kanunlaşmak *f.* 법제화하다, 법률로 정하다.

kanunname *b. is.* 법전.

kanunsuz *s.* 위법의, 법률에 위배된; 법률에 없는.

kanunsuzluk *is.* 위법.

kânunuevvel *b. is.* 12월.

kânunusani *b. is.* 정월, 1월.

kanyak *is.* 도수가 높은 술의 일종.

kanyon *is.* 깊은 협곡.

kaos *is.* 〔철학〕 혼돈, 무질서, 혼란.

kap *is.* 그릇, 용기.

kapak *is.* 뚜껑, (병의) 마개.

kapaklı *s.* 뚜껑이 있는.

kapaklanmak *f.* 넘어지다, 곱드러지다, 뒤집히다.

kapalı *s.* 닫힌, 덮힌; 폐쇄적인; (여자)두건을 쓴; ~ hava 흐린날씨.

kapamak *f.* (문을) 닫다; (책을) 덮다; (눈을) 감다; (구멍을) 막다; 가리다; 폐쇄하다; 봉쇄하다; (장막을) 치다; (회의를) 폐회하다; 마치다; (논쟁을) 끝내다, 종결하다; 잠그다, 채우다; 가두다; 깊이 넣어두다.

kapan *is.* 덫; ~a düşürmek 덫에 걸리다, 속임수에 빠지다.

kapanık *s.* 닫힌, 덮힌, 막힌; 어두운, 컴컴한.

kapanmak *f.* 닫히다; 덮히다; 막히다; 가려지다; 끝나다, 종결되다; 잠기다; 폐쇄되다, 봉쇄되다; 가두어지다, 연금되다.

kapatmak *f.* kapamak의 사역형; 불법으로 헐값에 사다; 내연의 처를 두다.

kapı *is.* 문; 대문; 관문; ~ dışarı etmek 쫓아내다, 몰아내다; ~ ~ dolaşmak 집집마다 다니다; ~ komşu 옆집이웃.

kapıcı *is.* 문지기, 수위.

kapıcılık *is.* 문지기 일, 수위직.

Kapıkulu *öz. is.* 〔역사〕 오스만제국 황제직속근위병.

kapılmak *f.* kapmak의 수동형.

kapısız *s.* 문이 없는.

kapital *is.* 자본, 자본금; 원금.

kapitalist *is.* 자본주의자.

kapitalizm *is.* 자본주의.

kapitülasyon *is.* 〔정치〕 치외법권조항.

kapkacak *b. is.* 냄비

kapkara *s.* 새까만 아주검은.

kaplama *is.* 〔목공·철공〕 엷은 판을 덧붙여 입히기; 도금; 도장, 도포; *s.* 도금의, 도장의, 도포의, 입힌; ~ diş 〔치과〕 치관을 씌운 잇빨.

kaplamacı *is.* 도금공.

kaplamak *f.* (엷은 판을 덧붙여) 입히다, 씌우다, 덮다; 도금하다; 도장하다, 도포하다; 가리다, 뒤덮다, 자욱히 깔리다.

kaplamalı *s.* 도금된, 도장된, 도포된, 입힌.

kaplan *is.* 〔동물〕 호랑이, 범.

kaplanmak *f.* kaplamak의 수동형.

kaplatmak *f.* kaplamak의 사역형.

kaplı *s.* 덮힌; 뚜껑이 있는; 포장된, 도포된, 도장된.

kaplıca ① *is.* 온천; ② *is.* 야생밀; ~ buğday 독일산 밀.

kaplumbağa *is.* 〔동물〕 거북.

kapmak *f.* 잡아채다, 잡아뺐다; 강탈하다; 달려들다; 뚝 끊어 버리다; 재빨리 배우다; 병에 걸리다.

kapsam *is.* 내용.

kapsamak *f.* 품다, 포함하다, 넣다, 담다; 함축하다, 의미하다.

kapsül *is.* 실험실에서 사용하는 타원형 공모양의 용기; 〔식물〕 콩과식물의 깍지; (약의) 교갑.

kaptan *is.* 선장, 함장; 〔운동〕 선수단의 주장.

kaptanlık *is.* 선장직; 선수단의 주장역.

kar *is.* 눈, 백설; ~ fırtınası 눈보라, 폭풍설; ~ körü 설맹, 눈에 부시어 눈이 보이지 않음; ~ topu 눈덩이; ~ topu oynamak 눈싸움을 하다; 눈팔매질하다; ~ yağmak 눈이 내리다, 눈이 오다; ~ yığıntısı 퇴설; ~dan adam 눈사람.

kâr *is.* 이윤, 이익; 이득, 소득; ~ etmek 이윤을 얻다; 이익보다; 이득을 갖다, 소득이 생기다.

kara *is.* 검은색, 흑색; 땅, 육지, 지구; *s.* 검은, 흑색의; 어두운, 불행한; ~ gün 불행한 시절; ~ gün dostu 불행할 때 우정을 버리지않는 친구;~ kış 한겨울; ~ kuvvetleri 〔군사〕 육군; ~ liste 블랙리스트, 요주의 인물표; ~ suları 영해; ~ tahta 흑판, 칠판; ~ya ayak basmak, ~ya çıkmak 상륙하다.

karabasan *b. is.* 악몽, 몽마.

karabiber *is.* 〔식품〕 후추.

karabulut *is.* 〔기상〕 비구름, 먹구름.

karaca *s.* 거무스레한; *is.* 〔동물〕 사슴의 일종.

karacı *is.* 〔군사〕 육군.

karaciğer *b. is.* 간, 간장.

Karadağ 〔지리〕 몬테니그로(Montenegro)

Karadeniz *öz. is.* 〔지리〕 흑해; ~ sahildarı devletler 흑해연안국; ~ sahildarı olmıyan devletler 비흑해연안국.

karaelmas *b. is.* 검정금강석.

karagöz *b. is.* 〔연극〕 터어키식 그림자연극; 그림자연극의 주인공.

karahaber *b.is.* 좋지 못한 소식.

karahindiba *is.* 〔식물〕 민들레.

karakalem *b. is.* 목탄화, 연필화.

karakol *is.* 파출소, 경찰서; ~ gemisi (해군의) 경비정.

karakter *is.* 특성; 성질, 품성; 〔인쇄〕 문자.

karakuş *is.* 〔조류〕 매의 일종.

karalama *is.* 오염.

karalamak *f.* 더럽히다, 오염하다; 검게 지우다, 훼손하다, 얼룩지게하다.

karalı *s.* 검정색의; ~ beyazlı 검정색과 흰색이 섞인.

karaltı *is.* 희미한 형체; 얼룩.

karamak *f.* 중상하다, 비방하다.

karamela *is.* (과자) 캬라멜.

karanfil *is.* 〔식물〕 카아네이숀, 화란석죽.

karanfilgiller *ç. is.* 〔식물〕 카아네이숀종.

karanlık *is.* 어둠, 암흑; 애매, 불명료; *s.* 어두운, 암흑의; ~ oda 암실; ~a kalmak 목적지에 이르기 전에 밤이 되다.

karar *is.* 결정, 결심; 〔법률〕 판결; 결의, 의결; 고정; 짐작, 대중; *s.* 정확한, 알맞는; ~ bulmak 자리잡다, 안정을 얻다; ~ vermek 결심하다; 결정하다; 판결을 내리다; ~a varmak 결정을 짓다, 결론에 도달하다; ~larında 가량, 쯤, 경; kâti ~ 최종결정, 확정; muvakkat ~ 임시결정, 예비결정.

karargâh *is.* 〔군사〕 본부, 본영, 사령부; (경찰의) 본서.

kararlama *is.* 어림; 눈짐작.

kararlamadan *zf.* 어림으로, 눈짐작으로.
kararlamak *f.* 어림하다, 짐작하다.
kararlaşmak *f.* 결정짓다, 결정을 보다.
kararlaştırmak *f.* 결정짓게하다.
kararlı *s.* 결정된; 정착된, 고정된, 안정된; 규칙적.
kararlılık *is.* 안정.
kararmak *f.* 검은색이 되다, 흑색으로 변하다; 캄캄해지다.
kararname *is.* 법령, 포고령; 판결문; 결의문.
kararsız *s.* 변덕스런; 결정되지 않은, 불규칙적.
kararsızlık *is.* 동요, 변덕, 불규칙.
karartı *is.* 검은곳; 검은 자국.
karartma *is.* 검은색으로 만들기; 등화관제.
karartmak *f.* 검은색으로 만들다; 등화관제하다.
karasu *is.* 〔의학〕 흑내장. 「귀.
karatavuk *is.* 〔조류〕 개똥지바
karavana *is.* 군대용 식기.
karayel *b. is.* 서북풍.
karayolu *b. is.* 육로.
karayosunları *b. is.* 〔식물〕 이끼.
karbon *is.* 〔화학〕 탄소; ~ devri 〔지질〕 석탄기; ~ dioksid 〔화학〕 이산화탄소; ~ gazı 석탄가스; ~ kağıdı (복사용) 먹지;
karbonado *is.* 흑금강석.
karbonat *is.* 〔화학〕 탄산염.
karbonatlama *is.* 〔화학〕 탄산염화.
karbüratör *is.* (가솔린 기관의) 탄화기; (발동기의) 기화기.
kardeş *is.* 형제, 동생, 아우; 자매; 친구, 동료; büyük ~형; din ~i 〔종교〕 교우; kan ~i 혈맹형제; ~ harbi 시민전쟁; ~ katili 형제자매간의 살인범; ~ katli 형제자매간의 살해; ~ kavgası 동족상잔; ~ payı 절반; kız ~ 여동생; küçük ~ 아우, 동생; öz ~ 친형제; ülkü ~i 동지; üvey ~의붓형제.
kardeşçe *zf.* 형제답게, 우애적으로.
kardeşlik *is.* 형제자매 관계, 의형제.
kardiyograf *is.* 〔의학〕 심장운동측정계.
kardiyografi *is.* 〔의학〕 심장운동측정법.
kardiyogram *is.* 〔의학〕 심장운동측정도표.
kare *is.* 〔수학〕 평방, 제곱, 자승; 〔기하〕 정사각형; 〔놀이〕 네짝카드; 〔놀이〕 4 인조놀이.
karekök *b. is.* 〔수학〕 평방근, 제곱근, 자승근.
kareli *s.* 〔수학〕 평방의, 제곱의; 서양 장기판 모양의 무늬로 된, 정사각형의.
karga *is.* 〔조류〕 까마귀.
kargaburun *s.* 메부리코의.
kargaşa, kargaşalık *is.* 혼란, 혼돈, 무질서.
kargatulumba *b. is.* 헹가레; ~ etmek 헹가레치다.
kargı *is.* (옛 무기) 창.
karı *is.* 처, 부인;
karık *is.* 설맹.
karı koca *b. is.* 부부; ~ kavgası 부부싸움.
karıkocalık *b. is.* 부부관계.
karılaşmak *f.* 성격이 여성화하다
karılı *s.* 부인이 있는.
karılık *is.* 부인역할.
karılmak *f.* (동물이) 짝짓다.
karın *is.* 〔해부〕 배, 복부; 위, 위장; (물건의) 배에 해당되는 부분; 내심; ~ adalesi 〔해부〕 복근; ~ ağrısı 배탈, 복통; ~ altı 하복부; ~ fıtığı 〔의학〕

탈장; ~ı aç 배가 고픈, 허기진, 굶주린; ~ı burunda 만삭의; ~ı geniş 태평스런; ~ı tok 배가 부른, 포만의.
karınca *is.* 〔동물〕 개미; (주물의) 기포; ~ belli 몹시 가는 허리; ~ yuvası 개미집, 개미굴.
karınçatlığı *b. is.* 〔의학〕 탈장.
karındanbacaklılar *b. is.* 〔동물〕 복족류동물.
karındaş (=karındeş) *is.* kardeş의 옛말.
karınlı *s.* 배가 나온.
karınzarı *b. is.* 〔해부〕 복막.
karış *is.* 뼘; ~ ~상세히, 세밀히; 한뼘씩, 뼘마다.
karışık *s.* 복잡한, 얽힌; 혼란한, 혼잡한; 섞인, 혼합된; 혼돈된; ~ bir durum 복잡한 상황.
karışıklık *is* 복잡; 혼잡, 혼란; 혼합; 혼돈.
karışılmak *f.* 간섭받다, 방해받다.
karışım *is.* 〔화학〕 혼합.
karışlamak *f.* 뼘으로 재다.
karışma *is.* 간섭, 개입, 방해.
karışmak *f.* 섞다, 혼합하다; 뒤섞이다, 순서가 뒤바뀌다; (날씨가) 불순하다; 간섭하다, 개입하다; 섞이다.
karıştırıcı *s.* 혼합하는; 훼방하는; 이간질하는.
karıştırılmak *f.* 섞이다, 혼합되다.
karıştırmak *f.* karışmak의 사역형.
karides *is.* 〔동물〕 큰새우, 대하.
karikatür *is.* 만화, 풍자화.
karikatürcü *is.* 만화가, 풍자화가.
karikatürcülük *is.* 만화예술업.
karikatürleştirmek *f.* 만화화하다, 풍자화로 만들다.
karkar *is.* 〔조류〕 전서구.
karkara *is.* 〔조류〕 백로.
karkuşu *b. is.* 〔조류〕 흰멥새.
karlamak *f.* 눈이 오다, 눈이 내리다.
karlı *s.* 눈이 내린, 눈이 덮힌.
kârlı *s.* 이득이 있는, 소득이 있는
Karlofça *öz. is.* 〔지리〕 유우고슬라비아소재 카를로비츠시.
karma *is.* 반죽; *s.* 혼성의; ~ hükümet 〔정치〕 연립내각; ~ takım 혼성팀.
karmak *f.* 반죽하다; (카아드를) 뒤섞다.
karmakarışık *s.* 매우 혼잡한, 매우 복잡한; 매우 혼란된.
karmanyola *is.* 강도(짓).
karmanyolacı *is.* 강도(범).
karmaşık *s.* 복합의, 복합적; ~ sayı 〔수학〕 복합수, 합성수.
karnabahar *is.* 〔식물〕 꽃 양배추, 콜리플라워.
karnaval *is.* 사육제.
karne *is.* (학생의) 성적표; 회수권.
karo *is.* (트럼프 놀이의) 다이아몬드; ~ beykozu (트럼프놀이의) 다이아몬드 에이스 카아드.
karoser *is.* (자동차의) 기관을 제외한 동체.
karpuz *is.* 〔식물〕 수박.
karpuzcu *is.* 수박장수.
karşı *is.* 반대(편); *s.* 반대편의, 맞은편의; 상대방의; *e.* …에 면하여; …에 대하여; ~ çıkmak 마중나가다; 반대하다, 대립하다; ~ durmak 반항하다, 저항하다; ~ gelmek 반대하다, 불복하다, 반항하다; ~ gitmek 마중가다; ~ hareket 반대운동; ~ hücum 반격; ~ hücuma geçmek 반격하다; ~ ~ya 얼굴을 맞대고; ~ komak, ~ koymak 대립하다, 대치하다, 반항하다; ~ olmak 반대하다, 대립하다; ~ taarruz 〔군사〕 역공세, 역습; ~ taarruza geçmek 역습하다; ~ takım 상대팀; ~ taraf 반대편, 건너편, 맞은편, 상대편; 상대방; ~ teklif 〔상업〕 반대신입; ~ yaka 건너편 연안; ~sında 대립하여, 반대하여, 대하여.
karşıcı *is.* 영접인; *s.* 반대하는.
karşılamak *f.* 대응하다, 응하다; 영접하다; 반응을 보이다, 반영하다; 막다, 제지하다, 억제하다.
karşılanmak *f.* karşılamak 의 수동형.
karşılaşmak *f.* 서로 대립하다; 서로 마주치다, 만나다, 대면하다.
karşılaştırılmak *f.* karşılaştırmak의 수동형.
karşılaştırmak *f.* 대비시키다; 대면시키다.
karşılık *is.* 반응; 회답; 대가.
karşılıklı *s.* 쌍방의, 상호적, 서로의, 상대적; 공동의; ~ fill 〔문법〕 상호동사.
karşılıksız *s.* 댓가없는, 보답없는.
karşıt *s.* 반대의, 상반된; ~ anlamlı 반대어.
karşıtduygu *b. is.* 반감; 염오, 싫어함.
karşıtlaşmak *f.* 상반되다, 반대되다.
karşıtlık *is.* 상반, 상대.
kart *is.* 두꺼운 종이; 엽서; 명함; 트럼프(놀이); isim ~ı 명함; ~ oynamak 트럼프 놀이를 하다;
kartal *is.* 〔조류〕 수리; ~ gözlü 형안의, 눈이 날카로운; ~ yavrusu 새끼수리.
kartel *is.* 〔경제〕 기업연합, 카르텔.
karton *is.* 두꺼운 종이, 마분지, 판지; ~ kutu 두꺼운 종이상자.
kartpostal *b. is.* 우편엽서.
kartvizit *b. is.* 경함.
karyola *is.* 침대, 침상.
kas *is.* 근육.
kasa *is.* 계산대, 수납; 금고; (자동차의)몸체부분; (맥주·콜라 따위의)상자; 창틀, 문틀; bir ~ bira 한상자의 맥주, bira ~sı 맥주상자.
kasaba *is.* 〔행정〕 읍, 면.
kasabalı *is.* 읍, 면의 주민.
kasadar *is.* 출납원.
kasap *is.* 백정; 정육상인.
kasaphane *b. is.* 정육점.
kasaplık *is.* 정육업.
kâse *is.* (그릇)공기, 사발, 주발.
kasıl *s.* 근육의.
kasılduyumlar *b. is.* 근육감각.
kasılmak *f.* 줄다, 수축되다; 움추리다.
kasım *is.* 십일월.
kasımpatı *is.* 〔식물〕 국화.
kasınma *is.* 수축, 위축.
kasınmak *f.* 수축되다, 위축되다.
kasıntı *is.* 의복을 줄이기 위해 바느질한 부분.
kasır *is.* 궁, 성; 큰집, 저택; 별장; *s.* 짧은, 불완전한, 보잘것 없는, 수수한.
kasırâne *zf.* 겸손하여, 죄송해서.
kasırga *is.* 선풍, 회오리바람.
kasıt *is.* 의도, 의향; 목적, 목표.
kaside *is.* 기념시, 송시.
kasideci *is.* 송시작가, 기념시작가.
kaskatı *s.* 매우 딱딱한.
kasket *is.* 앞챙 달린 모자.
kasketli *s.* 앞챙 달린 모자를 쓴.
kasmak *f.* (옷을) 줄이다.
kast *is.* (인도의) 계급제도.
kastar *is.* 표백.
kastarlamak *f.* 표백하다.

kastarlı *s.* 표백된.
kasten *zf.* 고의로, 계획적으로, …할 작정으로.
kastetmek *f.* 목표하다, 의도하다.
kasvet *is.* 불쾌한, 불만한, 상심한; ~ basmak 상심하다; ~ vermak 마음을 상하게 하다.
kaş ① *is.* 눈썹; ~ çatmak 화내다, 성내다, 노하다; ~ göz etmek 눈으로 신호를 보내다; ~la göz arası 재빨리, 민첩하게.
kaş ② *is.* ğ의 ⌣표.
kaşağı *is.* 말빗(동물을 벗기는 데에 사용하는 철사 빗); 둥긁이.
kaşağılamak, kaşamak *f.* 말빗질을 하다.
kaşık *is.* 숟갈; çay ~ı 차숟갈; kahve ~ı 커피숟갈; ~ oyunu 숟가락 소리를 내는 민속춤의 일종; tatlı ~ı 식사후의 단음식 디저트를 먹는 숟갈.
kaşıklamak *f.* 숟가락질하다.
kaşıklık *is.* 수저통; 숟가락용 재료; 숟가락만큼의 양.
kaşımak *f.* 가려운 곳을 긁다.
kaşınmak *f.* 가렵다; 스스로 긁다.
kaşıntı *is.* 가려움.
kaşif *is.* 발견자.
kaşkol *is.* 목도리, 머플러.
kaşlı *s.* 눈썹의, 눈썹이 있는; ~ gözlü 얼굴이 매우 예쁜.
kat *is.* (건물의)층; (천·종이 등의) 겹; 〔수학〕 배수.
katalog *is.* 목록
katar *is.* 줄, 열, 오, 종열; ~ ~줄줄이, 열지어.
katarakt *is.* 〔의학〕 백내장.
katarlamak *f.* 줄을 세우다.
katarlanmak *f.* 줄을 서다, 열을 짓다.
kategori *is.* 〔철학〕 범주.
katetmek *f.* 자르다, 베다, 나누다; 지름길로 가다.
katı *s.* 딱딱한, 단단한, 굳은; 강한, 강력한, 거센, 격렬한; 〔물리〕 고체의; ~ olmak 굳어지다, 견고해지다; 거세지다. 격렬해지다; 고령이 되다, 고체화하다; ~ söz 거치른 말; ~ tutmak 엄격하게 대하다; ~ yumurta 완숙한 계란; ~ yürek 무정, 냉혹; ~ yürekli 냉혹한, 무정한.
katık *is.* 빵에 바르는 치즈, 버터, 잼 등 속.
katılaşmak *f.* 딱딱해지다, 견고해지다; 거세지다.
katılaştırmak *f.* 견고하게 만들다; 거세게 만들다.
katılık *is.* 견고, 경직; 엄격; 가혹.
katılmak *f.* 넣어지다, 들어가다; 참여하다, 가담하다; 동조하다.
katır *is.* 〔동물〕 노새; 천치, 바보, 고집쟁이.
katırboncuğu *b. is.* 노새 장식 목걸이 구슬.
katırcı *is.* 노새를 세놓는 사람, 노새 운수업자.
katırcılık *is.* 노새를 세놓는 업, 노새 운수업.
katır kutur *zf.*. (딱딱한 물건에서 나는 소리) 달그락, 덜그럭.
katırtırnağı *b. is.* 〔식물〕 골담초.
katışık *s.* 섞인, 혼합된, 잡다한.
katışıksız *s.* 섞이지 않은, 순수한.
katışmak *f.* 참가하다, 참여하다, 가담하다.
katıştırmak *f.* 섞다, 혼합시키다.
katıyağ *b. is.* 고형화 된 유지, 지방.
katî *s.* 확실한, 정확한, 명백한; 결정적, 최종적; 절대적;~ ce-

vap 명확한 대답; ~ darbe결정적 타격; ~ karar 최종 결정; ~ muharebe 결정적 전투; ~ netice 최종결과; ~ olarak, ~ bir şekilde 확실히, 분명히, 결정적으로.

kâtibiadil *b. is.* 공증인.

katil *is.* 살인, 살해; 살인범, 살해범; *s.* 살인적.

katîleşmek *f.* 명백해지다, 확실해지다.

katillik *is.* 살인, 살해.

kâtip *iv.* 서기, 비서.

kâtiplik *is.* 서기직, 비서직.

katiyen *zf.* 분명히, 확실히, 명확히, 틀림없이, 정확하게;(부정)전혀, 결코.

katiyet *is.* 명확, 정확, 확실; 단호.

katkı *is.* 부가, 추가.

katkısız *s.* 부가하지않은, 추가하지않은; 순수한.

katlamak *f.* (종이 · 천 따위를) 접다.

katlandırmak *f.* 참여하게하다, 참가하게하다.

katlanılmak *f.* 참여되다, 참가되다; 개입되다.

katlanmak *f.* 접어지다; 참다, 견디다, 인내하다.

katlatmak *f.* 접게하다.

katletmek *f.* 살인하다, 살해하다.

katlı *s.* 겹겹이 접은; 층의, 층으로 된.

katliam *b. is.* 대학살.

katma *is.* 부가, 추가; 첨가;~ bütçe 추가예산.

katmak *f.* 더하다, 추가하다; 섞다, 혼합하다; 첨가하다.

katman *is.* 〔지질〕 층;

katmanbulut *b. is.* 〔기상〕 층운.

katmanlaşma *is.* 〔지질〕 성층.

katmanlaşmak *f.* 〔지질〕 성층하다.

Katolik *öz. is.* 〔종교〕 천주교도.

Katoliklik *öz. is.* 〔종교〕 천주교.

katot *is.* 〔물리〕 (전기의)음극.

katran *is.* 〔화학〕 타르, 목재나 석탄 등을 건류하여 얻은 갈색 또는 흑색의 유상액.

katranlamak *f.* 타르칠을 하다.

katranlı *s.* 타르칠을 한; 타르를 섞은.

katranruhu *b. is.* 〔화학〕크리어소오트(의료 방부용 약품).

katrantaşı *b. is.* 〔지질〕 역청석, 역청암.

katrilyon *is.* 〔수학〕 1,000조.

katsayı *b. is.* 〔수학〕 계수, 율.

kauçuk *is.* (탄성)고무; 〔식물〕 고무나무.

kav *is.* 부싯깃, 화융.

kavak *is.* 〔식물〕 미류나무, 버드나무, 포플러나무.

kavakçılık *is.* 미류나무재배법.

kavakinciri *b. is.* 〔식물〕 연한 남빛의 무화과 일종.

kavaklık *is.* 미류나무 밭.

kaval *is.* 〔악기〕 목동이 부는 피리의 일종.

kavalye *is.* 무도회의 남자짝; 여자에 대한 호위남자.

kavalyelik *is.* 무도의 남자 역; 여자에 대한 호위 역; ~ etmek 여자의 호위역을 맡다.

kavanoz *is.* 항아리, 단지; bal ~u 꿀단지; reçel ~u 잼단지; turşu ~u 짠지단지

kavas *is.* (공관의) 수위; 호위병.

kavaslık *is.* (공관의) 수위 역; 호위병 역.

kavga *is.* 말다툼, 언쟁; 싸움; ~ aramak 싸움을 걸다; ~ çıkarmak 싸움을 일으키다; ~ etmek 싸우다; ~ya girişmek, ~ya tutuşmak 싸움에 나서다, 싸움이 붙다.

kavgacı *s.* 잘 싸우는, 호전적인.

kavgalı *s.* 언쟁이 걸려있는, 싸움이 붙어있는.

kavim *is.* 종족, 부족.
kavis *is.* 꾸부러진 것, 활모양으로 된것, 궁형, 굽이; 〔기하〕 호, 원호; ~ tulü 〔기하〕 (원)호의 길이; ~i kuzah 무지개.
kavisname *b. is.* 궁술 서적.
kavlak *s.* 껍질이 벗겨진; 털이 벗겨진.
kavlamak *f.* 껍질이 벗겨지다.
kavram *is.* 〔철학〕 개념; 관념; 의미, 뜻.
kavrama *is.* 장악; 파악; ~ işareti (인쇄)묶음표, 괄호; ~ kabiliyeti 이해력; ~ pedalı(자동차의)클러치 페달.
kavramak *f.* 움켜쥐다, 장악하다; 파악하다.
kavramcılık *is.* 〔철학〕 개념론.
kavşak *is.* 합류점, 교차점; yol ~ı 기로, 로터리.
kavuk *is.* (회교도의 머리위에 둘둘 감은)터어번; (동물의)방광.
kavuklu *s.* 터어번을 쓴.
kavun *is.* 〔식물〕 참외의 일종.
kavurma *is.* 볶기, 굽기. .
kavurmak *f.* (음식 따위를) 볶다, 섞다; (바람·추위· 더위 따위가 식물 또는 곡식 등을) 말리다, 시들게 하다, 태우다.
kavuşmak *f.* 합치다; 이르다, 도달하다; 맞다, 어긋나지 않다.
kavuşturmak *f.* 합치게 하다; 연결시키다, 접속시키다.
kay *is.* 구토; ~ etmek 게우다, 토하다, 구토하다.
kaya *is.* 바위, 암석; ~ gibi 매우 튼튼한; ~ suyu 바위 틈에서 솟아나는 샘, 암천.
kayabalığı *b. is.* 〔어류〕 모래무지.
kayak *is.* 〔운동〕 스키이; 스키이의 목부; ~ ayakkabısı 스키이 구두, 스키이화; ~ bağlaması 스키이의 바인딩; ~ batonu, ~ değnekleri, ~ sopası 스키이의 스틱; ~ çeliği 스키이의 에치; ~ yapmak, ~la kaymak 스키이를 타다.
kayakçı *is.* 스키이 타는 사람, 스키이어.
kayakçılık *is.* 〔운동〕 스키이.
kayalık *s.* 바위가 많은; *is.* 바위가 많은 곳.
kayatuzu *b. is.* 〔광물〕 암염.
kaybetmek *f.* 잃다, 잃어버리다, 상실하다; (싸움·승부 따위에서)지다, 패하다, 패배하다; 손해보다, 손해입다.
kaybolmak *f.* 없어지다, 사라지다.
kaydetmek *f.* 등록하다, 등재하다, 등기하다.
kaydırmak *f.* 미끌어지게하다.
kaydırmacı *is.* (놀이) 물위에 돌을 튀겨 던지기.
kaydiye *is.* 등기수수료, 등록수수료.
kaygan *s.* 미끄러운.
kaygı *is.* 근심, 걱정, 우려, 염려.
kaygılanmak *f.* 걱정하다, 근심하다, 염려하다, 우려하다.
kaygılı *s.* 걱정스런, 근심스런, 염려되는.
kaygın *s.* 미끄러운.
kaygısız *s.* 걱정없는, 근심없는, 염려없는, 태평스런.
kaygısızlık *is.* 태평.
kayık *is.* 거룻배, 나룻배, 고깃배; 썰매; ~ yarışı 〔운동〕 경조, 조정.
kayıkçı *is.* 뱃사공.
kayıkçılık *is.* 뱃사공업, 나룻배영업.
kayıkhane *b. is.* 보우트 넣어두는 창고, 정고.
kayın *is.* 법률상의 가족관계.
kayınbaba *b. is.* 장인; 시아버지.
kayınbirader *b. is.* 처남; 시아주버니, 시동생.

kayınpeder *b. is.* 장인; 시아버지.
kayınvalide *b. is.* 장모; 시어머니.
kayıp *is.* 분실, 상실; 〔군사〕사상자.
kayısı *is.* 〔식물〕 살구.
kayış *is.* 가죽끈, 가죽띠.
kayıt *is.* 등록, 등기, 기록; 제한; ~ parası, ~ ücreti 등록금, 등기수수료; ~ yapmak 등기하다, 등록하다; ~a geçirmek 등록하다, 등재하다, 등기하다.
kayıtlı *s.* 등록된, 등기된; 제한된.
kayıtsız *s.* 등록되지않는, 미등기의; 무제한의, 무조건의; 무관심한, 개의치않는, 태평한.
kayıtsızlık *is.* 무관심, 냉담; 무제한; 태평.
kaymaç *s.* 눈끄리가 위로 올라간; ~ göz 끄리가 위로 올라간 눈.
kaymak *f.* 미끄러지다, 미끄러져내리다; *is.* 크림, 유지.
kaymakam *is.* 〔행정〕 군수.
kaymakamlık *is.* 군수역, 군수직; 군.
kaymaklı *s.* 크림이 들어있는; ~ dondurma 우유크림으로 만든 아이스크림.
kaynak *is.* 샘, 원천; 자원; 자료; (금속)용접, 용접한곳; ~ yapılmış 용접한, 용접된; ~ yapmak 용접하다; ~ yeri 용접점.
kaynakçı *is.* 용접사, 용접공.
kaynakçılık *is.* 용접(하는 일).
kaynama *is.* 끓기, 비등; 발효; 접착; ~ noktası 비등점.
kaynamak *f.* 끓다, 비등하다; 발효하여 끓어오르다; (소화불량으로)배가 끓다; (벌레 따위가)많이 모여 우글거리다, 들끓다; 붙다, 접착되다.
kaynamış *s.* 끓은, 끓인; ~ su 끓인 물.
kaynana *b. is.* 장모; 시어머니.
kaynarca *is.* 온천.
kaynaşma *is.* 접합; 동요, 들끓기.
kaynaşmak *f.* 붙다, 접합하다, 접착하다; 친해지다; 들끓다.
kaynaştırmak *f.* kaynaşmak 의 사역형.
kaynata *b. is.* 장인; 시아버지.
kaynatmak *f.* 끓이다; 붙이다, 접착시키다.
kaynattırmak *f.* 끓게하다, kaynatmak의 사역형.
kaypak *s.* 미끄러운, 잘 미끄러지는; 믿을 수 없는, 신뢰할 수 없는.
kaytan *is.* 무명이나 명주로 만든 끈, 줄.
kaz *is.* 〔동물〕 거위; ~ı koz anlamak 아주 잘못 이해하다.
kaza *is.* (행정구역)군; 사고, 변고; ~ çıkmak 사고가 나다, 사고가 발생하다.
kazak① *is.* 〔의류〕 스웨터(sweater).
Kazak② *öz. is.* 코색사람(Cossack)
kazalı *s.* 위험한; 사고의, 사고가 발생한.
kazan *is.* 보일러; 큰솥, 큰 냄비.
kazanç *is.* 이익, 소득.
kazandırmak *f.* 소득을 얻게하다. 이익을 보게하다.
kazanmak *f.* 벌다, 소득을 얻다, 이익을 얻다.
kazasker *is.* 〔역사〕오스만제국시 지식층의 최고위 관리.
kazazede *s.* 사고를 당한.
kazdırmak *f.* 땅을 파게하다.
kazein *is.* 고엽.
kazı *is.* 각, 전각; 발굴; 발굴지.
kazıcı *is.* 조각사; 전각가; 발굴인.
kazık *is.* 말뚝; 사기, 협잡; ~ yemek 속다, 사기당하다.

kazıkçı *is.* 사깃군, 협잡군.
kazıklamak *f.* 말뚝을 박다; 속이다, 사기하다, 협잡하다.
kazıklanmak *f.* 속다, 사기당하다.
kazılmak *f.* kazmak의 수동형.
kazıma *is.* 긁기, 긁어내기; [의학] 큐우렛트로 긁어내기.
kazımak *f.* 긁다, 긁어내다; [의학] 큐우렛트로 긁어내다.
kazımbilim *b. is.* 고고학.
kazma *is.* 곡괭이; 파기, 발굴; 각, 전각; *s.* 음각의; ~ yazı 각을 한 글씨.
kazmaç *is.* 굴착기.
kazmak *f.* 파다; 발굴하다; 새기다, 판각하다, 조각하다.
kebap *is.* [음식] 구이; *s.* 구운; şiş ~ı 고기산적구이
kebapçı *is.* 구이음식업자.
kebapçılık *is.* 구이 음식업.
kebze *is.* [해부] 어깨뼈, 견갑골.
keçi *is.* [동물] 염소; ~ derisi 염소 가죽; ~ yolu 오솔길.
keçisakal *is.* (염소 수염모양의) 턱수염.
keder *is.* 슬픔, 상심, 고통, 비탄, 비통.
kederlenmek *f.* 슬퍼하다, 마음 아파하다.
kederli *s.* 슬픈, 마음 아픈, 상심한.
kedersiz *s.* 슬프지 않은, 상심하지 않은.
kedi *is.* [동물]고양이; ~ ciğere bakar gibi bakmak 몹시 탐내어 보다; ~ ile harara girmek 사이가 나쁜 사람과 동업하다; ~ ile köpek gibi 견원지간; ~ye peynir ısmarlamak 고양이 보고 반찬가게 지키라고 하다.
kefal *is.* [어류] 숭어.
kefalet *is.* 보석, 보증; ~ akçesi 보증금; ~ akdi 보증계약; ~ etmek 보증하다.
kefaletname *b. is.* 보증서.
kefe *is.* 저울의 눈금.
kefen *is.* 수의; 염습에 쓰는 흰천.
kefenlemek *f.* 염(습)하다; 수의를 입히다.
kefil *is.* 보증인; ~ göstermek 보증인을 세우다; ~ olmak 보증인이 되다; ~e kefalet 부보증; ~e ~, ~in ~i 부보증인.
kefillik *is.* 보증.
kehle *is.* [동물] 이.
kehlelenmek *f.* 이가 생기다.
kehlibar *is.* [광물] 호박.
kek *is.* 케이크, 양과자.
keke *s.* 말을 더듬는.
kekelemek *f.* 말을 더듬다, 말을 더듬거리다.
kekelik *is.* 말을 더듬기.
kekeme *s.* 말더듬이의.
kekemelik *is.* 말 더듬이.
kekik *is.* [식물] 타임초, 백리향, 향신료로 사용됨.
keklik *is.* [조류] 들꿩, 유럽자고새.
kel *is.* [의학] 쇠버짐, 백선, 완선; (속어)맴통, 머리털이 빠진 흠집; *s.* (머리가)벗어진, 털이 없는, 대머리의.
kelâm *is.* 말, 말씨, 언사, 언담; [종교] 코오란 성구; 이슬람 교리 신학.
kelâmıkadim *öz. is.* [종교]이슬람교 성전, 코오란.
kelâmıkibar *b. is.* 경구, 격언, 성현의 말씀, 명언.
kele *is.* [동물] 새끼숫소.
kelebek *is.* [동물] 나비.
kelek *is.* 설익은 참외; 뗏목; *s* 털이 빠진, 털이 없는.
kelem *is.* [식물] 양배추.
kelepçe *is.* 수갑; ~ takmak 수갑을 채우다.
kelepçeli *s.* 수갑을 찬.
kelepir *is.* 싸게 산 물건.

kelepirci *s.* 항상 값을 깎는.
keler *is.* 〔동물〕 도마뱀.
kelerler *is.* 〔동물〕 파충류.
kelime *is.* 단어, 낱말, 어휘; bileşik ~ 〔문법〕합성어; ~ ~ 낱말낱말, 단어마다, 어휘마다, 자구마다; ~ oyunu 겉말놀이.
kelle *is.* (속어)머리, 대가리.
kemal *is.* 성숙; 성년; ~*e* gelmek 성숙하다, 성년이 되다.
keman *is.* 〔악기〕 바이올린; ~ anahtar 고음부 기호; ~ çalmak 바이올린을 키다, 바이올린을 연주하다; ~ konçertosu 바이올린협주곡; ~ teli 바이올린 현(줄); ~ yayı 바이올린 활.
kemancı *is.* 〔음악〕 바이올린 연주자, 바이올리니스트.
kemancılık *is.* 바이올린 연주업.
kemane *is.* 현악기의 활.
kemanî *is.* 바이올린 연주자, 제금가.
kemankeş *is.* 활잡이, 궁수.
kemer *is.* 허리띠, 혁대, 요대; (바지의)허리부분; 아아치; ~ altı 아아치 길, 아아치 회랑; 유개가로상점; ~ kalıbı 아아치의 중앙부; ~ köprü 아아치형의 다리; ~ takmak 띠를 두르다, 허리띠를 차다; ~ tokası 혁대장식, 버클.
kemik *is.* 뼈, 골; *s.* 뼈로 만든; ~ ağrısı 〔의학〕 골통; ~ bilim 〔의학〕 골학; ~ çıkmak 관절을 삐다; ~ gibi 아주 마른, 깡마른, 뼈만 남은; ~ külü 골회.
kemikli *s.* 뼈가 있는.
kemiksiz *s.* 뼈가 없는.
kemirgenler *is.* 〔동물〕 설치류.
kemirici *s.* 갉는.
kemirmek *f.* 갉다.
kemiyet *is.* 양, 수량.
kemmî *s.* 〔화학〕 분량의, 정량의

kenar *is.* 변, 가, 옆, 끝, 연변, 변두리; *s.* 변두리의; 〔기하〕 변; ~ mahalle 변두리 마을; ~a çekilmek 미치지 않는 곳으로 벗어나다; ~da kalmak 한직에 남다.
kenarlı *s.* 변의, 가의, 변두리의; 가를 장식한.
kendi *zm.* (스스로의)자기, 저, 자신; ~ başına 홀로, 스스로, 독자적으로; ~ ~ne 독자적으로, 홀로; ~ne gelmek 정신을 차리다; ~ni beğenmek 자만하다; ~ni bilmek 분수를 알다; ~ni göstermek 과시하다; ~ni kaybetmek 기절하다, 의식을 잃다; 격노하다, 격분하다; ~ni vermek 헌신하다.
kendiliğindelik *is.* 자발성; 천연성.
kendiliğinden *zf.* 저절로, 스스로, 자발적으로; 자연적으로, 자동적으로.
kendilik *is.* 〔철학〕 실체, 본체; 개성.
kendinden *s.* 그것만으로, 홀로.
kendir *is.* 〔식물〕 삼, 대마.
kendircilik *is.* 대마초 재배업.
kene *is.* 〔동물〕 진드기.
kenet *is.* 걸쇠, 거멀쇠, 꺾쇠, 갈고리.
kenetlemek *f.* 꺾쇠로 붙이다, 갈고리로 서로 연결하다.
kenetlenmek *f.* 꺾쇠로 연결되다.
kenetli *s.* 걸쇠가 있는, 거멀쇠가 붙은, 꺾쇠로 연결된.
kenevir *is.* 〔식물〕 삼, 대마.
kent *is.* 마을; 도시.
kental *is.* (무게의 단의) 100 킬로그램.
kepaze *s.* 비천한, 수치스런, 부끄러운.
kepazelik *is.* 비천, 수치.
kepçe *is.* 국자.
kepek *is.* (체로 친 찌꺼기)겨;

머리비듬.
kepeklenmek *f.* 비듬이 생기다.
kepenk *is.* (가게의) 덧문.
keramet *is.* 기적, 경이.
kere *is.* 번, 회, 회수, 차, 배, 배수.
kerempe *is.* 바다에 길게 돌출한 바위, 곶, 갑.
kereste *is.* 목재, 재목.
keresteci *is.* 목재상인.
kerestecilik *is.* 목재상업.
kerevet *is.* (목재)침상, 침대.
kereviz *is.* 〔식물〕 (미나리과의) 셀러리.
kerhane *b. is.* 갈보집.
kerhaneci *is.* 갈보집 주인.
kerim *s.* 명문의, 명문출신의; 관대한.
kerpeten *is.* 집게, 족집게; 펜치.
kerpiç *is.* (햇빛에 말려서 만든) 벽돌.
kertenkele *is.* 〔동물〕 도마뱀.
kertik *s.* (물건의 가장자리에 V글자 모양으로 생긴)흠의, 흠집의; *is.* 흠집, 찍힌 자국.
kertiklemek *f.* 흠집을 내다, 찍다.
kertilmek *f.* 흠집이 나다, 흠이 생기다, 찍히다.
kertmek *f.* 흠자국을 내다, 찍다; 심하게 문지르다, 갈다.
kervan *is.* (사막의) 대상.
kervanbaşı *b. is.* 대상의 우두머리.
kervankıran *öz. is.* 〔천문〕 금성.
kervansaray *b. is.* 대상의 숙박소.
kervanyıldızı *öz. is.* 〔천문〕 금성.
kesbetmek *f.* 얻다, 갖다, 획득하다, 취득하다.
kese *is.* (돈)지갑, 주머니, 쌈지, 봉지; (목욕의 때미는) 헝겊 주머니; 〔해부〕 포낭, 낭포, 강, 와; ~ sürmek 헝겊주머니로 때를 밀어주다; ~ sürünmek ~ sürmek의 재귀형; ~sine güvenmek 지불할 능력이 있다고 믿다.
kesecik *is.* 조그만 주머니; 〔해부〕 동식물의 작은 포낭; 내이 미로의 구형낭.
kesekağıdı *b. is.* 종이봉지.
keselemek *f.* 헝겊주머니로 때를 밀다.
keselenmek *f.* keselemek의 재귀형.
keseli *s.* 주머니를 가지고 있는.
keseliler *is.* 〔동물〕 유대류.
keser *is.* 자귀.
kesici *s.* 자르는, 베는, 날카로운; (길) 가로지르는.
kesif *s.* (액체 따위의) 진한, 농도가 짙은; 밀집한, 울창한.
kesik *s.* 벤, 베어진, 잘린; 엉긴, 응고된, 응결된; ~ ~간간이, 이따금; 잘려서, 짤막짤막, 토막토막.
kesikli *s.* 간격을 둔, 불연속적인.
kesiklik *is.* 절단.
kesiksiz *s.* 연속적, 부단한.
kesilmek *f.* 베어지다, 잘리다, 단절되다. 절단되다; 소진되다, 고갈되다; 처럼되다; 상하다, 변하다; 진정되다, (바람이) 자다; (힘이) 다하다, 없어지다.
kesim *is.* 베기, 재단, 절단; 차단; 중단, 중지; 삭제, 삭감; 조각, 부분; 구획, 지역; 구분, 분리.
kesin *s.* 명확한, 정확한, 확실한; 결정적, 최종적; ~ hesap 〔경제〕 결산; ~ hüküm 〔법률〕 최종판결, 결심; ~ olarak 분명히, 정확히, 확실히, 결정적으로.
kesinbilgi *b. is.* 확신.
kesinleşmek *f.* 확정하다, 확실하게하다.
kesinleştirmek *f.* kesinleşmek

의 사역형.

kesinlik *is.* 명확성, 확실성; 결단, 결정.

kesinmek *f.* kesmek의 재귀형 및 수동형.

kesinsizlik *is.* 불분명, 불명확, 불확신; 우유부단.

kesinti *is.* 공제(액); 중단, 중지.

kesir *is.* 파괴, 절단; 〔의학〕 골절; 손상; 〔수학〕 분수.

kesişen *s.* 〔수학〕 교차하는.

kesişmek *f.* 〔수학〕 교차하다. 엇갈리다; 홍정을 이루다.

kesit *is.* 단면.

keskenmek *f.* 때릴듯이 위협하다.

keski *is.* 끌; 정; 작은 도끼.

keskin *s.* (칼, 가위 등) 날카로운, 예리한, 잘 베어지는, 잘 드는; (맛, 냄새) 독한, 짜릿한; (추위) 심한; (일에) 날카로운, 빈틈없는; ~ gözlü 예리한 눈을 가진; ~ nişancı 명사수.

keskinleşmek *f.* 날카롭게 되다, 예리해지다; 독해지다.

keskinlik *is.* 예리, 예민; 격렬.

kesme *is.* 자르기, 베기, 끊기, 절단; 절단기; ~ işareti 〔문법〕 소유격 부호「'」

kesmece *zf.* (수박 따위) 속을 따 보고서; (매매) 통털어서, 떨이로.

kesmek *f.* (칼, 가위, 톱 등으로) 베다, 썰다, 자르다, 끊다; (동물을) 잡다, 죽이다, 도살하다; (약효가) 떨어지다, (시효가) 끝나다; (말 또는 길을) 가로막다, 가로채다; (지불이) 끝나다, 중단하다, 끊다; (화폐, 수표 등) 발행하다.

kesmeşeker *b. is.* 각설탕.

kestane *is.* 〔식물〕 밤; ~ ağacı 밤나무; ~ kebabı 군밤; ~ saçlı 갈색 머리의.

kestaneci *is.* 밤장수.

kestanecik *is.* 〔해부〕 섭호선.

kestanefişeği *b. is.* 폭죽.

kestanelik *is.* 밤나무 밭, 밤나무 골.

kestirilmek *f.* kestirmek의 수동형.

kestirme *is.* kestirmek의 명사형; *s.* (길) 가로질러가는.

kestirmek *f.* 베게하다, 자르게 하다, 끊게하다; 이해하다, 추측하다; 잠시 잠을 자다.

keşfetmek *f.* 발견하다, 탐험하다, 탐색하다; (가치를) 추측하다, (값을) 추산하다; 〔군사〕 정찰하다, 정탈하다, 추리하다; 폭로하다, 밝히다.

keşfiyat *is.* 발견물.

keşif *is.* 발견, 탐험, 탐색, 정찰, 정탐; 추측, 추산, 추리.

keşiş *is.* (기독교의) 성직자, 사제, 목사.

keşişleme *is.* 동남풍.

keşke, keşki *bağ.* 만일 …하였더라면, …하였으면 좋았을 것을.

keten *is.* 〔식물〕 아마; 아마포, 린넨천.

ketum *s.* 말을 삼가는, 신중한.

ketumiyet *is.* 신중.

keyfetmek *f.* 즐기다, 즐거이 놀다.

keyfî *s.* 제멋대로의, 임의의; 독단적, 전횡적.

keyfiyet *is.* 성질, 성격; 특성.

keyif *is.* 즐거움, 유래; 기분, 심정; 향락; 건강; ~ hali 술취한; ~ sormak 안부를 묻다; ~ yetiştirmek 즐거이 놀다, 즐기다; ~i bozmak 기분을 상하다; 건강이 나빠지다; ~i kaçırmak 기분을 상하게하다.

keyiflenmek *f.* 즐거워지다; 즐거워하다; 즐기다; 술을마시다.

keyifli *s.* 즐거운, 유쾌한; 건강한.

keyifsiz *s.* 불쾌한, 기분나쁜;

편치않은.

keyifsizlenmek *f.* 불쾌해지다, 기분이 좋지않다, 싫증나다.

keyifsizlik *is.* 편찮음, 불쾌.

keza *bağ.* 게다가, 더우기, 또한.

kezzap *is.* 〔화학〕 질산.

kıble *is.* 〔종교〕 회교도의 메카를 향하는 기도의 방향; 남풍.

Kıbrıs *öz. is.* 〔지명〕 싸이프러스.

Kıbrıslı *öz. is.* 싸이프러스사람.

kıç *is.* (사람·동물의) 궁둥이; (배의)고물, 선미; ~ı üstü oturmak 풀썩 주저앉다.

kıdem *is.* 선임, 고참, 선배; ~e göre 선임 순위에 따라.

kıdemli *s.* 선임의, 고참의, 선배의.

kıdemsiz *s.* 후임의, 신참의, 후배의.

kıl *is.* 털, 머리털, 모발, 체모; ~ gibi 아주 가는.

kılavuz *is.* 안내원; 안내문, 안내서; 중매장이, 매파; 끈이나 고무줄을 낄 때에 사용하는 송곳 또는 앞잡이 핀.

kılavuzluk *is.* 안내직, 안내업무; 중매업, 중매역.

kılçık *is.* (생선)뼈, 가시; (초목의)가시랭이.

kılçıklı *s.* 뼈가 많은, 가시가 있는, 가시랭이가 있는; 어려움이 많은.

kılıbık *s.* 공처가의; *is.* 공처가.

kılıç *is.* 칼, 검, 장검; ~ bağı 칼띠, 검대.

kılıçbalığı *b. is.* 〔어류〕 황새치.

kılıçhane *b. is.* (칼을 만드는) 대장간.

kılıf *is.* (천으로 만든)덮개.

kılıflamak *f.* (천으로 만든) 덮개를 씌우다.

kılık *is.* 옷차림, 의상; 외모, 외양; 꼴, 형상.

kılıklandırmak *f.* 형상화하다, (마음속에)형상을 그리다.

kılıklı *s.* 형상의, 모양의, (몰)꼴의.

kılıksız *s.* 모양이 흐트러진, 정돈되지 않은.

kılınmak *f.* 행하여지다, 거행되다, kılmak의 수동형.

kılmak *f.* 행하다, 거행하다; namaz ~ 〔종교〕 기도하다, 기도회를 갖다.

kımıldanmak *f.* 움직이다, 꿈틀거리다, 동요하다, 요동치다.

kımıldatmak *f.* 흔들리게하다, 움직이게하다, 건드리다.

kın *is.* (칼·송곳 따위의) 집; 〔식물〕 (대나무 등 속의)껍질; (벼·보리의)잎; ~ından çıkarmak (칼 따위를)칼집에서 뽑다, 빼내다; ~ına koymak 칼집에 넣다, 집에 넣다.

kına *is.* 〔식물〕 헤너.

kınaçiçeği *b. is.* 〔식물〕 봉선화.

kınalı *s.* 헤너 안료를 칠한.

kınama *is.* 비난, 질책.

kınamak *f.* 나무라다, 꾸짖다, 책망하다, 질책하다.

kınamsık *s.* 결점을 잘 잡아내는, 혹평적, 빈정대는.

kınamsımak *f.* 결점을 잡아내다, 혹평하다, 비평하다.

kınanmak *f.* 꾸중듣다, 질책받다.

kınnap *is.* 줄, 끈, 굵은 실.

Kıpçak *öz. is.* 〔역사〕 킵착한국, 몽고 사대 한국의 하나로 남 러시아에 있었음 (1243~1480).

kıpırda(n)mak *f.* 가볍게 움직이다, 떨다, 동요하다.

kıpırtı *is.* 떨림, 경련, 진동.

kıpkırmızı *s.* 아주 붉은, 진홍색의.

kıpkızıl *s.* 아주 붉은, 진홍색의.

kır *is.* 시골, 교외; 들; 언덕; 스텝지역, 초원지대; 황무지; *s.* 회색의; ala ~ 회색에 검은 얼룩이 박힌; ~ çiçekleri 야생초, 들꽃; ~ düşmüş 백발이 된, 회색이 된; ~ koşusu 〔경

기] 들을 횡단하는 경주, 크로스칸추리 경기; ~ saçlı 백발의; ~ sakallı 흰 수염의.
kıraathane *b. is.* 신문, 잡지 등이 있는 찻집.
kıraç *s.* 관개가 되지 않는 불모의, 황무지의.
kıraçlık *is.* 불모지, 황무지.
kırağı *is.* 서리.
kıral *is.* (국)왕, 임금, 군주.
kıraliçe *is.* 여왕; 왕비.
kırallık *is.* 왕국; 왕정; 왕위; 왕의 신분; 왕권; 왕자다움.
kırat *is.* 보석 무게의 단위 0.205 그램; 가치, 값.
kırba *is.* 물을 나르는 가죽 주머니.
kırbaç *is.* 채찍.
kırbaçlamak *f.* 채찍질하다, 매질하다.
kırbaçlanmak *f.* 채찍으로 맞다.
kırçıl *s.* 회색이 섞인.
kırçıllaşmak *f.* 회색이 되다.
kırgın *s.* 실망한.
kırgınlık *is.* 실망; 피로, 불편.
Kırgız *öz. is.* 〔지리〕 중앙아시아 서부의 지명, 키르기즈; 키르기즈사람.
kırıcı *s.* 부시는, 깨뜨리는; (운동경기) 거치른.
kırık *s.* 부서진, 깨진; 섞인, 혼합된; *is.* 파편; 〔의학〕 골절; 파손된 부분; 으깬것; ~ dökük 온통 부서진; 뒤죽박죽의.
kırıkçı *is.* 〔의학〕 정골원, 접골원.
kırıklık *is.* 피로, 불쾌; 파손, 부서짐.
kırılgan *s.* 성을 잘 내는.
kırılmak *f.* 부서지다, 깨지다; 실망하다; 〔물리〕 굴절하다; 성나다, 화나다.
Kırım *öz. is.* 〔지리〕 크리미아.
Kırımlı *öz. is.* 크리미아사람.
kırıntı *is.* 부스러기, 조각, 파편; 유품, 유물.
kırıtmak *f.* 아양떨다, 교태를 부리다.
kırk *is.* 사십(40); *s.* 사십의; ~ anahtar 많은 재물; ~ anahtar sahibi 부자; ~ bin 4만; ~ defa 여러번; ~ dereden su getirmek 여러가지 변명을 늘어놓다; 핑게삼다, 구실을 대다; 다; ~ kere 여러번; ~ yılda bir 아주 드물게.
kırkambar *b. is.* 박학다식한 사람, 만물박사, 살아있는 백과사전.
kırkar *s.* 40씩의.
kırkayak *b. is.* 〔동물〕 노래기.
kırkıncı *s.* 제 40번의.
kırkmak *f.* (양·달 따위의 털을) 깎다, 자르다, 베다; 끝을 자르다, 치다.
kırkmerdiven *b. is.* 매우 가파른 경사.
kırlangıç *is.* 〔조류〕 제비.
kırlaşmak *f.* 회색이 되다.
kırlık *is.* 전원지역, 들녘.
kırma *is.* 접기, 주름잡기; 주름; 굵은가루, 으깬가루; *s.* 꺾어지는, 접는.
kırmak *f.* 깨다, 부수다, 깨뜨리다; 부러뜨리다, 꺾다, 접다; 파괴하다, 없애버리다; 죽이다; 손하게하다, 손상하다, 훼손하다; 값을 떨어뜨리다.
kırmalı *s.* 주름이 있는.
kırmızı *s.* 붉은, 적색의, 빨간, 홍색의; ~ balık 〔어류〕 금붕어; ~ dut 〔식물〕 오디; ~ gömlek 결코 숨겨질 수 없는 것.
kırmızıbiber *b. is.* 빨간 고추.
kırmızılaşmak *f.* 붉어지다, 빨개지다, 적색으로 변하다.
kırmızılık *is.* 붉은 것.
kırmızımsı *s.* 붉그스레한.
kırmızımtırak *s.* 붉은 색깔을 띤.
kırpık *s.* 베어낸, 잘라낸.
kırpılmak *f.* 잘라지다 베어지다, 깎이다, 다듬어지다.

kırpıntı *is.* 깎여 나온 부분, 베어진 부분.
kırpıştırmak *f.* (눈을) 깜박거리다.
kırpmak *f.* (끝을) 자르다, 치다, 다듬다; (눈을) 깜박이다; 윙크하다.
kırtasiye *is.* 문방구, 학용품, 사무용품; ~ mağazası 문방구점.
kırtasiyeci *is.* 문방구업자; 관료주의자.
kırtasiyecilik *is.* 문방구업; 관료주의.
kısa *s.* 짧은; (키가) 작은; 간단한, 간략한; ~ adres 해외전보수신약호 주소; ~ çizgi〔문법〕연자 부호, 하이픈; ~ dalga〔무전〕단파; ~ devre〔전기〕단락; ~ hece〔문법〕단음절; ~ kesmek 짧게 자르다, 간략하게 말하다, 줄여서 말하다; ~ sürmek 잠깐 걸리다, 잠깐 계속하다.
kısaca *zf.* 간단히, 간략히, 대략; *s.* 짤막한.
kısacık *s.* 아주 짧은, 아주 간단한.
kısakafalı *s.* 〔해부〕단두의.
kısalık *is.* 짧음, 간결, 간략.
kısalma *is.* 요약, 개략, 개괄, 단축.
kısalmak *f.* 줄다, 줄어들다, 오그라들다.
kısaltma *is.* 단축, 생략, 약어, 약호.
kısaltmak *f.* 줄이다, 단축하다, 요약하다, 개략하다.
kısas *is.* 보복, 앙갚음.
kısık *s.* 꼭 끼는; (소리) 거치른, 쉰.
kısıklık *is.* (소리) 쉰 목소리.
kısılmak *f.* 줄다, 작아지다, 감소되다;
kısım *is.* 부분, 분, 몫; 구역; 부, 류; ~ ~ 부분적으로; 분납으로.
kısıntı *is.* 제약, 제한, 한정.
kısır *s.* (토지) 불모의; 불임의; 무익한.
kısırlık *is.* 불모; 불임; 무익.
kısıt *is.* 〔법률〕금치산.
kısıtlama *is.* 〔법률〕금치산 선고.
kısıtlamak *f.* 〔법률〕금치산 선고를 하다.
kısıtlı *s.* 〔법률〕금치산의, 금치산 선고를 받은.
kıskaç *is.* 집게, 족집게, 펜치, 핀셋트; (게 등의) 집게 발; ~ gözlük 코안경; ~ hareketi〔군사〕협격작전.
kıskanç *s.* 질투의, 질시의, 시기하는, 질투하는; 선망의, 부러운.
kıskançlık *is.* 질투, 시기, 선망.
kıskandırmak *f.* 질투심나게 하다, 시기하게 하다.
kıskanılmak *f.* 질투를 받다, 질투의 대상이 되다, 선망의 적이 되다.
kıskanılacak *s.* 부러운, 부러워할 만한.
kıskanılır *s.* 부러운, 부러워할 만한, 선망되는.
kıskanmak *f.* 시기하다, 질투하다; 부러워하다, 선망하다.
kısmak *f.* 줄이다, 감하다, 절감하다; (소리 · 등잔) 낮추다;
kısmen *zf.* 부분적으로, 일부.
kısmet *is.* 운명, 숙명; 인연, 연분.
kısmetli *s.* 좋은 운명의, 행운의.
kısmetsiz *s.* 불운의.
kısrak *is.* 암말.
kıstak *is.* 〔지리〕지협.
kıstas *is.* 범주; 기준, 준칙; 천평.
kıstırmak *f.* 줄이게하다, 낮추게하다, 절감시키다, 감소시키다; 죄다, 압박하다, 압축하다.

kış *is.* 겨울; 겨울철, 동절; ~ mevsimi 겨울철; ~ geçirmek 겨울을 나다, 겨울을 보내다, 겨울을 지내다.

kışın *zf.* 겨울동안, 겨울철에 동절에.

kışkırtı *is.* 자극, 고무, 선동.

kışkırtıcı *s.* 자극적인, 고무적인, 선동적인.

kışkırtılmak *f.* 자극되다, 고므되다.

kışkırtmak *f.* 자극하다, 고무하다, 흥분시키다, 선동하다, 교사하다.

kışla *is.* 〔군사〕 병사, 막사, 병영.

kışlak *is.* 월동용 막사, 병영.

kışlamak *f.* 겨울이 오다, 추위가 오다; 겨울을 보내다, 월동하다.

kışlatmak *f.* 겨울을 나게하다, 월동시키다.

kışlık *s.* 겨울용의, 겨울철을 위한; ~ elbise 동복.

kıta *is.* 대륙, 육지, 뭍; 〔군사〕 지대, 분견대; ~ Çin 〔국명〕 중공; ~ sahanlığı 〔지리〕 대륙붕.

kıtır *is.* 튀긴 옥수수; 꾸며내기, 거짓말; ~ atmak 거짓말을 꾸며내다.

kıtlaşmak *f.* (식량 · 상품 등) 부족해지다, 모자라게되다, 고갈되어가다.

kıtlık *is.* 부족, 결핍; 기근.

kıvanç *is.* 기쁨, 즐거움, 환희; ~ duymak 기뻐하다, 영광으로 여기다; ~la 기쁨으로, 영광으로.

kıvanmak *f.* 자랑하다, 영광으로 여기다; 기뻐하다, 좋아하다.

kıvılcım *is.* 불꽃, 불똥, 〔전기〕 스파아크.

kıvırcık *s.* 두루말린, 꼬부라진; ~ koyunu 꼬리가 짧고 곱슬털의 양; ~ salata 〔식물〕 상치.

kıvırmak *f.* 꼬다, 비틀다, 뒤틀다, 감다; 구기다, 접다; (자동차가 방향을) 돌리다, 꺾다.

kıvranmak *f.* (고통으로) 몸을 뒤틀다, 몸부림치며 괴로워하다; 고통스러워하다, 괴로워하다.

kıvrık *s.* 비틀린, 뒤틀린, 두루루 말린; 접힌.

kıvrım *is.* 비틀림; 〔지질〕 (지층의) 습곡.

kıya *is.* 살인.

kıyacı *is.* 살인자, 살인범.

kıyafet *is.* 옷, 복장, 의상; 외모, 외양; ~ balosu 의상 전시회.

kıyafetli *s.* 옷을 입은, 의상의, 복장의.

kıyafetsiz *s.* 옷차림이 단정치 못한.

kıyam *is.* 일어섬, 기립; 봉기; 〔종교〕 기도시의 기립자세.

kıyamet *is.* 〔종교〕 부활; 대소동, 대혼란; 종말; ~ kopmak 지구의 종말이 오다; 대소동이 일어나다; ~i koparmak 격노하다.

kıyas *is.* 비교, 대조; 유추; ~ etmek 비교하다, 유추하다; ~ kabul etmez 비교가 않되는.

kıyasıya *zf.* 무자비하게, 몰인정하게, 처참히.

kıyı *is.* 연안, 해안, 해변, 강안, 여변; ~ balıkçılığı 연안어업; ~ya çıkmak 상륙하다.

kıyık, kıyımlı *s.* 잘게 잘라진, 같아진, 으깨진.

kıyma *is.* 갈은 고기.

kıymak *f.* 잘게 자르다; 갈다, 으깨다, 짓이기다; 압박하다, 짓누르다; 잔인하게 죽이다, 해치다.

kıymet *is.* 가치, 값, 값어치; 가격; 평가.

kıymetli *s.* 가치있는, 값이 나가는, 귀중한.

kıymetsiz *s.* 가치없는, 값이 나가지 않는, 싼, 보잘것 없는.
kıymık *is.* 작은 나무 파편, 가시, 뼈의 파편.
kız *is.* 여자, 여성, 계집애; 소녀; 처녀; *s.* 여자의, 여성의; ~ almak 며느리를 얻다, 신부를 얻다; ~ kaçırmak 여자를 몰래 훔쳐가다; ~ kardeş 여자형제, 누이, 자매; ~ vermek신부를 보내다, 신부를 주다.
kızak *is.* 썰매; ~ kaymak 썰매를 타다; 얼음을 지치다.
kızamık *is.* 〔의학〕 홍역.
kızan *is.* 사내아이, 소년, 젊은이.
kızarmak *f.* 붉어지다, 붉게 변하다; 부끄러워하다, 부끄러워 얼굴이 붉어지다; 붉게 익히다, 붉게 튀기다, 붉게 굽다.
kızartma *is.* 붉어짐; (음식)튀김, 구이.
kızartmak *f.* 튀기다, 굽다.
kızdırmak *f.* 화나게하다, 성나게하다, 노하게하다; (불에)달구다.
kızgın *s.* 달구어 진; 화난, 성난, 노한; 흥분된; (애가)달은.
kızgınlık *is.* 성남, 분노; 달굼.
kızıl *s.* 붉은, 빨간, 적색의, 홍색의; *is.* 〔정치〕 공산주의자; 〔의학〕 성홍열; ~ Çin *öz. is.* 〔국명〕 중공.
Kızılay *öz. is.* 터어키 및 회교국의 적십자 표시 대신 사용하는 붉은 달, 홍월; ~ Cemiyeti 적십자회 대신의 홍월회.
Kızılhaç *öz. is.* 적십자사.
kızışmak *f.* 커지다, 확대되다, 심화하다, 격렬해지다; 흥분하다, 열을 올리다.
kızlık *is.* 처녀성, 여성다움, 여성신분.
kızmak *f.* 뜨거워지다, 달다, 달아오르다; 화내다, 분노하다.
ki *bağ.* (ki 다음의 절은 그 앞의 명사 또는 대명사의 수식어로 된다) …하는, …인, 그러한; Bir adam ~ söz dinlemez. 충고를 듣지않는 사람; O yerden ~ herkes kaçar, sen de kaç. 모두가 도망가는 그곳으로부터 너도 피하라; Herkes bilir ~ dünya yuvarlaktır. 지구가 둥글다는 것을 모두가 안다; (Öyle, o kadar와 함께) …하기 때문에, …하니까, …이니까, …을 이유로; O kadar ağırdı, ~ kaldıramadım. 너무나 무겁기 때문에 나는 들 수가 없었다; (O kadar와 함께 감탄문을 만든다) O kadar eğlendi ~! 얼마나 즐겼던가!; 그렇지만, …하였지만; Geldim ~ kimseler yok. 나는 왔었으나 아무도 없었다.
kibar *s.* 고상한, 고귀한.
kibarlık *is.* 고상, 고귀.
kibir *is.* 거만, 오만.
kibirlenmek *f.* 거만해지다, 오만해지다.
kibirli *s.* 거만한, 오만한, 불손한.
kibirlilik *is.* 오만함, 거만함, 불손함.
kibirsiz *s.* 공손한, 거만하지 않은, 오만하지 않은.
kibrit *is.* 성냥; ~ çakmak 성냥을 그리다.
kibritçi *is.* 성냥장수.
kifayet *is.* 넉넉함, 충분; ~ etmek 넉넉하다, 충분하다.
kifayetli *s.* 넉넉한, 충분한.
kifayetsiz *s.* 불충분한, 부족한, 넉넉지못한.
kifayetsizlik *is.* 부족, 불충분, 부적당.
kil *is.* 진흙.
kiler *is.* 광, 창고, 저장고.
kilim *is.* 털이 없고 앞뒤가 없는 양탄자의 일종.
kilise *is.* (기독교나 카톨릭교의) 교회.

kilit *is.* 자물쇠; ~ noktası 요새, 관건.
kilitlemek *f.* 잠그다, 자물쇠를 채우다.
kilitlenmek *f.* 잠기다, 자물쇠로 채워지다.
kilitli *s.* 잠근, 잠긴, 자물쇠를 채운.
kiliz *is.* 〔식물〕 갈대, 골풀.
kilo(gram) *is.* (무게의 단위) 킬로그램.
kiloluk *s.* 킬로그램의.
kilometre *b. is.* (길이의 단위) 킬로미이터.
kilovat *b. is.* (전력의 단위) 킬로왓트.
kils *is.* 〔지질〕 석회암, 석회, 박아; 생석회.
kilsî *s.* 석회석의, 석회질의.
kim *zm.* 누구; ~ o? 누구십니까?; ~i 어떤(사람); 어떤(것); ~i insanlar ödevlerini bilmez 어떤 사람들은 임무를 알지 못한다; ~i gelir, ~i gider 어떤 사람은 가고 어떤 사람은 온다; Evlerin ~i büyük, ~i küçük 어떤 집들은 크고 어떤 집들은 작다.
kimlik *is.* 신분증.
kimse *is.* 어떤 사람; *zm.* (부정에 사용)아무도; bugün ~ gelmedi. 오늘 아무도 오지 않았다; içerde oturan ~ler 안에 있는 어떤 사람들.
kimsesiz *s.* 외로운, 가까운 친구 또는 친척이 없는.
kimya *is.* 화학.
kimyacı *is.* 화학자.
kimyager *is.* 화학자.
kimyasal *s.* 화학의, 화학적.
kimyevî *s.* 화학의, 화학적.
kimyon *is.* 〔식물〕 (미나리과) 카민, 카민의 씨(조미료).
kin *is.* 악의, 적의, 원한; ~ beslemek 원한을 품다, 적의를 갖다.
kinaye *is.* 암시.
kinayeli *s.* 암시적인.
kinin *is.* 〔의약〕 키니이네.
kip *is.* 〔문법〕 혼, 형식; 태(voice).
kir *is.* 때, 더러운 것, 오물.
kira *is.* 빌림, 세, 전세, 조차; ~ya vermek 빌려주다, 전세 놓다, 조차하여주다.
kiracı *is.* 빌리는 사람, 전세 드는 사람.
kiralamak *f.* 빌리다, 세들다, 전세들다; 조차하다; 세주다, 빌려주다.
kiralı *s.* 빌린, 세들은.
kiralık *s.* 빌려 줄, 전세의.
kiraz *is.* 〔식물〕 버찌.
kireç *is.* 석회; ~ gibi 석회처럼; 죽은듯이; 창백하게; ~ ocağı 석회가마; ~ söndürme 석회의 수화, 가열화하여 물로 처리함; ~ yakma 석회제조.
kireççi *is.* 석회제조업자; 석회장수.
kireçkaymağı *b. is.* 〔화학〕 염화칼슘.
kireçleşme *is.* 석회(질)화; (관절 또는 근육의) 경화.
kireçleşmek *f.* 석회질이 되다, 석회화하다.
kireçleştirmek *f.* 석회화시키다.
kireçli *s.* 석회질의, 석회분의.
kireçsileme *is.* 〔화학〕 태워서 석회를 만듬.
kireçsilemek *f.* 태워서 석회를 만들다.
kireçsütü *b. is.* 〔화학〕 수성 백색도료, 석회도료.
kireçtaşı *b. is.* 〔지질〕 석회암, 석회석.
kiremit *is.* 기와, 개와.
kiremitçi *is.* 기와제조업자.
kiremitçilik *is.* 기와제조업; 기와상업; 기와갈이업.
kiriş *is.* (현악기의) 줄.

kirlemek *f.* 때묻히다, 더럽히다, 오염하다.
kirlenmek *f.* 때묻다, 더러워지다, 오염되다.
kirletmek *f.* 때묻히다, 더럽히다, 오염하다.
kirli *s.* 때묻은, 더러운, 오염된.
kirlikan *b. is.* 〔생물〕 정맥혈.
kirpi *is.* 〔동물〕 고슴도치.
kirpik *is.* 속눈썹.
kişi *is.* 사람; 개인; 〔문법〕 인칭.
kişilik *is.* 개성, 품성; 인격, 인간다움, 인간성; *s.* …사람분의, …인분의.
kişnemek *f.* (말이) 울다.
kitabe *is.* 비문, 비명.
kitabet *is.* 비서직; 공보직; 작문술.
kitabevi *is.* 책방, 서점.
kitap *is.* 책, 서, 서적, 저술, 저작; 〔종교〕 성경; 〔책의〕 권, 편.
kitapçı *is.* 책장사, 서점상; 출판인.
kitapçılık *is.* 서적상업; 출판업.
kitle *is.* 더미, 퇴적, 무더기; (사람의) 무리, 대중, 집단..
kitlemek *f.* 잠그다, 채우다.
kitli *s.* 잠긴, 채워진.
klakson *is.* (자동차의) 경적.
klarinet *is.* 〔악기〕 클라리넷.
klasik *s.* 고전의, 고식의, 고풍의, 전통적; *is.* 고전; ~ batı müziği 서양고전음악.
klasisizm *is.* 고전주의.
klasör *is.* 문서철.
klinik *is.* 〔의학〕 진찰실, 진료소; 대학부속병원, 의료상담소.
klor *is.* 〔의학〕 염소.
klüp *is.* 클럽, 단체.
koalisyon *is.* 〔정치〕 연립내각, 연립정부.
kobalt *is.* 〔화학〕 코발트.
koca ① *is.* 남편, 지아비.
koca ② *s.* 큰, 커다란; 거대한; 나이 많은.
kocabaşı *is.* 촌장.
kocalı *s.* 남편이 있는.
kocamak *f.* 나이를 먹다, 나이들다.
kocaman *s.* 거대한, 방대한.
kocasız *s.* 남편이 없는; 과부의.
koç *is.* 숫양; 〔천문〕 숫양좌.
koçan *is.* 옥수수자루; 나무의 그루터기.
koçyiğit *b.is.* 건장한 미소년.
kodeks *is.* 약품에 관한 법전, 약전.
kof *s.* 빈,비어있는, 공동의; (과일 등 속) 알맹이가 없는; 어리석은, 우둔한; 공허한.
koğuş *is.* 공동침실, 합숙실.
kok *is.* 〔화학〕 코오크스.
kokain *is.* 〔화학〕 코카잎에서 빼낸 수면성 유기 염기 코카인.
kokak *s.* 나쁜 냄새가 나는, 악취를 내는.
koklamak *f.* 냄새맡다.
koklaşmak *f.* 서로 냄새맡다.
koklatmak *f.* 냄새 맡게하다.
kokmak *f.* 냄새나다, 냄새를 풍기다; 상한 냄새가 나다; 징후가 보이다; 낌새가 있다.
kokmuş *s.* 상한 냄새가 나는; 상한, 부패한; 게으른.
kokoreç *is.* (음식) 양고기 내장으로 만든 터어키식 순대.
kokoröz *is.* 옥수수 알.
kokteyl *is.* 혼합주, 칵테일; 칵테일 파티.
koku *is.* 냄새; 향내, 향기; 향수; 기미, 낌새; ~ almak 냄새맡다; ~ su çıkmak 비밀의 단서가 나타나다; ~sunu almak 비밀의 단서를 잡다.
kokulu *s.* 냄새가 있는, 냄새가 나는; 향기가 있는.
kokusuz *s.* 냄새가 없는, 무취의.
kol *is.* 팔; 날개; 물건의 팔과 같은 부분; 지부, 지소, 지파, 지대; (옷의) 소매; (나무의) 큰

가지; (산맥의) 지맥; beşirci ~ 오열, 첩자, 간첩; ~ atmak 주변으로 확대하다; ~ demiri (대문의) 쇠 빗장; ~ kemiği 〔해부〕 상박골; ~ ~a 팔장을 끼고; ~ nizamı 〔군사〕 종대; ~ saati 팔목시계; ~ uzatmak 확장하다.

kola *is.* 풀; 풀 먹이기.

kolaçan *b.is.* 예비답사; ~ etmek 예비답사하다; ~a çıkmak 예비답사 나가다.

kolalamak *f.* (옷에) 풀을 먹이다.

kolalı *s.* 풀이 들어있는; 풀을 먹인; 풀을 먹여서 사용하는.

kolay *s.* 쉬운, 용이한, 편리한.

kolayca *s.* 꽤 쉬운; *zf.* 쉽게, 용이하게.

kolaylaşmak *f.* 쉬워지다, 용이해지다, 편리해지다.

kolaylaştırmak *f.* 쉽게하다, 용이하게하다, 편리하게하다.

kolaylık *is.* 쉬움, 용이, 편리; 쉬운 방법, 가능한 방법; ~ göstermek 가능한 길을 알려주다; ~la 쉽게, 용이하게.

kolbaşı *b. is.* 지사장, 지점장, 지소장, 지대장.

kolbaşılık *b. is.* 지사장직, 지사장업무.

kolcu *is.* 감시원, 순시원, 감찰원.

kolculuk *is.* 감시업무, 감찰업무.

kolçak *is.* 일 토시; 벙어리 장갑.

kolej *is.* (외국어로 가르치는) 국·중·고등급학교; 특수고등전문학교; polis ~i 경찰 전문학교(고등학교급).

kolejli *is.* 특수고등전문학교 학생.

koleksiyon *is.* 수집, 수장; 채집.

koleksiyoncu *is.* 수집가, 수장가.

koleksiyonculuk *is.* 수집업; 채집업.

kolektif *s.* 집단적, 집약적; 공동적, 단체적.

kolektivizm *is.* 집산주의.

kolera *is.* 〔의학〕 콜레라, 호열자.

kolesterin, kolesterol *is.* 〔화학, 의학〕 (지방·혈액·담즙에 있는) 콜레스테린, 콜레스테롤.

koli *is.* 소포.

kollamak *f.* 기다리다, 노리다, 주시하다; 보호하다, 감호하다; 살피다, 주의하다.

kolluk *is.* 소맷부리, 소매목, 소맷동, 끝동; 토시, 일 토시, 덧소매.

koloni *is.* 식민지

kolonya *is.* 콜론 화장수.

kolordu *b. is.* 〔군사〕 군단.

koltuk *is.* 겨드랑이; 안락의자, 팔걸이가 있는 의자.

koltukçu *is.* 안락의자 제조업자 또는 상인.

koltukçuluk *is.* 안락의자 제조업 또는 상업.

koltuklu *s.* 팔걸이가 있는.

kolye *is.* 목걸이.

koma *is.* 〔의학〕 혼수.

komak *f.* koymak과 같음.

komando *is.* 민병대, 특공대.

kombinezon *is.* 여성용 내리닫이 속옷.

komedi *is.* 희극, 희극 같은 사건.

komik *s.* 우스운, 우스꽝스런, 희극의.

komikleşmek *f.* 희극화하다.

Kominform *öz. is.* 〔정치〕 콤민포름(공산당 정보국 1947~56).

Komintern *öz. is.* 〔정치〕 콤민테른 제3인터네셔날(1919~43), 국제공산당.

komiser *is.* 보안경찰.

komisyon *is.* 위원회, 위원단; 〔경제〕 (중계인의) 수수료, 구전.

komisyoncu *is.* 〔경제〕 중계인,

대리인, 거간.
komita *is.* 비밀투쟁조직.
komitacı *is.* 비밀투쟁조직원.
komite *is.* 위원회.
komodin *is.* 침대 곁 서랍달린 탁자.
kompartıman *is.* (객차 I· 객선 내의) 간막이 방.
komple *s.* 찬, 만원의; (옷) 완전한 한벌의.
kompleks *is.* 〔심리〕 콤플렉스.
kompliman *is.* 칭찬, 찬사.
komposto *is.* 삶은 과일로 만든 수정과의 일종.
kompozisyon *is.* 작문.
kompozitör *is.* 작곡가.
komprador *is.* 매판.
kompresör *is.* (가스 등의) 압축기.
kompüter *is.* 전자계산기, 콤퓨터.
komşu *is.* 이웃, 이웃집; *s.* 이웃의, 이웃집의.
komşuluk *is.* 이웃 함; 이웃간의 정; *s.* 화목한, 친근한.
komut *is.* 〔군사〕 명령, 구령; ~ vermek 구령하다, 명령하다.
komuta *is.* 〔군사〕 명령, 지휘, 지령; ~ etmek 명령하다, 지령하다, 지휘하다.
komutan *is.* 〔군사〕 지휘관, 사령관.
komutanlık *is.* 〔군사〕 지휘관직, 사령관업무.
komünist *is.* 공산주의자.
komünizm *is.* 공산주의.
komütatör *is.* 〔전기〕 전환기.
konak *is.* 여관, 여인숙; 하루 여행 거리; 도시의 큰 저택, 관사; 유아의 머리띠.
konca *is.* 꽃망울, 꽃봉오리, 화뢰.
konç *is.* (신발이나 양말등의) 목.
konçerto *is.* 〔음악〕 협주곡.
konçlu *s.* (양말이나 신발의) 목이 있는, 목이 긴.
konçsuz *s.* (양말이나 신발의) 목이 없는, 목이 짧은.
kondoktör *is.* (열차의) 차장.
kondoktörlük *is.* (열차의) 차장직, 차장업무.
konfederasyon *is.* (국가간의) 동맹, 연합, 연방.
konferans *is.* 협의, 회의, 회담; 연설; ~ vermek 연설하다.
konferansçı *is.* 연사.
konfor *is.* 편의시설.
Konfüçyüs *öz. is.* 〔역사〕 공자 (B.C. 551~478); *s.* 공자의; 유교의; ~ mezhebi 유교.
kongre *is.* 회의, 회갑; 미국 상하원 합동회의.
koni *is.* 〔수학〕 원추형, 원뿔(꼴).
konik *s.* 〔수학〕 원추(형)의, 원뿔꼴의.
konismento→**konşimento**.
konkav *s.* 오목한, 요면의, 움푹한.
konmak *f.* 숙박하다, 투숙하다, (여인숙에) 들다; 야영하다; (새·나비 등) 머물다, 앉다; 놓여지다, 설치되다; 들어가다, 부가되다.
konseptualizm *is.* 〔철학〕 개념론.
konser *is.* 음악회, 연주회; ~ vermek 음악회를 열다, 연주회를 갖다.
konserto *is.* 〔음악〕 konçerto 와 같음, 협주곡.
konservatuvar *is.* 음악 또는 연극 예술 전문학교.
konserve *is.* 통조림.
konsolos *is.* 〔정치〕 영사관리.
konsoloshane *is.* 〔정치〕 영사관.
konsolosluk *is.* 〔정치〕 영사업무; 영사관.
konsomasyon *is.* 카지노·나이트 클럽 등에서의 음료 및 음식물.
konsomatris *is.* 나이트클럽 등

의 접대부.
konsorsiyum *is.* 〔경제〕 국제 공동차관단.
konsültasyon *is.* 〔의학〕 의료 상담.
konşimento *is.* 〔경제〕 선하증권, 하물표.
kont *is.* 백작.
kontak *is.* (전기의) 접촉, 접선, 혼선.
kontenjan *is.* 〔경제〕 몫, 할당; 분담액.
kontes *is.* 백작부인; 여자백작.
kontrat *is.* 계약, 약정; 계약서, 약정서.
kontratlı *s.* 계약의, 계약이 (되어) 있는.
kontrbas *is.* 〔음악〕 (악기) 콘트라베이스.
kontrbasçı *is.* 〔음악〕 콘트라베이스 연주자.
kontrol *is.* 감독, 지휘; 단속, 통제; 조종; ~ etmek 감독하다; 단속하다; 조종하다.
kontrolcu *is.* 감독(자), 지휘(자).
kontrplâk *is.* (목재) 합판.
konu *is.* 제목, 주제; 문제, 연제; 과목, 학과.
konuk *is.* 손님, 객, 여객, 숙객.
konukçu *is.* 접대원, 안내원.
konuklamak *f.* 숙박시키다, 투숙시키다.
konulmak *f.* 숙박하게되다, 투숙하게되다; 놓여지다, 설치되다.
konuşkan *s.* 말하기를 좋아하는; 말이 많은; 다변의.
konuşkanlık *is.* 다변.
konuşma *is.* 말하기; 회화; 대화, 담화; 강연, 강의, 연설; ~ çizgisi 〔문법〕 구와 구 사이에 넣는 접속부호「-」, 대시.
konuşmacı *is.* 연사.
konuşmak *f.* 말하다; 이야기하다, 상담하다, 대화하다; 설명하다; 담화하다, 담소하다; 논의하다, 토의하다.
konuşturmak *f.* 말을 시키다, 말하게하다.
konuşulmak *f.* 화제가 되다; 논의 되다, 토의 되다; 말하다; Derste konuşulmaz 강의 시간에 말해서는 안된다.
konut *is.* 거처, 주거, 주택, 집.
konveks *s.* 볼록한, 철면의.
konyak *is.* 프랑스산 브렌디 코냑.
kooperatif *is.* 협동조합.
kooperatifçi *is.* 협동조합원; 협동조합 관리인.
kooperatifçilik *is.* 협동조합 경영업무.
kooperatifleşmek *f.* 〔경제〕 협동체제화하다.
koordinasyon *is.* 조정.
koordinet *is.* 〔수학〕 좌표.
koparmak *f.* 꺾다, 부러뜨리다; 따다; 빼앗다; 자르다, 베다.
kopartmak *f.* koparmak의 사역형.
kopça *is.* 갈고리 모양의 쇠고리 단추, 훅단추.
kopçalamak *f.* 훅 단추를 채우다.
kopçalanmak *f.* 훅 단추로 채워지다.
kopçalı *s.* 훅 단추가 달린.
kopmak *f.* 끊어지다, 잘라지다, 부러지다, 꺾어지다; 꺾다, 끊다, 자르다, 부러뜨리다; (단추가) 떨어지다; 발생하다, (전쟁이) 터지다, (폭풍이) 일어나다; (허리가) 몹시 아프다; (큰소리가) 나다.
kopuk *s.* 끊어진, 단절된, 부러진; 떨어진.
kopya, kopye *is.* 사본, 복사본; (시험)부정행위; ~ defteri 복사부; ~ etmek 복사하다; (시험)부정행위를 하다; ~ kâğıdı 먹지; 복사지; ~ makinesi 복사기; ~sını çıkarmak 복사하

다.

kopyacı *is.* 표절자; (시험) 부정행위자; 모방자; 복사업자.

kopyacılık *is.* 복사업.

kor ① *is.* 〔군사〕 kol ordu의 준말. 군단.

kor ② *is.* 잘붙은 숯불; ~ dökmek 숯불이 되다.

koramiral *is.* 〔군사〕 해군중장.

kordele *is.* 장식띠, 리본, 납작한 끈.

kordon *is.* 줄, 끈; 쇠사슬 줄; 장식끈; 전선, 전기줄, 전등줄.

Kore *öz. is.* 〔지리〕 한국, 대한민국; Güney ~ 대한민국; Kuzey ~ 북한.

Korece *öz. is.* 한국말, 한국어, 한국어 문자.

Koreli *öz. is.* 한국 사람, 한국인.

korgeneral *is.* 〔군사〕 육군중장.

koridor *is.* 복도, 회랑.

korindon *is.* 〔지질〕 강옥, 금강사.

korkak *is.* 겁장이, 겁이 많은 사람; *s.* 겁이 많은.

korkaklık *is.* 겁.

korkmak *f.* 겁내다, 놀라다, 무서워하다.

korku *is.* 겁, 공포, 무서움; 근심, 걱정, 우려; 위험; kapalı yer ~su 밀실공포증; ~ vermek 놀라게하다.

korkulmak *f.* 놀라다, 겁먹다, 무서워하다; 걱정하다, 근심하다.

korkulu *s.* 무서운, 겁나는; 위험스런.

korkuluk *is.* 허수아비; (위험방지용) 난간.

korkunç *s.* 대단히 무서운, 공포의.

korkunçluk *is.* 공포.

korkusuz *s.* 겁이 없는; 겁이 나지않는, 겁날것 없는.

korkutmak *f.* 놀라게하다, 겁주다, 위협하다.

korna *is.* (자동차의) 경적.

korner *is.* 〔운동〕 (축구의) 구석차기, 코오너킥.

kornet *is.* 〔음악〕 (악기) 코오넷.

koro *is.* 〔음악〕 합창; 합창곡.

korsa *is.* 코르셋.

korsan *is.* 해적.

korsanlık *is.* 해적질.

kort *is.* 〔운동〕 정구장.

koru *is.* 작은 숲, 임야.

korucu *is.* 산림 감시원.

korumak *f.* 보호하다; 방어하다; 호위하다; 보장하다.

korunma *is.* 방위, 방어.

korunmak *f.* (스스로를) 방어하다.

koruyucu *is.* 방어자, 옹호자; *s.* 보호하는, 호위하는; 방어하는, 옹호하는.

koskoca *zf.* 거대한, 아주 큰, 대단히 큰.

Kostantaniye, Kostantiniye *öz. is.* 〔지리〕 이스탄불의 옛이름, 콘스탄티노플.

koşma *is.* 달리기, 뛰기.

koşmaca *is.* 〔놀이〕 술레잡기.

koşmak *f.* 뛰다, 달리다; 경주하다; 서두르다, 급히하다; (일에) 종사하다, 얽매이다.

koşturmak *f.* 뛰게하다; 경주시키다; 재촉하다; (일을) 시키다; 분주하게하다.

koşu *is.* 경주; bir ~ 단숨에; ~ atı 경주용 말, 경마.

koşucu *is.* 육상선수.

koşum *is.* 마구.

koşuşmak *f.* 함께 달리다.

kota *is.* 〔경제〕 몫, 할당; ~ sistemi 〔경제〕 할당제도.

kotra *is.* 군함이나 기선에 부속된 노를 갖춘 작은 배, 커터.

kova *is.* 양동이, 물통, 두레박.

kovalamak *f.* 뒤쫓다, 추적하다.

kovan *is.* 통, 벌통; 〔군사〕 탄약통.

kovancı *is.* 벌을 치는 사람, 양봉가.
kovma *is.* 구축, 배제, 제거; 추방.
kovmak *f.* 몰아내다, 내쫓다, 구축하다. 추방하다, 제거하다.
kovuk *is.* 우묵한 곳, 움푹 패인 곳; 구멍, 강, 공동, 홈.
kovulmak *f.* 쫓겨나다; 제거되다; 추방되다.
kovuşturma *is.* 〔법률〕 기소, 공소.
kovuşturmak *f.* 〔법률〕 기소하다, 공소하다.
koy *is.* 〔지리〕 작은 만.
koymak *f.* 넣다; 놓다, 두다; (일에)붙여놓다, 하게하다; 버려두다; (음식에 조미료를) 치다, 넣다; 기재하다, 기록하다; (서명을)하다.
koyu *s.* (색깔이)진한, 짙은; (농도가)진한, 짙은; 과격한.
koyulaşmak *f.* (색깔·농도가) 진해지다, 짙어지다; 과격해지다.
koyuluk *is.* 농도, 밀도.
koyun ① *is.* 〔동물〕 양, 면양; ~ bakışlı 어리석은; ~ eti 양고기; ~ gibi 단순한, 순진한, 어리석은.
koyun ② *is.* 가슴, 품; ~ saati 회중시계; ~una almak …를 잠자리에 데리고 가다; ~una girmek …와 잠자리에들다.
koy(u)vermek *f.* 놓아주다, 풀어주다, 살려주다, 석방하다.
koz *is.* 비결, 최후 수단; (카아드 놀이에서)으뜸가는 카아드; 〔식물〕 호두; ~ kırmak (카아드 놀이에서)으뜸 카아드를 사용하다.
koza *is.* 고투리; (누에)고치.
kozak, kozalak *is.* 〔식물〕 솔방울, 원추형의 방울열매.
kozmetik *is.* 화장품.
kozmogoni *is.* 우주발생, 우주생성, 우주진화론.
kozmografya *is.* 우주지, 우주학.
kozmoloji *is.* 우주론, 우주철학.
kozmonot *is.* 우주비행사.
köçek *is.* 〔동물〕 새끼낙타.
köfte *is.* 〔음식〕 구운 고기만두의 일종; çiğ ~ 날고기만두, 육회만두.
köfteci *is.* 구운 고기만두 장수.
köhne *s.* 낡은, 오래된; 진부한, 시대에 뒤떨어진.
köhnelik *is.* 진부, 시대착오.
köhneleşmek *f.* 낡아빠지다, 진부해지다; 시대에 뒤떨어지다.
kök *is.* (식물의)뿌리; (치아의) 뿌리; 근원, 기원, 바탕; 〔문법〕 어간; ~üncen koparmak 근절하다, 일소하다; ~ünden sökmek 뿌리채 뽑다, 송두리채 뽑다; ~ünü kurutmak 근절하다, 전멸시키다, 몰살하다.
köklemek *f.* 뿌리채 뽑다; 뿌리를 뽑아내다; (벼게, 방석 등 속과 겉이 밀리지 않게)시침질하다.
köklenmek, kökleşmek *f.* 뿌리가 생기다, 뿌리가 붙다; 정착하다.
köklü *s.* 뿌리가 있는; 근본이 있는; 뿌리가 붙은 정착된.
köksüz *s.* 뿌리가 없는; 근원이 없는.
köle *is.* 노예, 종.
kölelik *is.* 노예상태
kölemen *is.* 〔역사〕 노예병.
kömür *is.* 숯, 목탄; 석탄; 연탄 흑색; ~ ocağı 탄갱; 탄광.
kömürcü *is.* 숯장수; 숯제조인; 연탄장수; 화부.
kömürcülük *is.* 연탄제조업; 연탄매매업; 목탄제조업; 목탄상업.
kömürleşmek *f.* 숯으로 변하다.
kömürlük *is.* 숯, 연탄광.
köpek *is.* 〔동물〕 개, 견공; (비

속어)개새끼; av ~i 사냥개; çoban ~i 양지기 개; ev ~i 집개.

köpekbalığı *b. is.* 〔어류〕 상어.

köprü *is.* 다리, 교량; 선교;〔치과〕 가공의치; asma ~ 적교, 현수교.

köpük *is.* 거품, 포말.

köpüklenmek *f.* 거품을 내다, 거품을 품다.

köpüklü *s.* 거품의, 포말의, 거품나는, 거품질의.

köpürmek *f.* 거품을 일으키다; 격노하여 폭로하다.

kör *s.* 눈먼, 장님의, 소경의, 봉사의; (칼·가위)뭉툭한, 무딘, 잘 듣지않는; (촛불·전등) 어두운, 밝지않은; 막다른; (밀림이나 대도시의 길) 복잡하여 잘 알수없는.

körbağırsak *b. is.* 〔해부〕 맹장.

kördügüm *b. is.* 잘 풀리지않는 매듭; 해결될 수 없는 난제.

körebe *is.* (놀이)장님술레잡기.

körelmek *f.* (불)꺼지기 시작하다; (샘)마르기 시작하다; 무디어지다; 〔생물〕 (기관이) 감퇴하다, 쇠퇴하다, 위축되다.

körfez *is.* 〔지리〕 만, 해만.

körkuyu *b. is.* 물이 없는 샘, 말라버린 샘.

körlemeden *zf.* 주의없이; 조준하지않고.

körlenmek, körleşmek *f.* (칼·가위)무디어지다, 들지않게 되다; (샘)마르다; (길)막다르게 되다; (기능)퇴화하다, 쇠퇴하다.

körleştirmek, körletmek *f.* 무디게 만들다; 위축시키다, 퇴화시키다; (능력을)사장시키다.

körlük *is.* 무딤; 문맹, 무지.

körocak *b. is.* 자녀가 없는가정.

körpe *s.* 어린, 연약한; (과일) 덜 익은.

körük *is.* 풀무; (아코디언 따위의)조르개.

körükçü *is.* 풀무제조인, 풀무상인, 풀무질쟁이.

körüklemek *f.* 풀무질을 하다, 부치다; 격려하다, 조장하다, 북돋우다.

körüklü *s.* 조르개가 달린.

köse *s.* (남자)수염이 없는.

kösnü *is.* 정욕, 성욕, 색욕.

kösnük *s.* (동물이)발정의.

kösnümek *f.* (동물의)발정하다.

köstebek *is.* 〔동물〕 두더지.

köstek *is.* 차꼬, 족쇄; (시계·열쇠의)쇠줄.

kösteklemek *f.* 차꼬를 채우다, 족쇄를 채우다; (일을)잘 안되게 하다.

kösteklenmek *f.* kösteklemek의 수동형.

köşe *is.* 구석, 모퉁이, 모서리; 〔기하〕꼭지점;~başı 길모퉁이; ~bucak구석구석, 샅샅이.

köşegen *is.* 〔기하〕 대각선.

köşeli *s.* 모서리가 있는, 각이 진, 각이 있는.

köşk *is.* 누, 누각, 각, 정, 정자, 관; 수루; 여름 별장.

kötek *is.* (매로 때리는) 때림, 침, 매.

kötü *s.* 좋지못한, 나쁜; 더러운, 불결한; 추한, 추잡한; 치사한, 악덕의, 부덕한, 사악한; ~ güdüm 학대, 박해; 남용, 오용; ~ günler 불행한 시절, 어려운 시절, 불경기;~ insan악인, 심술장이;~ kadın 매춘부, 창녀.

kötülemek *f.* 험구하다, 험담하다, 헐뜯다, 욕하다, 악평하다, 불신하다, 비방하다.

kötülenmek *f.* 욕을 듣다, 불신받다, 의심받다.

kötüleşmek *f.* 나빠지다, 악화하다.

kötüleştirmek *f.* 악화시키다, 약올리다.

kötülük *is.* 악, 부덕, 악덕; 비

행, 비정; 악의; 중상, 비방, 허위선전, 험구, 손상; ~ etmek 해치다, 비행을 하다.
kötümsemek *f.* 비관하다, 나쁘게 생각하다, 오해하다.
kötümser *s.* 비관적, 비관의, 비관하는.
kötümserlik *is.* 비관론, 비관주의.
kötürüm *s.* 절름발이의, 불구의 불수의; 무능한.
kötürümlük *is.* 절름발이, 마비, 불수, 불구; 무능.
köy *is.* 시골, 촌, 촌락; ~ adamı 마을사람; 시골사람; ~ ağası 촌장; ~ ahalisi 시골사람, 농민; ~ halkı 농민, 지방민; ~ muhtarı 촌장.
köydeş *is.* 동향인.
köylü *is.* 농민, 시골사람, 촌사람, 시골뜨기; 동향인; *s.* 농민의, 시골사람의.
köylüler *is.* 농민(들).
kral kıral과 같음.
krater *is.* 〔지질〕(화산의) 분화구.
kravat *is.* 넥타이.
kredi *is.* 차관; 대부, 융자; ~ açmak 신용거래를 열다, 외상판매를 하다; 신용대출을 열다; ~ almak 차관 받다; 대부받다, 융자 받다; ~ vermek 차관 주다; 융자 주다, 대부 주다.
krem *is.* 화장용 크림; *s.* 우유빛의; ~ sürmek 화장크림을 바르다.
krema *is.* (우유의) 크림; 크림이 든 과자.
kristal *is.* 〔광물〕 수정.
kriz *is.* 위기; 〔경제〕 불경기, 불황.
krizantem *is.* 〔식물〕 국화.
kroki *is.* 약도, 겨냥도; 밑그림; 초고.
krom *is.* 〔화학〕 크롬, 원소기호 Cr.
kronoloji *is.* 연대기, 연표.
Krş. kuruş의 준말.
kruvazör *is.* 순양함.
kubbe *is.* 궁륭, 둥근천장, 둥근지붕.
kucak *is.* 가슴; 품.
kucaklamak *f.* 안다, 끌어안다, 껴안다, 포옹하다.
kucaklaşmak *f.* 서로 껴안다, 서로 끌어안다, 서로 포옹하다.
kudret *is.* 힘; 력, 권력; 정기, 정력.
kudretli *s.* 강력한, 힘있는; 권력있는; 정기있는, 정력있는.
kudretsiz *s.* 힘없는; 무력한; 무기력한.
kudretsizlik *is.* 무기력; 무력; 무능.
kudsiyet *is.* 신성.
kudurmak *f.* 공수병에 걸리다, 광견병에 걸리다; 난폭해지다.
kuduz *is.* 〔의학〕 공수병, 광견병; *s.* 광견병의.
Kudüş *öz. is.* 〔지리〕 예루살렘.
kudüşlu *öz. is.* 예루살렘사람.
kuğu *is.* 〔조류〕 백조.
kukla *is.* 꼭두각시, 괴뢰; ~ hükümet 괴뢰정부.
kuklacı *is.* 괴뢰사, 괴뢰자.
kuku *is.* 〔조류〕 뻐꾸기.
kukulete *is.* 두건.
kul *is.* 종, 노예.
kulac *is.* (길이의 단위) 길, 사람 키의 길이.
kulaçlamak *f.* (길로) 깊이를 재다.
kulak *is.* 〔해부〕 귀; 물건의 귀에 해당하는 부분; dış ~ 〔해부〕 외이; iç ~ 〔해부〕 내이; ~ kesilmek 주의깊게 듣다, 경청하다; ~ memesi 〔해부〕 귓불; tutmak 듣다; ~ vermek 들어주다, 경청하다; orta ~ 〔해부〕 중이.
kulakçı *is.* 〔의학〕 이비인후과 의사.
kulaklı *s.* 귀의; 귀가 달린.
kulaksız *s.* 귀가 없는.
kulakzarı *b. is.* 〔해부〕 (귀의)

고막.

kule *is.* 탑, 망루, 조망대.

kullanılmış *s.* 중고의, 고물의.

kullanış *is.* 용도, 사용방법.

kullanışlı *s.* 편리한.

kullanmak *f.* 쓰다, 사용하다; 이용하다, 활용하다; 고용하다, 부리다; (담배를 습관적으로) 피우다; (자동차를)몰다, 운전하다.

kulluk *is.* 노예상태; 종노릇; 노역, 징역.

kulp *is.* (찻잔 등의)손잡이.

kulplu *s.* 손잡이가 달린.

kuluçka *is.* 알을 품거나 막 깐 닭; 부화장; ~ devri 부화기(간); ~ makinası 부화기(계); ~ olmak 알을 품으려하다; ~ tavuk 씨암닭, 부화계; ~ya yatmak 알을 안다, 알을 품다.

kulunç *is.* 배앓이, 복통; 위경련.

kulübe *is.* 오두막, 간이 막사; 원두막; 보초막; bahçıvan ~si 원두막, 정원사 막사; bekçi ~si 방범초소, 보초막; polis ~si 경찰관 초소.

kulüp *is.* 모임, 회, 조직, 클럽; (운동, 체육)회.

kum *is.* 모래, 모래알; 모래밭, 사막, 모래톱; 〔의학〕(신장 등의)결석; ~ fırtınası 사막에서 부는 모래 회오리 바람; ~ saati 모래시계.

Kuman *öz. is.* 〔역사〕 12세기 경 우크라이나 지방에 분포해 있던 터어키계의 한 부족.

kumanda *is.* 명령, 지휘, 사령.

kumandan *is.* 지휘관, 사령관.

kumar *is.* 도박, 노름.

kumarbaz *is.* 도박꾼, 노름꾼.

kumarbazlık *is.* 도박 짓, 노름 짓.

kumarhane *is.* 도박장, 노름방.

kumaş *is.* 옷감, 천.

kumbara *is.* 저금통; 〔군사〕 폭탄, 포탄.

kumbaracı *is.* 〔군사〕 포병.

kumbarahane *b. is.* 〔군사〕 포탄공장.

kumcu *is.* 모래장수.

kumlu *s.* 모래가 들어있는; 모래로 된.

kumluk *is.* 모래밭; 백사장.

kumpanya *is.* 〔경제〕 회사, 상사.

kumral *s.* (머리·수염 등)금발의; 구리빛의.

kumru *is.* 〔조류〕 호도애, 산비둘기의 일종.

kumsal *s.* 모래의, 모래가 많은; *is.* 백사장.

kumtaşı *is.* 〔지질〕 사암.

kundak *is.* 강보, 포대기; 기름칠한 불쏘시개; (총의) 개머리판; (머리)쪽.

kundakçı *is.* 방화범.

kundaklamak *f.* (아기를) 강보에 싸다, 포대기로 싸다; 방화하다; (머리)쪽지다.

kundura *is.* 구두; ~ bağı 구두끈.

kunduracı *is.* 구두 만드는 사람, 제화공.

kunduracılık *is.* 제화업.

kunduz *is.* 〔동물〕 해리.

kupa *is.* (우승)컵, (우승)배.

kupkuru *s.* 아주 마른, 깡마른; 아주 건조한, 완전히 마른.

kupon *is.* 회수권, 상품권, 쿠우폰.

kura *is.* 제비, 추첨; ~ çekmek 제비를 뽑다, 추첨하다.

kurabiye *is.* 쿠키과자의 일종.

kurak *s.* 건조한, 가물은, 마른; *is.* 가뭄.

kuraklık *is.* 가물, 가물음, 가뭄, 건조.

kural *is.* 규칙, 법칙; 〔문법〕 법칙; ~ dışı 불규칙적, 예외의.

kuralcı *s.* 규칙적.

kurallı *s.* 규칙이 있는, 규칙적

인.

Kuran *öz. is.* 코란 경전, 회교성서.

kurbağa *is.* 〔동물〕 개구리.

kurban *is.* 희생물, 제물; ~ bayramı 회교도의 제물을 바치는 경축일; ~ etmek 희생하다; ~ kesmek 제물을 잡다; ~ olmak 희생되다, 제물이 되다.

kurcalamak *f.* 긁다, 할퀴다; 교란하다.

kurd kurt와 같음.

kurdela, kurdele *is.* 리본.

kurgan *is.* 성, 성채; 묘, 분묘.

kurgu *is.* 태엽; 태엽감는 기구; 공상, 환상.

kuriye *is.* 외교행낭.

kurma *is.* 세움, 수립; 건립, 설립.

kurmak *f.* 세우다; 짓다, 건설하다, 건립하다; 설립하다, 수립하다; 구성하다, 조직하다, 형성하다; 계획하다, 입안하다; (짠지·김치를)담그다; 준비하다; 차리다; (시계의 태엽을) 감다, 밥주다; aile ~ 가정을 이루다; cemiyet ~ 회를 조직하다; çadır ~ 천막을 치다; sofra ~밥상을 차리다, 상을 준비하다; şirket ~ 회사를 설립하다; turşu ~ 짠지를 담그다.

kurmay *is.* 〔군사〕 참모(장교), 막료.

kurmaylık *is.* 참모직, 참모업무.

kurna *is.* (목욕탕의)물받이 그릇.

kurnaz *s.* 교활한, 간사한, 간교한; 교묘한, 빈틈없는; 짓궂은, 심술궂은, 음흉한.

kurnazlık *is.* 약삭빠름; 교활, 음흉; 간사, 간교, 간지.

kurs *is.* 강의, 강좌; (교육) 과정.

kurşun *is.* 〔화학〕 납, 연; 총탄, 탄환; 연필심; ~ atmak 총을 쏘다; ~ erimi 사정거리; ~ geçmez 방탄의.

kurşunî *s.* 납색의, 잿빛의.

kurşunkalem *b. is.* 연필.

kurşunlamak *f.* 납으로 덮어 씌우다; 총을 발사하다, 총격을 가하다.

kurt *is.* 〔동물〕 이리; 구더기; eski ~ 노회한 사람, 노련하고 교활한 사람; 능청맞은 사람.

kurtarılmak *f.* 구조되다, 구제되다.

kurtarmak *f.* 구하다, 구조하다, 구제하다.

kurtlanmak *f.* 구더기가 생기다.

kurtlu *s.* 구더기가 생긴, 구더기가 있는.

kurtulmak *f.* 면하다, 모면하다, 벗어나다, 살아나다, 구제되다, 해방되다.

kurtuluş *is.* 해방; ~ Savaşı 1919~23 기간 터어키의 해방전쟁.

kuru *s.* 마른, 건조한, 시들은; 야윈; 메마른; 무미건조한; ~ çeşme 메마른 샘; ~ ekmek 아무것도 바르지않은 빵; ~ kafa 두개골; 우둔한 두뇌; ~ ot 건초; ~ temizleyici 드라이크리닝; ~ yemiş 건과물.

kurucu *is.* 설립자, 창설자, 제정자; ~ Meclisi 〔정치〕 제헌의회; ~ üyeler 발기위원.

kurukahve *b. is.* 볶은 커피.

kurukahveci *b. is.* 볶은 커피 상인.

kurul *is.* 위원단, 위원회.

kurulamak *f.* 말리다, 건조시키다.

kurulanmak *f.* 말려지다, 건조되다.

kurulmak *f.* 세워지다, 설립되다. 수립되다; 건립되다, 건조되다; 조직되다, 구성되다; (시계 태엽이) 감기다; (상)차려지다, 준비되다; (짠지·김치)담그지다.
kurultay *is.* 집회, 회합, 회의, 대회.
kuruluk *is.* 건조; 무미건조.
kuruluş *is.* 창설, 설립, 수립; 건립, 건조; 조직, 구성.
kurum ① *is.* 회, 협회, 조합, 단체; ~lar Vergisi 〔경제〕법인세; ~lar Vergisi Kanunu 〔법률〕법인세법.
kurum ② *is.* 검댕.
kurumak *f.* 마르다, 건조하다; 시들다; 야위다.
kurumlanmak *f.* 자만하다; 검댕이 묻다.
kurumlu *s.* 자만한; 검댕이 묻은.
kuruntu *is.* 환상, 망상; 우울.
kuruş *is.* 터어키 화폐의 최소단위, 쿠루쉬.
kuruşluk *s.* (화폐 단위) 쿠루쉬 짜리의.
kurutmaç *is.* 압지.
kurutmak *f.* 말리다, 건조시키다.
kusma *is.* 구토, 구역질.
kusmak *f.* 토하다, 구토하다, 구역질하다. 게우다.
kusmuk *is.* 구토물.
kusturmak *f.* 구토케하다, 게우게하다.
kusturcu *s.* 토하게 하는, 게우게 하는; ~ ilâç 구토제.
kusur *is.* 잘못, 오류, 과오; 결함, 결점; 실수; 죄, 죄책; ~a bakmamak 용서하다, 양해하다.
kusurlu *s.* 잘못의; 과오의, 오류의; 결점이 있는, 오점이 있는, 결함이 있는.
kusursuz *s.* 잘못이 없는; 결점이 없는, 오류가 없는, 완벽한.
kuş *is.* 〔동물〕새, 조류.
kuşak *is.* 띠; 허리띠, 허릿줄, 혁대; 〔지리〕대, 지구대; (가족의) 대, 세대.
kuşanmak *f.* 띠를 두르다; 허리에 차다.
kuşatma *is.* 포위, 삥 둘러 에워 쌈.
kuşatmak *f.* 둘러싸다, 포위하다, 에워 싸다.
kuşbakışı *b. is.* 조감도, 부감도.
kuşbaşı *s.* 작은 조각의.
kuşçu *is.* 애완용 조류 장수.
kuşdili *b. is.* 음절의 가감으로 남이 알아듣지 못하도록 하는 아이들 사이의 말장난.
kuşkanadı *b. is.* 새의 날개; 〔의학〕눈병의 일종.
kuşkonmaz *is.* 〔식물〕아스파라가스.
kuşku *is.* 의심, 불산, 회의; 신경질.
kuşkulanmak *f.* 의심하다, 불신하다, 회의하다; 긴장하다.
kuşkulu *s.* 의심하는, 불신하는, 회의적인.
kuşkusuz *s.* 의심없는, 회의없는.
kuştüyü *b. is.* 깃털, 새털; *s.* 부드러운; ~ gibi 아주 부드러운.
kut *is.* 운, 행운; 행복.
kutlamak *f.* 축하하다, 경축하다; 축제를 거행하다.
kutlanmak *f.* kutlamak의 수동형.
kutlu *s.* 행운의, 행운이 깃든; ~ olsun*!* 행운이 있으시기를*!*, 행복 하시기를*!*.
kutlulamak *f.* 축사를 하다, 축하 인사를 하다.
kutluluk *is.* 행운, 행복; 축복.
kutsal *s.* 신성한, 성스러운, 거룩한, 경건한.
kutsallaşmak *f.* 신성해지다, 신성화하다.
kutsallık *is.* 신성.
kutsî *s.* 신성한.
kutsiyet *is.* 신성함, 거룩함.
kutu *is.* 상자, 곽.

kutup *is.* 〔지리〕 극; 〔물리〕 자극, 전극; 정점, 정상; Güney ~u 남극; Kuzey ~u 북극.

kutupyıldızı *b. is.* 〔천문〕 북극성.

kutur *is.* 〔기하〕 지름, 직경; 대각선.

kuvafŏr, kuvafür *is.* 여자 미용원; 미용사; ~ salonu 미장원.

kuvve *is.* 잠재력; 역량; 효능; 〔군사〕 전투력.

kuvvet *is.* 힘, 체력; 세력; 권세, 권력; 능력; 효력; 군사; 〔수학〕 지수, 멱수, 승멱수; | ~ almak 힘을 얻다; 증강하다; ~ vermek 힘을 주다; 강조하다; silâhlı ~ler 군사력.

kuvvetlendirmek *f.* 강화하다

kuvvetlenmek *f.* 강화되다, 강해지다.

kuvvetli *s.* 힘이 있는, 강한; 역량있는, 세력있는.

kuvvetsiz *s.* 힘 없는, 무력한; 무능한; 무기력한.

kuvvetsizlik *is.* 무력, 무기력; 무능.

kuyruk *is.* (동물의) 꼬리; 줄, 열; ~ kemiği *b. is.* 〔해부〕 (사람의) 미저골, 꼬리뼈; ~unu sallamak 꼬리를 치다, 사내를 녹이다, 교태를 부리다.

kuyruklu *s.* 꼬리가 달린, 꼬리가 있는; ~ piyano 그랜드 피아노.

kuyruksallayan *b. is.* 〔동물〕 할미새.

kuyrukluyıldız *b. is.* 〔천문〕 혜성, 살별.

kuyruksokumu *b. is.* 〔해부〕 (사람의) 미저골, 꼬리뼈.

kuyruksuz *s.* 꼬리가 없는.

kuyruksuzlar *ç. is.* 〔동물〕 개구리과.

kuytu *s.* 조용한, 한적한, 한산한.

kuyu *is.* 샘, 우물; 〔지질〕 광; kömür ~su 석탄광; petrol ~-su 석유정.

kuyucu *is.* 우물을 파는 사람, 착정공.

kuyuculuk *is.* 우물을 팜, 착정.

kuyumcu *is.* 보석 상인, 귀금속 상인.

kuyumculuk *is.* 보석 상업, 귀금속 상업.

kuzey *is.* 북, 북쪽, 북녘, 북방; ~ Amerika 〔지리〕 북아메리카; ~ batı 북서; ~ doğu 동북; ~ Kore 북한, 북괴; ~ Vietnam 월맹.

kuzeyli *s.* 북방 사람의.

kuzgun *is.* 〔동물〕 갈가마귀.

kuzu *is.* 〔동물〕 새끼 양; ~ çevirmek 양고기 통구이를 하다; ~ derisi 양가죽; ~ gibi 매우 선량한; ~ pirzolası 양갈비(구이); | ~m! 애칭이나 간청의 소리.

kuzudişi *b. is.* 젖니, 유치.

küb *is.* 〔수학〕 입방, 3승, 세제곱; 〔기하〕 입방체.

kübik *s.* 입방(체)의; 〔미술〕 입체파의.

kübizm *is.* 〔미술〕 입체파, 큐비즘.

küçücük *s.* 자그마한, 아주 작은.

küçük *s.* 작은; 적은; 소규모의; 어린; 약간의, 조금의; 말단의, 하급의; ~ ay 2월; ~ düşmek (값어치·명예) 떨어지다; ~ görmek 무시하다; ~ parmak 새끼 손가락; ~ sarayi 중소기업.

Küçükayı *öz. b. is.* 〔천문〕 작은곰자리.

küçükdil *b. is.* 〔해부〕 목젖; ~-ini yutmak (경악하여) 얼어붙다.

küçüklemek *f.* 얕잡아보다, 경멸하다, 멸시하다.

küçüklük *is.* 작음; 적음; 사소; 왜소.

küçülmek *f.* 줄다, 작아지다;

무시되다, 경시되다.
küçültme *is.* 축소, 감소.
küçültmek *f.* 줄이다, 축소하다, 감소시키다; (값을) 떨어뜨리다.
küçümsemek *f.* 무시하다; 경시하다.
küf *is.* 곰팡이; ~ bağlamak, ~ tutmak 곰팡이가 생기다.
küfe *is.* 큰 바구니, 큰 광주리.
küflenmek *f.* 곰팡이가 피다; 진부해지다.
küflü *s.* 곰팡이가 난; 진부한.
küfür *is.* 욕, 욕설, 저주; ~ etmek 욕설하다.
kükremek *f.* 포효하다; 노하여 큰 소리치다.
kükürt *is.* 〔화학〕 유황, 원소기호S.
kükürtçiçeği *b. is.* 〔화학〕 유황화.
kükürtlü *s.* 유황이 들어있는.
kül ① *is.* 재; ~ etmek재로 만들다, 없애다; ~ olmak 재가 되다, 없어지다; ~ tablası 재털이.
kül ② *is.* 전부, 모두.
külâh *is.* 옛 원추형의 모자; 원추형으로 접은 종이 봉지; (놀이)속임수.
külçe *is.* (야금의) 덩이, 덩어리, 괴.
külek *is.* 손잡이가 달린 깊고 큰 통.
külfet *is.* 피곤, 불편, 성가심.
külfetli *s.* 피곤한, 불편한, 성가신.
külfetsiz *s.* 편안한, 쾌적한.
külhan *is.* 목욕탕의 기관실.
külhanbeyi *b. is.* 깡패, 치기배, 폭력배; ~ ağzı 속어, 비어, 야비한 말, 천한 말.
külhanbeylik *b. is.* 난폭한 태도.
külliyat *is.* 전체, 전부; (작품) 전집.
külliyen *zf.* 완전히, 모조리, 전혀.
küllü *s.* 재가 들어있는.
küllük *is.* 쓰레기 버리는 곳, 쓰레기통.
külot *is.* 반바지, 짧은 바지 ; 승마용 바지.
kül rengi *b. is.* 잿빛, 회색.
kültür *is.* 문화; 교양; 재배, 양식, 배양; ~ heyeti 문화사절단; ~ incisi 양식진주; ~ yapmak 배양하다.
kültürel *s.* 문화의, 문화적.
kültürlü *s.* 문화적, 문명된; 교양있는; 교육받은; ~ adam 교양있는 사람.
kültürsüz *s.* 비문화적; 교양없는.
küme *is.* 무더기, 무리, 떼; 〔수학〕 집합; bos ~공집합; eşit ~ler 등집합; ~ ~무더기로.
kümes *is.* (닭 또는 조류의) 우리, 장; 오막살이, 작은 집, 초옥, 누옥; ~ hayvanları 가금.
küncü *is.* 〔식물〕 깨(알).
künde *is.* 차고, 족쇄.
künk *is.* 흙이나 시멘트로 만든 수도관.
künye *is.* 인사기록(카아드).
küp *is.* 오지항아리; 〔기하〕 정육면체.
küpe *is.* 귀걸이; (소 따위의) 목정, 군턱.
kürdan *is.* 이쑤시개.
kürdanlık *is.* 이쑤시개 담는 통.
Kürdî *s.* 쿠르드 사람의.
Kürdistan *öz. is.* 〔지명〕 터어키·이란·이락 국경지역에 있는 쿠르드 사람의 고장, 쿠르디스탄.
küre ① *is.* 공, 구, 구체, 구형.
küre ② *is.* 용광로.
kürek *is.* 삽; (배의)노; ~ çekmek 노를 젓다; ~ kemiği 〔해부〕 어깨뼈, 견갑골.
kürekçi *is.* 삽·노 만드는 사람; 삽질하는 사람; 노 젓는 사람.
kürelemek, küremek *f.* 삽으로 치우다, 삽질하다.
kürk *is.* 모피, 털가죽.
kürkçü *is.* 모피제조업자; 모피상.

kürklü *s.* 모피로 된, 모피가 붙어있는.
kürsü *is.* 강단, 연단, 교단; 교수의 직.
Kürt *öz. is.* 쿠르드 사람, 쿠르드 족 (터어키·이락· 이란에 소수민족으로 있음).
Kürtçe *öz. is.* 쿠르드 말, 쿠르드어.
küskü *is.* 쇠지레, 쇠쐐기.
küskün *s.* 기분 상한, 불만스런, 성난.
küskünlük *is.* 상심, 화냄.
küsmek *f.* 기분상하다, 불만하다, 성내다; 정체하다.
küstah *s.* 건방진, 버릇없는, 무례한, 안하무인 격인.
küstahlık *is.* 무례, 무도, 안하무인, 오만.
küstere *is.* (홈을 파는데 쓰이는) 긴 대패의 하나.
küstüm *is.* 〔식물〕 미모사, (콩과의) 자귀풀.
küsuf *is.* 〔천문〕 일식.
küsur *is.* 나머지, 잉여, 조각; 잔돈; 남짓.
küt *s.* 무딘, 둔한; 뭉툭한, *is.* (둔탁한 소리)툭.
kütle *is.* 무더기, 덩어리, 다량 〔물리〕 질량.
kütlemek *f.* 부딪쳐서 툭하고 소리내다.
kütleşmek *f.* 무디어지다; 뭉뚝해지다.
kütük *is.* (나무의)그루터기; 대장, 원장, 원장부.
kütüklük *is.* 〔군사〕 탄띠, 탄대
kütüphane *b. is.* 도서관, 도서실, 독서실.
kütüphaneci *is.* 사서, 도서관 직원.
kütüphanecilik *is.* 사서직(업).
küul *is.* 알코올.
küvet *is.* 대야, 수반, 세면기, 세면대; 싱크.

L, l

L, l 터어키 자모의 열다섯번째 글자.
lâboratuvar *is.* 실험실, 시험실.
lâcivert *s.* 하늘색의, 남빛의; *is.* 청색 물감; ~ taşı 〔광물〕 유리, 에메랄드.
lâf *is.* 말, 이야기; 잡담, 한담, 담소; ~ atmak 희롱하다, 무례한 말을 하다; 재잘거리다; ~ etmek 잡담하다, 한담하다; ~ işitmek 꾸중듣다.
lâğım *is.* 굴, 갱도, 터널; 배수로, 하수구.
lâğımcı *is.* 하수도 청소부; 〔군사〕 대호병.
lağıv *is.* (재단·조직의) 철폐, 폐쇄.
lağvetmek *f.* (재단·조직을) 폐쇄하다, 철폐하다.
lağvolmak *f.* (재단·조직이) 폐쇄되다, 철폐되다.
lahana *is.* 〔식물〕 양배추.
Lâhey *öz. is.* 〔지명〕 헤이그, 네덜란드의 수도.
lâhika *is.* 부가, 추가, 부록, 부속물.
lahit *is.* 석관분묘.
lahmacun *is.* 〔음식〕 다진 고기를 얹어 구운 전병의 일종.
lahza *is.* 찰나, 순간.
lâik *s.* 세속의, 세속적, 비종교적
lâiklik *is.* 세속주의, 정교분리.
lâisizm *is.* 세속주의, 정교분리주의.
lakap *is.* 호, 아호; 별명.
lakaplı *s.* 호를 가진; 별명이 있는.
lâkayt *s.* 무관심한, 냉담한.
lakırdı *is.* 말; 쓸데없는 말; ~ etmek 이야기하다; 험담하다; ~ taşımak 이간질하다.
lakırdıcı *s.* 말이 많은.
lâkin *bağ.* 그러나, 그렇지만, 그럼에도.
lâl *is.* 〔광물〕 루우비, 홍옥.
lala *is.* 어린 아이를 돌보는 남자 하인.
lâle *is.* 〔식물〕 튤울립; ~ soğanı 〔식물〕 튜우립 구근.
lamba *is.* 등, 등불, 램프, 전등; 진공관; ~ karpuzu 등피, 전등갓; ~yı açmak 등잔불을 밝히다, 등잔의 심지를 돋우다.
lambalı *s.* 등불이 있는; 진공관이 있는.
lambalık *is.* 등잔대; 등잔 하나 분량.
lâmis *s.* 감각의, 촉감의.
lâmise *is.* 감각, 촉감; 〔동물〕 촉수, 촉각.
lânet *is.* 저주; *s.* 저주스런, 저주받을; ~ etmek, ~ okumak 저주하다; ~ olsun! 빌어먹을!
lânetlemek *f.* 저주하다.
lânetli *s.* 저주받은.
lap *is.* (반죽 같은 것이 떨어질때 나는) 퍽하는 소리; ~ ~ *zf.* (개·고양이 등이 물을 먹을때 나는 소리) 철석철석.
lapa *is.* 〔음식〕 죽; 암죽; ~ gibi 부드러운, 죽같은; ~ ~ 조각조각; (눈) 송이송이.
largo *zf.* 〔음악〕 아주 느리게.
lâstik *is.* 고무; 고무신; (차량의) 타이어; 고무 지우개.
lastikağacı *b. is.* 〔식물〕 고무나무.

lâstikli *s.* 고무질의, 고무로 만든; 탄력성의; 신축성이 있는, 융통성이 있는.
lata *is.* 가늘고 길게 켠 목재, 오리목, 외.
latarna *is.* 〔악기〕 손으로 핸들을 돌려서 타는 풍금의 일종.
latif *s.* 좋은, 아름다운.
latife *is.* 재담, 농담.
latifeci *s.* 농담을 잘 하는.
Latîn *öz. is.* 라틴사람.
Lâtince *öz. is.* 라틴어.
lâubali *s.* 스스럼없는, 격의없는, 터놓은, 개의치않는.
lâubalilik *is.* 격의없는 태도.
lâubalileşmek *f.* 스스럼없이 대하다, 격의없이 행동하다.
lav *is.* 〔지질〕 용암.
lavabo *is.* 세면대, 세면기.
lavanta *is.* 라벤더, 유향; ~ çiçeği 〔식물〕 라벤더 꽃.
lavta *is.* 〔악기〕 기타아 같은 옛 현악기의 일종, 류우트; 산파, 산부인과 의사.
lâyık *s.* 알맞는, 어울리는, 족한, 적당한, 합당한; ~ını bulmak 어울리는 짝을 찾다; 응분의 벌을 받다; ~ıyle 알맞게, 적당히, 합당하게.
lâyiha *is.* 〔법률〕 안, 초안.
layik *s.* 정치와 종교를 분리한, 정교분리의, 비 종교적인; 세속적인; ~ sistem 〔정치〕 정치와 종교의 분리제도; 정교분리 제도, 세속화제도.
layikleştirmek *f.* 정치와 종교를 분리하다, 세속화하다.
layiklik *is.* 정치, 종교 분리주의, 세속주의.
lâzım *s.* 필요한, 필수의; 〔문법〕 자동(사)의; ~ gelmek, ~ olmak 필요하다.
lâzımlık *is.* 요강, (애기 및 환자를 위한 간이)변기.
leblebi *is.* 볶은 이집트 콩; Lep demeden ~yi anlamak 첫 마디로 의중을 알아 차리다.
leblebici *is.* 볶은 이집트 콩 장수.
leffetmek *f.* 봉해넣다, 동봉하다.
Lefkoşe *öz. is.* 〔지리〕 싸이프러스의 수도 니코시아(Nicosia).
leğen *is.* 대야.
Leh *öz. is.* 폴랜드 (사람).
leh *is.* 쪽, 편; ~imde 나에게 유리하게; ~inde bulunmak… 에게 유리하게 달하다.
Lehçe *öz. is.* 폴란드 말, 폴랜드어.
lehçe *is.* 사투리, 방언.
lehim *is.* 납과 주석의 합금, 땜질 납.
lehimci *is.* 납땜 기술공.
lehimlemek *f.* 납땜질을 하다, 납으로 붙이다.
lehimlenmek *f.* 납땜질이 되다.
lehimletmek *f.* 납땜질을 시키다.
lehimli *s.* 납땜질 한, 납으로 붙인.
Lehistan *öz. is.* 〔국명〕 폴랜드.
Lehistanlı *öz. is.* 폴랜드사람.
Lehli *öz. is.* 폴랜드사람.
lehtar *is.* 지지자, 옹호자.
leke *is.* 때, 얼룩; 자국, 흔적; 오점; 반점; ~ çıkarmak 얼룩을 지우다; ~ etmek 때묻히다, 얼룩을 남기다; ~ getirmek 오점을 가져오다; ~ olmak 얼룩이 생기다; ~ sabunu 얼룩 빼는 비누; ~ sürmek 명예를 더럽히다, 이름을 더럽히다; ~ tutmak 쉽게 때묻다; ~ yapmak 때묻히다, 얼룩을 만들다.
lekeci *is.* 세탁업자.
lekelemek *f.* 때묻히다, 얼룩을 만들다, 더럽히다; 명예를 손상시키다.
lekelenmek *f.* 때묻다, 얼룩지다 더럽혀지다.
lekeli *s.* 때묻은, 더럽혀진, 얼

룩진; 오점을 남긴.
lekesiz *s.* 때묻지 않은, 얼룩없는, 깨끗한.
lemis *is.* 감각, 민감.
lemsetmek *f.* 감촉을 느끼다, 만져서 알다.
lemsî *s.* 촉각의, 만져서 알 수 있는.
lenf *is.* 〔의학〕 임파액; ~ boğumları 〔해부〕 임파선; ~ damarları 〔해부〕 임파관.
lenfatik *s.* 〔의학〕 임파성 체질의, 선병질의.
lenger *is.* 큰 접시.
leş *is.* 동물의 시체.
letafet *is.* 아름다움, 우미, 우아.
letarji *is.* 〔의학〕 혼수(상태).
Letonya *öz. is.* 〔지리〕라트비아 (Latvia).
Levanten *öz. is.* 동부 지중해 연안 레반트 사람, 중동지역의 혼혈 유럽인.
levazım *is.* 재료; 〔군사〕 보급품; ~ sınıfı 〔군사〕 병참군.
levazımcı *is.* 병참군; *s.* 병참의.
levazımcılık *is.* 병참업무.
levha *is.* 간판, 게시판, 고시판.
levrek *is.* 〔어류〕 농어.
leylak *is.* 〔식물〕 라이락.
leylek *is.* 〔조류〕 학, 황새.
lezzet *is.* 맛, 풍미, 미감; ~ almak 맛을 좋아하다.
lezzetlendirmek *f.* 맛이 나게 하다.
lezzetlenmek *f.* 맛이나다.
lezzetli *s.* 맛이 있는, 맛이 좋은.
lezzetsiz *s.* 맛이 없는.
lığ *is.* 〔지질〕 충적 등에 의해 물가에 새로 생긴 토지, 충적지, 모래톱.
libas *is.* 의복.
liberal *s.* 자유의, 자유로운.
liberalism *is.* 자유주의.
Libya *öz. is.* 〔국명〕 리비아.
lider *is.* 선도자, 지도자, 수령, 주장, 지휘관.
liderlik *is.* 통솔력, 지휘력, 통솔; 지휘관 직: 선봉장 역.
lif *is.* 〔생물〕 섬유; 수세미.
lig *is.* 동맹, 연맹; ~ maçları 〔운동〕 리이그전.
likör *is.* 브랜디 술.
liman *is.* 포구, 항구, 항만, 항구도시; 부두, 선창; hava ~ı 공항, 비행장; ~ amelesi, ~ işçisi 부두 노동자.
limanlamak *f.* 항구에 정박하다; (바람이)자다.
limanlık *s.* 항구같은; 바람이 없는, 파도가 없는.
limon *is.* 〔식물〕 레몬나무; 레몬(열매).
limonata *is.* 레몬수, 레모네이트.
limonlu *s.* 레몬(성분)이 들어있는.
linç *is.* 사형, 사벌, 린치.
linyit *is.* 갈탄, 아탄.
lira *is.* 터어키 화폐 단위, 리라, 1리라는 100쿠루쉬.
liralık *s.* …리라 짜리의.
liret *is.* 이태리의 화폐단위.
lisan *is.* 말, 언어.
lisans *is.* (특히 대학) 졸업장, 학위; 〔경제〕 면허(장), 허가(증).
lise *is.* 고등학교; ~ mezunu고교졸업자; ~ talebesi 고교재학생.
liste *is.* 명단, 명부; 표, 일람표, 목록; ~ye geçirmek 목록에 기록하다.
litre *is.* (무게의 단위)리터.
litrelik *s.* 리터 짜리의, 리터용의.
Litvanya *öz. is.* 〔지명〕 리투아니아(Lithuania).
liyakat *is.* 능력; 합당.
liyakatlı *s.* 능력있는, 재간있는; 합당한, 적격한.

liyakatsız *s.* 재간이 없는; 부적합한.
Lizbon *öz. is.* 〔지명〕 리스본, 포르투갈의 수도.
lobut *is.* 〔운동〕 곤봉.
loca *is.* (극장의) 칸막은 관람석.
lodos *is.* 남풍.
lodoslamak *f.* 남풍이 불다.
logaritma *is.* 〔수학〕 대수, 로가리즘.
logos *is.* 〔철학〕 이성.
loğusa *is.* 산모.
loğusalık *is.* 해산; 해산 중, 산욕 중.
lojistik *is.* 〔군사〕 병참술.
lojman *is.* 공공기관의 부속 숙소.
lokanta *is.* 식당, 음식점.
lokantacı *is.* 식당 경영인.
lokantacılık *is.* 식당 경영업.
lokavt *is.* (노동자에 대한 고용자 측의) 공장 폐쇄.
lokma *is.* 한 입 분량.
lokomotif *is.* 증기 기관차.
lokum *is.* 터어키식 켄디의 일종, 행운을 가져다 주는 것으로 알려짐.
lonca *is.* 동업조합.
Londra *öz. is.* 〔지명〕 영국의 수도, 런던.
lop *s.* 부드럽고 둥글고 큰; ~ yumurta 삶은 계란.
lor *is.* 양 젖으로 만든 흰 치이즈의 일종.
lort *is.* (영국의 귀족에 대한 칭호) 경; ~lar Kamarası *öz. is.* 영국 상원.
lostra *is.* 구두 닦는 일.
lostracı *is.* 구두닦기.
losyon *is.* 화장수 로오션.
loş *s.* 어두운, 어두컴컴한, 희미한.
loşluk *is.* 어두움.
Lozan *öz. is.* 〔지명〕 스위스의 도시 로산느(Lausanne).
lökün *is.* 〔건축〕 도장 공사용 접합제의 일종.
lûgat *is.* 사전.
lûgatçe *is.* 작은 사전, 소사전.
lûtfen *zf.* 제발, 부디, 미안하지만.
lûtfetmek *f.* 친절을 베풀다, 후의를 베풀다.
Lûtdenizi *öz. is.* 〔지리〕 사해.
lûtuf *is.* 친절, 호의, 후의.
Lübnan *öz. is.* 〔국명〕 레바논.
lüfer *is.* 〔어류〕 전갱이.
lüks *s.* 화려한, 고급의; 사치스런.
Lüksemburg *öz. is.* 〔국명〕 룩셈버어그.
lületaşı *b. is.* 〔광물〕 해포석.
lüzum *is.* 필요; 긴요; 필수; ~ görmek 필요로 하다, 긴요하다; ~ gördüğü takdirde 필요하다면.
lüzumlu *s.* 필요한; 긴요한; 필수적인.
lüzumsuz *s.* 필요없는, 무용한.
lüzumsuzluk *is.* 무용, 불요, 불필요.

M, m

M, m 터어키어 자모의 열여섯번째 글자.
maada *zf.* 이외에, …을 제외하고, 게다가; *is.* 나머지.
maalesef *zf.* 불행히도, 불행스럽게도.
maarif *is.* 교육; ~ Vekâleti 〔역사〕 문교부; ~ Vekili 〔역사〕 문교부장관.
maarifçi *is.* 문교부 공무원.
maaş *is.* 급여, 봉급, 월급.
maaşlı *s.* 급여를 받는, 봉급을 받는.
maatteessüf *zf.* 유감스럽게도, 애석하게도, 불행스럽게도.
mâbet *is.* 신전; 사원; 예배당, 교회; 절.
mabeyin *is.* 사이; 관계;~inizde 당신들 사이에서.
mablak *is.* (반죽 등을 섞는데 쓰는) 주걱, 그와 유사 물건.
mabut *is.* 우상, 신상, 불상, 숭배물.
Macar *öz. is.* 헝가리 사람.
Macarca *öz. is* . 헝가리말.
Macaristan *öz. is.* 〔국명〕 헝가리.
macera *is.* 모험; 사건; ~ romanı 모험소설.
maceracı *s.* 모험을 좋아하는.
maceraperest *s.* 모험을 좋하하는.
macun *is.* 반죽, 반죽상태의 것; 풀, 고약, 연고; diş ~u 치약.
macuncu *is.* 고약 만드는 사람, 고약상인.
macunlamak *f.* (유리창에) 접착제를 칠하다; (칠하기 전에) 황토칠을 하다.
maç *is.* 〔운동〕 경기, 시합; box ~ı 권투시합; futbol ~ı 축구시합.
maça *is.* (카아드 놀이의) 스페이드.
maçula, maçuna *is.* 증기 기중기.
madalya *is.* 훈장, 상패, 기념패, 메달.
madalyon *is.* 속에 사진이나 글씨 등을 넣은 장식용 목걸이, 팬단트의 하나.
madam *is.* 부인, 여사.
madde *is.* 물질; 물체; 물건; 〔법률〕 조문, 조항.
maddî *s.* 물질적.
madem(ki) *bağ.* 그러면, 그렇다면, 그러니까; Mademki sen beni dinlemiyorsun ben de senin işine bir daha karışmam. 너는 내 말을 듣지 않으니까 난 네일에 또 다시 간섭하지 않겠다.
maden *is.* 광물, 광물질; 금속; *s.* 금속제품의; ~ filizi 광석, 원광; ~ kömürü 석탄; ~ mühendisi 채광기사; ~ ocağı 광산; ~ suyu 광수, 광천, 탄산수; ~ yağı 광유; ~ yatağı 광상.
madenci *is.* 광산업자; 광산노동자.
madencilik *is.* 광산업.
madenî *s.* 광물의, 광물질의; 금속성의, 금속제품의.
madenkömürü *b. is.* 석탄(탄소의 비율이 75~90%)
madensi *s.* 금속같은.

madensuyu *b. is.* 천연탄산수; 광수, 광천.
maestoso *zf.* 〔음악〕 장엄하게.
mafsal *is.* 〔해부〕 관절.
magazin *is.* 잡지.
magma *is.* 〔지질〕 암장.
magnetik *s.* 〔물리〕 자석의; 자기를 띤.
magnetizma *is.* 〔물리〕 자기, 자력; 자생.
magnezyum *is.* 〔화학〕 마그네슘, 원소기호Mg.
mağara *is.* 굴, 동굴.
mağaza *is.* 큰상점; 광, 창고.
mağlubiyet *is.* 패배.
mağlûp *s.* 진, 패한, 패배한; 낭도당한; *is.* 패자, 패배자; ~ etmek 격파하다, 패배시키다, 패퇴시키다; ~ olmak 지다, 퍼하다, 패배하다.
Mağribî *öz. is.* 이집트 이서의 북아프리카 지역 사람, 마그러브 지역 사람.
mağrip *is.* 서(쪽).
Mağrip *öz. is.* 이집트 이서의 북아프리카 지역, 마그레브.
mağrur *s.* 자신있는, 자랑스런, 자부하는; 자만한.
mahal *is.* 장소; 지방, 부근, 교외; 근거, 이유, 필요; ~ kalmamak 필요없어지다.
mahalle *is.* 동네, 마을; 〔행정〕 동, 리; ~ bekçisi 방범대원, 야경꾼.
mahallebi *is.* 〔음식〕 터어키식 푸딩의 일종.
mahallî *s.* 지방의, 지방적.
maharet *is.* 능숙, 능란, 숙련, 노련.
maharetli *s.* 능숙한, 능란한, 숙련된, 노련한.
mahcubiyet *is.* 수줍음, 부끄러움.
mahcup *s.* 수줍어하는; ~ etmek 수줍게하다, 부끄럽게 만들다; ~ olmak 부끄러워하다.
mahcur *s.* 금치산의.
mahdut *s.* 제한된, 유한한; 적은, 소수의.
mahfaza *is.* 갑 집, 상자, 통.
mahfazalı *s.* 갑이 있는, 집이 있는, 상자가 있는, 통이 있는.
mahfil *is.* 집회소, 집회장; 모임, 회, 단; 주변, 가, 계; 〔종교〕 회교 사원 안에 철책으로 분리된 특별석; siyasî ~ler 정가, 정계.
mahfuz *s.* 보장되는, 지켜지는, 수호되는.
mahir *s.* 능숙한, 숙련된, 숙달된.
mahirlik *is.* 능숙 숙련, 숙달.
mahiyet *is.* 성질; 특성; 본성; 본질.
mahkeme *is.* 법정, 법원, 재판소.
mahkemelik *s.* 법정의 판결을 필요로 하는; ~ olmak 송사가 되다.
mahkûm *s.* 선고받은, 판결받은, 재판받은; 처벌된, 처형된; 운명지워진, …을 필요로 하는, 불가피한, 부득이한; ~ etmek 재판하다, 선고하다, 판결하다; 처형하다; ~ olmak 처벌받다; 불가피하다.
mahkûmiyet *is.* 선고, 판결, 재판, 처형; 형량, 형기.
mahluk *is.* 〔종교〕 피조물, 짐승, 동물.
mahlut *s.* 혼합된, 섞인.
mahmuz *is.* (승마 구두의)박차; (길짐승이나 새의)뒷발톱, 며느리 발톱; (군함의)충각.
mahmuzlamak *f.* 박차를가하다.
mahpus *s.* 감금된, 투옥된.
mahreç *is.* 출구; 출처, 기원, 원천; 〔수학〕 분모.
mahrem *s.* 은밀의, 기밀의, 비밀의; *is.* 막역한 친구; tamamıyle ~ 극비.
mahrukat *is.* 연료; 연소물, 가

연물.
mahrum *s.* 없는, 결핍된; 빼앗긴, 박탈된; ~ kalmak 결핍되다; 박탈되다.
mahrumiyet *is.* 상실, 손실; 결핍.
mahrut *is.* 원뿔, 원추형.
mahruti *s.* 원추의, 원뿔꼴의.
mahsul *is.* 산물, 생산물, 생산품, 제작물; 결과, 성과; 산출고, 생산고, 농산물.
mahsuldar *s.* 생산적; 비옥한.
mahsur *s.* 싸인, 둘러싸인, 포위된; 제한된.
mahsus *s.* 특별한; 제한된, 한한, 위한, 전용의; *zf.* 일부러, 고의로; ~ yapmak 고의로하다, 일부러 하다.
mahşer *is.* 〔종교〕 최후의 심판일의 집회장 ; 대혼잡.
mahvetmek *f.* 없애다, 소멸하다; 훼손하다; 파멸시키다.
mahvolmak *f.* 없어지다, 소멸되다; 훼손되다; 파멸되다.
mahzen *is.* 움, 지하실.
mahzun *s.* 슬픈, 우울한; 걱정스런.
mahzur *is.* 두려움, 걱정, 불안; 방해, 저해.
maişet *is.* 생계, 살림.
maiyet *is.* 시종, 수행원.
makale *is.* (신문 · 잡지의) 논설, 기사; 논문.
makam *is.* 사무실; 관공서, 당국; 지위, 계급; 장소, 거처.
makara *is.* 도르래; 얼레, 실패, 실꾸리대.
makarna *is.* 국수.
makarnacı *is.* 국수장수; 국수제조업자; *s.* 국수를 좋아하는.
makas *is.* 가위, 가위 같이 생긴 물건; (철도의) 전철기; (게·새우 따위의) 집게발.
makasçı *is.* (철도의) 전철기 작동원.
makaslamak *f.* 가위질하다, 가위로 자르다; 꼬집다, 집다.
makaslanmak *f.* 가위질을 당하다, 가위로 잘리다.
makastar *is.* (의상) 재단사.
makber *is.* 무덤, 묘.
makbul *s.* 좋아하는, 마음에 드는, 환영받는; 받아들이는, 수락하는, 용인하는; ~e geçmek 마음에 들다, 좋아하다, 사랑받다, 환영받다.
makbuz *is.* 영수증.
Makedonya *öz. is.* 〔지명〕 마케도니아.
makina, makine *is.* 기계, 기계장치, 기관; ~ dairesi기관실; ~ gibi 기계처럼, 기계같이, 정확히; ~ ile 기계로; ~ ile yapılmış 기계로 제작한, 기계제품의; ~ ile yazılmış 타이프라이터로 쓴; ~ mühendisi 기계공학사; ~ mühendismektebi 기계공학대학; ~ yağı 엔진기름, 기계 유.
makinacı *is.* 기계공, 기계수리공.
makinalar *is.* 기계류, 기계장치, 기관.
makinalaştırma *is.* 기계화.
makinalaştırmak *f.* 기계화하다.
makinalaştırılmış *s.* 기계화 된.
makinalı *s.* 기계가 있는; 기계로 만든; ~ tüfek 기관총.
makinist *is.* (기차 · 선박 · 공장의) 기관사; 기계 기술자.
makinistlik *is.* 기관사의 업무.
maksat *is.* 목표, 목적; 기도, 의도.
maksatlı *s.* 목표가 있는, 목적이 있는; 의도적.
maksi *is.* (새유행의) 긴옷.
maksimum *is.* 최고, 최대, 최다, 극대.
maksure *is.* 〔종교〕 회교사원 안에 철책으로 분리된 특별석.
makta *is.* 단면; 절단, 재단.
maktu *s.* 잘린, 절단된, 분단된;

(가격) 정찰의; ~ fiyat 정찰가격.
maktul *s.* 살해된, 피살된, 타살의; ~ düşmek 살해되다, 피살되다, 타살되다.
makul *s.* 합리적인, 논리적인, 이상적인; 현명한.
makyaj *is.* 화장.
Makyavelce *s.* 마키아벨리주의의.
Makyavelizm *öz. is.* 마키아벨리주의.
mal *is.* 재산, 재물, 재화; 물건, 물품, 상품; ~ canlısı 재산에 욕심이 많은 사람; ~ sahibi 소유주.
mala *is.* (미장이의) 흙손.
malacı *is.* 미장이, 미장공.
malarya *is.* 〔의학〕 말라리아.
Malaya *öz. is.* 〔국명〕 말레이지아.
malî *s.* 재정적, 재무의, 회계의; 금융의.
malik *is.* 소유자; ~ olmak 갖다, 소유하다.
maliye *is.* 재정, 재무; ~ Bakanı 재무장관; ~ Bakanlığı 재무부; ~ Vekâleti 〔고어〕 재무부; ~ Vekili 〔고어〕 재무부장관.
maliyeci *is.* 재정가, 재무관.
Malta *öz. is.* 〔지명〕 말타섬.
Maltız *öz. is.* 말타사람.
malûl *s.* 다친, 상한, 부상한; harp ~u 상이군인.
malûm *s.* 알려진, 이미 알고 있는; ~ olmak 알려지다.
malûmat *is.* 정보, 소식; 지식; ~ vermek 정보를 제공하다.
malzeme *is.* 재료, 자료.
mama *is.* (유아용) 미음, 〔속어〕 (유아들의) 음식.
mamafih *bağ.* 그럼에도 불구하고.
mamul *s.* 만들어진, 제조된.
mamulat *is.* 제품, 공산품.
mamur *s.* 번영하는, 번창하는, 번성하는.
mamut *is.* 〔동물〕 맘모스.
mâna *is.* 뜻, 의미; ~ vermek 이해하다, 뜻을 알다.
mânalı *s.* 뜻의, 의미를 가진.
mânasız *s.* 뜻이 없는, 무의미한.
mânasızlık *is.* 무의미.
manastır *is.* 수도원.
manav *is.* 과일장수; 과일상.
manavlık *is.* 과일상업, 청과물상업.
mancınık *is.* 〔군사〕 노포, 돌을 쓰는 옛무기.
manda ① *is.* 〔정치〕 위임통치, 신탁통치.
manda ② *is.* 〔동물〕 물소.
mandal *is.* (문의) 빗장, 걸쇠; 빨래집게.
mandalina *is.* 〔식물〕 귤, 감귤.
mandallamak *f.* 빗장으로 채우다, 걸쇠로 걸다; (빨래를) 집게로 집다.
mandıra *is.* 가축우리, 헛간, 광.
mandolin *is.* 〔악기〕 만돌린.
mânevi *s.* 도덕적, 정신적.
manevra *is.* 〔군사〕 기동연습; 군사무력시위; 책략, 책동.
manga *is.* 〔군사〕 분대.
mangal *is.* 화로, 식탁용 풍로, 화덕; ~ kömürü 숯, 목탄; ~ tablası, ~ tahtası 풍로판.
mangan, manganez *is.* 〔화학〕 망간, 원소기호 Mn, 터어키의 Manisa라는 지명의 옛 이름에서 유래 됨.
mâni *is.* 장애, 방해; *s.* 장애의, 방해의; ~ olmak 막다, 방해하다, 방지하다, 금하다.
mânia *is.* 장애물, 장벽.
mânialı *s.* 장애물의, 장벽의; ~ koşu 장애물 경주.
manidar *i.* 의미있는, 의의가 있는.
manifatura *is.* 천, 포목, 옷감, 직물.
manifaturacı *is.* 포목장수, 직

물장수, 포목상.
manifaturacılık *is.* 포목상업, 직물상업.
manifesto *is.* 〔해운〕 적하목록; (국가・단체 따위의) 선언서, 성명서.
manikür *is.* 손톱화장.
manikürcü *is.* 손톱화장사.
manivela *is.* (기계) 크랭크, 지렛대.
manken *is.* (의상점의) 모델 인형; 마네킹; ~ okulu 의상모델학교.
manolya *is.* 〔식물〕 목련.
mansap *is.* 〔지리〕 하구, 바다로 들어가는 강물의 어귀.
mantar *is.* 〔식물〕 버섯; 코르크; 코르크 병마개; 거짓말, 허구, 꾸며낸 이야기.
mantarcı *is.* 버섯장수; 거짓말장이, 사깃군.
mantarcılık *is.* 사기, 협잡.
mantı *is.* 〔음식〕 만두.
mantık *is.* 논리, 논법, 조리, 합리.
mantıkdışı *s.* 비논리적인.
mantıkî, mantıklı *s.* 논리적인, 합리적인.
mantıksız *s.* 비논리적인, 비합리적인.
manto *is.* 〔의류〕 여성의 외투. 소매 없는 외투, 망토.
manya *is.* 〔의학〕 열광, 광, 조병.
manyak *s.* 미친, 광기의, 조광의, 광란의, 미치광이의.
manzara *is.* 경치, 경개, 경관, 풍경; ~ resmi 풍경화; ~ ressamı 풍경화가.
manzaralı *s.* 경치가 좋은, 풍광이 좋은.
manzum *s.* 운율의.
manzume *is.* 운율시.
marangoz *is.* 목수, 목공.
marangozbalığı *is.* 〔어류〕 톱상어.
marangozluk *is.* 목수업, 목공업.
Maraton *öz. is.* 〔지명〕 마라톤.
maraton *is.* 〔운동〕 마라톤경기.
mareşal *is.* 〔군사〕 원수.
mareşallik *is.* 원수직.
margarin *is.* 〔식품〕 인조 버터, 마아가린.
marifet *is.* 특기, 장기; 특수한 재능, 특별한 기능.
marifetli *s.* 특기를 가진, 장기를 가진.
mariz *s.* 병든, 병약한.
mark *is.* 독일의 화폐 단위, 마르크.
marka *is.* 표, 기호, 부호; 상표; 〔운동〕 (축구 따위의) 상대방의 공격을 막음; konulan ~ 상표.
markalamak *f.* 표시하다; 상표를 붙이다; 〔운동〕 상대방의 공격을 막다.
markalı *s.* 표시가 있는; 상표가 붙은, 상표의.
markasız *s.* 표시가 없는; 상표가 없는.
marki *is.* 후작.
markiz *is.* 후작 부인, 여 후작.
Marksizm *öz. is.* 마르크스주의, 마르크시즘.
Marmara Denizi *öz. is.* 〔지리〕 흑해와 에게해 사이에 있는 터어키의 내해, 마르마라해.
Marmaris körfezi *öz. is.* 〔지명〕 터어키 서남부 마르마리스에 면한 만, 마르마리스만.
marmelat *is.* 과일 잼.
maroken *is.* 모로코 양가죽.
mars *is.* 〔놀이〕 타블라 주사위 놀이에서 2점 승; ~ etmek 2점 승을 하다; ~ olmak 2점 패를 당하다.
marş *is.* 행진; 〔음악〕 행진곡; *ünl.* 〔구호〕 행진.
marşandiz *is.* 화물열차.
mart *is.* 3월; ~ dokuzu 〔기상〕

3월의 제 3주에 부는 폭풍; ~ havası 변덕이 심한 날씨.
martaval *is.* 거짓말, 허언.
martavalcı *s.* 거짓말을 잘하는, 허풍스런.
martı *is.* 〔동물〕 갈매기.
maruf *s.* 잘 알려진, 유명한, 저명한.
marul *is.* 〔식물〕 터어키 배추의 일종.
Marunî *öz. is.* 시리아 · 레바논 등지에 분포한 천주교도의 일파, 마론교파 교도.
maruz *s.* 만난, 당한, 당면한, 직면한; 들어난, 노출된; ~ bırakmak (위험 등을) 당하게 두다, 노출된 채로 두다; ~ bulunmak 당하다, 직면하다; ~ kalmak 노출되다; 당하다.
marya *is.* 양의 암컷; 동물의 암컷; 작은 물고기·떼.
masa *is.* 책상, 탁상, 식탁; ~ örtüsü 책상보, 식탁 보.
masaj *is.* 안마, 맛사아지.
masal *is.* 동화.
masalcı *is.* 동화가.
maskara *s.* 우스운, 재미있는, 익살맞은; *is.* 탈, 가면.
maske *is.* 가면, 탈, 복면; ~ -si düşmek 가면이 벗겨지다; ~ -sini atmak 가면을 벗다; ~si -ni kaldırmak 가면을 벗기다.
maskelemek *f.* 가면을 쓰다, 탈을 쓰다, 복면하다.
maskeli *s.* 가면을 쓴, 탈을 쓴, 복면한.
maslahat *is.* 일, 사무.
maslahatgüzar *is.* 〔정치〕 대리대사.
maslahatgüzarlık *is.* 〔정치〕 대리대사직.
maslak *is.* 계속 흐르는 물의 물받이 통.
masmavi *s.* 아주 푸른.
mason *is.* 프리이메이슨 조합원.
masonluk *is.* 공제 · 우애를 목적으로 하는 비밀결사 프리이메이슨 조합.
masraf *is.* 비용, 경비; ~ etmek 소비하다, 경비를 쓰다; ~ görmek 지출하다, 지불하다; ~ kapısı açmak 지출하게 되다; 지출거리가 생기다.
masraflı *s.* 비용이 (많이)드는, (많은)경비가 필요한, 비싼.
mastar *is.* 〔문법〕 부정사.
masum *s.* 무죄의, 죄가 없는; *is.* (불쌍한)어린아이.
masun *s.* 보호된, 안전한.
masuniyet *is.* 보장, 불가침; 불가침권, 보장권.
maşa *is.* 화젓가락, 집게, 펜치; ~ gibi 깡마른; ~ kadar(신생아)아주 작은.
maşallah *ünl.* (하나님의 가호로)잘 됐군!
maşuk *s.* 사랑하는.
mat *s.* 광택이 없는, 무광택의.
matara *is.* 물병, 수통.
matbaa *is.* 인쇄소.
matbaacı *is.* 인쇄인.
matbaacılık *is.* 인쇄업.
matbu *s.* 인쇄의,
matbua *is.* 인쇄물.
matbuat *is.* 신문, 잡지, 정기간행물.
matem *is.* 슬픔, 비탄, 애도.
matematik *is.* 수학.
matematikçi *is.* 수학자.
matemli *s.* 슬픈, 비탄의, 애도의.
materyal *is.* 물질; 재료.
materyalist *is.* 물질주의자; 유물론(주의)자.
materiyalizm *is.* 물질주의; 유물론.
matine *is.* (연극 · 영화의) 낮 공연.
matkap *is.* 송곳, 구멍 뚫는 기구.
matmazel *is.* (비회교도의 미혼 여성에게만 사용)양.

matuf *s.* 관한, 관계된.
mavi *s.* 푸른색의, 청색의, 하늘색의.
mavimsi, mavimtırak *s.* 푸른빛을 띤.
mavna *is.* 거룻배, 바닥이 평평한 짐배.
maya *is.* 효모, 효소, 발효소; 정수, 본질; bira ~sı 엿기름, 맥아; ekmek ~sı (빵을 부풀리는) 효모, 이이스트.
mayalamak *f.* 발효제를 넣다.
mayalandırmak *f.* 발효시키다.
mayalanma *is.* 발효, 발효작용.
mayalanmak *f.* 발효되다, 발효하다.
mayalı *s.* 발효된, 발효한; 효모가 들어있는.
mayalık *s.* 효모용의, 발효제의.
maydanoz *is.* 〔식물〕 폴란드 미나리, 파슬리.
mayestro *is.* 〔음악〕 (오케스트라의) 지휘자.
mayhoş *s.* 약간 달고 신맛이 나는; (사이가) 어색한.
mayın *is.* 〔군사〕 부류기뢰.
mayıs *is.* 5월; ~ böceği〔동물〕 풍뎅이.
mayi *s.* 액체의.
maymun *is.* 〔동물〕 원숭이.
maymuncuk *is.* 어린 원숭이; 모든 자물쇠를 열 수 있는 도구.
mayo *is.* 수영복.
mayonez *is.* 〔음식〕마요네즈.
mazbata *is.* 협의서, 협정서, 의정서.
mazeret *is.* 사과, 사죄; 변명, 구실.
mazgal *is.* 보루나 성벽의 총 쏘는 구멍, 총안.
mazi *is.* 과거; 〔문법〕 과거시제.
mazlum *s.* 억압된, 학대받은; 조용하고 온화한, 기가죽은.
maznun *s.* 혐의를 받는
mazot *is.* 〔광물〕 원유, 천연 광유.
mazur *s.* 용서 할 수 있는, 변명이 서는, 용서받을 수 있는; ~ görmek, ~ tutmak 용서하다.
mazuriyet *is.* 용서.
Md. müdür, müdürlük의 준말
meal *is.* 뜻, 의미, 취지, 요지.
mebde *is.* 시작, 서두, 기원.
meblağ *is.* 총액.
mebni *e.* 이유로, …때문에, 연유로.
mebus *is.* 의원, 국회의원; 대표.
mebusluk *is.* 국회의원직.
mebzul *s.* 많은, 풍부한, 풍족한, 남아도는.
mebzuliyet *is.* 풍부, 풍족.
mecal *is.* 힘, 역량, 능력.
mecalsiz *s.* 무력한, 무능한.
mecaz *is.* 은유, 암유, 비유.
mecazen *zf.* 은유적으로.
mecazî *s.* 은유적, 비유적.
mecbur *s.* 필수적인, 부득이한; 하지 않을 수 없는; ~ etmek 강요하다, 하지 않을 수 없게 하다; ~ olmak 강요받다, 하지 않을 수 없게 되다.
mecburî *s.* 필수적, 강요된.
mecburiyet *is.* 필요(성), 필수(성); 강요.
meccanen *zf.* 무료로, 무상으로, 공짜로.
meccanî *s.* 무료의, 무상의.
mecele *is.* (책의) 권; 〔역사〕 민법.
meclis *is.* 집회, 회합; 의회(국회 및 지방의회); Büyük Millet ~i 국회(양원 합동); İhtiyarlar ~i 〔역사〕 원로원; Millet ~-i 민의원회, 하원.
mecmu *s.* 전체의, 모든, 전부의.
mecmua *is.* 잡지.
meçhul *s.* 〔문법〕 수동의; 알려지지 않은, 미지의, 무명의.
meddücezir *b. is.* 조수, 조류, 조수의 간만.
medenî *s.* 문명의, 문명된, 개화

된.
medenileşmek *f.* 문명되다, 거화하다.
medeniyet *is.* 문명.
medeniyetsiz *s.* 미개한, 문명이 없는.
medfen *is.* 무덤, 묘, 분묘.
medih *is.* 칭찬, 찬양.
medrese *is.* 〔종교〕 회교 신학교.
medreseli *is.* 신학교 학생.
mefhum *is.* 뜻, 개념, 관념.
mefkûre *is.* 이상.
mefkûreci *is.* 이상주의자.
mefruş *s.* 가구가 있는, 가구가 설치된.
mefruşat *is.* 가구.
meftun *s.* 사랑에 미친, 깊은 사랑에 빠진.
megafon *is.* 확성기.
megametre *is.* 백만 미터.
megaton *is.* 백만톤.
meğer *bağ.* 그러나, 그렇지만; 하지만.
mehabet *is.* 장엄.
mehabetli *s.* 장엄한.
mehbil *is.* 〔해부〕 질.
mehenk *is.* 시금석.
Mehmetçik *öz. is.* 터어키 군인의 애칭.
mehtap *is.* 달빛, 월광.
mekanik *is.* 역학, 기계학; *s.* 역학적, 기계적.
mekanizma *is.* 기계장치; 기계론.
Mekke *öz. is.* 〔지명〕 회교의 성지 메카.
mektep *is.* 학교.
mektepli *is.* 학생, 생도.
mektup *is.* 편지, 서신, 서한; ~ arkadaşı 편지를 통하여 사귀는 친구, 펜팔.
mektuplaşmak *f.* 서로 편지를 교환하다.
melânkoli *is.* 우울, 침울.
melek *is.* 천사, 선녀; ~ gibi 순결하고 선량한.
meleme *is.* 염소나 양 따위의 울음소리.
melemek *f.* (염소, 양 따위가) 메에 하고 울다.
melez *s.* 혼혈의; 〔동물〕 잡종의.
melezleşmek *f.* 혼혈이 되다, 잡종이 되다.
melhem *is.* merhem과 같음.
melik *is.* 왕.
melike *is.* 여왕; 왕비.
melodi *is.* 〔음악〕 선율, 곡조, 가락.
melodram *is.* 〔음악〕 음악극; 〔연극〕 권선징악적 통속극.
memba *is.* 샘, 수원, 원천, ~ suyu 샘물.
meme *is.* 〔해부〕 젖, 유방, ~ başı 젖꼭지; ~ vermek 젖을 주다, 수유하다.
memeli *s.* 유방이 있는, 젖이 달린; ~ hayvan 포유동물.
memeliler *is.* 〔동물〕 포유동물.
mememsi *s.* 젖꼭지 같이 생긴.
memleket *is.* 나라, 국가; 고향, 향리.
memleketli *s.* 동향(인)의; *is.* 동향인, 동포.
memlûk *is.* 노예, 노예병.
memnun *s.* 기쁜, 즐거운, 반가운, 만족한, 행복한; ~ etmek 만족시키다, 행복하게하다; ~ olmak 만족하다, 즐거워하다.
memnuniyet *is.* 즐거움, 기쁨, 만족
memnuniyetle *zf.* 즐거움으로, 기쁘게, 즐겁게, 기꺼이.
memnuniyetsiz *s.* 불만스런, 불만족한.
memnuniyetsizlik *is.* 불만(족)
memnunluk *is.* 희열, 기쁨, 즐거움.
memorandum *is.* (외교) 각서.
memur *is.* 사무원, 공무원, 관리; devlet ~u국가 공무원; ~ etmek 임명하다, 위임하다.

memuriyet, memurluk *is.* 관직; 직책.
men *is.* 금지.
menba→memba.
menderes *is.* 〔지리〕 굴곡이 심한 강줄기.
mendil *is.* 손수건.
mendirek *is.* 방파제.
menedilmek *f.* 금지되다.
menekşe *is.* 〔식물〕 오랑캐꽃; ~ rengi 보라색.
menekşegiller *is.* 〔식물〕 오랑캐꽃 종류.
menetmek *f.* 금하다, 금지하다.
meneviş| *is.* 〔식물〕테레빈 나무 씨앗; 물결무늬.
menfa *is.* 유배지, 유형지.
menfaat *is.* 이익, 이득.
menfaatli *s.* 이익이 있는, 이득이 있는, 유리한.
menfaatperest *s.* 이해타산적인, 이기주의의.
menfi *s.* 부정적, 반대의; 추방된; 유배된; 〔문법〕 부정의; 〔수학〕 마이너스의, 부수의; ~ adedi 반대수; ~ cevap거부, 거절; ~ netice 비관적 결과.
menfur *s.* 싫어하는, 염오하는, 혐오하는.
mengel *is.* 발목 장식 고리.
Mengele *öz. is.* 〔국명〕 방글라데시.
mengene *is.* (기름 또는 즙을 짜는) 압착기.
meni *is.* 〔생물〕 정액, 정자.
menkıbe *is.* 위인전기.
menkul *s.* 움직여지는, 이동되는, 운송되는; 이전된; 전설의; ~ mülkiyet 동산.
menkulât *is.* 동산; 전설.
mensubiyet *is.* 관계; 회원직; 회원자격.
mensucat *is.* 천, 포목, 직물; ~ sanayi 방직공업.
mensup *s.* 속한, 소속된; ~ olmak 속하다. 소속되다; 회원이 되다.
menşe *is.* 뿌리, 근원, 기원, 원천; ~ işaretleri 〔상업〕 (무역품의) 원산지표시; ~ şahadetnamesi 〔상업〕 (무역품의) 원산지 증명.
menteşe *is.* 돌쩌귀, 경첩, 요체.
mera *is.* 초원.
merak *is.* 관심, 흥미, 호기심; 취미, 기호, 걱정, 염려; ~ etmek 관심을 갖다, 흥미를 갖다, 호기심을 갖다; 궁금해하다, 걱정하다.
meraklanmak *f.* 걱정되다.
meraklı *s.* 관심있는, 흥미있는, 호기심을 갖는; 취미를 가진; 걱정이 많은.
meraksız *s.* 관심없는, 흥미없는, 호기심이 없는.
meraksızlık *is.* 무관심.
meram *is.* 의도, 기도; 목표, 목적.
merasim *is.* 기념식, 축전.
merbut *s.* 속한, 소속된, 부속의.
merbutiyet *is.* 소속, 부속.
mercan *is.* 〔동물〕 산호; ~ kayaları 산호초.
mercanada *b. is.* 산호섬.
mercek *is.* 〔물리〕 렌즈, 렌즈형의 물건.
mercimek *is.* 〔식물〕 편두, 렌즈콩.
merdiven *is.* 층계, 층층대, 계단; ~ babası 나선형 계단의 중심 기둥; ~ basamağı 계단의 디딤판; ~ dayamak(나이가) 가까와지다; ~ kobası 나선형 계단의 위에서 아래까지 뚫려 있는 공간.
merhaba *ünl.* (인사) 안녕하십니까!; ~sı olmak 서로 인사를 나눌 정도로 알다; ~yı kesmek 관계를 끊다, 절연하다.
merhabalaşmak *f.* 서로 인사를 나누다.

merhale *is.* 단계; 국면; 일과, 일정.
merhamet *is.* 동정, 자비; ～ etmek 동정하다; ～e gelmek 동정심을 갖다, 자비심을 갖다
merhametli *s.* 동정어린, 자비스런.
merhametsiz *s.* 동정심이 없는, 무정한, 매정한; 잔인한, 무자비한.
merhametsizlik *is.* 무정, 잔인 무자비.
merhem *is.* 〔의약〕 연고.
merhum *s.* 죽은, 고인의, 전, 고.
mer'i *s.* 〔법률〕 유효한.
meridyen *s.* 〔지리〕 자오선의; ～ daire 날줄, 경선.
Merih *öz. is.* 〔천문〕 화성.
meriyet *is.* 효력; 유효, 합법, 적법; 〔법률〕 효력발생; ～e girmek 효력을 발생하다, 시행되다.
merkep *is.* 〔동물〕 당나귀.
merkepçi *is.* 당나귀 대여업자.
merkez *is.* 원심, 중심, 중앙; 중앙부, 본부; (경찰)본서, 경찰국.
merkezci *s.* 중앙집권(주의)의.
merkezcil 〔물리〕 구심(성)의; ～ kuvvet 〔물리〕 구심력.
merkezcilik *is.* 〔정치〕 중앙집권제.
merkezî *s.* 중앙의, 중심의, 본부의.
merkezileşmek *f.* 집중하다, 중심으로 모으다, 중앙집권(화)하다.
merkeziyet *is.* 집중화, 중심화; 중앙집권화.
merkezkaç *s.* 〔물리〕 원심(성)의; ～ kuvvet 〔물리〕 원심력.
merkezlenmek *f.* 중심이 되다, 중심으로 모이다.
merkum *s.* 앞에서 말한, 앞에서 언급된, 상술한.
Merkür *öz. is.* 〔천문〕 수성.
merlanos *is.* 〔어류〕 (유럽산) 작은 대구.
mermer *is.* 대리석; *s.* 대리석 제품의; ～ ocağı 대리석 채석장.
mermerci *is.* 대리석 공; 비석공.
mermerlik *is.* 대리석으로 장식한 곳.
mermerşahî *is.* (부인복용) 엷고 흰 고급 옥양목; 책 제본용 옥양목.
mermi *is.* 총탄, 총알, 탄환, 포탄.
mersi *ünl.* 고맙습니다. 감사합니다.
mersin *is.* 〔식물〕 도금양; 〔어류〕 철갑상어.
mert *s.* 용감한; *is.* 용감한 사람, 남자, 장부, 사나이.
mertebe *is.* 급, 계급, 정도.
mertlik *is.* 용감; 용기, 담력; 남자다움.
Meryem *öz. is.* (사람이름) 마리아.
Meryemana *öz. is.* 〔종교〕 (기독교의) 성모마리아.
mesafe *is.* 거리, 간격; ～ ölçme âleti 거리 측정기, 측거기; uzun ～ 장거리.
mesaha *is.* 측량; ～ etmek 측량하다; ～ memuru 측량기사.
mesaj *is.* 통신, 전하는 말, 메시지; 교서, 서신; ～ göndermek 교서를 보내다.
mesamat *is.* 〔식물〕 기공; 〔동물〕 털구멍, 모공.
mescit *is.* 〔종교〕 정규 예배를 갖지 못하는 작은 회교사원.
meselâ *zf.* 예하여, 예하면, 예를 들면, 가령.
mesele *is.* 문제(점), 난문, 난제; 난점, 어려운 일, 귀찮은 일; ～ çıkarmak 문제를 일으키다, 어려운 일을 간들다; ～ hal etmek 문제를 처리하다.
meshetmek *f.* 〔종교〕 (예배에

앞서)목욕재계하다, 목욕대신 물묻은 손을 가볍게 문지르다.
Mesih *öz. is.* 〔종교〕 기독교의 구세주, 예수.
mesihî *is.* 〔종교〕 기독교도.
mesken *is.* 집, 주거, 거소; ~ tutmak 거처를 정하다.
meskûkat *is.* 동전, 주화.
meskûn *s.* 살고 있는, 거주하는.
meslek *is.* 일, 사업; 직업, 직장; ~ hastalıkları 〔의학〕 직업병; ~ hayatı 직업생활, 직장생활; ~ sahibi 전문인; 절조있는 사람.
meslekî *s.* 직업적.
mesleksiz *s.* 실업의; 절조가 없는, 지조가 없는.
meslektaş *s.* 직업동료의.
mesnevî *is.* 〔문학〕 2행 대구 운율시.
mesrur *s.* 기쁜, 만족한, 즐거운, 행복한.
mest *s.* 술취한, 만취한.
mestur *s.* 가려진, 덮혀진, 숨겨진, 비밀의.
mesudiyet *is.* 행복.
mesul *s.* 책임있는, 책임을 져야하는; ~ etmek 책임을 지다; ~ müdür (신문사의) 편집장; ~ olmak 책임을 지게되다.
mesuliyet *is.* 책임.
mesuliyetli *s.* 책임있는.
mesut *s.* 행복한, 즐거운, 운좋은, 행운의; ~ bir netice 성공적 결과; 행복한 결과; ~ etmek 행복하게 하다; ~ olmak 행복해지다.
meşakkat *is.* 어려움, 곤란, 곤경, 고통; ~ çekmek 곤란을 당하다, 고통받다.
meşale *is.* 횃불; ~ çekmek 선봉에 서다.
meşe *is.* 〔식물〕 도토리나무, 떡갈나무, 참나무; ~ palamudu 도토리.
meşelik *is.* 도토리나무 밭.
meşgul *s.* 바쁜, 분주한, 분망한; 사용중인, 비어있지 않은; ~ etmek 바쁘게하다, 분주하게하다; ~ olmak 바쁘다, 분주하다.
meşguliyet *is.* 바쁨, 분주, 분망.
meşhur *s.* 이름난, 잘 알려진, 유명한, 저명한, 명망있는, 명성있는; ~ olmak 잘 알려지다, 유명해지다, 명망을 얻다, 명성을 얻다.
meşhurluk *is.* 명망, 명성.
meşin *is.* 가죽, 피혁.
meşrep *is.* 성품, 성격.
meşru *s.* 옳은, 정당한, 타당한, 합법적, 적법의; ~ müdafaa 〔법률〕 정당방위.
meşrubat *is.* 주류.
meşruluk *is.* 합법성, 적법성.
meşrutî *s.* 합법의, 입헌적; ~ hükümet 〔정치〕 입헌정부; ~ kırallık 〔정치〕 입헌왕국.
meşrutiyet *is.* 〔정치〕 헌법, 입헌정부; ~ Devri 〔역사〕 오스만제국의 입헌 혁명기 1875 ~ 76, 1908~18.
meşum *s.* 불길한, 상서롭지 못한.
meta *is.* 상품.
metabolizma *is.* 〔생물〕 신진대사.
metafizik *is.* 〔철학〕 형이상학; *s.* 형이상학의.
metal *is.* 금속.
metalik *s.* 금속(성)의, 금속제품의.
metalografi *is.* 금속 조직학, 금상학.
metalurji *is.* 야금(학), 야금술.
metamorfoz *is.* 〔생물〕 변태, 변성, 변질.
metanet *is.* 견고, 완강, 확고, 부동, 불굴의 정신, 인내, 끈기.
metanetli *s.* 견고한, 확고한, 완강한, 부동의, 인내심이 강한, 끈기있는.
Mete *öz. is.* 〔역사〕 훈제국의 제 2대 선우 묵특(B. C. 209~174).
meteor *is.* 대기현상.
meteoroloji *is.* 기상학; ~ istasyonu 기상대, 관상대, 기상 관측소.
meteorolojik *s.* 기상(학)의.
meteorolog *is.* 기상학자.
meteortaşı *b. is.* 〔천문〕 운석, 별똥돌.
metfen *is.* 무덤, 묘.
metfun *s.* 묻혀진, 매장된.
methal *is.* 입구, 대문; 시작, 입문, 서론.
methedilmek *f.* 칭찬받다.
methetmek *f.* 칭찬하다, 좋게 말하다; 추켜올리다; 찬양하다.
methiye *is.* 칭찬, 찬양.
metil *is.* 〔화학〕 메틸, 목정.
metilen *is.* 〔화학〕 메틸렌.
metilik *s.* 〔화학〕 메틸의, 메틸을 함유한.
metin ① *is.* 본문; 원문; 구절; 〔법률〕 조문.
metin ② *s.* 견고한, 확고한, 완강한.
metodoloji *is.* 방법론, 방법학.
metot *is.* 방법.
metrdotel *is.* (호텔의)급사장.
metrdotellik *is.* (호텔의) 급사장직.
metre *is.* (길이의 단위) 미터; ~ kare 평방미터; ~ sistemi 미터법, 미터제.
metres *is.* 첩, 정부.
metris *is.* 〔군사〕 참호구축작업; 참호, 보루.
metro *is.* 지하철.
metronom *is.* 〔음악〕 박절기, 악곡의 절대적 속도를 표시하는 장치.
metropolit *is.* 〔종교〕 그리이스 정교의 대주교.
mevcudat *is.* 삼라만상, 창조물, 우주.
mevcudiyet *is.* 있음, 존재; ~ hükmü 〔철학〕 존재론적 판단, 실체론적 판단.
mevcut *s.* 있는, 현존하는, 존재하는; *is.* 총수, 재고, 잉여.
mevduat *is.* 예금.
mevize *is.* 충고, 충언, 권고.
mevki *is.* 지위, 계급; (공공 장소의 좌석의)등급.
mevkuf *s.* 체포된, 구속된.
Mevlana *öz. is.* 〔종교〕 회교의 신비주의 교파의 하나, Mevlana Celalettin Rumi (1207~1273)에 의해 창시.
Mevlevi *öz. is.* 〔종교〕 메브라나 교도.
Mevlit *öz. is.* 〔종교〕 회교 교주 모하메드의 탄신일.
mevsim *is.* 계절, 절기, 철; ~ sonu 철의 마지막; yağmur ~i 우계, 우기.
mevsimî *s.* 계절의, 절기의, 철의.
mevsimlik *s.* 춘추복의; 계절용의.
mevsimsiz *s.* 계절에 맞지 않는.
mevzi *is.* 자리, 위치; 지방; 국부, 국소; 〔군사〕 참호; ~ almak 위치를 잡다, 자리를 잡다; 참호에 들어가다; ~ harbi 〔군사〕 참호전.
mevzu *is.* 제목, 주제.
mevzubahis *b. is.* 토론의 주체, 대화의 주체, 화제.
mevzun *s.* 균형있는, 조화된, 어울리는; (시의)운율이 정확한.
meydan *is.* 공간, 공터; 광장, 장(소); 기회; ~ bulmak 기회를 잡다; ~ dayağı 공개 집행 태형; ~a atmak 공개하다; ~-a çıkarmak 노출시키다; (책) 발간하다; 발견하다; ~a çıkmak 나오다; 공표되다, 출판되다; 일어나다, 발생하다; 노출되다; ~a gelmek 성취되다; 존재하다; ~a getirmek 이루다, 달성하다, 실현하다; 공표하다; ~a koymak 만들어내다; 제출하다; ~a vurmak 공개하다, 공표하다.
meyhane *is.* 술집, 주막.
meyhaneci *is.* 술집경영자.
meyhanecilik *is.* 술집 영업.
meyil *is.* 경사, 비탈; 경향.
meyilli *s.* 경사진, 비탈진; 경향의.
meyletmek *f.* 기울다, 경사지다; 경향을 갖다, 취향을 갖다.
meyus *s.* 실망의, 무망의; 절망한; 비관적.
meyusiyet *is.* 실망, 절망, 무망; 비관.
meyva, meyve *is.* 과일, 실과; 결실, 결과; kuru ~ 건과물; ~ ağacı 과수, 과목; ~ bahçesi 과수원; ~ resmi 과물 정물화; ~ sepeti 과일바구니 ; taze ~ 생과물.
meyveci *is.* 과일장수; 과수원업자.
meyvecilik *is.* 과수원 업; 과일 판매업.
meyvedışı *b. is.* 과일 껍질.
meyveiçi *b. is.* 과일 씨.
meyveli *s.* 과일로 만든; 과일이 들어있는.
meyveortası *b. is.* 과일 속(먹는 부분).
meyyal *s.* 향한, 기울은, 좋아하는.
mezar *is.* 무덤, 묘, 분묘, 분, 봉분; ~ taşı 묘석, 묘비.
mezarcı *is.* 묘지기; 묘지 노무자.
mezarcılık *is.* 묘지기 업.
mezarlık *is.* 묘지.
mezbaha *is.* 도살장.
meze *is.* 안주; 오오도부르(hors d'oeuvre), 전채.
mezeci *is.* 안주거리 장수.
mezelik *s.* 안주거리의.
mezhep *is.* 〔종교〕 종파, 분파, 교파.
mezgit *is.* 〔어류〕 대구의 일종.
meziyet *is.* 장점, 장기, 특기; 미덕.
meziyetli *s.* 장점이 있는, 특기가 있는, 미덕을 가진.
mezkûr *s.* 이미 말한, 언급된, 논급된.
Mezopotamya *öz. is.* 〔지리〕 메소포타미아.
mezun *s.* 허가된, 허락된; (학교)졸업의, 졸업한; 원한이 있는; eski ~lar 선배; ~ olmak (학교를)졸업하다, 마치다.
mezuniyet *is.* 허가, 허락, 인가; 졸업; 권한.
mezzosoprano *b. is.* 〔음악〕 메조소프라노.
Mg *is.* 〔화학〕 망간의 원소기호.
mı *s.* 의문어미.
mıh *is.* 못, 나무못, 쐐기, 말뚝.
mıhlamak *f.* 쐐기로 붙들어 매다, 못으로 고정시키다; 사람을 꼼짝 못하게 하다.
mıhlı *s.* 못의, 쐐기가 있는; 쐐기를 박은.
mıknatıs *is.* 자석, 지남철, 자철; atnalı ~말굽자석; çubuk ~막대자석.
mıknatısî *s.* 자석의, 자기의, 자기를 띤.
mıknatısiyet *is.* 자기, 자성, 자력.
mıknatıslamak *f.* 자기를 띠게 하다.
mıknatıslanmak *f.* 자기를 띠다.
mıknatıslı *s.* 자기를 가진, 자성의; ~ iğne 자침.
mıntaka, mıntıka *is.* 지구, 지역; 지대; 구역.
mırıldamak *f.* 중얼거리다; 투덜거리다, 불평하다; 속삭이다.
mırıl mırıl *zf.* 중얼거리는 소리, 투덜대는 소리, 불평하는 소리.
mırıltı *is.* 중얼거리기, 불평하

기, 투덜대기.
mır mır *zf.* 중얼중얼.
mısır *is.* 옥수수.
Mısır *öz. is.* 〔국명〕 이집트.
Mısırlı *öz. is.* 이집트 사람.
mıskala *is.* 연마기, 금속의 광을 내는 기구.
mısra *is.* (시의) 행, 줄.
mıymıntı *s.* 매우 느린, 게으른.
mızıka *is.* (군) 악대; 장난감 나팔
mızmız *s.* 우물쭈물하는, 우구부단한; 까다로운, 가탈스런; 느리고 게으른.
mızmızlanmak *f.* 우물쭈물하다, 우유부단하다; 까다롭게하다, 가탈스럽게 굴다.
mızmızlık *is.* 우유부단; 가탈스럼
mızrak *is.* 〔군사〕 창; 작살.
mızraklı *s.* 창을 가진.
mızrap *is.* 〔음악〕 (현악기 연주용) 채, 픽 (pick).
mi ① *e.* 의문어미, 모음조화에 따라 mı, mu, mü로 변함, …(가) 요? …니까? ; (부정적 반문에서) …(는) 가? ; (강조적 의미로) …라면; zengin ~ zengin 부자라면 부자이지; (가정적 의미로) …한다면; İnsan çalıştı ~ her şeyi başarır. 사람은 노력한다면, 무엇이든 성공할 수 있다.
mi ② *is.* 〔음악〕 미음계.
mide *is.* 〔해부〕 위, 위장; ~ bozmak 소화불량이 되다; 배탈이 나다; ~ bozukluğu 소화불량; ~ bulanmak 구토증이 나다; ~ bulantısı 구토증; ~si ekşimek 신물이 올라오다; ~-sine dokunmak 소화불량을 가져오다.
mideci *is.* 자기본위의 사람, 이기주의자.
midi *is.* (새 유행의) 중간 길이 옷.
midye *is.* 〔패류〕 홍합; ~ dolması 〔음식〕 홍합이 든 볶은 밥으로 만든 요리.
miğfer *is.* 철모, 투구.
mihanikî *s.* (ㅂ사고적인) 습관적, 기계적.
mihenk *is.* 시금석; 규판암; 표준.
mihman *is.* 손님.
mihmandar *is.* (손님을 대접하는) 주인, 손님을 후대하는 사람; 접대원, 영접관.
mihmandarlık *is.* 후대, 환대.
mihnet *is.* 어려움, 고생; 고뇌, 고통, 괴로움.
mihrap *is.* 사원의 기도하는 방향에 움푹 들어 간 곳.
mihver *is.* 축, 추축, 선회축.
Mikado *öz. is.* 일본의 천황.
mikâp *is.* 입방; 입방체; 체적.
mikrobiyoloji *is.* 미생물학.
mikrofilm *is.* 마이크로 필림, 축사필림.
mikrofon *is.* 확성기의 송화기, 마이크.
mikrofonik *s.* 확성기의.
mikrop *is.* 균, 세균; 미생물.
mikroplanmak *f.* 세균에 감염되다; 오염되다.
mikroplu *s.* 세균이 있는; 세균에 감염된.
mikropsuz *s.* 세균이 없는; 멸균된.
mikropsuzlandırmak *f.* 멸균하다.
mikropsuzlaştırmak *f.* 멸균시키다.
mikrosefal *s., is.* 〔의학〕 이상소두(의).
mikroskobik *s.* 극히 작은, 극미의, 미시적.
mikroskop *is.* 확대경, 현미경.
miktar *is.* 양, 수량.
mikyas *is.* 측정기, 측량기, 자, 척도.
mil ① *is.* (단위) 마일, 약 1,609 킬로미터.
mil ② *is.* (홍수로 씻겨 내려 쌓인) 진흙, 토사.
mil ③ *is.* 쇠막대기, 봉강.

milâdî *s.* 서력 기원의.
milât *is.* 예수탄생 년, 서력 기원년.
miligram *is.* (단위) 밀리그람, 1그람의 1,000분지 1.
milimetre *is.* (단위) 밀리미터, 1미터의 1000분지 1.
milimikron *is.* 〔단위〕 밀리미크론, 1미크론의 1,000분 지 1.
militarizm *is.* 군국주의.
millet *is.* 백성, 국민, 인민; 사람, 시민; 계층; Birleşmiş ~ -ler 국제연합; ~ ler Cemiyeti 국제연맹; ~ ler Hukuku 국제법; Türkiye Büyük ~ Meclisi (T. B. M. M.) 터어키 의회.
milletlerarası *s.* 국가간의, 국제의, 국제적; ~ Adalet Divanı 국제사법재판소.
milletvekili *b. is.* 국회의원, 하원의원.
milletvekilliği *b. is.* 국회의원직.
millî *s.* 국민의, 국민적; 민족의, 민족적; 국가의, 국가적, ; ~ bakiye 〔정치〕 (터어키 특유의) 비례대표 선거제도; ~ Eğitim Bakanı 문교부 장관 ; ~ Eğitim Bakanlığı 문교부; ~ irade 국민적 의지, 국민적 결단; ~ kıyafet 국민의상; ~ marş 애국가, 국가; ~ mucadele 터어키의 1920~1923년 독립전쟁; ~ müdafaa 국방; ~ Mudafaa Vekâleti 〔고어〕 국방부; ~ Müdafaa Vekili 〔고어〕 국방부 장관; ~ Savunma Bakanı 국방부장관; ~ Savunma Bakanlığı 국방부; ~ takım 국가대표팀.
millîleştirmek *f.* 국유화하다, 국영화하다.
milliyet *is.* 민족; 국적.
milliyetçi *is.* 민족주의자.
milliyetçilik *is.* 민족주의; 애국주의.
milliyetperver *is.* 애국주의자.
milliyetperverlik *is.* 애국주의.
milliyetsiz *s.* 애국심이 없는, 비 애국적.
milyar *is.* 10억.
milyon *is.* 100만.
milyoner *is.* 백만장자.
milyonluk *s.* 백만단위의, 백만대의.
mimar *is.* 건축사, 건축가.
mimarî *is.* 건축; *s.* 건축의, 건축적.
mimarlık *is.* 건축(술), 건축학.
mimber *is.* 〔종교〕 회교사원의 설교대, 설교단.
mimoza *is.* 〔식물〕 신경초, 미모사.
minare *is.* 〔종교〕 (회교사원의) 뾰족탑, 첨탑.
minder *is.* 방석, 멍석, 자리.
mine *is.* 에나멜(도료), 법랑; 칠보; (시계의) 문자판; (계량기의) 지침판.
minelemek *f.* 에나멜 도료를 입히다, 법랑을 입히다.
mineral *is.* 광물; 〔화학〕 무기물; *s.* 광물의, 무기물의; ~ yağlar 광물성 기름, 광유.
mineralleştirmek *f.* 광물화 하다, 광물을 포함시키다.
mineraloji *is.* 광물학.
mineralojik *s.* 광물학의, 광물학상의, 광물학적.
mini *s.* 작은, 짧은, 소형의; ~ etek 짧은 치마, 미니 스커트.
minibüs *is.* 소형버스, 마이크로버스.
minicik *s.* 아주 작은, 아주 소형의, 소규모의.
minik *s.* 작고 귀여운.
minimini *s.* 아주 작은.
minimum *is.* 최소(액, 량, 한도); 극소.
minkale *is.* 〔수학〕 각도기, 분도기.
minacık *s.* 아주 작은.
minnet *is.* 고마움, 감사; ~ al-

tında kalmamak 은혜에 보답하다, 은혜를 갚다; ~ etmek 후의를 간청하다.
minnetar *s.* 고마워하는, 감사하는.
minnetarlık *is.* 감사(의 마음), 고마움.
mintan *is.* 〔의류〕 소매 달린 샤쓰의 일종.
minval *is.* 방법, 태도; bir ~ üzere 같은 방법으로; bu ~ üzere 이리하여.
minyatür *is.* 〔미술〕 세밀화, 축소화.
minyatürcü *is.* 〔미술〕 세밀화가.
minyatürcülük *is.* 〔미술〕 세밀화 미술.
miraç *is.* 〔종교〕 하늘로 올라감, 승천, 등천; ~ gecesi 〔종교〕 회교 교조 모하메드의 승천일, 회교력 7월 27일.
miras *is.* 상속재산, 유산, 전승물, 계승물; ~ davası 〔법률〕 상속 재판; ~ yemek *f.* 상속받다.
mirasçı *is.* 상속인, 후계자, 계승자.
mirasyedi *s.* 상속으로 부자가 된; 낭비가 심한, 방탕한.
mis ① *is.* 사향; ~ gibi 향기로운, 방향성의, 아름다운 향기의; 훌륭히, 말할나위없이, 아주 좋은, 아주 훌륭한, 신기하게; ~ keçisi 〔동물〕 궁노루; 사향노루; ~ kedisi 〔동물〕 사향고양이; ~ sabunu 화장비누; ~ samuru 〔동물〕 담비, 밍크, 밍크가죽.
mis ② *is.* 미혼여성의 칭호, 양, 영어의 miss.
misafir *is.* 손님, 방문객; 안구의 반점; ~ etmek 손님을 맞다; 손님을 받아들이다; ~ olmak 손님이 되다, 손님으로 체류하다.
misafirhane *b. is.* 여인숙, 객사.
misafirlik *is.* 방문.
misafirperver *s.* 손님을 환대하는, 손님을 후대하는.
misafirperverlik *b. is.* 손님환대.
misak *is.* 약속, 서약, 계약; 협정, 조약; ~ı Millî 터어키의 1920년 국민협약.
misal *is.* 예, 본, 보기, 모형, 견본, 표본; 관례, 판례; ~ getirmek 예를 들다, 관례를 들다; ~ göstermek 예를 들어 보이다, 관례를 들어 보이다.
misalsiz *s.* 예가 없는, 전례 없는, 비길데 없는, 무쌍의.
misil *is.* 짝; 유사한 물건; 적수; ~i müşterek 〔수학〕 공배수; ~i müştereki asgar 〔수학〕 최소공배수; ~i müştereki âzam 〔수학〕 최대공약수; ~i yok 무적의, 무쌍의; ~iyle mukabele 〔법률〕 보복.
misilleme *is.* 보복, 앙갚음.
misillemek *f.* 보복하다, 복수하다, 앙갚음하다.
misilsiz *s.* 짝이 없는, 무쌍의.
misk *is.* 사향; ~ faresi 〔동물〕 사향뒤쥐; ~ göbeği 사향낭, 사향주머니; ~ keçisi 〔동물〕 사향노루; ~ kedisi 〔동물〕 사향고양이; ~ otu 〔식물〕 사향물 꽈리아재비; ~ torbası 사향낭, 사향주머니.
misket *is.* (어린이 놀이의) 구슬; ~ oynamrk 구슬치기를 하다.
miskin *s.* 불쌍한, 가련한; 천한, 비천한; 나병에 걸린, 나환자의; 매우 느린, 게으른; ~ hastalığı 〔의학〕 나병, 문둥병.
miskinhane *b. is.* 나병원, 문둥병원.
misli *s.* 〔수학〕 배수의; iki ~ 두배의, 2배의; kaç ~ ? 몇배?
mister *is.* 남성의 칭호, 씨, 영

어의 mister.
mistik *s.* 신비적, 신비의, 신비스런.
mistisizm *is.* 〔철학〕 신비주의.
misyon *is.* 사명, 임무.
misyoner *is.* 〔종교〕 선교사, 전도사.
misyonerlik *is.* 선교사 직; 전도사 업무.
mit *is.* 신화; 전설.
miting *is.* (주로 야외의)시위, 집회.
mitoloji *is.* 신화, 신화집; 신화학.
mitolojik *s.* 신화의, 신화적; 신화학(상)의.
miyavlamak *f.* (고양이가) 야옹하고 울다.
miyop *s.* 근시의, 근시안의.
miyopluk *is.* 〔의학〕 근시.
mizaç *is.* 천성, 기질, 성질.
mizaçlı *s.* 성격의, 성질의, 기질의, 기질을 가진.
mizah *is.* 익살, 우스꽝스러움, 풍자, 해학.
mizahçı *is.* 익살꾼, 풍자작가, 유우머작가.
mizan *is.* 〔수학〕 검산.
Mn 〔화학〕 망간의 원소기호.
Mo 〔화학〕 몰리부덴의 원소기호.
mobilya *is.* 가구, 세간.
mobilyacı *is.* 가구공; 가구장수; 가구상(점).
mobilyacılık *is.* 가구공업; 가구상업.
moda *is.* 유행, 풍조; 방식; 모양, 양식; ~sı geçmiş 시대에 맞지않는, 유행에 맞지않는, 구태의; yeni ~ 신유행, 새유행 복장.
model *is.* 형, 모형; 식, 형식; 예; 〔미술〕 모델; ~ ressamı 모델 디자이너.
moderato *zf.* 〔음악〕 중간 속도로.
modern *s.* 현대의, 현대적.
modernize *is.* 현대화; ~ etmek 현대화하다.
Moğol *öz. is.* 몽고사람.
Moğolca *öz. is.* 몽고말, 몽고어.
Moğolistan *öz. is.* 〔국명〕 몽고.
mola *is.* 휴식; 정지; ~ taşı 짐꾼이 짐을 진 채로 쉴 수 있게 도로가에 설치한 돌; ~ vermek 휴식을 취하다.
molekül *is.* 〔화학〕 분자.
molla *is.* 〔역사〕 재판장; 판사, 법관; 〔종교〕 회교 신학교학생.
molotof kokteyil *is.* 몰로토프식 폭발물, 유리병에 휘발유를 넣고 솜이나 천으로 막아 불을 질러 던지는 일종의 간편 폭발물로서 제2차 세계대전 중 소련의 Molotov에 의해 고안되었음, 화염병.
moloz *is.* 자갈, 쇄석, 잡석; 무용지물; 쓸모 없는 사람.
monad *is.* 〔철학〕 (라이브니츠 철학의) 단자.
monadizm *is.* 〔철학〕 (라이브니츠의) 단자론.
monarşi *is.* 군주국; 군주정치, 군주정체.
monist *is.* 〔철학〕 일원론자.
monizm *is.* 〔철학〕 일원론.
monogam *s.* 일부일처(혼)의.
monogami *is.* 일부일처주의.
monografi *is.* 전공논문.
monokl *is.* 외알안경.
monolog *is.* 독백; 1인 희극.
monopol *is.* 전매; 독점.
monoteizm *is.* 〔종교〕 일신교.
monotip *is.* 〔인쇄〕 단식인쇄기.
monoton *s.* 단조로운, 변화없는.
monotonluk *is.* 단조함.
montaj *is.* 합성화법; 혼성사진, 혼성화, 몽타아즈사진.
montajcı *is.* 혼성화가, 몽타아즈사진 만드는 사람.
monte etmek *f.* 〔기계〕 외국산 부품을 국산품에 혼성 조립하다.

mor *s.* 보라색의, 자색의, 오랑캐꽃빛의.
moral *is.* 사기, 기세; 의욕, 기분; ~ eğitimi 〔군사〕 정훈교육; ~i bozulmak 기분이 상하다, 사기가 저하되다, 의욕을 상실하다.
moralizm *is.* 도덕주의.
morarmak *f.* 자주빛으로 되다, 멍들다.
morarmış *s.* 자주빛으로 된, 멍든.
morartı *is.* 멍든자국.
morartmak *f.* 멍들게 하다, 자주빛으로 물들이다.
moratoryum *is.* 〔법률〕 지불유예.
morfem *is.* 〔문법〕 형태소.
morfin *is.* 〔화학〕 모르핀.
morfinoman *is.* 만성 모르핀 중독자.
morfoloji *is.* 〔생물〕 형태학; 〔언어, 문법〕 어형론, 형태론.
morfolojik *s.* 형태상의; 어형상의.
morg *is.* 〔법률〕 사체공시소.
morumsu, morumtırak *s.* 보라빛이 도는.
Moskof *öz. is.* 〔고어〕 러시아사람.
Moskova *öz. is.* 〔지명〕 모스크바, 소련의 수도.
mosmor *s.* 진한 남색의.
mostra *is.* 견본, 표본.
mostralık *is.* 견본용, 표본용.
motel *is.* 자동차 여행자 숙박소.
motif *is.* (예술작품의) 주제, 제재, 요소.
motifli *s.* (예술작품의) 주제의, 요소의.
motopomp *is.* 동력기가 달린 자동 양수기.
motor *is.* 〔기계〕 발동기, 전동기, 동력기.
motorbot *is.* 발동기선, 모우터 보우트.
motosiklet *is.* 발동기 자전차.
mototren *is.* 전동기차.
mozaik *is.* 쪽매 붙임, 모자이크 세공; 모자이크 작품.
mozaikçi *is.* 모자이크 세공 기술자; 모자이크 물건을 파는 사람.
mozak *is.* 새끼 되지.
M.Ö. milâttan önce의 준말, 기원전.
möble *is.* 가구, 세간.
mönü *is.* 식단표, 메뉴.
mösyö *is.* 남성에 대한 호칭, 씨, 불어의 monsieur.
M.S. milattan sonra의 준말, 기원후.
muadele *is.* 〔수학〕 방정식.
muadil *s.* 같은, 동등한, 대등한.
muaf *s.* 면한, 면제된, 자유로운; 〔의학〕 면역된; ~ tutmak 면해주다, 면제하다.
muafiyet *is.* 면제, 해제; 〔의학〕 면역.
muahede *is.* 조약; 협정; 협약; 서약; ~ akdetmek 조약을 체결하다; ~ ile 조약에 의거하여; ~ müddeti 조약의 유효기간; ~yi feshetmek 조약을 폐기하다; ~yi imzalamak 조약을 서명하다; ~yi temdit etmek 조약의 유효기간을 연장하다.
muahedename *b. is.* 조약문, 협정문, 협약문.
muaheze *is.* 문책; 비난; 비평; ~ etmek 비난하다; 비평하다.
muahhar *s.* 뒤의, 다음의, 차후의, 후의
muakkip *is.* 추적자, 추구자; 수행자, (관청의) 수속담당관.
muallim *is.* 선생, 교사.
muallime *is.* 여선생, 교사, 훈장.
muamelat *is.* 수속.
muamele *is.* 태도; 도리; 매매; 수속; 〔화학〕 반응, 화학변화; fena ~ etmek …에게 나쁘게 대하다; ~ görmek 대접받다; ~ye koymak 수속절차를 밟다; ~ vergisi 수속비.

muameleci *is.* 수속담당관.
muamma *is.* 미궁, 모호, 애매, 불가사의; 수수께끼.
muammer *s.* 오래 사는, 장수의; ~ olmak 장수하다.
muannit *s.* 완고한, 완강한.
muaraza *is.* 말다툼, 논쟁, 논전, 논의.
muarız *s.* 반대하는, 적대하는.
muasır *s.* 같은 시대의, 동시대의, 동연대의.
muaşeret *is.* 사교.
muattal *s.* 폐기된, 황폐된; 정지된; 빈, 쉬는, 사용되지 않는; 휴업의; 무직의.
muavenet *is.* 도움, 조력, 협력; ~ etmek 돕다, 조력하다, 협력하다.
muavin *is.* 조수, 조원, 보조자, 보좌역; 보, 부.
muavine *is.* 여자 조수, 여자 조원.
muayene *is.* 검사; 시찰; 진찰, 검진; ~ etmek 검사하다, 조사하다; 진찰하다, 검진하다.
muayeneci *is.* 세관 검사원.
muayenehane *is.* 검사소; 진찰실, 검진실.
muayyen *s.* 뚜렷한, 분명한, 명확한; 결정적, 확정적; 일정한.
muayyeniyet *is.* 뚜렷함, 분명함, 명확성.
muazzam *s.* 큰, 커다란, 대단히 큰, 거대한, 웅대한, 웅장한, 장대한, 장관의.
mubah *s.* 〔종교〕 회교법에 규정되지 않은.
mubayaa *is.* 구매, 매매.
mubayaacı *is.* 상인.
mucibince *zf.* 이유로, 원인으로; program ~ 계획서에 의거하여.
mucip *s.* 이유의, 원인의, 동기의; ~ olmak 원인이 되다, 동기가 되다.
mucit *is., s.* 발명가(의)
mucize *is.* 경이; 기적, 불가사의.
mudi *is.* 기탁자, 예탁자; 투자가; 예금주.
mudil *s.* 복합의, 복합적.
mufassal *s.* 상세한, 긴, 장광한.
mugayir *s.* 반대의, 상반된, 맞지않는, 부적합한.
muğlak *s.* 모호한, 복잡한, 이해하기 어려운, 난해한.
muhabbet *is.* 사랑, 애정; 정담.
muhabere *is.* (편지의)통신, 교신, 통교; 〔군사〕 암호, 군호.
muhabereci *is.* 〔군사〕 통신병.
muhabir *is.* (신문, 방송의) 통신원; 특파원.
muhabirlik *is.* (신문, 방송의) 특파원직.
muhaceret *is.* 이주; 천도.
muhacir *is.* 이민(자); 난민.
muhacirlik *is.* 옮겨감, 이민.
muhafaza *is.* 보호, 보존; 보수; ~ etmek 보호하다, 보존하다.
muhafazakâr *s.* 보수적, 수구적.
muhafazakârlık *is.* 보수, 수구.
muhafız *is.* 호위병; 수호자, 수비자.
muhakeme *is.* 추론, 판단; 〔법률〕 심문, 심리, 청문; ~ etmek 추론하다, 판단하다; 심문하다, 심리하다, 청문하다.
muhakkak *zf.* 확실히, 꼭, 반드시, 틀림없이, 절대로; *s.* 확실한, 틀림없는, 의심없는.
muhalefet *is.* 상반, 반대, 상대; ~ etmek 반대하다, 대항하다; ~ partisi 〔정치〕 야당.
muhalif *s.* 반대의, 대립적; ~ parti 〔정치〕 야당.
Muhammed *öz. is.* 〔종교〕 회교교조 예언자 모하메드(570~632).
Muhammedî *öz. is.* 〔종교〕 회교도.
muharebe *is.* 전투, 전쟁.
muharip *s.* 싸우는, 전사의, 투사의, 전투원의.

muharrem *is.* 음력 1월.
muharrik *s.* 선동적, 조장의.
muharrir *is.* 작가; 작자, 저자; (신문의) 논설위원, 편집자; baş ~ 편집장, 주필.
muharrirlik *is.* 작가(생활); 편집자직.
muhasara *is.* 둘러쌈, 포위; ~ etmek 둘러싸다, 에워싸다, 포위하다.
muhasebat *is.* 회계; ~ divanı 감사원.
muhasebe *is.* 계산, 회계; 부기; 회계업무창구, 계산대.
muhasebeci *is.* 계산원, 회계원.
muhasebecilik *is.* 회계(원) 직.
muhasım *s.* 적의, 구적의, 원수의.
muhasır *s.* 포위한.
muhatara *is.* 위험, 위난.
muhayyile *is.* 상상(력), 공상, 창의(력).
muhbir *is.* 밀고자.
muhbirlik *is.* 밀고.
muhit *is.* 주위, 환경, 주변; *s* 주위의, 주변의; ~e uymak 환경에 적응하다.
muhkem *s.* 견고한, 튼튼한, 강한.
muhrip *is.* 〔군사〕 구축함.
muhtaç *s.* 필요한, 요구되는, 요청되는.
muhtar *s.* 뽑힌, 선출된; 자치의; *is.* 동장; 촌장; 이장.
muhtariyet *is.* 〔정치〕 자치.
muhtarlık *is.* 동장직, 촌장직, 이장직; 동사무소.
muhtasar *s.* 줄인, 단축한, 축소한, 요약한.
muhtasaran *zf.* 줄여서, 단축하여, 축소하여.
muhtekir *is.* 모리배, 간상.
muhtelif *s.* 여러가지의, 각종의, 다양한.
muhtelit *s.* 섞인, 혼합의, 합성의; 종합의; 합동의.
muhtemel *s.* 가능한, 있을 수 있는, 할 수 있는, 일어날 수 있는.
muhterem *s.* 존경하는; 존경받는.
muhteri *is.* 발명자, 창안자.
muhteriz *s.* 수줍은.
muhteşem *s.* 장엄한, 위엄있는, 웅장한.
muhteva *is.* 내용, 알맹이; 내포.
muhtevi *s.* 포함한, 내포한.
muhtıra *is.* 〔정치〕 각서; 통첩; ~ defteri 〔정치〕 비망록; 일기, 명념기; ~ vermek 각서를 전달하다, 통첩을 전하다.
mukabele *is.* 회답; 보상; 앙갚음, 보복; ~etmek, ~de bulunmak 회답하다, 보상하다, 보복하다, 앙갚음하다.
mukabeleci *is.* 〔종교〕 회교사원에서 코오란경 낭송 설법자;
mukabil *s.* 답례의; 반대의, 상반된; *is.* 반대, 역; buna ~ 이에 대하여, 이에 반하여; 다른 한편으로; ~ dava 〔법률〕 맞소송, 반소; 반대요구; ~ hücum, ~ taarruz 〔군사〕 반격, 역습; ~ taraf 반대편, 상대방; ~inde 반대로, 역으로; 대신하여, 대가로.
mukaddem *s.* 앞의; 먼저의; 전의, …이전의.
mukaddema, mukaddime *zf.* 전에, 과거에, 옛날에.
mukaddeme *is.* 처음, 시작; 머리말, 서언, 서문, 권두언.
mukadderat *is.* 운명, 천명.
mukaddes *s.* 신성한, 신성시 되는.
mukaddesat *is.* 신성시 되는 물건.
mukarrer *s.* 확실한, 확정된, 결정된, 고정적.
mukattar *s.* 증류의, 증류된.
mukavele *is.* 협정, 협약, 약정;

계약; ~ akdetmek 협정을 체결하다; 계약을 (체결)하다.
mukaveleli *s.* 협정이 체결된; 계약된; 계약에 포함된, 계약의.
mukavelename *b. is.* 조약(문), 협정(문); 계약서.
mukavemet *is.* 저항, 반항, 대항; 인내, 감내; 〔물리, 전기〕 저항(력); ~ etmek 저항하다, 반항하다; 견디다, 인내하다, 감내하다.
mukavva *is.* 마분지, 판지.
mukayese *is.* 비교, 대조; ~ etmek 비교하다.
mukayeseli *s.* 비교의, 대조의.
mukayyet *s.* 제한된, 한정된; 등록된, 등기된.
mukim *s.* 사는, 거주하는; 머무는, 체류하는.
muktaza *is.* 필요, 요구, 요청; ~sınca 필요에 따라.
muktedir *s.* 할 수 있는, 가능한, 유능한, 유력한; ~ olmak 할 수 있다, 가능하다.
mum *is.* (불켜는)초; 밀랍, 봉랍; ~la aramak 열심히 찾다; ~lu kağıt 등사용 유지.
mumya *is.* 미이라, 건조된 시체.
munhasır *s.* 제한된, 한정된, 독점된, 전유된.
munis *s.* 사귀기 쉬운, 사교적인; 유순한; 친근한, 우호적인.
muntazam *s.* 규칙적인, 정규적인, 정례의; 통상적인; 질서있는.
muntazaman *zf.* 규칙적으로, 정규적으로; 질서있게.
munzam *s.* 부가의, 추가의, 부수적; 여분의.
murabaha *is.* 고리대금.
murabahacı *is.* 고리대금업자.
murabahacılık *is.* 고리대금업.
murabba *is.* 〔수학〕 제곱, 평방.
murahhas *is.* 대표, 사절, 파견위원.
murakaba, murakabe *is.* 감시, 감독; 관리, 검열; 명상.
murakıp *is.* 감시관, 감독관.
murat *is.* 희망, 기대, 욕망; ~ına ermek 욕망을 이루다.
murdar *s.* 더러운, 불결한.
Musa *öz. is.* 〔종교〕 히브리의 지도자 모세(Moses).
musafaha *is.* 악수; ~ etmek 악수하다.
musahabe *is.* 담소, 대화, 담화.
musannif *is.* (책의)작자, 저자; 편(찬)자; 분류자.
Musevî *öz. is.* 유대인; *s.* 〔종교〕 유대교의.
Musevilik *öz. is.* 유대주의; 〔종교〕 유대교.
musibet *is.* 재난, 재앙; *s.* 불운한.
musiki *is.* 음악.
muska *is.* 부적, 신부, 호부.
muslihane *zf.* 평화적(인 방법)으로.
musluk *is.* 수도(꼭지); ~ taşı 세면대.
muslukçu *is.* 수도꼭지 판매상; 수도 설비공.
muş *is.* 강을 다니는 밑이 평면으로 된 소형 증기 유람선.
muşamba *is.* 방수포; 방수복; 비옷, 우의, 우장.
muştu *is.* 희소식.
muştucu *is.* 희소식을 전하는 사람.
muştulama *is.* 희소식을 전하기.
muştulamak *f.* 희소식을 전하다.
muştulanmak *f.* 희소식이 전해지다.
muştulu *s.* 희소식이 있는, 희소식을 전하는.
mut *is.* 행운; 행복.
mutaasıp *s.* 광신적.
mutabakat *is.* 일치, 조화.
mutabık *s.* 일치하는, 조화하는; ~ kalmak 의견이 일치하다.

mutaf *is.* 염소털 방적업자.
mutasarrıf *is.* 〔역사〕 오스만제국시 주보다 적은 행정구역 산작(sancak)의 장.
mutasarrıflık *is.* 〔역사〕 오스만제국시의 주와 군 사이의 행정구역, 산작.
mutat *s.* 습관적, 관습적.
mutavaat *is.* 복종, 순종.
mutazammın *s.* 포함한, 내포한, 함유한.
muteber *s.* 존경받는; 명망있는; 신뢰받는; 유효한, 효력이 있는.
mutedil *s.* 온화한, 온건한, 유순한; 절제있는, 삼가는; 〔화학〕 중성의.
mutemet *is.* 신용받는 사람, 신임받는 사람.
muteriz *s.* 반대하는, 거부하는.
mutfak *is.* 부엌, 주방, 요리대.
muti *s.* 순종하는, 복종하는, 유순한, 고분고분한.
mutlak *s.* 절대의, 무조건의, 반드시, 꼭, 불가피한, 필연적.
mutlaka *zf.* 절대로, 절대적으로, 무조건으로, 틀림없이, 꼭, 필히.
mutlakıyet *is.* 〔정치〕 독재정치, 독재권, 전제정치; ~ idaresi 〔정치〕 독재정치제도, 독재정치 체제.
mutlu *s.* 행복한, 행운의, 운이 좋은.
mutluluk *is.* 행복; 행운.
muttasıl *s.* 인접의, 연속의; *zf.* 계속하여, 연속으로.
muvafakat *is.* 동의; 일치; 승인; ~ etmek 동의하다, 승인하다; 일치하다.
muvaffak *s.* 성공의, 성공적; ~ olmak 성공하다, 성취하다.
muvaffakıyet *is.* 성공, 성취; ~ kazanmak 성공하다, 이루다, 성취하다.
muvaffakıyetle *zf.* 성공적으로.
muvaffakıyetli *s.* 성공적인.
muvaffakıyetsiz *s.* 실패의, 불성취의, 불운의.
muvaffakıyetsizlik *is.* 실패, 불운; ~e uğramak, ~le neticelenmek *f.* 실패를 당하다, 실패하다.
muvaffakıyetsizlikle *zf.* 실패로.
muvafık *s.* 알맞는, 적합한, 합당한; ~ gelmek 어울리다, 알맞다.
muvakkat *s.* 임시의, 잠정적, 과도적.
muvakkaten *zf.* 임시로, 잠정적으로, 과도기적으로.
muvasala *is.* 교통, 왕래; ~ hatları 〔군사〕 병참선.
muvasalat *is.* 도달, 도착.
muvazene, muvazenet *is.* 균형, 형평; 평형, 평정.
muz *is.* 〔식물〕 바나나.
muzaf *s.* 부가된, 첨가된.
muzaffer *s.* 이긴, 승리의, 승리한.
muzafferiyet *is.* 이김, 승리.
muzari *is.* 〔문법〕 초월시제.
muzır *s.* 이롭지 못한, 해로운, 유해한.
muzırlık *is.* 유해.
muzip *s.* 지분거리는, 괴롭히는, 성가시게 하는.
muziplik *is.* 지분거리기, 괴롭히기; 조롱; ~ etmek 지분거리다, 괴롭히다; 조롱하다, 야유하다.
muzlim *s.* 어두운, 암흑의, 우울한, 울적한.
mübadele *is.* 교환, 물물교환, 바아터(제).
mübalâgâ *is.* 과장, 허풍, 과대평가; ~ etmek 과장하다, 과대평가하다, 허풍떨다; ~ etmeksizin 과장없이.
mübalağacı *s.* 허풍장이의.
mübalağalı *s.* 과장의, 허풍의,

과대평가의.
mübalağasız *s.* 과장없는, 허풍없는, 적당한, 합리적인.
mübarek *s.* 축복받은, 신성한.
mübareze *is.* 싸움, 격투, 결투.
mübaşir *is.* (법정의) 정리; 집달리, 영장 송달리.
mücadele *is.* 싸움, 투쟁, 전투, 전쟁; ~ etmek 싸우다, 투쟁하다.
mücadeleci *is.* 투쟁가.
mücahit *is.* 〔종교〕 이슬람의 투사, 전사.
mücavir *s.* 이웃의, 가까운.
mücehhez *s.* 장비를 갖춘, 의장된; 무장한; 준비된.
mücellit *is.* (책의) 제본인, 제책인.
mücellitlik *is.* (책) 제본업.
mücerret *s.* 추상적인, 실체가 없는; 미혼의; *is.* 〔문법〕 주격; *zf.* 단지, 다만, 겨우.
mücessem *s.* 물질적, 유형적, 유체적; 구체적; 〔기하〕 3차원적; 〔조각〕 양각의.
mücevher, mücevherat *is.* 보석.
mücevherci *is.* 보석상.
mücmel *s.* 짧은; 줄인, 축소된, 요약된.
mücrim *s.* 죄가 있는, 유죄의.
müdafaa *is.* 방어, 방위, 수비; ~ etmek 방어하다, 수비하다; ~ hakkı 〔법률〕 방위권; ~ hattı 〔군사〕 방위선; ~ vergisi 방위세; ~sız 무방비의.
müdafi *is.* 방어자.
müdahale *is.* 간섭, 개입, 참견; ~ etmek 참견하다, 간섭하다, 개입하다.
müddei *is.* 〔법률〕 원고, 고소인; 검사, 검찰관.
müddeiumumi *b. is.* 〔법률〕 검사, 검찰관.
müddeiumumilik *b. is.* 〔법률〕 검사직, 검찰관직.
müddet *is.* 시간, 기간.
müdellel *s.* 증명된, 입증된.
müderris *is.* 〔고어〕 선생, 교사, 교수; 승려학교의 교사.
müdevver *s.* 둥근, 원형의, 구형의.
müdür *is.* (부서의) 장, 관리인; 국장, 과장, 실장, 주임.
müdürlük *is.* (부서의) 우두머리직; 본부.
müellif *is.* 작자, 저자.
müennes *s.* 〔문법〕 여성의.
müessese *is.* 기구, 기관; 재단, 협회.
müessif *s.* 슬픈, 불행한, 유감스런.
müessir *s.* 영향을 미치는; 작인의, 동인의; 〔화학〕 작용의.
müfettiş *is.* 감독, 감찰, 감사.
müfettişlik *is.* 감찰직, 감사직.
müflis *s.* 파산의, 무일푼의.
müfret *is.* 〔문법〕 단수.
müfreze *is.* 〔군사〕 분견대, 지대.
müfrit *s.* 극단의, 극도의, 가장 먼, 최고도의, 최대의; 과도한 ; *is.* 극단주의자; 과격론자; ~ derecede 극단으로, 극도로; ~ infiratçı 극단적 고립주의자; ~ muhafazakâr 극단적 보수주의자.
müfsit *s.* 이간질 하는, 훼방하는.
müfteri *is.* 헐뜯는 사람, 중상자, 비방자.
müftü *is.* 〔종교〕 주 또는 군의 회교 교구장.
müftülük *is.* 〔종교〕 주 또는 군 회교교구사무실, 회교 교구장직(책).
mühendis *is.* 기사, 공학자.
mühendislik *is.* 공학; 기사직(업), 공학자직.
mühim *s.* 중요한, 중대한.
mühimmat *is.* 〔군사〕 탄약, 군수품.

mühlet *is.* 기한.
mühtedi *s.* 〔종교〕 회교로 개종한.
mühür *is.* 도장, 인장.
mühürlemek *f.* 도장을 찍다; 봉인하다.
mühürlü *s.* 도장을 찍은, 봉인된.
müjde *is.* 희소식.
müjdeci *is.* 희소식을 전하는 사람.
müjdelemek *f.* 희소식을 전하다.
müjdelenmek *f.* 희소식을 전해 받다, 희소식을 듣다.
müjdelik *is.* 희소식 기념물.
mükâfat *is.* 보수, 상; 보상, 현상금, 사례금; 인과응보.
mükâleme *is.* 회담, 회의.
mükellef *s.* 책임있는, 의무가 있는; 과세의, 납세의무가 있는.
mükellefiyet *is.* 책임, 의무.
mükemmel *s.* 완전한, 온전한, 하자가 없는; 훌륭한; ~ eğitim 전인 교육.
mükemmeliyet *is.* 완전, 온전, 무결.
mükemmellik *is.* 완전함.
mükerrer *s.* 반복적, 중복의.
mükerreren *zf.* 반복하여, 중복하여.
mülâhaza *is.* 사고, 숙고, 반성, 심사; ~ etmek 사고하다, 심사숙고하다.
mülâkat *is.* 대담, 회견; 면회, 면접; ~ yapmak 회견하다.
mülâyim *s.* 알맞는, 적당한, 적합한; 온순한, 유순한, 온화한, 점잖은.
mülhak *s.* 부가된; 부속된, 예속된.
mülk *is.* 재산; 부동산, 토지재산.
mülkî *s.* 민간의, 시민의; 군인이 아닌.
mülkiye *is.* 시민, 평민, 민간; ~ Mektebi 정치과 대학.
mülkiyeli *is.* 정치과 대학 재학생 또는 졸업생.
mülkiyet *is.* 소유, 부동산 소유.
mülteci *is.* (피)난민; 망명인, 망명가; siyasî ~ 정치망명인.
mümarese *is.* 숙련; 훈련, 단련.
mümbit *s.* 비옥한, 생산적인.
mümessil *is.* 대표(자).
mümessillik *is.* 대표(직).
mümeyyiz *s.* 구별되는, 차이를 나타내는.
mümin *s.* 믿는, 신앙적; 〔종교〕 회교도 주민(비 회교도에 대하여).
mümkün *s.* 가능한, 할 수 있는, 있을 수 있는, 일어날 수 있는; ~ mertebe, ~ olduğu kadar 가능한 한.
mümtaz *s.* 우수한, 탁월한; 선택된, 선발된, 정선된.
münadi *is.* (큰 소리로) 알리는 일 또는 사람, 전령.
münafık *s.* 위선자의; 표리부동한; 이간질하는.
münakalât *is.* 운송, 운수, 교통; ~ Vekâleti 교통부 장관.
münakaşa *is.* 말다툼, 논쟁, 토론, 언쟁; ~ etmek 말다툼하다, 다투다, 언쟁하다, 논쟁하다; ~ mevzuu 논제, 의제.
münakaşalı *s.* 논쟁을 좋아하는, 언쟁을 좋아하는, 다투기 좋아하는.
münasebet *is.* 적당, 적절, 적합성, 타당성; 관계, 관련, 연관; 기회, 호기; diplomatik ~ 외교관계; diplomatik ~ kesilmesi 외교관계단절; dostane ~ 우호관계; ~ almak 알맞다, 적절하다; ~ düşmek 기회가 오다; ~e girmek 교제를 갖다; ~ini getirmek 기회를 가져오다; ~iyle 관련하여; 즈음하여; ne ~! 무슨 상관이지!; 저런!, 설마!.
münasebetli *s.* 알맞는, 적당한, 적절한, 적합한, 타당한; 관계

가 있는; ~ münasebetsiz 철을 가리지 않고, 늘, 언제나, 끊임 없이; 좌우를 가리지 않고.
münasebetsiz *s.* 터무니 없는, 우스꽝스런, 맞지않는, 어울리지않는, 불합리한; 거북한, 어색한; 계제가 좋지않은; 무례한.
münasebetsizlik *is.* 불합리, 부당(성); 무례.
münasip *s.* 알맞는, 적당한, 합당한; ~ görmek 타당하다고 생각하다, 찬성하다.
münavebe *is.* 교대, 교체, 윤번, 순환; ~ ile 번갈아서, 교대로, 순번제로, 차례로.
müncer *s.* 결과의; ~ olmak 결과하다, 가져오다, 낳다, 발생하다, 초래하다, 야기하다.
münderecat *is.* (책의)목차.
münderiç *s.* 담고있는, 포함한, 내포한.
müneccim *is.* 점성가; 〔고어〕 천문학자.
müneccimlik *is.* 점성가 직업.
münekkit *is.* 비평가, 평론가.
münevver *s.* 계몽된; 교육받은; 불을 켠, 조명된.
münferit *s.* 하나하나의, 따로따로의, 단독의, 독립의; 고립된, 분리된.
münhal *s.* 녹는, 용해되는, 가용성의; 빈 공간의.
münhani *s.* 굽은, 휘인, 곡선의 ;〔기하〕호형의, 궁형의; *is.*〔기하〕 호, 호형, 궁형.
müntahabat *is.* 명문선집, 초록, 발췌본.
müntahap *s.* 간추린, 정선한, 발췌한.
münzevi *s.* 은둔한, 격리한; *is.* 은둔, 은둔자, 은자; ~ bir hayat 은둔생활.
münzeviyâne *zf.* 은둔하여, 격리하여.
müphem *s.* 애매한, 모호한, 불명확한.
müptelâ *s.* (나쁜 일에)빠진, 탐닉한, (병에)걸린, (사랑에)미친.
müracaat *is.* 신청, 지원, 출원 ;문의; 접수, 안내소; ~ etmek 신청하다, 지원하다; 문의하다.
müracaatçı *is.* 신청인, 지원자.
müradif *s.* 〔문법〕 동의어의.
mürai *s.* 위선적.
mürailik *is.* 위선.
mürebbi *is.* 가정교사.
mürebbiye *is.* 여자 가정교사.
müreccah *s.* 더좋은, 더나은.
müreffeh *s.* 부유한, 유족한.
mürekkep ① *is.* 잉크; ~ yalamış 먹물을 조금먹은, 교육을 조금 받은; ~i kurumadan bozmak 잉크도 채 마르기 전에 조약(약속)을 어기다.
mürekkep ② *s.* 혼합의, 합성의; …로 구성된, 조직된, 만들어진.
mürekkepbalığı *is.* 〔동물〕오징어.
mürekkepçi *is.* 잉크 제조인, 잉크상.
mürekkeplemek *f.* 먹칠을 하다, 잉크칠을 하다.
mürekkepli *s.* 잉크가 묻은, 먹칠한; 잉크가 들어있는, 먹물이 들어있는.
mürettebat *is.* (배 또는 비행기의)승무원.
mürettep *s.* 순서대로, 정돈된, 배열된.
mürettip *is.* 〔인쇄〕 식자공.
mürsil *is.* 발신인, 발송인.
mürşit *is.* 길잡이, 지침.
mürteci *s.* 보수적인; 반동적.
mürtekip *s.* 부패한, 뇌물을 먹은, 수회한.
mürur *is.* 통행, 통과; (시간의) 흐름, 경과, 추이; ~ etmek 경과하다; 통과하다.
mürüriye *is.* 통행세, 통과세.
mürüvvet *is.* 관대, 아량; 용맹.
müsaade *is.* 허락,승락, 윤허,

허용, 용인; ~ etmek 허락하다, 승락하다, 허용하다, 용인하다; ~ ederseniz, ~ nizle 허락해 주신다면, 허락해주십시요, 용서해주신다면, 실례합니다!

müsabaka *is.* 경기, 시합, 경연 ;~ya girmek 시합하다, 경기하다, 출전하다.

müsabık *is.* 경기자, 경연자, 선수.

müsademe *is.* 충돌; 〔군사〕 회전, 접전.

müsadere *is.* 몰수, 압수, 징발; ~ etmek 몰수하다, 압수하다, 징발하다.

müsait *s.* 알맞는; 편리한; 허락한.

müsalâha *is.* 평화, 화해.

müsamaha *is.* 관용, 아량; 터만; ~ etmek 못본채하다, 눈감아주다.

müsamahakâr *is.* 관대한 사람; *s.* 관대한, 아량이 넓은.

müsamahakârane *zf.* 관대하게.

müsamahalı *s.* 관대한.

müsamere *is.* 학예회.

müsavat *is.* 같음, 동일; 동등, 대등; 평등, 공평.

müsavatsız *s.* 같지않은, 부동의; 불평등의, 불공평의.

müsavatsızlık *is.* 부동; 불평등, 불공평.

müsavi *s.* 같은, 동일한; 동등한, 대등한.

müseccel *s.* 등록된, 등기된; 이름난, 소문난, 유명한.

müselles *s.* 삼각형의; *is.* 삼각형.

müshil *s.* 설사의, 하제의; *is.* 하제, 설사하게 하는 약.

müskirat *is.* 술, 주류, 취하게 하는 것.

Müslim *öz. is.* 이슬람교도, 회교도.

Müsliman *öz. is.* 이슬람교도, 회교도.

Müslimanlık *öz. is.* 〔종교〕 이슬람교, 회교; 이슬람교계, 회교세계.

müspet *s.* 긍정적, 적극적, 절대적; 〔문법〕 긍정의; ~ aded 〔수학〕 양수; ~ cevap 승락의 대답; ~ felsefe 〔철학〕 실증주의; ~ hukuk 〔법률〕 실증법; ~ işaret 〔수학〕 플러스기호 (+); ~ veya menfi 긍정 또는 부정, 가부간에.

müsrif *s.* 낭비하는.

müsriflik *is.* 낭비.

müstağni *s.* 만족한, 불만이 없는.

müsttahdem *s.* 고용된; *is.* 품팔이군, 피고용인, 하인, 사용인.

müstahkem *s.* 요새화한; 강화한.

müstakil *s.* 독립적, 자주적; 분리된, 따로의.

müstakim *s.* 곧은, 정직한, 청렴한; ~ hat 〔수학〕 직선.

müstebit *s.* 전체의, 전횡의, 압제의, 포악한.

müstebitlik *is.* 전제, 압제, 독재, 포악.

müstecir *is.* 빌린 사람, 차용인.

müstehase *is.* 화석; ~ haline gelme 화석화; ~ ilmi고생물학.

müstehcen *s.* 음란한, 음탕한, 외설적인, 추잡한.

müstehzi *s.* 놀리는, 조롱하는, 조소하는, 희롱하는, 야유하는.

müstemleke *is.* 식민지.

müstemlekeci *s.* 식민지의.

müstemlekecilik *is.* 식민주의.

müstenit *s.* 기대는, 의지하는, 의존하는.

müstenkif *s.* 수줍은; (투표) 기권의.

müstesna *s.* 예외의, 열외의, 제외된.

müsteşar *is.* (행정부의) 차관; (대사관의) 참사관.

müsteşarlık *is.* (행정부의) 차관직; (대사관의) 참사관직.
müstevi *s.* 평평한, 평탄한, 수평의; *is.* 수평, 평면.
müsvedde *is.* 초안, 초고.
müsveddelik *s.* 초안의, 초고의; ~ kâğıt 초안용지, 초고지.
müşabih *s.* 닮은, 비슷한, 유사한.
müşahede *is.* 관찰; 목격.
müşahhas *s.* 구체적, 구체화된.
müşahit *is.* 관찰자; 목격자.
müşavere *is.* 의논, 협의, 심의.
müşavir *is.* 고문, 상담역, 의논상대; Hukuk ~i 법률고문.
müşavirlik *is.* 고문역할.
müşerref *s.* 명예스런, 영광스런; ~ oldum 명예롭다, 영광스럽다.
müşevvik *s.* 자극하는, 부추기는, 선동적인, 교사하는; *is.* 선동자, 교사자.
müşfik *s.* 다정한, 동정심 있는, 자비스런, 인정많은.
müşkül *s.* 어려운, 곤란한; *is.* 어려운, 곤란, 곤경, 고생.
müşkülât *is.* 어려움, 곤란, 곤경.
müşrik *s.* 〔종교〕 다신교를 믿는, 이교도의.
müştak *s.* 파생된; *is.* 〔문법〕 파생어; 〔수학〕 도함수.
müştemel *s.* 포함된, 수용한, 담긴.
müştemelât *is.* 내용, 내용물, 수용물; 부속물; 별관.
müştemil *s.* 포함한, 수용한, 함축한.
müştemilât *is.* 부속물; 별관.
müşterek *s.* 공동의, 합동의, 연합의.
müştereken *zf.* 공동으로, 합동으로, 연합으로.
Müşteri *öz. is.* 〔천문〕 목성.
müşteri *is.* 손님, 고객, 단골손님.
müşür *is.* 〔군사〕 육군원수.
mütalaa *is.* 독서; 연구; 생각, 사상; 의견, 견해; ~ etmek 독서하다, 연구하다; 생각하다.
mütareke *is.* 〔정치〕 휴전조약, 휴전협정.
müteaddi *s.* 〔문법〕 타동(사)의.
müteaddit *s.* 많은, 허다한.
müteahhit *is.* 청부인, 도급자; 조달상인, 조달업자.
müteakıben *zf.* 후에, 나중에.
müteakıp *s.* 후의, 나중의, 차후의, 후속의.
müteallik *s.* 관한, 관계된.
mütecanis *s.* 같은 종류의, 동종의, 동질적.
mütecaviz *s.* 지나친, 넘치는, 과도한, 한계를 넘은; *is.* 공격자, 침략자.
müteessir *s.* 영향을 받은; 슬픈, 마음이 상한.
mütefekkir *is.* 생각하는, 사색적; *is.* 사상가.
müteharrik *s.* 이동할 수 있는, 움직이는, 활동적인, 가동적.
mütehassıs *is.* 전문가.
mütekabil *s.* 서로의, 상호의, 호혜의; ~ dava 〔법률〕 반대소송.
mütekabilen *zf.* 서로서로, 상호간에, 호혜적으로.
mütekabiliyet *is.* 〔경제, 법률〕 호혜주의; ~ esası 〔법률, 경제〕 호혜주의원칙.
mütemadi *s.* 연속의, 계속의, 부단한.
mütemadiyen *zf.* 계속적으로, 연속으로, 부단히.
mütemayil *s.* (마음이) 쏠리는, 기우는, 경향의.
mütenakız *s.* 대립적, 모순적, 충돌적.
mütenasip *s.* 균형잡힌, 상칭적인, 조화된.
mütenevvi *s.* 각종의, 여러 종류의, 많은 종류의, 다양한.
müteradif *s.* 〔문법〕 동의어의.

müterakki *s.* 전진적, 점진적, 누진적; ~ vergi 누진세; ~ vergi sistemi 누진세법, 누진세제.

mütercim *is.* 번역자.

mütereddit *s.* 우유부단한, 결단성이 없는.

müteşekkir *s.* 고마운, 감사한; ~ olmak 고마워하다, 감사하다; ~im 감사합니다, 고맙습니다.

müteveccih *s.* 향한, 면한, 방향의.

müteveccihen *zf.* 향하여, 방향으로.

müthiş *s.* 무서운; 심한, 대단한, 놀랄만한.

müttefik *s.* 연합의, 연맹의, 동맹의; *is.* 연합, 연맹, 동맹.

müttehit *s.* 통일된, 일치된.

müverrih *is.* 사학자; 연대기 편찬자.

müvezzi *is.* 배포하는 사람; 우편배달부.

müzakere *is.* 토의, 토론; 회의, 회담, 협의, 논의; 협상, 교섭, 절충.

müzayede *is.* 〔상업〕 경매, 공매.

müze *is.* 박물관.

müzeci *is.* 박물관 창설자; 박물관 직원.

müzecilik *is.* 박물관 경영.

müzehhep *s.* 도금의; 금박의.

müzekker *s.* 〔문법〕 남성의.

müzik *is.* 음악.

müzikal *s.* 음악이 따르는, 음악을 곁들인.

müzikhol *is.* 음악당, 연예관.

müzisyen *is.* 음악가; 악사; 작곡가.

Müzler *öz. is.* (그리이스 신화의) 뮤우즈 아홉여신.

müzmin *s.* 만성의, 고질의, 오래 끄는.

müzminleşmek *f.* 만성화하다, 고질화하다.

N, n

N, n 터어키어 자모의 열일곱번째 글자.
N 〔화학〕 질소의 원소 기호.
Na 〔화학〕 나트륨의 원소 기호.
nabız *is.* 〔생리〕 맥박, 고동; ~ atmak 맥박이 뛰다; ~ atışı, ~ atması 맥박, ~ına bakmak, ~ını tutmak, ~ını yoklamak 맥박을 재다.
nacak *is.* 손도끼.
naçar *s.* 방법이 없는, 도리없는, 어쩔 수 없는, 속수무책의.
nadan *s.* 세련되지 못한, 거치른, 버릇없는, 교양없는.
nadide *s.* 드문, 희귀한 미증유의.
nadir *s.* 드문, 희귀한; 비범한, 보통이 아닌.
nadiren *zf.* 드물게, 희귀하게.
nafaka *is.* 생계(비), 생활비, 부양비.
nafıa *is.* (공공)토목공사; ~ Vekâleti 건설부.
nafile *s.* 쓸데 없는, 무용한, 헛된; ~ zahmet 헛수고.
naftalin *is.* 〔화학〕 나프탈린.
nağme *is.* 〔음악〕 악보, 아름다운 노래.
nahif *s.* 가는, 연약한, 허약한.
nahiv *is.* 〔문법〕 구문론, 통어론.
nahiye *is.* (행정구역)읍, 면.
nahoş *s.* 기분나쁜, 불쾌한, 불유쾌한.
naip *is.* 〔정치〕 섭정, 대리(인).
naiplik *is.* 〔정치〕 섭정정치, 섭정직.
nakarat *is.* 〔음악〕 후렴; 되풀이, 반복, 중복.
nakavt *is.* 〔운동〕 권투의 케이오우승, 녹아우트.
nakden *zf.* 금전으로.
nakdî *s.* 금전(상)의; ~ ceza 〔법률〕 벌금형,
nakıs *s.* 부족한, 결함이 있는; *is.* 〔수학〕 빼기(부호)(—); *s.* 영하의, 마이너스의.
nakış *is.* 자수; 장식용 도안.
nakışlamak *f.* 자수를 놓다.
nakız *is.* 폐기, 폐지, 취소; 위반, 위배.
nakil *is.* 운송, 운반, 운수, 수송; 이동, 이전; 이야기, 설명.
nakletmek *f.* 운송하다, 운반하다, 수송하다; 이동시키다, 이전하다; 이야기하다, 전하다, 설명하다.
naklî *s.* 전설의.
nakliyat *is.* 운송, 운수, 수송, 전송; ~ şirketi 운수회사, 수송회사.
nakliye *is.* 운송비, 수송비; 수송수단; ~ gemisi 수송선; ~ kıtası 〔군사〕 수송부대; ~ komisyoncusu 운송업자.
nakliyeci *is.* 선박 운송업자, 선박회사 대리점.
nakliyecilik *is.* 운수업, 운송업.
nakzetmek *f.* 폐기하다, 폐지하다, 취소하다, 무효로 하다.
nal *is.* 편자, 말발굽, 마철; ~ çakmak 말발굽을 박다.
nalbant *b. is.* 대장장이, 편자공.
nalbantlık *is.* 대장장이업, 편자공업.
nalbur *is.* 철물상.
nalın *is.* 나막신(takunya보다 바닥이 훨씬 높으며 목욕탕처럼 물기가 많은 곳에서 젖지 않도

록 신는 나무 덧신.)
nalıncı *is.* 나막신 만드는 사람.
nallamak *f.* 말발굽을 달다, 편자를 달다.
nam *is.* 이름, 명성; 명예; ~ almak, ~ kazanmak 유명해지다, 명성을 얻다, 잘 알려지다; ~ altında…라는 이름으로; ~ı ile 이름으로; ~ına …의 이름으로, …의 명의로.
namaz *is.* 〔종교〕 회교의 예배; ~ bezi 예배때 여자들이 쓰는 머리수건; ~ kılmak 예배하다; ~ seccadesi 예배를 보기위해 펴 놓은 자리, 양탄자; ~ vakti 예배시간.
namazgâh *is.* 〔종교〕 회교도의 노천 공공 예배 장소.
namazlık *is.* 〔종교〕 회교도의 예배에 쓰이는 양탄자 등속.
namdar, namlı *s.* 유명한, 이름난, 저명한.
namlu *is.* 총열, 포신.
namus *is.* 명예, 자존심; 절조, 절개, 지조; ~una dokunmak 명예를 훼손하다, 자존심을 상하게하다.
namuskar *s.* 정직한, 청렴한.
namuslu *s.* 정직한, 수치를 아는; 절조있는, 지조가 굳은.
namusluluk *is.* 정직; 절조, 절개, 지조.
namussuz *s.* 정직하지 못한, 부도덕한; 절개가 없는.
namussuzluk *is.* 부정직, 부도덕, 불성실.
namzet *is.* 후보, 후보자; 약혼자.
namzetlik *is.* 후보자격.
nane *is.* 〔식물〕 박하.
naneli *s.* 박하냄새의; 박하향이 들어있는.
naneşekeri *b. is.* 박하사탕.
nankör *s.* 배은망덕한, 뻔뻔스런, 감사할 줄 모르는.
nankörlük *is.* 배은망덕, 은혜를 모름.
nar *is.* 〔식물〕 석류.
narcıl *is.* 〔식물〕 코코야자 열매, 코코넛.
nargile *is.* 물담배.
narin *s.* 가느다란, 날씬한, 마른, 여윈; ~ vücutlu 가는 몸매의; ~ yapılı 가는 몸매의, 날씬한 몸매의.
narinlik *is.* 날씬함.
narkotik *is.* 〔의약〕 마취제; 마약; *s.* 마취성의, 마취제의.
nas *is.* 사람, 인간, 인류; 공중, 민중; 〔철학〕독단.
nasbetmek *f.* 임명하다, 지명하다.
nasıl *s.* (의문사)어떤; *zf.* 어떻게; *ünl.* 어떻게?
nasılsa *zf.* 어떻게든, 어쨌던, 어찌하였던.
nasır *is.* 티눈, 못; 사마귀; ~ bağlamak 티눈이 생기다, 못이 박히다, 사마귀가 나다; 무감각해지다, 감각이 없어지다.
nasırlanmak *f.* 티눈이 생기다, 못이 생기다, 사마귀가 생기다
nasırlaşmak *f.* 티눈처럼 되다; 감각이 없어지다.
nasırlı *s.* 티눈이 생긴, 못이 박힌; 감각이 없어진, 무감각해진.
nasihat *is.* 충고, 권고, 경고; ~ etmek 충고하다, 권고하다, 경고하다.
nasip *s.* 몫, 배당몫; ~ olmak 기회가 생기다, 배당되다, 몫이 되다.
Nasran *s.* 기독교도의.
Nasrettin Hoca *öz. is.* 〔인명〕 1208~1283년에 생존했던 터어키의 유명한 해학적 이야기 작가, 나스레틴 호자.
naşir *is.* 출판업자.
natık *s.* 말을 하는, 설명하는; 이성적인; ~ hayvan 이성적 동물, 인간.

natıka *is.* 웅변(술), 화술.
natıkalı *s.* 말을 잘 하는, 구변이 좋은. 말솜씨가 있는.
natura *is.* (사람의)천성, 성질, 본성, 특성.
natüralist *is.* 자연주의자; s. 자연주의자의
natüralizm *is.* 자연주의.
natürel *s.* 자연의, 천연의.
navlun *is.* 용선료; (승객의) 승선료, 배삯, 운임료.
naylon *is.* 나일론.
naz *s.* 뽐내는, 교만한; *is.* 교태, 애교.
nazar *is.* 관점, 시각; 일별, 일견; itibar ~ına almak 고려하다; ~ atmak 훌긋보다; ~a almak 고려하다, 참작하다.
nazaran *zf.* 비교하여, 비하여, 의하여.
nazarî *s.* 이론(상)의.
nazariyat *is.* 이론, 법칙, 규칙.
nazariye *is.* 학설, 이론.
nazım *is.* 〔문학〕 운문, 시.
nazır *is.* 〔정치〕 장관; *s.* …로 면한, …로 향한.
Nazi *öz. is.* 나찌, 전 독일의 국가 사회당원.
nazik *s.* 친절한, 공손한, 유순한; 정중한; 섬세한; 신중을 요하는.
nazikâne *zf.* 친절하게, 공손히.
nazikleşmek *f.* 친절해지다, 유순해지다, 공손해지다.
naziklik *is.* 공손, 정중, 친절.
Nazizm *öz. is.* 나찌즘, 나찌주의, 전 독일국가 사회주의.
nazlanmak *f.* 수줍어하다, 싫어하는 척 하다.
nazlı *s.* 수줍은, 까다로운; 요염한, 교태있는.
ne *zm.* (의문사)무엇; 무엇이던; *s.* 무엇의, 어떤; bana ~내게 무슨 상관이랴; ~ demek? 무슨 뜻이냐? ; ~ dersin? 너는 어떻게 생각하느냐?; ~ diye? 무엇이라고? ; ~ güzel! 얼마나 좋으냐! ; 야, 참 좋다! ; ~ için 무슨 이유로; ~ ise 어쨌던; ~ kadar (양 또는 질에 있어서) 얼마나; (값이) 얼마냐? ; ~ münasebet! 무슨 상관이냐? ; ~…~ (de) (부정) 이것도 저것도 아님; ~ o? 그게 무엇이냐? ; ~ oldu ? 어떻게 되었냐? ; 무슨 일이 생겼느냐? ; ~ olur! 제발 좀!; ~ olursa olsun! 어떻게 되던; 될대로 되어라; ~(si) var? 무슨 일이 생겼느냐? ; ~ zaman ?, ~ vakit? (시간)언제? ; ~ var? 무엇이 있느냐? ; 무슨 일이냐? ; ~ var ~ yok? 무슨 소식이 있느냐? ; 안녕하십니까?
nebat *is.* 식물.
nebatat *is.* 식물학; ~ bahçesi 식물원.
nebatî *s.* 식물의, 식물성의.
necabet *is.* 고귀, 숭고, 고상.
necabetli *s.* 고상한, 고귀한.
necat *is.* 구조, 구제; 안전, 무사.
nece *zf.* (의문사)어느 나라 말, 어떤 언어.
neceftaşı *b. is.* 〔지질〕 수정.
necip *s.* 고귀한, 고상한; 귀족적인.
nedamet *is.* 후회, 유감; ~ duymak 후회하다.
neden *zf.* (의문사)무엇 때문에, 왜, 무슨 이유로; *is.* 원인, 이유.
nedenbilim *b. is.* 〔철학〕 원인론.
nedense *zf.* 웬지 알 수 없지만, 어쨌던.
nefaset *is.* 절묘; 우수, 탁월.
nefes *is.* 숨, 호흡; ~ almak 숨을 쉬다, 호흡하다; 숨을 들이마시다; ~ borusu(호흡기의) 기관, 숨통; ~ çekmek 담배를 피우다, 흡연하다; 마약을 피

우다; ~ darlığı 숨 막힘, 호흡 지장, 호흡 곤란; ~ vermek 숨을 내쉬다.

nefeslenmek *f.* 숨을 쉬다, 호흡하다.

nefesli *s.* 〔음악〕 취주(악기)의; 숨을 안쉬고 오래 견딜 수 있는; ~ çalgı 〔음악〕 취주악기.

nefis *is.* 영혼; 생명; 본질, 정수; 욕망, 육욕.

nefîs *s.* 절묘한, 우미한, 아주 좋은, 욕구를 충동하는.

nefiy *is.* 추방, 유배, 유형; 〔문법〕 부정.

nefret *is.* 싫어함. 혐오; ~ etmek 싫어하다, 혐오하다.

nefrit *is.* 〔의학〕 신장염.

neft *is.* 〔화학〕 나프타.

nefyetmek *f.* 추방하다, 유배하다.

negatif *s.* 부정의; 〔수학〕 마이너스의; *is.* (사진) 음화.

nehir *is.* 강, 시내, 개천.

nekes *s.* 인색한, 아끼는.

nem *is.* 습기, 수분, 습윤; ~ almak, ~ kapmak 습기차다, 눅눅해지다, 축축해지다.

nemlenmek *f.* 습기가 차다, 습윤해지다.

nemletmek *f.* 습기가 차게하다, 습윤하게 하다.

nemli *s.* 축축한, 눅눅한, 습기찬, 습윤한.

neo-koloniyalizm *b. is.* 〔정치〕 신식민주의.

neolitik *s.* 〔역사〕 신석기 시대의.

neomisin *is.* 〔생화〕 네오마이신, 스트렙토 마이신 가운데 한 항생 의약품.

neon *is.* 〔화학〕 네온, 원소기호 Ne, 원소번호 10; ~ lambası 네온 램프; ~ tüpü 네온 가스를 넣어 만든 전구.

neozoik *is.* 〔지질〕 신생대.

neptunyum *is.* 〔화학〕 넵투늄, 방사성 원소의 하나로 원소기호 Np. 원소번호 93.

Neptün *öz. is.* 〔천문〕 해왕성.

nere *zm.* 어디, 어느 곳; ~de 어디에, 어디에서; ~den 어디로 부터, ~ye 어디로, 어디에.

nereli *s.* 어느 나라 국민의, 어느 고장출신의; ~siniz? 당신은 어느 나라(고장)사람입니까?

nergis *is.* 〔식물〕 수선(화).

nermin *s.* 유순한, 온순한, 온화한; 공손한, 예모가 있는; 정중한; 얌전한, 부드러운.

nesiç *is.* 〔생물〕 조직.

nesil *is.* 세대, 대

nesir *is.* 산문(체).

nesne *is.* 것, 물건, 사물; 〔문법〕 목적어; 〔철학〕 대상, 객체; belirtili ~ 한정 목적어; belirtisiz ~ 비한정 목적어.

nesnel *s.* 물건의, 사물의; 〔철학〕 객관적.

nesneli *s.* 〔문법〕 목적어가 있는.

nesnelleşme *is.* 〔철학〕 객관화.

nesnelleşmek *f.* 〔철학〕 객관화하다.

nesnelleştirmek *f.* 객관화시키다

nesnellik *is.* 〔철학〕 객관.

Nesturi *öz. is.* 네스토리우스교도, 경교도.

Nesturiye *öz. is.* 네스토리우스교, 경교.

neşe *is.* 즐거움, 재미있음, 기쁨, 유쾌, 쾌활, 명랑, 명쾌; ~si yerinde 기분이 좋아서.

neşelendirmek *f.* 기분 좋게 하다, 명랑하게 만들다.

neşelenmek *f.* 기분이 좋아지다, 즐거워하다, 기뻐하다, 명랑해지다.

neşeli *s.* 즐거운, 유쾌한, 기분좋은, 명랑한, 쾌활한.

neşesiz *s.* 기분 나쁜, 불쾌한,

우울한, 걱정스런.
neşesizlik *is.* 불쾌, 우울.
neşet *is.* 발생, 기원.
neşir *is.* 출판; 발행.
neşredilmek *f.* 출판되다, 발간되다, 간행되다.
neşren *zf.* 출판(물)으로, 간행(물)으로.
neşretmek *f.* 출판하다, 간행하다, 발간하다, 발행하다.
neşriyat *is.* 출판물, 출간물, 간행물.
net *s.* 〔물리〕 정미 정량의; 순수한, 에누리 없는.
netekim, nitekim *bağ.* 실로, 사실상, 사실은.
netice *is.* 결과, 결말; 종결; 영향.
neticelendirmek *f.* 결말짓다, 종결짓다; 결과를 가져오게 하다.
neticelenmek *f.* 결과하다.
neticesiz *s.* 결과 없는; 영향이 없는.
nevi *is.* 종(류)
nevralji *is.* 〔의학〕 신경통.
nevrasteni *is.* 〔의학〕 신경 쇠약증.
nevroloji *is.* 〔의학〕 신경학, 신경병학.
nevropat *is.* 〔의학〕 신경증 환자.
nevroz *is.* 〔의학〕 신경증, 노이로제.
ney *is.* 〔악기〕 피리의 일종.
neye, niye *zf.* (의문사) 왜, 무엇 때문에.
nezafet *is.* 청결, 깔끔함.
nezaket *is.* 예의(바름), 공손, 부드러움.
nezaketli *s.* 세련된, 예의바른, 공손한.
nezaketsiz *s.* 예의없는, 불공손한.
nezaret *is.* 전망, 조망; 관찰, 고찰; 감시, 감독, 감사, 감찰, 검열; (장관이 통할하는) 중앙 행정부처; ~ etmek 감독하다; 감사하다, 검열하다.
nezif *is.* 〔의학〕 출혈.
nezle *is.* 〔의학〕 감기; ~ olmak 감기 걸리다, 감기를 앓다.
nıkris *is.* 〔의학〕 통풍, 관절염의 일종.
nısıf *s.* 반, 절반; ~ kutur 반지름, 반경.
nışadır *is.* 〔화학〕 염화암모늄; 암모니아.
Ni 〔화학〕 니켈 금속 원소의 기호.
nice *zf.* (수량) 얼마나; 꽤 많이; 아무리 많더라도; ~~매우 많이.
nicel *s.* 〔화학〕 분량의, 정량적.
nicelik *is.* 양, 수량, 분량.
niçin *zf.* (의문사) 왜, 어째서, 무엇 때문에.
nida *is.* 고함, 환성, 외침; 〔문법〕 간투사, 감탄사; ~ etmek 고함치다, 외치다, 함성을 지르다.
nifak *is.* 불화, 불일치.
nihaî *s.* 최후의, 종국적, 최종적.
nihayet *is.* 종국, 종말. 결말, 말단; *zf.* 드디어, 결국.
nihayetsiz *s.* 끝없는, 결말없는.
nihilist *is.* 〔철학, 신학〕 허무주의자.
nihilizm *is.* 〔철학, 신학〕 니힐리즘, 허무주의, 회의론.
nikâh *is.* 결혼식, 혼인식; ~ akdetmek 약혼하다, 정혼하다; ~ etmek 결혼하다, 혼인하다; ~ memuru 혼인주례(공무원); ~ merasimi 결혼식; ~ töreni 결혼식; ~ yüzüğü 결혼 반지.
nikâhlamak *f.* 결혼하다, 혼인하다.
nikâhlanma *is.* 결혼, 혼인.
nikâhlanmak *f.* nikâhlamak의 재귀형.
nikâhlı *s.* 결혼한, 기혼의; ~

karısı 법정의 처.
nikâhsız *s.* 미혼의.
nikel *is.* 〔광물〕 니켈.
nikelaj *s.* 니켈을 도금한, 니켈 도금의; *is.* 니켈 도금 부분; ~ yapmak 니켈 도금을 하다.
nikotin *is.* 〔화학〕 니코틴.
nikotinli *s.* 니코틴 성분의, 니코틴을 함유한.
nikotinsiz *s.* 니코틴 성분이 없는.
Nil ① *öz. is.* 〔지리〕 나일강.
nil ② *is.* (물감)쪽, 청람, 남색.
nilüfer *is.* 〔식물〕 수련.
nimbus *is.* 〔기상〕 비구름.
nimet *is.* 은총, 가호, 은혜, 선행.
nine *is.* 할머니, 조모.
ninni *is.* 자장가.
nirengi *is.* 삼각측량.
nisa *is.* 여자, 여성.
nisan *is.* 4월.
nisbî *s.* 비교의, 비교상, 비교적; ~ temsil sistemi 〔정치〕 비례대표 선거제도.
nispet *is.* 비, 율, 비율, 비례, 비교; 관계, 관련; 악의, 심술, 원한; ~ etmek 비교하다; 악의를 갖고 대하다; ~ vermek 원한을 품고 말하다.
nispeten *zf.* 비교적으로, 비교해 본다면; 악으로, 원한으로.
nişan *is.* 과녁, 목표; 표, 기호, 부호; 약혼; 약혼식; 훈장, 메달, 상패; ~ almak 겨누다, 조준하다; 훈장을 받다; ~ atmak 쏘다; ~ bozmak 파혼하다; ~ halkası, ~ yüzüğü 약혼반지; ~ koymak 표적을 남겨두다, 표시해두다; ~ merasimi 약혼식; ~ vermek 훈장을 수여하다; ~ yapmak 약혼(식)을 하다.
nişancı *is.* 사수, 명사수.
nişancılık *is.* 사격술, 궁술.
nişane *is.* 기호, 부호, 표적, 표시.
nişangâh *is.* 과녁, 표적.
nişanlamak *f.* 약혼하다; 조준하다.
nişanlanma *is.* 약혼.
nişanlanmak *f.* 약혼하다.
nişanlı *s.* 약혼한; *is.* 약혼자.
nişanlılık *is.* 약혼.
nişasta *is.* 전분, 녹말.
nitekim *bağ.* 실로; 사실상.
nitelik *is.* 성질, 성격, 성품.
nitrik asid *b. is.* 〔화학〕 질산.
nitrogliserin *is.* 〔화학〕 니트로글리세린.
nitrojen *is.* 〔화학〕 니트로젠, 질소.
nitrojenli *s.* 질소를 포함한.
niyabet *is.* 섭정.
niyaz *is.* 애원, 간청.
niye *zf.* 왜, 어째서, 무엇 때문에.
niyet *is.* 생각, 의욕, 의향, 의도; ~ etmek 의도하다, 뜻을 갖다.
niyetli *s.* 생각이 있는, 의향이 있는, 의도적, 뜻을 가진.
niyetsiz *s.* 생각이 없는, 의향이 없는, 뜻이 없는, 의도적이 아닌.
niza *is.* 논쟁, 쟁의; 분쟁.
nizam *is.* 규율, 규칙, 규정; 질서; 체제; 정돈; ~a getirmek, ~a koymak 규칙을 정하다; 질서를 세우다; 정돈하다; ~a uygun 질서있게, 질서정연히.
nizamen *zf.* 규정에 따라, 합법적으로.
nizamî *s.* 질서의, 규정의, 합법적.
nizamlı *s.* 질서있는, 질서의; 규정에 알맞는, 합법적; 규율이 있는.
nizamname *is.* 규정, 정관, 조례.
nizamsız *s.* 무질서한, 문란한, 규칙이 없는, 비합법적; ~ ola-

rak 불법적으로, 무질서하게.
nizamsızlık *is.* 무질서; 불법, 비합법.
No. numara 의 준말.
Nobel mükâfatı *öz. is.* 노오벨상.
Noel *öz. is.* 크리스마스, 성탄절; ~ ağacı 크리스마스 트리; ~ baba 산타크로스 할아버지.
nohut *is.* 〔식물〕 이집트 콩.
nohutlu *s.* 이집트 콩이 들어있는.
nokavt *is.* 〔운동〕 (권투의) 녹아우트, 타도.
noksan *is.* 결핍, 결손, 부족, 결점; *s.* 결핍된, 부족한; ~ görmek 부족하다, 결손되다, 결핍되다.
noksanlık *is.* 부족, 결핍, 결함, 결손.
noksansız *s.* 충분한, 완전한, 결함없는, 부족함이 없는.
nokta *is.* 점, 반점; 문제점;〔문법〕 종지부; iki ~ 〔문법〕 콜론(:); ~i nazar 관점.
noktalama *is.* 〔문법〕 구두점 찍기; ~ işaretleri 구두점.
noktalamak *f.* 〔문법〕 구두점을 찍다.
noktalı *s.* 점이 있는, 점이 찍힌; ~ virgül 〔문법〕 세미콜론 (;).
noktürn *is.* 〔음악〕 야상곡.
nominal *s.* 명목상의, 이름의, 명의상의.
nominalizm *is.* 〔철학〕 유명론, 명목론.
normal *s.* 보통의, 평범한, 정상적인, 범상한, 자연스런.
Norveç *öz. is.* 〔국명〕 노르웨이; *s.* 노르웨이의.
Norveççe *öz. is.* 노르웨이말.
Norveçli *öz. is.* 노르웨이 사람.
not *is.* 수기, 기록, 메모; 주, 주석, 주해; 점수; ~ almak 점수를 받다, 성적을 받다; 기록하다, 메모하다; ~ tutmak 필기하다, 메모하다; ~ vermek (학생에게) 점수를 주다; 판정하다.
nota *is.* 〔정치〕 각서; 〔음악〕 악보; ~ vermek 각서를 전달하다.
noter *is.* 공증인.
noterlik *is.* 공증업, 공증업무, 공증사무소.
noterlikçe *zf.* 공증인에 의하여; ~ musaddak 공증을 받은.
nöbet *is.* 당직, 경계, 감시, 망보기, 초계; 〔군사〕 보초; ~ beklemek 보초서다; ~ değiştirmek 〔군사〕 보초를 교대하다; 당직 교대를 하다; ~ tutmak 〔군사〕 보초를 서다, 당직을 보다.
nöbetçi *is.* 〔군사〕 보초(인); 당직자; ~ külübesi 망루, 감시대.
nöbetçilik *is.* 보초, 당직.
nöbetleşmek *f.* 교대하여 보초서다; 교대하여 당직보다.
nötron *is.* 〔물리〕 중성자, 뉴트론.
nötür *s.* 〔화학, 문법〕 중성의.
nötürlemek *f.* 〔화학〕 중화하다.
Nuh *öz. is.* 〔종교〕 예수교 구약성서 창세기의 홍수전설 속의 주인공 노아, 아담 10세의 손; ~'un gemisi 노아의 방주.
numara *is.* 수, 숫자, 번호, 차례; 〔속어〕 꾸밈, 가장, 속임수, ~ yapmak 〔속어〕 꾸미다, 가장하다, 속이다.
numaracı *is.* 〔속어〕 거짓장이.
numaralamak *f.* 번호를 붙이다.
numaralanmak *f.* 번호가 붙여지다.
numaralı *s.* 번호가 있는; …번의.
numarasız *s.* 번호가 없는.
numune *is.* 보기, 본보기, 견본, 표본.
numunelik *s.* 보기의, 견본의, 표본용의.
nur *is.* 빛, 광채, 광명.

Nurcu *öz.is.* 광신적 회교의 일파.
nutuk *is.* 연설, 강연; ~ söylemek 연설하다.
nüans *is.* 말뜻의 미묘한 차이.
nüfus *is.* 사람, 명, 인; 인구; ~ cüzdanı, ~ kâğıdı 주민등록증, 신분증명서; ~ sayımı 인구조사; ~ yoğunluğu 인구밀도.
nüfuslu *s.* 인구의, 인구가 있는.
nüfuz *is.* 영향(력); 침투.
nüfuzlu *s.* 영향력 있는, 영향을 미치는.
nükleer *s.* 〔물리〕 핵의; ~ silâh 핵무기.
nükleon *is.* 〔물리〕 핵입자. 원자핵을 이루는 양자와 중성자.
nükte *is.* 미묘한 뜻이 있는 말. 재치있는 말, 곁말, 유우머.
nümayiş *is.* 표명, 명시; 시위, 과시; ~ yapmak 시위하다, 전시하다, 과시하다.
nümayişçi *is.* 과시하기를 좋아하는 사람.
nümayişkâr *s.* 과시하기를 좋아하는.
nüsha *is.* (책 등속의)부, 권, 본, 판, 간; akşam ~ 석간; aslî ~ 원본.
nüve *is.* 핵, 중심.

O, o

O, o 터어키어 자모의 열여덟번째 글자.
O *ünl.* 아! 오!
o *zm.* 3인칭 단수, 그(이), 그 사람, 그녀, 그여자; 그것; *s.* (지시 형용사)그.
oba *is.* 유목민의 큰 천막; 천막 유목민; 유목민의 막영지.
objektif *s.* 객관적; *is.* 〔물리〕 대물렌즈.
obruk *s.* 가파른, 급경사 진; *is.* 요면, 요면체; 바위의 움푹 패인 곳.
observatuvar *is.* 〔천문〕 천문대, 기상대, 관상대, 관측소.
obur *s.* 욕심 많은, 탐욕스런, 게걸들린.
ocak *is.* 1월; 가마, 노; 난로; 벽로; 화로, 풍로, 화덕; 버어너, 오븐; 모임, 회, 집회; 광산; 채석장; 단지, 재배지; ~ ayı 1월달.
ocakçı *is.* 화부; 연통 청소부.
ocakçılık *is.* 화부직; 연통 청소업.
ocaklı *s.* 가마가 있는, 화로가 있는, 풍로가 있는.
oda *is.* 방, 실, 사무실; banyo ~sı 목욕실; ~ müziği 〔음악〕 실내음악; ~ tiyatrosu 소극장; ticaret ~sı 상업회의소; yatak ~sı 침실.
odabaşı *b. is.* 실장.
odacı *is.* 사환, 급사.
odacılık *is.* 사환직, 급사직.
odak *is.* 〔수학〕 촛점, 중심.
oditoryum *is.* 강당, 공회당.
odun *is.* 통나무, 장작.
oduncu *is.* 장작장수.
ofis *is.* 사무실, 사무소, 영업소.
oflamak *f.* (어려움을 나타내는) 우! 하고 소리내다.
oğlak *is.* 새끼염소.
Oğlak *öz. is.* 〔천문〕 염소자리.
oğlan *is.* 아들, 사내아이.
oğul *is.* 아들, 남자, 사내; 자식; 벌떼.
ok *is.* 화살; 들보, 지주; ~ meydanı 궁터, 활터.
okaliptüs *is.* 〔식물〕 유우칼리 나무.
okçu *is.* 활장수; 활제조인; 궁수.
okçuluk *is.* 궁술.
okka *is.* 무게의 단위, 1283그람.
okkalamak *f.* 무게를 달다, 중량을 재다.
oklava *is.* 밀방망이.
oksijen *is.* 〔화학〕 산소, 원소기호 O, 원소번호 8.
okşama *is.* 애무하기.
okşamak *f.* 애무하다, 쓰다듬다, 귀여워하다.
okşanmak *f.* 애무받다, 귀염을 받다.
okşatmak *f.* 애무하게 하다.
okul *is.* 학교; 학파.
okuma *is.* 읽기, 독서; 강독; ~ odası, ~ salonu 독서실, 공부방, ~ yazma 읽고 쓰기; ~ yazma bilmiyen 문맹인.
okumak *f* 읽다, 독서하다; 공부하다; 발음하다; ağır ~ 천천히 읽다; 힘들여 읽다; 정독하다; çabuk ~ 속독하다, 대강 읽다; hızlı ~ 큰소리로 읽다; yavaş ~ 낮은 소리로 읽다.
okumuş *s.* 공부한, 교육받은, 배

운; ~ adam 지식인.
okunaklı *s.* 정서의, 판독하기 쉬운, 읽기 쉬운.
okunma *is.* 발음.
okunmak *f.* 읽히다, 발음되다.
okunmaz *s.* 읽기 어려운, 판독하기 어려운.
okur *is.* 독서가.
okutma *is.* 교육, 훈도, 훈육.
okutmak *f.* 교육하다, 훈도하다; 읽게하다.
okutman *is.* 선생, 교육자, 강사.
okuyucu *is.* 낭독자, 독자.
okyanus *is.* 대양.
olabilir *s.* 가능한, 있을 수 있는.
olacak *s.* 일어날, 있을, 가능한.
olağan *s.* 범상의, 자주 있는, 통상적인.
olağanüstü *s.* 비범한, 특별의; 비상의; ~ hâl 비상사태.
olanak *is.* 가능성, 능력.
olanaklı *s.* 가능한, 있을수 있는
olanca kuvvetile *zf.* 있는 힘을 다하여.
olay *is.* 사건, 사고.
oldukça *zf.* 꽤, 제법.
olgun *s.* 익은; 성숙한; 노련한, 원숙한.
olgunlaşmak *f.* 익다, 숙성하다, 성숙하다; 노련해지다.
olgunluk *is.* 성숙, 숙성, 원숙, 노련.
olimpiyat *is.* 〔운동〕 올림픽대회.
olmak *f.* 있다; 되다; 이루다; 일어나다, 발생하다; 익다; (병에) 걸리다.
olmamış *s.* 덜익은, 되지 않은, 미완성의.
olmaz *s.* 불가(능)한, 안되는.
olmuş *s.* 된, 이루어진, 익은, 완성된.
olta *is.* 낚싯줄: ~ baliğı 낚싯고기; ~ iğnesi 낚시바늘; ~ yemi 낚시먹이, 낚시미끼.
oluk *is.* 홈통, 하수관, 배수관.
oluklu *s.* 홈이 파진; 홈통이 있는.
olumlu *s.* 긍정적; 낙관적; 〔문법〕 긍정의.
olumluluk *is.* 〔문법〕 긍정.
olumsuz *s.* 부정적; 〔문법〕 부정의.
olumsuzluk *is.* 〔문법〕 부정.
olunmak *f.* 되다, 이루어지다.
oluş *is.* 됨; 존재함, 있음, 발생; 형성, 성립, 구성.
oluşmak *f.* olmak의 상호형.
oluşum *is.* 〔지질〕 형성.
omlet *is.* (음식)계란 부침.
omurga *is.* 〔해부〕 척추(뼈), 등뼈, 척골; (배의) 용골; ana ~ 배의 주용골; içi ~ 배의 내용골; kontra ~ 배의 부용골; ~ kanalı 〔해부〕 척추관.
omurgalılar *is.* 〔생물〕 척추동물, 등뼈동물; aşağı ~ 〔생물〕 하등 척추동물; yüksek ~ 〔생물〕 고등 척추동물.
omurgasızlar *is.* 〔생물〕 무척추동물.
omurilik *is.* 〔해부〕 척수, 골수.
omuz *is.* 어깨, 견부; ~ silkmek 어깨를 으쓱하다.
omuzlamak *f.* 짊어지다, 매다; 어깨로 밀다.
on *is.* 열, 10; *s.* 열의.
ona *zm.* 그에게, 그사람에게, 그녀에게; 그것에.
onamak *f.* 승인하다, 찬성하다, 찬동하다.
onarmak *f.* 고치다, 수선하다, 보수하다.
onay *s.* 알맞는, 적합한.
onbaşı *is.* 〔군사〕 하사.
onda *is.* 십분의 일.
ondalık *is.* 십일조; 〔수학〕 십진급수; ~ Sayı Sistemi 십진법.
ondurmaz *s.* 치명적, 살인적.
ongun *s.* 무성한, 번성한; 번영의; 행복한; 축복의; *is.* 토템.
onikiparmak bağırsağı *is.* 〔해부〕 십이지장.

onma *is.* (건강)회복, 치유, 쾌유.
onmak *f.* (건강) 회복하다. 치유되다. 쾌유되다; 행복해지다.
onmaz *s.* 치유될수 없는, 불치의.
ons *is.* 무게의 단위 온스, 28.349그램.
onu *zm.* 3인칭 단수 목적격.
onun *zm.* 3인칭 단수 소유격.
onur *is.* 존엄, 위엄, 위풍; 명예, 영예.
onurlu *s.* 존엄한, 위엄있는; 명예로운, 영예의.
opera *is.* 〔음악〕 가극.
operasyon *is.* 〔의학〕 수술.
operatör *is.* 〔의학〕 외과의사; 기계조작 전문인.
optik *is.* 〔물리〕 광학.
optimist *is.* 낙천주의자.
ora *is.* 그곳.
orak *is.* (농기구)낫; 수확.
orakböceği *b. is.* 〔동물〕메뚜기.
orakçı *is.* 낫으로 곡식을 베는 일을 하는 사람.
oralı *s.* 그 고장사람의, 그 고장 출신인.
oramiral *b. is.* 〔군사〕 해군대장.
oran *is.* 크기, 비율, 비례.
orangutan *is.* 〔동물〕 성성이, 오랑우탄.
oranlı *s.* 비율의. 비례의.
oransız *s.* 비교가 안되는.
orantı *is.* 〔수학〕 대비, 비율.
orantılı *s.* 비례의, 비율의.
orası *zm.* 그곳.
oratoryo *is.* 〔음악〕 성담곡, 오라토리오.
ordinaryüs profesör *is.* 원로교수.
ordu *is.* 군대, 〔군사〕 군, 군단.
orduevi *b. is.* 〔군사〕 장교구락부.
ordugâh *is.* 〔군사〕 병영, 군영.
org *is.* 〔음악〕 오르간.
organ *is.* (생물의)기관; (사회조직의)기관.
organik *s.* 유기적; 기관의.
organizma *is.* 유기체, 유기물.
orgeneral *b. is.* 〔군사〕 육군대장.
orijinal *s.* 원물의, 원형의, 원본의; 독창적인, 신기한, 색다른.
orkestra *is.* 〔음악〕 오케스트라, 관현악단.
orkide *is.* 〔식물〕 난초.
orman *is.* 숲, 삼림.
ormancı *is.* 삼림전문가, 임업전문가; 삼림업자.
ormancılık *is.* 삼림업, 임업.
ormanlaşmak *f.* 삼림화하다.
ormanlık *is.* 숲지대, 삼림지대.
orospu *is.* 매춘부, 창부, 창녀.
orospuluk *is.* 매춘행위, 매춘업.
orta *is.* 가운데; 중간; 중심; 중앙; *s.* 가운데의; 중간의; 중심의; 중앙의; 중위의; 중류의; 보통의; 중급의; ~ Asya 〔지리〕 중앙아시아; ~ derece 중급, 중류, 보통정도; ~ Doğu 〔지리〕 중동(지역); ~da kalmak 사이에 끼이다; 자리를 잃다, 남다; ~ya atmak 제의하다, 제안하다; ~ya çıkmak 일어나다, 발생하다, 나타나다.
ortaç *is.* 〔문법〕 분사.
ortaçağ *b. is.* 〔역사〕 중세 (시대).
ortadamar *b. is.* 〔식물〕 나무잎의 가운데 줄기.
ortaelçi *b. is.* 〔외교〕 공사.
ortak *is.* 짝, 상대; 동업자; 공동, 동업; 합동; 공모; *s.* 공동의, 합동의, 동업의; 공모의; ~ bildiri 〔정치〕 공동성명; ~ iş 동업; ~ olmak 짝, 상대가 되다; 동업하다; 공동으로 되다; ~ sorumluluk 공동책임.
ortakçı *is.* 동업자.
ortakçılık *is.* 동업.
ortaklaşa *zf.* 공동으로, 합동으

로, 동업으로.
ortaklaşacılık *is.* 집산주의.
ortaklaşmak *f.* 공동화하다, 공유화하다; 동업하다.
ortaklık *is.* 동업; 상회, 회사, 상사; ~ yönetimi 〔정치〕 연립 내각(체제).
ortakulak *b. is.* 〔해부〕 중이.
ortakyaşama *b. is.* 〔생물〕 공생.
ortakyaşar *s.* 〔생물〕 공생의
ortalama *is.* 평균; *s.* 평균의.
ortalamak *f.* 가운데에 이르다; 가운데를 자르다, 반분하다.
ortalık *is.* 주위, 주변; ~ açılmak, ~ ağarmak 날이 새다, 날이 밝아지다; ~ kararmak 밤이 되다, 날이 어두워지다; ~ karışmak 혼란이 일어나다, 소동이 일어나다.
ortanca *is.* 가운데 아이, 가운데 것.
ortaokul *b. is.* 중학교.
ortaöğretim *b. is.* 중등교육.
ortaparmak *b. is.* 가운데 손가락, 장지, 중지.
ortodoks *s.* 〔종교〕 정설의, 정통파의.
Ortodoks *öz. is.* 〔종교〕 그리이스 정교도.
Ortodoksluk *öz. is.* 〔종교〕 그리이스 정교.
oruç *is.* 〔종교〕 금식; ~ açmak 금식을 끝내다; ~ bozmak 금식을 파기하다, 금식을 그만두다; ~ tutmak 금식하다, 금식을 지키다; ~ yemek 금식을 지키지 않다.
oruçlu *s.* 금식을 지키는.
oruçsuz *s.* 금식을 지키지 않는.
Osmanlı *öz. is.* 〔역사〕 오스만제국 사람; ~ İmparatorluğu 〔역사〕 오스만제국.
Osmanlıca *öz. is.* 〔역사〕 오스만어.
osurgan *s.* 방귀를 잘 뀌는.
osurma *is.* 방귀 뀌기.
osurmak *f.* 방구를 뀌다.
osuruk *is.* 방귀.
ot *is.* 〔식물〕 풀, 잡초.
otel *is.* 호텔, 여관.
otelci *is.* 여관 주인.
otelcilik *is.* 여관업, 숙박업.
otlak *is.* 풀밭, 초원, 목초지.
otlamak *f.* (짐승이) 풀을 먹다, 풀을 뜯다, 방목하다.
otlanmak *f.* otlamak의 재귀형.
otlatmak *f.* (짐승에게)풀을 먹이다.
otluk *is.* 풀밭, 풀이 많은 곳.
oto *is.* 자동차.
otobiyografi *b. is.* 자서전; 이력서.
otobüs *is.* 버스.
otobüsçü *is.* 버스 운전기사; 버스 운수업자.
otobüsçülük *is.* 버스 운수업.
otokrasi *is.* 〔정치〕 독재정치.
otokrat *is.* 〔정치〕 독재자.
otomat *is.* 자동제어, 자동조작.
otomatik *s.* 자동(제어)의, 자동적인; 기계적인.
otomobil *is.* 자동차.
otomobilcilik *is.* 자동차 매매업.
otonomi *is.* 〔정치〕 자치.
otoplasti *is.* 〔의학〕 (피부 이식 따위)자기조직 이식술.
otopsi *is.* 검시, 시체해부.
otorite *is.* 권위, 위신.
otostop *is.* 지나가는 자동차에 편승하여 여행 하기.
oturacak *is.* 앉을 곳, 앉는데 소용되는 물건.
oturak *is.* 요강, (애기 및 환자를 위한 간이)변기; (물건의) 바닥; (배의)사공이 앉는 자리; *s.* 앉은뱅이의.
oturmak *f.* 앉다, 앉아있다; 거주하다, 살다; 머물다, 체류하다; 쉬다; 기울다, 비뚤어지다; 맞다, 알맞다.
oturtmak *f.* oturmak의 사역형.
oturum *is.* 회의, 개회, 개정; açık

～ 공개회의; kapalı ～비밀회의.

otuz *is.* 삼십; *s.* 삼십의; ～ bir 〔속어〕 수음; ～ bir çekmek 〔속어〕 수음하다.

otuzar *s.* 설혼(개)씩의, 삼십(개)씩의.

otuzuncu *s.* 설혼번째의, 삼십번째의.

ova *is.* 초원, 들, 평원.

ovalamak *f.* (잘게) 부수다, 분쇄하다.

ovmak *f.* 손으로 눌러 문지르다.

ovuşturmak *f.* 서로 맞붙여 문지르다.

oy *is.* 투표; 표결; 의견, 견해, 관점, 착상; beyaz ～ 찬표; kırmızı ～반대표, 부표; ～birliği만장일치; ～ pusulası 투표용지; ～ sandığı 투표함; ～ vermek 투표하다; 찬성하다; ～a koymak 표결에 부치다; yeşil ～ 기권표.

oya *is.* 장식 술

oyacı *is.* 장식 술을 만드는 사람, 장식 술을 파는 사람.

oyalamak *f.* 장식 술을 달다, 술로 장식하다; 환심을 사다, 관심을 끌게 하다.

oyalı *s.* 술이 달린.

oydaş *s.* 동지의, 같은 뜻을 가진, 견해를 같이 하는.

oylamak *f.* 표결하다, 투표하다; 표결에 부치다.

oyluk *is.* 넓적다리.

oylum *is.* 크기, 부피, 용적, 체적.

oyma *is.* 조각, 조소; 조각품; *s.* 조각의, 각의.

oymacı *is.* 조각가.

oymacılık *is.* 조각 술.

oymak *f.* 새기다, 각하다, 조각하다.

oynak *s.* 움직이는, 흔들거리는; 동요하는; 결정되지 않는; 경박한; ～ kemiği 〔해부〕 슬개골.

oynamak *f.* 놀다; 놀이하다; (운동)하다; 움직이다, 동요하다, 흔들거리다; (동물을) 놀리다; 가지고 놀다.

oynaşmak *f.* 함께 놀다.

oynatılmak *f.* oynatmak의 수동형.

oynatmak *f.* 놀게하다; 운동시키다; 흔들어보다; 움직여보다.

oysa, oysaki *bağ.* 그러나, …임에 반하여, 그럼에도 불구하고.

oyuk *s.* 우묵한, 속이 빈, 움푹패인; *is.* 움푹 패인 곳, 움푹패인 물건.

oyulga *is.* 시침질, 가봉.

oyulgalamak, oyulgamak *f.* 시침질하다, 꿰매다.

oyun *is.* 게임; 장난; 놀이.

oyuncak *is.* 장난감.

oyuncu *is.* 놀이 하는 사람; 경기자; 도박꾼; futbol ～su축구선수.

oyuntu *is.* 구멍; 굴, 동굴.

ozan *is.* 시인.

ozon *is.* 〔화학〕 오존.

Ö, ö

Ö, ö 터어키어 자모의 열 아홉번째 글자.
öbek *is.* 무더기, 떼.
öbür *s.* 다른; 이외의; 다음의; ~ dünya 저승.
öç *is.* 앙갚음, 보복, 복수; ~ almak, ~ çıkmak 앙갚음하다, 보복하다, 복수하다, 원수를 갚다.
öd *is.* 〔해부〕 쓸개, 담낭; 용기, 담력.
ödağacı *b. is.* 〔식물〕 침향.
ödeme *is.* 지불; 변상, 상환, 보상, 변제; ~ emri 지불명령; ~ kabiliyeti 〔경제〕 지불 능력, 변제 능력; ~lerin tatili 지불정지.
ödemek *f.* 갚다, 보상하다, 상환하다.
ödemeli is. 〔무역〕 대금교환도 조건.
ödenek *is.* 예산(금액); 특별수당.
ödev *is.* 임무, 의무; 숙제, 과제, 과업.
ödlek *s.* 겁이 많은, 겁장이의.
ödül *is.* 상, 상장, 상품.
ödün *is.* 보상.
ödünç *s.* 빚의, 대부의; *zf.* 차용으로; ~ almak 빚을 얻다, 대부받다, 빌리다; ~ para 대부금; ~ vermek 빌려주다, 빚을 주다, 대여하다.
öfke *is.* 성, 화, 분노, 노기.
öfkeci *s.* 성을 잘 내는.
öfkelendirmek *f.* 화나게하다, 노하게하다.
öfkelenmek *f.* 화내다, 성내다 노하다.
öfkeli *s.* 성난, 화난, 노한.
öğe *is.* 요소, 성분; 분자.
öğle *is.* 정오, 도정; ~den evvel 오전에; ~den sonra 오후에.
öğlende, öğleyin *zf.* 낮에, 정오에.
öğrenci *is.* 학생, 생도, 제자, 문하생.
öğrencilik *is.* 학창시절; 학생신분.
öğrenme *is.* 배움; 학문; 교육.
öğrenmek *f.* 알다; 배우다, 습득하다; 소식을 듣다.
öğreti *is.* 학설; 교훈; 교외, 교리.
öğretici *s.* 교육적.
öğreticilik *is.* 교육, 가르침, 훈도.
öğretim *is.* 교육; ~ kolları 교육과목; ~ kurulu 교무회.
öğretmek *f.* 가르치다, 훈도하다, 교육하다.
öğretmen *is.* 선생, 교사, 교육자, 훈장, 훈도.
öğretmenlik *is.* 교직생활; 교직자 신분.
öğün *is.* 끼니.
öğüt *is.* 충고, 충언, 권고; ~ vermek 충고하다.
öğütçü *is.* 충고자.
öğütlemek *f.* 충고하다, 충언하다, 권고하다.
öğütmek *f.* 갈다, 가루로 만들다, 부수다.
öğütücü *s.* 부수는, 가루로 만드는, 으깨는; ~ dişler 어금니.
ökçe *is.* (신발의)굽, 뒤축.
ökçeli *s.* 굽이 있는, 뒤축이 있는; alçak ~ 낮은 굽의; yük-

sek ~ 높은 굽의.
ökçesiz *s.* 굽이 없는, 뒤축이 없는.
öksürme *is.* 기침(하기).
öksürmek *f.* 기침하다.
öksürük *is.* 기침; kuru ~ 마른 기침; ~ ilacı 기침약.
öksürüklü *s.* 기침을 많이 하는.
öksüz *s.* 고아가 된; 어머니를 잃은.
öküz *is.* 〔동물〕황소; ~ arabası 우마차; ~ damı 마굿간.
ölçek *is.* 자, 도량형기, 저울; 〔지리〕 축척.
ölçekli *s.* 축적의; ~ harita 〔지리〕 축척도.
ölçmek *f.* 재다, 측정하다, 측량하다.
ölçü *is.* 측량; 치수, 단위, 분량, 크기, 무게, 길이; ~ almak측량하다, 재다.
ölçülü *s.* 잰, 측량한, 측량된; 온건한, 적당한, 지나치지 않는.
ölçüsüz *s.* 정도가 지나친; *zf.* 되는데로, 신중함이 없이.
öldürmek *f.* 죽이다, 살해하다.
öldürtmek *f.* 죽이게 하다, 살해를 조종하다.
öldürücü *s.* 살인적, 치명적.
ölmek *f.* 죽다, 사망하다; (식물이)시들다; 심하다; 통용되지 않다.
ölmez *s.* 죽지 않는, 불사의, 불멸의.
ölü *s.* 죽은, 생명이 없는; 기운이 없는; 사용되지 않는, 불통의; *is.* 주검, 시체, 시신; (동물의)시체; ~ dalga 약한 파도; ~ deniz 잔잔한 바다; ~ fiyatına 헐값에.
ölüm *is.* 죽음; ~ kalım meselesi 생사문제; ~ tehlikesi 치명적 위험.
ömür *is.* 평생, 생애; ~ adam 재담을 잘 하는 사람.
ömürlü *s.* 생명이 긴, 오랜생애의.
ömürsüz *s.* 생명이 짧은.
ön *is.* 앞, 전(방); (가까운 미래)오는; *s.* 앞의, 전(방)의; ~e düşmek 앞에서 걷다; ~e sürmek 방패로 삼다; 주장하다; ~üne arkasına bakmadan 앞뒤를 가리지 않고, 잘 생각하지 않고; ~ünü almak 막다; ~ünü kesmek 길을 가로막다.
önayak *b. is.* 선봉(장), 개척자.
önbilgi *b. is.* 예비지식.
önce *zf.* 처음으로, 먼저, 앞서; *is.* 첫 부분, 첫 머리, 모두; ilk ~ 제일 먼저, 처음에.
önceden *zf.* 처음에, 처음부터, 이전에.
önceki *s.* 먼저의, 앞서의.
öncü *is.* 선발대; 〔군사〕전위(대).
öndelik *is.* 선금.
önder *is.* 지도자, 영수, 영도자, 지휘자.
önderlik *is.* 지도자 직, 영도자 역.
önek *b. is.* 〔문법〕 접두어.
önem *is.* 중요, 중대, 중요성, 중대성.
önemli *s.* 중요한, 중대한, 요긴한.
önemsemek *f.* 중요하게 여기다.
önemsiz *s.* 중요치 않는, 중대치 않은.
önerge *is.* 건의서, 제의서, 서면제안.
öneri *is.* 안, 제안, 제의, 건의, 발의.
önerme *is.* 〔논리〕 전제; büyük ~ 대전제; küçük ~ 소전제.
önermek *f.* 제안하다, 제의하다, 건의하다, 발의하다.
önerti *is.* 〔논리〕 가언적 판단의 전건.
öngörmek *f.* 고려하다; 예견하다.
öngörü *b. is.* 예견, 선견지명, 예측.
öngörülü *s.* 예견되는, 예측되는, 선견지명의.

önkol *b. is.* 〔해부〕 팔뚝, 전완, 전박.
önlemek *f.* 막다, 저지하다, 억제하다; 방지하다, 예방하다.
önlenmek *f.* 저지되다, 억제되다, 방지되다.
önleyici *s.* 막는, 저지하는, 억제하는, 방지하는.
önlük *is.* 에이프론, 앞치마, 행주치마; 턱받이; 가운, 실습복.
önsel *s.* 〔철학〕 선험적.
önsöz *b. is.* 머릿말, 서언.
öntakı *b. is.* 〔문법〕 전치사.
öntasar *b. is.* 초안, 초고.
öpmek *f.* 입 맞추다.
öptürmek *f.* 입 맞추게 하다.
öpücük *is.* 입맞춤.
öpüşmek *f.* öpmek의 상호형.
ördek *is.* 〔동물〕 오리; 요강.
örf *is.* 습관, 관습.
örfî *s.* 습관적, 관습적; ~ idare 계엄령; ~ idare ilân etmek 계엄령을 선포하다.
örgen *is.* (생물의) 기관.
örgü *is.* 뜨개질; 편물, 뜨개것; 땋은 머리; 〔해부〕 (신경·혈관의) 망상조직.
örgüt *is.* 조직, 기관, 기구, 단체.
örgütlemek *f.* 조직화하다.
örgütlenmek *f.* 조직하다.
örmek *f.* (그물을) 뜨다; 뜨개질하다; 엮다; (구멍을) 꿰매다; (머리를) 땋다; (줄을) 꼬다.
örneğin *zf.* 가령, 가사, 예로서, 예하면.
örnek *is.* 본보기, 형, 본, 견본, 예; ~ almak 본받다, 본보다; ~ olay 실례, 표본적 사건; ~ olmak 예가 되다. 선례가 되다, 본보기가 되다.
örneklemek *f.* 예를 들다.
örneklik *s.* 견본의.
örs *is.* 모루, 철침.
örselemek *f.* 거칠게 다루다, 망쳐놓다. 부셔버리다, 손상하다; 지치게하다, 기운을 빼다.
örtmek *f.* 싸다, 덮다. 씌우다.
örtü *is.* 덮개, 씌우개, 보, 보자기; 면사포.
örtülmek *f.* örtmek의 수동형.
örtülü *s.* 덮개가 있는; 덮어진, 씌운.
örtünmek *f.* örtmek의 재귀형.
örtüsüz *s.* 덮개가 없는.
örümcek *is.* 〔동물〕 거미; ~ ağı 거미줄; ~ bağlamak 거미줄을 치다.
örümceklenmek *f.* 거미줄을 치다.
öt *is.* 쓸개; 용기 담력; ~ kavuğu 담낭; ~ kesesi 담낭; ~ kopmak 깜짝 놀라다. ~ taşları 담석.
öte *is.* 다른 것, 딴것, 딴 사람; 나중 것; 다른 곳; *s.* 다른, 건너편의; ~den beri 옛날부터, 그전부터.
öteberi *b. is.* 잡동사니, 이것저것, 여러가지.
öteki *zm.* 다른 것, 딴것; *s.* 다른 것의, 딴 것의.
ötmek *f.* (새가) 지저귀다; (취주악기) 소리나다; 메아리치다.
ötre *is.* 아랍어 문자중 자음을 o, ö, u, ü 등 원구모음으로 발성하기 위한 기호.
ötürü *e.* 때문에, 이유로.
ötüş *is.* (새의) 지저귐.
övgü *is.* 칭찬, 찬양, 찬미; 아첨, 아부, 감언.
övme *is.* 칭찬, 찬양.
övmek *f.* 칭찬하다, 찬양하다, 좋게 말하다, 장점을 말하다.
övünme *is.* 자화자찬, 자기자랑.
övünmek *f.* 자화자찬하다, 자기자랑하다.
öyle *s.* 그와 같은, 그러한; *zf.* 그렇게, 그와 같이.
öylece *zf.* 그렇게, 그와같이.
öz *is.* 참, 진, 본질, 정수; *s.* 참된, 순수한; 사실상의, 진짜

의; ~ kardeş 친형제; ~ Türkçe 순수 터어키어.

Özbek *öz. is.* 중앙아시아에 분포한 한 터어키계 부족, 우즈베크.

Özbekçe *öz. is.* 우즈베크 터어키어.

özdeyiş *b.is.* 경구, 금언, 명언.

özel *s.* 특수한, 특별한, 고유한, 고유의; 사적, 개인적; 사립의, 사설의; ~ ad〔문법〕고유명사; ~ okul 사립학교.

özellik *is.* 특(수)성, 특징, 특색.

özellikle *zf.* 특히, 특별히.

özen *is.* 세심, 노력, 고통.

özenmek *f.* 주의를 기울이다; 애쓰다, 노력하다; 정성을 들이다.

özensiz *s.* 부주의한, 정성이 없는.

özerkli *s.* 자치의.

özerklik *is.* 자치제; 자치권.

özet *is.* 요약.

özetlemek *f.* 요약하다.

özgeçmiş *is.* 경력, 이력, 이력서.

özgür *s.* 자유의, 자유로운; 자주의, 독립의; 속박없는, 한가한; 면제된, 면역의; 자치적, 자율적, 자발적, 독립한; *is.* 자유; ~ bölge 자치구역.

özgürlük *is.* 자유, 자치, 독립, 자주, 자율.

özlem *is.* 그리움; 사모, 선망.

özlemek *f.* 그리워하다.

özletmek *f.* 그리워하게하다.

özlü *s.* 정수의, 핵심의.

özne *is.*〔문법〕주어;〔철학〕주체, 자아.

öznel *s.*〔철학〕주관적.

özsu *is.* 즙, 액.

özümleme *is.*〔생물〕동화, 동화작용.

özümlemek *f.* 동화하다.

özümlenmek *f.* 동화되다.

özür *is.* 결점, 약점; 사과; ~ bulmak 변명하다, 구실을 찾다; ~ dilemek 사과하다, 용서를 빌다; ~ olmak 핑계대다.

özürlü *s.* 결함있는, 불완전한.

özürsüz *s.* 완전한, 결점없는; *zf.* 구실이나 변명 핑게없이.

özveri *b. is.* 희생.

özverili *s.* 희생적, 헌신적.

P, p

P, p 터어키어 자모의 스무번째 글자.

p 〔화학〕 인의 원소기호.

pabuç *is.* (목 없는) 신발; 구두; (건물 기둥의) 바닥 부분.

pabuççu *is.* 신발 제조업자; 신발 판매상; 신발을 벗고 출입하는 곳에서 신발을 돌보는 사람.

pabuççuluk *is.* 신발 제조업.

pabuçluk *is.* 신발을 벗어 두는 곳.

pabuçsuz *s.* 신발이 없는; ～ kaçmak 급히 떠나가다.

paça *is.* (음식) 족탕; (옷) 바짓가랑이의 아랫 부분.

paçagünü *b. is.* 결혼식 다음날.

paçavra *is.* 넝마, 천조각; 쓸모없는 물건.

paçavracı *is.* 넝마주이.

padavra *is.* 널빤지.

padişah *is.* 〔역사〕 지배자, 통치자, 회교국 군수.

padişahlık *is.* 회교국 군주제, 왕정, 왕국, 제국.

pafta *is.* (마구 등의) 금속장식물; 큰 반점; 대형 지도의 작은 부분.

pagan *is.* 〔종교〕 우상 숭배자; *s.* 우상숭배의.

paganizm *is.* 〔종교〕 우상숭배.

pagoda *is.* 〔건축〕 탑.

paha *is.* 값, 가치, 가격; ～ biçilmez 너무 비싼, 값이 없는; ～ya çıkmak 값이 오르다, 비싸지다.

pahalanmak *f.* 값이 오르다.

pahalı *s.* 비싼, 가격이 높은.

pahalılaşmak *f.* 값이 오르다, 비싸지다.

pahalılık *is.* 높은 값, 고가.

pak *s.* 깨끗한, 청결한.

paket *is.* 묶음, 꾸러미; 포장; 상자, (담배 등의) 곽; 소포; ～ postanesi 소포 취급 우편국; ～ postası 소포우편; ～ yapmak 묶다, (짐을) 꾸리다, 포장하다, 싸다.

paketlemek *f.* 포장하다, 꾸러미를 만들다.

paklamak *f.* 깨끗이 하다, 청소하다.

paklık *is.* 청결, 청정.

pakt *is.* 〔정치〕 협정, 조약.

pala *is.* 긴칼.

palabıyık *b. is.*, b. s. 숱이 많고 긴 수염(을 한)

palamar *is.* (배를 매는) 밧줄.

palamut ①*is.* 〔어류〕 전갱이.

palamut ②*is.* 〔식물〕 도토리(나무).

palanka *is.* 나무와 흙으로 쌓고 주변에 도랑을 파서 적의 공격을 막도록 만든 성.

palavra *is.* 빈말, 헛된 말, 거짓 약속, 과장된 말; ～ savurmak, ～ sıkmak 과장하여 말하다, 허풍떨다.

palavracı *is.* 빈말장이, 허풍선이; *s.* 허풍을 잘 떠는.

palavracılık *is.* 허풍.

paleontoloji *is.* 고생물학.

paleozik *is.* 〔지질〕 고생대; *s.* 고생대의.

palmiye *is.* 〔식물〕 종려나무.

palto *is.* 외투.

pamuk *is.* 〔식물〕 목화, 면화; 솜; 면, 면직물; ～ ipliği 면사.

pamuklu *s.* 면직물의; 솜의; 솜

이 들어있는.

pampa *is.* 남아메리카의 초원지대.

pan-Afrikanizm *is.* 범아프리카주의.

Panama *öz. is.* 〔국명〕 파나마; ~ kanalı *öz. is.* 〔지리〕 파나마 운하.

panama *is.* 파나마 모자.

Panamalı *öz. is.* 파나마사람; *s.* 파나마 모자를 쓴.

pan-Arabizm *is.* 범아랍주의.

panayır *is.* 박람회.

pancar *is.* 〔식물〕 사탕무우; 〔식물〕 근대.

panik *is.* 공포; ~ çıkarmak 공포를 일으키다; ~ çıkmak 공포가 일다; ~ halinde 공포 분위기에서.

pan-İslamizm *is.* 범이슬람주의.

panjur *is.* 채광 조절 셔터; 덧창, 덧문.

pankreas *is.* 〔해부〕 췌장.

pano *is.* 족자, 액자.

panorama *is.* 전경, 파노라마.

pansiyon *is.* 하숙집; 기숙사.

pansiyoncu *is.* 하숙집 주인, 하숙집 경영인; 기숙사 경영인.

pansiyonculuk *is.* 하숙업; 기숙사 경영.

pansiyoner *is.* 하숙생; 기숙사생.

panteist *is.* 〔철학〕 범신론자.

panteizm *is.* 〔철학〕 범신론.

pantolon *is.* 바지.

pantoloncu *is.* 바지 만드는 사람.

pantufla *is.* 짐승의 털로 만든 실내화.

panzehir *b. is.* 해독제, 해독약.

papa *is.* 〔종교〕 천주교의 교황.

papağan *is.* 〔조류〕 앵무새; ~ gibi ezberlemek 뜻을 모르고 외우기만 하다.

papağanlık *is.* 외워서 말하기.

papalık *is.* 로마교황의 지위; 교황권; 교황청; 교황청국.

papatya *is.* 〔식물〕 카밀레; 데이지, 들국화

papaz *is.* 기독교 성직자; 트럼프 놀이의 킹 카아드.

papirüs *is.* 〔식물〕 파피루스, 옛 이집트의 제지 원료.

papyekuşe *is.* 아아트지, 그림 인쇄용지.

papyon kravat *is.* 나비넥타이.

para *is.* 돈, 화폐; kaç ~? (값이)얼마냐?; ~ arzı *is.* 〔경제〕 통화량; ~ bozmak 잔돈 바꾸기; 잔돈을 바꾸다; ~ cezası 벌금형; ~ çekmek 돈을 인출하다; ~ etmek …의 값어치가 되다; ~ etmemek 값어치가 없다; ~ şişkinliği 통화팽창, 인프레이션; ~ yatırmak 예금하다; 투자하다; ~nın satınalma gücü 〔경제〕 구매력.

parabol *is.* 〔수학〕 포물선.

parabolik *s.* 〔수학〕 포물선의.

paradoks *is.* 역설, 파라독스.

paraf *is.* 약식 서명.

parafe *s.* 약식 서명을 한; ~ etmek 약식 서명을 하다.

parafin *is.* 〔화학〕 파라핀, 파라핀유, 지랍.

paragöz *s.* 돈을 지나치게 좋아하는.

paragraf *is.* (문장의) 단락, 절.

parakete *is.* 〔해양〕 배의 속도 측정기.

paralamak *f.* 찢다, 조각내다.

paralanmak *f.* 부자가 되다, 돈을 벌다; 찢기다, 조각나다.

paralatmak *f.* paralamak의 사역형.

paralel *s.* 〔수학〕 평행의; *is.* 평행선, 평행물; ~ daireleri 날줄, 경선.

paralı *s.* 돈이 있는, 부자의; 유료의.

paramparça *s.* 산산조각난.

parantez *is.* 괄호, 묶음표; ~ içinde 괄호속에, 묶음표속에.

parapet *is.* 뱃전 난간, 갑판주 위의 파도를 피하기 위한 뱃전; 창틀 외부의 장식용 돌출누(난간).
parasız *s.* 돈이 없는; 가난한; 무료의.
parasızlık *is.* 가난.
paraşüt *is.* 낙하산.
paraşütçü *is.* 낙하산을 타고 내리는 사람; 〔군사〕 낙하산 병, 공수부대원; ~ kıtalar 〔군사〕 낙하산 부대, 공수부대.
paraşütçülük *is.* 공수; 낙하술.
paravana *is.* 병풍; 칸막이.
parazit *is.* 기생물; (라디오의) 잡음, 혼선; *s.* 기생의, 기생하는.
parazitoloji *is.* 기생충학.
parça *is.* 조각, 박편, 파편; 부분; 부품; 한덩어리; 〔음악〕곡, 소절.
parçacı *is.* 자투리 포목상; 기계 부품상.
parçalamak *f.* 쪼개다, 조각내다, 깨뜨리다.
parçalanmak *f.* 쪼개지다, 조각나다, 깨어지다.
parçalı *s.* 조각난, 파편의, 박편의, 부분의; ~ bohça 여러 조각을 이어 만든 보자기.
pardon *ünl.* 용서하십시요, 실례합니다, 죄송합니다; ~ demek 용서를 구하다, 사과하다.
pardüsü *is.* 가벼운 덧옷, 가벼운 외투.
parfüm *is.* 향수, 향료.
parfümeri *is.* 향수상, 향료상.
parıl parıl *zf.* 반짝반짝, 번쩍번쩍.
parıldamak *f.* 반짝이다, 반짝거리다, 빛나다.
parıldatmak *f.* 반짝이게 하다.
parıltı *is.* 빛남, 반짝임, 광채.
Paris *öz. is.* 〔지명〕 불란서의 수도, 파리.
Parisli *öz. is.* 파리사람.
park *is.* 공원; 주차; ~ yapmak 주차하다; ~ yeri 주차장.
parke *is.* (마루를 잇는) 조각나무; 조각나무 세공을 한 마루.
parlak *s.* 빛나는, 반짝이는, 윤나는, 광이나는; 재기발랄한, 영리한, 똑똑한.
parlaklaşmak *f.* 반짝거리다; 반짝거리게되다.
parlaklık *is.* 윤, 광택, 반짝임.
parlama *is.* 반짝임, 빛남.
parlamak *f.* 반짝이다, 빛나다, 윤이 나다, 광이 나다, 광택이 나다, 번쩍거리다.
parlâmento *is.* 〔정치〕 의회, 국회; ~ demokratik rejimi 〔정치〕 의회민주주의 제도.
parlatmak *f.* 반짝거리게 하다, 광이나게 하다, 빛나게하다.
parmak *is.* 손가락; (수레바퀴의)살; 손가락 길이 만큼의 크기; 간섭, 개입; ayak ~ı 발가락; küçük ~ 새끼 손가락; ~ atmak 문제를 일으키다; ~ basmak 주의를 끌다; 지문을 찍다; ~ hesabı 손가락으로 헤아리는 셈; ~ ısırmak 놀라다, 경악하다; ~ izi 손자국, 지문자국; ~ kadar 아주 작은; ~ kaldı 아주 조금 남다; ~ını sokmak 간섭하다, 개입하다; ~larını yemek 음식이 대단히 맛이 좋다.
parmakçı *is.* 난간, 철책 만드는 사람; 선동하는 사람.
parmaklamak *f.* 손가락으로 먹다.
parmaklık *is.* 난간, 막대기형 울타리; demir ~ı 철책.
parola *is.* 〔군사〕 암호, 군호.
parsa *is.* 노천 흥행에 대해 군중으로 부터 거두어 들이는 돈.
parsel *is.* 특별 용도를 위해 구획된 토지.
parsellemek *f.* 구획하다, 구획 정리하다.

parşömen *is.* 양피지; 모조 양피지.
parti *is.* 당, 정당; 당파, 그룹, 무리, 떼; 모임, 회, 파아티, 연회.
partili *is.* 당원, 정당원.
partizan *is.* 유격병, 빨치산; *s.* 당파심이 강한.
partizanlık *is.* 당파심; 유격.
pas ① *is.* 흠, 불결, 녹; ~ tutmak 녹슬다.
pas ② *is.* (구기 운동경기의) 송구, 패스.
pasak *is.* 불결물, 오물.
pasaklı *s.* 더러운, 불결한.
pasaport *is.* 여권.
paskalya *is.* 〔종교〕 (기독교의) 부활절; ~ yumurtası 부활절 붉은 색칠한 계란.
paslanmak *f.* 불결해지다, 녹이 슬다.
paslanmaz *s.* 얼룩지지 않는, 녹슬지 않는.
paslatmak *f.* 녹슬게하다.
paslı *s.* 얼룩진, 녹슨.
paso *is.* 정기 승차권.
paspas *is.* 현관 매트, 신흙털개.
pasta *is.* 양과자, 케이크.
pastacı *is.* 양과자상.
pastacılık *is.* 양과자업.
pasta(ha)ne *is.* 양과자점.
pastırma *is.* 훈제한 쇠고기의 일종; ~ yazı (가을에 오는) 늦더위.
pastırmacı *is.* 파스트르마를 파는 사람 또는 만드는 사람.
pastörize *s.* 저온살균한.
paşa *is.* 〔고어〕 장군.
paşalık *is.* 장군직; 〔역사〕 장군의 관할 구역.
paşmak *is.* 신발.
pat ① *s.* 평평한, 낮은; ~ burun 낮은 코.
pat ② (딱딱한 물건으로 두드릴 때 나는) 딱소리.
pata *is.* 비김, 맞비기기, 무승부.
patak *is.* 때림, 침, 타격.
pataklamak *f.* 때리다, 치다.
pataklanmak *f.* 얻어맞다.
patates *is.* 〔식물〕 감자.
patavatsız *s.* 지각없는, 분별없는, 아무렇게나 행동하는.
patavatsızlık *is.* 무분별한 태도나 행동; 지각없는 행동.
paten *is.* 〔운동〕 스케이트(기구); 로울러 스케이트(기구).
patent(a) *is.* 특허(권).
patırdamak *f.* 발을 굴러 소리내다.
patırdatmak *f.* 발을 굴러 소리 내게하다.
patırtı *is.* 발구르는 소리.
patik *is.* 애기 신발.
patika *is.* 오솔길, 소로, 작은길.
patinaj *is.* 〔운동〕 스케이트; 미끌어짐.
patlak *s.* 터진, 폭발한; ~ vermek 갑자기 노출되다, 돌발하다.
patlama *is.* 폭발, 터짐.
patlamak *f.* 터지다, 폭발하다, 깨지다.
patlangıç *is.* 장난감총.
patlatmak *f.* 터지게하다, 깨뜨리다, 폭발시키다.
patlayıcı *s.* 폭발(성)의; ~ madde 폭발성 물질.
patlıcan *is.* 〔식물〕 가지; ~ musakka 가지 찜음식의 일종.
patrik *is.* 〔종교〕 (희랍 정교의) 대주교.
patrikhane *b. is.* 〔종교〕 대주교 관저.
patriklik *is.* 〔종교〕 대주교직.
patron *is.* 상점주인, 회사의 사장, 회장, 이사장.
pavyon *is.* 누(각), 정(자), 별관; 야간 사교클럽, 나이트클럽.
pay *is.* 몫, 배당 몫; 부분, 등분; 〔수학〕 피제수; ~ etmek 나누다, 배분하다; ~ vermek 말대꾸하다; ~ını almak 꾸중

듣다.
payda *is.* 〔수학〕 나누는 수, 분모, 제수.
paydaş *is.* 주주; 참가자.
paydaşlı 주주의; 공동 소유의.
paydaşlık *is.* 주주의 지위; 참여, 공동소유.
paydos *is.* 작업중지, 작업종료.
payitaht *b. is.* 서울, 수도, 국도.
paylamak *f.* 꾸짖다, 나무라다, 꾸중하다.
paylaşmak *f.* 서로 나누다, 함께 나누다.
paylaştırmak *f.* 몫을 나누어주다.
paylatmak *f.* 꾸중듣게 하다.
paytak *s.* 안짱다리의; *is.* (장기의) 병졸; ~ yolu 샛길, 옆결.
payton *is.* 쌍두 4륜 마차.
pazar *is.* 일요일; (노천) 시장; 장터; 매매.
pazargünü *zf.* 일요일날에.
pazarlaşmak *f.* 흥정하다.
pazarlık *is.* 흥정, 거래, 매매.
pazarlıksız *s.* 흥정없는, 정가의; ~ satış 정가판매, 고정가격판매.
pazartesi *is.* 월요일.
pazı ① *is.* 〔식물〕 근대.
pazı ② *is.* 〔해부〕 상박.
peçe *is.* 얼굴을 가리는 수건, 면사포.
peçelemek *f.* 위장하다.
peçeli *s.* 수건으로 얼굴을 가린, 면사포를 쓴.
peçete *is.* (식탁용) 나프킨.
pedagog *is.* 교사, 교육자.
pedagoji *is.* 교육학; 교수법.
pedal *is.* 발로 작동하는 기구의 발판.
peder *is.* 아버지, 부친.
pedoloji *is.* 아동학, 유아학.
pehlivan *is.* 〔운동〕 레스링선수; 씨름꾼, 씨름선수; 장사.
pehriz *is.* 음식을 절약하여 먹음, 절식; ~ tutmak 절식하다.
pehrizli *s.* 절식하는.
pek *zf.* 아주, 더단히, 매우, 많이, 극히, 지극히, 퍽; *s.* 딱딱한, 튼튼한, 견고한; ~ çok 아주 많이, 매우 많이, 대단히많이; ~ iyi 아주 좋게, 대단히 좋게, 우수하게; (점수, 등급 따위의) 우수.
pekâlâ *zf.* 좋다, 됐다, 대단히 좋다; *s.* 아주 좋은.
peki *zf.* 됐어! 좋아!
Pekin *öz. is.* 〔지명〕 북경.
Pekince *öz. is.* 북경말.
Pekinli *öz. is.* 북경사람.
pekişmek *f.* 딱딱해지다, 견고해지다; 죄다, 압박하다.
pekiştirme *is.* 〔문법〕 뜻을 강조해 주는 말, 강의어.
pekiştirmek *f.* pekişmek의 사역형.
peklik *is.* 변비.
pekmez *is.* 포도조청, 과일물엿.
pekmezci *is.* 과일물엿업자.
pekmezli *s.* 과일물엿의, 과일물엿이 들은.
peksimet *is.* 얇게 쓸어서 구운 빵, 비스켓.
pelerin *is.* 소매없는 외투, 어깨망토.
pelte *is.* 젤리과자; 우무, 젤리 모양의 것.
peltek *s.* 혀짜래기 소리의.
pelteklesmek *f.* 혀짜래기가 되다.
pelteklik *is.* 혀짜래기 소리.
pembe *s.* 분홍색의, 분홍의; *is.* 분홍, 분홍색; ~ görmek 낙관하다.
pembemsi *s.* 분홍빛을 띤.
penaltı *is.* 〔운동〕 반칙의 벌점.
pencere *is.* 창문, 창; ~ camı 창유리; ~ çerçevesi 창틀.
pencereli *s.* 창문이 있는, 창문을 구비한.
penceresiz *s.* 창문이 없는, 창

문을 구비치 않은.
pençe *is.* (맹수의)발톱; (구두의)징; ~ ~알록달록; ~ vurmak 구두징을 달다.
pençelemek *f.* (발톱으로) 할퀴다, 찢다, 움켜쥐다.
pençeleşmek *f.* 알록달록 얼룩이 생기다; 서로 할퀴다.
pençeli *s.* 발톱이 달린; 큰 얼룩의.
penguen *is.* 〔조류〕 펭귄.
penisilin *is.* 〔의약〕 페니실린.
pepe *s.* 말을 더듬는, 말더듬이의.
pepelemek *f.* 말을 더듬다.
pepelik *is.* 말더듬기.
per *is.* 날개, 깃, 팔.
perakende *s.* 흩어진, 분산된; 〔상업〕 소매의.
perakendeci *is.* 〔상업〕 소매상인, 영세상인.
perçin *is.* 대갈 못.
perçinlemek *f.* 대갈 못을 박아 고정시키다.
perçinli *s.* 대갈 못을 박은.
perdah *is.* 광택; ~ vurmak 광택을 내다.
perdahlamak *f.* 닦다, 윤을 내다.
perdahlı *s.* 윤이 나는, 광택이 나는.
perdahsız *s.* 윤이 나지 않는, 광택이 없는.
perde *is.* 막, 휘장, 장막, 커어튼; (연극의)막; ~ arkasında 비밀히, 은밀히, 내밀하게.
perdelemek *f.* 막을 치다, 커어튼을 치다; 가리다.
perdeli *s.* 막을 친, 커어튼을 내린; 가려진; (연극)…막으로 구성된.
perdesiz *s.* 막이 없는, 커어튼이 없는; 부끄러움이 없는.
perende *is.* 재주 넘기, 공중제비; ~ atmak 공중제비를 넘다.
perese *is.* (미장공. 석공 등이 수직·수평을 맞추기 위해 사용하는)추를 단 줄; 상태, 사정, 상황.
pergel *is.* (제도용)콤파스.
perhiz *is.* pehriz와 같음.
peri *is.* 요정, 선녀; ~ gibi 아주 아름다운.
perihastaliği *b. is.* 간질병.
periskop *is.* (잠수함의)잠망경.
perişan *s.* 흩어진, 산재한; 혼란한, 혼잡한, 무질서한, 어지러운, 흐트러진; ~ bir halde 크게 당황한 상태로, 어지러운 상태로; ~ etmek 흩으러버리다, 혼란케하다, 무질서하게 하다; ~ olmak 흩어지다. 무질서하게 되다, 혼잡해지다.
perişanlık *is.* 무질서, 혼잡, 혼란, 혼돈.
permi *is.* 철도 무임 승차권.
peron *is.* (기차역의)플랫포옴.
persenk *is.* 상투어, 불필요한 반복구.
personel *is.* 직원, 인원; ~ kanunu 〔법률〕 공무원법.
perşembe *is.* 목요일.
pertavsız *is.* 확대경, 돋보기.
peruka *is.* 가발.
pervane *is.* 〔곤충〕 나방; 추진기, 스크류, 프로펠러.
pervasız *s.* 겁없는, 대담한, 두려움을 모르는, 꺼리낌없는.
pervaz *is.* 〔건축〕 쇠시리; 술 장식.
pesek *is.* 이똥, 치석.
pestil *is.* 얇게 눌러 말린 과일.
peş *is.* 등, 잔등, 배면, 후면; ~inde dolaşmak, ~inde gezmek (사건을)추적하다; ~inden koşmak 추구하다.
peşin *zf.* 먼저, 앞서; *s.* 선불의; ~ almak 현금 거래로 구입하다; ~ cevap 즉석 대답; ~ hüküm 전제 조건; ~ para 선금; ~ yargı 선입관.
peşkeş *is.* 선물, 예물, 헌물;

~ çekmek 회 사하다, 헌납하다.
peşkir *is.* 식탁용 냅킨, 손수건.
peştamal *is.* 큰 목욕 수건.
petek *is.* 벌집; 벌집모양으로 생긴 물건; ~ gözü(벌집의)봉방.
petekgöz *b. is.* 〔생물〕 (곤충의) 겹눈, 복안.
petrol *is.* 석유; ham ~ 원유; ~ havzası 유전; ~ kuyusu 유정; ~ müştaklar 석유파생물.
pey *is.* 선금, 계약금, 보증금; ~ akçesi 보증금; ~ almak 선금을 받다; ~ vermek 선금을 지불하다, 보증금을 지불하다.
peyda *s.* 분명한, 명백한; 존재하는; ~ etmek 일으키다, 초래하다; ~ olmak 나오다, 나타나다, 일어나다, 발생하다.
peyderpey *zf.* 점차로, 한 걸음 한 걸음, 단계적으로; 계속적으로, 끊임없이.
peygamber *is.* 예언자, 신의를 알리는 자; *öz. is.* 회교의 교조 모하메드; ~ kuşu *is.* 〔조류〕 할미새.
peygamberçiçeği *b. is.* 〔식물〕 수레국화.
peyk *is.* 〔천문〕 위성; 〔정치〕 위성국.
peylemek *f.* 예약하다, 확보해 두다.
peynir *is.* 치이즈.
pezevenk *is.* 포주, 뚜장이.
pıhtı *is.* 응결, 응고; kan ~sı 응혈.
pınar *is.* 샘, 우물.
pırasa *is.* 〔식물〕 부추의 일종.
pıratika *is.* 〔항해〕 완전 건강 보증서.
pırıldamak *f.* 반짝이다, 반짝거리다.
pırıl pırıl *zf.* 반짝반짝, 번쩍번쩍.
pırıltı *is.* 빛, 섬광.
pırlamak *is.* (새 따위가) 날다; 황급히 뛰어가다.
pırlangıç *is.* 소리나는 팽이.
pırlanta *is.* 브릴리언트 형으로 다듬은 다이아몬드.
pısırık *s.* 부끄러워하는, 사귐성이 없는, 붙임성이 없는, 내성적.
pısırıklık *is.* 사귐성이 없음, 붙임성이 없음, 내성적 성격.
pıtırdamak *f.* 가볍게 소리내어 두드리다.
pıtırtı *is.* 가볍게 두드리는 소리.
piç *is.* 사생아, 서자; 잡종; 말종; 나무의 뿌리에서 나는 가지.
pide *is.* 납작하게 구운 빵.
pijama *is.* 잠옷.
pikap *is.* 축음기, 전축.
pike *is.* 가로로 고랑이 난 피케 면직물; 비행기의 직하강.
piknik *is.* 소풍, 피크닉.
pil *is.* 건전지.
pilav *is.* 밥.
piliç *is.* 작은 닭, 중 병아리.
pilot *is.* 항공기 조종사, 비행사.
pineklemek *f.* 꾸벅꾸벅 졸다.
pingpong *is.* 〔운동〕 탁구.
pinti *s.* 구두쇠의, 깍정이 같은, 인색한, 짠.
pintileşmek *f.* 인새해지다, 인색하게 되다.
pintilik *is.* 인색, 구두쇠 짓, 깍정이 짓.
pipo *is.* 담배 파이프.
pir *is.* 창시자, 시조, 교조.
piramidal *s.* 〔기하〕 각뿔의, 피라밋 모양의.
piramit *is.* 〔기하〕 각뿔, 피라밋.
pire *is.* 〔곤충〕 벼룩; ~ gibi 재빠른; ~ için yorgan yakmak 벼룩을 잡으려 이불을 태우다; ~yi deve yapmak 침소 봉대하다, 벼룩을 낙타로 과장하다.
pirelenmek *f.* 벼룩이 꾀다; 벼룩을 잡다.

pirinç *is.* 놋쇠; 쌀, 벼.
pirzola *is.* 갈비고기.
pis *s.* 더러운, 불결한, 지저분한, 오염된; 나쁜, 싫은, 좋지 않은; ~ ağız 추잡한 말을 하는; ~ herif 추잡한 놈; ~ lakırdı 더러운 말, 추삽스런 말.
pisboğaz *s.* (음식에)욕심 많은, 게걸스럽게 먹는, 탐식하는.
piskopos *is.* 〔종교〕 (카톨릭) 주교.
pislemek *f.* 변을 보다, 똥을 누다, 오줌을 싸다, 더럽히다.
pislenmek *f.* 더럽혀지다.
pisletmek *f.* 더럽히다.
pislik *is.* 불결한 것, 더러운 것; 쓰레기; 변, 똥.
pist *is.* 경주로, 경마로, 수로, 활주로.
piston *is.* (기계의)피스톤.
pişirim, pişirimlik *is.* 한번에 요리할 수 있는 분량.
pişirmek *f.* (익혀서)음식을 만들다, 요리하다; 잘 학습하다.
pişkin *s.* 잘 익은; 거만한, 독단적인.
pişman *s.* 유감스런, 후회스런.
pişmanlık *is.* 유감, 후회.
pişmek *f.* (음식이)익다; (기와, 벽돌 따위)굽다; (과일 따위) 익다, 숙성하다.
piyade *is.* 〔군사〕 보병; (장기의)병졸.
piyango *is.* 복권, 제비, 추첨.
piyanist *is.* 〔음악〕 피아노 연주자, 피아니스트.
piyano *is.* 〔음악〕 피아노; ~ çalmak 피아노를 연주하다.
piyasa *is.* 산책; 시장; 시장 가격.
piyes *is.* 극본, 연극 대본, 희곡; 연극 작품.
P.K. Posta Kutusu의 준말, 사서함.
plaj *is.* (해수욕장의)모래사장.
plak *is.* 레코오드 판.
plaka *is.* (자동차의)번호판.
plan *is.* 계획; 안, 초안, 도안.
plankton *is.* 〔식물〕 부유 생물, 플랑크톤.
planlama *is.* 경제 개발 계획.
planlamak *f.* 계획하다, 안을 세우다.
planlı *s.* 계산된, 계획적인.
planör *is.* 〔항공〕 글라이더, 활공기.
planya *is.* 목수의 긴 작업대.
plaster *is.* 〔의약〕 반창고.
plastik *is.* 합성수지, 프라스틱; *s.* 합성수지의.
platin *is.* 〔광물〕 백금.
platonik *s.* 〔철학〕 관념적인, 실행이 따르지 않는.
plazma *is.* 〔생리〕 혈장.
plebisit *is.* 〔정치〕 국민투표.
plutonyum *is.* 〔화학〕 플라토늄, 원소기호 Pu.
Plüton *öz. is.* 〔천문〕 명왕성.
poker *is.* 〔놀이〕 포우커, 카아드 놀이의 일종.
polarmak *f.* 〔물리〕 분극하다.
polemik *is.* 논쟁, 지상 토론.
poliçe *is.* 지불 보증서, 어음; 보험증권.
poligon *is.* 포대, 포 발사대, 포병진지.
poliklinik *is.* (병원의)외래 환자 진료부.
polis *is.* 경찰관, 순경; 경찰서, 경찰국.
polislik *is.* 경찰관 직, 경찰관 임무.
politeizm *is.* 다신론.
politika *is.* 정치; 정책, 정략; dış ~ 국제정치; 외교정책; iç ~ 국내정치; 국내정책; müspet ~, olumlu ~ 적극적 정책; yayılma ~sı 팽창 정책.
politikacı *is.* 정치가, 위정자.
poliyester *is.* 〔화학〕 폴리에스테르, 합성수지의 일종.
polka *is.* 폴카 춤.
Polonez *öz. is.* 폴랜드 사람.
Polonya *öz. is.* 〔국명〕 폴랜드.

pomat *is.* 머릿기름, 포마아드.
pompa *is.* 펌프.
pompalamak *f.* 펌프질을 하다.
ponksiyon *is.* 〔의학〕 침(술).
poplin *is.* (옷감)포플린.
porselen *is.* 자기, 사기그릇.
porsiyon *is.* 일인분의 음식 양.
porsuk *is.* 〔동물〕 오소리.
portakal *is.* 〔식물〕 오렌지.
portatif *s.* 들고 다닐 수 있는, 휴대용의, 운반하기 쉬운.
Portekiz *öz. is.* 포르투갈 사람; 〔국명〕 포르투갈.
Portekizce *öz. is.* 포르투갈 말.
Portekizli *öz. is.* 포르투갈사람.
portmanto *is.* 옷걸이 가구.
portre *is.* 초상화.
posa *is.* 물을 빼낸 음식물의 찌꺼기.
post *is.* (동물의)털가죽.
posta *is.* 우편; dahilî ~국내우편; harici ~ 국제우편; kara ~sı 보통우편, 육상우편; ~ arabası 우편차; ~ çantası 우편가방, 우편낭; ~ damgası 우편소인, 스템프; ~ havalesi우편환; ~ ile 우편으로; ~ kutusu 우편통, 우체통, 우편함; ~ paketi 소포; ~ pulu 우표; ~ treni 우편 열차; ~ ücreti 우편 요금; ~ vapuru 우편선; şehir ~sı 시내 우편.
postacı *is.* 우편 배달부.
postacılık *is.* 우편업무.
postalamak *f.* 우송하다.
postane *is.* 우편국, 우체국.
pot *is.* 강을건너는데 쓰는 뎃목
potasyum *is.* 〔화학〕 포타시음, 칼륨, 원소기호 K.
potin *is.* 목이 긴 구두, 장화.
potur *s.* 주름 잡고 폭이 넓은; *is.* 주름이 잡힌 곳; 주름을 많이 잡아 폭이 넓고 다리 부분은 좁은 터어키식 바지.
poyraz *is.* 북동풍.
poyrazlamak *f.* 북동풍이 불다.
poz *is.* (사진의)자세, 포우즈; ~ vermek (사진을 찍기 위해) 자세를 취하다, 포우즈를 잡다.
pozitif *s.* 〔수학, 물리〕 양(성)의, 플러스의; 실증적; 긍정적, 적극적.
pozitivizm *is.* 〔철학〕 실증주의.
pörsük *s.* 주름진; 시들은.
pratik *is.* 연습, 실습, 응용; *s.* 실제적, 실용적.
prelüd *is.* 〔음악〕 전주곡.
prens *is.* 왕자, 공자; küçük ~ 소공자; ~ gibi 왕자다운; 위엄있는, 고귀한.
prenses *is.* 왕녀, 왕비; 공주.
prensip *is.* 원칙, 원리.
prestij *is.* 위신, 위망, 세력, 명망, 명성; millî ~ 국위.
prevantoryum *is.* 요양소, 요양원.
prim *is.* 보상금, 상금; 할증금, 할증가격, 프레미엄.
primadonna *is.* 가극의 주역 여배우, 프리마돈나.
priz *is.* (전기)콘센트.
prizma *is.* 〔수학〕 각기둥; 〔물리〕 프리즘, 분광기.
problem *is.* 문제; 연습문제.
profesör *is.* 교수.
program *is.* 프로그람; 공연목록, 상영목록; 계획, 예정; 계획표.
proje *is.* 안, 설계, 계획, 예정.
projeksiyon *is.* 〔물리〕 투영, 사영.
projektör *is.* 환등기, 영사기; 탐조등, 조공등.
proletarya *is.* 무산계급.
proleter *is.* 무산자, 노동자.
prolog *is.* 머리말, 서언, 서문.
propaganda *is.* 선전, 소개; ~ yapmak 선전하다, 소개하다.
propagandacı *is.* 선전원, 소개원.
protestan *is.* 〔종교〕 신교도.

Protestanlık *öz. is.* 〔종교〕 신교.
protesto *is* 항의, 항변; ~ etmek 항의하다.
protokol *is.* (외교상의) 의례, 의전; 의정서, 조서; ~ şefi 의전장; ~ Umum Müdürü (외무부의) 의전국장.
protoplâzma *is.* 〔생물〕 원형질.
prova *is.* 예행연습; (양복의) 가봉; (인쇄의) 교정지, 초고; elbise ~sı (의상의) 가봉; ~ etmek 예행 연습하다; (양복의) 가봉을 하다; (인쇄물의) 교정을 보다; temsil ~sı 연습공연, 시험공연, 리허설.
Prusya *öz. is.* 〔역사〕 프러시아; *s.* 프러시아의.
Prusyalı *öz. is.* 〔역사〕 프러시아 사람.
psikanaliz *is.* 정신분석(학).
psikanalitik *s.* 정신분석의.
psikiyatri *is.* 정신병학, 정신의학.
psikoloji *is.* 심리학, 심리 (상태)
psikolojik *s.* 심리학상의, 심리학적, 정신적.
psikolog *is.* 심리학자.
psikometri *is.* 정신측정(학), 신비력.
psikoz *is.* 〔의학〕정신병, 정신이상.
P. T. T. Posta Telgraf ve Telefon Umum Müdürlüğü의 준말, 우편전신전화국.
puan, puvan *is.* 점수; ~ almak 점수를 얻다.
puding *is.* 〔지질〕 역암; (과자) 푸딩.
pudra *is.* (화장용)분, 땀띠약.
pudralamak *f.* 분을 바르다, 땀띠약을 바르다.
pudralık *is.* 분통.
puhu *is.* 〔조류〕 수리 부엉이.
pul *is.* 우표; 수입인지; 표, 딱지; (바둑)알; 고기 비늘; 고기 비늘 처럼 작은 토막 물건; damga ~u 인지; kızılay ~u적십자 시일 인지; posta ~u 우표.
pulcu *is.* 인지 판매상.
pullamak *f.* 우표, 인지를 붙이다.
pullu *s.* (고기) 비늘이 있는; 우표, 인지가 붙은; 인지를 필요로 하는.
pulsuz *s.* (고기) 비늘이 없는; 우표, 인지가 붙지 않은; 인지를 필요로 하지않는.
pupa *is.* 고물; 선미, 배의 후미; *zf.* 뒤에서; ~ yelken 순풍에 돛을 단; 행운의.
puro *is.* 여송연.
pus *is.* 안개, 아지랑이; 과일의 껍질에 있는 흰 분; (나무에 핀) 이끼; (나무잎의) 벌레막.
pusarık *s.* 안개낀, 아지랑이가 핀; *is.* 신기루.
pusarmak *f.* 안개가 끼다.
pusat *is.* 장비, 기구, 공구; 〔군사〕 전쟁장비.
puslanmak *f.* 뿌옇게 되다, 안개로 덮히다, 몽롱해지다.
pusmak *f.* 웅크리다, 쭈구리다; 잠복하다, 숨다.
pusu *is.* 매복한 장소; ~ kurmak 매복할 곳을 만들다; ~ tutmak 잠복하다, 매복하다; ~ya yatmak 숨어서 기다리다.
pusla ① *is.* 나침반; ~yı şaşırmak 진퇴양난에 이르다.
pusula ② *is.* 작은 서장, 메모.
put *is.* 우상; 십자가.
putperest *s.* 우상숭배의.
putperestlik *is.* 우상숭배.
putrel *is.* 철근.
püf *is.* 훅 불기, 훅하고 부는 소리; ~ noktası 중요점.
püfkürmek *f.* 훅 불다, 불어내다, 분출하다.
püflemek *f.* 후후 불다.
pünez *is.* 압정, 압침.
pürçek *s.* 오그라든, 곱슬머리의;

is. 머리를 둥글게 마는데에 쓰는 원통모양의 물건.
püre *is.* (음식) 감자나 야채를 삶아서 이긴 것.
pürtük *is.* 작은 돌기, 융기, 혹.
pürüz *is.* 울퉁불퉁함, 거칠음; 장애.
pürüzlü *s.* 울퉁불퉁한, 거치른.
pürüzsüz *s.* 울퉁불퉁하지 않은, 매끈한.
püskül *is.* 장식술.
püskürgeç *is.* 분무기.
püskürme *is.* 분출; 〔지질〕 (화산의) 폭발.
püskürmek *f.* 분출하다, 쏟아져 나오다; 폭발하다.
püskürtme *is.* 격파, 격퇴, 분쇄.
püskürtmek *f.* 분출케 하다; 격파하다, 분쇄하다, 격퇴시키다, 분산시키다.

R, r

R, r 터어키어 자모의 스물한번째 글자.

rabıta *is.* 연결, 결속, 결합, 속박.

rabıtalı *s.* 연결된, 결속된, 결합된.

rabıtasız *s.* 연결되지 않은, 결합되지 않은.

radar *is.* 전파 탐지기, 레이더.

radikal *s.* 급진적인, 과격한.

rakikalizm *is.* 급진주의.

radon *is.* 〔화학〕 라돈, 원소기호 Rn.

radyatör *is.* 방열기, 난방기, 라디에이터.

radyo *is.* 라디오; ~ cihazı 라디오 부속품; ~ istasyonu 방송국; ~ spikeri 아나운서.

radyum *is.* 〔화학〕 라디윰, 원소기호 Ra.

raf *is.* 선반, 책꽂이, 시렁; ~ a koymak 선반에 얹다, 시렁에 놓다, 선반에 감추다.

rafadan *s.* 반숙의; ~ yumurta 계란 반숙.

rafineri *is.* 정제소.

rağbet *is.* 기호, 경향; ~ etmek 선호하다, 경향을 갖다.

rağbetli *s.* 기호의, 경향의.

rağmen *e.* …임에도 불구하고.

rahat *is.* 평안, 편안, 안녕; *s.* 편안한, 평안한, 안일한; ~ (dur)! (구령)쉬어!; ~ etmek 안심하다, 마음을 놓다.

rahatlık *is.* 안녕, 평안, 편안.

rahatsız *s.* 불편한, 거북한; 편안하지 못한; 편치 않은, 아픈.

rahatsızlık *is.* 불편, 불안; 거북함; 병, 아픔.

rahibe *is.* 〔종교〕 (회교 이외의 종교의 결혼하지 않는)여자 승려.

rahibelik *is.* 〔종교〕 (회교 이외의 종교의)여승려의 지위나 임무.

rahim *is.*〔해부〕자궁; ~ hastalığı 자궁질환, 자궁염증.

rahip *is.* 〔종교〕 (회교 이외의 종교의 결혼을 하지 않는)승려.

rahiplik *is.* 〔종교〕 승려의 직위나 임무.

rahle *is.* 독서대, 독서를 위한 낮은 상.

rahmanî *s.* 신의, 신적인, 신성한.

rahmet *is.* 자비, 동정; 비; ~ yağmak 비가 오다, 비가 내리다.

rahmetli *s.* 죽은, 고(인); ~ olmak 죽다, 떠나다, 사망하다.

rahmî *s.* 〔해부〕 자궁의.

rahne *is.* 갈라진 틈, 터진곳, 균열, 파열구.

rakam *is.* 숫자, 수.

raket *is.* 〔운동〕 (정구·탁구·배드민턴 등의)라켓.

rakı *is.* 터어키 특유의 술, 대회향 냄새가 나며 무색이나 물을 타면 뿌연 우유빛깔로 변한다.

rakıs *is.* 춤, 무용, 무도.

rakik *s.* 상냥한, 온화한, 다정한, 인정많은, 유순한.

rakip *is.* 적, 적수, 상대, 경쟁자.

rakipsiz *s.* 무경쟁의, 무적의; 무쌍의.

rakkas *is.* (흔들리는)추, (시계의)진자; 남자 무용수.

rakkase *is.* 무희, 여자 무용수.

raksetmek *f.* 춤추다; 흔들리다, 진동하다, 놀다.
ramazan *is.* 회교도 음력 9월, 금식월.
rampa *is.* (선박을)가까이 대기, 정박; 경사로, 비탈길.
randevu *is.* 만날 약속; ~ vermek 만날 약속을 하다; ~su olmak 만날 약속이 있다.
randevucu *is.* 포주.
randevuevi *b. is.* 사창가, 비밀 갈보집.
randıman *is.* 수확; 수익; 산출, 산출물; 산출고, 산출액; 성과.
rapor *is.* 보고; 보고서, 진술서.
rapsodi *is.* 〔음악〕 광시곡, 광상곡.
raptiye *is.* 종이 집게, 클립; 압정, 압침.
rasat *is.* 〔천문〕 관찰, 관측; ~ dürbünü 천체 망원경; ~ etmek 관찰하다, 천문관측을 하다; ~ merkezi 기후 관측소, 기상 관측소.
rasathane *b. is.* 관측소, 천문대.
rasgele *zf.* 무엇이든, 누구나, 아무나, 아무 것이나; *s.* 어떤, 아무, 누구; ~ bir adam 아무나.
rasıt *is.* 관찰자; 감시자.
raspa *is.* 칠을 긁어 벗기는데 쓰는 칼 모양의 도구; ~ etmek 긁어 벗기다; ~ taşı 배의 갑판 따위를 긁어 닦는 마석.
rast gelmek *f.* 우연히 만나다; 찾다, 발견하다; 몫이 되다, 버당되다, 떨어지다; 적중하다 맞다.
rast getirmek *f.* 찾아내다; 골라내다; 맞히다, 적중시키다.
rastlamak *f.* 우연히 만나다.
rastlanmak *f.* 우연히 만나지다.
rastlantı *is.* 우연한 만남, 우연.
rastlaşmak *f.* 우연히 서로 만나다; 동시에 우연히 발생하다.
raşitik *s.* 〔의학〕 구루병에 걸린.
raşitizm *is.* 〔의학〕 구루병, 곱사등.
ravnt *is.* 〔운동〕 (권투 시합의) 회전.
ray *is.* 궤도, 레일.
rayiha *is.* 냄새; 향기.
razı *s.* 만족한, 흡족한, 동의하는; ~ etmek 만족시키다, 동의하게 하다; ~ olmak 만족하다, 동의하다.
re *is.* 〔음악〕 레 음계.
reaksiyon *is.* 반응, 반작용; 반동, 반발.
realist *is.* 현실주의자; *s.* 현실주의의.
realite *is.* 사실, 현실; 실제.
realizm *is.* 〔문예, 미술〕 사실주의, 리얼리즘
reaya *is.* 〔역사〕 오스만제국의 개혁기 이전의 비회교도 주민, 기독교주민.
recep *is.* 회교도들의 음력 7월.
reçel *is.* 과일 잼.
reçete *is.* 처방(전), 약전, 약방문.
reçine *is.* (나무의)진, 수지, 송진.
red *is.* 반대, 거부; ~ oyu (표결의)반대표, 부표.
reddetmek *f.* 거부하다, 반대하다, 거절하다, 부결하다; 논박하다.
refah *is.* 안녕, 행복; 복리, 복지; 번영, 번성; 부; 호화, 호사, 사치; ~ içinde 행복하게, 번영속에.
refakat *is.* 교우, 교유; 동반; 〔음악〕 반주; ~ etmek 동반하다, 수행하다; ~inde 동반으로, 수행으로; ~ilye …의 반주로.
referandum *is.* 〔정치〕 국민투표.
referans *is.* 신원 증명서; 참고문(헌), 인용문.

refetmek *f.* 없애다, 제거하다.
refik *is.* 동료, 친구, 상대, 동반자, 반려자.
refika *is.* 아내, 부인, 처, 마누라, 배우자.
refleks *is.* 〔물리〕 반사, 반영; 〔생물〕 (신경 등의)반사작용.
reflektör *is.* 〔물리〕 반사경.
reform *is.* 개정, 개혁, 개선; 교정; ~ yapmak 개혁하다.
reformcu *is.* 개혁자, 개혁가.
rehber *is.* 안내, 인도, 지침; 안내서, 지침서, 설명서.
rehberlik *is.* 안내, 지도, 인도.
rehin *is.* 저당; ~e koymak 저당잡히다.
rehine *is.* 볼모, 인질.
reis *is.* 우두머리, 영수, 수령; 선장; ~i Cumhur 대통령.
rejim *is.* 〔정치〕 정권; 정체, 정치제도.
rejisör *is.* 무대감독.
rekabet *is.* 경쟁.
reklam *is.* 광고, 선전; ~ yapmak 광고하다, 선전하다.
reklamcı *is.* 광고업자, 광고 담당자; 자찬하는 사람.
reklamcılık *is.* 광고업.
rekolte *is.* 수확고, 수확량.
rekor *is.* 최고기록, 최고성적; ~ kırmak 기록을 깨다, 기록을 갱신시키다, 기록을 갱신하다.
rekortmen *is.* 최고기록 보유자.
rektör *is.* (대학교)총장.
rektörlük *is.* (대학교)총장직.
relativizm *is.* 〔철학〕 상대론.
remiz *is.* 부호, 표시, 신호; 암시.
ren *is.* 〔동물〕 순록.
Ren *öz. is.* 〔지리〕 라인강.
rencide *s.* 속상한, 마음 아픈, 괴로운.
rençper *is.* 일꾼, 품팔이 하는 사람, 인부, 단순 육체 노동자; 농부.
rende *is.* (목공의)대패.
rendelemek *f.* 대패질을 하다, 깎다.
rendelenmek *f.* 깎여지다, 대패질 되다.
rendeletmek *f.* 대패질을 시키다, 깎게하다.
rengârenk *s.* 여러색의, 색색의.
renk *is.* 색(깔), 빛(깔); 성격, 성질; ~i atmak, ~i uçmak 색이 엷어지다, 물이나다, 탈색되다.
renkgideren *b. is.* 〔화학〕 탈색제, 표백제.
renkkörlüğü *b. is.* 〔의학〕 색맹.
renkli *s.* 색깔의; 색깔이 있는; 활기있는.
renksiz *s.* 색깔이 없는, 무색의.
repertuvar *is.* 〔연극, 음악〕 상연목록, 공연목록; 연주곡목.
resepsiyon *is.* 환영회, 리셉션 파아티.
resif *is.* 암초.
resim *is.* 그림, 회화; 사진; 식, 의식; 세, 세금; damga ~i 인지세; gümrük ~i 관세, 통관세; ~ atelyesi 아틀리에, 화실 ;~ çekmek 사진을 찍다, 촬영하다; ~ dersi 미술과목, 미술강의; ~ fırçası 미술붓, 화필 ; ~ galerisi 미술 전시실; ~ kâğıdı 도화지; ~ sergisi 미술전람회, 미술전시회; ~ yapmak 그림을그리다; ~ini çektirmek 촬영시키다, 사진을 찍게하다.
resimli *s.* 그림이 있는; ~ roman 만화.
resmen *zf.* 공식적으로; 형식상으로.
resmî *s.* 공식적, 공개적; 형식적; ~ elbise 제복; ~ olarak 공식적으로; 형식적으로.
ressam *is.* 화가, 화백.
ressamlık *is.* 미술; 화가 직업.
restoran *is.* 식당, 음식점.

restorasyon *is.* 복구, 복원, 회복, 부활.
restore *is.* 복원, 복구; ~ etmek 회복시키다, 복구하다, 복원하다.
reşit *s.* 성숙한, 성년의.
retuş *is.* (사진의)손질, 수정.
reva *s.* 알맞는, 적당한, 합법적인, 용인되는.
revaç *is.* 유통, 통용.
revalüasyon *is.* 〔경제〕 평가절상.
revanş *is.* (경기의)설욕전, 리턴매치.
reverans *is.* (허리를 굽히는) 절.
revir *is.* (학교·공장 따위의) 위생실, 진료소, 양호실.
rey *is.* 표, 투표; ~ vermek 투표하다.
rezalet *is.* 비열, 천박, 창피 불명예.
reze *is.* 돌쩌귀.
rezervasyon *is.* 예약.
rezil *s.* 천한, 수치스런.
rezistans *is.* 저항.
rıhtım *is.* 부두, 선창; 선거.
rıza *is.* 동의; 허가; 승인, 묵인; ~ göstermek 동의하다.
riayet *is.* 존경; 지킴, 준수; 고려; ~ etmek 존경하다; 주의하다.
riayetsizlik *is.* 불경, 무례.
rica *is.* 바램, 원, 청; 요구, 요망, 청원; ~ etmek 원하다, 요구하다, 청원하다.
ricat *is.* 퇴각, 퇴거; 후퇴.
ring *is.* 〔운동〕 (권투, 씨름, 레슬링)장.
ringa *is.* 〔어류〕 청어.
risale *is.* 작은 책자.
ritim *is.* 주기적 순환, 반복; 율동.
ritmik *s.* 율동적, 규칙적으로 순환하는; ~ sayma〔수학〕순열.
rivayet *is.* 이야기, 설화, 전설.
riya *is.* 위선.
riyakâr *s.* 위선적인.
riyaset *is.* 영수직, 대통령직.
riyaziyat *is.* 수학.
riziko *is.* 모험, 위험.
roda *is.* 새끼, 줄의 타래.
roket *is.* 로케트.
rokoko *is.* 18세기 초 불란서에서 유행된 화려한 건축, 장식 양식, 로코코식.
rol *is.* 역할; 배역, 직분; baş ~u 주역; ~ oynamak 연극의 배역을 맡다; (어떤 일에)중요한 영향을 미치다.
rom *is.* (술)럼주.
Roma *öz. is.* 〔지명〕 로마.
Romalı *öz. is.* 로마사람.
roman *is.* 소설.
romancı *is.* 소설가.
romantik *s.* 낭만적.
Romanya *öz. is.* 〔국명〕 루마니아.
romatizma *is.* 〔의학〕 류우머티스, 관절 및 근육통.
Romen *s.* 로마의; ~ rakamları 로마숫자.
rosto *is.* (음식)살짝 삶아서 손바닥 크기로 쓸어 양념하여 익힌 고기.
rota *is.* 뱃길; ~yı değiştirmek 뱃길을 바꾸다.
rozet *is.* 배지, 표, 휘장.
römork *is.* 다른 차로 끄는 기관없는 부수차, 트레일러.
Rönesans *öz. is.* 〔역사〕 르네상스, 문예부흥.
röntgen *is.* 엑스 선, 렌트겐선, 방사선; ~ çekmek 엑스선 사진 촬영을 하다.
röntgenci *is.* 방사선 전문가, 엑스선 사진촬영 전문 기사.
röportaj *is.* (신문·잡지 등의) 탐방기, 현지 보고기록.
rugan *is.* 제화용 흑색 광택 피혁.
ruh *is.* 혼, 영혼, 영; 정신; 중

요점; 정수, 기; ~ hastalığı 〔의학〕 정신병; ~ hekimliği 〔의학〕 정신병학, 정신병 치료법; ~ ölçümü 정신측정·; ~unu teslim etmek 죽다. 사망하다.
ruhanî *s.* 혼의, 영적, 영혼의; 정신적.
ruhaniyet *is.* 영혼.
ruhban *is.* 〔종교〕 성직자, 승려.
ruhbaniyet *is.* 〔종교〕 금욕생활, 수도원생활, 은둔생활.
ruhbanlık *b.is.* 성직, 성직생활.
ruhbilim *b. is.* 심리학.
ruhî *s.* 마음의, 심적인.
ruhlu *s.* 살아있는, 생동하는, 활기있는.
ruhsat *is.* 허가, 인가, 면허.
ruhsatname *b. is.* 허가증, 인가증.
ruhsuz *s.* 생명이 없는, 힘이 없는, 생기가 없는.
ruj *is.* 입술연지.
Rum *öz. is.* 모슬렘지역에 거주하는 희랍사람.
Rumca *öz. is.* 희랍말, 현대 그리이스어.
Rumen *öz. is.* 루마니아사람.
Rumence *öz. is.* 루마니아말.
rumî *s.* 그레고리오 달력의.
Rus *öz. is.* 러시아사람, 소련사람.
Rusça *öz. is.* 러시아말, 소련말.
Rusya *öz. is.* 〔지리〕 러시아; 소련. sovyet~

rutubet *is.* 습기, 습윤, 습도.
rutubetli *s.* 습기있는, 축축한, 습도가 높은.
ruzname *is.* (의회의) 의사일정, 의제.
rüçhan *is.* 우세, 우월; 〔문법〕 비교급; ~ hakkı 〔법률〕 우월권, 선매권.
rüçhanlı *s.* 우월한, 우세한.
rüsup *is.* 찌꺼기, 찌끼, 침전물.
rüşt *is.* 성년.
rüşvet *is.* 뇌물; ~ almak, ~ yemek 뇌물을 먹다, 뇌물을 받다; ~ vermek 뇌물을 주다, 뇌물을 먹이다.
rütbe *is.* 급, 등급; 계급, 직위; küçük ~li 하급의; ~ almak 승급하다, 승진하다, 진급하다; ~sini indirmek강등시키다;yüksek ~li 상급의.
rütbesiz *s.* 무계급의, 무직위의.
rüya *is.* 꿈, 꿈길, 꿈결, 몽상; ~ görmek 꿈을 꾸다; 몽상하다; ~sında görmek 꿈(길)에서 보다.
rüzgâr *is.* 바람.
rüzgârlanmak *f.* 바람이 일다, 바람이 불기 시작하다;바람을 맞다, 바람을 쏘이다.
rüzgârlı *s.* 바람부는, 바람이 센; 바람을 맞는, 바람맞는.
Ryu-Kyu Adaları *öz. is.* 〔지리〕 유구열도.

S, s

S, s 터어키어 자모의 스물두번째 글자.
S 〔화학〕 유황의 원소기호.
S. Sahife 의 준말, 페이지
saadet *is.* 행복.
saat *is.* 시; 시각; 시점; 시간; 시계; cep ~i 회중시계; çalar ~ 자명종; duvar ~i 벽시계; kol ~i 팔목시계; ~ kaç? 몇 시냐?
saatçi *is.* 시계상; 시계 수리공.
saatçilik *is.* 시계상업; 시계 제조업; 시계수리업.
sabah *is.* 아침; 여명; 오전; *zf.* 아침에, 오전에; ~a doğru, ~a karşı 새벽; ~ları 매일 아침; yarın ~ 내일 아침.
sabahçı *is.* 새벽 불침번; 불면증으로 밤을 새우는 사람; (학교) 오전반.
sabahlamak *f.* 밤을 새우다.
sabahleyin *zf.* 오전에, 아침 나절에.
sabahlık *is.* 실내복.
saban *is.* 쟁기.
sabık *s.* 전, 구, 옛, 오래된.
sabıka *is.* 〔법률〕 (범죄의) 전과.
sabıkalı *s.* (범죄) 전과의; 상습 범의.
sabır *is.* 참을성, 인내.
sabırlı *s.* 인내하는, 인내심이 있는.
sabırsız *s.* 인내심이 없는.
sabırsızlık *is.* 조급, 성급.
sabit *s.* 고정된, 움직이지 않는, 고착된.
sabotaj *is.* 사보타아지, 노동쟁의에서 기계류 파괴 등에 의한 생산 방해.
sabretmek *f.* 참다, 견디다, 인내하다.
sabun *is.* 비누.
sabuncu *is.* 비누제조업자; 비누 판매상인.
sabunlamak *f.* 비누질을 하다, 비누로 씻다.
sabunluk *is.* 비누갑.
saç ① *is.* 머리(털), 머리카락, 두발; kıvırcık ~ 곱슬머리.
saç ② *is.* 철판; *s.* 철판의, 철판으로 만든, 철판제품의; ~ soba 철판난로.
saçak *is.* 처마, 차양; 술장식.
saçakbulut *b. is.* 〔기상〕 새털구름, 권운.
saçaklı *s.* 술이 달린.
saçkıran *b. is.* 〔의학〕 탈모증, 독두병.
saçlı *s.* 머리카락이 있는; 머리털이 많은.
saçma *is.* 산포, 살포; 투망 고기잡이, 새잡이; (사냥)산탄 *s.* 무의미한, 엉터리 같은, 시시한; 무의미한 말을 잘 하는; ~ sapan 아주 엉터리 같은.
saçmak *f.* 흩뿌리다, 퍼져나가다, 살포하다.
saçmalamak *f.* 엉터리 없는 말을 하다, 시시한 소리를 하다.
sada *is.* 소리, 음향; 〔문법〕 유성음; 반향, 메아리; ~ bahsi 음향학; ~ çıkarmak 소리내다 음향을 내다.
sadak *is.* 화살통, 전동.
sadaka *is.* 동냥.
sadakat *is.* 충성, 충실, 성실.
sadakatli *s.* 충성스런, 충실한, 성실한.
sadalı *s.* 잘 울리는; 유성의;

～ harf 〔문법〕 유성음.
sadaret *is.* 수상실; 수상직; 국무총리실.
sadasız *s.* 조용한, 침묵의; 무성의; ～ harf 〔문법〕 무성음.
sadasızlık *is.* 소리가 없음, 무성; 〔의학〕 목소리가 나오지 않는 병, 실어증, 무성증.
sade *s.* 단순한, 간단한; 꾸밈없는, 수수한, 순박한, 가미하지 않은, 섞지 않은, 순수한; *zf.* 다만, 단지, 오직; ～ suya çorba 기름기 없는 맑은 국.
sadece *zf.* 단지, 오직, 다만.
sadedil *s.* 악의 없는, 순진한.
sadeleştirmek *f.* 단순화하다, 간단하게 하다.
sadelik *is.* 순진, 천진, 솔직.
sadık *s.* 충성스런, 충실한, 성실한.
sadme *is.* 충돌, 불일치; 폭발.
sadrazam *is.* 〔역사〕 (오스만제국 시의 관직)수상.
saf ① *s.* 순수한, 깨끗한; 단순한, 순진한, 천진한.
saf ② *is.* 줄, 열.
safa *is.* 즐거움, 유쾌; 안락, 편안, 태평; ～ bulduk! (어서 오십시요 라는 환영인사에 대한 인사말)고맙습니다!; ～ geldiniz! (손님에 대한 주인의 인사말)어서 오십시요!
safderun, safdil *s.* 순진한, 천진스런.
safha *is.* 국면, 단계.
safi *s.* 분명한; 맑은, 깨끗한; 순수한; *zf.* 단지.
safra *is.* 쓸개즙, 담즙; ～ kesesi *is.* 담낭, 쓸개.
safran *is.* 〔식물〕 사프란.
safsata *is.* 〔철학〕 궤변법.
sağ *s.* 오른쪽의, 우편의; 건강한; 살아있는, 생존한; ～a dönmek 오른쪽으로 돌다.
sağanak *is.* 소나기.
sağcı *is.* 〔정치〕 우익, 우파.
sağduyu *b. is.* 상식.
sağı *is.* 새똥.
sağım *is.* (젖소 따위의) 1회의 착유량; 착유, 젖짜기; 젖짜는 동물.
sağır *s.* 귀머거리의, 귀먹은; (속이 차서)소리가 나지 않는; 소리가 희미한, 둔탁한 소리의; (유리)불투명한; 열을 늦게 전도하는; ～ tencere 빨리 끓지 않는 남비.
sağırlaşmak *f.* 귀머거리가 되다; (남비 따위)늦게 끓다.
sağırlık *is.* 귀먹음.
sağlam *s.* 건강한; 튼튼한, 단단한; 견고한; 질긴; 온전한, 안전한, 틀림없는, 믿을 만한; *zf.* 틀림없이, 반드시.
sağlama *is.* 〔수학〕 검산.
sağlamak *f.* 굳게 지키다; 확보하다, 보장하다; 이루다.
sağlamlaştırmak *f.* 확실하게 하다, 안전하게하다, 튼튼하게 하다, 견고하게하다.
sağlık *is.* 건강, 보건; 생명; ～ Bakanlığı 보건부; ～ sigortası 생명보험.
sağmak *f.* 젖을 짜다, 착유하다; 꿀을 짜다; (소나기가) 쏟아붓다.
sağmal *s.* 젖이 나는, 젖짜는; ～ inek 젖소, 젖짜는 소.
sağrı *is.* (동물의)둔부, 궁둥이.
sağu *is.* (고인에 대한)찬사, 만가, 만시.
saha *is.* 넓은 곳, 광장; 들, 들판; 공지, 빈터; 분야, 영역; hayat ～sı 생활권.
sahaf *is.* 고서점.
sahan *is.* 납작한 남비, 프라이팬.
sahanlık *s.* 프라이팬의 1회분량의; *is.* 층층대 앞의 넓은 공간, 계단참; 객차의 승강단.
sahi *zf.* 사실상, 실로; ～ mi? 사실인가?

sahibe *is.* 여자 소유주, 여주인.
sahife *is.* 페이지, 면; ~yi çevirmek 페이지를 넘기다.
sahil *is.* 연안; 해안, 해변, 강변, 연변.
sahip *is.* 소유; 소유자, 소유인, 주인; ev ~i 가옥 소유주; mal ~i 물건 소유주; ~ olmak 가지다, 소유하다; söz ~i 대변인.
sahiplik *is.* 소유권.
sahipsiz *s.* 주인이 없는, 무주의; 버려진; 보호자가 없는; ~ mal 무주물.
sahne *is.* 〔연극〕 무대; 사건이 발생한 곳; ~ye koymak 무대에 올리다, 상연하다, 공연하다.
sahra *is.* 들, 광야; 사막.
sahte *s.* 모조의, 가짜의, 허위의, 위조의.
sahteci, sahtekâr *is.* 위조자, 위조인, 사기꾼; *s.* 위조하는.
sahtekârlık *is.* 위조, 사기.
sahur *is.* 〔종교〕 금식기 해뜨기 전에 먹는 식사.
sair *s.* 다른; 나머지의, 기타의.
sairfilmenam *s.* 자면서 걸어다니는, 몽유병의.
sakal *is.* 턱 수염; ~ bırakmak, , ~ koyuvermek, ~ salıvermek, ~ uzatmak 턱수염을 기르다.
sakallı *s.* 수염을 기른, 턱수염이 있는.
sakalsız *s.* 턱수염이 없는.
sakar *is.* 동물의 머리의 점박이; *s.* 실수를 잘 저지르는.
sakarin *is.* 〔화학〕 사카린.
sakat *s.* 결함이 있는, 불구의, 병신의; 고장난, 부서진, 불완전한.
sakatlamak *f.* 다치다, 상하다, 불완전하게 되다.
sakatlanmak *f.* 불구가 되다; 부서지다, 고장나다.
sakatlık *is.* 불구, 결함; 고장.
sakın *ünl.* 수의! 조심!
sakınca *is.* 장애, 지장, 곤란.
sakıncalı *s.* 장애가 되는, 지장이 있는.
sakıngan *s.* 조심스런; 소심한; 마음 약한.
sakınmak *f.* 조심하다, 수의하다; 피하다, 금기하다; 보호하다.
sakırdamak *f.* 떨다.
sakırtı *is.* 떨림.
Sakıt *öz is.* 〔천문〕 화성.
sakız *is.* 껌; 송진; ~ çiğnemek 껌을 씹다.
sakin *s.* 조용한 움직이지 않는; 고요한; *is.* 주민, 거주인.
sakinleşmek *f.* 조용해지다, 잠잠해지다, (흥분이) 가라앉다.
saklamak *f.* 지니다, 보존하다; 치우다; 숨기다.
saklambaç *is.* (놀이) 숨바꼭질; ~ oynamak 숨바꼭질 놀이를 하다.
saklanmak *f.* saklamak의 재귀형.
saklı *s.* 보존된; 숨겨진, 은밀한, 비밀스런.
saksağan *is.* 〔조류〕 까치.
saksı *is.* 화분.
Saksonya *öz. is.* 〔지리〕 독일 남부 색소니 지방; 색소니 지방의 드레스덴 드자기.
sal *is.* 뗏목.
salâbet *is.* 튼튼함, 견고, 견실.
salâh *is.* 개선, 개량; 선, 미덕; 정직; ~ bulmak 좋아지다, 개선되다, 호전되다.
salâhiyet *is.* 권능, 권한; 역량; ~ vermek 권한을 부여하다.
salahiyetli *s.* 권능을 가진, 권한이 있는.
salahiyettar *s.* 권위있는, 유능한, 역량있는.
salak *s.* 우둔한, 바보스런, 멍청한.
salam *is.* 이태리식의 살라미 소시지.
salamon *is.* 〔어류〕 연어.
salamura *is.* (야채・생선 따위

를) 절이는 소금물; 소금물에 절인 음식.
salapurya *is.* 작은 거룻배; ~ gibi 배 처럼 큰(신발).
salât *is.* 〔종교〕 기도; 교조 모하메드에 대한 기도.
salata *is.* 생채요리, 셀러드.
salatalık *is.* 〔식물〕 오이.
salça *is.* (토마토 따위의) 케첩, 진한 양념 소오스.
saldırgan *s.* 공격적인, 침략적인.
saldırı *is.* 침략, 침공, 공격.
saldırma *is.* 공격, 침공, 침략, 기습; 역습, 습격.
saldırmak *f.* 공격하다, 침공하다, 침략하다, 습격하다.
saldırtmak *f.* 공격케하다, 침략케하다, 습격케하다.
saldırmazlık *is.* 〔정치〕 불가침; ~ antlaşması 불가침조약.
salep *is.* 〔식물〕 식용·약용의 난초과 샐렙; 샐렙구근으로 만든 가루; 샐렙가루차.
salgı *is.* 분비물, 분비액.
salgın *s.* 전염성의; *is.* 전염, 유행; 필요에 따라 현금 또는 물건으로 징수하는 임시 조세; 만연, 번성, 무성; kumar ~ı 도박의 만연; ~ hastalık 전염병, 유행병; tifo ~ı 장티푸스 전염 유행.
salı *is.* 화요일.
salık *is.* 정보, 소식.
salıncak *is.* 그네; 흔들요람.
salıncaklı *s.* 그네처럼 흔들리는; ~ koltuk 흔들의자.
salınmak *f.* 흔들리다.
salıvermek *f.* 놓아주다, 풀어주다, 살려주다.
salih *s.* 유용한, 편리한, 좋은.
salim *s.* 건강한, 튼튼한, 건장한.
salip *is.* 십자, 십자형, 십자가.
salkım *is.* (포도 따위의) 송이; 다발.
sallamak *f.* 흔들다, 흔들어 움직이다; (일을) 미루다.
sallanmak *f.* 흔들리다, 흔들거리다; 늑장부리다.
salmak *f.* 펼치다; 놓아두다, 풀어두다; 급송하다, 급히 파견하다; 앞으로 나아가다; (세금을) 부과하다; 달려들다.
sâlname *is.* 연감, 연보.
salon *is.* 응접실, 객실, 집회장, 큰방; 작은 전시회.
salt *s.* 단순한; |*zf.* 겨우, 단지; ~ çoğunluk (투표의) 단순 다수(결).
salta *is.* (개가) 두발로 서기; (팽팽한 줄을) 느슨하게 늦추기; ~ durmak (개가) 두발로 서다.
saltanat *is.* 왕권; (회교의) 술탄국; 화려.
saltanatlı *s.* 화려한, 장관의.
saltçılık *is.* 독재정치, 전제정치.
salya *is.* 침, 타액.
salyangoz *is.* 〔동물〕 달팽이.
saman *is.* 짚, 밀짚, 지푸라기.
samandıra *is.* (낚싯줄·어망 따위의) 찌, 부표.
samanî *s.* 밀짚색깔, 옅은 노랑색.
samankâğıdı *b. is.* 투사지, 복사지.
samankapan *b. is.* 〔광물〕 호박.
samanlık *is.* 짚을 넣어두는 광.
samba *is.* 브라질 춤의 일종.
Samî *öz. is.* 〔인종〕 셈족.
samimî *is.* 친근한, 친밀한; 성심의, 정성스런, 충성의.
samimiyet *is.* 성실, 성실성, 성심, 정성. 충성; 친근, 친밀, 친분.
samimiyetli *s.* 성실한, 친근한, 충성심이 있는.
samimiyetsiz *s.* 불성실한, 친근하지 않은, 불친절한.
samimiyetsizlik *is.* 불성실, 불성실성, 불친절.

samyeli *b. is.* (아라비아 사막의) 모래열풍.
san *is.* 명예, 명성; 칭호.
sana *zm.* (2인칭 단수 인칭대명사의 여격) 너에게.
sanat *is.* 예술; 기술, 기예; güzel ~ 미술.
sanatçı, sanatkâr *is.* 예술가, 예술인; 연예인; 장인, 기술공, 기예가; *s.* 예술적.
sanatoryum *is.* 요양원, 요양소, 정양원.
sanayi *is.* 공업, 실업, 산업.
sanayileştirmek *f.* 공업화하다.
sancak *is.* 〔군사〕 군기; 〔역사〕 오스만제국시의 주보다 작은 행정구역; Alay ~ı 〔군사〕 연대의 기; ~ Beyi 〔역사〕 산작 구역 행정장관; ~ı şerif 〔역사〕 예언자 모하메드 시대의 전장에서 사용하던 군기로 현재 이스탄불 톱·카프(top kapı) 박물관에 소장되어 있음.
sancaktar *is.* 기수.
sancı *is.* 복통, 위통; 통증, 쑤심.
sancımak *f.* 쑤시다, 아프다, 고통을 주다.
sandal *is.* (노젓는) 보오트, 작은배; (신발) 샌달; 〔식물〕 백단향.
sandalcı *is.* 보오트 세주는 사람.
sandalye *is.* 의자; 직위, (직장의) 자리; ~ kavgası 자리싸움.
sandalyesiz *s.* 의자가 없는; 직위가 없는; ~ nazır 무임소 장관.
sandık *is.* 상자, 궤, 함; 금고; 은행; ~ defteri 현금 출납장(부); ~ emini 금전출납계원; ~ eşyası (신부의) 혼수물; ~ odası (함을 보관하는) 작은 광; tasarruf ~ı 저축은행.
sandviç *is.* (음식) 샌드위치.
sanem *is.* 우상.
sangı *s.* 어리둥절한, 멍한, 멍청한.
sanı *is.* 상상, 추측.
sanık *is., s.* 용의자(의), 혐의자(의).
saniha *is.* 영감, 영묘한 생각.
saniye *is.* (시간) 초; 순간.
sanki *zf.* 마치, ~처럼; ~ gece olmuş gibi 마치 저녁이 된 것 같이; ~ kabahat benimmiş 마치 잘못은 나에게 있는 것처럼.
sanlı *s.* 유명한, 저명한, 이름난.
sanmak *f.* 여기다, 생각하다, 헤아리다, 추측하다, 가정하다, 상상하다.
sansar *is.* 〔동물〕 담비, 족제비의 일종.
Sanskrit *öz. is.* 산스크리트말.
sansör *is.* (출판물의) 검열관.
sansür *is.* (출판물의) 검열.
santigram *b. is.* (무게의 단위) 센티그람.
santigrat *b. is.* (열의 단위) 섭씨, 백분도.
santilitre *b. is.* (용적의 단위) 센티리터.
santim(etre) *b. is.* (길이의 단위) 센티미터.
santonin *is.* 〔의약〕 산토닌 구충제.
santral *is.* 중앙부, 중심, 중추 집중; (전화) 교환국; elektrik ~ı 중추전기제어기; telefon ~-ı 전화교환국.
sap *is.* (식물의) 줄기, 덩굴; (과일의) 꼭지; (연장의) 자루, 손잡이; (곡식의) 다발, 묶음; yapışıcı ~ 벽이나 나무를 타고 오르는 덩굴.
sapa *s.* (큰길에서) 벗어난, 꺾어진.
sapak *s.* 부자연스런, 비정상적인; *is.* (길의) 꺾이는 곳, 갈림.
sapan *is.* 옛 투석 병기; 장난감 새총; (무기운 물건을 들어 올리는데 쓰는) 밧줄.

sapık *s.* 비정상의, 변태의; 광적인.
sapılmak *f.* 방향을 바꾸다.
sapıtmak *f.* (머리가) 이상해지다; 타락하다.
saplamak *f.* 급히 찌르다, 푹 찌르다.
saplı *s.* 자루가 있는, 손잡이가 달린; 찌른.
sapmak *f.* (길에서)방향을 바꾸다, 꺾다, 들어서다; 타락하다.
sapsarı *s.* 샛노란.
saptırmak *f.* sapmak의 사역형.
sara *is.* 〔의학〕 간질병.
saraç *is.* (안장 따위)마구 만드는 사람.
sarahat *is.* 명백, 명료, 분명함.
sararmak *f.* 노랑색이 되다, 노랗게 변하다; 창백해지다.
saray *is.* 궁, 궁궐, 대궐, 궁전; 〔역사〕 통치부.
sardalye *is.* 〔어류〕 정어리.
sarf *is.* 지출, 출비, 경비, 소비; 문법, 말본; ~ etmek 쓰다, 소비하다, 지출하다.
sarfiyat *is.* 경비, 비용.
sargı *is.* 붕대, 동여매는 띠.
sarhoş *s.* 술에 취한.
sarhoşluk *is.* 술에 취함.
sarı *s.* 노란, 노란색의, 황색의; ~ altın 황금, 순금; ~ bakır 황동; ~ boya 황색염료; ~ yasemin 〔식물〕 황색 제스민.
sarık *is.* 머리에 감아올리는 두건, 터어번.
sarıklı *s.* 두건을 쓴.
sarılmak *f.* 싸이다, 싸여지다; 포위되다; 둘러 감기다, 휘감기다; 포옹하다, 안기다; 몰두하다.
sarım *is.* 싸기, 감기; 한번 쌀 만큼의 크기.
sarımsı *s.* 조금 노란, 약간 누런.
sarımtırak *s.* 조금 노란, 약간 누런, 노란빛을 띤.
sarısabır *b. is.* 〔식물〕 알로에.
sarışın *s.* 금발의.
sarih *s.* 분명한, 명백한, 확실한.
sarkaç *is.* 흔들리는 추, 진자.
sarkınmak *f.* 구부리다; 성가시게 굴다; 매달리다.
sarkıntı *is.* 성가시게 굴기, 괴롭히기; 강도.
sarkmak *f.* 매달다.
sarmak *f.* 싸다, 둘러싸다; 감다, 휘감다; 포위하다; 끌어안다, 포옹하다.
sarman *s.* 큰, 거대한.
sarmaşık *is.* 〔식물〕 담장이 덩굴.
sarmaşmak *f.* 서로 얼싸안다, 껴안다, 포옹하다.
sarmısak *is.* 〔식물〕 마늘.
sarnıç *is.* 저수지, 물탱크, 수조; ~ gemisi 유조선, 급수선; ~ vagonu 탱크차, 유조트럭, 수조트럭.
sarp *s.* 가파른, 급경사진, 험준한.
sarplaşmak *f.* 가파르게 되다, 급경사지다.
sarraf *is.* 환금업자, 환전상; 환금취급소; koltuk ~ı 소규모 환전상, 간이 환금 취급상; köşe ~ı 소규모 간이 환금 취급상.
sarrafiye *is.* 환금수수료.
sarraflık *is.* 환금업, 환전업.
sarsak, sarsık *s.* 중풍에 걸린, 마비된.
sarsı *is.* (지진의) 진동.
sarsılmak *f.* 흔들리다, 진동하다, 떨리다.
sarsıntı *is.* 떨림, 동요, 진동; 격동.
sarsmak *f.* 흔들다, 동요하다, 격동하다; 뒤집다, 깨뜨리다; 영향을 미치다.
sataşmak *f.* 괴롭히다, 지분거리다.
sathî *s.* 표면적, 외면의, 피상적,

천박한; ~ bir inceleme 피상적인 연구; ~ bir yara 찰과상.
satıcı *is.* 판매인, 판매상, 장사(군).
satıcılık *is.* 상업.
satıh *is.* 표면, 외면, 외모.
satılık *s.* 팔, 판매용의, 매머용의; ~ ev 매매가옥.
satılmak *f.* 팔리다, 판매되다. 매매되다.
satım *is.* 판매, 매매.
satın alıcı *is.* 사는 사람, 구입자, 구매자.
satın alma *is.* 사기, 구입, 구매; ~ gücü 〔경제〕 구매력.
satın almak *f.* 사다, 구입하다, 구매하다, 매입하다.
satır *is.* (글의)줄, 행; 고기 베는 큰 칼.
satırbaşı *b. is.* (문장)절의 첫 머리.
satış *is.* 팔기, 판매, 매매; ~ fiyatı 판매가격, 매매가격; ~ komisyonu 판매 구전, 매매알선 수수료; ~ memuru 판매원, 세일즈맨; ~a çıkarmak 팔러 내어놓다.
satmak *f.* 팔다, 판매하다, 매매하다; 자랑해 보이다, 과시하다; 가장하다; 제거하다.
satranç *is.* 〔놀이〕 장기; 서양장기판; 바둑판 무늬; ~ oynamak 장기를 두다; ~ tahtası 장기판, 바둑판; ~ taşı 장기알, 바둑알.
satrançlı *s.* 바둑판 무늬의.
Satürn *öz. is.* 〔천문〕 토성.
savana *is.* 열대·아열대의 대초원.
savaş *is.* 전투; 격투, 난투; 싸움, 투쟁; 전쟁; ~ arabası 〔역사〕 전차; sinir ~ 신경전; soğuk ~ 〔정치〕 냉전.
savaşçı *s.* 호전적; *is.* 전사.
savaşım *is.* 싸움, 투쟁.
savaşkan *s.* 전쟁을 잘 하는, 전쟁을 좋아하는, 호전적, 용감한.
savaşmak *f.* 싸우다, 투쟁하다; 격투하다; 전투하다; 전쟁하다; 애쓰다, 분투하다.
savat *is.* 은제품의 검은색 장식세공.
savcı *is.* 검사, 검찰관.
savcılık *is.* 검사직, 검찰관직.
savmak *f.* 내몰다, 몰아내다, 쫓아내다, 구축하다; (병·곤경에서)회복하다; 쇠퇴하다, 죽다; 투과하다, 침투하다.
savruk *s.* 서투른, 솜씨없는, 재치없는.
savsak *s.* 되는대로의, 부주의한, 소홀한, 태만한; 꾸물거리는, 잘 지연하는.
savsaklamak *f.* 지연하다, 태만하다.
savulmak *f.* 물러나다, 비켜나다.
savulun *ünl.* 물러나시오, 비켜나시오.
savunma *is.* 방어, 방위, 수비; millî ~ 국방; Millî ~ Bakanlığı 국방부.
savunmak *f.* 막다, 지키다, 방어하다, 방위하다, 수비하다; 변호하다.
savurgan *s.* 낭비하는.
savurmak *f.* (곡식 따위를) 까부질 하다, 불어 흩날리다; (칼 따위를)휘두르다; 야단치다, 호통치다; 낭비하다.
savuşmak *f.* 슬그머니 떠나다, 빠져나가다; (고통 등이) 경과하다, 그치다.
savuşturmak *f.* 피하다, 면하다, 모면하다.
say *is.* 노력, 애씀, 수고, 분투.
saya *is.* 신발 등.
sayaç *is.* (전기·수도·가스 등의)계량기.
saydam *s.* 투명한; ~ tabaka

〔해부〕 각막.
saye *is.* 그늘; 보호, 후원, 지원, 조력; 비호; ~sinde …의 덕택으로, …의 덕분으로.
sayfa *is.* 페이지, 면.
sayfiye *is.* (여름용)별장.
saygı *is.* 존경, 경의, 존중;(남에 대한) 헤아림 ; ~ duruşu 묵념; ~ göstermek 존경하다; 존중하다; 예를 지키다.
saygıdeğer *s.* 존경할만한.
saygılı *s.* 존경할 줄 아는, 예를 아는.
saygısız *s.* 존경할 줄 모르는, 예를 모르는, 버릇없는.
saygısızlık *is.* 무례, 실례, 불경.
Saygon *öz. is.* 〔지명〕 베트남의 옛수도 사이곤.
sayı *is.* 수, 숫자; (연속간행물의)번호, abstre ~ 〔수학〕무명수, 불명수; asal ~ 〔수학〕소수, 다른 수로 나누어 지지 않는수; asıl ~lar 〔수학〕 기수; çift ~〔수학〕 짝수, 우수; doğal ~자연수; gerçek~〔수학〕 실수 ; karmaşık~〔수학〕 복소수; kesirli~〔수학〕 분수; ondalık ~ 〔수학〕 소수; pozitif~정수, 양수; sanal~〔수학〕 허수; sira~ ları 서수; tam~〔수학〕 정수, 완전수; tek~〔수학〕 홀수, 기수.
sayıklama *is.* 잠꼬대, 헛소리.
sayıklamak *f.* 잠꼬대하다, 헛소리하다.
sayılama *is.* 통계, 집계; 셈; sözlü ~ 암산; yazılı ~ 필산.
sayılı *s.* 몇 안되는, 손꼽히는, 희귀한; …숫자의; 유한한, 제한된.
sayılmak *f.* 통계되다, 집계되다; 세어지다, 셈되다; 번호가 붙여지다.
sayım *is.* 셈, 계산; 통계조사; nüfus ~ı 인구조사; ~ vergisi 가축두수세.
sayın *s.* 존경하는, 경애하는.
sayısız *s.* 헤아릴 수 없을 만큼 많은, 무한한.
sayışmak *f.* …와 셈을 청산하다, …에게 셈을 치르다.
sayıştay *is.* 감사원.
saylav *is.* 국회의원.
saymak *f.* 세다, 셈하다, 계산하다; 중요시하다; 여기다, …라고 치다, 생각하다; 존경하다, 공경하다, 존중하다.
sayman *is.* 회계, 경리.
saymanlık *is.* 회계직, 경리직.
sayrı *s.* 병든, 아픈, 앓는.
sayrımsak *s.* 꾀병의.
sayrımsamak *f.* 꾀병을 앓다.
saz *is.* 〔음악〕 만돌린과 유사한 터어키의 민속악기; 〔식물〕 갈대, 골풀.
sazlık *is.* 갈대밭.
sebep *is.* 까닭, 이유, 원인, 연유; ~ olmak 기인하다, 연유되다; ~iyle 까닭으로, 때문에, 원인으로, 이유로, 연유로.
sebepsiz *s.* 까닭없는, 이유없는.
sebil *is.* 공중우물.
sebze *is.* 야채, 채소.
seccade *is.* 기도용 자리 깔개.
secde *is.* (이슬람) 예배시 엎드려 절하는 상태; ~ etmak 절하다.
seçilmek *f.* 뽑히다, 선출되다, 선택되다, 선발되다.
seçim *is.* 고르기, 선택, 선정; 선거; ara ~i 〔정치〕 중간선거; ~ çevresi 선거구; ~ günü 선거일; ~ memurları 선거사무원, 선거관리원.
seçkin *s.* 선택된, 선정된; 선발된, 선출된; 눈에 띄는, 현저한, 뛰어난, 걸출한, 우수한.
seçme *is.* 고르기; 선택, 선정; *s.* 선택된, 선출된.
seçmek *f.* 고르다, 선택하다, 선

정하다, 선출하다; 선거하다.
seçmen *is.* 〔정치〕 투표자, 유권자; ~ kütlesi 유권자 명브, 선거인 명부.
seçtirmek *f.* 선출하다, 당선시키다.
seda → sada
sedalı → sadalı
sedasız → sadasız
sedef *is.* 조개 등 패류의 껍질; 자개; *s.* 조개껍질로 만든, 자개로 된.
sedefli *s.* 조개껍질로 만든, 자개의.
sedir *is.* 방석을 깐 긴 의자
sefalet *is.* 궁핍, 빈곤, 곤궁; 불행, 불운.
sefaret *is.* 대사관; 공사관.
sefarethane *b. is.* 대사관; 대사관 건물.
sefer *is.* 여행, 항해; 번, 차례; 원정.
seferber *s.* 원정준비가 된; 출정의.
seferberlik *is.* 원정준비; 출정.
seferî *s.* 원정의.
sefertası *is.* 찬합, 도시락.
sefil *s.* 불쌍한, 불행한; 곤궁한, 빈곤한.
sefine *is.* 배, 선박, 함선; ~i Nuh 노아방주.
sefir *is.* 대사.
sehpa *is.* 교수대.
Sekendiz *öz. is.* 〔천문〕 토성.
seki *is.* (조각 따위의) 대좌, 주춧대.
sekiz *s.* 여덟의; *is.* 여덟, 팔; ~de bir 여덟 중 하나, 8대 1.
sekizer *zf.* 여덟(개)씩.
sekizgen *is.* 〔기하〕 팔각형; *s.* 팔각형의.
sekizinci *s.* 여덟번째의.
sekizli *s.* 여덟로 된; *is.* 〔기하〕 팔각형, 팔각탑; 〔음악〕옥타브.
sekmek *f.* 앙감질하다, 깨끔질하다.
sekreter *is.* 비서, 서기.
seksek(oyunu) *is.* 〔놀이〕 돌패차기.
seksen *is.* (수) 80; *s.* 팔십의.
sekte *is.* 중지, 휴식; 간격; kalp ~si 심장마비.
sektirmek *f.* 앙감질하게 하다.
sel *is.* 홍수.
selâm *is.* 인사; ~ söylemek 인사말을 전하다, 안부를 전하다; ~ vermek 인사하다, 안부를 묻다.
selâmet *is.* 안전, 안녕, 건강, 안강.
selâmlamak *f.* 인사하다, 문안드리다, 안부를 묻다.
selâmlaşma *is.* 서로 인사나누기.
selâmlaşmak *f.* (서로) 인사를 나누다.
selaset *is.* (연설) 유창, (발음) 유연.
selasetli *s.* 유창한, 유연한.
Selçuklu *öz. is.* 〔역사〕 셀주크 제국 사람.
selef *is.* 선조, 조상.
selim *s.* 안전한, 평안한; 바른, 정직한, 깨끗한.
selofan *is.* 접착용 셀로판 테이프.
selüloit *is.* 〔화학〕 셀루로이드.
selüloz *is.* 〔화학〕 셀루로오스 섬유소.
sema *is.* 하늘, 천공, 창공.
semavat *is.* 〔시어〕 천국, 천당, 극락.
semavî *s.* 하늘의, 천공의; 천국의, 천당의, 극락의.
sembol *is.* 상징, 표상; 부호, 기호.
sembolist *is.* 상징주의자; *s.* 상징주의자의.
sembolizm *is.* 상징주의.
semer ① *is.* 안장, 길마; ~ vurmak 안장을 얹다, 안장을 채

우다; ~ini yere vurmak 사직하다, 사퇴하다, 물러나다.
semer ② *is.* 열매, 결실; 재산, 부.
semer ③ *is.* 야화, 야담; 저녁파티, 야회.
semerci *is.* 안장 만드는 사람.
semercilik *is.* 안장 만드는 업.
semere *is.* 열매, 결실; 이익, 이득; 결과; 농작물, 수확, 생산물.
semereli *s.* 결과가 좋은, 결실이 있는, 수확이 있는, 이득이 있는.
semih *s.* 관대한, 도량이 넓은, 인색하지 않은; 손이 큰.
seminer *is.* (대학의) 세미나, 교수의 지도에 의한 학생 공동연구, 연구발표집회, 연구토론회.
semirmek *f.* 살이찌다, 비만해지다.
semirtmek *f.* 살이 찌게하다, 비만하게 하다.
semiz *s.* 살이찐, 뚱뚱한, 비만한.
semizlik *is.* 살찜, 뚱뚱함, 비만.
semizotu *b. is.* 〔식물〕 샐러드용 쇠비름.
sempati *is.* 동정; 호의, 찬성, 공명, 동감.
sempatik *s.* 동정하는, 동정심 있는, 동감하는.
sempozyum *is.* 학술토론회, 좌담회.
semt *is.* 구역, 지역.
semtürreis *b. is.* 〔천문〕 천문천정, 천정점, 천정.
sen *zm.* (2인칭 단수 인칭대명사의 주격) 너, 당신.
sena *is.* 칭찬, 찬양.
senaryo *is.* 〔연극〕 극본, 〔영화〕 시나리오, 영화각본.
senato *is.* (국회의) 상원, 참의원; (대학의) 평의원회; Cumhuriyet ~su 터어키 상원.
senatör *is.* 상원의원, 참의원 의원.
senatörlük *is.* 상원의원 직무.
sendelemek *f.* 비틀거리다, 뒤뚱거리다; 당황하다, 주저하다.
sendika *is.* 노동조합.
sendikacı *is.* 노동조합원; 노동조합주의자.
sendikacılık *is.* 노동조합운동; 노동조합주의.
sene *is.* 해, 년.
senelik *s.* 1년 간의.
senet *is.* 증서, 약식차용증서; 권리증서; 문서, 서류; ~ vermek 차용증서를 주다.
senetleşmek *f.* 서로 문서를 주고 받다.
senetli *s.* 문서가 있는, 증빙서류를 가진.
senfoni *is.* 〔음악〕 교향곡, 교향악; ~ orkestrası 〔음악〕 교향악단, 관현악단.
seni *zm.* (인칭대명사의 2인칭 단수 목적격) 너를, 당신을.
senin *zm.* (인칭대명사의 2인칭 단수 소유격) 너의, 당신의; ~-ki 너의 것, 당신의 것.
sepet *is.* 바구니, 광주리.
sepetçi *is.* 광주리 제조업자, 광주리 장수.
sepetlemek *f.* 광주리에 담다.
sepi *is.* 무두질.
sepici *is.* 무두장이.
sepicilik *is.* 무두질업.
sepilemek *f.* 무두질하다.
ser, sera *is.* 온실, 온상, 비닐하우스.
seramik *s.* 도기의 *is.* 도자기; 요업.
serap *is.* 신기루.
serasker *b. is.* 〔역사〕 (오스만제국의) 전쟁성장관.; ~ kapısı 〔역사〕 (오스만제국의) 전쟁성.
seraskerlik *b. is.* 〔역사〕 (오스만제국의) 전쟁성장관직, 전쟁성장관실.
serbest *s.* 자유로운, 편안한;

독립적.
serbestçe *zf.* 자유스럽게; 독자적으로.
serbestî *is.* 자유, 독립.
serbestlemek *f.* 자유로워지다.
serbestlik *is.* 자유, 독립.
serçe *is.* 〔조류〕 참새.
serçeparmak *b. is.* 새끼손가락.
serenat *is.* 〔음악〕 소야곡, 세레나데.
sergen *is.* 선반. 시렁.
sergi *is.* 전시; 전시회, 전람회; ~ açmak 전람회를 열다, 전시회를 열다.
sergilemek *f.* 전람하다, 전시하다.
sergüzeşt *is.* 모험.
serhat *is.* 국경.
seri *is.* (출판물 등)연속물, 연재물; *s.* 빠른, 신속한.
serili *s.* 퍼진; 펼쳐진, 널린.
serilmek *f.* 펼쳐지다, 널리다; (스스로)벋다, 벌리다.
serin *s.* 서늘한, 찬, 냉기의, 싸늘한.
serinlemek *f.* 서늘해지다, 차지다; (기분이)시원해지다.
serinleşmek *f.* (날씨가)서늘해지다.
serinletmek *f.* 서늘하게 하다, 차게하다.
serinlik *is.* 서늘함, 서늘한 기운; 냉기; ~ vermek 서늘하게 하다; (기분을)시원하게 해주다.
sermaye *is.* 자본, 자본금; döner ~ 운영자본, 유동자본, 운전자본; ~yi kediye yükletmek 자본금을 없애버리다.
sermayedar *is.* 자본가.
sermek *f.* 펴다, 깔다; 널다; 펼치다; 팽개치다.
serpelemek *f.* 이슬비가 내리다, 보슬비가 오다.
serpilmek *f.* 뿌려지다; 빨리 자라다; 쭉 뻗다.
serpmek *f.* 뿌리다, 흩다; 브슬비가 내리다, (눈이)가볍게 내리다.
sersem *s.* 어리둥절한, 멍한.
sersemlemek, sersemleşmek *f.* 어리둥절해지다, 멍해지다.
sersemletmek *f.* 어리둥절하게 하다, 멍하게 하다.
sersemlik *is.* 어리둥절.
serseri *s.* 부랑하는, 방랑의; 무뢰한의, 부랑자의; 목적이 없는.
sert *s.* 딱딱한, 단단한; 빡빡한, 무서운; 광폭한, 난폭한; 거치른; 질긴; 강한, 센, 강경한; ~ sessizler 〔문법〕 무성자음.
sertleşmek *f.* 단단해지다, 딱딱해지다, 견고해지다; 거칠어지다, 난폭해지다; 강경해지다.
sertlik *is.* 견고; 난폭; 강경.
servet *is.* 재산; 부, 재물; 자원; ~ avcısı 재산을 노리고 결혼하는 사람; ~ sahibi 재산이 많은 사람, 재산가, 부유한 사람; yeraltı ~i 지하자원.
servetli *s.* 재산있는, 부유한.
servis *is.* (음식을)차려냄, 대접, 날라줌; 봉사; 복무; 근무; (사무실의)계, 담당; ~ atmak (운동)서어브하다; ~ etmek, ~ yapmak (손님을)접대하다; 시중들다, 봉사하다.
ses *is.* 소리; 〔음악〕 음악소리; 〔문법〕 음성; ince ~ 가는소리; kalın ~ 굵은소리; ~ çıkarmak 말하다; ~ dalgaları 음파; ~ kirişleri 〔해부〕 성대; ~ uyumu 〔문법〕 음성조화; ~ vermemek (부르는데) 대답하지않다; ~ini çıkarmamak 말하지 않다; ~ini kesmek 말을 중단하다; ~ini kısmak 소리를 낮추다.
sesbilgisi *is.* 음성학, 발음학.
seslemek *f.* 듣다, 경청하다.
seslenmek *f.* 소리내다, 소리치다, 소리지르다; 대답하다.

sesli *s.* 소리가 있는; 소리의; ~ harf 〔문법〕 홀소리, 모음.
sessiz *s.* 소리가 없는, 무성의; 조용한, 말이 적은; 부드러운 성품의; 고요한; ~ harf 〔문법〕 닿소리, 자음.
set *is.* 제방, 뚝; 방벽, 장벽, 누벽, 성벽; **Çin** ~i 중국의 만리장성.
Seul *öz.is.* 서울, 한국의 수도.
sevahil *is.* 연안, 해안, 강변.
sevap *is.* 선행, 미덕, 덕행.
sevda *is.* 욕망, 욕구; 성애.
sevdalı *s.* 열애하는, 깊은 사랑에 빠진.
sevgi *is.* 사랑, 애정, 애착, 연모.
sevgili *s.* 사랑하는, 친애하는; *is.* 애인, 연인.
sevici *is.* 동성연애하는 여자.
sevilmek *f.* 사랑받다.
sevimli *s.* 사랑스런, 귀여운.
sevimlilik *is.* 사랑스럼, 귀여움.
sevimsiz *ş.* 미운, 귀염성 없는.
sevimsizlik *is.* 미움.
sevinç *is.* 기쁨, 즐거움, 환희.
sevinçli *s.* 귀염스런, 사랑스런.
sevindirmek *f.* 좋아하게 하다, 사랑하게 하다; 즐겁게 하다, 기쁘게 하다.
sevinmek *f.* 좋아하다, 기뻐하다, 즐거워하다.
sevir *is.* 〔천문〕 황소자리, 금우궁.
sevişmek *f.* 서로 사랑하다, 연애하다.
seviye *is.* 정도, 수준; 지위.
seviyeli *s.* 정도의, 수준의; 높은 수준의, 정도가 높은.
sevk *is.* 이송, 파송; 제거.
sevketmek *f.* 몰아내다, 제거하다; 이송하다, 파송하다.
sevkıtabiî *b. is.* 본능.
sevkıyat *is.* 발송, 파송; 파병.
sevkülceyş *is.* 〔군사〕 전략.
sevkülceyşî *s.* 〔군사〕 전략적, 전략상의.
sevmek *f.* 사랑하다; 좋아하다; 즐기다; 연애하다; 아끼다.
seyahat *is.* 여행, 유람; ~ etmek 여행하다; ~e çıkmak 여행을 떠나다.
seyahatname *is.* 여행기, 기행문.
seyelan *is.* 흐름, 유동, 유출.
seyir *is.* 행진, 진행; 구경, 관광; 구경거리.
seyirci *is.* 관중, 구경꾼; ~ kalmak (어떤 일에) 구경꾼 처럼 참여에 주저하다.
Seylân *öz. is.* 〔지명〕 세일론.
seyran *is.* 유람.
seyrek *s.* 드문, 희소한.
seyrekleşmek *f.* 드문드문해지다, 드물어지다, 간격이 커지다, 희소해지다.
seyreklik *is.* 드물음, 희소.
seyretmek *f.* 구경하다, 관람하다, 감상하다.
seyrüsefer *b. is.* 왕래, 통행; 교통; ~ memuru 교통경찰(관).
seyyah *is.* 여행자.
seyyar *s.* 움직이는, 이동하는, 순회하는; ~ hastane 이동병원, 야전병원; ~ satıcı 행상인.
seyyare *is.* 〔천문〕 떠돌이별, 행성, 유성, 혹성.
sezmek *f.* 눈치채다, 알아차리다, 감지하다, 지각하다.
sezon *is.* 계절, 철.
sfenks *is.* (그리스 신화의) 스핑크스; (고대 이집트의) 괴물상.
sıcacık *s.* (충분한 정도로 또는 알맞게) 따뜻한, 따끈한, 더운.
sıcak *s.* 따뜻한; 더운, 뜨거운; 인정스런, 온정있는; ~ deniz 얼지않는 바다, 부동해.
sıcakkanlı *s.* 마음씨가 따뜻한, 온정적인, 온후한, 친절한, 상냥한.
sıcakkanlılık *b. is.* 온정, 온후, 친절.

sıcaklık *is.* 열, 열기, 더위, 뜨거움; 〔물리〕 온도.
sıcakölçer *b. is.* 온도계; 쳐온계.
sıçan *is.* 〔동물〕 쥐.
sıçanotu *b. is.* 〔화학〕 비소, 원소기호 As.
sıçrama *is.* 뛰기, 튀기, 퉁기기.
sıçramak *f.* 튀다, 튀기다, 뛰다, 퉁기다; üstüne ~ 위로 뛰어오르다, 튀어오르다.
sıçratmak *f.* 튀게하다.
sıfat *is.* 신분, 임무, 직분; 겉모습, 외모, 외양; 〔문법〕 형용사; belgisiz ~ 〔문법〕 부정형용사; ~ tamlaması 〔문법〕 형용사 수식법; işaret ~ı 〔문법〕 지시형용사; niteleme ~ı 〔문법〕 성질형용사; sayı~ ı 〔문법〕 수형용사; soru ~ı 〔문법〕 의문형용사.
sıfır *is.* 〔수학〕 영; 없음.
sığ *s.* 얕은, 깊지않은.
sığdırmak *f.* 억지로 집어 넣다, 쑤셔 넣다.
sığınak *is.* 피난처, 대피소.
sığınık *is.* 피난민, 망명인.
sığınmak *f.* 피난하다; 망명하다.
sığır *is.* 〔동물〕 황소, 숫소; ~ eti 쇠고기.
sığırtmaç *is.* 소 목동.
sığışmak *f.* sığmak의 상호형.
sığmak *f.* (완전히) 들어가다; 기어들다, 숨어 들어가다.
sıhhat *is.* 건강; 진실; ~ler olsun! (목욕·이발등 후에 하는 인사) 건강하십시요!
sıhhatli *s.* 건강한, 안녕한, 인강한.
sıhhî *s.* 건강의, 건강적; 보건의, 위생적.
sıhhiye *is.* 보건, 위생; ~ vekaleti 보건성.
sıhhiyeci *is.* 보건소직원, 우생소직원.
sık *s.* 조밀한; 잦은; *zf.* 빽빽히, 조밀하게; 자주; ~ ~자주, 종종.
sıkça *zf.* 자주, 종종.
sıkı *s.* 견고한; 강경한, 엄한; 센, 힘찬; 촘촘한, 밀집한, 조밀한; 팽팽한; ~ tutmak 단단히 쥐다; 단호하게 지배하다.
sıkıcı *s.* 지루한, 싫증나는, 짜증스런.
sıkılgan *s.* 수줍어하는, 부끄러워하는.
sıkılmak *f.* 쥐어짜지다; 기분이 상하다, 불쾌하다, 지루하다, 싫증나다, 짜증나다; 수줍어하다. 부끄러워하다; 쪼들리다, 어려워지다; can ~ 싫증나다, 짜증나다, 지루하다, 불쾌하다.
sıkıntı *is.* 불쾌; 부족, 곤란; 어려움; ~ çekmek 곤란을 당하다, 괴로워하다.
sıkıntılı *s.* 괴로운, 곤란한, 곤궁한, 어려운.
sıkışık *s.* 혼잡한, 붐비는.
sıkışmak *f.* (간격을)좁히다; 짓눌리다; 어려움을 당하다, 곤란해지다; 압박하다; 변이 마렵다.
sıkıştırmak *f.* sıkışmak의 사역형.
sıkıyönetim *b. is.* 계엄령.
sıklaşmak *f.* 빈번해지다; 조밀해지다.
sıklaştırmak *f.* 빈번해지게 하다; 조밀하게 만들다.
sıklık *is.* 빈번; 조밀.
sıkma *is.* 쥐어짜기.
sıkmak *f.* (쥐어)짜다, 압박하다, 조이다; 억누르다; 괴롭히다, 못살게 굴다, 성가시게 하다.
sımsıkı *s.* 대단히 좁은, 매우 팽팽한.
sınaat *is.* 기술, 기예.
sınaî *s.* 공업의, 산업의.
sınama *is.* 시험; ~ yanılması 시행착오.

sınamak *f.* 시험하다; 시험을 보다.
sınav *is.* 시험, 고사, 고시; ~ alınak 응시하다; ~ vermek(선생이 학생에게) 시험치게 하다; ~a girmek 응시하다; ~ı geçmek 시험에 통과하다; ~ı kazanmak 합격하다.
sınavlamak *f.* 시험을 보다, 시험에 응하다, 응시하다.
sınıf *is.* 반, 학년, 급, 등급, 계급; 교실; ~ını geçmek 진급하다; ~ta kalmak 낙제하다.
sınıflamak *f.* 분류하다, 구분하다.
sınıflandırma *is.* 분류, 구분.
sınıflandırmak *f.* 분류하다; 등급으로 나누다.
sınıflanmak *f.* 분류되다; 등급으로 나뉘다.
sınır *is.* 경계, 변경, 국경.
sınırdaş *s.* 공동경계의, 경계를 같이 하는.
sınırlamak *f.* 제한하다, 한정하다.
sınırlı *s.* 제한된, 한정된; 경계가 있는.
sır *is.* 비밀, 기밀; 신비, 불가사의.
sıra *is.* 줄; 서열, 순위; 순서, 차례; 기회, 시기; ~ beklemek 차례를 기다리다, 줄을 서다; ~ ile 줄을 서서, 차례로; 교대로, 번갈아서; ~da 줄에서, 줄을 서서; 동안에, 때에; ~sı gelmek 차례가 되다, 차례가 오다; ~ya girmek 줄을 서다, 차례를 기다리다.
sıraca *is.* 〔해부〕 연주창.
sıracaotu *is.* 〔식물〕 현삼무리.
sıracalı *s.* 〔의학〕 연주창의, 연주창이 있는.
sıradağ, sıradağlar *b. is.* 산맥, 산군, 군봉.
sıralamak *f.* 열을 서다, 줄을 서다, 정열하다, 정돈하다; 열거하다.
sıralanmak *f.* 줄을 짓다, 열을 짓다; 정돈되다, 정열되다; 열거되다.
sıralatmak *f.* 줄을 세우다, 정돈시키다.
sıralı *s.* 순서있는, 차례의, 정돈된.
sırasız *s.* 정돈되지 않은, 줄이 없는, 차례가 없는, 순서가 없는, 두서없는.
Sırbistan, Sirbiye *öz. is.* 〔지리〕 세르비아.
sırf *zf.* 단순히, 순전히, 단지; 완전히, 온통
sırık *is.* 장대, 긴 막대기, 목도; ~ gibi 키가 (장대같이)큰; ~ hamalı 목도군.
sırıklamak *f.* 긴 막대기로 물건을 들어올리다, 목도하다.
sırıtmak *f.* (이빨을 드러내고 바보스럽거나 놀랐거나 또는 희롱조로 감정을 나타내며) 씩 웃다.
sırma *is.* 은실, 금색도금실.
sırnaşık *s.* 집요한, 외고집의; 끈기있는, 불굴의.
sırnaşıklık *is.* 집요, 외고집; 끈기, 불굴.
Sırp *öz. is.* 세르비아사람.
Sırpça *öz. is.* 세르비아말.
sırsıklam *s.* 온통 물에 젖은.
sırt *is.* (인체의)등; 능선; 칼의 베어지지 않는 부분, 칼등; ~ üstü 등을 땅에 대고; ~ı kaşınmak 매맞을 짓을 하다, 등이 가렵다; ~ı pek 옷을 많이 입은; ~ı sıra 세로로 선 줄, 종대; ~ı yere gelmek 지다, 패배하다; ~ına almak 등에(짐을) 지다; (일을) 떠맡다; ~ını dayamak 의존하다; ~ını yere getirmek 〔운동〕 (레스링에서) 상대방의 등을 땅에 붙이게 하여 폴승을 하다; 승리 하다. ~tan atmak 제거하다; 자유롭

게 하다.
sırtarmak *f.* 더미로 쌓아 올리다; (고양이) 등을 구부려 튀어나오게 하다.
sırtlamak *f.* 등에 지다.
sırtlan *is.* 〔동물〕 하이에나.
sıska *s.* 가늘고 마른, 깡마른, 가늘고 약한.
sıskalaşmak *f.* 깡마르게 되다, 가늘고 약해지다.
sıskalık *is.* 깡마름.
sıtma *is.* 〔의학〕 말라리아, 학질.
sıtmalı *s.* 〔의학〕 학질에 걸린, (장소) 학질이 만연하는.
sıtmalık *is.* 학질병이 많이 발생하는 곳.
sıva *is.* 벽토, 석고.
sıvacı *is.* 벽토 칠하는 사람, 미쟁이.
sıvalamak *f.* 미장질하다; 벽토를 칠하다.
sıvalı *s.* 벽토칠을 한.
sıvama *is.* 벽토칠, 미장일.
sıvamak ① *f.* 미장질하다, 벽토칠을 하다; 칠하다, 묻히다.
sıvamak ② *f.* 소매를 걷어 올리다.
sıvazlamak *f.* 문지르다, 쓰다듬다.
sıvı *s.* 액체의, 액체같은.
sıvık *s.* 물기가 많은, 질퍽한.
sıvındırmak *f.* 액체로 변하게 하다, 액화하다.
sıvınmak *f.* 액체로 변하다, 액화되다.
sıvışık *s.* 끈적끈적한, 들러붙는; 끈질긴, 귀찮게 졸라대는.
sıyanet *is.* 보호; 보존.
sıyga *is.* 〔문법〕 시제.
sıyırmak *f.* (옷 또는 구름 따위) 벗다; (칼을) 꺼내다; (살갗 따위) 벗겨지다.
sıyırtmak *f.* 벗기다; 벗게하다.
sıyrık *s.* 벗긴, 벗어진, 벗겨진; 부끄러움을 모르는, 후안무치의.
sıyrılmak *f.* 벗어지다, 벗겨지다.
sıyrıntı *is.* (부엌 세간에 묻은) 음식찌꺼기, 부스러기; 할퀸자국, 할퀸상처.
sızdırmak *f.* 새어나게하다; 흐르게하다, 유출시키다; (구실을 붙여)돈을 받아내다.
sızı *is.* 아픔, 고통.
sızıltı *is.* 비통, 애통; 불평; 불만.
sızıntı *is.* (물·기름 따위)샌 흔적, 샌 물질.
sızlamak *f.* 아프다, 고통이 오다.
sızlanmak *f.* 신음하다; 불평하다, 호소하다.
sızlatmak *f.* 고통을 주다.
sızmak *f.* (물 또는 빛 따위가) 새다, 새어나다; (비밀이)새다, 누설되다.
sicil *is.* 등기부; 기록부.
sicilli *s.* 등기가 된; 전과의.
sicim *is.* 줄, 끈, 노끈.
sidik *is.* 오줌 뇨, 소변; ~ torbası 방광.
sidikkavuğu *b. is.* 〔해부〕 방광.
sidikli *s.* 오줌으로 얼룩진, 오줌이 묻은.
sidikyolu *b. is.* 〔해부〕 요도.
sigara *is.* 담배, 궐련; ~ içmek 담배를 피우다; ~ kağıdı 담배마는 종이; ~ kağıdı gibi 매우 얇은; ~ tablası 재떨이.
sigaralık *is.* 담배갑; (궐련) 물부리.
sigorta *is.* 보험; (전기 휴우즈와 같은)사고방지보장장치; deniz ~sı 해상보험; hayat ~sı 생명보험; kaza ~sı 사고보험; mütekabil ~ 상호보험; ~ acentesi 보험중개상; ~ edilen meblağ 보험액; ~ etmek 보험에 들다; ~ şirketi 보험회사; yangın ~sı 화재보험.
sigortacı *is.* 보험업자.

sigortalı *s.* 보험에 든.
sigortasız *s.* 보험에 가입하지 않은.
sihir *is.* 마법, 마술, 요술.
sihirbaz *is.* 마법사, 마술사, 요술사.
sihirbazlık *is.* 마법사업.
sihirli *s.* 마법의, 마술의, 요술의.
sik *is.* 〔속어〕 자지.
sikmek *f.* 〔속어〕 성교하다.
silâh *is.* 무기, 병기; ~ başına! 전투준비; ~ başı etmek 전투준비를 하다; ~ patlamak 전쟁이 시작되다.
silâhhane *is.* 무기고, 병기고; 병기창.
silâhlandırmak *f.* 무장시키다.
silâhlanmak *f.* 무장하다.
silâhlı *s.* 무장의.
silâhlık *is.* 무기보관대, 무기받침대.
silâhsız *s.* 비무장의.
silâhsızlanma *is.* 군비축소.
silâhsızlanmak *f.* 비무장화하다, 무장해제 하다.
silâhşor *is.* 무사, 전사, 기사; 〔역사〕 궁성수비대.
silâhtar *is.* 〔역사〕 국가요인의 무기지기.
silecek *is.* 큰 목욕수건.
silgi *is.* 지우개; 걸레; (스폰지 따위) 닦는 것.
silgiç *is.* (자동차의) 자동 유리닦기, 와이퍼.
silik *s.* 지워진, 닦인.
silindir *is.* (난로) 연통; 〔기계〕 실린더, 기통; (신사용) 실크햇; 〔기하〕 원통.
silinmek *f.* 지워지다, 닦이다.
silkelemek *f.* (먼지 따위를) 흔들어 떨다.
silkinmek *f.* 요동치다, 흔들다, 움직이다.
silkmek *f.* 흔들다; 흔들어 틀다.
silktirmek *f.* 흔들게 하다.
sille *is.* 손바닥으로 때리기; ~ tokat 뺨따귀를 갈기기.
silme *is.* 쓸기, 쓸어버림; *s.* 꽉찬; 발라놓은, 칠을 한.
silmek *f.* 닦다, 훔치다, 닦아없애다; 지우다.
silo *is.* 곡물이나 사료 등을 저장하는 원탑모양의 건조물, 사일로.
silsile *is.* 연속물, 사슬; 가계; 계통; dağ ~si 산맥, 연산.
silsilename *b. is.* 족보.
siluet *is.* 실루엣, 윤곽, 반면영상, 그림자.
simetri *is.* 대칭.
simetrik *s.* 대칭적인;
simetrili *s.* 균형잡힌, 조화된.
simetrisiz *s.* 균형이 잡히지 않은.
simetrisizlik *is.* 불균형; 비대칭.
simge *is.* 표식, 부호, 기호; 상징, 의미, 뜻.
simgelik *is.* 부호, 기호; kimya ~i 화학기호.
simit *is.* 고리모양의 빵과자.
simsar *is.* 거간군, 중개인, 브로우커.
simsiyah *s.* 아주 검은; *is.* 순흑색, 암흑색.
sincap *is.* 〔동물〕 다람쥐.
sindirim *is.* 소화.
sindirmek *f.* 소화하다, 삭이다.
sine *is.* 가슴, 흉부.
sinek *is.* 〔곤충〕 파리; ~ pisliği 파리쉬, 구데기.
sinema *is.* 영화, 극장.
sinir *is.* 〔해부〕 신경; 심줄; 감각; ~ ağrısı 신경통; ~ argınlığı 신경쇠약.
sinirbilim *b. is.* 〔의학〕 신경학.
sinirlendirmek *f.* 흥분하게 하다, 화나게 만들다.
sinirlenmek *f.* 흥분하다, 신경과민하다, 신경질이 되다.
sinirli *s.* 신경과민인, 신경질적

인, 흥분 잘 하는; 심줄이있는.
sinirlilik *is.* 신경질.
sinmek *f.* 웅크리다, 쭈그리다, 몸을 구부리다; 겁먹다, 위축되다; 배다, 흡수되다, 침투되다.
sintaks *is.* 〔문법〕 구문론.
sinüs *is.* 〔수학〕 사인, 정현.
sipahi *is.* 〔역사〕 오스만제국시의 기병(대).
sipariş *is.* 주문, 수주; ~ almak 주문을 받다; ~ bedeli 주문료; ~ etmek 주문하다.
siper *is.* 방패; 방어물, 보호물; 〔군사〕 참호; ~ almak 대피하다.
sirk *is.* 곡마장.
sirke ① *is.* 식초.
sirke ② *is.* 서캐. (이의)알.
sirkeleşmek *f.* 식초가 되다.
sirküler *is.* 회람, 안내장, 전단, 광고, 삐라.
sis *is.* 안개; ~ bombası 연막탄.
sislenmek *f.* 안개가 끼다.
sisli *s.* 안개가 낀.
sistem *is.* 제도; 조직, 체계, 계통; çift ~ 간접선거제도; güneş ~i 〔천문〕 태양계; nisbi temsil ~i (선거) 비례대표제도; tek ~ (선거) 직접선거제도.
sistemleşmek *f.* 제도화되다; 체계화되다.
sistemleştirmek *f.* 제도화 하다; 체계화하다.
sistemli *s.* 제도적; 체계적.
sistemsiz *s.* 체계가 없는.
sitem *is.* 비난, 질책.
sivil *s.* 민간의, 평민의, 군인이 아닌, 시민의; *is.* 시민, 민간인, 평민.
sivilce *is.* 여드름.
sivri *s.* 뾰족한, 예리한, 날카로운; ~ bıçak 날카로운 칼, 예리한 칼; ~ dağ 뾰족한 산; ~ köşe 뾰족한 모서리.
Sivrihisar *öz. is.* 〔지명〕 터어키 중부의 한 도시, 시브리히사르
sivrilik *is.* 뾰족함, 날카로움.
sivrilmek *f.* 뾰족해지다, 날카로워지다.
sivriltmek *f.* 뾰족하게 만들다, 날카롭게 하다.
sivrisinek *b. is.* 〔곤충〕 모기.
siyah *s.* 검은, 흑색의; *is.* 검은색, 흑색.
siyahımsı, siyahımtırak *s.* 거무스레한, 검은 색깔을 띤.
siyahî *is.* 흑인.
siyahlanmak *f.* 검어지다, 검게 되다.
siyanür *is.* 〔화학〕 시안산염.
siyasa *is.* 정책: 정치노선.
siyasal *s.* 정치의, 정치적; ~ bilgiler 정치학; ~ Bilgiler Fakültesi 정치과대학;
siyaset *is.* 정치; 정책, 정략; ~ âlemi 정치세계; ~ erbabı 정치가, 위정자; ~ kullanmak 정략을 사용하다; ~ meydanı 사형장.
siyasetçi *is.* 정치가.
siyaseten *zf.* 정치적으로, 외교적으로.
siyasî *s.* 정치의, 정치적; ~ bir hadise 정치적 사건.
siyonist *is.* 시온주의자.
siyonizm *is.* 시온주의.
siz *zm.* 인칭대명사의 2인칭 복수.
sizin *s.* 인칭대명사의 2인칭 복수 소유격.
skandal *is.* 추문, 수치.
Skandinav *öz. is.* 스칸디나비아 사람.
Skandinavya *öz is.* 〔지리〕 스칸디나비아.
soba *is.* 난로, 화로.
sobalık *s.* 난로에 들어갈 만한.
soda *is.* 〔화학〕 소오다, 가성소오다; 소오다수 탄산수.
sodyum *is.* 〔화학〕 소디움, 나트륨, 원소기호 Na.

sofa *is.* 발코니 같은 개방된 방; 긴 의자.
sofra *is.* 식탁; 식사; 식탁보, 상보; ~ başında 식탁(머리)에서; ~ kurmak 식탁을 준비하다, 상을 차리다;~dan kalkmak 식탁에서 자리를 뜨다; ~ya oturmak 식탁에 앉다.
soğan *is.* 〔식물〕 양파, 파; kuru ~ 양파; yesil ~ 파.
soğuk *s.* 찬, 추운, 쌀쌀한; 냉기의; (마음이) 냉담한, 쌀쌀한, 찬; *is.* 추위, 냉기; ~ almak 감기들다; ~ harp 〔정치〕 냉전; ~ kanlı 〔생물〕 찬피의, 냉혈의; ~ kırmak 추위를 덜다.
soğukkanlı *s.* 냉정한, 냉담한.
soğukkanlılık *b. is.* 냉정, 냉담.
soğuklaşmak *f.* 차가워지다; 냉정하게 대하다.
soğukluk *is.* 추위, 냉기; 냉정, 냉담.
soğumak *f.* 식다, 냉각되다.
soğutkan *is.* 청량제, 냉각제, 해열제; *s.* 냉각하는, 해열하는.
soğutmak *f.* 식히다, 냉각하다.
sohbet *is.* 잡담, 한담; ~ etmek 잡담하다, 한담하다.
Sok. sokak의 준말, 로, 가.
sokak *is.* 길, 작은 길, 좁은 길; 도, 로, 가.
sokmak *f.* 밀어넣다, 넣다, 쑤셔박다, 쑤시다, 박다.
Sokrat *öz. is.* 〔인명〕 소크라테스.
sokulgan *s.* 사교적인, 사귀기 쉬운, 붙임성이 있는.
sokulmak *f.* sokmak의 수동형.
sokuşturmak *f.* 억지로 집어넣다, 밀어넣다, 들어가게 하다.
sol ① *is.* 왼쪽, 좌측; 좌익; *s.* 왼쪽의, 좌측의.
sol ② *is.* 〔음악〕 솔음계.
solak *s.* 왼손잡이의.
solaklık *is.* 왼손잡이, 좌완.
solcu *is.* 사회주의자, 좌익, 좌파.
solculuk *is.* 사회주의, 좌익.
solgun *s.* 시들은, 마른; (물이) 나른, 바랜, 퇴색한.
solist *is.* 〔음악〕 독주자, 독창자.
solmak *f.* 시들다, 이울다, 말라 죽다; 쇠퇴하다, 물이 날다; 퇴색하다, (색이) 바래다.
solo *is.* 〔음악〕 독주곡.
solucan *is.* 〔동물〕 지렁이; 회충; bağırsak ~ı 촌충, yer ~ı 지렁이.
soluk *s.* (빛깔이) 바랜, (물이) 나른, 퇴색한; 창백한; *is.* 숨, 호흡; bir ~ta 숨 한번 쉴 사이에, 눈 깜짝할 사이에, 순식간에, 즉시; ~ almak 숨을 쉬다; 제정신 들다, 냉정해지다, (어려움을 극복하고) 한숨 쉬다, 한숨 놓다; ~ borusu 〔해부〕 (호흡기의) 기관; ~ deliği 〔해부〕 기공, 숨구멍; ~ soluğa 숨을 헐떡거리는, 숨차하는, 헐레벌떡; ~ verme 〔생리〕 발산.
soluma *is.* 호흡; 소리내어 숨쉬기.
solumak *f.* 숨을 헐떡이다.
solungaç *is.* (물고기의) 아가미.
solunmak *f.* 숨쉬다, 호흡하다.
solunum *is.* 호흡.
somut *s.* 구체적인, 유형의, 실재하는.
somye *is.* 보료, (침대) 메트레스.
son *s.* 끝의, 마지막의, 최후의; 최종의, 최근의; *is.* 끝, 말, 마지막; ~ derece 극도.
sonbahar *b. is.* 가을.
sondaj *is.* 〔광업〕 시추.
sondalamak *f.* 탐침하다, 시추하다.
sonra *zf.* 나중에, 후에, 뒤에, 다음에; *is.* 다음, 후, 뒤.
sonradan *zf.* 나중에, 후에, 뒤에.

sonraki *zm.* 나중의 것, 다음 것.
sonsal *s.* 〔철학〕 후천적.
sonsuz *s.* 끝없는; 〔수학〕 두한의; 영원한.
sonsuzluk *is.* 무한.
sontakı *b. is.* 〔문법〕 후치사.
sonuç *is.* 끝, 결과, 종말.
sonuçlanmak *f.* 끝나다, 결과되다.
sopa *is.* 몽둥이, 곤봉; (몽둥이) 매; ~ atmak 몽둥이로 때리다; ~ yemek 몽둥이로 맞다.
sopalamak *f.* 몽둥이로 때리다.
soprano *is.* 〔음악〕 소프라노, 여성의 최고음부.
sorgu *is.* 질문; 심문; ~ya çekmek 묻다, 질문하다, 심문하다; 책임을 묻다, 질책하다.
sormak *f.* 묻다, 질문하다, 의문하다.
soru *is.* 질문, 의문, 심문; 〔문법〕 의문; ~ sıfatları 〔문법〕 의문형용사; ~ zamirleri 〔문법〕 의문대명사; ~ zarfı 〔문법〕 의문부사.
sorulmak *f.* 질문받다, 문의받다; 문책받다.
sorum *is.* 책임.
sorumlu *s.* 책임있는, 책임을 져야 하는; ~ tutulmak 책임을 지게되다.
sorumluluk *is.* 책임, 책무; ~ almak 책임을 지다.
sorumsuz *s.* 책임이 없는; 무죄한; 순결한.
sorumsuzluk *is.* 무책임; 결백, 무죄.
sorun *is.* 문제.
soruşturma *is.* 심문; 청문, 문의.
soruşturmak *f.* 청문하다, 문의하다.
sos *is.* 소오스, 양념.
sosis *is.* 소시지, 순대.
sosyal *s.* 사회의, 사회적; ~ sigorta 사회보험.
sosyalist *is.* 사회주의자.
sosyalizasyon *is.* 사회(주의)화.
sosyalizm *is.* 사회주의.
sosyalleştirme *is.* 국유화.
sosyete *is.* 사회, 집단.
sosyolog *is.* 사회학자.
sosyoloji *is.* 사회학.
Sovyet *öz. is.* 소련.
Sovyetler Birliği *öz. is.* 소련연방.
soy *is.* 가계, 가족, 혈통; *s.* 좋은 혈통의, 가문이 좋은.
soya *is.* 〔식물〕 콩, 대두; ~ sos 간장.
soyadı *b. is.* 성, 성씨.
soydaş *is. s.* 같은 종류(의), 동종(의), 동성(의).
soygun *is.* 강탈, 약탈.
soyguncu *is.* 강도.
soygunculuk *is* 강도질.
soylu *s.* 훌륭한 가문출신의, 귀족출신의.
soymak *f.* (껍질을) 벗기다, 깎다; (옷을) 벗게다; 훔치다, 털다.
soysuz *s.* 가계가 좋지 않은, 나쁜 혈통의.
soysuzlaşmak *f.* 혈통이 나빠지다, 퇴화하다, 변질되다.
soysuzluk *is.* 변질, 퇴화, 타락.
soytarı *is.* 어릿광대, 익살꾼.
soytarılık *is.* 광대짓, 익살.
soyulmak (껍질이) 벗겨지다; 도둑맞다, 털리다.
soyunmak *f.* (스스로 옷을) 벗다.
soyut *s.* 추상적; ~ isim〔문법〕 추상명사.
soyutlama *is.* 〔철학〕 추상.
soyutlamak *f.* 추상하다.
söbe *s.* 타원형의, 달걀형의.
söğüt *is.* 〔식물〕 버드나무.
söğütlük *is.* 버드나무숲.
sökmek *f.* 뽑다, 뽑아내다; 해

체하다, 분해하다; (천막을) 걷다; (고전 등 어려운 문자를) 해독하다.
söktürmek *f.* 어렵게 읽다. (난해한 것을) 겨우 이해하다; sökmek의 사역형.
sökük *s.* (바느질 한 곳이) 뜯어진; (뜨개질한 것이) 풀린; (나사 등이) 풀린.
sökülmek *f.* sökmek의 수동형.
söküntü *is.* 뽑히거나 해체된 부분.
sömestr, sömestir *is.* (학교의) 학기.
sömürge *is.* 식민지.
sömürgeci *is.* 식민국.
sömürgecilik *is.* 식민정책, 식민주의.
sömürmek *f.* 빨아 마시다, 빨아 먹다; 있는데로 다 먹어 치우다; 병탄하다.
söndürmek *f.* (불을) 끄다, (흥분을) 가라앉히다, 진정시키다.
sönmek *f.* (불이) 꺼지다; (바람 · 가스가) 빠지다; 진정되다, 가라앉다; (명성이) 사라지다; 퇴보하다.
sönük *s.* (불이) 꺼진, (바람 · 가스가) 빠진, (속도가) 느려진, (빛이) 희미해진; 진정된, 가라앉은.
sövgü *is.* 욕설.
sövme *is.* 욕하기, 욕설하기.
sövmek *f.* 욕하다, 욕설을 하다.
sövülmek *f.* 욕먹다.
söylemek *f.* 말하다, 이야기하다, 설명하다; 밝히다; 주문하다, 요구하다; 주장하다.
söylenilmek *f.* 소문나다.
söyleniş *is.* 발음.
söylenmek *f.* 불리다, 불리워지다; 말해지다.
söylenti *is.* 소문, 풍문, 풍설.
söyleşi *is.* 잡담, 한담.
söyleşmek *f.* 이야기를 나누다, 대화하다, 토론하다.
söyletmek *f.* 말하게 하다, 이야기 하게 하다; 밝히게 하다.
söylev *is.* 연설, 담화.
söz *is.* 말; 연설; 이야기; 표현; 약속, 언약, 언질; 선서, 맹서; 의견; açık ～ 솔직한 말, 솔직한 표현; bir ～le 한마디로, 간단히 말하여; ～ almak 약속받다, 언질받다; ～ anlamak 이해하다, 알아듣다; ～ dinlemek 충고를 듣다; ～ vermek 약속하다, 언약하다, 언질을 주다; ～e karışmak 가로채다, 간섭하다; ～le 말로서; ～ü geçen 위에서 언급한, 위에서 밝힌; ～ü uzatmak 길게 늘어놓다, 장광설을 피우다; ～ünde durmak 약속을 지키다; ～ünü dinlemek 말을 듣다, 충고를 받아들이다; ～ünü kesmek 말을 가로채다, 말을 끊다; ～ünü tutmak 약속을 지키다.
sözcü *is.* 연사, 발언자; 〔정치〕 대변인.
sözdizimi *b. is.* 〔문법〕 문장론, 구문규칙, 어순.
sözleşme *is.* 협정, 협약, 조약; 계약, 약속, 언약.
sözleşmek *f.* 약속하다, 언약하다; 협정을 체결하다.
sözlü *s.* 구두의; *is.* 약혼자; ～ imtihan 구두시험.
sözlük *is.* 사전.
spekülâsyon *is.* 〔상업〕 투기, 사행; ～ yapmak 투기하다.
spekülâtör *is.* 투기꾼.
sperma *is.* 〔생리〕 정액; ～ hayvancığı 〔생리〕 유성생식.
spiker *is.* (방송국의) 아나운서, 방송원.
spor *is.* 운동, 체육, 경기; ～ âlemi 체육계; ～ gazetesi 체육신문; ～ kulüpleri 체육클럽, 운동부; ～ yapmak 운동하다; su ～ları 수상운동, 수상경기.
sporcu *is.* 운동가, 체육가, 체

육인, 운동선수.
sporculuk *is.* 운동, 체육, 경기; 운동정신, 체육정신.
sportif *s.* 운동가 다운.
sportmen *is.* 체육인.
spor-toto *b. is.* 큰 상금을 건 축구경기 결과 알아맞추기 놀이.
stad, stadyum *is.* 경기장, 운동장, 스타디움.
staj *is.* 직업기술훈련, 실습, 견습.
stajiyer *is.* 실습생, 견습생.
standart *s.* 표준의.
statüko *is.* 〔정치〕 현상.
steno, stengrafi *is.* 속기.
stenograf *is.* 속기사.
strateji *is.* 〔군사〕 전략, 전술.
stratejik *s.* 전략상의, 전술적; ~ noktalar 전략지점, 전략요새; ~ olarak 전략상으로, 전략적으로.
stüdyo *is.* 영사실; 방송실; (화가 등의) 작업장.
su *is.* 물; 유수; 즙, 액; 향수; (음식의) 국물; beynelmilel ~ yolları 국제수로; ~ almak (배에) 물이 새다; ~ çekmek 물이 새어 들다, 물을 흡수하다; ~ gibi bilmek 잘 알다; ~ gibi ezberlemek 잘 외우다; ~ gibi gitmek 많이 소비하다; ~ sığırı 〔동물〕 물소; ~ topu 〔운동〕 수구; ~ vermek (동식물에) 물을 주다; ~ yolu 수로, 항로; ~ya düşmek 낭패하다, 실패하다, 망치다.
sual *is.* 문제; 질문, 의문; ~ açmak 질문하다.
subaşı *is.* 〔역사〕 오스만제국시 군 계급의 일종, 시 치안감독관.
subay *b. is.* 〔군사〕 장교, 군관; yedek ~ 예비장교.
subilim *b. is.* 수리학.
sucu *is.* 물장수.
sucuk *is.* 마른 순대의 일종.
sucul *s.* 물을 좋아하는; 흡수성의; *is.* 〔생물〕 습지생물, 수생생물.
suç *is.* 죄, 죄과; 잘못; ~unu bağışlamak 죄를 용서하다.
suçiçeği *b. is.* 〔의학〕 수두, 작은 마마.
suçlamak *f.* 고발하다, 고소하다; 죄를 씌우다.
suçlandırma *is.* 비난, 누명을 씌우기, 죄를 씌우기.
suçlandırmak *f.* 비난하다, 죄를 씌우다. 유죄로 하다.
suçlu *s.* 유죄의, 죄지은, 잘못한; *is.* 범인, 죄인; ~ iade 〔법률〕 범죄인 인도.
suçsuz *s.* 무죄의, 잘못이 없는, 순결한.
suçsuzluk *is.* 무죄, 순결.
suçüstü *s.* 현행범의; *zf.* 현장에서, 현행범으로.
Sudan *öz. is.* 〔국명〕 수단.
Sudanlı *öz. is.* 수단사람.
sudolabı *b. is.* 수차, 물레바퀴.
sugeçirmez *s.* 방수의.
suikast *b. is.* 음모.
suiniyet *b. is.* 악의.
suistimal *b. is.* 남용, 오용, 악용, 독직.
sulak *s.* 물기 있는, 물이 많은; *is.* (새 등의) 물먹이 통.
sulaklık *is.* 물이 있는 곳, 수전, 물논.
sulama *is.* 관개, 관수.
sulamak *f.* (밭에) 물을 주다; (짐승에) 물을 먹이다; 물을 대다, 관개하다.
sulandırmak *f.* 물을 타다, 묽게 만들다, 희석시키다.
sulanmak *f.* 액체로 되다; 묽어지다; 관개되다.
sulh *is.* 평화, 화평.
sulhçu, sulhperver *s.* 평화를 사랑하는.
sulp *s.* 딱딱한, 견고한, 단단한, 굳은, 고형의, 고체의.

sultan *is.* 〔역사〕 오스만제국의 황제, 황후 및 공주에게 부여한 칭호, 술탄.
sultanlık *is.* 황제직위.
sulu *s.* 물기가 있는, 물이 많은; (음식)국물이 있는; 묽은; ~ gözlü 잘 우는, 눈물이 많은.
suluboya *b. is.* 수채물감; ~ resim 〔미술〕 수채화.
suluk *is.* (새의)물먹이 통.
sunak *is.* 조끼, 손잡이 있는 큰 잔; 국자; 제단, 제대, 제상.
sundurma *is.* 차양, 벽에 붙여 비스듬히 지은 지붕.
sungu *is.* 바침, 드림, 제정.
sunî *s.* 인공의, 인조의, 만든, 가공한, 가짜의, 모조의.
sunmak *f.* 바치다, 드리다.
sunu *is.* 공급; ~ ve istem공급과 수요.
sunulmak *f.* 바쳐지다, 제정되다.
sunuş *is.* 제출, 제정, 바침.
supap *is.* 판, 판막, 발브.
sur *is.* 성벽, 루벽.
surat *is.* 표정, 태도, 모습; ~ asmak 노한 얼굴을 하다.
suratlı *s.* 화난 표정의.
suret *is.* 모양, 양태, 모습; 복사본, 초본; 양식, 방식, 방법; ~ almak 복사하다.
Suriye *öz. is.* 〔국명〕 시리아.
Suriyeli *öz. is.* 시리아사람.
susam *is.*〔식물〕참깨; ~ yağı 참기름.
susamak *f.* 목이 마르다, 갈증이 나다; 갈망하다.
susığırı *b. is.* 〔동물〕 물소.
susmak *f.* 입을 다물다, 말을 않다; 소리를 내지 않다, 조용히 하다, 침묵하다.
susmalık *is.* 입막음 돈, 무마비.
susturmak *f.* 침묵하게 하다.
susuz *s.* 물이 없는, 메마른.
susuzluk *is.* 메마름, 가뭄.
sutopu *b. is.* 〔운동〕 수구.
suyosunları *is.* 〔식물〕 물이끼, 파래.
sutyen *is.* 젖가리개, 브래지어.
sübjektive *s.* 〔철학〕 주관의, 주관적.
sübjektivizm *is.* 〔철학〕 주관론, 주관주의.
sükûn, sükûnet *is.* 조용함; 평온; 고요, 정적; 평정; ~ bulmak 평온하다, 평정하다; 조용해지다, 고요해지다, 침착해지다.
sükûnetli *s.* 조용한, 평온한, 고요한, 적막한.
sükût *is.* 침묵, 과묵, 무언; ~ etmek 침묵하다, 말을 아니하다; ~ hakkı 입을 막기 위한 돈, 비밀을 덮어두는 대가로 치루는 돈.
sükûti *s.* 무언의, 과묵한, 침묵의.
sülâle *is.* 가계, 가문; 왕조.
Süleyman *öz. is.* 〔역사, 인명〕 솔로몬.
sülf *is.* 〔화학〕 유황, 원소기호 S.
sülük *is.* 〔동물〕 거머리.
sülün *is.* 〔조류〕 꿩.
sümbül *is.* 〔식물〕 하이야신스.
sümük *is.* 콧물; 점액, 점맥질의 분비물; (나무의) 진.
sümükdoku *b. is.* 〔생물〕 점액질의 분비물을 배설하는 기관 및 조직(감각기관).
sümüklü *s.* 콧물이 묻은, 콧물투성이의; 점액질의.
sümüklüböcek *b. is.* 〔동물〕 달팽이.
sümüksel *s.* 점액질의, 점액을 분비하는, 점액을 가지고 있는.
sümüksü *s.* 〔생물〕 점액의, 점액을 분비하는, 뇌하수체의.
sünger *is.* 해면, 해면같은 물질, 스폰지; ~ kağıdı 압지.
süngertaşı *b is.* 부석, 경석.
süngü *is.* 총검.

sünnet *is.* 할례.
Sünnî *öz. is.* 〔종교〕 이슬람교의 한 종파, 순니교파 교도.
Sünnilik *öz. is.* 〔종교〕 이슬람교의 순니교파.
süprüntü *is.* 비로 쓸어 모은 쓰레기, 먼지.
süpürge *is.* 비.
süpürmek *f.* 비질하다, 쓸다.
sürahi *is.* 물병, 물식기, 자릿기.
sürat *is.* 속도, 속력; (자동차의) 액셀러레이터; asgarî ~ 최저속도; azamî ~ 최고속도; iktisadi ~ 경제속도; 〔해운〕 순항속도.
süratle *zf.* 속히, 급속히, 빨리.
süratli *s.* 빠른, 급속한, 날쌘, 신속한.
süre *is.* 기간, 동안, 시간; 기한.
süregelmek *f.* 계속하다.
sürek *is.* (지속) 기간, 수명; 짐승의 떼, 무리.
sürekli *s.* 오랜, 수명이 긴; 지속적인, 계속적인.
süreksiz *s.* 단기간의, 짧은 시간의, 지속되지 않는.
Süreyya *öz. is.* 〔천문〕 황소자리의 일곱별.
sürfe *is.* 〔동물〕 모충, 풀쐐기.
sürgün *is.* (식물의) 새싹; 추방자, 유배자; 〔법률〕 추방, 유배; 〔의학〕 설사; ~ avı 여러 사람이 하는 몰이 사냥; ~e göndermek 유배하다, 추방하다, 유형에 보내다.
sürme *is.* 몰이, 몰기; (책상이나 장농의) 작은 설합; 눈썹 화장용 검은색 가루; 빗장.
sürmek *f.* (동물을) 몰다; (자동차를) 운전하다; (손을) 대다; 바르다, 칠하다; 유배하다; (치마를) 끌다; 계속하다, 지속하다, 나아가다; (밭을) 갈다, 경작하다; (시간을) 요하다, 걸리다.
sürmeli *s.* 빗장을 채운, 빗장이 달린; ~ kapak 미닫이.
sürnatüralizm *is.* 초자연주의.
sürpriz *is.* 놀람, 경악; 기상천외의 일; ~ yapmak 놀래주다.
sürrealist *is.* 초현실주의자.
sürrealizm *is.* 〔미술, 문학〕 초현실주의.
sürşarj *is.* (우표등의 가격 날자등) 개정 인쇄; 추가요금, 추징금, 초과청구.
sürtme *is.* 문지르기, 마찰.
sürtmek *f.* 문지르다, 마찰시키다; 돌아다니다, 배회하다, 빈둥거리다.
sürtük *s.* (여자) 바람이 난.
sürtülmek *f.* 마찰되다.
sürtünme *is.* 〔물리〕 마찰.
sürtünmek *f.* sürtmek의 재귀형.
sürtüşme *is.* 마찰.
sürtüşmek *f.* sürtmek의 상호형.
sürü *is.* 무리, 떼; bir ~ 많은.
sürücü *is.* 마부.
sürücül *s.* 무리지어 사는, 군거성의, 군서성의.
sürücülük *is.* 마부직.
sürüklemek *f.* 질질 끌다; 달고 다니다, 동반하다, 데리고 다니다.
sürüklenmek *f.* 질질 끌리다, sürklemek의 수동형.
sürülmek *f.* sürmek의 수동형.
sürüm *is.* (상품) 수요.
sürümlü *s.* (상품) 수요가 큰, 매상이 높은.
sürüngen *s.* 〔동물〕 파충류의.
sürünmek *f.* (스스로) 바르다, 칠하다; 스치다, 접촉되다.
süs *is.* 장식; 화장, 치장.
süsen *is.* 〔식물〕 붓꽃.
süslemek *f.* 장식하다, 분장하다, 치장하다.
süslenmek *f.* (스스로) 화장하다, 치장하다; 장식되다.

süsletmek *f.* süslemek의 사역형.
süslü *s.* 장식한, 장식된; 화장한.
süsmek *f.* (뿔·엄니 따위로) 찌르다, 받다.
süssüz *s.* 장식이 없는; 화장하지 않은.
süt *is.* 우유; 젖; ~ vermek 젖을 먹이다.
sütana, sütanne *b. is.* 젖어머니, 유모.
sütbaba *b. is.* 젖어머니의 남편, 유모의 남편.
sütbaşı *b. is.* (우유의) 크리임.
sütbeyaz *s.* 우유빛깔의.
sütçü *is.* 우유짜는 사람; 우유장사; 우유배달부; ~ dükkânı 우유상점; ~ kız 우유 짜는 여자.
sütçülük *is.* 우유상업; 우유짜는업; 우유배달업.
sütdişi *b. is.* 〔해부〕 젖니, 유치.
sütkardeş *b. is.* (같은 유모의 젖을 먹고 자란) 젖형제.
sütkızı *b. is.* 양녀.
süthane *b. is.* 우유점.
sütlaç *is.* 쌀과 우유를 끓여 만든 일종의 푸딩.
sütliman *b. is.* 고요.
sütlü *s.* 우유가 함유된; 젖의; ~ inek 〔동물〕 젖소.
sütlük *is.* 우유 운반시 사용하는 통.
sütnine *b. is.* 유모, 젖어머니.
sütoğul, sütoğlu *b. is.* 양자.
sütotu *b. is.* 〔식물〕 애기풀, 영신초(원지과).
sütsüz *s.* 젖이 없는; 우유가 함유되지 않은.
sütun *is.* (건축물의) 돌기둥; 〔인쇄〕 단, 세로 줄.
sütunlu *s.* 기둥으로 장식된; 〔인쇄〕 단의.
süvari *is.* 기병, 기마병.
süveter *is.* 〔의류〕 두꺼운 털샤쓰, 스웨터.
Süveyş *öz. is.* 〔지리〕 수에즈; ~ Kanalı 수에즈운하.
süzgeç, süzgü *is.* 여과기, 거르는 물건; ~ **kâğıdı** 여과지.
süzmek *f.* 걸르다, 여과하다; 훑어보다.
süzülmek *f.* 여과되다, 걸러지다; 미끄러지듯 움직이다.
süzüntü *is.* 찌끼, 찌꺼기.

Ş, ş

Ş, ş 터어키어 자모의 스물세번째 글자.
Şaban *is.* 회교 음력 8월.
şafak *is.* (새벽의)박명, 여명; ~ sökmek 동트다.
şah ① *ih.* 왕, 임금; 〔놀이〕 (장기의)장, 군.
şah ② *is.* 말이 앞발을 들고서기; ~a kalkmak 말이 앞발을 들고 서다.
şahadet *is.* 증명, 입증.
şahane *s.* 장대한, 장려한, 장관의, 굉장한, 멋진, 근사한.
şaheser *b. is.* 걸작, 명작.
şahıs *is.* 사람; 개인; 〔문법〕인칭; ~ zamiri 〔문법〕 인칭대명사.
şahika *is.* 꼭대기, 정상.
şahin *is.* 〔동물〕 송골매.
şahit *is.* 〔법률〕 증인; 목격자 증거; 증명; 입증, 증언, 증거물.
şahitlik *is.* 증언, 증명.
şahlanmak *f.* 말이 앞발을 들고서다.
şahlık *is.* 왕위; 군주제.
şahsen *zf.* 개인적으로; 사적으로.
şahsî *s.* 개인적, 사적.
şahsiyet *is.* 개성, 성격; 사람, 인물.
şair *is.* 시인.
şaire *is.* 여류시인.
şaka *is.* 농담; 장난, 희롱; ~ söylemek 농담하다; ~ yapmak 장난하다.
şakacı *is.* 농담 잘하는 사람, 장난 잘 하는 사람.
şakak *is.* 〔해부〕 관자놀이; ~ kemiği 〔해부〕 관자놀이 뼈.
şakalaşmak *f.* 서로 농담하다, 서로 장난하다.
şakasız *s. zf.* 장난아닌, 농담아닌, 진지하게, 진정으로.
şakımak *f.* 소리내다.
şakırdamak *f.* 소리를 내다; Yağmur şakırdayarak yağıyor 비가 소리내어 내린다.
şakırdatmak *f.* 소리를 내다; Parmaklarını ~손가락을 소리내다.
şakır şakır *zf.* (일정한 소리) 줄줄, 졸졸.
şakırtı *is.* 달그락 소리.
şaki *is.* 비적, 산적, 도적; 불한당, 약탈자, 강도.
şakilik *is.* 도적질.
şakrak *s.* 떠들썩한, 요란한.
şalgam *is.* 〔식물〕 순무(겨자과의 1~2년초).
şalvar *is.* 〔의류〕한복바지와 비슷하게 생긴 터어키 전통의상의 헐렁헐렁한 바지; ~ gibi매우 폭이 넓은.
Şam *öz. is.* 〔지명〕 다마스커스.
Şaman *öz. is.* 샤아먼; 무당.
Şamanizm *öz. is.* 샤아먼교.
şamdan *is.* 촛대.
şamil *s.* 함축적, 내포한, 포함한, 위시한; ~ mânasiyle 함축적 의미로서; ~ olmak 내포하다, 포함하다; umuma ~ 예외없이, 전적으로, 모두.
şampiyon *is.* 우승자, 선수권자.
şampuan *is.* 세발제, 샴푸.
şan *is.* 명성, 명예, 영예.
şanlı *s.* 명성높은, 명망높은.
şans *is.* 기회, 행운

şanslı *s.* 행운의, 운이 좋은.
şansız *s.* 명성이 없는, 명망없는.
şanssız *s.* 운이 없는.
şantöz *is.* 여류가수.
şapka *is.* 모자.
şapkacı *is.* 모자상.
şapkalık *is.* (출입구의) 모자걸이.
şarap *is.* 포도주, 과일주; beyaz ~ 백포도주; kırmızı ~ 붉은 포도주; ~ fıçısı 술통; 술고래; tatlı ~ 단 포도주, 마스캣트종의 포도주.
şarapçı *is.* 술장수.
şarapçılık *is.* 양조업, 주류판매업.
şaraphane *is.* 양조장.
şarıldamak *f.* 촬촬 소리내며 흐르다.
şarıl şarıl *zf.* 촬촬.
şarıltı *is.* 촬촬 내는 소리.
şark *is.* 동, 동쪽, 동편; 동방; ~ Meselesi 〔역사〕 동방문제.
şarkı *is.* 노래; 창, 창가; 성악; 가곡; 가요; ~ söylemek 노래부르다.
şarkıcı *is.* 가수.
şarkî *s.* 동쪽의, 동방의, 동양의.
şarkiyat *is.* 동양학.
şarkiyatçı *is.* 동양학자.
şarklı *is.* 동양사람, 동양인.
şarklılık *is.* 동양식, 동양풍.
şart *is.* 조건; 상황, 정황; 환경; ~ kipi 〔문법〕 조건법; ~ koşmak, ~ koymak 조건을 붙이다.
şartlı *s.* 조건의, 조건을 가진.
şartname *b. is.* 조건, 규약.
şartsız *s.* 무조건; 완전히, 전적으로; ~ olarak 무조건으로, 조건없이, 반대없이.
şaşı *s.* 사팔눈의, 사시의; ~ bakmak 곁눈질하다; ~ gözlü 사팔눈의, 사시의.
şaşılaşmak *f.* 사팔눈이 되다, 사시가 되다.
şaşılık *is.* 사팔눈, 사시; ~ ameliyatı 사시교정수술.
şaşırmak *f.* 놀라다, 당황하다; 혼동하다.
şaşırtmak *f.* 놀라게 하다, 당황하게 하다.
şaşkın *s.* 놀란, 당황한, 어리둥절한.
şaşkınlık *is.* 놀람, 당황.
şaşmak *f.* 놀라다, 경악하다; (길을)잃다. (날을)혼동하다.
şato *is.* 성, 성곽.
şayet *bağ.* 만일, 가령, 가사.
şayia *is.* 유언, 소문, 풍문, 풍설.
şaz *s.* 예외의, 〔문법〕 불규칙의.
şe *is.* ş문자의 이름.
şebek *is.* 〔동물〕 (원숭이 과의) 비비.
şebeke *is.* 그물; 망상조직, 연락망; 악당 조직; (학생신분이 받는 우대를 위한)학생증.
şecaat *is.* 용기, 담력, 배짱.
şeci *s.* 용기있는, 용감한.
şef *is.* 두목, 지배자, 우두머리; 수령, 족장; 〔음악〕 지휘자; (사무실의)주임, 조장; (학교의)학과장.
şefaat *is.* 중재, 조정.
şefaatçı *is.* 중재자, 조정자.
şeffaf *s.* 투명한.
şefkat *is.* 불쌍히 여김, 연민, 동정; 자비, 인자.
şefkatli *s.* 불쌍한, 연민의, 동정의; 인자한, 자비로운.
şefkatsız *s.* 인정없는, 무정한, 매정한.
şeftali *is.* 〔식물〕 복숭아.
şehir *is.* 시, 도시, 도회, 도회지; ~ devleti 〔역사〕도시국가; ~ hududu 시경계; ~ meclisi 시의회; ~ merkezi 시의 중앙(지대); ~ sınırı 시경계; ~ tiyatrosu 시민극장.
şehirci *is.* 도시계획(건축)가,

도시공학가.
şehircilik *is.* 도시계획; 도시공학.
şehirli *is.* 도시사람, 도회지사람; *s.* 도시의, 도회지의.
şehit *is.* 숭고한 정신으로 희생된 사람, 열사, 의사; 순교자; ~ olmak (숭고한 정신으로)전사하다; 순교하다.
şehitlik *is.* (숭고한 정신의)전사, 순교, 살신성인.
şehriye *is.* 가는 국수, 버미첼리; ~ çorbası 가는 국수로 만든 국의 일종.
şehvanî *s.* 호색의, 음탕한.
şehvet *is.* 정욕, 성욕, 색욕, 육욕.
şehzade *is.* 〔역사〕 오스만제국 황제의 아들; 왕자.
şekavet *is.* 도적질, 강도질, 약탈, 노략질.
şeker *is.* 설탕; 당분; 사탕, (당분이 많이든)과자류; *s.* 사랑스런, 귀여운; ~ bayramı 〔종교〕 이슬람교도의 금식기 다음에 오는 3일간의 축제 휴일; ~ hastalığı 〔의학〕 당뇨병; ~ pancarı 〔식물〕사탕무우.
şekerci *is.* 사탕류 과자 제조업자 또는 판매업자; 제당업자.
şekercilik *is.* 사탕류과자 제조업 또는 판매업; 제당업.
şekerkamışı *b. is.* 〔식물〕 사탕수수.
şekerleme *is.* 설탕절임과자; 졸기.
şekerli *s.* 단, 감미가 나는; 당분이 들은, 설탕을 넣은; 〔의학〕 당뇨병 환자의; az ~ 덜 달게; çok ~ 아주 달게; orta ~ 보통 달게.
şekerlik *is.* 설탕단지; 설탕그릇.
şekersiz *s.* 달지 않은; 맛이 없는; 설탕이 들지 않은, 당분이 없는.
şekil *is.* 꼴, 모양, 형상; 그림, 도형; 태도, 양식, 형식.
şekilbilgisi *b. is.* 〔언어〕 형태론, 어형론.
şekilbilim *b. is.* 〔생물〕형태학.
şekilcilik *is.* 〔철학〕 형식론, 형식주의.
şekildeğişimi *b. is.* 변형.
şekilsiz *s.* 고정된 모양이 없는, 무형(식)의.
şelâle *is.* 폭포.
şema *is.* 그림, 도형, 도표; 약도; 소묘.
şempanze *is.* 〔동물〕 (아프리카산)침팬지이.
şemsiye *is.* 우산, 양산.
şemsiyeci *is.* 우산제조업자, 우산판매업자.
şemsiyelik *is.* 우산받침대, 우산걸이.
şen *s.* 즐거운, 화려한, 낙천적.
şenlendirmek *f.* 즐겁게하다, 유쾌하게 만들다; 번영시키다.
şenlenmek *f.* 즐거워하다, 유쾌해지다; 번영하다.
şenlik *is.* 유쾌, 쾌활, 명랑; 환락; 경축회; 인구.
şenlikli *s.* 유쾌한, 쾌활한.
şeref *is.* 영광, 영예; ~ yeri 특별석.
şereflendirmek *f.* 영예를 주다, 영광을 얻게하다.
şereflenmek *f.* 영광을 얻다.
şerefli *s.* 영광스런.
şerefsiz *s.* 영광스럽지 못한.
şeriat *is.* 이슬람 종교법.
şeriatçı *is.* 이슬람 종교법 주의자; 〔역사〕 (오스만 제국의) 이슬람 종교성 관리.
şeriatçılık *is.* 이슬람 종교법주의.
şerir *is.* 악당, 무뢰한, 부랑당; *s.* 배반의, 반항하는.
şerirlik *is.* 악함, 사악함.
şerit *is.* 장식띠, 리본; 좁고 긴 물건; 〔동물〕 촌충.

şetaret *is.* 즐거움, 유쾌, 쾌락.
şev *is.* 경사진 곳; *s.* 기울은, 경사진.
şevk *is.* 열망, 갈망, 열성.
şevket *is.* 위엄, 장엄.
şevketli *s.* 장엄한, 위엄있는.
şevval *is.* 〔고어〕10월.
şey *is.* 것, 물건, 물체; 사물; 사항, 일.
şeyh *is.* 〔종교〕 이슬람교주; 족장, 촌장, 추장; (아라비아의) 토후.
şeyhlik *is.* 〔정치〕 토후국.
Şeyhülislâm *öz. is.* 〔역사〕 (오스만제국의)이슬람종교성장관, (부수상격임).
şeytan *is.* 사탄, 대악마, 마왕; 악마, 귀신, 마귀; 극악한 사람; 교활한 사람.
şeytanarabası *b. is.* 〔식물〕 엉겅퀴의 관모; 〔속어〕 자전차.
şeytanî *s.* 악마의, 귀신의.
şeytanlık *is.* 악마의 짓; 교활.
şeytantırnağı *b. is.* 손거스러미.
şık *s.* 멋있는, 맵씨있는, 단정한, 우아한, 단아한; ~ olmak 멋있다, 맵씨있다, 모양나다.
şıkırdamak *f.* (쇠붙이가 부딪거나 방울이 흔들려서 나는 소리)짤랑짤랑 소리나다.
şıkırdatmak *f.* 짤랑짤랑 소리나게 하다.
şıkır şıkır *zf.* 짤랑짤랑, 쩔렁쩔렁.
şıkırtı *is.* 짤랑거리는 소리.
şıklaşmak *f.* 멋있어지다, 맵씨가 나다.
şıklık *is.* 멋, 맵씨; 우아, 단아, 단정.
şımarık *s.* 건방진, 버릇없는, 거만한, 오만한.
şımarıklık *is.* 자만, 오만, 거만.
şımarmak *f.* 건방지다, 거만해지다, 자만해지다, 오만해지다, 버릇이 없어지다, 불손해지다.
şımartmak *f.* 건방지게 만들다, 버릇없게 만들다, 거만하게 하다, 오만하게 하다.
şıngırdamak *f.* 달그락거리다.
şıngır şıngır *zf.* 달그락, 달그락.
şıngırtı *is.* 달그락 거리는 소리.
şıp *is.* 물방울이 떨어지는 소리; ~ diye 갑자기, 돌연히.
şıpka *is.* 〔군사〕 어뢰방어망.
şıppadak *zf.* 갑자기, 돌연히.
şıra *is.* 포도즙.
şıracı *is.* 포도즙 판매업자.
şırıldamak *f.* (물이 흐르면서) 졸졸 소리내다.
şırıl şırıl *zf.* 졸졸, 줄줄.
şırıltı *is.* 물 흐르는 소리.
şırınga *is.* 주사기.
şırlamak *f.* 졸졸 흐르다.
şırvani *is.* 다락, 고미다락.
Şîa *is.* 〔종교〕 이슬람교의 한 종파, 시아파.
şiddet *is.* 세기, 강도; 극렬, 강렬, 맹렬; 속도.
şiddetlenmek *f.* 세어지다, 강해지다, 극렬해지다, 강렬해지다, 맹렬해지다.
şiddetli *s.* 센, 강한, 세찬, 극렬한, 강렬한, 맹렬한; 강속의.
şif *is.* 목화열매.
şifa *is.* (건강)회복, 쾌유; ~ bulmak 쾌유되다, 건강을 회복하다; ~lar olsun (인사) 쾌유하십시요.
şifahane *is.* 정신병원, 병원.
şifahen *zf.* 말로서, 구두로.
şifahî *s.* 말의, 구두의; ~ imtihan 구두시험, 구술고사.
şiflemek *f.* 목화씨를 까다.
şifre *is.* 암호(문).
Şii *öz. is.* 〔종교〕 이슬람교의 시아파 교도.
Şiilik *öz. is.* 〔종교〕 이슬람교의 시아파.
şiir *is.* 시, 시가, 시조.
şikâr *is.* 사냥물; 전리품, 노획물.

şikâyet *is.* 불평, 불만, 이의, 항의; (병의) 호소; ~ etmek 불평하다, 항의하다.
şikâyetçi *s.* 불평의, 이의의, 항의의; 〔법률〕 원고의.
şikayetname *b. is.* 이의서, 항의서, 진정서.
şilep *is.* 〔해운〕 화물선.
Şili *öz. is.* 〔국명〕 칠리; *s.* 칠리의.
Şilili *öz. is.* 칠리사람.
şilin *is.* 영국화폐의 단위, 실링.
şilt *is.* 기념패.
şilte *is.* 얇은 침대요.
şimal *is.* 북, 북쪽, 북편, 북방; ~ yıldızı 〔천문〕 북극성.
şimalî *s.* 북의, 북쪽의, 북방의; ~ arz 〔지리〕 북위; ~ garbî 서북방; ~ şarkî 동북방.
şimdi *zf.* 지금, 이제, 방금, 현재; 즉각, 곧.
şimdiden *zf.* 지금부터, 이제부터, 현재로부터.
şimdiki *s.* 지금의, 현재의; ~ zaman 〔문법〕 현재시제.
şimdilik *zf.* 지금으로는, 현재로는.
şimendifer *is.* 철도, 철로; 기차.
şimşek *is.* 번개, 섬광; ~ çekmek 번개가 치다; ~ gibi 번개처럼, 재빨리; ~ taşı 운석, 별똥별.
şimşeklenmek *f.* 번개가 치다.
şimşir *is.* 〔식물〕 회양목.
şirden *is.* 〔해부〕 반추동물의 작은 위.
şirin *s.* 상냥한, 붙임성 있는; 다정한, 친절한.
şirk *is.* 〔종교〕 다신론; 다신교.
şirket *is.* 합자회사, 합명회사, 주식회사.
şirpençe *is.* 〔의학〕 종기의 일종, 점, 정저, 정종.
şirret *s.* 성질 나쁜, 고약한, 괴팍스런, 사나운.
şiryan *is.* 〔해부〕 동맥.
şiş ① *is.* 쇠꼬챙이, 불꼬챙이; 산적 꼬챙이, 쇠꼬치, 굽는 꼬챙이; (연습용 펜싱) 칼; 편물 바늘; örgü ~i 편물용 바늘; ~ kebap 쇠꼬치에 꿰어서 구운 고기, 산적의 일종.
şiş ② *s.* 부은, 부풀은; *is.* 〔의학〕 부종, 부증.
şişe *is.* (용기) 병; 전등갓.
şişeci *is.* 병을 팔거나 사는 사람.
şişirmek *f.* 붓게 하다; 과장하다.
şişkin *s.* 부은, 부증의.
şişko *is.* 뚱뚱보.
şişlemek *f.* 꼬치에 꿰다.
şişman *s.* 뚱뚱한, 살찐, 비대한, 비만한.
şişmanlamak, şişmanlaşmak *f.* 뚱뚱해지다, 살찌다, 비만해지다.
şişmanlık *is.* 비대, 비만.
şişmek *f.* 부풀다, 팽창하다; 부어오르다, 붓다.
şive *is.* 발음, 억양; 사투리, 특수한 표현이나 어법.
şivesiz *s.* 나쁜 발음이 없는, 사투리 없는.
şizofren *is.* 〔의학〕 정신분열증 환자.
şizofreni *is.* 〔의학〕 정신분열증.
şofben *is.* 목욕물 끓이는 기구.
şoför *is.* 운전사, 운전수, 운전기사.
şoförlük *is.* 운전업.
şok *is.* 충격; ~ tedavisi 충격요법.
şom *s.* 불길한.
şose *is.* 쇄석로.
şoven *s.* 국수주의의.
şöhret *is.* 명성, 명망.
şöhretli *s.* 명성있는.
şölen *is.* 잔치, 향응, 향연, 연회.
şömine *is.* 벽난로.
şövalye *is.* 기사, 기병, 말을

타는 무사.
şöyle *zf.* 그렇게, 저렇게 그와 같이; ~ böyle 그저 그렇게. 그럭 저럭.
şöylece *zf.* 그와같이, 그렇게.
şu *zm.* 저것; *s.* 저, 저것의;~ bu 이것저것; ~ndan bundan 여러가지.
şua *is.* 빛, 광선.
şubat *is.* 2월.
şube *is.* 지점, 분점, 지부, 분국.
şuh *s.* 바람둥이의; 활발한, 명랑한.
şule *is.* 불꽃, 불길, 화염.
şuna şu의 여격.
şunca *s.* 저것 만큼.
şunda şu의 처격.
şundan şu의 탈격.
şunlar şu의 복수.
şunu şu의 목적격.
şunun şu의 소유격.
şura *zm.* 저곳, 저기.
şûra *is.* 회의; devlet ~sı 최고 행정 재판소, 국회의원으로 구성됨.
şuracık *zm.* 바로 저기.
şuralı *s.* 저곳에 있는, 저기에 있는.
şurası *zm.* 저곳, 저기.
şurup *is.* 시럽; 당밀.
şuur *is.* 정신, 지각, 의식, 이해력; millî ~ 국민정신, 민족정신, 민족의식; ~ altı잠재의식; ~unu kaybetmek 의식을 잃다; 이성을 잃다.
şuurlu *s.* 지각이 있는, 의식이 있는, 이성이 있는.
şuursuz *s.* 비이성적, 무의식의, 지각없는.
şuursuzluk *is.* 무의식.
şükran *is.* 감사; 감격.
şükretmek *f.* 신에게 감사하다.
şükür *is.* (신에 대한) 감사, 축복.
şümul *is.* 포함, 내포; 이해, 파악.
şümullendirmek *f.* 포괄하다.
şüphe *is.* 의심, 의혹; 회의, 불신.
şüpheci *is.* 의심이 많은 사람, 회의주의자.
şüphecilik *is.* 〔철학〕 회의주의, 회의론.
şüphelenmek *f.* 회의하다; 의심하다.
şüpheli *s.* 불확정적인, 확실치 않은; 의심스런; 회의적인.
şüphesiz *s.* 분명한, 확실한, 확정적인; *zf.* 분명히, 틀림없이.
şüt *is.* 〔운동〕 (구기운동의) 슛, 쏘기; ~ çekmek 공을 차거나 던져 넣다.

T, t

T, t 터어키어 자모의 스물네번째 글자.
ta *zf.* …조차, 까지; 또한.
taacüp *is.* 놀람, 경악, 경이.
taahhütlü *s.* (편지)등기의.
taarruz *is.* 공격, 침공, 침략; ~ etmek 공격하다, 침공하다.
taassup *is.* 광신, 열광.
tabak *is.* 접시, 쟁반; 무두장이.
tabaka *is.* 층; 계층; 계급; aşağı ~ 하층, 하류계급; aşağı ~dan 하류층 출신의; yüksek ~ 상층, 상층계급; yüksek ~dan 상류층 출신의.
tabaklamak *f.* 무두질하다.
taban *is.* (신발의)밑창; 발바닥; (건물의)바닥; 지반, 기초, 토대; 하상, 하천바닥.
tabanca *is.* 권총.
tabansız *s.* 바닥이 없는; 겁이 많은.
tabi *s.* …에 속하는, 부속의, 종속의; ~ cümle 〔문법〕 종속문; ~ devlet 속국; ~ kağıtlar 부속문서; ~ olmak 부속되다, 속하다, 종속하다.
tabiat *is.* 자연; 자연계; 천연; 천지만물; 본질, 천성; 성질 ~ kanunları 자연의 법칙.
tabiatıyle *zf.* 자연히, 자연적으로; 저절로.
tabiatüstü *s.* 초자연의.
tabiî *s.* 자연의, 천연의, 자연 그대로의; 물질의, 물질적, 형이하의; 정상의; *zf.* 본래; 자연히; 꼭 그대로, 꾸밈없이; *unl.* 물론, 틀림없이, 꼭.
tabiîlik *is.* 자연; 정상.
tabiiyet *is.* 예속; 국적.
tabir *is.* 술어; 해석.
tabla *is.* (상인의)목반, 목판; (음식 나르는)쟁반; (난로, 화로 따위의)받침(판).
tabldot *is.* 〔음식〕 정식.
tablet *is.* 〔의약〕 정제, 알약, 타블렛.
tablo *is.* 그림, 화판; 장면; 표, 목록.
tabu *is.* 금기.
tabur *is.* 〔군사〕 대대; 무리, 떼.
taburcu *s., is.* 〔군사〕 병원에서 퇴원 명령을 받은 (자).
tabure *is.* 등받이 없는 의자.
tabut *is.* 관, 관구.
tacir *is.* 상인.
taç *is.* 관, 영관, 왕관; çiçek ~ı 〔식물〕화관; ~ giydirmek 관을 씌우다, 영예를 주다; ~ yaprağı 〔식물〕 꽃잎.
taçlanmak *f.* 관을 씌우다.
tadil *is.* 수정, 개정.
tadilât *is.* 수정 개정, 변경.
tafsil *is.* 설명, 해설.
tafsilât *is.* 상세한 설명; ~ vermek 상세한 설명을 하다.
tahakkuk *is.* 확인; 검증, 입증, 증명; ~ etmek 확인하다, 입증하다, 증명하다.
tahammül *is.* 관용, 관대, 너그러움; 인내; ~ etmek 허용하다, 너그럽게 용서하다; 참다, 인내하다.
tahammür *is.* 발효.
tahayyül *is.* 상상; 환상.
tahdidat *is.* 제한.
tahdidetmek *f.* 제한하다, 한정하다.
tahdit *is.* 제한, 한정.

tahfif *is.* 경감, 완화.
tahıl *is.* 곡식, 곡물.
tahin *is.* 깨즙.
tahkik *is.* 조사, 취조, 심사; ~ etmek 조사하다.
tahkikat *is.* 조사; 연구.
tahkim *is.* 강화.
tahlil *is.* 〔화학〕 분석,
tahliye *is.* 〔법률〕 석방, 방면; 비움, 철거; (짐을)내림; ~ etmek 〔법률〕 석방하다, 방면하다; (짐을)내리다; 비우다.
tahmin *is.* 추측; 예측, 예상; 추산, 어림셈; ~ etmek 추측하다, 추산하다.
tahminen *zf.* 추측으로, 추산으로, 대략으로.
tahminî *s.* 대략의.
tahrik *is.* 꿈틀거리게 함, 출발시킴, 부추김, 사주; ~ etmek 선동하다, 교사하다, 사주하다.
tahrikât *is.* 교사, 사주, 선동.
tahrip *is.* 파괴; 황폐; 유린; ~ etmek 파괴하다; 유린하다, 황폐시키다.
tahsil *is.* 수집; 교육; 연구; ilk ~ 초등교육; orta ~ 중등교육; ~ derecesi 교육정도; ~ etmek 수집하다, 거두어 들이다; 수납하다; 교육받다, 공부하다; ~ görmek 교육받다; 연구하다, **공부하다**. yüksek ~ 고등교육.
tahsilât *is.* 수납.
tahsildar *is.* 수납원; 세무원.
tahsildarlık *is.* 수납업무.
tahsilde *s.* 교육중의; 연구중의, 수업중의.
tahsis *is.* 지정, 지시; 할당; ~ etmek 지시하다.
taht *is.* 왕위, 왕좌, 옥좌, 권좌; ~a çıkmak 왕위에 오르다; ~a oturmak 왕위에 앉다; ~-tan indirmek 왕위를 뺐다.
tahta *is.* 나무, 목재; 판자; 흑판; *s.* 나무로 된, 목제의.
tahtabiti, tahtakurusu *b. is.* 〔동물〕 빈대.
tahtalı *s.* 나무가 있는; 나무로 만든, 목제의.
tahterevalli *is.* 널, 시이소(놀이); ~ oynamak 시이소 놀이를 하다, 널을 뛰다.
tahvil *is.* 전환, 개변, 변환; 증권, 채권, 국공채; ~ etmek 전환하다, 바꾸다, 개변시키다.
tahvilat *is.* 유가증권.
tak *is.* 기념 아아치; 현수막
takbih *is.* 비난, 꾸짖음, 질책, 책망.
takdim *is.* 우월, 우선; 추천, 소개; 헌정. 증정; ~ edilmek 우위에 놓여지다; 추천되다, 소개되다; 수여되다; ~ etmek 우선시키다, 우위에 놓다; 추천하다, 소개하다; 증정하다, 수여하다.
takdir *is.* 호평, 진가의 인정, 감상; 이해, 평가; 가정; ~ etmek 감사하다; 평가하다, 진가를 인정하다; 이해하다, 호평하다; …diği ~de …한 경우에; o ~de 그럴경우.
takdis *is.* 신성화, 정화.
takı *is.* 〔문법〕 전치사, 후치사.
takılmak *f.* 부착되다; 부가되다, 부속되다; 조롱하다, 희롱하다.
takım *is.* (집단)대, 단, 군; (그릇·옷 따위의)벌, 일습; (경기의)조, 팀; 작업조; 〔군대〕 분대; 〔생물〕 (분류의 단위)목.
takip *is.* 추적; 추종, 따르기; ~ etmek 추종하다, 따라하다; 추적하다, 미행하다.
takke *is.* (머리가 흘러 내리지 않게 쓰는)두건의 일종.
takla, taklak *is.* 재주넘기, 공중제비; ~ atmak 공중제비를 넘다.
taklit *is.* 모방; 모조; ~ etmek 모방하다; 모조하다, 모사하다.

takma *is.* 부착, 착용; *s.* 가짜의, 인조의, 모조의; ~ ad 별명; ~ diş〔치과〕의치; ~ saç 가발.
takmak *f.* 달다, 부착하다, 붙이다; 착용하다, 패용하다; 걸다, 고정하다.
takoz *is.* 나무쐐기.
takriben *zf.* 대략, 개략, 약.
takribî *s.* 근사한, 대략의.
takrir *is.* 확인(서), 명세서; 설명서; 부동산양도증서.
taksi *is.* 택시.
taksim *is.* 분할, 분배, 구분;〔수학〕나누기.
taksimetre *b. is.* (택시의) 요금계산기.
taksit *is.* 분납금, 할부금; vergi ~i 세금 분납금.
taksitle *s.* 분납의, 분할지불의; *zf.* 분납으로, 분할지불로.
taktir *is.* 증류; ~ etmek 증류하다.
takunya, takunye *is.* 나막신 (nalın보다 얕음).
takvim *is.* 달력, 월력; 역서.
takviye *is.* 보강, 증강; ~ etmek 보강하다, 증강하다.
takyit *is.* 제한, 한정; ~ etmek 묶다, 제한하다, 한정하다.
talak *is.* 분리, 절연; 이혼.
talaş *is.* 톱밥, 줄밥.
talebe *is.* 학생, 생도, 제자.
talep *is.* 요구, 요청;〔경제〕수요; ~ etmek 요구하다, 요청하다; 수요하다.
talepname *b. is.* 요구서, 청구서.
talih *is.* 운, 행운; ~ kuşu 행운의 새; ~ meselesi 운수소관, 팔자소관.
talihli *s.* 행운의, 운이 있는, 운이 좋은.
talihsiz *s.* 불운의, 운이 나쁜, 운이 없는.
talihsizlik *is.* 불운.
talim *is.* 훈도, 지도;〔군사〕훈련, 연습; etmek 훈련하다, 연습하다.
talimat *is.* 지침, 지도, 지시, 훈령; ~ almak 훈령받다, 지시받다; ~ beklemek 훈령을 기다리다; ~ istemek 지시를 바라다; ~ vermek 지시하다.
talimatname *b. is.* 지도서, 지침서, 훈령.
talk *is.*〔광물〕활석.
tam *s.* 완전한; 정확한; (시간) 정각의; *zf.* 꼭, 정확히, 완전히, 바로.
tamam *s.* 온전한, 완전한; 전체의, 모두의; *unl.* 좋다, 됐다, 자; (자동차 따위의 수차시 운전자에게 방향지시 할 때) 좋다, 오라이.
tamamen *zf.* 완전히; 통체로, 전체로.
tamamiyle *zf.* 완전히.
tamamiyet *is.* 전체, 온전, 완전.
tamamlamak *f.* 완성하다, 완전하게 하다; 끝내다.
tamamlanmak *f.* 끝나다, 완성되다; 완전하게 되다.
tamim *is.* 안내장, 전단, 삐라; 일반화, 보편화
tamir *is.* 수선, 수리; ~ etmek 고치다, 수리하다, 수선하다; 회복하다, 복구하다, 보상하다; ~e vermek 수리하게 하다.
tamirat *is.* 복구, 수선; ~ borçları〔정치〕전쟁배상금; ~ yapmak 복구하다, 수선하다, 회복시키다.
tamlama *is.*〔문법〕수식법; belirtili isim ~sı 한정명사 수식법; belirtisiz isim ~sı 비한정명사 수식법.
tamlanan *s.*〔문법〕피수식의.
tamlayan *s.*〔문법〕수식의.
tampon *is.* 완충물; (자동차 앞뒤의) 범퍼;〔의학〕(외과용의) 지혈솜.

tamu *is.* 지옥, 연옥.
tan *is.* 여명, 서광.
tane *is.* 낟알; (낟으로 된 동식물 또는 물건을 셀할때 쓰는) 개, (집) 채, (배) 척 ; (비행기 등) 대.
tanecik *is.* 작은 낟알; 작은 알갱이.
taneli *s.* 낟알의; …개의, …개로 된.
tango *is.* (춤) 탱고.
tanıdık *s.* 아는; *is.* 아는 사람, 지기.
tanık *is.* 증인; 목격자; 증거.
tanıklamak *f.* 증명하다.
tanıklık *is.* 증언; 증거.
tanılamak *f.* 〔의학〕 진단하다.
tanımak *f.* (사람을) 알다; 식별하다; 〔법률〕 인정하다, 승인하다.
tanımlamak *f.* 묘사하다, 설명하다, 기술하다.
tanınmak *f.* 알려지다; 인정받다.
tanınmış *s.* 잘 알려진, 유명한, 저명한.
tanışık *is.* 아는 사람, 지기.
tanışıklık *is.* 아는 사이, 지면, 면식.
tanışmak *f.* 서로 알다, 친교하다, 사귀다, 교유하다.
tanıştırmak *f.* 서로 인사시키다, 소개시키다.
tanıt *is.* 증명; 증거.
tanıtmak *f.* 알리다, 소개하다.
tank *is.* 〔군사〕 전차.
tankçı *is.* 〔군사〕 기갑군.
tanker *is.* 유조트럭, 유조선.
Tanrı *öz. is.* 신, 하나님.
Tanrıbilim *b. is.* 신학.
Tanrıça *öz. is.* 여신.
tanrılaştırmak *f.* 신격화하다.
tanrısal *s.* 신적인.
tanrısız *s.* 무신의.
tanrısızlık *is.* 무신론.
tansık *is.* 기적, 경이, 불가사의.
tansiyon *is.* 〔의학〕 혈압.
tantana *is.* 화려, 장관, 장대, 장려.
tanyeri *b. is.* 해뜨는 곳, 동쪽, 동편, 동방.
tanzifat *is.* (시의) 가로 청소; ~ amelesi 가로청소원.
tanzim *is.* 정돈; 조직, 편성; ~ etmek 조직하다, 편성하다; 정돈하다.
Tanzimat *öz. is.* 〔역사〕 오스만제국시 1839년에 있었던 정치개혁.
tapa *is.* 코르크마개.
tapan *is.* (농기구) 써레.
tapı *is.* 우상.
tapınak *is.* 사원, 절.
tapınmak *f.* 숭상되다, 숭배되다.
tapmak *f.* 숭배하다, 신앙하다.
tapu *is.* (부동산) 권리증서.
taraça *is.* 발코니, 테라스.
taraf *is.* 방향, 방면; 구역; 측(면), 편, 방, 파; ~ tutmak 편들다.
taraflı *s.* 방향의; 편의, 파의; *is.* 편, 지지자.
tarafsız *s.* 중립의.
tarafsızlık *is.* 중립.
taraftar *s.* 동조하는, 지지하는; *is.* 동조자, 지지자.
tarak *is.* (머리 빗는) 빗; 갈퀴; 써레; (새의) 볏.
taraklamak *f.* 빗질하다, 빗질하여 제거하다, 갈퀴질하다.
taramak *f.* (머리를) 빗다, 빗질하다; 갈퀴질하다; 써레질하다; 상세히 조사하다.
taranmak *f.* 빗겨지다, 빗질되다.
tarçın *is.* 〔식물〕 계피(나무).
tard *is.* 추방, 축출, 구축; 제명.
tardetmek *f.* 추방하다, 축출하다, 구축하다; 제명하다, 제적하다.
tarım *is.* 농업, 농사.

tarımcı *is.* 농민.
tarımsal *s.* 농업의, 농사의
tarif *is.* 묘사, 서술, 기술; 설명; ~ etmek 설명하다, 묘사하다, 서술하다.
tarife *is.* 가격표; 시간표.
tarih *is.* 역사; 일자, 날자.
tarihçi *is.* 사가, 역사가, 역사학자.
tarihî *s.* 역사의, 역사적.
tarihli *s.* 날자의, 일자의.
tarikat *is.* 〔종교〕 지침, 훈령, 교훈령, 교시.
tarla *is.* 밭, 농지, 농토, 경작지.
tarlakuşu *b. is.* 〔조류〕 종달새.
tartı *is.* 무게, 중량, 체중; 무게달기; 저울; 천평.
tartılı *s.* 중량의, 무게있는; 무게를 잰; 신중한.
tartılma *is.* 무게달기, 저울질.
tartılmak *f.* tartmak의 수동형.
tartışma *is.* 토론, 토의, 논쟁, 언쟁.
tartışmak *f.* 언쟁하다, 논쟁하다; 토론하다.
tartmak *f.* 무게를 달다, 무게를 재다.
tarz *is.* 태도, 품격, 양식.
tas *is.* 공기, 사발, 대접.
tasa *is.* 근심, 걱정, 우심, 우려, 염려; ~ çekmek 근심하다, 걱정하다, 염려하다; ~ etmek 근심하다, 걱정하다; ~sı olmak 걱정거리가 생기다.
tasalanmak *f.* 걱정하다, 염려하다.
tasalı *s.* 근심스런, 근심있는, 걱정이 있는.
tasar *is.* 계획, 안, 고안.
tasarı *is.* 계획, 안; 〔법률〕 의안, 법안; ön ~초안.
tasarlamak *f.* 계획하다, 설계하다.
tasarruf *is.* 저축; 처분, 처리; ~ bonosu 의무저축, 국채; ~ etmek 저축하다, 예금하다, 저금하다.
tasasız *s.* 태평한, 마음 편한, 아무 근심없는.
tasavvuf *is.* 〔종교〕 이슬람교의 신비주의.
tasavvur *is.* 상상, 가상; 구상; ~ etmek 상상하다, 가상하다; (머리속에서) 그리다, 구상하다.
tasdik *is.* 확인, 실증, 입증; 인정, 증명; 비준, 재가, 동의; ~ edilmek 확인되다, 비준되다, 재가되다; ~ etmek 확인하다, 인정하다; 비준하다, 재가하다; 법률화하다.
tasdikî *s.* 시인의, 확인의, 확증적.
tasdikname *b. is.* 확인서, 인정서, 증명서; 〔법률〕 (조약의) 비준서.
tasfiye *is.* 정화; 청산, 정리; 숙청; ~ etmek 깨끗이 하다, 정화하다; 청산하다, 정리하다; 숙청하다.
tashih *is.* 정정, 수정, 교정; ~ etmek 정정하다, 수정하다, 교정하다.
tasım *is.* 〔논리〕 삼단논법, 연역법.
tasımlamak *f.* 계획하다; 설계하다.
taslak *is.* 안, 초안.
taslamak *f.* 가장하다; 과장하다, 과시하다.
tasma *is.* 고삐, 목사리줄.
tasnif *is.* 분류; 구별; ~ etmek 분류하다.
tasvip *is.* 시인, 찬동, 찬성, 〔법률〕 인가, 비준, 재가; ~ edilmek 비준되다, 인가받다; ~ etmek 인가하다, 재제하다, 비준하다.
tasvipkâr *s.* 찬성의, 찬성하는.
tasvir *is.* 설명, 해설, 기술, 묘사; ~ etmek 설명하다, 해설하다, 기술하다, 묘사하다.
tasviri *s.* 기술의, 묘사의; ~ dilbilgisi 기술문법.
taş *is.* 돌, 암석; 보석; (장기

따위 놀이의) 말; 〔의학〕 결석; *s.* 돌로 만든, 석제품의; cilâlı ~ çağı 〔역사〕 마제석기시대; ~ bebek 인형; ~ gibi 매우 딱딱한; 매우 견고한; yontma ~ çağı 〔역사〕 타제석기시대.
taşbilim *b. is.* 〔지질〕 암석학.
taşçı *is.* 석공.
taşıl *is.* 화석.
taşımak *f.* 나르다, 운반하다; 가지고있다, 휴대하다.
taşınmak *f.* 옮기다, 이사하다; 휴대되다; 날라지다, 운반되다.
taşıt *is.* 수레, 차, 탈것.
taşkın *s.* 넘쳐 흐르는, 범람하는; 과도한, 과분한, 과잉의.
taşkömür *b. is.* 〔광물〕 석탄.
taşlamak *f.* 돌을 던지다; 돌을 가려내다.
taşlı *s.* 돌이 있는; 돌로 된.
taşlık *is.* 돌이 많은 곳, 돌밭; 돌로 만든 곳; 〔생물〕 (새의) 모래주머니.
taşmak *f.* 넘치다, 범람하다; (책상보 등이) 접혀 내려오다; 끓어 넘치다.
taşra *is.* 시골, 변두리.
taşyağı *b. is.* 등유, 석유.
taşyürekli *s.* 잔인한.
tat *is.* 맛, 풍미, 미각; 기분; 흥미, 흥취; ~ına bakmak 맛보다.
Tatar *öz. is.* 타타르, 타타르사람.
Tatarca *öz. is.* 타타르말.
tatarcık *is.* 〔곤충〕 눈에놀이.
tatbik *is.* 응용, 적용; 수행, 실행, 이행; 실시, 집행; ~ edilmek 적용되다, 집행되다, 실행되다, 실시되다, 시행되다; ~ etmek 응용하다, 적용하다, 수행하다, 실행하다, 이행하다, 실시하다, 집행하다; ~ kabiliyeti 적응성, 적용성, 실행성, 가능성.
tatbikat *is.* 적응, 적용; 실천, 실행; 이행; 〔군사〕 기동연습.
tatil *is.* 휴가; 휴일; 휴식.
tatlı *s.* 단, 달콤한; 사랑스런, 귀여운; *is.* 사탕, 단음식; 식사후의 단 디저트 음식; ~ dil 부드러운 말; ~ patates 고구마.
tatlılık *is.* 단맛.
tatlımsı *s.* 달콤한.
tatmak *f.* 맛을 보다; 경험하다.
tatmin *is.* 만족; 안심; ~ etmek 안심하다; 만족하다.
tatsız *s.* 맛이 좋지않은; 맛이 없는; 마음에 들지 않은.
tava *is.* 프라이팬, 튀김냄비; 튀김음식.
tavaf *is.* 〔종교〕 이슬람교도의 성지순례 행사시 카바 사원 주위를 도는 의식.
tavan *is.* 천정; ~ deliği 지붕 채광창; ~ göbeği 천정 중앙 장식 부분; ~ süpürgesi 천정을 쓰는 긴 자루비.
tavır *is.* 태도, 모습.
taviz *is.* 보상, 배상, 갚음, 보복; 대치, 치환; 양보; ~ almak 양보받다; ~ vermek 양보하다, 양여하다.
tavla *is.* (놀이) 서양주사위 놀이 또는 놀이판 기구.
tavsiye *is.* 추천; 권고, 권장; ~ etmek 추천하다; 권고하다.
tavşan *is.* 〔동물〕 토끼.
tavşancıl *is.* 〔동물〕 독수리.
tavşandudağı *b. is.* 토순.
tavuk *is.* 〔동물〕 닭; 암탉
tavukbalığı *b. is.* 〔어류〕 대구의 일종.
tavukçu *is.* 양계업자; 계육 판매업자.
tavukçuluk *is.* 양계업.
tavukkarası *b. is.* 〔의학〕 야맹증.
tavus *is.* 〔조류〕 공작.
tay ① *is.* 〔동물〕 3살 미만의 어린 말.
tay ② *is.* 무승부, 동점, 비기기.
taya *is.* 보모, 애보는 여자.
tayfa *is.* (배의) 승무원, 선원.

tayfun *is.* 〔기상〕 태풍.
tayın *is.* 〔군사〕 배급식량, 할당 식량.
tayin *is.* 임명; 발령;~ edilmek 임명되다, 발령받다; ~ etmek 임명하다, 발령하다.
tayyare *is.* 비행기, 항공기; ~ meydanı 공항, 비행장.
tayyareci *is.* 비행사.
tayyör *is.* 여자 정장복.
tazammun *is.* 포함, 포괄; 〔철학〕 내포.
taze *s.* 신선한; 싱싱한; 새로운, 최근의; *is.* 젊은 여자.
tazelemek *f.* 신선한 것으로 교체하다; 신선하게 만들다; 새롭게 하다.
tazeleşmek *f.* 젊어지다.
tazelik *is.* 신선.
tazı *is.* 〔동물〕 몸이 길고 날쌘 사냥개 종류 그레이 하운드.
tazim *is.* 존경, 공경.
taziye *is.* 조위, 애도, 조사.
tazmin *is.* 배상, 보상; ~ etmek 배상하다, 보상하다.
tazminat *is.* 배상, 보상(금).
tazyik *is.* 압박, 압력; ~ etmek 압박하다, 억압하다, 압력을 넣다.
T.B.M.M. Türkiye Büyük Millet Meclisi의 준말, 터어키 국회.
T.C. Türkiye Cumhuriyeti의 준말, 터어키 공화국.
tebaa *is.* 국적.
tebeşir *is.* 백묵.
tebliğ *is.* 통첩, 통고, 통지; 보도; 콤뮤니케, 성명; resmî ~ 공식성명, 콤뮤니케, 공식보도; ~ etmek 알리다, 보도하다. 통보하다, 통고하다.
tebligat *is.* 성명, 선언, 선서.
tebrik *is.* 축하, 경하; 축하인사; 축하장; ~ etmek 축하하다, 경하하다.
tebrikât *is.* 축하, 경하.
tebşir *is.* 희소식 전달; ~ etmek 희소식을 전하다.
tecavüz *is.* 공격, 침공, 침략, 침범; *f.* 범하다, (한계를) 넘다, (법률 따위를) 어기다; ~ etmek 공격하다, 침공하다, 침략하다, 침범하다.
tecdid etmek 갱신하다.
tecil *is.* 연기, 지연; ~ etmek 연기하다.
tecrübe *is.* 시험; 실험; 경험; ~ etmek 시험하다; 실험하다; 경험하다.
tecrübeli *s.* 경험이 많은, 유경험의.
tecrübesiz *s.* 경험이 없는, 무경험의.
tecrübî *s.* 실험의, 실험적.
teçhiz *is.* 장치; 설비, 시설; ~ etmek 장치하다; 설비하다; 장비하다.
teçhizat *is.* 장비, 설비(물), 장치(물), 시설(물).
tedafüi *s.* 막는, 방어의, 방위의.
tedahül *is.* 혼합; 교호작용; 〔물리〕 간섭; ~ etmek 섞이다, 혼합하다.
tedai *is.* 〔심리〕 연상.
tedavi *is.* 〔의학〕 치료, 치병, 가료, 의료; 치유; ~ etmek 치료하다, 치병하다; 치유하다.
tedavül *is.* 순환; 유통.
tedbir *is.* 경계, 경고; 조치;~ almak 조치를 취하다, 경계하다; ~ kanunu 〔법률〕 비상조치법.
tedbirli *s.* 조심스런, 경계의; 조치가 되어 있는.
tedbirsiz *s.* 조심성없는, 무경계의, 무조치의.
tedbirsizce *zf.* 조심성없이, 경계심없이, 속수무책으로.
tedbirsizlik *is.* 부주의, 무경계; 속수무책; ~ etmek 부주의하게 행동하다, 경솔하게 행동하다.
tedhiş *is.* 위협, 억압, 폭압;

테러; 공포, 경악; ~ etmek 무섭게하다, 전률케하다, 위협하다, 억압하다, 폭압하다; ~ siyaseti 공포정치.
tedhişçi *is.* 폭력주의자, 테러리스트.
tedhişçilik *is.* 폭력주의, 공포정치, 테러행위.
tedirgin *s.* 안정을 잃은, 불안한, 초조한.
tedirginlik *is.* 불안, 초조.
tediye *is.* 지불, 납부, 불입, 상환.
tedricen *zf.* 점점, 점차로, 차차로.
tedricî *s.* 점진적인, 단계적인, 순차적인.
teehhür *is.* 지연, 연기.
tefeci *is.* 고리대금업자.
tefecilik *is.* 돈놀이, 대금업, 고리대금업.
teferruat *is.* 세부, 세목; 사소한 일; 상세한 설명.
teferruatlı *s.* 사소한; 상세한; 세밀한.
tefrik *is.* 분리; 구별, 구분; 분별; ~ etmek 분별하다; 구별하다, 차별하다; ~ etmeksizin 차별없이.
tefrika *is.* (신문 · 잡지 · 영화 따위)연속물, 연재물; 불화, 논쟁.
tefrit *is.* 모자람, 부족, 결손.
tefsir *is.* 설명, 해설; 주석, 주해; kanunî ~ 〔법률〕 유권해석.
tefsirci *is.* 해설자, 논평가, 비평가.
teğmen *is.* 〔군사〕 소위.
tehdit *is.* 위협; 협박, 공갈; ~ etmek 위협하다; 협박하다, 공갈하다.
tehditle *s.* 위협의, 위협적; 협박의, 공갈의; *zf.* 위협적으로.
tehir *is.* 연기; 유예; 지연, 지체; ~ etmek 연기하다; 지연하다, 지체하다.
tehirli *s.* 늦은, 지연된, 지체된; 연기된.
tehlike *is.* 위험, 위태; ~ işareti 위험신호.
tehlikeli *s.* 위험한, 위태로운.
teklikesiz *s.* 위험하지 않은; 안전한.
tek *s.* 하나의; 홀수의; 유일한; 단일의; *zf.* 단순히, 단지; *is.* (여럿중의)하나, 한개; ~ başına 홀로, 독력으로, 독자적으로; ~ sayı 〔수학〕 홀수, 기수; ~ tük 드문드문, 드물게.
tekabbül *is.* 승락, 수락; ~ etmek 받아들이다, 수락하다, 승락하다.
tekâmül *is.* 진화; 발전; 발육; ~ etmek 발전하다; 발육하다.
tekaüt *is.* 은퇴, 퇴역, 퇴직; ~ etmek 연금을 주어 퇴직시키다; ~ maaşı 연금.
tekbencilik *b. is.* 〔철학〕유아론.
tekdir *is.* 꾸중, 꾸지람, 나무람; 질책, 견책; ~ etmek 꾸짖다, 나무라다; 질책하다, 견책하다.
tekdirât *is.* 징계, 징벌.
teke *is.* 〔동물〕 숫염소.
tekel *b. is.* 독점, 전매; ~ malı 전매품.
teker ① *s.* 각각, 하나씩; ~ ~ 하나하나, 일일이.
teker ② *is.* 바퀴.
tekerklik *b. is.* 군주국.
tekerlek *is.* 바퀴, 차륜; *s.* 바퀴형의, 원형의.
tekerleme *is.* 이야기 머리, 중간 또는 끝에 덧붙이는 잡설.
tekerlemek *f.* 구르다.
tekerli *s.* 바퀴가 있는, 바퀴가 달린.
tekfur *is.* 〔역사〕 오스만제국시 기독교도 주지사.
tekil *s.* 〔문법〕 단수의.
tekin *s.* 빈, 무인의; 황무한; 운이 있는.
tekinsiz *s.* 금기의.

tekit *is.* 중복, 반복; ~ etmek 중복하다, 반복하다.
teklif *is.* 안, 제안, 신청안; 제의; 의무; 예의, 의례, 형식; ~ etmek 제안하다.
teklifli *s.* 격식을 차리는, 의례적인.
teklifsiz *s.* 격식을 차리지 않는, 마음을 터놓은.
teklifsizlik *is.* 격식이 없음.
teklik *is.* 유일성, 단일성.
tekme *is.* (발로) 차기.
tekmelemek *f.* (발로) 차다.
tekmil *is.* 전부, 모두; 완성, 완전; *s.* 모든, 완전한.
tekmillemek *f.* 끝내다, 완성하다, 보완하다.
tekne *is.* (여러가지 일에 사용되는) 큰 그릇; 물통; (선박의) 선체.
teknik *is.* 기술; 기교.
teknikçi *is.* 기술자, 전문가.
teknikokul *b. is.* 기술학교.
teknikoğretim *b. is.* 기술교육.
teknisyen *is.* 기술자, 전문가.
teknoloji *is.* 공업기술, 과학기술.
tekörmek *s.* 한결같은, 변화없는, 동질성의.
tekparça *s.* 온통의, 통채의, 하나로 된.
tekparmaklılar *b. is.* 〔동물〕 (무소 · 말 따위의) 기제류.
tekrar *zf.* 다시, 한번 더, 재차, 반복하여; *is.* 반복, 중복; ~ etmek 반복하다, 중복하다.
tekrarlamak *f.* 반복하다, 중복하다.
tekrarlı *s.* 반복된, 중복된.
tekrenkli *s.* 단색의.
teksif *is.* 농축, 압축, 응축; ~ etmek 응축하다, 압축하다.
teksir *is.* 증가, 증식; 복제, 복사; ~ etmek 증가하다, 증식하다; 복사하다, 복제하다; ~ makinası 〔인쇄〕 소형 윤전인쇄기.
tekstil *is.* 옷감, 직물.
tektanrıcı *b. is.* 〔종교〕 일신교신자, 일신론자.
tektanrıcılık *b. is.* 〔종교〕 일신론, 일신교.
tektonik *is.* 〔학문〕 구조지질학.
tel ① *is.* 실; 끈; 줄; 철사, 선; *s.* 실의, 줄의, 철사의; 실처럼 생긴, 실모양의; ~ örgü 철망.
tel ② *is.* 전보의 준말; ~ çekmek 전보를 치다; ~ yazısı 전보문.
telaffuz *is.* 발음; ~ etmek 발음하다.
telâfi *is.* 보상, 보수, 복구, 복원; ~ etmek 보수하다, 복구하다, 복원하다.
telâş *is.* 성급, 조급, 황급; 동요, 혼란; 당황, 곤혹; ~ göstermek 당황함을 보이다, 성급함을 보이다; ~a düşmek 조급해지다, 서두르다; ~a gelmek 서둘러하다.
telaşlanmak *f.* 성급해지다, 조급해지다, 서두르다; 긴장하다.
telaşlı *s.* 성급한, 조급한, 서두르는.
telaşsız *s.* 성급하지 않는, 느긋한, 서두르지 않는.
teleferik *is.* 전기 색도차, 공중 케이블카.
telefon *is.* 전화; ~ etmek 전화하다, 전화를 걸다.
telefoncu *is.* 전화 기술자; 전화 교환수.
telefonculuk *is.* 전화 가설업; 전화 교환 업무.
telefonlaşmak *f.* 전화로 이야기하다.
telefotografi *is.* 사진 전송술.
telekomünikasyon *is.* 전기통신.
teleks *is.* 텔레타이프 통신, 텔렉스.
telemetre *is.* 거리 측정기.
teleoloji *is.* 〔철학〕 목적론.

telepati *is.* 정신 감응술; 이심전심; 텔레파시.
teles *is.* (옷 따위가 미어져) 실이 너덜너덜한.
telesimek *f.* (천이 낡아서) 실이 너덜거리다.
teleskop *is.* 망원경.
televizyon *is.* 텔레비젼.
telgraf *is.* 전보; ~ çekmek 전보를 치다, 전보를 보내다.
telgrafçı *is.* 전보 취급인, 전보 송신원, 무선사.
telgrafçılık *is.* 통신 업무.
telgrafhane *b. is.* 전보 통신 사무소.
telhis *is.* 요약.
telif *is.* (책) 출판; ~ hakkı 판권, 저작권.
telkin *is.* 암시, 시사; 〔종교〕 (회교의) 장례의 마지막 의식; ~ etmek 암시하다, 시사하다.
tellâl *is.* 호객상인; 거간군, 중개인.
tellâllık *is.* 호객상업; 구전, 중개, 수수료.
tellemek *f.* 끈을 끼다, 철사를 끼다; 끈·철사를 달다.
telli *s.* 끈이 달린, 철사가 달린; ~ cam 철사가 박힌 유리, 안전유리
telliturna *b. is.* 〔조류〕 두루미.
telsiz *s.* 끈이 없는, 선이 없는; *is.* 무선 전신.
telsizci *is.* 무선 통신사.
telsizcilik *is.* 무선 통신업무.
temas *is.* 접촉, 접근, 교제; 연락, 접선, 연결; 연관, 관계; ~ etmek 접촉하다; 연락하다; 접근하다; 접선하다; ~ noktası 접촉점; ~a gelmek 접근하다, 접촉하다.
temaşa *is.* 구경; ~ etmek 구경하다.
temayyül *is.* 경향, 추세.
tembel *s.* 게으른, 나태한, 권태로운.
tembelleşmek *f.* 게으르게되다, 나태해지다.
tembellik *is.* 게으름, 나태, 권태.
tembih *is.* 경고, 주의; 각성; 다짐, 깨우침; 〔군사〕 명령; 〔의학〕 자극; ~ etmek 주의시키다, 경고하다; 주문하다, 이르다; 명령하다; 각성시키다, 자극주다.
temel *is.* 기본, 기초, 근거, 근본, 바탕; 원칙; *s.* 근본적, 기본적, 기초적; ~ atma 기공, 공사의 시작; ~ atma töreni 기공식; ~ atmak 기공하다; ~ ilke 기초원칙, 기본원칙; ~ kemiği 〔해부〕 (두개골 저부의) 설상골; ~ taşı 초석.
temelleşmek *f.* 자리잡다, 정착하다, 뿌리박다, 뿌리내리다.
temelli *s.* 기초가 있는, 자리잡은, 정착한, 뿌리내린.
temelsiz *s.* 기초가 없는, 바탕이 없는; 뿌리내리지 못한, 정착하지 못한.
temenni *is.* 희망, 희구, 기원, 희원, 바람, 기구; ~ etmek 바라다, 희망하다, 기원하다.
temerküz *is.* 집중, 집결; ~ kampı 수용소.
temin *is.* 확인; 확신; 보증; 담보; 취득, 획득; ~ etmek 확신하다, 확인하다; 보증하다; 획득하다, 보장하다.
teminat *is.* 보증, 확인; 보장; malî ~ 재정보증; ~ akçesi 보증금; ~ altına almak 보장하다; ~ vermek 보증하다, 확신하다; 보장하다.
teminatlı *s.* 보증된; 보장된; 확인된.
temiz *s.* 깨끗한; 순결한; 순수한; 선한, 착한; 청결한; ~e çekmek 정서하다, 깨끗하게 다시쓰다; ~e çıkmak 순결을 증명하다, 무죄를 입증하다.

temizce *zf.* 깨끗이, 순결하게; 착하게, 선량하게,
temizkan *b. is.* 동맥혈; 혼혈이 아닌, 단일민족의.
temizlemek *f.* 치우다, 청소하다, 깨끗이하다, 소제하다; 없애다, 뽑아버리다, 쓸어 없애다.
temizlenmek *f.* 깨끗이되다, 순결해지다, 쓸어 없어지다.
temizletmek *f.* 깨끗하게 하다, 청소를 시키다, 없애게 하다.
temizleyici *s.* 깨끗한, 순결한; *is.* 청소부.
temizlik *is.* 청소, 소제; 순결, 선량; ~ işleri (시에서 하는 가로청소; ~ yapmak 청소를 하다, 소제하다.
temmuz *is.* 7월.
tempo *is.* 박자.
temsil *is.* 대리; 대표; 상징; 연극, 상연, 공연; ~ etmek 대리하다; 대표하다; 상연하다, 공연하다; ~ kudreti 대표권.
temsilci *is.* 대리인; 대표인
temsilcilik *is.* 대리역; 대표역; 대표의 임무.
temyiz *is.* 구분; 식별; 〔법률〕 항소, 상고; ~ etmek 구별하다, 식별하다; 〔법률〕항소하다, 상고하다; ~ mahkemesi 〔법률〕 항소법원; 상고법원.
ten *is.* 피부, 표피; 신체.
tenakuz *is.* 모순, 배치, 당착.
tencere *is.* 남비, 솥.
tender *is.* (기관차의)탄수차.
teneffüs *is.* 숨, 호흡; 휴식시간, 휴식; ~ etmek 숨쉬다, 호흡하다; 숨을 멈추다, 쉬다; 휴식하다.
teneffüshane *b. is.* 휴식처 쉬는 장소.
teneke *is.* 〔광물〕 주석; 양재기, 양은그릇; *s.* 주석으로 만든, 주석제품의; ~ çalmak 야유하다; ~ mahallesi 양철지붕 마을.
tenekeci *is.* 양은그릇 만드는 사람; 함석공.
tenekecilik *is.* 양은공업; 함석업.
tenevvü *is.* 각종, 다양(성).
tenezzüh *is.* 산보, 산책; 유람.
tenezzül *is.* (가격의)하락, 하강.
tenha *s.* 조용한, 고요한; 한적한, 적막한; 정숙한;
tenhalaşmak *f.* 조용해지다; 한적해지다.
tenhalık *is.* 조용함, 고요; 한적, 적막; 정숙; 조용한 곳, 정숙한 곳; 적막한 곳.
tenis *is.* 〔운동〕 정구.
tenkıye *is.* 〔의학〕 관장; 관장기구.
tenkit *is.* 평, 비평, 비판, 평론, 논평; 비난; ~ etmek 비평하다, 비판하다, 논평하다; 비난하다.
tenor *is.* 〔음악〕 테너.
tenperver *s.* 몸을 사리는; 안일한, 무사안일한.
tenrengi *b. is.* 살색, 피부색.
tente *is.* 차일, 차양.
tentene *is.* 실로 엮어 뜨거나 천의 가장자리에 수를 놓아 구멍 뚫린 무늬를 나타낸 수예제품, 레이스.
tenzil *is.* 내리기, 인하; 축소.
tenzilât *is.* (가격)할인.
tenzilâtlı *s.* 할인한, 할인가격의; ~ satış 할인매출, 할인판매.
teoloji *is.* 신학.
teori *is.* 학설, 설, 논; 이론, 이치, 공론.
tepe *is.* 언덕, 둔덕, 구능; 꼭대기, 산정, 정상; 작은산; (닭의)볏; ~den tırnağa 온통, 완전히, 전적으로, 머리부터 발끝까지.
tepecamı *b. is* 지붕의 채광창.
tepedamgası *b. is.* 〔해부〕 숨구멍, 정문, 숫구멍.

tepelemek *f.* 몹시 때리다, 구타하다; 죽이다, 살해하다.
tepeli *s.* (닭)볏이 있는.
tepki *is.* 반동, 반응, 반발, 반작용.
tepkili *s.* 반응이 있는; 반동력으로 움직이는.
tepkimek *f.* 반동하다, 반응하다, 반작용하다.
tepmek *f.* (동물)발길질하다, 차다.
tepsi *is.* 접시, 쟁반, 음식 나르는 큰 쟁반.
ter *is.* 땀; ~ basmak 땀을 흘리다; 열심히 일하다; 당혹하여 진땀빼다; ~ dökmek 애쓰다, 진땀흘리다; ~e batmak 땀을 많이 흘리다; ~e yatmak (억지로)땀을 흘리다. 땀을 빼다.
terakki *is.* 진보, 발전.
terakkiperver *b. is.* 진보주의자.
terazi *is.* 막대저울, 천평; ~ye vurmak 잘 따져 생각하다, 저울질하여 생각하다.
Terazi *öz. is.* 〔천문〕 천칭자리, 천칭궁.
terbiye *is.* 교육, 훈련, 훈육; 교양, 예의; 조미료; ~ etmek 교육하다; 훈련하다.
terbiyeli *s.* 점잖은, 교육받은; 훈련된; 세련된, 교양있는. 예절바른.
terbiyesiz *s.* 무식한, 교육받지 못한, 교양없는.
terbiyesizlik *is.* 무식, 무교양, 무례.
tercih *is.* 보다 좋아함; ~ etmek 보다 좋아하다.
tercüman *is.* 통역(관).
tercüme *is.* 통역, 번역; ~ etmek 통역하다, 번역하다.
tercümeihal *b. is.* 전기, 일대기.
tereddüt *is.* 머뭇거림, 주저; ~ etmek 머뭇거리다, 주저하다.
tereke *is.* 유산, 유물; ~nin taksimi 유산분배.
terementi *is.* 송지유, 테레빈유.
teressübat *is.* 앙금, 침전물.
tereyağı *b. is.* 버터.
terfi *is.* 승진, 진급, 승급; ~ etmek 승진하다, 진급하다; ~ listesi 승진명단, 진급명단; ~ müddedi 진급년한, 승진년한.
terhis *is.* 〔군사〕 제대.
terim *is.* 용어, 술어, 전문어
terk *is.* 그만두기, 포기; 유기; 양도; ~ etmek 그만두다, 포기하다; 유기하다, 버리다; 양도하다, 양여하다.
terkos *is.* 상수도 시설; ~ suyu 상수도물.
terlemek *f.* 땀을 흘리다; 방울방울 떨어지다; 물방울이 맺히다.
terletici *s.* 땀을 흘리게 하는; 진땀 빼게 하는, 당혹스런.
terletmek *f.* 땀을 흘리게하다, 진땀 빼게하다.
terli *s.* 땀난, 땀을 흘린.
terlik *is.* 슬리퍼, 가벼운 실내화.
terlikçi *is.* 슬리퍼를 만들거나 하는 사람.
terminal *is.* (기계 따위의)말단부; 종착역.
terminoloji *is.* 전문용어, 술어.
termometre *b. is.* 온도계, 한란계, 체온계.
termos *is.* 보온병, 텔모스.
ters ① *is.* 반면, 배면; *s.* 반대의; 반면의, 배면의; *zf.* 거꾸로, 반대로; 잘못되게, 엉뚱하게; ~ine 반대로, 엉뚱하게.
ters ② *is.* (동물의)똥.
tersaçı *b. is.* 〔기학〕 맞각, 대각.
tersane *is.* 조선소, 조선창.
tersevirme *b. is.* 〔논리〕 반언논법, 환질 환위법.
terslemek *f.* 꾸짖다, 책망하다.
terslik *is.* 반대, 상반; 전도.

tertemiz *s.* 아주 깨끗한, 대우 청결한.
tertibat *is.* 장치, 설비.
tertip *is.* 정렬, 배열; 준비; 〔인쇄〕 조판; (간행물의 차례) 제…집; ~ etmek 정렬하다, 배열하다; (책) 집대성하다: 마련하다, 준비하다.
tertipçi *is.* 준비하는 사람.
tertiplemek *f.* 정렬하다; 정리하다.
tertipli *s.* 정렬된, 정돈된, 정리된; 집대성된.
tertipsiz *s.* 정돈되지 않은, 정리되지 않은, 질서없는.
tertipsizlik *is.* 무질서.
terzi *is.* 양복점; 양복장이, 재봉사.
tesadüf *is.* 우연, 우발; 해후(상봉); ~ etmek 뜻밖에 만나다, 우연히 만나다.
tesadüfen *zf.* 뜻밖에, 의외로, 우연히.
tesanüt *is.* 단결, 결속.
tesbih *is.* (회교도의 33알의) 염수.
tesbit *is.* 고정; 설립, 설치; 확립; ~ etmek 설립하다, 설치하다, 정치하다, 확립하다
tescil *is.* 등기, 등록, 기록, 등재; ~ etmek 등기하다, 등록하다.
teselli *is.* 위안, 위로, 위문; ~ etmek 위안하다, 위로하다, 위문하다.
tesir *is.* 영향, 감화, 효력 ~ etmek 영향을 주다, 감화하다, 감동시키다.
tesirli *s.* 영향을 미치는, 효과있는, 감화력이 있는.
tesirsiz *s.* 영향을 못미치는, 효과없는, 무효한.
tesis *is.* 조직, 기구; 건립, 설치; ~ etmek 건립하다, 설치하다; 조직하다.
tesisat *is.* 조직, 기구; 설비, 장치.
tesisatçı *is.* 설비하는 사람; elektrik ~sı 전기 설비공, 전기 가설공.
tesisatçılık *is* 설비업, 가설업.
teskere *is.* 들것, 들것 모양의 물건, 침상가마.
teslim *is.* 주기, 넘겨주기, 양도; 항복, 투항; (구호) 항복하라!; 항복!; ~ almak 양도받다, 항복받다; ~ etmek 넘겨주다. 양도하다; 항복하다, 투항하다; ~ olmak 항복하다, 자수하다.
test *is.* 시험; 검사; 실험.
testere *is.* 톱.
testi *is.* 항아리.
teşbih *is.* 비교, 직유, 비유; ~ etmek 비유하다, 비교하다.
teşebbüs *is.* 애씀, 수고, 노력; 진력, 분투; ~ etmek 애쓰다, 노력하다, 분투하다; ~e geçmek 착수하다.
teşekkül *is.* 조직, 기구; 설립, 건립; ~ etmek 구성하다, 조직하다; 설립하다, 건립하다.
teşekkür *is.* 고마움, 감사; ~ ederim! 감사합니다!; ~ etmek 감사하다.
teşhir *is.* 전시; ~ etmek 전시하다; ~ salonu 전시실.
teşhis *is.* (신원) 증명, 확인, 인정; 〔의학〕 진찰, 진단.
teşkil *is.* 구성, 편성; 조직, 편제, 체제; ~ etmek 조직하다, 구성하다, 편성하다, 설립하다, 세우다, 건립하다.
teşkilât *is.* 조직, 편제, 체제, 구성, 기구; ~ı esasiye kanunu 〔정치〕 헌법.
teşkilâtçı *is.* 조직자, 편성인.
teşkilâtlandırmak *f.* 기구화하다, 조직화하다.
teşkilâtlı *s.* 기구가 조직된, 조직이 있는.
teşri *is.* 입법, 법률제정.
teşrifat *is.* (외교상의) 의례, 의

전.
teşrifatçılık *is.* (외교상의) 의전업무.
teşriî *s.* 입법상의, 법률제정의, 입법부의, 입법권이 있는; ~ kuvvet 입법권; ~ masuniyet 국회의원 면책권.
teşrik *is.* 합동, 합작; ~ etmek 협동하다, 협력하다; ~i mesai 협동, 협력.
teşrin *is.* 〔고어〕 (옛달력의) 상달과 동짓달.
teşrinievvel *b. is.* 〔고어〕 (옛달력의) 10월, 상달.
teşrinisani *b. is.* 〔고어〕 (옛달력의) 11월, 동짓달.
teşt *is.* 빨래 대야.
teşvik *is.* 격려, 고무, 종용; 선동, 자극; ~ etmek 격려하다, 고무시키다, 종용하다; 자극하다, 선동하다.
teşvikkâr *s.* 고무적.
tetik *s.* 재빠른, 민첩한, 신속한.
tetkik *is.* 연구, 조사, 검사, 검토, 고찰; ~ etmek 조사하다, 검사하다, 고찰하다, 연구하다
tevdi *is.* 신탁, 위탁, 기탁; ~ etmek 신탁하다, 위탁하다, 기탁하다.
tevekkül *is.* 〔종교〕 운명론, 숙명론; ~ etmek 운명에 복종하다.
tevhid *is.* 통일, 통합, ; 일원론 ; 유일신론.
tevkif *is.* 저지; 체포, 구류, 구속; ~ etmek 체포하다, 구류하다, 구금하다.
tevkifhane *b. is.* 구치소.
tevsi *is.* 확장, 확대; ~ etmek 넓히다, 확장하다.
tevzi *is.* 분배, 배포; ~ etmek 분배하다, 배포하다.
teyze *is.* 이모.
teyzezade *b. is.* 이종사촌.
tez *is.* 논문.
tezat *is.* 반대, 대립, 배치, 모순.
tezatlı *s.* 반대되는, 대립적, 모순의.
tezek *is.* 말린 동물의 똥.
tezene *is.* 〔음악〕 (현악기 연주용) 채, 픽.
tezgâh *is.* 작업대, 공작대; 물건파는 대; 조선창; 베틀; 공작창; demirci ~ı 철공대; halı ~ı 양탄자 짜는 틀; iplik ~ı 방사틀; kahveci ~ı 찻집의 바아; marangoz ~ı 목공대; örgü ~ı 편물틀; tornacı ~ı 선반공작대.
tezgâhtar *is.* 판매원, 판매대 계산원.
tezgâhtarlık *is.* 판매(계산) 원 역할 또는 일.
tezkere *is.* 비망록; 증명서, 서류; ikamet ~si 거주증명서.
T.H.Y. Türk Hava Yolları의 준말, 터어키항공사.
tıbbî *s.* 의학의, 의학적.
tıbbiye *is.* 의과대학.
tıbbiyeli *is.* 의과대학생, 의과대학 졸업생.
tığ *is.* 코바늘; (구둣방 따위의) 송곳.
tıkaç *is.* 마개, 틀어막는 물건.
tıkalı *s.* 막힌, 마개가 닫힌.
tıkamak *f.* 막다, 채우다, 마개를 하다.
tıkanık *s.* 막힌, 메워진.
tıkanıklık *is.* 막힘; 질식.
tıkanmak *f.* 막히다; 숨이 막히다, 메이다.
tıkatmak *f.* 막히게하다.
tıkılmak *f.* 막혀지다.
tıkırdamak *f.* 달그락 거리다.
tıkırdatmak *f.* 달그락 소리를 내게하다.
tıkırtı *is.* 달그락 거리는 소리.
tıkır tıkır *zf.* 달그락 달그락 소리를 내면서.
tıklım tıklım *zf.* 꽉 채워서.
tıkmak *f.* 꽉 채우다, 처넣다, 억지로 집어 넣다.

tıknefes *s.* 숨막히는.
tıktık *zf.* 딱딱 소리를 내면서.
tılsım *is.* 부적, 주문.
tımar *is.* (상처의) 치료; (동물의) 돌봄, 손질, 사육; (나무의) 전지, 가꿈; 〔역사〕 오스만제국시의 일종의 봉토.
tımarcı *is.* 동물 사육사; (정원의) 원정; 〔역사〕 봉토 소유주.
tımarhane *b. is.* 정신병원.
tımarhanelik *s.* 정신병 환자의.
tıngıldamak, tıngırdamak *f.* 덩그렁 소리내다.
tıngır mıngır *zf.* 당그랑, 뎅그렁 소리내면서.
tıngırtı *is.* 당그랑소리.
tıngır tıngır *zf.* 당그랑 소리내며.
tınlamak *f.* 딩하는 소리를 내다.
tınmak *f.* 관심을 갖다.
tıp *is.* 의학, 의술; ~ fakültesi 의과대학.
tıpa tapa와 같음.
tıpkı *s.* 똑 같은; *zf.* 마치··같이; *is.* 유사점, 닮은점.
tırabzan *is.* 계단의 난간.
tıraş *is.* 면도; 이발, 삭발; ~ bıçağı 면도칼, 면도날; ~ etmek 면도를 해주다, 이발을 해주다; ~ fırçası 면도솔; ~ makinası 면도기(전기용); ~ olmak 면도하다, 이발하다; ~ sabunu 면도비누; ~ takımı 면도도구.
tıraşlı *s.* 면도를 한; 이발한.
tıraşsız *s.* 면도를 하지 않은; 이발을 하지 않은.
tırmalamak *f.* 손톱으로 할퀴다.
tırmanmak *f.* 기어오르다; 등산하다.
tırmık *is.* 할퀸자국; 써래, 갈퀴.
tırmıklamak *f.* 할퀴다; 갈퀴질하다, 써래질하다.
tırnak *is.* 손톱; 발톱, (게·새우 따위의) 집게발; 〔문법〕 인용부호 " "; ~ cilası 메니큐어; ~ makası 손톱깎이.
tırnakçı *is.* 〔속어〕 소매치기.
tırnaklamak *f.* 손톱으로 할퀴다.
tırpan *is.* (자루가 긴) 큰 낫.
tırpanlamak *f.* 베다, 베어내다.
tırtıkçı *is.* 〔속어〕 소매치기.
tırtıklamak *f.* 훔치다, 소매치기하다.
tırtıl *is.* (나비 따위의) 유충, 모충, 풀쐐기.
Tibet *öz. is.* 〔지리〕 티벹; *s.* 티벹(사람)의.
Tibetli *öz. is.* 티벹사람.
ticaret *is.* 상업, 장사; 매매, 교역; dahilî ~, iç ~ 교역, 장사; dış ~, haricî ~ 국제무역, 통상; ~ alemî 상업계; andlaşması ~ 통상조약; ~ ataşesi (공관의) 상무관; ~ Bakanlığı 통상부; ~ Bakanı 통상부장관; ~ etmek 상업을 하다, 장사를 하다; ~ evi 상관; ~ hacmi 〔경제〕 교역량, 거래량; ~ hukuku 〔법률〕 상법; ~ mahkemesi 상업재판소; ~ mektebi 상업학교; ~ muahedesi 통상조약; ~ Nazırı 통상부장관; ~ Odası 상업회의소; ~ rüzgârları 〔지리〕 무역풍; ~ şirketi 무역회사; ~ Vekâleti 통상부; ~ Vekili 통상부장관.
ticaretgâh *is.* 통상관, 상관.
ticarethane *b. is.* 영업소.
ticaretli *s.* 상업의, 이득이 있는, 이윤이 있는.
ticarî *s.* 상업의, 무역의, 통상의, 교역의; ~ eşya 상품, 무역품목; ~ münasebet 교역관계, 무역관계, 통상관계.
tifo *is.* 〔의학〕 (질병) 장티푸스; ~ aşısı 장티푸스 예방주사.
tiftik *is.* 앙골라 염소털, 모헤어(직).
tifüs *is.* 〔의학〕 발진티푸스.
tik *is.* (무의식중의) 씰룩거림,

경련.
tiksindirici *s.* 싫은, 혐오스런, 혐오감을 주는.
tiksindirmek *f.* 혐오감을 갖게 하다.
tiksinilmek *f.* 미움을 받다.
tiksinmek *f.* 싫어하다, 염오하다, 혐오하다.
tiksinti *is.* 염오, 혐오.
tilki *is.* 〔동물〕 여우; *s.* 교활한.
timsah *is.* 〔동물〕 악어.
timsal *is.* 상징; 기호, 부호.
tin *is.* 영혼; 정신.
tinsel *s.* 영혼의; 정신적.
tinselcilik *is.* 〔철학〕 유심론, 관념론.
tip *is.* 형, 모양; 종류, 류; 형식, 양식.
tipi *is.* 폭풍설.
tipik *s.* 전형적, 특징적.
tipilemek *f.* 폭풍설이 불다, 폭설이 내리다.
tipografya *is.* 인쇄술; 인쇄법.
tirbuşon *is.* 병마개 뽑는 송곳, 타래송곳.
tire *is.* 무명실, 면사.
titiz *s.* 까다로운, 괴망스런, 불평많은, 투정부리는; 성마른, 안달하는, 역정나는.
titizlenmek *f.* 까다롭게 굴다, 불평을 많이 하다; 투정부리다.
titizlik *is.* 까다로움, 지나친 세심, 소심.
titreme *is.* 동요, 떨기; 전률, 진동, 떨림; 〔의학〕 오한, 풍.
titremek *f.* 떨다, 진동하다, 전동하다, 전률하다.
titreşim *is.* 떨림, 진동.
tiyatro *is.* 극, 연극, (연극)극장.
tiz *s.* (음성이)높은, 날카로운.
T.L. Türk Lirası의 준말, 터어키 리라화폐.
T.M. Türk Malı의 준말, 터어키제품.
tohum *is.* 씨, 씨앗, 종자.
tohumluk *is.* 씨받이 종자.
tok *s.* 배가 부른, 포만의, 만족한; (천이) 두껍고 올이 조밀한; ~ gözlü 욕심이 없는.
toka *is.* (혁대 등의)조임쇠, 버클; 악수.
tokaç *is.* 빨래 방망이.
tokaçlamak *f.* 빨래 방망이로 두들기다.
tokalaşmak *f.* 악수하다.
tokat *is.* (따귀를)때림, 침, (뺨을)치기.
tokatlamak *f.* 뺨을 때리다, 따귀를 치다.
toklu *is.* 〔동물〕 1살 미만의 어린 양.
tokluk *is.* 배부름, 포만; 만족.
tokmak *is.* 나무망치, 방망이; (타악기의 두들기는)채; (두들겨 방문을 알리는)문에 달린기구; 절구공이.
tokurdamak *f.* (물속에서기포가) 부글부글 소리내며 솟아오르다.
tokurdu *is.* (물속에서 기포가) 부글부글 하는 소리.
tolerans *is.* 관대, 관용.
toleranslı *s.* 너그러운, 관대한.
tolga *is.* 철모, 투구, 헬멧.
tolun *s.* 보름달의, 만월의.
tombul *s.* 뚱뚱한, 포동포동한, 토실토실한, 통통한.
tomruk *is.* 통나무, 원목; (가공하지 않은)석재.
ton ① *is.* (무게의 단위)톤, 1,000킬로그램.
ton ② *is.* 〔음악〕 음질, 음색, 음조.
tonaj *is.* (자동차, 선박 따위의) 적재 중량단위, 톤수.
tonbalığı *b. is.* 〔어류〕 다랑어.
tonilato *is.* (선박 따위의) 적재 중량단위, 톤수.
tonluk *is.* (무게)…톤수짜리.
tonton *i.* 귀여운, 사랑스런.
top *is.* 공; 포; 뭉치, 더미, 덩어리; 다발, 통; (천 따위 종이)말이; ~ yekûn 총, 전체.
topaç *is.* (완구)팽이.

topal *s.* 절름발이의.
topallamak *f.* (다리를) 절다.
topallık *is.* 절름거림.
toparlak *s.* 원형의, 둥근; *is.* 〔군사〕 포의 2륜 앞차.
toparlamak *f.* 모으다, 수집하다, 채집하다; 정리하다.
topaz *is.* 〔광물〕 (보석)황옥.
topçeker *b. is.* 〔군사〕 포함.
topçu *is.* 〔군사〕 포병.
toplam *is.* 총, 총계, 총화, 총액.
toplama *is.* 〔수학〕 덧셈, 더하기; ~ kampı 강제 수용소.
toplamak *f.* 모으다, 수집하다; 채집하다; 치우다, 정리하다; 축적하다, 집적하다; 소집하다; 거두어 들이다.
toplanmak *f.* 모이다, 집회를 갖다, 회동하다; 소집되다.
toplantı *is.* 모임, 회의.
toplardamar *b. is.* 〔해부〕 정맥 혈관.
toplu *s.* 집합의, 집단의; 정리된, 정돈된; ~ bir halde 집단적으로, 덩어리로; ~ sözleşme 〔법률〕 노동법.
topluiğne *b. is.* 핀, 못바늘.
topluluk *is.* 사회, 공동사회, 공동체, 집단, 단체.
toplum *is.* 사회, 단체.
toplumbilim *b. is.* 사회학.
toplumcu *is.* 사회주의자; *s.* 사회주의의.
toplumculuk *is.* 사회주의.
toplumlaşmak *f.* 사회(주의)화하다.
toplumsal *s.* 사회적, 사회의.
topografya *is.* 지형학.
toprak *is.* 땅, 흙; 대지; 지구; 육지; 영토; *s.* 흙으로 만든; ~ boya 가루염료; ~ kap 질그릇, 토기; ~ Mahsul Ofisı 농산물청; ~ rengi 흙색; ~ sahibi 땅주인; 지주; ~ yol 흙길, 포장되지 않은 길, 진흙길; ~a verilmek 묻히다, 사장되다.
toprakaltı *s.* 지하의.
toprakla *zf.* 흙으로, 진흙으로, 흙으로 된.
topraklamak *f.* 흙을 칠하다, 흙을 입히다.
topraklı *s.* 토지를 가진; 흙이 섞인.
topraksız *s.* 토지를 갖지 않은.
toptan *zf.* 통틀어, 통채로; 집단적으로, 단체로; 도매로; 한꺼번에; ~ fiyεt 도매가격; ~ pazarlık 도매거래.
toptancı *is.* 도매상인.
toptancılık *is.* 도매상업.
topuk *is.* 〔해부〕 발목, 뒷꿈치; (신발의) 뒤축, 굽; ~ çalmak 걸을때 두발이 부딪치다; ~ kemiği 〔해부〕 발목뼈, 복숭아뼈.
topuklu *s.* 뒤축이 있는, 굽이 있는; alçak ~ 굽이 낮은, 낮은굽의; yüksek ~ 굽이 높은, 높은 굽의.
topuksuz *s.* 뒤축이 없는, 굽이 없는.
torba *is.* 자루; 봉지; 〔해부〕 음낭.
torna *is.* 〔기계〕 선반.
tornacı *is.* 〔기계〕 선반공; ~ tezgahı 선반공작대.
tornacılık *is.* 선반기술.
tornavida *is.* 나사돌리개.
torpido *is.* 수뢰, 어뢰.
torpidobot *b. is* 수뢰정, 어뢰정.
torpil *is.* 지뢰, 기뢰, 수뢰; 어뢰, 수뢰; 연줄, 연고, 빽; ~ bulmak 연줄을 찾다, 빽줄을 찾다.
torpillemek *f.* 어뢰로 격침시키다.
tortop *s.* 완전한 공모양의.
tortu *is.* 찌끼, 앙금, 침전물.
torun *is.* 손자; 자손, 후손.
tos *is.* 박치기; ~ vurmak 박치기를 하다.
toslamak *f.* 머리로 받다, 박치

기하다.
tost *is.* 구운빵, 토스트.
tostoparlak *s.* 완전한 공모양의.
tosun *is.* 〔동물〕 새끼 숫소.
tosuncuk *is.* 특별나게 큰 신생아.
totaliter *s.* 전체주의의.
totem *is.* 토템, 숭배물, 우상.
totemizm *is.* 토템신앙.
toy *is.* 잔치, 연회; *s.* 무경험의, 초보의.
toygar *is.* 〔조류〕 종달새.
toyluk *is.* 무경험, 생소.
toz *is.* 먼지; 가루; *s.* 가루로 된, 가루의.
tozlu *s.* 먼지가 있는; 가루의.
tozsabun *b. is.* 가루 비누.
tozsuz *s.* 먼지가 없는; 가루가 없는.
tozşeker *b. is.* 가루 설탕.
tozumak *f.* 먼지가 날다.
töre *is.* 풍속, 풍습, 습관, 관습.
tören *is.* 식, 의식, 축전.
tövbe *is.* 후회, 회개; ~ etmek 후회하다, 회개하다.
tövbekâr, tövbeli *s.* 회개한, 개전한, 개오한.
töz *is.* 근본, 뿌리; 〔철학〕 본질, 본체; kulak ~ü 귀뿌리.
tözcülük *is.* 〔철학〕 실체론, 본체론.
tözel *s.* 〔철학〕 본체의, 실체의, 본질적.
Trablus *öz. is.* 〔지명〕 (시리아의)트리폴리(Tripoli).
Trablusgarp *öz. is.* 〔지명〕 (리비아의)트리폴리(Tripoli).
trafik *is.* 교통, 통행, 수송, 운수.
trahom *is.* 〔의학〕 과립성 결막염; 트라코마.
trajedi *is.* 비극.
trajik *s.* 비극의.
traktör *is.* 견인차, 트랙터.
Trakya *öz. is.* 〔지리〕 터어키의 유우럽 대륙지역, 트라키아.
trampa *is.* 물물교환, 물물교역. 바터무역
trampete *is.* 〔음악〕 작은 북, 소고.
tramvay *is.* 전차.
transit *is.* 통과.
tren *is.* 기차, 열차.
trençkot *is.* 비옷, 우장.
trigonometri *is.* 〔수학〕 삼각법.
trigenometrik *s.* 〔수학〕 삼각법의.
triko *is.* 손으로 짠 편물.
trilyon *is.* 〔수학〕 일조.
trişin *is.* 〔동물〕 기생충의 일종인 선모충.
triton *is.* 〔화학, 물리〕 삼중수소핵.
triyo *is.* 〔음악〕 3중주곡, 3중주단; 3인조.
troleybüs *is.* 무궤도 전차.
trombon *is.* 〔음악〕 저음 큰 나팔 트롬본.
trompet *is.* 〔음악〕 트럼펱.
tropika *is.* 〔지리〕 열대지방; 회귀선.
tropikal *s.* 〔지리〕 열대의, 열대성의; ~ kuşak 〔지리〕 열대.
trotuvar *is.* 보도, 인도.
tufan *is.* (구약성서 창세기의) 대홍수; 홍수.
tugay *is.* 〔군사〕 여단.
tuğ *is.* 깃털(오스만 제국시 계급의 표시로 깃대나 투구에 달았음).
tuğamiral *b. is.* 〔군사〕 해군준장.
tuğbay *b. is.* 〔군사〕 여단장(소령급).
tuğgeneral *b. is.* 〔군사〕 육군준장.
tuğla *is.* 벽돌; ~ harmanı 벽돌공장.
tuğlacı *is.* 벽돌공.
tuğlacılık *is.* 벽돌공업.
tuğulga *is.* 〔고어〕 철모, 투구.
tuh *ünl.* (기분 나쁜 표정에 쓰

는 소리)퉤.

tuhaf *s.* 어색한, 익숙치 못한, 낯설은, 이상한; 괴상한; 우스꽝스런; 묘한; 야릇한.

tuhafiye *is.* 양말·손수건·장갑 등속의 잡화 또는 리본·레이스 등속의 장식잡품.

tuhafiyeci *is.* 양말·손수건·장갑 등속의 잡화 또는 리본·레이스 등속의 장식잡품 상인.

tuhafiyecilik *is.* 양말·손수건·장갑 등속의 잡화 또는 리본·레이스 등속의 장식잡품 상업.

tuhaflık *is.* 어색함, 이상함, 우스꽝스러움, 낯설음; bir ~ım var 이상한데! 야릇한데! ~ yapmak 우스꽝스런 짓을 하다, 우스게 짓을 하다, 웃기다;

tul *is.* 길이, 장단; 〔천문〕 날줄, 경선, 경도.

tulga *is.* 〔고어〕 철모, 투구.

tulum *is.* 가죽으로 만든 자루.

tulumba *is.* 펌프; 소방펌프, 불자동차, 소방차.

tulumbacı *is.* 〔역사〕 소방대; 펌프제조공.

Tuna *öz. is.* 〔지리〕 다뉴브강.

tunç *is.* 〔광물〕 청동, 구리.

tundra *is.* 〔지리〕동토대, 툰드라.

Tunus *öz. is.* 〔지리〕 튜니시아; 튜니시아 사람; ~ Beyi〔지리〕 튜니시아 만.

Tunuslu *öz. is.* 튜니시아 사람.

turaç *is.* 〔조류〕 꿩의 일종.

Turan *öz. is.* 〔지리〕 카스프해 이동의 중앙아시아 저지대, 터어키계 주민의 분포지역임.

Turancı *öz. is.* 〔역사〕 투란지역의 터어키계 투란족의 통합을 주장하는 터어키민족주의자.

Turancılık *öz. is.* 〔역사〕 투란민족주의.

Turanî *öz. is.* 〔역사〕 투란터어키사람.

Turanlı *öz. is.* 〔역사〕 투란터어키 출신.

turba *is.* 이탄, 토탄.

turbalık *is.* 토탄덩어리, 토탄층.

turist *is.* 여행자, 관광객.

turistik *s.* 여행의.

turizm *is.* 여행, 관광.

turna *is.* 〔조류〕 학, 두루미.

turne *is.* 순회.

turnike *is.* (한사람씩 드나들게 되어있는)회전식 문.

turnuva *is.* 〔운동〕 토너먼트 경기.

turp *is.* 〔식물〕 무우.

turşu *is.* 터어키식 짠지의 일종; ~ kurmak 짠지를 담그다.

turunç *is.* 〔식물〕 오렌지의 일종.

tuş *is.* (피아노·타자기 등의) 건반.

tutak *is.* 손잡이; (뜨거운 물건을 들 때에 쓰는)싸개.

tutam *is.* 한번에 잡을 수 있는 양.

tutamak *is.* 손잡이; 증거, 증명.

tutanak *is.* 회의록, 의사록.

tutar *is.* 총수; 총계; 총액.

tutkal *is.* 아교, 접착제.

tutkallamak *f.* 아교를 칠하다; 접착제로 붙이다.

tutkallı *s.* 아교를 칠한; 접착제를 넣은.

tutku *is.* 열망, 갈망; 열정.

tutkun *s.* 감동된, 깊이빠진, 탐익한, 심취한.

tutkunluk *is.* 탐익, 심취.

tutmak *f.* 잡다, 붙들다; 붙잡다; 편들다, 지지하다; (약속을)지키다; (집·사람 등을)구하다; (일 등을)시작하다; 영향을 미치다; (경비가)들다; 달하다, 이르다, 되다; 지키다, 보존하다; (시간이)걸리다, 요하다; (못이)박히다; (나무가) 뿌리내리다.

tutsak *is.* 포로.

tutsaklık *is.* 포로상태.

tutturmak *f.* tutmak의 사역형.
tutucu *s.* 보수적.
tutuculuk *is.* 보수; 보수주의.
tutuk *s.* (부끄럼으로) 말을 잘못 하는.
tutuklama *is.* 감금, 구금, 체포.
tutuklamak *f.* 감금하다, 구금하다, 체포하다.
tutuklanmak *f.* 체포되다, 구속되다.
tutuklu *s.* 체포의, 구속된, 구금된.
tutukluk *is.* 체포, 구속, 구금 (상태).
tutukluluk *is.* 체포, 구속, 구금.
tutulma *is.* 구속, 체포; 〔천문〕 해·달의 가림; Ay ~sı 〔천문〕 월식; Gün ~sı 〔천문〕 일식.
tutulmak *f.* 구속되다, 체포되다; 인기를 얻다; 〔천문〕 일식 월식이 되다.
tutulu *s.* 저당된, 저당잡힌.
tutum *is.* 태도, 행동거지; 근검, 절약; ~ haftası 저축주간.
tutumlu *i.* 알뜰한, 검약한, 검소한, 절약하는.
tutumluluk *is.* 알뜰, 검약, 검소, 절약.
tutumsuz *s.* 알뜰하지 못한, 검소하지 않은.
tutumsuzluk *is.* 무절제, 낭비.
tuturuk *is.* 지저깨비, 불쏘시개.
tutuşmak *f.* tutmak의 상호형; (싸움이) 붙다; (불이) 붙다.
tutuşturmak *f.* 불을 붙이다, 연소시키다, 점화하다.
tutya *is.* 〔화학〕 아연.
tuvalet *is.* 변소, 화장실; 화장; 화장대.
tuz *is.* 소금.
tuzak *is.* 덫, 함정, 모함; ~ kurmak 함정을 파다, 덫을 설치하다.
tuzla *is.* 염전.
tuzlama *is.* 간보기; (소금에) 절이기; 내장국; *s.* 간 음식의, 절인 음식의; ~ balık 간고기, 절인고기.
tuzlamak *f.* 소금을 치다, 간을 치다, 절이다.
tuzlu *s.* 짠; 소금이 들은.
tuzluk *is.* 소금병.
tuzruhu *b. is.* 〔화학〕 염산.
tuzsuz *s.* 싱거운; 소금이 들어 있지 않은.
tuzveren *s.* 〔화학〕 할로겐 원소의.
tüberküloz *is.* 〔의학〕 결핵; akciğer ~u 폐결핵; kemik ~u 골결핵.
tüccar *is.* 장수, 장삿군, 상인; 소매상인; 무역상인; ~ gemisi 상선, 무역선.
tüccarlık *is.* 장사, 상업.
tüfek *is.* 총, 장총, 소총, 사냥총.
tüfekçi *is.* 총기제조공; 총포상인.
tüfekçilik *is.* 총기제조업; 총포상업.
tüfeklik *is.* 병기 보관대, 병기 보관소.
tükenmek *f.* 다쓰다, 떨어지다, 닳다, 마모되다, 없어지다, 끝나다, 소진되다.
tükenmez *s.* 없어지지 않는, 소진되지 않는.
tükenmezkalem *b. is.* 볼펜.
tüketim *is.* 소비, 소모, 마멸, 마모; ~ malları 〔경제〕 소비재.
tüketmek *f.* 쓰다, 없애다, 소모하다, 소비하다, 마모하다, 마멸하다.
tükürmek *f.* 뱉다, 내뱉다, 불어서 뱉다.
tükürük *is.* 침, 타액.
tül *is.* 그물 모양의 얇은 명수, 박사.
tülbent *is.* 가아제, 성기고 얇은 천.
tüm *is.* 모두, 전부, 전체; *s.* 모든, 전부의, 전체의.

tümamiral *b. is.* 〔군사〕 해군중장.
tümamirallık *b. is.* 〔군사〕 해군중장계급.
tümen *is.* 〔군사〕 사단.
tümgeneral *b. is.* 〔군사〕 육군소장.
tümgenerallık *b. is.* 〔군사〕 육군소장계급.
tümleç *is.* 〔문법〕 보어.
tümlemek *f.* 끝내다, 완성하다, 완결하다, 달성하다.
tümlenmek *f.* 완성되다, 완결되다, 달성되다, 끝나다.
tümör *is.* 〔의학〕 혹, 종기, 종창.
tümsayı *b. is.* 총인원, 총정원.
tümsek *is.* 둔덕, 작은언덕; 볼록 튀어나온 곳.
tün *is.* 저녁, 야간.
tünaydın *b. is.* (인사)좋은 저녁입니다.
tünel *is.* 굴, 터널; ~ açmak 굴을 뚫다.
tüp *is.* (시험)관, 통, 튜우브 용기.
tür *is.* 종, 류, 종류; ~lerin kökeni 종의 기원.
türbe *is.* 무덤, 묘, 분묘.
türbin *is.* 〔기계〕 터어빈.
türem *is.* 〔문법〕 파생.
türeme *is.* 〔생물〕 출생, 산출, 생식, 발생; kendiliğinden ~ 자연발생.
türemek *f.* 나타나다, 출현하다, 생기다; 〔문법〕 파생하다.
türemiş *s.* 파생된; ~ kelime 〔문법〕 파생어.
türetici *is.* 창안자, 고안자, 창조자, 발명가.
türetme *is.* 어간에 접두어나 접미어를 붙여 단어를 만들기, 조어.
türetmek *f.* 만들다, 창조하다, 발명하다.
Türk *öz. is.* 터어키사람; ~ Hükümeti 터어키정부; ~ olmak 터어키 국민이 되다.
Türkçe *öz. is.* 터어키어, 터어키문자; ~ye çevirmek 터어키어로 번역하다.
Türkçeleşmek *f.* 터어키어 화하다.
Türkçü *öz. is.* 터어키 민족주의자.
Türkçülük *öz. is.* 터어키 민족주의.
Türkistan *öz. is.* 터어키스탄.
Türkistanlı *öz. is.* 터어키스탄 사람.
Türkiyat *öz. is.* 터어키학.
Türkiye *öz. is.*〔지리〕터어키; ~ Cumhuriyeti 터어키공화국.
Türkleşmek *f.* 터어키화 하다, 터어키사람이 되다.
Türkleştirmek *f.* Türkleşmek의 사역형.
Türkleştirilmek *f.* Türkleştirmek의 수동형.
Türklük *öz. is.* 터어키사람의 특성.
Türkmen, Türkoman *öz. is.* 터어키계 부속의 일족.
türkolog *is.* 터어키학 학자.
türkoloji *is.* 터어키학.
türkuvaz *is.* 〔광물〕 터어키석.
türkü *is.* 민요.
türlü *s.* 각종의. 여러 종류의, 여러가지의; *is.* 종류의; bir ~ 일종의, 어느 종류의; (부정) 약간; bu ~ 이와같은, 이와같은 종류의; her ~ 모든 종류의.
tütmek *f.* 연기를 내다, 연기를 되돌려내다.
tütün *is.* 〔식물〕 담배, 입담배, 연초.
tütüncü *is.* 연초 재배농.
tütüncülük *is.* 연초 재배농업.
tüy *is.* 털, 깃; ~ atmak (동물이)털갈이하다.
tüylenmek *f.* 털이 나다.
tüylü *s.* 털이 난.

tüysüz *s.* 털이 없는; 아직 수염이 나지 않은.
tüze *is.* 정의, 평등.
tüzel *s.* 법률의, 법률상의, 법정의; ~ kişiler 법인.
tüzük *is.* 규칙, 규정.

U, u

U, u 터어키어 자모의 스물다섯번째 글자.
U 〔화학〕 우라늄의 원소기호.
ucuz *s.* 싼, 헐값의, 저렴한.
ucuzcu *s.* 싸게 파는; 싼 것만 찾는.
ucuzlamak *f.* 싸지다, 값이 내리다.
ucuzlatmak *f.* 값을 깎다.
uç *is.* 끝, 가, 첨단; ~u bucağı yok 끝없는, 광대한, 무한한.
uçak *is.* 비행기, 항공기; avcı ~ı, savaş ~ı 전투기; bombardıman ~ı 폭격기; ~ alanı, ~ meydanı 비행장, 공항; ~ **gemisi** 항공모함; ~ ile 〔우편〕 항공편; ~ savar top 대공포.
uçmak ① *f.* 날다, 비행하다; 증발하다; (빛깔이) 바래다 (색깔이) 날다; (바람에) 날라가다; rengi ~ 색이 날다.
uçmak ② *is.* 천국, 극락.
uçsuz *s.* 끝없는, 무한한; 뾰족한 끝이 없는, 무딘; ~ bucaksız 광활한, 광막한, 무한한.
uçucu *s.* 나르는, 비상하는; 휘발성의, 증발하는; ~ madde 휘발성물질.
uçurmak *f.* 날리다, 띄우다, 찢거나 깨어서 날리다.
uçurtma *is.* 연.
uçurtmak *f.* 날(리)게 하다, 띄우게 하다.
uçurum *is.* 절벽, 낭떠러지
uçuş *is.* 비행; 나르는 모양; (비행기 따위의) 이륙.
uçuşmak *f.* 날아 다니다, 비산하다.
ufacık *s.* 아주 작은.
ufak *s.* 적은, 작은, 사소한; ~ para 잔돈; ~ tefek 작은 것, 사소한 것, 중요치 않은 일.
ufaklı *s.* 작은것들의.
ufaklık *is.* 잔돈; 작은 것.
ufalamak *f.* 잘게 부수다, 작게 쪼개다.
ufalmak *f.* 줄다, 작아지다.
ufki *s.* 수평의, 수평선의.
ufuk *is.* 수평선, 지평선.
uğrak *is.* 단골집.
uğramak *f.* 방문하다, 들리다; (사태를) 만나다, 당하다, 겪다, 경험하다.
uğraşmak *f.* 애쓰다, 노력하다; (…으로) 분주하다; 싸우다.
uğratmak *f.* uğramak의 사역형; 몰아내다, 쫓아내다.
uğuldamak *f.* 웅웅거리는 소리를 내다.
uğultu *is.* 웅웅거리는 소리.
uğur *is.* 운, 행운, 좋은 징후; ~una, ~unda 때문에, 을 위하여.
uğurlamak *f.* 전송하다.
uğurlu *s.* 운이 좋은, 운이 있는, 행운의.
uğursuz *s.* 운이 나쁜, 운이 없는, 불운의.
uğursuzluk *is.* 불운, 막운, 불행.
uhde *is.* 임무, 책무, 의무.
uhrevî *s.* 내세의, 저승의, 극락세계의.
ukalâ *is.* 짐짓 아는체 하는 사람, 잘난체 하는 사람.
ukalâlık *is.* 아는체 하기, 잘난체 하기.
Ukranya *öz. is.* 〔지리〕 우크라

이나.
Ulah *öz.is.* 〔지리〕왈라키아.
ulak *is.* 서신을 전하는 사람, 사자.
ulamak *f.* 더하다, 덧붙이다, 첨가하다, 부가하다.
ulan *ünl.* 야!, 임마!, 놈!
ulaşım *is.* 왕래, 교통; 접촉, 교제, 통교.
ulaşmak *f.* 이르다, 도달하다; 접촉하다.
ulaştırma *is.* 교통, 통신; ~ Bakanı 교통통신장관; ~ Bakanlığı 교통통신부.
ulaştırmak *f.* 이르게하다, 도달하게 하다; 통교케하다, 내왕하게 하다, 접촉하게 하다.
ulema *is.* 회교 종교학 박사, 지식인.
ulu *s.* 큰, 거대한; 위대한; 숭고한.
ululuk *is.* 위대.
ulumak *f.* (개·여우 등이) 길게 울부짖다.
uluorta *zf.* 분별없이, 경솔하게, 사려없이.
ulus *is.* 국민; 민족, 종족.
ulusal *s.* 국민의, 민중의; ~ çıkarlar 국가이익; ~ kalıntı 〔정치〕 터어키 선거제도의 비례대표제 선출후의 전국 잉여표.
uluslararası *s.* 국제적; ~ münasebetler 국제관계.
ulvî *s.* 높은, 숭고한; 고상한.
ulviyet *is.* 숭고; 고상.
umacı *is.* (아이들을 겁내주기 위한) 괴물, 귀신.
ummak *f.* 바라다, 기대하다, 희망하다.
umman *is.* 대양.
umran *is.* 번영.
umre *is.* 〔종교〕이슬람교의 정규 성지순례기 이외의 시기에 하는 성지순례.
umum *is.* 일반, 전체.
umumhane *b. is.* 창녀집.
umumî *s.* 일반의, 보통의, 보편적.
umumiyet *is.* 일반, 보편.
umumiyetle *zf.* 일반적으로, 대개, 보편적으로.
umut *is.* 희망, 기대.
umutlu *s.* 희망적인, 희망에 찬.
umutsuz *s.* 희망이 없는, 절망적인.
un *is.* 가루; 밀가루; buğday ~u 밀가루.
unmak *f.* 고쳐지다, 낫다, 치유되다; 좋아지다, 건강이 회복되다.
unsur *is.* 요소, 성분, 분자.
unutkan *s.* 잘 잊어버리는, 건망증이 있는.
unutkanlık *is.* 건망증.
unutmabeni *is.* 〔식물〕 물망초.
unutmak *f.* 잊다, 망각하다.
unvan *is.* 이름, 명성, 명망; 명칭; 경칭; 칭호; memur ~ı 직위, 지위.
ur *is.* (동식물체의) 이상생성체; 체; 〔의학〕종창, 종기.
Uranus *öz. is.* 〔천문〕 천왕성.
uranyum *is.* 〔광물〕 우라늄.
urgan *is.* 끈, 줄.
us *is.* 지능, 이성, 총기, 총명.
usanç *is.* 권태, 지루함.
usandırmak *f.* 지루하게 하다, 싫증나게 하다.
usanma *is.* 권태, 지루함.
usanmak *f.* 지루하다, 싫증나다.
usare *is.* 즙, 액.
uskumru *is.* 〔어류〕 고등어.
uskur *is.* 〔기계〕 추진기, 프로펠러.
uslanmak *f.* 품행이 좋아지다, 사리를 가리게 하다.
uslu *s.* 분별있는, 행실좋은, 점잖은.
usta *is.* 숙련자, 전문가, 명수, 명인, 대가, 달인; (호칭) 기사; *s.* 노련한, 숙련된.
ustabaşı *b. is.* 전문인 우두머리.

ustalık *is.* 숙달, 숙련, 정통.
ustura *is.* 면도칼.
usul *is.* 길, 방법, 방식; 체계; 태도.
usulcacık, usullacık *zf.* 서서히, 조용히, 점잖게.
usullü *s.* 조직적인, 체계있는; 조용한, 점잖은.
usulsüz *s.* 비조직적, 비체계적; 변칙적, 불규칙적.
usulsüzlük *is.* 불규칙, 변칙.
usul usul *zf.* 천천히, 조용히.
uşak *is.* 아이, 청년; 남자 종업원; (…지역의) 남자들.
uşakkapan *b. is.* 〔조류〕 수염수리.
ut *is.* 〔음악〕 터어키 고유의 현악기의 일종.
utanç *is.* 부끄럼, 수줍음; 겸손, 겸양; 수치.
utandırmak *f.* 부끄럽게 만들다, 수치를 주다, 창피주다, 망신시키다.
utangaç, utangan *s.* 부끄럼을 타는, 수줍은.
utanmak *f.* 부끄러워하다, 수줍어하다; 위축되다, 수치스러워하다, 망신하다.
Utarit *öz.is.* 〔천문〕 수성.
uvertür *is.* 〔음악〕 서곡, 서막.
uyak *is.* (시·시조의) 운, 각운.
uyaklı *s.* (시·시조의) 운이, 운이 있는, 각운의.
uyaksız *s.* (시·시조의) 운이 없는, 각운이 없는.
uyandırma *is.* 깨우기, 각성시키기, 깨우치기.
uyanık *s.* 눈을 뜬, 잠을 자지않는; 조심성 있는, 경계심이 많은, 주의깊은, 방심하지 않는.
uyanmak *f.* (잠에서) 깨어나다, 일어나다; (정신이) 들다, 각성하다; 깨우치다, 알다; (스물이) 소생하다.
uyar *s.* 알맞는, 적합한; 어울리는.
uyarıcı *s.* 각성시키는, 깨우치는; ~ **öğüt** 각성시키는 충고.
uyarlamak *f.* 적응하다, 적합하게 만들다, 어울리게 하다, 조화시키다.
uyarma *is.* 일깨움, 환기.
uyarmak *f.* 깨우다; 깨우치다, 각성시키다, 자극하다, 환기시키다.
uydu *is.* 〔천문〕 행성, 위성.
uydurma *is.* 합리화, 억지로 맞추기, 조작.
uydurmak *f.* 만들어 내다, 조작하다, 합리화하다; 적응시키다.
uygar *s.* 문명된, 개화된, 개명된.
uygarlaşmak *f.* 개명되다, 개화되다.
uygarlık *is.* 문화, 문명.
uygun *s.* 알맞는, 일치하는, 적합한, 합당한, 합리적인.
uygunluk *is.* 조합, 합당, 합리.
uygunsuz *s.* 부당한, 부적합한, 맞지않는.
uyku *is.* 잠, 수면; ~ya dalmak 잠들다, 잠에 빠지다.
uykusuz *s.* 잠이 없는, 불면의.
uyluk *is.* 넓적다리.
uymak *f.* 맞다, 알맞다; 어울리다, 조화되다; 일치하다; (흥정이) 이루어지다;
uyruk *is.* 국민, 시민.
uyrukluk *is.* 국적.
uysal *s.* 유순한, 온순한, 다루기 쉬운, 믿기쉬운, 타협적인.
uysallık *is.* 융화; 타협적 태도.
uyum *is.* 조화, 일치.
uyumak *f.* 잠자다; (파도가) 자다; 진전이 없다.
uyurgezen, uyurgezer *b.is.* 〔의학〕 몽유병환자.
uyuşma *is.* 마비, 무감각; 일치, 부합; 합의.
uyuşmak *f.* 마비되다, 무감각해지다, 저리다; 일치하다, 부합되다, 조화를 이루다, 균형을 이루다; 합의를 보다, 의사소통이 되다.

uyuşmaz *s.* 맞지않는, 어울리지 않는; 이견의, 서로 다른; 고집 센.

uyuşmazlık *is.* 이견; 부조화, 불일치; 논쟁, 투쟁.

uyuşturucu *s.* 마취의, 최면성의; ~ ilâç 〔의약〕 마취제, 최면약; ~ maddeler 마취성 물질, 최면성 물질.

uyuşturmak *f.* 마비시키다, 마취시키다.

uyuşuk *s.* 마비된, 마취된.

uyutmak *f.* 잠재우다; (고통 등을) 진정시키다; (흥분을) 가라앉히다.

uyutucu *s.* 잠재우는, 최면의; 진정제의.

uyuz *is.* 가려움증, 옴.

uzak *s.* 먼, 멀리 떨어진; 오랜 후; 무관한, 동떨어진; ~ Doğu 극동; ~ Doğu Asya 극동 아시아; ~tan bakmak 수수방관하다.

uzaklaşmak *f.* 멀어지다, 떨어져 나가다.

uzaklaştırmak *f.* 쫓아버리다; 멀어지게 하다.

uzaklık *is.* 거리, 간격.

uzamak *f.* 길게 늘리다, 확장하다; 지연하다, 시간을 끌다.

uzanmak *f.* 길게 뻗다; (길이) 연장되다; 들어눕다.

uzatmak *f.* (시간·기간을) 연장하다; (이야기 등을) 길게 끌다; 확장하다, 늘이다.

uzay *is.* 우주; ~ gemisi 우주선.

uzlaşmak *f.* 화해하다, (이견을) 조정하다, 이해하다.

uzman *is.* 전문가, 전문지식가.

uzmanlık *is.* 전문.

uzun *s.* (길이가) 긴, (시간이) 긴; 오랜; ~ boylu 키가 큰; ~ çizgi 〔문법〕구와 구 사이에 넣는 접속 부호「-」, 대시.

uzuneşek *is.* (놀이) (고정형의) 말타기.

uzunkafalı *s.* 〔해부〕 장두형의.

uzunkulak *b. is.* 〔동물〕 나귀, 노새.

uzunluk *is.* 길이; 기간.

uzuv *is.* 〔생물〕 기관, 기능을 갖춘 조직; 지체, 사지.

uzvi *s.* 〔생물〕 기관의; 지체의.

uzviyet *is.* 생물; 유기체, 유기물.

Ü, ü

ü, Ü 터어키어 자모의 스물여섯 번째 글자.
ücret *is.* 비용; 요금; 수수료; 대가, 보수; 가격.
ücretli *s.* 유상의, 수수료가 붙는.
ücretsiz *s.* 무상의, 무료의.
üç *s.* 셋의, 3의; *is.* 3, 셋; ~ köşeli 삼각형의.
üçer *s.* 세개씩의.
üçgen *b. is.* 〔기하〕 삼각형; dik ~ 〔기하〕 직삼각형; eşkenar ~ 정삼각형; ikizkenar ~ 이등변삼각형.
üçkağıtçı *b. is.* 카드놀이로 남의 눈을 속여 돈을 따먹는 야바윗군.
üçlü *s.* 3의, 3으로 된, 셋으로 짝이되는.
üçüncü *s.* 제3의, 세번째의.
üçüz *is.* 세쌍동아.
üflemek *f.* 훅불다; (관악기를) 불다, 취주하다; (불을)불어서 끄다; (불을)불어서 붙이다.
üleş *is.* 몫, 할당.
üleşmek *f.* 나누다, 평분하다, 할당하다.
üleştirmek *f.* 분배하다, 배눈하다.
ülfet *is.* 친숙; 우의.
ülke *is.* 나라, 국가.
Ülker *öz. is.* 〔천문〕 묘성.
ülkü *is.* 이상; 관념.
ülkücü *is.* 이상주의자.
ülkücülük *is.* 이상주의; 〔철학〕 유심론.
ülküdeş *is.* 이상을 같이 하는 사람, 같은 이상을 갖는 사람.
ülser *is.* 〔의학〕 궤양.
ültimatom *is.* 〔정치〕 최후통첩.
ümit *is.* 바램, 희망, 기대; ~ Burnu *öz. is.* 〔지리〕 희망봉; ~ edilmek 기대되다, 예기되다; ~ etmek 희망하다, 기대하다, 예기하다; ~ kesmek 희망을 버리다, 기대를 꺾다; ~ verici 기대되는, 촉망되는, 희망적, 낙관적; ~ vermek 기대를 주다, 기대를 걸게하다.
ümitlendirmek *f.* 희망을 걸게 하다.
ümitlenmek *f.* 희망하다, 기대를 걸다.
ümitli *s.* 희망적, 기대되는.
ümitsiz *s.* 절망의, 절망적, 희망없는.
ümitsizlik *is.* 절망, 비관.
ümmet *is.* 〔종교〕이슬람교도의 총칭.
ün *is.* 명성, 명예; ~ salmak 유명해지다, 명성이 알려지다.
üniforma *is.* 제복; 군복; 교복.
ünite *is.* 단위.
üniversite *is.* 대학교.
üniversiteli *is.* 대학생.
ünlem *is.* 〔문법〕 감탄사, 간투사; ~ işareti 감탄부호(!)
ünlemek *f.* 소리내다.
ünlü ① *s.* 유명한, 이름난, 명성있는, 저명한.
ünlü ② *is.* 〔문법〕 모음; dar ~ler 폐모음; düz ~ler 평순모음; geniş ~ler 개모음; ince ~ler 전설모음; kalın ~ler 후설모음; kısa ~ler 단모음; uzun ~ler 장모음; yuvarlak ~ler 원순모음.
ünsiyet *is.* 친밀, 친숙, 친교.

ünsüz ① *s.* 이름 없는, 무명의, 잘 알려지지 않은.
ünsüz ② *is.* 〔문법〕 자음; sedalı ~ler, sert ~ler 무성자음; sedasız ~ler, yumuşak ~ler 유성자음.
Ürdün *öz. is.* 〔국명〕 요르단.
üre *is.* 〔화학〕 요소.
ürem *is.* 〔경제〕 이자, 이식.
üreme *is.* 생식, 번식, 증식.
üremek *f.* 생식하다, 번식하다, 증식하다.
üremi 〔의학〕 요독증.
üretici *s.* 생산적인; *is.* 생산자.
üretim *is.* 수익, 수확; 산출, 산출고; 성과.
üretmek *f.* 생식시키다, 번식시키다, 증식시키다.
ürkek *s.* 겁이 많은, 마음이 약한, 소심한, 두려워하는.
ürkeklik *is.* 두려워함, 심약.
ürkmek *f.* 놀라다, 당황하다, 겁내다, 두려워하다.
ürkü *is.* 공포.
ürkünç *s.* 공포스런, 두려운.
ürküntü *is.* 공포증, 두려움
ürkütmek *f.* 위협하다, 놀라게 하다.
ürolog *is.* 〔의학〕 비뇨기학.
ürpermek *f.* 모골이 송연하다, 등골이 오싹하다, 모발이 바싹 서다, 전률하다.
ürperti *is.* 송연, 오싹.
ürümek *f.* (개가) 짖다.
ürün *is.* (동식물의) 산물, 생산물.
üs *is.* 〔군사〕 기지; 〔수학〕 지수, 멱수, 승멱수; deniz ~sü 해군기지; hareket ~sü 작전기지; hava ~sü 공군기지.
üsbitken *s.* 〔식물〕 착생하는, 착생의.
üsçavuş *b. is.* 〔군사〕 특무상사.
üslenmek *f.* 〔군사〕 기지를 건설하다, 기지화하다.
üslûp *is.* 양식, 형식.
üssubay *b. is.* 〔군사〕 영관급 장교.
üst *s.* 상위의, 우수한, 우위의; 위의, 상부의; *is.* 위, 상부, 상면; 표면, 외면; 상층, 상위; ~ gelmek 우세하다, 상위에 오르다, 이기다; ~ ~e 거듭하여, 첩첩이, 중첩하여; ~üne almak. 취급하다, 고려하다.
üstat *is.* 대가, 거장, 전문가.
üstçene *b. is.* 윗턱.
üstderi *b. is.* 〔해부, 식물〕 표피, 외피.
üsteğmen *b. is.* 〔군사〕 중위.
üstelemek *f.* 덧붙이다, 더하다, 부가하다; (질병 등이) 재발하다; 설상가상하다.
üstelik *is.* 부가(물), 첨부(물); *zf.* 이외에, 게다가, 더우기.
üstgeçit *b. is.* 고가도로.
üstinsan *b. is.* 초인.
üstün ① *s.* 우세한, 더 높은.
üstün ② *is.* 아랍어 문자중 자음을 a 또는e 모음과 함께 발성하기 위한 기호.
üstünde *zf.* 그 위에, 상위에.
üstünkörü *zf.*, s. 대충, 대강, 되는대로, 적당히.
üstünleşmek *f.* 우세해지다. 우위에 오르다.
üstünlük *is.* 우월; 승리.
üşmek *f.* 무리짓다, 떼짓다.
üşümek *f.* 추위를 느끼다, 감기들다.
üşütmek *f.* 감기 걸리다.
ütü *is.* 다리미.
ütücü *is.* 다림질 하는 사람.
ütülemek *f.* 다림질 하다.
ütülü *s.* 다림질 한.
ütüsüz *s.* 다림질 하지 않은.
üvey *s.* 의붓, 의; ~ anne 계모; ~ baba 계부; ~ evlât 의붓자식; ~ kardeş 의붓형제.
üye *is.* 회원, 위원, 일원, 의원.
üyelik *is.* 회원자격, 회원직, 위원직.

üzere *e.* (목적)위하여; (근접 미래)할 때; 조건으로;…같이.
üzerinde *e.* …에 관하여.
üzgün *s.* 근심스런, 걱정스런, 염려스런.
üzücü *s.* 걱정거리의.
üzülmek *f.* 근심하다, 걱정하다, 염려하다.
üzüm *is.* 〔식물〕 포도.
üzümcü *is.* 포도 재배인, 포도 장수.
üzüntü *is.* 근심, 걱정, 염려.
üzüntülü *s.* 근심이 있는, 걱정이 있는.
üzüntüsüz *s.* 근심이 없는, 걱정이 없는.

V, v

V, v 터어키어 자모의 스물일곱 번째 글자.
vade *is.* 기간, 기한; kısa ~ 단기; uzun ~ 장기; ~si gelmek 기한이 끝나다.
vadeli *s.* 한정된, 기한이 정해진.
vadesiz *s.* 기한이 없는, 무기한의.
vadi *is.* 계곡, 골짜기, 산곡, 산협.
vaftiz *is.* 〔종교〕 세례, 영세; ~ etmek 세례를 베풀다, 영세를 베풀다.
vagon *is.* 객차, 열차; ~ restoran (기차의) 식당차.
vah *ünl.* 아!
vaha *is.* 오아시스.
vahim *is.* 중대한, 중요한, 심각한.
vahiy *is.* 〔종교〕 계시.
vahşi *s.* 난폭한; 거치른, 잔악한, 야만의; 원시적.
vaiz *is.* 〔종교〕 설교, 설법.
vaka *is.* 사건, 사고.
vakfetmek *f.* 헌납하다, 기탁하다.
vakıf *is.* 신탁, 위탁, 헌납; 기증; 헌납금, 헌납물; 자선재단, 자선단체.
vakit *is.* 시간, 때, 시대, 당대; …diği ~ …했을 때; ~ geçirmek 시간을 보내다; ~ kaybetmek 시간을 잃다, 시간을 놓치다; ~ kazanmak 시간을 벌다.
vakitli *s.* 때에 알맞는.
vakitsiz *s.* 때에 맞지 않는.
vaktinde *zf.* 제시간에.
vaktiyle *zf.* 옛날에; 제때에.
vakum *is.* 공백.
vali *is.* (관직) 주지사, 도지사.
valide *is.* 어머니; ~ sultan 대비.
validelik *is.* 모성.
valideyn *is.* 부모, 양친.
valilik *is.* 주지사직, 도지사직; (행정구역) 주, 도.
valiz *is.* 여행가방.
vallahi *ünl.* 아!, 참말로!, 진실로!; ~ billahi! 참말로!, 진실로!
vantilatör *is.* 선풍기.
vapur *is.* 기선, 증기선; ~ iskelesi 선창; ~ seyahati, ~ yolculuğu 선박여행.
vapurla *zf.* 선박으로, 선편으로.
var *s.* 있는, 존재하는, 존재의; *is.* 있는것; ~ ol! 만세!; 신의 가호를!; ~ olma 〔철학〕 존재, 있음, 유; ~ olmak 존재하다, 있다, 창조되다; ~dır 존재하다, 있다; yoktan ~ etmek: 창조하다.
varak *is.* (나뭇) 잎; (종이) 장; (금속의) 박편.
varaka *is.* 작은 편지, 메모.
vardırmak *f.* 이르게 하다, 도달하게 하다; 이루게하다, 달성하게 하다.
varış *is.* 이름, 도달, 도착; 달성.
varidat *is.* 수입, 수익, 소득, 이익.
varil *is.* (중배부른) 작은 통; 한 통의 분량, 바렐.
varis *is.* 〔의학〕 정맥류, 정맥노장.
vâris *is.* 상속인, 계승자, 후계자.

varlık *is.* 존재, 존재물, 사물; 귀중품; 유족, 부유; ~ içinde yaşamak 부유하게 살다, 유족하게 살다; ~ vergisi 재산세.
varlıklı *s.* 부유한, 유족한, 넉넉한.
varmak *f.* 이르다, 도달하다. 도착하다; (나이) 되다; (지경에) 이르다;
varoluşçu *b. is.* 〔철학〕 실존주의자.
varoluşçuluk *b. is.* 〔철학〕 실존주의.
varoş *is.* 교외, 시외.
varsayım *is.* 〔논리〕 가설, 가성; 전제.
varsayımlı *s.* 〔논리〕 가설의, 가성의.
varsaymak *f.* 가정하다, 가상하다, 전제로하다.
Varşava, Varşova *öz. is.* 〔지리〕 바르샤바.
varta *is.* 위험, 위태, 위경.
varyasyon *is.* 〔음악〕 변주곡.
varyete *is.* 〔연예〕 버라이어티 쇼.
vasat *is.* 중간, 평균.
vasatî *s.* 중간의, 평균의.
vasıf *is.* 성질, 특질, 특성; 질, 품질; 수식, 묘사.
vasıflandırmak *f.* vasıflanmak 의 사역형.
vasıflanmak *f.* 묘사하다, 설명하다.
vasıl olmak *f.* 이르다, 도달하다.
vasıta *is.* 방법, 수단; 도구, 기구; 대리인, 중개인, 주천인; 경로, 계통, 길; 중개, 매개; ~ olmak 중개역할을 하다.
vasıtasiyle *zf.* 통하여, 계통으로, 경로로, 방법으로, 수단으로.
vasıtalı *s.* 간접의, 간접적; ~ vergi 간접세.
vasıtasız *s.* 직접의, 직접적; ~ vergi 직접세.
vasi *is.* 관리인, 후견인, 보호자, 감시자.
vâsi *s.* 넓은, 광활한.
vasilik *is.* 후견인 지위 또는 역.
vasiyet *is.* 유언; ~ eden 유언자; ~ etmek 유언하다.
vasiyetname *k. is.* 유언장; ~ bırakmak 유언장을 남기다.
vaşak *is.* 〔동물〕 스라소니.
vat *is.* 〔물리〕 (전기의 단위) 와트; ~ saat (1시간 1와트에 해당하는 에너지 단위) 와트시.
vatan *is.* 국가, 조국, 모국.
vatandaş *is.* 동포, 같은 나라의 국민, 동족.
vatandaşlık *is.* 동포애, 동족애.
vatanî *s.* 국가의, 조국의, 모국의.
vatanperver *s.* 나라사랑의, 조국애의.
vatanperverlik *is.* 나라사랑, 조국애.
Vatikan *öz. is.* 〔지리〕 바티칸.
vatman *is.* (궤도) 전차 운전사.
vay *ünl.* 아!. 오!.
vazelin *is.* 〔화학〕 와셀린.
vazgeçirmek *f.* vazgeçmek 의 사역형.
vazgeçmek *f.* 그만두다, 포기하다.
vazıh *s.* 공개적인, 명백한, 분명한.
vazife *is.* 임무, 의무; 직무; 숙제.
vazifelendirmek *f.* 임무를 부과하다.
vazifeli *s.* 임무를 가진; 의무적; 숙제가 있는.
vaziyet *is.* 사정, 상황; 형세, 국세; ~ almak 〔군사〕 부동자세하다.
vazo *is.* 꽃병, 화병.
ve *bağ.* 그리고, …와, …과, …고; ~ saire 그리고, 또, 등등.
veba *is.* 〔의학〕 페스트, 흑사병; 전염병, 유행병; 가축의 전염병.

vecibe *is.* 의무, 임무, 직무.
vecize *is.* 경구, 금언, 명언.
veda *is.* 송별, 고별; ~ etmek 송별인사를 하다, "안녕히 계십시요."라고 인사하다; 헤어지다, 이별하다.
vedalaşmak *f.* 서로 송별인사를 나누다.
vefa *is.* 충성, 충실, 성실, 충절, 절개.
vefakâr *s.* 충성스런.
vefalı *s.* 충성의, 성실한.
vefasız *s.* 불충한, 불성실한.
vefasızlık *is.* 불충, 불성실.
vefat *is.* 죽음, 사망; ~ etmek 죽다, 사망하다, 사별하다.
vekâlet *is.* 대리권, 대리직; 장관직.
vekâleten *zf.* 대리인으로서.
vekâletname *b. is.* 위임장.
vekil *is.* 대표; 대리; 장관; ~ olmak 대표가 되다; 대리하다; 장관이 되다; ~ sıfatiyle 대표하여, 대리하여, 위임받아; ~ tâyin etmek 대표로 임명하다, 대리로 지명하다, 위임하다, 대리권을 부여하다.
velhasıl *bağ.* 요컨대, 결국.
velut *s.* 다산의.
velvele *is.* 시끄러운 소리, 소음, 소란.
Venedik *öz. is.* 〔지명〕 베니스.
Venüs *öz. is.* 〔천문〕 금성.
veraset *is.* 유산, 상속재산; 유전; ~ hakkı 상속권.
vere *is.* 〔역사〕 (성 또는 요새의) 양도.
verecek *is.* 빚, 부채.
verecekli *s.* 빚이 있는, 부채가 있는.
verem *is.* 〔의학〕 결핵; *s.* 결핵의, 결핵환자의; ~ aşısı 결핵 예방주사; ~ olmak 결핵에 걸리다.
veremli *s.* 결핵성의; 결핵에 걸린.
verev *s.* 대각선의.
vergi *is.* 세, 세금, 조세; 천부적 재능; vastalı ~ler 간접세; vastasız ~ler 직접세; ~ dairesi 세무서; ~ iadesi (특정 수출 품목에 있어서 수출 부분에 대한 이미 지불한 조세를 환불하는 특혜제도) 조세환불; ~ tahsilâtı 징세, 세금징수; ~ tahsildarı 조세징수원; ~ taksitleri 조세분할납입금; ~ vermek 세금을 내다; ~ yüklemek 세금을 부과하다; ~den muaf 면세; ~ye tabi 과세대상.
vergici *is.* 징세원, 조세 징수원.
vergilendirmek *f.* 과세하다, 세금을 부과하다.
vergili *s.* 세금이 포함된; 관대한.
vergisiz *s.* 무세의, 면세의.
verilmek *f.* vermek의 수동형.
verim *is.* 이득, 소득, 이익; 생산, 생산고; 산물, 산출고; 성과, 결과, 수확.
verimli *s.* 수확이 있는, 성과있는, 유익한, 소득이 있는.
verimlilik *is.* 유익.
verimsiz *s.* 수확이 없는, 성과없는, 유익치 못한, 소득이 없는.
verimsizlik *is.* 무익, 무성과.
veriş *is.* 줌, 수여, 부여.
vermek *f.* 주다; 건네주다; (소식을) 전하다; 지불하다; (열매를) 맺다; (방향을) 향하다; 수여하다, 부여하다; ara ~ 중단하다, 쉬다, 휴식을 취하다; başbaşa ~ 서로 협의하다, 의논하다; borcunu ~ 대부하다; el ele ~ 협력하다; omuz ~ 어깨를 대주다.
vernik *is.* 유약, 바니스.
verniklemek *f.* 유약을 바르다, 바니스 칠을 하다.
vernikli *s.* 유약을 바른, 바니스 칠을 한.
veronika *is.* 〔식물〕 현삼과의

식물.
Versay *öz. is.* 〔지명〕 베르사이유.
vesait *is.* 수단, 도구; ~i nakliye 운송수단.
vesselâm *ünl.* 이만, 그만, 끝.
vesika *is.* 서류, 문서; 증서, 증명서; 허가서; ~ usulü 등록제, 허가제; ~ya bağlanmak 등록되다.
vesikalı *s.* (속어) 매춘허가증을 가진.
vesile *is.* 방법, 수단; 원인; 구실; 기회; bir ~ ile 구실로, 구실삼아; bu ~ ile 이러한 방법으로; 이 기회에; her ~ ile 언제나; ~ aramak 기회를 찾다, 기회를 노리다.
vestiyer *is.* (호텔·식당 등) 휴대품 보관소.
vestiyerci *is.* (호텔·식당 등) 휴대품 보관소 관리인.
veteriner *is.* 수의사.
veto *is.* 거부, 거부권; ~ hakkı 〔정치〕 거부권, 불재가.
veya *bağ.* 또는, 혹은, …이 아니면.
veyahut *bağ.* 또는, 혹은.
vezir *is.* 〔역사〕 대신, 장관.
veziriazam *b. is.* 〔역사〕 수상, 국무총리.
vezne *is.* 출납구, 출납계, 회계, 수납; 계량기, 천평.
vezneci *is.* 계량기·천평 등의 도량형기 제작 및 판매인.
veznedâr *is.* 출납계원, 회계원.
veznedârlık *is.* 출납업무, 회계업무.
vıcık *s.* 끈적끈적한; ~ etmek 끈적끈적하다.
vıcıklamak *f.* 끈적끈적하게 만들다.
vırıldamak *f.* 싫증나게 말하다, 지루하게 말하다.
vırıldanmak *f.* (재귀) 싫증나게 말하다, 지루하게 말하다.
vırıltı *is.* 싫증스런 소리, 지루한 소리.
vırlamak *f.* 싫증나게 말하다.
vır vır *zf.* 지루하게, 싫증나게.
vız *zf.* 곤충따위가 나를 때 나는 소리를 내면서.
vızıldamak *f.* 곤충 따위가 나를 때 '프스' 소리를 내다.
vızıltı *is.* 곤충 따위가 나를 때 나는 '프스' 하는 소리.
vicdan *is.* 양심, 도의심, 도덕관념; temiz ~ 양심; ~ hürriyeti 〔법률〕 양심의 자유; ~ meselesi 양심의 문제; ~ sahibi 양심적인 사람; ~ına müracaat etmek 양심에 호소하다.
vicdanen *zf.* 양심적으로.
vicdanî *s.* 양심이 있는, 양심에 의한; ~î bir mesele 양심의 문제.
vicdanlı *s.* 양심적, 양심의.
vicdansız *s.* 비양심적, 양심이 없는.
vicdansızlık *is.* 파렴치, 비행.
vida *is.* 나사(못); (나사못의) 나사.
vidalamak *f.* 나사못을 박다, 나사못을 조이다.
vidalı *s.* 나사로 된; 나사못을 박은.
vilâyet *is.* (행정구역) 도, 주.
villa *is.* 별장.
vinç *is.* 기중기.
viraj *is.* 급히 꺾어지는 길, (길의) 만곡.
viran *s.* 부서진, 파괴된, 훼손된.
virane *is.* 페허, 옛터, 잔해.
virgül 〔문법〕 쉼표, 구절점; noktalı ~ 세미콜론(;).
virüs *is.* 〔의학〕 바이러스, 여과성 병원체.
visamiral *is.* 〔군사〕 해군 중장.
viski *is.* (주류) 위스키.
vişne *is.* 〔식물〕 검은 앵두; ~ reçeli 검은 앵두 잼.
vites *is.* (자동차의) 기어, 변속

기; 회전속도 변동 톱니바퀴; ~ değiştirmek 변속시키다, 기어를 바꾸다; ~ kolu 변속지레, 기어레버; ~ kutusu (자동차의) 변속기통, 톱니바퀴통.
vitrin *is.* 유리상자, 유리 진열장; ~ yapmak 유리 진열장을 장식하다.
Viyana *öz. is.* 〔지명〕 비엔나, 비인.
viyola *is.* 〔악기〕 비올라.
viyolon *is.* 〔악기〕 바이올린.
viyolonsel *is.* 〔악기〕 첼로.
viyolonselist *is.* 〔음악〕 첼로 연주자.
vize *is.* 입국사증.
vizite *is.* (의사의) 회진; 왕진; ~ ücreti 왕진료.
voleybol *is.* 〔운동〕 배구.
volfram *is.* 〔광물〕 텅스텐, 중석, 볼프람, 화학기호 w
volkan *is.* 〔지질〕 화산; denizaltı ~ı 〔지질〕 해저화산; ~ çakılı 〔지질〕 화산의 자갈; ~ külü 〔지질〕 화산재.
volkanik *s.* 〔지질〕 화산의; ~ sahre *is.* 〔암석〕 화산암.
volt *is.* 〔물리〕 (전기의) 볼트.
voltaj *is.* 〔물리〕 전압.
votka *is.* (주류) 러시아산 화주, 보트카.
v. s. *is.* ve saire의 준말, 등등, 기타.
vuku *is.* 발생; 사건, 사고; ~ bulmak, ~a gelmek 일어나다, 발생하다.
vukuat *is.* 사고, 사건.
vukuf *is.* 소식, 정보.
vurgu *is.* 〔문법〕 악센트, 강세.
vurgulu *s.* 악센트가 있는.
vurgusuz *s.* 악센트가 없는.
vurmak *f.* 때리다, 치다, 두드리다; 부딪치다; (총을) 쏘다; (수갑을) 채우다; (도장을) 찍다.
vurulmak *f.* vurmak의 수동형.
vuruş *is.* 치기, 때리기, 두드림.
vuruşmak *f.* vurmak의 상호형; 싸우다.
vücut *is.* 몸, 신체; 존재, 실체; ~ bulmak, ~a gelmek 일어나다, 생기다, 발생하다, 형성되다.

Y, y

Y, y 터어키어 자모의 스물여덟 번째 글자.

ya ① *ünl.* 아!, 정말!, 그러면, 사실; ~ öyle mi? 아! 그래?; ~ ben ne yapayım? 그러면 난 어떻게 하란 말이냐?; olur dedim ~! 정말 된다고 말하지 않았느냐!

ya ② *bağ.* 만일; 또는; ~ bugün gelmezse? 만일 그가 오늘 오지 않는다면?; ~ ~ …또는 …, …이거나 또는; ~ siz ~ ben 당신 또는 나.

yaban *is.* 들, 산; 야생; 황야, 황무, 사막; ~ domuzu 〔동물〕멧돼지; ~ gülü 〔식물〕 들장미; ~ keçisi 〔동물〕 산양; ~ kedisi 〔동물〕 들고양이; ~a atmak 대수롭지 않게 보다, 중요시 하지 않다.

yabancı *s.* 익숙치 않은, 낯설은; *is.* 외국인, 이방인, 낯선 사람.

yabani *s.* 길들지 않은, 야생의.

yadgerekircilik *is.* 〔철학〕자유의지론, 비결정론.

yadigâr *is.* 기념품, 기념물.

yadsımak *f.* 부인하다, 부정하다, 승인하지 않다.

yafta *is.* (크기·용량·품질·정가 등을 표시하는) 게시표, 부전, 라벨, 레테르.

yağ *is.* 기름; 지방; 유지; 유류; ~ çekmek 〔속어〕 아첨하다, 아부하다; ~ sürmek 기름을 치다, 기름을 바르다; 버터를 바르다, 버터를 칠하다.

yağdanlık *is.* 기름통, 기름병.

yağış *is.* 강우, 강설; 강우량, 강설량.

yağışlı *s.* 강우량이 많은.

yağız *s.* 검은.

yağlama *is.* (기계류의) 기름칠.

yağlamak *f.* (기계류에) 기름칠을 하다.

yağlı *s.* 기름기가 있는; 기름이 많은; 기름으로 만든; 이득이 많은; ~ müsteri 돈을 후하게 쓰는 손님.

yağlıboya *b. is.* 유성 그림물감, 페인트.

yağma *is.* 약탈, 노획.

yağmacı *is.* 강도, 약탈자.

yağmak *f.* (비·눈·우박 등) 오다, 내리다; (잎사귀·먼지·포탄 등) 쏟아지다; dolu ~ 우박이 오다; kar ~ 눈이 오다; yağmur ~ 비가 오다.

yağmalamak *f.* 약탈하다.

yağmur *is.* 비; (하늘에서) 많이 쏟아지는 것: 비오듯이 많은 것; itiraz ~u 비오듯 하는 반대; taş ~u 비오듯 쏟아지는 돌.

yağmurkuşağı *b. is.* 무지개.

yağmurlu *s.* 비가 오는, 비 내리는.

yağmurluk *is* 비옷, 우의, 우장.

yağsız *s.* 기름이 없는, 무지방의.

yahu *ünl.* 야!

Yahudi *öz. is.* 유대인; ~ pazarlığı 가혹하게 값을 깍기.

Yahudice *öz. is.* 헤브류말, 헤브류어.

Yahudilik *öz. is.* 유대교; 유대인 기질.

yahut *bağ.* 또는.

yaka *is.* (옷의) 깃, 칼라; 연변, 연안, 해안, 해변; 돛의 가.

yakacak *is.* 땔감, 연료.
yakalamak *f.* 잡다, 붙잡다, 붙들다, 체포하다; 포획하다; (잘못을) 지적하다, 찾아내다.
yakalanmak *f.* yakalamak의 수동형.
yakalık *is.* 샤쓰의 칼라부분.
yakarmak *f.* 간청하다, 애원하다.
yakı *is.* 〔의학〕 뜸질.
yakıcı *s.* 태우는; 애태우는, 마음 아픈, 자극적인.
yakılmak *f.* yakmak의 수동형.
yakın *s.* 가까운, 인접한, 근접의; 친한, 친근한; *is.* 근처, 근방; ~ akraba 친척; ~ Doğu *öz. is.* 근동; ~da 최근; 가까운 시일에; 근방에, 근처에; ~dan 가까이에서.
yakınçağ *b. is.* 현대; ~ tarihi 현대사.
yakınlaşmak *f.* 가까워지다, 근접하다; 친근해지다.
yakınlık *is.* 근접, 인접; 친근; ~ duymak 친근감을 느끼다; ~ göstermek 친근감을 보이다
yakışık *s.* 적합, 적당, 적절, 합당.
yakışıklı *s.* (남자에게) 미모의, 멋있는, 어울리는, 근사한.
yakışıksız *s.* 부적합한, 부적당한, 합당치못한.
yakışıksızlık *is.* 부적합, 부당.
yakışmak *f.* 어울리다, 멋있다, 근사하다; 적합하다, 합당하다, 알맞다.
yakıt *is.* 연료.
yaklaşık *s.* 근사한, 대략의, 대강의.
yaklaşmak *f.* 근사하다; 근접하다, 가까워지다.
yaklaştırmak *f.* 근접시키다.
yakmak *f.* 태우다; (불을) 켜다; (태양이 식물을) 말리다; (쓰고 맵고 신맛 등이) 강하게 자극하다; (강렬하게) 사랑하다; (피부를) 검게 태우다.
yakut *is.* 〔광물〕 홍옥, 루비.
yalak *is.* (동물의) 물먹이 통; 수조.
yalamak *f.* 핥다.
yalan *is.* 거짓말, 허위; ~ atmak 거짓말 하다, 속이다; ~ söylemek 거짓말하다.
yalancı *s.* 거짓말 하는, 거짓쟁이의; 가짜의, 엉터리의.
yalancılık *is.* 허위, 거짓; 거짓말 하는 버릇.
yalanlamak *f.* 부인하다, 거짓으로 간주하다.
yalanmak *f.* yalamak의 재귀형.
yalatmak *f.* yalamak의 사역형.
yalçın *s.* 가파른, 급경사진.
yaldız *is.* 도금; 겉치레, 눈가림.
yaldızcı *is.* 도금공; 겉치레 하는 사람.
yaldızcılık *is.* 도금업; 겉치레 일, 눈가림질.
yaldızlamak *f.* 도금하다; 눈가림질 하다.
yaldızlanmak *f.* 도금되다; 겉치레 되다.
yaldızlatmak *f.* 도금시키다; 눈가림질 시키다.
yaldızlı *s.* 도금의, 도금한, 도금된; 겉치레의, 눈가림의.
yalı *is.* 연안, 물가; 연안저택; ~ ağası 〔역사〕 연안방어를 맡은 책임자; ~ boyu 연변; ~ uşağı 갯마을 사람.
yalım *is.* 불꽃; (칼 등속의) 날.
yalın *s.* 벗은, 나체의; ~ hal 〔문법〕 주격.
yalınayak *b. is.* 맨발.
yalıtım *is.* 〔물리〕 절연.
yalıtkan *is.* 〔물리〕 절연(의); 절연체(의).
yalıtmak *f.* (물리) 절연하다.
yalman *s.* 굽은, 경사진; 가파른.
yalnız *zf.* 다만, 오직; 홀로, 단

독으로; *s.* 외로운; ~ başına 혼자, 홀로, 단독으로; ~ bırakmak 혼자두다, 홀로 버려두다; ~ kalmak 혼자 남다; ~ olarak 혼자서, 단독으로.
yalnızca *zf.* 홀로, 혼자서; ~ yaşamak 혼자살다, 따로 살다.
yalnızlık *is.* 외로움, 고독, 적막.
yalvarılmak *f.* 애원하게 되다, 간청하게 되다.
yalvarma *is.* 애원, 간청.
yalvarmak *f.* 애원하다, 간청하다; yalvarıp yakarmak 대단히 간청하다.
yalvartmak *f.* 애원하게 하다, 간청하게 하다.
yama *is.* (부서지거나 찢어진 곳을 떼우는) 작은 조각; 헝겊; ~ vurmak 헝겊을 대고 깁다.
yamacı *is.* 구두 수선공.
yamaç *is.* 산기슭, 산록, 산각.
yamak *is.* 조수, 보조원.
yamalamak *f.* 헝겊을 대고 깁다.
yamalanmak *f.* yamalamak의 수동형.
yamalı *s.* 헝겊을 대고 기운.
yaman *s.* 날씬한; 예리한, 재빠른, 민첩한; 짓궂은, 심술궂은; 무서운, 지독한; 추한.
yamanmak *f.* 땜질되다, 보수되다.
yamçı *is.* 두꺼운 모직우장, 양모망토.
yamyam *is.* 식인종.
yamyamlık *is.* 식인(풍습).
yan *is.* 방향; 측, 면, 향; 옆, 곁; ~ bakmak 흘겨보다, 곁눈질하다; ~ gelmek (일을 피하여) 무사안일하다; ~ gözle 옆눈으로; ~ sokak 옆길; ~ ~a 옆으로; ~ına 곁으로, 옆으로; ~ında 옆에서, 곁에서; ~ından …로 부터.
yanak *is.* 볼, 뺨.
yanardağ *b. is.* 화산.
yanaşma *is.* 접근; 고용인.
yanaşmak *f.* 가까이 가다. 접근하다. 「형.
yanaştırmak *f.* yanaşmak의 사역
yandaş *is.* 지지자, 동조자.
yangı *is.* 〔의학〕 염증.
yangılanmak *f.* 염증을 일으키다; 부어오르다.
yangın *is.* 불, 화재, 화염; ~ kulesi 소방서 전망탑; ~ muhbiri 화재 경보(기); ~a vermek 태워버리다.
yanık *s.* 탄, 눌은, 그을린; (병따위로) 잘 자라지 못한; (곡식, 식물이) 이울은; *is.* 탄곳; (뜨거운 것으로)덴 곳; ~ kokmak 탄냄새; 검댕 냄새; ~ rüzgâr 쉬이 가라앉는 바람; ~ ses 애처로운 소리.
yanılma *is.* 잘못, 실수, 오류.
yanılmak *f.* 잘못하다, 오류를 범하다, 실수하다; eğer yanılmıyorsam 만일 내가 잘못(판단 등)하지 않았다면; yanılmışım 내가 잘못했읍니다.
yanılmayış *is.* 절대확실, 오류없음.
yanıltmak *f.* 잘못하게 만들다, 실수하게하다.
yanılmaz *s.* 절대 확실한, 과오가 조금도 없는.
yanılsama *is.* 〔철학〕 미망설.
yanıt *is.* 대답, 회답, 응답.
yanıtlamak *f.* 대답하다, 응답하다, 응수하다.
yani *bağ.* 즉 다시 말하면, 소위; 예컨데.
yankesici *b. is.* 소매치기.
yankı *is.* 산울림, 메아리, 반향; 반응, 영향.
yankılamak *f.* 반향하다, 반영하다, 메아리 치다.
yanlış *is.* 잘믓, 과오, 오류; *s.* 잘못된, 그릇된, 틀린; ~ını çıkarmak 잘못을 찾아내다.
yanlışlık *is.* 잘못, 과오, 오류, 착오.
yanlışlıkla *zf.* 잘못으로, 오류

로, 착오로.
yanmak *f.* (불이)타다, (불이)붙다; (불에)데다; (전기불이)켜지다, (전기가)오다; (햇빛에)그을다, 탄다; (생선, 또는 음식 등이 지나치게)타다; (일이 잘못되어)못쓰게 되다, 잘못되다, 허사가 되다.
yansı *is.* 〔물리〕 (광선)반사; 〔생리〕 반사작용.
yansılamak *f.* 〔물리〕 (광선이)반사하다; 흉내내다, 흉내내어 즐기다.
yansıma *is.* 반사작용; 〔문법〕 의성어.
yansımak *f.* 반사되다.
yansıtaç *is.* 〔물리〕 반사경.
yansıtmak *f.* 반사시키다, 비치다.
yansız *s.* 중립의, 공평한, 편견없는, 편벽되지 않는.
yapayalnız *s.* 단신의, 완전히 홀로인.
yapı *is.* 건물; 건축; 구조, 구성, 조직.
yapıbilim *b. is.* 〔문법〕 구조 언어학.
yapıcı *s.* 만드는, 제조하는; 중요하고 유익한 일을 하는; 긍정적; *is.* 건축기사.
yapılı *s.* 구조의, 구성의.
yapılış *is.* 구조, 구성.
yapılmak *f.* yapmak의 수동형.
yapım *is.* 건축, 건설; 제조; ~ evi 공장.
yapınmak *f.* yapmak의 재귀형.
yapıntı *is.* 가공, 꾸며낸 일, 허구.
yapıntılı *s.* 가공의, 가짜의, 허구의.
yapışık *s.* 붙은, 달라붙은.
yapışkan *s.* 잘 붙는, 들러붙는, 끈적끈적한, 끈끈한, 점착성의; 쉽게 물러나지 않는, 귀찮은.
yapışkanlık *is.* 달라붙음, 점착성.
yapışmak *f.* (달라)붙다; 붙어서다; (옷이)꼭 끼다; (일에)전념하다, 몰두하다; (귀찮게)달라붙다.
yapıştırmak *f.* 붙이다.
yapıt *is.* 작품.
yapıtaşı *b. is.* 건축용 화강암 석재.
yapma *is.* 만듬, 만들기; *s.* 만든, 인공의, 인조의; 가짜의, 허위의.
yapmak *f.* 하다; 만들다; 수행하다, 실행하다; 건축하다, 건조하다; 제조하다, 생산하다; ders ~ 공부하다; ev ~ 집을 짓다; elinden geleni ~ 최선을 다하다.
yaprak *is.* 잎, 잎사귀, 잎새; (책의)장, 갈피; 박편.
yapraklanmak *f.* 잎이 나오다.
yapraklı *s.* 잎이 있는; (책)몇장으로 된.
yapraksız *s.* 잎이 없는.
yaptırmak *f.* yapmak의 사역형.
yapyalnız *s.* yapayalnız와 같음.
yar *is.* 끝없이 깊은 구렁, 심연; 절벽, 벼랑.
yara *is.* 다친곳, 상처; 고통; 〔의학〕 종기, 종양; ~ bere içinde 대단히 상처가 심한.
Yaradan *öz. is.* 창조주, 조물주.
yaradılış *is.* 천성, 타고난 성질, 본성, 기질.
yarak *is.* 〔속어〕 음경, 남근.
yaralamak *f.* 다치다, 상하게 하다, 해치다.
yaralanmak *f.* yaralamak의 재귀형.
yaralı *s.* 다친, 상처난, 상한.
yaramak *f.* 쓰이다, 소용되다, 유용하다.
yaramaz *s.* 쓸모없는, 소용없는, 무용한.
yaramazlık *is.* 무용.
yarar *s.* 쓸모있는, 소용있는, 유용한; 유리한; 이익있는; 효과적, 효용적; (건강에) 좋은, (…)하기에 좋은, (…)할 만한; 쓰이는; *is.* 소용, 유용, 이용; 효과, 효용; işe ~ 유용한
yararlık *is.* 쓰임새; 효과, 효용; 유익; 장점.
yarasa *is.* 〔조류〕 박쥐.
yaratıcı *s.* 창조적인, 창의적인.
yaratıcılık *is.* 창의성.
yaratık *is.* 피조물, 창조물.
yaratılmak *f.* 만들어지다, 창조되다.
yaratmak *f.* 만들다, 창조하다.
yarbay *b. is.* 〔군사〕 중령.
yardım *is.* 도움, 협조, 협력, 조력, 원조; 방조; ~ etmek 돕다, 도우다; ~ yapmak 원조하다; ~ devam etmek 원조를 계속하다.
yardımcı *s.* 보조의, 부(차) 의; *is.* 돕는 자, 원조자; 조수; ~ fiil 〔문법〕 조동사.
yardımcılık *is.* 도움, 조력, 협력, 협조.
yardımlaşmak *f.* 서로서로 돕다.
yardımsever *s.* 돕기를 좋아하는, 즐겨돕는, 자선의.
yargı *is.* 판단; 〔법률〕 판결, 재판.
yargıcı *is.* 심판관, 중재자.
yargıç *is.* 〔법률〕 판사, 법관.
yargıçlık *is.* 판사직무.
yargılama *is.* 심판, 재판.
yargılamak *f.* 심문하다, 심판하다, 재판하다, 판결하다.
yargılanmak *f.* 심문받다; 심판받다, 판결받다.
yargıtay *is.* 대법원.
yarı *is.* 반, 절반, 중간; *s.* 반의, 절반의, 중간의; gece ~sı 한밤(중), 야밤(중), ~ ~ya 반반, 절반씩, 50대 50.
yarıçap *b. is.* 〔기하〕 반경.
yarık *s.* 틈이 생긴, 벌어진, 터진; *is.* 틈, 갈라진 금.
yarım *s.* 반의, 절반의; *is.* 반, 절반; ~ final 〔운동〕 준결승전; ~ saat 반시간; ~ sağ ! 〔군사〕 (구령)반우향우; ~ sol ! 〔군사〕 (구령)반좌향좌.
yarımada *b. is* 반도.
yarımküre *b. is.* 구형의 절반, 반구.
yarın *is., zf.* 내일.
yarış *is.* 〔운동〕 경주; 경기, 시합.
yarışmak *f.* 〔운동〕 경주하다; 겨루다, 경쟁하다, 경기를 하다, 시합하다.
yarmak *f.* 찢다, 가르다; 쪼개다; 나누다, 분할하다.
yas *is.* 비통; 애도; ~ tutmak 상복을 입고 있다, 몽상중이다.
yasa *is.* 법, 법률.
yasak *is.* 금지; *s.* 금지된, 제재된; ~ etmek 금하다, 금지하다, 제재하다.
yasemin *is.* 〔식물〕 제스민.
yaslanmak *f.* 기대다.
yaslı *s.* 초상난, 상을 당한, 거상중인, 몽상중인.
yassı *s.* 넓적한, 평평한, 납작한.
yassılanmak *f.* 넓적해지다, 평평해지다.
yassılık *is.* 넓적한 곳, 평평한 곳, 넓적한 물건.
yassıltmak *f.* 넓적하게 펴다, 팽팽하게 만들다.
yastık *is.* 벼개; 벼개 모양의 물건; 묘상, 못자리; 화단; iğne ~ı 바늘겨레, 바늘방석; ütü ~ı 다림질 판.
yaş ① *is.* 나이, 연령; 연세, 춘추; 세; genç ~ 젊은 나이 ; orta ~ 중년; ~ günü 생일; ~ haddi 정년;
yaş ② *s.* 젖은, 축축한, 습기있는; 푸른, 신선한; *is.* 눈물; ~ çamaşır 젖은 빨래, 물빨래; ~ damlası 눈물방울; ~ dökmek 눈물을 흘리다; ~ sebze 신

선한 야채.
yaşamak *f.* 살다, 생활하다; 생존하다; 거주하다; 살아가다, 생계를 유지하다, 살림을 살다; 계속되다, 지속되다, 유지되다; 살아나다, 살아남다.
yaşarmak *f.* 젖다, 축축해지다.
yaşayış *is.* 생활방식, 생활양식; 생계.
yaşlanmak *f.* 나이를 먹다, 늙다.
yaşlı *s.* 늙은, 노인의; 젖은, 축축한.
yaşmak *is.* (여자들이 쓰는) 면사포.
yat *is.* 요트, 범주정.
yatak *is.* 침대, 침상; 〔광물〕 광상; (물건을 바치거나 올려놓는) 대, 상; ~ odası 침실; ~ takımı 침구; ~a düşmek 병으로 일어나지 못하다; ~a girmek 취침하다; ~a yatmak 병상에 들다.
yatakhane *b. is.* 기숙사, 숙직실.
yataklı *s.* 침대가 있는, 침실이 있는.
yatay *s.* 수평의.
yatır *is.* 성도, 성인; 성인의 무덤.
yatırım *is.* 예금, 적립금, 보증금; 투자, 투자액; ~ indirimi 〔경제〕 기업설립시 소득 및 설립세의 감면혜택.
yatırımcı *is.* 예금예치인, 예금주; 보증금예치인; 투자가.
yatırmak *f.* (잠을) 재우다; 〔경제〕 예금하다, 예치하다, 저축하다; 투자하다.
yatışmak *f.* (흥분이) 가라앉다, 진정하다, 완화되다.
yatıştırmak *f.* 가라앉히다; 진정시키다, 진압하다.
yatmak *f.* 자다, 눕다; 자리에 들다; 병들다; 숙박하다; (감옥에) 갇히다; 묻히다.
yatsı *is.* 해진 뒤 두시간 정도의 때.
yavaş *s.* 느린, 더딘, 느릿느릿한; *zf.* 느리게, 천천히, 서서히; ~ ~천천히.
yavaşlamak *f.* 속도가 느려지다.
yavaşlatmak *f.* 속도를 늦추다.
yavaşa *is.* (동물에 물리는) 재갈.
yaver *is.* 〔군사〕 부관.
yavru *is.* 어린아이; (동물의) 새끼.
yavuz *s.* 사나운, 잔인한.
yay *is.* 용수철; 활; 〔천문〕 사수자리.
yaya *s.* 도보의; *is.* 보행자; ~ gitmek 걸어서 가다; ~ kaldırımı 인도, 보도.
yayan *zf.* 걸어서.
yaygın *s.* 잘 알려진, 널리 퍼진, 널리 전파된, 유포된.
yayılmak *f.* 널리 알려지다, 널리 퍼지다, 전파되다, 유포되다; 출간되다, 출판되다.
yayım *is.* 공표, 발표; 발포.
yayımlamak *f.* 공표하다, 발표하다, 고시하다, 공고하다; 〔법률〕 발포하다.
yayın *is.* 출판.
yayınevi *b. is.* 출판사, 출판소.
yayla *is.* 고원.
yaylak *is.* 목초지.
yaylı *s.* 스프링이 달린.
yaymak *f.* 퍼지다, 전파되다, 유포되다.
yayvan *s.* 납작하고 넓은.
yayvanlık *is.* 납작하고 넓은 모양.
yaz *is.* 여름; ilk ~ 초여름, 초하; ~ mevsimi 여름철, 하절.
yazar *is.* 필자, 저자, 작자.
yazdırmak *f.* 쓰게하다, 기록하게하다; 등록시키다, 등기해두다.
yazı ① *is.* 글씨; 글; 서류; 서체, 서법; 필적; güzel ~달필; 서법, 서도, 서예; ~ dili 문어, 문자언어; ~ işleri 비서업무; 편집업무; 논설업무; ~ işleri müdürü 논설부장, 편집부장;

~ kâğıdı 필기종이, 편지종이 ; ~ makinası 타이프라이터, 타자기; ~ masası 사무용 책상; ~ tahtası 칠판, 흑판.
yazı ② *is.* 평원, 초원, 들; ~ yaban 들, 언덕.
yazıcı *is.* 서기, 비서; 필생, 대서자.
yazıcılık *is.* 비서업무; 서기 업무; 대서업.
yazıhane *b. is.* 사무실.
yazık *is.* 죄악; *unl.* 불쌍한, 가련한, 가엾은, 애석한, 아까운, 유감스런; çok ~! 유감스럽게도!; ~ ki 불행스럽게도, 유감스럽게도; ~ olur 유감스럽게 되다, 유감되다.
yazılı *s.* (글씨가) 씌어진; 기록된, 등록된, 등기된.
yazılmak *f.* 씌어지다; 기록되다, 등록되다.
yazın *zf.* 여름(철)에.
yazıt *is.* 비문, 비명.
yazlık *is.* 여름용 별장; *s.* 여름용(물건)의.
yazma *is.* (글)쓰기; *s.* 손으로 쓴, 손으로 그린, 필사의; 면사포; ~ kitap 필사본책.
yazmak *f.* 쓰다; (글·책을) 짓다; 필기하다, 기록하다, (글로 써)보고하다; 소식을 전하다; 등록하다, 명부에 기입하다; 입학시키다; 화장하다.
yedek *s.* 예비의, 여분의; 후보의; ~ anahtar (여분의) 예비열쇠; ~ parçalar (기계 따위의) 예비 부속품; ~ subay 〔군사〕 예비역 징집장교.
yedi *s.* 일곱의; *is.* 7, 일곱; ~ Adalar *oz. is.* 이오니아섬 (Ionian Islands).
yedigen *b. is.* 7각형; *s.* 7각형의.
Yedigir *öz. is.* 〔천문〕 북두칠성.
yedili *s.* 7의, 일곱의, 일곱으로 된.
yedinci *s.* 제7의, 일곱번째의.
yedirmek *f.* 먹이다, 사육하다; yemek의 사역형.
yedmek *f.* (짐승의) 고삐를 몰다.
yeğ *s.* 더 좋은, 더 나은, 더 값진.
yegâne *s.* 유일한, 단일의, 홀로, 단지, 하나의.
yeğen *is.* 조카.
yeğni, yeğnik *s.* 가벼운; 쉬운, 용이한; 경솔한, 경박한.
yeğnilik *is.* 가벼움; 경미; 용이; 경솔, 경박.
yeğnilmek *f.* 가벼워지다, 쉬워지다.
yeğniltmek *f.* 가볍게하다; 용이하게하다.
yeğnisemek *f.* 가벼이 보다; 업신여기다.
yeğrek *s.* 더좋은, 더 나은, 선호되는.
yeis *is.* 절망.
yeknesak *s.* 한결같은, 균일한, 획일적인, 일률적인, 단조로운, 변화가 없는.
yekpare *s.* 전체의, 통채의, 한덩어리의.
yekûn *is.* 전부, 전체, 총계.
yel *is.* 바람; 〔의학〕 류머티스; ~ değirmeni 풍차.
yele *is.* (말 따위의) 목덜미에 난 긴 털, 갈기.
yelek *is.* 〔의류〕 조끼.
yelken *is.* 〔선박〕 돛; 〔운동〕 욧트(경주); ~ açmak (출항을 위해)돛을 올리다; ~ bezi 돛 만드는 천, 범포; ~ gemisi 돛단배.
yelkenli *s.* 돛이 있는, 돛이 달린; *is.* 돛단배.
yelkovan *b. is.* (시계의) 분침; 풍향계, 바람개비.
yellemek *f.* (부채 따위로)부치다; 불어주다.
yelpaze *is.* 부채; *s.* 부채모양

으로 접어지는; ~ merdiven개폐식 계단.
yelpazelemek *f.* 부채질하다.
yeltenmek *f.* 기도하다, 시도하다; 모험하다.
yem *is.* (동물의)먹이, 모이, 사료; (낚시의)미끼; 유혹물.
yemek *is.* 음식, 밥; 식사; (초대)만찬; *f.* 먹다; 먹어치우다, 없애버리다, 탕진하다; (돈을) 착복하다; 얻어맞다; (벌을)받다; (수난)당하다; 물다; 찢다; ~ borusu 〔해부〕 식도; ~ vermek 식사에 초대하다.
yemekhane *b. is.* (학교·공장 등의)식당.
yemekli *s.* 음식이 포함된, 식사를 포함한.
yemeklik *s.* 식용의, 식용에 적합한.
yemeksiz *s.* 음식이 없는, 식사를 제외한; 굶은.
Yemen *öz. is.* 〔국명〕 예멘.
yemin *is.* 맹세, 맹서, 서약; ~ etmek 맹서하다, 맹세하다, 서약하다.
yemiş *is.* 과일, 과실, 과물; kuru ~ler 건과물; yaş ~ler 청과물.
yemişçi *is.* 과일장수, 과일상.
yemişlik *is.* 과수원; 과일 광, 과일 장; 과일 광주리, 과일 그릇.
yemlemek *f.* 미끼를 놓다; 먹이를 먹이다; 유인하다, 유혹하다.
yemlik *is.* (동물의)먹이 통, 밥통, 구유; 꼴주머니; 뇌물.
yemyeşil *s.* 진한 초록색의.
yen *is.* (옷의)소매.
yenge *is.* 형수, 계수, 아주머니, 숙모; (통칭)아주머니.
yengeç *is.* 〔동물〕 게; 〔천문〕 게자리, 거해궁.
yeni *s.* 새로운, 새, 신, 최근의; ~ asker 〔군사〕 신병; ~ ay 초승달; ~ kuşak 새세대(15~25세의 젊은이).
Yeni Delhi *öz. is.* 〔지명〕 뉴데리.
yenibahar *b. is.* 〔식물〕 서인도제도의 열대지방에서 나는 물레나무과 식물, 이 식물의열매.
yenice *s.* 새로운.
yeniçağ *b. is.* 〔역사〕 근대, 근세; ~ tarihi 근대사, 근세사.
yeniçeri *b. is.* 〔역사〕 오스만제국시 근위보병.
yeniden *zf.* 또다시; 새로이.
yenilemek *f.* 새롭게 하다; 갱신하다; 개선하다.
yenilenmek *f.* yenilemek의 수동형.
yenilik *is.* 개혁, 혁신; 개선, 새로운 것.
yenilmek ① *f.* yemek의 수동형.
yenilmek ② *f.* 지다, 패배하다.
yenmek *f.* 이기다, 승리하다, 정복하다, 패퇴시키다; 식용에 적합하다.
yepyeni *s.* 아주 새로운.
yer *is.* 장소, 자리; 곳, 땅, 바닥; 임무, 의무; *öz. is.* 〔천문〕 지구; ~ almak 자리를 차지하다; ~ bulmak 자리잡다; ~de 땅에서; 자리에서; ~inde 그 자리에; 적소에; ~ine 대신에; ~ine getirmek 실행하다; 성취하다.
yeraltı *b. is.* 지하.
yerbilim *b. is.* 지질학.
yerelması *is.* 〔식물〕뚱딴지.
yerleşmek *f.* 설치하다; 자리잡다, 정착하다.
yerleştirmek *f.* 고정시키다, 정착시키다.
yerli *s.* 토착의, 그 고장에 고유한; (물건)국산의; 원주민의, 그 고장 태생의, 토착인의.
yeryüzü *b. is.* 지구, 지표, 지상; 세상.
yeşil *is.* 초록색, 녹색; *s.* 초록색의; (과일 등속의)파란, 푸른.

yeşillenmek *f.* 초록색이 되다.
yeşillik *is.* 초록; 녹지, 초재.
yetenek *is.* 능력, 재능.
yeter *s.* 충분한, 족한, 넉넉한.
yeterli *s.* 충분한, 상당한, 적당한.
yeterlik *is.* 충분, 적당; 재능, 능력, 자격.
yetersiz *s.* 부족한, 능력이 못 미치는.
yetersizlik *is.* 부족,무능,불능.
yetim *is.* 고아.
yetimâne *s.* 고아같은.
yetime *is.* 여자고아.
yetimhane *is.* 고아원.
yetimiyet, yetimlik *is.* 고아신분.
yetinmek *f.* 족하다, 다다르다, 충족되다.
yetişmek *f.* 이르다, 도달하다, 닿다; 충분하다.
yetiştirmek *f.* 이르게하다, 도달하게하다, 닿게하다, 충분케 하다; 키우다, 교육하다; 재배하다.
yetki *is.* 능력, 권능; 권한, 자격; 〔법률〕 권위, 권능, 권한; ~ kanunu 〔법률〕 행정조처법.
yetkili *s.* 능력있는, 자격있는, 상당한; 〔법률〕 권위있는, 권한있는; *is.* 실력자, 실권자, 실무자.
yetkin *s.* 완전한, 완벽한.
yetmek *f.* 족하다, 충분하다, 넉넉하다; 이르다, 도달하다.
yetmiş *is.* (숫자) 70, 일흔.
yevmiye *is.* 일급, 일당.
yığılı *s.* 쌓인, 산적한, 축적된.
yığın *is.* 쌓아 올린것, 더미, 퇴적.
yığınak *is.* 〔군사〕 집결.
yığıntı *is.* 더미, 집적물, 퇴적물.
yığışmak *f.* 모이다, 집결하다, 운집하다.
yığmak *f.* 쌓다, 집적하다, 퇴적하다.
yıkamak *f.* 씻다, 빨다.
yıkanmak *f.* yıkamak의 재귀형.
yıkıcı *s.* 부시는 깨뜨리는, 파괴하는, 파괴적.
yıkık *s.* 부서진, 깨진, 파괴된, 무너진.
yıkılmak *f.* 부서지다, 무너지다, 파손되다, 파괴되다, 쓰러지다.
yıkım *is.* 파탄; 파산.
yıkıntı *is.* 폐허, 유적.
yıkmak *f.* 부수다, 파괴하다.
yıktırmak *f.* 부서트리게하다, 무너뜨리게하다, 파괴시키다.
yıl *is.* 해, 년; geçen ~ 작년, 지난해; gelecek ~ 내년, 명년; kamer ~ı 태음년; mali ~ı 회계년도; öğretim ~ı 학년(도); ~da bir 일년에 한번; ~larca 수년동안.
yılan *is.* 〔동물〕 뱀; ~ deliği 뱀굴; ~ gibi 행실머리 없는, 믿을 수 없는, 배반 잘 하는, 처신 사나운; 냉정한; ~ hikayesi 끝없는 이야기, 장광설; zehirli ~ 〔동물〕 독사 ; zehirsiz ~ 〔동물〕 독 없는 뱀.
yılanbalığı *b. is.* 〔어류〕 뱀장어.
yılancı *is.* 땅꾼, 뱀잡는 사람.
yılancık *is.* 〔의학〕 단독, 풍단, 홍사창.
yılankavî *s.* 꼬불꼬불한, 굴곡이 심한.
yılbaşı *b. is.* 설날; 새해, 신년; ~ günü 설날; ~ hediyesi 새해선물, 설날선물.
yıldırak *s.* 반짝이는; *is.* 번개; *öz. is.* 〔천문〕 아르고좌의 일등성.
yıldırım *is.* 번개; ~ gibi 재빨리, 신속히; ~ harbi, ~ savaşı 전격작전, 기습전법; ~ telgrafı 지급전보.
yıldız *is.* 별, 항성, 유성; 별모양의 물건; 영화배우.
yıldızböceği *b. is.* 〔곤충〕 개똥벌레.
yıldızçiçeği *b. is.* 〔식물〕 다알

리아꽃.
yıldönümü *b. is.* (해마다의) 기념일, 기념제, …주년.
yılgı *is.* 공포.
yılgın *s.* 겁먹은, 위축된.
yılkı *is.* 말이나 노새 따위의 무리; 방목하는 말이나 노새.
yıllık *s.* 해가 지난, 나이먹은; …해가 된, …년 묵은; 1년 단위로; (출판물) 년간의; *is.* (출판물) 년감.
yılmak *f.* 겁먹다, 위축되다.
yıpramak, yıpranmak *f.* (천·종이 따위) 닳아서 떨어지다; (기계 따위) 닳아빠지다; (사람) 지쳐빠지다.
yırtıcı *s.* 맹수의; 육식수의; ~ hayvan 맹수; ~ kuş 맹금.
yırtık *s.* 찢어진, 뜯어진; 수치심이 없는.
yırtılmak *f.* 찢어지다, 뜯어지다.
yırtmak *f.* 찢다, 뜯다, 째다.
yiğit *s.* 용감한; *is.* 영웅; 장정.
yiğitlik *is.* 용기, 용감.
yine *zf.* 또, 또한, 또다시, 역시.
yirmi *s.* 스물의; *is.* 20, 스물.
yitmek *f.* 없어지다, 사라지다, 잃다, 떠나가 버리다.
yiv *is.* 홈, 홈통; (총대 속·나사못 등의) 나선홈.
yiyecek *is.* 음식물.
yobaz *is.* 〔종교〕 광신자.
yobazlık *is.* 광신.
yoğun *s.* (액체 따위의) 진한, 짙은; 밀집한, 울창한.
yoğunluk *is.* 〔물리〕 밀도, 비중.
yoğurmak *f.* 반죽하다.
yoğurt *is.* 〔식품〕 우유를 유산균으로 산패하여 응고 시킨 터어키 고유 식품의 일종, 요구르트.
yok *s.* 없는, 부재의, 존재하지 않는, 무의; ~ etmek 없애다, 지워버리다, 소멸시키다, 파괴해버리다.
yoklama *is.* 출석점검; 〔군사〕 점호.
yoklamacı *is.* 〔군사〕 검열관.
yoklamak *f.* 검사하다, 검열하다, 점검하다; 출석을 부르다, 〔군사〕 점호하다.
yokluk *is.* 없음, 부재, 결석; 가난, 빈곤.
yoksa *bağ.* 없다면; 그렇지 않다면, 불연이면.
yoksul *s.* 없는, 결핍한; 빈곤한, 빈한한, 가난한, 어려운.
yoksulluk *is.* 빈곤, 궁핍, 결핍, 빈한.
yoksun *s.* 없는, 부족한, 결핍된.
yokuş *is.* 오르막, 오름; dik ~ 급한 오르막, 급경사; ~ aşağı 내리막의; ~ çıkmak 경사를 오르다, 오르막을 오르다; ~ inmek 경사를 내려가다; ~ yukarı 오르막의.
yol *is.* 길, 로, 도로, 가, 가로; 방법, 방도; kısa ~ 단거리; uzun ~ 장거리; ~ açmak 일으키다, …의 원인이 되다; ~ almak 나아가다; ~ ayrımı, ~ kavşağı 기로, 갈림길; ~ bilmek 길·방법을 알다; ~ göstermek 길을 가르켜 주다; ~ harçlığı 여비, 노자; ~ tutmak 길을 막다; ~ vermek 통로를 비켜주다; ~a çıkmak 떠나다, 출발하다; ~una 위하여; ~unda 순조로이; ~unu şaşırmak 길을 잃다.
yolak *is.* 오솔길, 소로.
yolcu *is.* 나그네, 행인, 여객, 여행자.
yolculuk *is.* 여행.
yoldaş *is.* 여행동반자, 동행인; 동지; 같은 업종에 종사하는 사람.
yoldüzer *b. is.* 땅 고르는 무한궤도기, 불도저.
yollamak *f.* 보내다, 발송하다; 파견하다. 파송하다.

yollu *s.* 길이 있는; 순조로운; 질서정연한; …한 방법의.
yolluk *is.* (여행길의)도시락; 출장비; 송별금, 전별금; 여비, 노자.
yolsuz *s.* 길이 없는; 무찬의; 부당한, 비리의, 비합법조인, 부정한.
yolsuzluk *is.* 부당, 비리, 부정, 불법; 남용, 독직.
yom *is.* 운, 행운, 희소식.
yonca *is.* 〔식물〕 토끼풀, 클로우버.
yonga *is.* 깎아낸 조각, 엷게 오린 나무조각, 대패밥.
yontma *is.* 깎기, 자르기; ~ taş devri 〔역사〕 타제석기시대.
yontmak *f.* 깎다, 자르다, 쪼다.
yorgan *is.* 이불; ~ çarşafı 이불 홑청.
yorgancı *is.* 이불 만드는 사람.
yorgun *s.* 피곤한, 피로한, 지친.
yorgunluk *is.* 피곤, 피로.
yormak *f.* 싫증나게하다; 피곤해지다, 피로하게하다, 지치게 하다; …에로 돌리다, 탓으로 하다.
yorulmak *f.* 피로하다, 지치다, 피곤해지다, 싫증나다.
yorum *is.* 설명, 해설; 논평, 주해.
yorumcu *is.* 해설가, 논평가.
yorumlamak *f.* 설명하다, 해설하다, 논평하다, 주석을 달다.
yosun *is.* 〔식물〕 이끼, 해조, 해초; ~ kaplamak 이끼가 끼다, 이끼가 덮히다.
yosunlanmak *f.* 이끼가 끼다.
yosunlu *s.* 이끼가 낀; ~ gül 〔식물〕 이끼장미.
yoz *s.* 원시적, 미개척의; 야생의.
yön *is.* 방위, 방향, 방면; ~ -den …면에서.
yöneltmek *f.* 향하다, 지향하다.
yönetim *is.* 관리, 지배, 통어; 경영, 운영; sıkı ~ 〔법률〕 계엄령; ~ kurulu 중역회(의), 평의원회(의), 이사회.
yönetmek *f.* 경영하다, 운영하다; 지배하다, 통어하다, 관리하다.
yöntem *is.* 방법.
yöntembilim *b is.* 방법론.
yöre *is.* 부근, 근교, 교외.
yörük *is.* 유목민.
yörünge *is.* 〔천문〕 궤도; 〔물리〕 탄도, 궤도.
yudum *is.* 한 모금, 한입의 양.
Yugoslavya *öz. is.* 〔국명〕 유고슬라비아.
Yugoslavyalı *öz. is.* 유고슬라비아 사람.
yukarı *is.* 위, 상부; *s.* 위의, 상부의, 상층의, 윗면의; 고위의; *zf.* 위로; ~da 위에서, 위에다; ~dan 위로 부터; ~ya 위로(향하여).
yulaf *is.* 〔곡물〕 귀리, 오오트보리; ~ ezmesi 〔음식〕오오트밀.
yular *is.* (짐승의)고삐.
yummak *f.* 닫다, (눈을)감다; gözünü ~ 보지않으려고 하다.
yumru *is.* 공모양의 것.
yumruk *is.* 주먹; 압박; ~ göstermek 위협하다; ~ oyunu 권투.
yumruklamak *f.* 주먹으로 치다, 주먹질 하다.
yumruklanmak *f.* 주먹으로 얻어맞다, 주먹질 당하다.
yumruklaşmak *f.* 서로 주먹질 하다.
yumuk *s.* (눈을)감은, 닫친.
yumuk yumuk *zf.* 통통한, 포동포동한.
yumurta *is.* 알, 난; 계란, 달걀; 고환; ~ akı 계란의 흰자위; ~ sarısı 계란의 노란자위, 계란 노란자위 색.
yumurtacı *is.* 계란장수.
yumurtalık *is.* 반숙계란 받침컵;

Z, z

Z, z 터어키어 자모의 스물아홉 번째 글자.
zabıt *is.* 회의록.
zabıta *is.* 경찰관.
zabıtname *b. is.* 회의기록; 의정서.
zafer *is.* 승리, 전승, 승전.
zahife *is.* 〔생물〕 파충류
zahire *is.* 식량, 양곡; 비축식량.
zahmet *is.* 수고, 폐, 누, 어려움; ~ çekmek 어려움을 당하다, 고난을 당하다; ~ etmek 애쓰다, 수고하다; ~ etmeyiniz! 걱정마십시요!
zahmetli *s.* 수고스런, 귀찮은.
zahmetsiz *s.* 쉬운, 용이한.
zalim *s.* 폭군의, 포악한, 부당한, 잔인한.
zalimlik *is.* 잔인, 포악, 잔학.
zam *is.* (가격 등의) 인상, 증가; ~ yapılmak (가격이) 인상되다.
zaman *is.* 때, 시, 시간, 시기, 시절, 계절; 〔문법〕 시제; … diği ~ 했을 때에; o ~ 그때; 그러면; üçüncü ~ 〔지질〕 제3기.
zambak *is.* 〔식물〕 백합.
zamir *is.* 〔문법〕 대명사; işaret ~leri 〔문법〕 지시대명사; soru ~leri 〔문법〕 의문대명사; şahıs ~leri 〔문법〕 인칭대명사.
zamk *is.* (수목의) 수지, 고무풀.
zamklamak *f.* 고무풀을 바르다.
zamklı *s.* 고무풀을 칠한.
zammetmek *f.* 값을 올리다, 인상하다.
zampara *is.* 색골, 호색한, 바람둥이.
zanaat *is.* (목공·철공 등) 수공, 기술, 기공.
zannetmek *f.* 생각하다, 추측하다, 추정하다.
zaptetmek *f.* (억지로), 탈취하다, 점거하다, 점유하다, 점령하다; (화를) 누르다; 기억하다.
zar *is.* 주사위.
zarar *is.* 손상, 손해; ~ görmek 손해보다, 손해를 입다; ~ vermek 손해를 입히다; ~ı yok! 괜찮습니다!, 염려마십시요!
zararlı *s.* 해로운, 유해한, 손해의.
zararsız *s.* 해롭지 않은, 무해한.
zarf *is.* 봉투, 피봉; 〔문법〕 부사.
zarfında *e.* …동안에, …기간에.
zarif *s.* 기품있는, 품위있는, 우아한, 우미있는, 단아한.
zariflik *is.* 기품, 품위, 우아, 단아.
zaruret *is.* 필요, 긴요, 필수.
zarurî *s.* 불가피한; 필수의, ~ olarak 필수적으로, 불가피하게.
zat *is.* 본질; 사람, 개인; ~ işleri 인사업무.
zaten *zf.* 사실상, 진실로; 어쨌던, 요컨데.
zatî *s.* 본질적; 개인적; ~ isler 개인적 문제, 사적 문제.
zatürree *is.* 〔의학〕 폐렴.
zavallı *s.* 불쌍한, 불운한, 불행한.
zayıf *s.* 약한, 연약한, 야윈, 마른.
zayıflamak *f.* 연약해지다, 야위어지다, 쇠약하다, 무기력해지다.
zayıflatmak *f.* 연약하게 만들다, 야위게하다, 약화시키다, 무기력하게 만들다.
zayıflık *is.* 약함, 연약, 쇠약, 무기력.

zayi *s.* 분실된, 부서진, 파괴된, 파손된.
zayiat *is.* 잃음, 분실, 상실.
zayiçe *is.* 점성용 천궁도.
zebir *is.* 〔동물〕 얼룩말.
Zebur *öz. is.* 〔종교〕 구약성서의 시편.
zedelemek *f.* 손상하다, 상해하다, 타박상을 입히다, 짓찧다, 짓이기다; 혹사하다.
zehir *is.* 독, 독약, 독물.
zehirlemek *f.* 독을 넣다.
zehirlenmek *f.* 중독되다.
zehirli *s.* 독성이 있는, 유독한, 중독된.
zekâ *is.* 총명, 영특, 영민.
zekât *is.* 〔종교〕 자선, 보시, 의연금.
zeki *s.* 영민한, 재기있는, 영특한, 총명한.
zelzele *is.* 지진.
zemberek *is.* (시계의) 태엽, 스프링, 용수철.
zemin *is.* 지표; ~ katı (건물의) 1층, 지하층.
zeminlik *is.* 지하 방공호.
zencefil *is.* 〔식물〕 생강.
zenci *is.* 흑인.
zengin *s.* 부유한; 풍부한, 많은; 유족한.
zenginleşmek *f.* 부유해지다, 유족해지다.
zenginlik *is.* 부유, 유족, 풍족.
zerdali *is.* 〔식물〕 야생살구.
zerre *is.* 미분자, 미진.
zevce *is.* 아내, 처, 부인.
zevç *is.* 남편.
zevk *is.* 맛, 미각; 흥미, 흥취, 기쁨, 즐거움; ~ almak 즐기다, 기뻐하다, 좋아하다; ~ini çıkarmak 흥취를 돋구다.
Zevs *öz. is.* 〔신화〕 제우스.
zevzek *s.* 말많은, 수다스런.
zevzeklenmek *f.* 수다떨다, 수선거리다.
zevzeklik *is.* 무료한 방담.

zeytin *is.* 〔식물〕 올리브; ~ ağacı 〔식물〕 올리브나무;
zeytinci *is.* 올리브 농사를 짓는 사람, 올리브 장수.
zeytincilik *is.* 올리브 농업, 올리브 상업.
zeytinyağı *b. is.* 올리브기름.
zeytinyağlı *s.* 올리브 기름을 친.
zeytunî *s.* 황색을 띤 초록색의.
zıdanlamlılar *b. is.* 〔문법〕 반대어.
zıddiyet *is.* 모순, 모순성.
zımba *is.* (종이 따위를) 구멍뚫는 기구; tel ~sı (종이 따위를) 꿰메는 기구, 호치키스, 집철기.
zımbalamak *f.* 구멍을 뚫다.
zımpara *is.* 금강사; ~ kağıdı 금강사로 만든 연마지, 사지, 사포; ~ tezgâhı 금강사로 만든 회전 숫돌.
zımparalamak *f.* 금강사 연마지로 갈다.
zıplamak *f.* (위로) 뛰다, 뛰어오르다; 뛰어넘다, 빠뜨리고 넘어가다.
zıpzıp *is.* (놀이) 구슬.
zırh *is.* 갑옷; (군함의) 철갑.
zırhlı *s.* 갑옷을 입은; is. 철갑선.
zırıldamak *f.* 지껄이다, 시부렁거리다.
zırıltı *is.* 지껄이기, 시부렁거리기; 지껄이는 소리; 말다툼.
zıt *s.* 반대의, 대치되는, 상반된, 거꾸로 된; ~ anlamı 〔문법〕 반대어.
zihin *is.* 지능, 지성.
zihniyet *is.* 정신; 지성; 이해력, 기억력.
zikretmek *f.* 말하다, 언급하다.
zikzak *s.* "Z"자꼴의, 갈지자 꼴의; ~ gitmek "Z"자꼴로 걷다.
zikzaklı *s.* "Z"자꼴의.
zil *is.* 종, 초인종, 벨; ~i çalmak 종이 울다.
zilhice *is.* 이슬람 월력의 12월.
zincir *is.* 사슬.

zincirlemek *f.* 사슬을 채우다, 사슬을 씌우다.
zincirli *s.* 사슬로 묶은, 사슬을 채운.
zindan *is.* 감옥, 토굴감옥, 지하감옥.
zindancı *is.* 간수, 옥리.
zinde *s.* 건강한, 정력왕성한, 강건한, 기운찬.
zira **bağ** 왜냐하면, 이유로, 때문에
ziraat *is.* 농업, 농사.
ziraatci *is.* 농민.
ziraî *s.* 농업의, 농사의.
zirkon *is.* 〔광물〕 지르콘; 〔화학〕 지르코니아, 산화 지르코늄.
zirkonyum *is.* 〔화학〕 지르코늄, 원소기호 **Zr.**
zirve *is.* 꼭대기, 봉, 정상, 산정; ~ konferansı 〔정치〕 정상회담.
ziya *is.* 빛, 광선, 광명, 등불.
ziyadar *s.* 밝은, 광명한.
ziyade *s.* 더욱, 더욱 많은, 나아가서, 훨씬.
ziyadeleşmek *f.* 지나치다, 과하다.
ziyadesiyle *zf.* 대단히 많은.
ziyafet *is.* 향연, 연회; ~ vermek 향연을 열다, 연회를 베풀다.
ziyan *is.* 해, 상해; 손실; ~ı yok! 괜찮습니다! 걱정마십시요!
ziyaret *is.* 방문; 순방, 역방, 순례; ~ etmek 방문하다, 순방하다.
ziyaretçi *is.* 방문객, 순방객.
ziyaretgâh *is.* 의례적 방문지.
ziynet *is.* 장식; 장식물.
zoka *is.* (낚시에 사용하는)인조미끼.
zonklamak *f.* 쿡쿡 쑤시면서 아프다.
zoolog *is.* 동물학자.
zooloji *is.* 동물학.
zoospor *is.* 〔식물〕 유주자
zor *s.* 힘든, 어려운, 곤란한; ~unda olmak 반드시 해야 한다, 하지 않으면 안되다.
zorba *s.* 폭군적, 폭력적.
zorbalık *is.* 폭력.
zorla *zf.* 어렵게, 힘들여, 강압적으로, 억지로.
zorlamak *f.* 강요하다, 억압하다.
zorluk *is.* 어려움, 곤난.
zorunlu *s.* 필요한, 필수의, 불가피한.
zorunluk *is.* 필요, 필수, 불가피.
zoydak *öz. is.* 〔천문〕 **황도대,** 수대.
zuhur *is.* 나타남, 출현, 발생; ~ etmek 나타나다, 발생하다, 출현하다.
zulmek *is.* 암흑.
zulmetmek *f.* 고문하다, 학대하다. ; 폭정을 하다.
zulüm *is.* 억압, 압박, 불법, 부당, 학대.
zum *is.* 〔사진〕 화상의 급격한 확대나 축소.
zurna *is.* 〔악기〕 날카로운 소리가 나는 나팔의 일종.
zügürt *s.* 무일푼의, 빈털털이가 된, 돈이 없는.
zühal *öz. is.* 〔천문〕 토성.
zühre *öz. is.* 〔천문〕 금성.
zührevî *s.* 〔의학〕 성병의.
zühul *is.* 태만, 부주의; 건망증.
zümre *is.* 떼, 무리, **집단;** 단**체,** 모임;
zümrüt *is.* 〔광물〕 에머랄드, 취옥.
züppe *is.* 멋장이, 맵씨군.
zürafa *is.* 〔동물〕 기린.
zürriyet *is.* (동식물의)종자, 씨.

TÜRKÇE-KORECE SÖZLÜĞÜ

터키어-한국어 사전

초 판 1쇄 발행 1988년 7월 20일
개정판 1쇄 발행 1992년 9월 25일
개정판 11쇄 발행 2016년 11월 30일

편저자 서재만
발행인 김인철 Publisher
총괄 · 기획 가정준 Director
편집장 신선호 Editor in Chief
도서편집 김민정 Managing Editor
진수연 Managing Editor
전자책편집 최인우 Digital Publishing Manager
마케팅 곽용창 Marketing Manager
재무관리 김은혜 Finance Manager
발행처 한국외국어대학교 지식출판원
02450 서울특별시 동대문구 이문로 107
전화 02)2173-2493~7 .
팩스 02)2173-3363
홈페이지 http://press.hufs.ac.kr
전자우편 press@hufs.ac.kr
출판등록 제6-6호(1969. 4. 30.)

디자인 · 편집 한국외국어대학교 지식출판원
표지디자인 (주)이환디앤비 02)2254-4301
인쇄 · 제본 도서출판 삼영인쇄사 02)2273-3521

ISBN 978-89-7464-034-7 91790 정가 18,000원

* 잘못된 책은 교환하여 드립니다.

BULGARIA
Burgas
Black Se
Edirne
Kırklareli
REECE
Keşan
Bosporus
İstanbul
Üsküdar
İzmit
Sea of Marmara
Zonguldak
Ereğli
Karabük
Kastamonu
İnebolu
Adapazarı
Çankırı
Eceabat
Çanakkale
Bandırma
Bursa
Sakarya Nehri
Eskişehir
Ankara
Kırıkkale
Balıkesir
Kütahya
ésvos
Manisa
Afyon
İzmir
hios
Tuz Gölü
Büyük Menderes
Denizli
Burdur
Isparta
Konya
Beyşehir Gölü
Niğde
Ereğli
Aegean Sea
Bodrum
Marmaris
Antalya
Karaman
Tarsus
Mersin
Gulf of Antalya
Gazipaşa
Silifke
Rhodes
CYPRUS
Nicosia
rete
Mediterranean Sea
Beir